THOMAS FLEINER-GERSTER

**Grundzüge des allgemeinen
und schweizerischen
Verwaltungsrechts**

Grundzüge des allgemeinen und schweizerischen Verwaltungsrechts

Von Dr. iur. Thomas Fleiner-Gerster

Professor an der Universität Freiburg/Schweiz

Unter Mitarbeit von
lic. iur. Mark Kurmann

sowie von
lic. iur. Oswald Bregy
lic. iur. Lukas S. Brühwiler
lic. iur. Beat Renz
lic. iur. Josef Zurkirchen

Schulthess Polygraphischer Verlag Zürich

Zitiervorschlag: Fleiner-Gerster, Verwaltungsrecht, 1977

© Schulthess Polygraphischer Verlag, Zürich, 1977
ISBN 3 7255 1795 9

Vorwort

Sicher eignet sich die heutige Zeit schlecht zu einer Gesamtschau des Verwaltungsrechts. Die Praxis der Gerichte, die ständig zunehmende Gesetzgebung in Bund und Kantonen und die allmähliche Auflösung dogmatisch gefestigter Grundsätze stehen einem derart weitgefassten Vorhaben entgegen. Dies ist denn auch der Grund, weshalb ich vom ursprünglichen Vorhaben, das Verwaltungsrecht grundlegend zu überarbeiten, abgekommen bin. Das Bedürfnis der Studenten nach einer allgemeinverständlichen Bearbeitung des Verwaltungsrechts, die Wünsche mancher Beamten, die Verwaltungsrechtskurse für die Bundesverwaltung schriftlich festzuhalten, haben mich schliesslich doch dazu bewogen, eine einfache Darstellung des Verwaltungsrechts zu schreiben, die vor allem zum Ziel hat, dem Leser den Zugang zu dieser schwer verständlichen Materie zu erleichtern.

Immer deutlicher wird die Entfremdung von Staat, Verwaltung und Bürger sichtbar. Eine unübersehbare Menge komplexer Gesetze und Verordnungen, eine ständig wachsende, immer bürokratischer werdende, anonyme Verwaltung und die Abhängigkeit des einzelnen von der sozialen Wohlfahrts- und Lenkungsverwaltung lassen das Bedürfnis nach einem einfachen und allgemeinverständlichen Überblick über Staat und Verwaltung immer stärker werden. Aber nicht nur der Laie, sondern auch der Jurist hat das Bedürfnis nach einer einfachen und systematischen Analyse des Verwaltungsrechts. Angesichts der immer stärkeren Zunahme der richterlichen Entscheidungen vermag er vor lauter Bäumen den Wald nicht mehr zu sehen. Die grössten Schwierigkeiten muss aber der Student überwinden, wenn er sich gegen Ende seines Studiums mit der abstrakten und oft recht phantasielosen Materie des Verwaltungsrechts abzumühen hat.

Es ist deshalb das Hauptanliegen dieser Einführung in das Verwaltungsrecht, die komplexe Materie und die schwer verständlichen, hoheitlichen Rechtsverhältnisse für Studenten, Juristen und Laien einfach und übersichtlich darzustellen.

Anhand von anschaulichen Beispielen aus der Praxis sollen die Probleme aufgezeigt werden. Das Verhältnis für die Rechtsverhältnisse soll durch die Darlegung ihrer verschiedenen Funktionen vertieft werden. Hinweise auf die anderen Rechtsgebiete sowie auf die geschichtliche Entwicklung sollen die Rechtsinstitute des Verwaltungsrechts in den Gesamtzusammenhang des Rechts stellen.

Der Leser soll aber auch Einblick in die ständig sich entwickelnde Praxis des Gesetzes- und Richterrechts erhalten. Die enge Verzahnung von Staat und Gesellschaft, die Zusammenarbeit des Gemeinwesens mit privaten Organisationen, die wachsende Abhängigkeit vom Wohlfahrts- und Lenkungsstaat sollen aufgezeigt und kritisch beleuchtet werden.
Der rasanten Entwicklung der Wissenschaft wird Rechnung getragen. Die neueren Erkenntnisse der Dogmatik des Verwaltungsrechts, der Rechtstheorie, der Gesetzgebungs- und Interpretationslehre, der Verwaltungswissenschaft und der Organisationslehre, die zunehmende Bedeutung des Verfassungsrechts für das Verwaltungs-

recht und die Entwicklung der Grundrechtslehre werden, soweit sie für das Verwaltungsrecht Bedeutung haben, berücksichtigt.

Das vorliegende Buch befasst sich dabei mit den Fragen des allgemeinen und schweizerischen Verwaltungsrechts. Grundsätze des allgemeinen Verwaltungsrechts werden immer anhand schweizerischer Beispiele erläutert. Neben diesen allgemeinen Grundsätzen kommen aber auch spezifisch schweizerische Institutionen zur Sprache. Dabei beschränkt sich die Darstellung in der Regel auf die Gesetzgebung und Rechtsprechung des Bundes. Wo bundesrechtliche Regelungen fehlen, wird das kantonale Recht dargelegt (zum Beispiel beim Baurecht). Soweit die Kantone besondere Regelungen haben, die von denjenigen des Bundes abweichen und von allgemeinem Interesse sind, werden sie berücksichtigt. Der Leser muss aber beachten, dass es sich um Grundzüge des Verwaltungsrechts handelt. Die Darlegung muss sich auf das Wesentliche und Grundsätzliche beschränken. Wer sich in die Einzelprobleme vertiefen will, muss die am Anfang jedes Kapitels erwähnte Literatur sowie die einschlägige Gerichtspraxis konsultieren.

Die Erarbeitung einer Gesamtschau des Verwaltungsrechts konnte ich nicht allein bewältigen. Viele Freunde, Mitarbeiter, Doktoranden und Studenten haben denn auch in irgend einer Weise an der Entstehung dieses Buches mitgewirkt. Ihnen allen zu danken, ist mir ein Bedürfnis. Vor allem erachte ich es als ein besonderes Privileg, dass soviele Freunde das Manuskript oder die Druckfahnen durchgesehen haben. Eine Fülle von wertvollen Anregungen verdanke ich vor allem Herrn Professor Peter Saladin sowie Herrn Professor Walter Haller. Aber auch Herr Professor Jörg Paul Müller und Herr Professor Detlev Dicke haben wertvolle Kritik geübt. Danken möchte ich auch allen meinen Mitarbeitern, die an der Fertigstellung dieser Arbeit beteiligt waren. In erster Linie meinem langjährigen Assistenten Herrn lic.iur. Mark Kurmann. Er zeichnet verantwortlich für die Literaturangaben, die er selbständig zusammengestellt hat. Er konnte dabei auf Vorarbeiten meiner beiden vom Nationalfonds bezahlten Assistenten Herrn Rechtsanwalt lic.iur. Beat Renz und Herrn Fürsprecher lic.iur. Oswald Bregy zurückgreifen. Bei dieser Gelegenheit bedanke ich mich auch für die Unterstützung des Nationalfonds. Herrn Kurmann verdanke ich neben den Literaturangaben eine Fülle von kritischen Anregungen zum Text und zur Systematik. Er hat mehrere Entwürfe durchgearbeitet und auf ihre Allgemeinverständlichkeit und Übereinstimmung mit der Praxis geprüft. Danken möchte ich aber auch Herrn lic.iur. Lukas S. Brühwiler und lic.iur. Josef Zurkirchen, die das Sachregister erstellt haben. Mit viel Geduld und Sorgfalt hat meine Sekretärin, Frau Tschangisi, das Manuskript geschrieben und die Druckfahnen durchgesehen. Neben der Schreibarbeit verdanke ich ihr auch manche sprachliche Anregung.

Juristische Darstellungen müssen Wissenschaft und Praxis miteinander verbinden. Diese Praxisbezogenheit verdanke ich dem Kontakt mit vielen Behörden und Beamten, in deren Auftrag ich Gesetzesentwürfe erstellte, juristische Probleme untersuchte und in Kommissionen mitwirkte. Dabei konnte ich wichtige Erkenntnisse schöpfen, die auch der vorliegenden Arbeit zugute gekommen sind. Danken möchte ich in diesem Zusammenhang vor allem Herrn Bundesrat Dr. Hans Hürlimann. Die intensive Zusammenarbeit bei der Redaktion verschiedener Gesetzesentwürfe hat mir unermessliche und wertvolle Einblicke in die Regierungs- und Verwaltungsarbeit gewährt. Die einzig dem Wohle unseres Landes dienende uneigennützige Tätigkeit dieses Staatsmannes hat mir auch erneut gezeigt, dass gute rechtliche Einrichtungen nur wertvoll sind, wenn sie von Menschen angewendet werden, die sich ganz in den Dienst der Gerechtigkeit stellen.

Zuletzt, aber ganz besonders dankbar möchte ich meine Frau und unsere Kinder erwähnen. Sie mussten auf manche Sonntage und Ferienstunde verzichten. Ohne ihre verständnisvolle und geduldige Begleitung dieser Arbeit hätte sie nicht zu Ende geführt werden können.

Freiburg/Marly, im September 1977   Thomas Fleiner

Inhaltsübersicht

1. Teil
Stellung und Aufgabe des Verwaltungsrechts im modernen Gemeinwesen — 1

- 1. Kapitel: Einführung in die Probleme des Verwaltungsrechts — 3
- 2. Kapitel: Begriff und Arten der Verwaltung — 23
- 3. Kapitel: Die Stellung der Verwaltung im Rechtssystem — 33

2. Teil
Grundlagen und Voraussetzungen der Verwaltungstätigkeit — 49

- 1. Kapitel: Der Grundsatz der Gesetzmässigkeit der Verwaltung — 51
- 2. Kapitel: Weitere Grundlagen der Verwaltungstätigkeit — 107

3. Teil
Die Begründung von Rechtsverhältnissen zwischen Gemeinwesen und Privaten durch Verfügungen — 139

- 1. Kapitel: Begriff der Verfügung — 141
- 2. Kapitel: Erlass der Verfügung und Beschwerdeverfahren — 171
- 3. Kapitel: Die Wirkung der Verfügung — 227
- 4. Kapitel: Durchsetzung der Verfügung — 249

4. Teil
Eigentum und Sachherrschaft im öffentlichen Recht — 269

- 1. Kapitel: Die Eigentumsgarantie — 271
- 2. Kapitel: Enteignung und Eigentumbeschränkung — 283
- 3. Kapitel: Die Staats- und Beamtenhaftung — 305
- 4. Kapitel: Das öffentliche Sachenrecht — 329

5. Teil
Das Organisationsrecht der Verwaltung — 365

- 1. Kapitel: Grundfragen der Organisation und Führung in der Verwaltung — 367
- 2. Kapitel: Das öffentliche Dienstrecht — 387
- 3. Kapitel: Organisationsformen der Verwaltung — 403
- 4. Kapitel: Grundfragen der Verwaltungskontrolle — 447

Inhaltsverzeichnis

Vorwort
Inhaltsübersicht
Abkürzungsverzeichnis

1. Teil:	**Stellung und Aufgabe des Verwaltungsrechts im modernen Gemeinwesen**	1
1. Kapitel:	Einführung in die Probleme des Verwaltungsrechts	3
I.	Einleitung	3
II.	Die Grundprobleme des Verwaltungsrechts	5
	A. Wertungsprobleme	8
	B. Organisationsprobleme	10
	C. Abgrenzungsfragen	11
	D. Verfahrensfragen	12
	E. Zusammenfassung	15
III.	Die Bedeutung des öffentlichen Interesses für das Verwaltungsrecht	15
2. Kapitel:	Begriff und Arten der Verwaltung	23
I.	Begriff der Verwaltung	23
II.	Begriff des Verwaltungsrechts	24
III.	Arten der Verwaltung	25
	A. Dreistufige Verwaltung	25
	B. Eingriffsverwaltung	26
	C. Abgabeverwaltung	27
	D. Leistungsverwaltung	27
	E. Planungsverwaltung	28
	F. Lenkungsverwaltung	29
	G. Bedarfsverwaltung	30
3. Kapitel:	Die Stellung der Verwaltung im Rechtssystem	33
I.	Verfassungsrecht — Verwaltungsrecht	33
II.	Öffentliches Recht — Privates Recht	35
	A. Gründe für die Unterscheidung	36
	B. Kriterien für die Unterscheidung	37
	1. Interessentheorie	37
	2. Subjektionstheorie	38
	3. Subjektstheorie	38
	4. Methode der Konsequenz	39

III.		Das privatrechtliche Handeln der Verwaltung	40
	A.	Die Unterstellung der Verwaltung unter das Privatrecht	40
	B.	Die Übernahme privatrechtlicher Grundsätze ins öffentliche Recht	41
IV.		Die Geltung des Verwaltungsrechts	43
	A.	Die territoriale Geltung	43
	B.	Die zeitliche Geltung	46

2. Teil: Grundlagen und Voraussetzungen der Verwaltungstätigkeit   49

1. Kapitel: Der Grundsatz der Gesetzmässigkeit der Verwaltung   51

I. Begriff und Funktion des Gesetzes   51
   A. Begriff des Gesetzes   51
   B. Funktion des Gesetzes   56
      1. Demokratische Funktion   56
      1. Rechtsstaatliche Funktion   59
      3. Die planerische Funktion des Gesetzes   61
   C. Zusammenfassung   61

II. Die Bedeutung des Grundsatzes der Rechtmässigkeit der Verwaltung   63
   A. Der Geltungsbereich   63
      1. Verbot rechtswidriger Handlungen   63
      2. Gebot, sich an den Rahmen der Gesetze zu halten   65
      3. Handeln auf Grund der Gesetze   66
      4. Arten der Handlungen   66
   B. Die Grundlagen («Rechtsquellen») des Verwaltungsrechts   69
      1. Der Begriff der Rechtsquelle   69
      2. Die Verfassung als Rechtsquelle des Verwaltungsrechts   69
      3. Rechtsquellen auf der Stufe der formellen Gesetze   71
      4. Rechtsquellen auf der Stufe der Verordnung   75

III. Auslegung der Gesetze   77
   A. Warum müssen wir Gesetze auslegen?   78
      1. Die beschränkten Möglichkeiten der Sprache   78
      2. Notwendigkeit der einfachen und klaren Gesetzessprache   78
      3. Politische Gründe   80
      4. Mangelnde Voraussehbarkeit   82
   B. Methode der Auslegung   82
      1. Grammatische Methode   83
      2. Systematische Methode   85
      3. Methode der Konsequenz   87
      4. Logische Methode   87
      5. Teleologische Methode   89

		6. Historische oder geltungszeitliche Auslegung?	89
		6.1. Historische Auslegung	89
		6.1.1. Subjektive entstehungszeitliche Methode	89
		6.1.2. Objektiv historische Methode	90
		6.2. Geltungszeitliche Methode	91
	C.	Die Gesetzeslücke	91
IV.	Konkretisierung der Gesetze durch Pläne		93
	A.	Die Bedeutung der Pläne	93
	B.	Wesen und Aufgabe der Pläne	94
		1. Begriff	94
		2. Aufgaben der Planung	95
		3. Probleme der Planung	96
		3.1. Verkürzung des Rechtsschutzes	96
		3.2. Verschiebung der Zuständigkeiten	97
		3.3. Planung und Demokratie	98
		4. Arten der Pläne	98
		4.1. Allgemeines	99
		4.2. Private Pläne	99
		4.3. Hoheitliche, beeinflussende Pläne	100
		4.4. Verbindliche Pläne	101
		4.4.1. Richtpläne mit interner Wirkung	101
		4.4.2. Für jedermann verbindliche Pläne	102
	C.	Die Bedeutung des Nutzungsplanes	102
		1. Rechtsnatur	102
		2. Partizipation beim Erlass von Nutzungsplänen	104

2. Kapitel:	Weitere Grundlagen der Verwaltungstätigkeit	107
I.	Das Ermessen	107
	A. Begriff und Arten des Ermessens	108
	1. Begriff des Ermessens	108
	1.1. Das Ermessen als Abgrenzung von Zuständigkeiten	108
	1.2. Das Ermessen als Raum wertfreier Entscheidungen?	109
	1.3. Ermessen als Bereich mangelnder Voraussehbarkeit der Verwaltung	110
	2. Arten des Ermessens	111
	B. Sinn und Funktion des Ermessens	114
	C. Grenzen der Ermessensdelegation	115
	D. Wahrnehmung des pflichtgemässen Ermessens	115
	1. Verfahrensvorschriften	116
	2. Grundsatz der Verhältnismässigkeit	116
	3. Treu und Glauben	117
	4. Grundrechte	118
	5. Interne Weisungen	118
	E. Einreden gegen Ermessensentscheidungen	119

II.	Besondere Rechtsverhältnisse (besondere Gewaltverhältnisse)	121
	A. Wesen und Arten des besonderen Rechtsverhältnisses	121
	1. Arten der besonderen Rechtsverhältnisse	121
	B. Zulässigkeit und Grenzen der besonderen Rechtsverhältnisse	123
	1. Zulässigkeit	123
	2. Grenzen der besonderen Rechtsverhältnisse	124
	2.1. Zweck	124
	2.2. Grundrechte	126
	C. Ein Gewaltverhältnis besonderer Natur	127
III.	Die polizeiliche Generalklausel	128
	A. Wesen der polizeilichen Generalklausel	128
	1. Schutz des Polizeigutes	128
	2. Gefährdung des Polizeigutes	129
	B. Grenzen der polizeilichen Massnahmen	129
	1. Verhältnismässigkeit	129
	2. Störerprinzip	130
	3. Subsidiarität	131
	4. Behebung des Notstandes	131
	5. Zusammenfassung	132
	C. Anspruch auf Polizeischutz	132
	D. Hilfsmassnahmen des Staates	133
IV.	Vertragliche Vereinbarungen	134
	A. Rechtsnatur der Vereinbarungen	134
	B. Zulässigkeit des öffentlich-rechtlichen Vertrages	136
	C. Gültigkeit und Wirkungen der Verträge	136
V.	Zusammenfassung	137

3. Teil:	Die Begründung von Rechtsverhältnissen zwischen Gemeinwesen und Privaten durch Verfügungen	139
1. Kapitel:	Begriff der Verfügung	141
I.	Allgemeines	141
	A. Die Tätigkeit der Verwaltung	141
	B. Wesen und Funktion der Verfügung	143
II.	Arten von Verfügungen	145
	A. Bewilligungen	145
	1. Polizeibewilligung	146
	2. Ausnahmebewilligung	146
	3. Wirtschaftspolitische Bewilligung	149
	4. Konzession	150

B. Verfügungen über Leistungspflichten des einzelnen	154
1. Verfügungen über Geldleistungen	154
1.1. Allgemeine Steuer	155
1.2. Sondersteuern und Lenkungsabgaben	156
1.3. Gebühren	157
1.4. Vorzugslast	157
2. Verfügungen über Sachleistungen (Enteignung und Konfiskation)	157
3. Verfügungen über persönliche Leistungen	158
C. Verfügungen im Bereich des Sozialrechts	158
D. Verfahrensverfügungen	159
1. Feststellungsverfügungen	159
2. Gestaltungsverfügungen	160
3. Abweisungsentscheide	161
4. Nichteintretensentscheide	161
5. Zwischenentscheide	162
E. Nebenbestimmungen bei Verfügungen	162
1. Allgemeines	162
2. Arten von Nebenbestimmungen	163
2.1. Die Bedingung	163
2.2. Die Auflage	163
2.3. Besondere Arten von Nebenbestimmungen	164
3. Voraussetzungen der Nebenbestimmungen	164
3.1. Verfassungsmässigkeit	164
3.2. Gesetzmässigkeit	165
4. Die Wirkung von Nebenbestimmungen	165
4.1. Die Wirkung der Bedingung	165
4.2. Wirkung der Auflage	165
5. Zustimmung des Betroffenen	165
F. Auskünfte der Verwaltung	165
1. Arten von Auskünften	165
2. Vertrauensprinzip bei Auskünften der Verwaltung	166
3. Die Wirkung der Auskünfte	166
4. Recht auf Auskunft	168
G. Zusammenfassung	168
2. Kapitel: Erlass der Verfügung und Beschwerdeverfahren	171
I. Verfahren beim Erlass von Verfügungen	171
A. Aufgabe des Verfahrens	171
B. Verfahrensvorschriften des Bundes	173
1. Geltungsbereich	173
2. Zuständige Behörde	175
2.1. Allgemeines	175
2.2. Bindung der Verwaltung an Entscheidungen des Zivil- und Strafrichters	178

	3. Erlass von Verfügungen	179
	3.1. Der Untersuchungsgrundsatz (Inquisitionsmaxime)	179
	3.2. Beweismittel	180
	3.2.1. Auskünfte der Parteien	180
	3.2.2. Zeugen	181
	3.2.3. Augenschein und Gutachten von Sachverständigen	182
	3.3. Die Rechte der Parteien	182
	3.3.1. Rechtliches Gehör	182
	3.3.1.1. Das rechtliche Gehör auf Bundesebene	182
	3.3.1.2. Rechtliches Gehör im kantonalen Verwaltungsrecht	183
	3.3.1.3. Probleme des rechtlichen Gehörs	183
	3.3.2. Beweisanträge der Parteien	184
	4. Die Eröffnung der Verfügung	185
	5. Die Kosten	186
	C. Zusammenfassung	186
II.	Die Beschwerde gegen die Verfügung	187
	A. Die Entwicklung des Rechtsschutzes in der Verwaltung	187
	1. Die englische Entwicklung	187
	2. Die Entwicklung in Frankreich	188
	3. Die Entwicklung in Deutschland und der Schweiz	189
	3.1. Fiskustheorie	189
	3.2. Rekurskommissionen	190
	3.3. Verwaltungsgericht	190
	3.4. Verwaltungsinterne Beschwerde	191
	4. Zusammenfassung	191
	B. Die verwaltungsinterne Beschwerde	192
	1. Gegenstand der Beschwerde	193
	2. Die Legitimation	193
	2.1. Funktion der Legitimation	193
	2.2. Individualbeschwerde	194
	2.3. Verbandsbeschwerde	196
	2.4. Behördenbeschwerde	198
	2.5. Offene Fragen der Legitimation	199
	3. Beschwerdeinstanz	200
	4. Beschwerdegründe und Abfassung der Beschwerde	201
	5. Die Wirkung der Beschwerde	202
	5.1. Zuständigkeit	202
	5.2. Aufschiebende Wirkung	203
	5.3. Vorsorgliche Massnahmen	203
	6. Verfahren und Befugnis der Beschwerdeinstanz	203
	6.1. Verfahren	203
	6.2. Reformatio in peius vel melius	204

	C. Das Beschwerdeverfahren vor dem Bundesrat	205
	1. Zulässigkeit der Beschwerde an den Bundesrat	205
	2. Verfahren	206
	3. Probleme der Beschwerde an den Bundesrat	206
	D. Weitere Beschwerdemöglichkeiten	207
	1. Revision	207
	2. Wiedererwägung	208
	3. Erläuterung	208
	4. Rechtsverweigerung und Rechtsverzögerung	208
	5. Aufsichtsbeschwerde	209
	6. Beschwerde an die Bundesversammlung	209
	7. Kosten	210
	8. Die Bedeutung der Verwaltungsbeschwerde für den Rechtsschutz des Bürgers	210
	E. Die Verwaltungsgerichtsbeschwerde an das Bundesgericht	211
	1. Allgemeines	212
	1.1. Die Bedeutung der umfassenden Verwaltungsgerichtsbarkeit	212
	1.2. Unterstellung der Regierung unter die Verwaltungsgerichtsbarkeit	213
	1.3. Abstrakte Normenkontrolle	215
	1.4. Zusammenfassung	216
	2. Verwaltungsgerichtsbarkeit auf Bundesebene	216
	2.1. Beschwerdelegitimation und Gegenstand der Verwaltungsgerichtsbeschwerde	217
	2.2. Unterschiede zur verwaltungsinternen Beschwerde	220
	2.2.1. Ermessensprüfung nur in Ausnahmefällen	220
	2.2.2. Rechtsfragen — Tatfragen	222
	2.2.3. Die Erledigung im Vorprüfungsverfahren	222
	2.2.4. Reformatio in peius vel melius	222
	2.2.5. Die aufschiebende Wirkung	223
	2.2.6. Das Verfahren	223
	2.3. Entschädigungsforderungen	223
	2.4. Entscheidungsbefugnisse des Verwaltungsgerichts	224
	F. Die Beschwerde an das Versicherungsgericht	224
	G. Die verwaltungsrechtliche Klage	225
3. Kapitel:	Die Wirkung der Verfügung	227
I.	Fehlerhafte und nichtige Verfügungen	227
	A. Die fehlerhafte Verfügung	227
	1. Die Wirksamkeit fehlerhafter Verfügungen	227
	2. Begriff der fehlerhaften Verfügung	228
	2.1. Inhaltliche Fehler der Verfügung	228
	2.1.1. Gesetzwidrigkeit, falsche Sachverhaltsfeststellung	228
	2.1.2. Die unzweckmässige Verfügung	229

		2.2. Formelle Fehler	230
		2.2.1. Unzuständigkeit	230
		2.2.2. Verfahrensmängel	230
		2.2.3. Mangelhafte Eröffnung	230
	B.	Die nichtige Verfügung	231
II.	Die Wirkungen der Verfügungen gegenüber Behörden und Privaten		233
	A.	Die Wirkung der Verfügung gegenüber den Behörden (Widerruf von Verfügungen)	233
		1. Nicht-widerrufbare Verfügungen	235
		2. Widerrufbare Verfügungen	235
		2.1. Widerruf ohne gesetzliche Grundlage	235
		2.2. Widerruf ohne Vertrauensschutz	236
		2.2.1. Widerrufsvorbehalt	236
		2.2.2. Begünstigung des Betroffenen	236
		2.2.3. Pflichtverletzung des Betroffenen	236
		2.2.4. Wegfall oder Änderung der Voraussetzungen	237
		2.3. Widerruf trotz Vertrauensschutz	239
		3. Kriterien für die Beurteilung des Vertrauensschutzes	240
		4. Zusammenfassung	241
	B.	Die Wirkung der Verfügung gegenüber den Betroffenen	242
		1. Anfechtbare Verfügungen	243
		2. Die vollstreckbaren Verfügungen	245
		2.1. Die Wiedererwägung	245
		2.2. Die Revision	247
		2.3. Einrede der mangelhaften Eröffnung	247
		2.4. Einrede der Nichtigkeit	247
4. Kapitel:	Durchsetzung der Verfügung		249
I.	Die Vollstreckung		249
	A.	Einleitung	249
	B.	Die Funktion der Vollstreckung	250
		1. Allgemeines	250
		2. Grundsätze der Vollstreckung	250
		3. Einreden gegen die Vollstreckung	251
	C.	Mittel der Vollstreckung	252
		1. Die Schuldbetreibung	252
		2. Die Ersatzvornahme	253
		3. Der unmittelbare Zwang	253
		4. Art. 292 StGB	254
II.	Weitere Massnahmen zur Durchsetzung des Verwaltungsrechts		255
	A.	Allgemeines	255
	B.	Präventive Massnahmen	256

C. Repressive Massnahmen		258
1. Die strafrechtlichen Massnahmen		258
1.1. Wesen und Bedeutung des Verwaltungsstrafrechts		258
1.2. Das Verwaltungsstrafrecht des Bundes (SR 313.0)		259
1.3. Zusammenfassung		262
2. Weitere Massnahmen		263
2.1. Disziplinarmassnahmen		263
2.2. Die Verweigerung einer Leistung		266
2.3. Der Widerruf von Bewilligungen		267

4. Teil: Eigentum und Sachherrschaft im öffentlichen Recht — 269

1. Kapitel: Die Eigentumsgarantie — 271
  - I. Funktion des Eigentums — 271
  - II. Inhalt der Eigentumsgarantie — 274
  - III. Die Schranken der Eigentumsgarantie im Bodenrecht — 275
    - A. Knappheit des Bodens — 276
    - B. Planung der Siedlungsentwicklung — 277
    - C. Erschliessungsrecht — 279
      - 1. Allgemeines — 279
      - 2. Versorgung — 279
        - 2.1. Wasser- und Energieversorgung — 279
        - 2.2. Strassenerschliessung — 280
      - 3. Entsorgung — 280
    - D. Zusammenfassung — 281
      - 1. Abhängigkeit des Eigentums — 281
      - 2. Schutz des Eigentums — 282

2. Kapitel: Enteignung und Eigentumsbeschränkung — 283
  - I. Formelle Enteignung — 283
    - A. Möglichkeiten des Gemeinwesens zur Aneignung von Sachen im Privatbesitz — 283
      - 1. Die Enteignung — 283
      - 2. Kauf, Tausch, Miete, Pacht — 284
      - 3. Konfiskation und Verstaatlichung — 285
      - 4. Schädigende Handlung von Beamten — 285
      - 5. Abgaberecht — 286
      - 6. Landumlegung — 286
    - B. Grundsätze des Enteignungsrechts — 288
      - 1. Gegenstand der Enteignung — 288
      - 2. Der Grundsatz der Verhältnismässigkeit — 289
      - 3. Das öffentliche Interesse — 290
      - 4. Die gesetzliche Grundlage — 292

		5. Die volle Entschädigung	292
		5.1. Grundsätze für die Berechnung	292
		5.2. Berechnungsmethoden	294
		5.2.1. Vergleichsmethode	294
		5.2.2. Rückwärtsmethode	294
		5.2.3. Differenzmethode	294
	C.	Das Enteignungsverfahren	295
		1. Grundsatz	295
		2. Planauflage	295
		3. Einigungsverfahren	296
		4. Einspracheentscheid	297
		5. Schätzungsverfahren	297
		6. Abgekürztes Verfahren – Vorzeitige Besitzeinweisung	297
		7. Rückforderung	298
II.	Die Eigentumsbeschränkung		298
	A.	Die materielle Enteignung	299
		1. Begriff	299
		2. Probleme des Sonderopfers	300
	B.	Die entschädigungslose Eigentumsbeschränkung	301
		1. Nutzungsbeschränkungen	301
		1.1. Die polizeiliche Eigentumsbeschränkung	301
		1.2. Der nicht-tiefgreifende Eingriff in das Eigentum	302
		1.3. Zeitlich beschränkte Eigentumsbeschränkungen	302
		2. Verfügungsbeschränkungen	302
3. Kapitel:	Die Staats- und Beamtenhaftung		305
I.	Allgemeines		306
	A.	Die Staats- und Beamtenhaftung im System des Verwaltungsrechts	306
	B.	Die Funktion und die Bedeutung des Haftungsrechts des Gemeinwesens	309
		1. Historische Entwicklung	309
		2. Grundsätze des Haftungsrechts	310
II.	Die verschiedenen Haftungssysteme		313
	A.	Das Haftungssubjekt	313
	B.	Haftung für rechtswidriges, Haftung für schuldhaftes Handeln	313
	C.	Verfahren	314
III.	Voraussetzung der Haftung		314
	A.	Der Schaden	314
	B.	Widerrechtlichkeit	315
		1. Allgemeines	315
		2. Voraussetzungen der Widerrechtlichkeit	317
		2.1. Formelle Widerrechtlichkeit	317
		2.2. Materielle Widerrechtlichkeit	317

		2.3. Widerrechtliche Handlungen	317
		2.3.1. Verbale Handlungen (Auskünfte)	317
		2.3.2. Tathandlungen	319
		2.3.3. Unterlassungen	319
		C. Begriff des Beamten	320
		D. Die dienstliche Verrichtung	321
		E. Kausalzusammenhang	322
		F. Das Verschulden	323
	IV.	Besondere Fragen	323
		A. Die Haftung für rechtmässige Schädigungen	323
		B. Die Haftung des Staates nach Privatrecht	324
		C. Der Ausschluss der Haftung in besonderen Fällen	325
		D. Haftung des Beamten gegenüber dem Staat	326
		E. Die ungerechtfertigte Bereicherung	326
4. Kapitel:		Das öffentliche Sachenrecht	329
	I.	Allgemeines	329
		A. Gegenstand des öffentlichen Sachenrechts	329
		B. Anwendbares Recht	331
		1. Öffentlich-rechtliche Lösung	331
		2. Privatrechtliche Lösung	331
		3. Gemischte Lösung	332
		4. Schweizerische Lösung	332
		C. Begriff und Arten der öffentlichen Sachen	333
		1. Öffentliche Sachen im weitesten Sinne	333
		2. Öffentliche Sachen im weiteren Sinne	335
		3. Öffentliche Sachen im engsten Sinne	336
	II.	Die öffentlichen Sachen in anstaltlicher Nutzung	336
		A. Öffentliche oder privatrechtliche Nutzung	338
		B. Die Zulassung zur Anstalt	339
		1. Anspruch auf Zulassung	339
		2. Kriterien der Zulassungsbeschränkung	340
		3. Rechtsmittel gegen die Zulassungsverweigerung	341
		C. Das Rechtsverhältnis zwischen Anstalt und Anstaltsbenützer	342
		1. Entgelt oder Gebühr	342
		2. Das Benutzungsverhältnis	343
		3. Sonderrechte	344
		D. Die Auflösung des Anstaltsverhältnisses	345
	III.	Öffentliche Sachen im Gemeingebrauch	346
		A. Allgemeines	346
		1. Arten der Nutzung	346
		1.1. Gemeingebrauch	346
		1.2. Gesteigerter Gemeingebrauch	346
		1.3. Sondernutzung	347

		2. Widmung — Entwidmung	347
		3. Probleme der Nutzung	347
	B.	Das Strassenrecht	349
		1. Der Gemeingebrauch an Strassen	350
		2. Der gesteigerte Gemeingebrauch	352
		3. Die Sondernutzung	354
		4. Die Widmung	354
		5. Nachbarrecht	355
	C.	Die Gewässer	355
		1. Allgemeines	356
		2. Die Hoheit über die Gewässer	357
		2.1. Probleme der Hoheitsgewalt	357
		2.2. Der Inhalt des Hoheitsrechts	358
		2.3. Quellen	359
		3. Die Nutzung des Wassers	359
		3.1. Arten der Nutzung	359
		3.2. Kompetenzen von Bund und Kantonen	360
		3.3. Regelungen des Gewässerschutzes	360
	D.	Die Luft	362

5. Teil: **Das Organisationsrecht der Verwaltung** — 365

1. Kapitel: Grundfragen der Organisation und Führung in der Verwaltung — 367

I. Verfassungsrechtliche und rechtsstaatliche Grundbedingungen für die Verwaltungsorganisation — 368
   A. Unterschiede zwischen Verwaltung und Privatwirtschaft — 368
   B. Integration in die staatliche Organisationsstruktur — 373
   C. Organisationsgewalt — Führungskompetenz — 374
   D. Starre Regelungen der Zuständigkeit — 374

II. Organisations- und Führungsprobleme — 375
   A. Allgemeines — 375
   B. Delegation von Entscheidungsbefugnissen — 376
   C. Sachliche und territoriale Dezentralisation — 378
      1. Sachliche Dezentralisation — 378
      2. Territoriale Dezentralisation — 378
         2.1. Hoher Autonomiegrad der Untersysteme — 378
         2.2. Territoriale Dezentralisation mit geringer Autonomie der Untersysteme — 379
      3. Rechtsschutz — 379
      4. Planung und Aufsicht — 380

	D. Information und Sanktionen	380
	1. Information	380
	2. Massnahmen	381
	2.1. Präventive Massnahmen	381
	2.2. Repressive Massnahmen	382
	2.2.1. Kreisschreiben	382
	2.2.2. Verweigerung von Leistungen	383
	2.2.3. Ersatzvornahme	383
	2.2.4. Aufhebung von Entscheidungen	384
	2.3. Disziplinarische Massnahmen	384
2. Kapitel:	Das öffentliche Dienstrecht	387
I.	Grundprobleme	387
	A. Allgemeines	387
	B. Arten des staatlichen Arbeitsverhältnisses	390
	1. Die öffentlich-rechtliche Anstellung	390
	2. Bedienstete mit einem privatrechtlichen Anstellungsvertrag	391
II.	Grundsätze des öffentlichen Dienstrechts	392
	A. Entstehung und Begründung des Dienstverhältnisses	392
	B. Pflichten der Beamten	393
	1. Streikverbot der Beamten	395
	2. Die Amtsverschwiegenheit	396
	3. Disziplinarische Befugnisse	397
	C. Die Rechte der Beamten	397
	D. Beendigung des Dienstverhältnisses	398
	1. Die Nichtwiederwahl	398
	2. Beendigung des Dienstverhältnisses während der Amtszeit	400
	3. Rechtsschutz	401
3. Kapitel:	Organisationsformen der Verwaltung	403
I.	Grundbegriffe	403
	A. Begriffe	403
	1. Organisation und Organisationsgewalt	403
	1. Zuständigkeit	405
	3. Das Amt	405
	4. Die Behörde	406
	5. Das Organ	406
	5.1. Begriff	406
	5.2. Arten von Organen	407
	5.3. Kollegialorgane	408
	B. Organisationsarten	409
	1. Mitgliedschaftlich organisierte Organisationen	409
	2. Herrschaftlich organisierte Organisationen	409
	3. Selbständige — unselbständige Organisationen	410
	4. Organisationen des öffentlichen und des Privatrechts	411

II.		Die Organisation der Zentralverwaltung	412
	A.	Die Stellung und Aufgabe der Exekutive	413
		1. Stellung des Bundesrates oder des Regierungsrates der Kantone	413
		2. Die Aufgaben des Bundesrates	415
	B.	Die Departemente	417
	C.	Probleme der Planung	419
III.		Gemeindeverwaltung und Organisationsformen der staatlichen Leistungsverwaltung	419
	A.	Verwaltung durch die Gemeinden	419
		1. Wesen und Aufgabe der Gemeinden	420
		1.1. Die Entwicklung der Gemeinden	420
		1.2. Aufgaben der Gemeinden	421
		1.3. Aufgabenverteilung zwischen den Gemeinden	422
		1.4. Arten der Gemeinden	423
		2. Rechtsgrundlagen der Gemeinden	424
		3. Der Bestand und die Autonomie der Gemeinden	425
		3.1. Der Bestand der Gemeinden	425
		3.2. Autonomie der Gemeinden	425
		3.2.1. Eigener — übertragener Wirkungsbereich	426
		3.2.2. Schutz der Gemeindeautonomie durch das Bundesgericht	426
		3.3. Finanzhoheit der Gemeinden	427
		3.4. Die Aufsicht des Kantons	428
		4. Zusammenschluss von Gemeinden	429
		4.1. Zweckverband	429
		4.2. Regionalverband	429
		4.3. Eingemeindung	430
		5. Organisation der Gemeinden	430
		5.1. Die Stimmberechtigten	430
		5.2. Gemeindeparlament	431
		5.3. Die Exekutive	432
	B.	Organisationsformen der staatlichen Leistungsverwaltung	432
		1. Organisation des staatlichen Subventionswesens	432
		1.1. Allgemeines	433
		1.2. Die Zuweisung der Beiträge	434
		1.2.1. Zuweisung durch die Zentralverwaltung	434
		1.2.2. Zuweisung durch unabhängige Institutionen	434
		2. Die Verwirklichung besonderer staatlicher Aufgaben	435
		2.1. Die Wahrnehmung staatlicher Aufgaben im Rahmen der Monopolverwaltung	436
		2.1.1. Allgemeines	436
		2.1.2. Anstalten im Bereich der Monopolverwaltung	437
		2.1.3. Konzessionen	439
		2.1.4. Die Zwangsgenossenschaft	440
		2.1.5. Aktiengesellschaften	441

		2.2. Zusammenarbeit von Staat und Gesellschaft ausserhalb des staatlichen Monopolbereiches	443
		2.2.1. Bildung	443
		2.2.2. Versicherungswesen	444
		2.3. Delegation von staatlichen Aufgaben an Private	445
		2.4. Beteiligung des Staates an privaten gesellschaftlichen Vereinbarungen	446

4. Kapitel: Grundfragen der Verwaltungskontrolle 447

I. Allgemeines 447

II. Finanzkontrolle 448

    A. Allgemeines 449
    B. Die Organisation des Finanzwesens im Gemeinwesen 449
       1. Die Einnahmen des Gemeinwesens 449
       2. Ausgaben 450
          2.1. Verpflichtungskredite 451
          2.2. Budget oder Voranschlag 451
          2.3. Langfristige Finanzplanung 453
       3. Die Organisation der Finanzkontrolle 454
       4. Finanzkontrolle des Parlamentes 455

III. Die allgemeine Kontrolle der Geschäftsführung 456

    A. Die Kontrolle der Geschäftsführung 457
       1. Aufgabe der Geschäftsprüfungskommissionen 457
       2. Der Ombudsmann 458
    B. Auskunftsrechte der parlamentarischen Kommissionen 459
    C. Einflussmöglichkeiten des Parlamentes auf die Verwaltung 461

Sachregister 463

Abkürzungsverzeichnis

a.	=	auch
Abs.	=	Absatz/Absätze
AGVE	=	Aargauische Gerichts- und Verwaltungsentscheide
AHV	=	Alters- und Hinterlassenenversicherung
AGVG	=	BG vom 20. Dez. 1946 über die Alters- und Hinterlassenenversicherung
ANAG	=	BG vom 26. März 1931 über Aufenthalt und Niederlassung der Ausländer
AöR	=	Archiv des öffentlichen Rechts
Art.	=	Artikel
ArG	=	BB vom 13. März 1964 über die Arbeit in Industrie, Gewerbe und Handel (Arbeitsgesetz)
ASA	=	Archiv für schweizerisches Abgaberecht
Aufl.	=	Auflage
AVE	=	Allgemeinverbindlicherklärung
AVEG	=	BG vom 28. Sept. 1956 über die Allgemeinverbindlicherklärung von Gesamtarbeitsverträgen
BB	=	Bundesbeschluss
B-B	=	Der Betriebs-Berater, Zeitschrift für Recht und Wirtschaft
BBl	=	Bundesblatt
Bd.	=	Band
BGBl	=	Bundesgesetzblatt (Deutschland)
BG	=	Bundesgesetz
BGE	=	Amtliche Sammlung der Entscheidungen des Schweizerischen Bundesgerichts
BJM	=	Basler Juristische Mitteilungen
BlSchKG	=	Schweizerische Zeitschrift für Schuldbetreibung und Konkurs, seit 1937 Blätter für Schuldbetreibung und Konkurs
BRD	=	Bundesrepublik Deutschland
BtG	=	BG vom 30. Juni 1927 über das Dienstverhältnis der Bundesbeamten
BV	=	Bundesverfassung der Schweizerischen Eidgenossenschaft vom 29. Mai 1874
BVerGE	=	Entscheidungen des Bundesverfassungsgerichts
bzw.	=	beziehungsweise
ca.	=	zirka
CK	=	Chefbeamtenkonferenz
d.h.	=	das heisst
Diss.	=	Dissertation
DJT	=	Deutscher Juristentag
DöV	=	Die öffentliche Verwaltung
dt.	=	deutsch
DVBl	=	Deutsches Verwaltungsblatt
E.	=	Erwägung
ebd.	=	ebenda
EBG	=	Eisenbahngesetz vom 20. Dez. 1957
éd.	=	édition

EGG	=	BG vom 12. Juni 1961 über die Erhaltung des bäuerlichen Grundbesitzes
eidg.	=	eidgenössisch
EMD	=	Eidg. Militärdepartement
EMRK	=	Europ. Menschenrechtskonvention
EntG	=	BG vom 20. Juni 1930 über die Enteignung
Entw.	=	Entwurf
ETH	=	Eidgenössische Technische Hochschule(n)
EuGRZ	=	Europäische Grundrechte-Zeitschrift
europ.	=	europäisch
ev.	=	eventuell
EVGE	=	Entscheidungen des Eidgenössischen Versicherungsgerichts
EVwOG	=	Entwurf zu einem BG über die Organisation der Bundesverwaltung
f./ff.	=	und folgende (Seite/Seiten)
Fasc.	=	Fascicule
FHG	=	BG vom 18. Dez. 1968 über den eidgenössischen Finanzhaushalt
FPolG	=	BG vom 11. Okt. 1902 betreffend die eidgenössische Oberaufsicht über die Forstpolizei
FPolV	=	Vollziehungsverordndungen vom 1. Oktober 1965 zum FPolG
FS	=	Festschrift
GarG	=	BG vom 26. März 1934 über die politischen und polizeilichen Garantien zugunsten der Eidgenossenschaft
GG	=	Grundgesetz der Bundesrepublik Deutschland vom 23. Mai 1949
GGF	=	Genossenschaft für Getreide und Futtermittel
GKP	=	generelles Kanalisationsprojekt
GschG	=	BG vom 8. Okt. 1971 über den Schutz der Gewässer gegen Verunreinigung
GVG	=	BG vom 23. März 1962 über den Geschäftsverkehr der Bundesversammlung sowie über die Form, die Bekanntmachung und das Inkrafttreten ihrer Erlasse
H.	=	Heft
Habil.	=	Habilitation
HFFG	=	Entwurf zu einem BG über die Förderung der Hochschulen und die Forschung
HGF	=	Handels- und Gewerbefreiheit
Hrsg.		Herausgeber
insbes.	=	insbesondere
iur.	=	iuristisch
IV	=	Invalidenversicherung
JdT	=	Journal des Tribunaux
Jh.	=	Jahrhundert
JuS	=	Juristische Schulung
JZ	=	Deutsche Juristenzeitung
kant.	=	kantonal
Kap.	=	Kapitel
KG	=	BG vom 20. Dez. 1962 über Kartelle und ähnliche Organisation
KUV	=	Kranken- und Unfallversicherung
lit.	=	litera
LwG	=	BG vom 3. Okt. 1951 über die Förderung der Landwirtschaft und die Erhaltung des Bauernstandes (Landwirtschaftsgesetz)

MBVR	=	Monatsschrift für bernisches Verwaltungsrecht und Notariatswesen
MDR	=	Monatsschrift für Deutsches Recht
MO	=	Militärorganisation der Schweizerischen Eidgenossenschaft vom 12. April 1907
MStG	=	Militärstrafgesetz vom 13. Juni 1927
NF	=	Neue Folge
NBG	=	BG vom 23. Dez. 1953 über die Schweizerische Nationalbank
NHG	=	BG vom 1. Juli 1966 über den Natur- und Heimatschutz
NJW	=	Neue Juristische Wochenschrift
NOK	=	Nordostschweizerische Kraftwerke AG
NSG	=	BG vom 8. März 1960 über die Nationalstrassen
OG	=	BG vom 16. Dez. 1943 über die Organisation der Bundesrechtspflege
OR	=	BG vom 30. März 1911 betreffend die Ergänzung des Schweizerischen Zivilgesetzbuches (Fünfter Teil: Obligationenrecht)
ORL	=	Institut für Orts-, Regional- und Landesplanung ETH Zürich
PTT	=	Post-, Telefon- und Telegrafenbetriebe
PTT-OG	=	BG vom 6. Okt. 1960 über die Organisation der Post-, Telefon- und Telegrafenbetriebe
RDAF	=	Revue de droit administratif et de droit fiscal
RDP	=	Revue de droit public et de la science politique en France et à l'étranger
RLG	=	BG vom 4. Okt. 1963 über Rohrleitungsanlagen zur Beförderung flüssiger oder gasförmiger Brenn- oder Treibstoffe
RPG	=	Entwurf zu einem BG über die Raumplanung
S.	=	Seite(n)
s.	=	siehe
SBB	=	Schweizerische Bundesbahnen
SBBG	=	BG vom 23. Juni 1944 über die schweizerischen Bundesbahnen
SchKG	=	BG vom 11. April 1889 über Schuldbetreibung und Konkurs
schweiz.	=	schweizerisch
SJZ	=	Schweizerische Juristen-Zeitung
SR	=	Systematische Sammlung des Bundesrechts
SRG	=	Schweizerische Radio- und Fernsehgesellschaft
StGB	=	Schweizerisches Strafgesetzbuch vom 21. Dez. 1937
SUVA	=	Schweiz. Unfallversicherungsanstalt
SVG	=	BG vom 19. Dez. 1958 über den Strassenverkehr
TR	=	Reglement vom 2. Okt. 1967 über den Transport auf Eisenbahnen und Schiffen
TVG	=	BG vom 14. Okt. 1922 betreffend den Telegrafen- und Telefonverkehr
u.a.	=	und andere
VA	=	Verwaltungsarchiv, Zeitschrift für Verwaltungslehre, Verwaltungsrecht und Verwaltungspolitik
VAG	=	BG vom 25. Juni 1885 betreffend Beaufsichtigung von Privatunternehmungen im Gebiete des Versicherungswesens
VEB	=	Verwaltungsentscheide der Bundesbehörden (1927—1963)
Verh.	=	Verhandlung(en)
VG	=	BG vom 14. März 1958 über die Verantwortlichkeit des Bundes sowie seiner Behördemitglieder und Beamten

vgl.	=	vergleiche
VP	=	Verwaltungspraxis, Monatsschrift für die Verwaltung
VPB	=	Verwaltungspraxis der Bundesbehörden (ab 1964, früher VEB)
VSETH	=	Verein der Studenten der ETH
VStrR	=	BG vom 22. März 1974 über das Verwaltungsstrafrecht
VVDStRL	=	Veröffentlichungen der Vereinigung der deutschen Staatsrechtslehrer
VwGO	=	Deutsche (Bundes-)Verwaltungsgerichtsordnung vom 21. Jan. 1960
VwOG	=	BG vom 26. März 1914 über die Organisation der Bundesverwaltung
VwVG	=	BG vom 20. Dez. 1968 über das Verwaltungsverfahren
WuR	=	Wirtschaft und Recht, Zeitschrift für Wirtschaftspolitik und Wirtschaftsrecht
z.B.	=	zum Beispiel
ZbJV	=	Zeitschrift des bernischen Juristenvereins
ZBl	=	Schweiz. Zentralblatt für Staats- und Gemeindeverwaltung
ZBR	=	Zeitschrift für Beamtenrecht
ZG	=	Zollgesetz vom 1. Okt. 1925
ZGB	=	Schweizerisches Zivilgesetzbuch vom 10. Dez. 1907
ZH	=	Zürich
Ziff.	=	Ziffer(n)
ZSR	=	Zeitschrift für schweizerisches Recht
ZR	=	Blätter für Zürcherische Rechtsprechung
ZStrR	=	Schweizerische Zeitschrift für Strafrecht

1. Teil: Stellung und Aufgabe des Verwaltungsrechts im modernen Gemeinwesen

1. Kapitel: Einführung in die Probleme des Verwaltungsrechts

I. Einleitung

LITERATUR: ADAMOWICH L., Handbuch des österreichischen Verwaltungsrechts, 5. Aufl., 2 Bde., Wien 1953/54; ANTONIOLLI W., Allgemeines Verwaltungsrecht, Wien 1954; BACHOF O., Verfassungsrecht, Verwaltungsrecht, Verfahrensrecht in der Rechtsprechung des Bundesverwaltungsgerichts I.Bd., 3.Aufl., Tübingen 1966, II.Bd. ebd. 1967; BENOIT F.-P., Le droit administratif français, Paris 1968; DEMBOUR J., Droit administratif, 2.Aufl., La Haye 1972; ERICHSEN H.-U., MARTENS W. (Hrsg.), Allgemeines Verwaltungsrecht, Berlin, New York 1975; FLEINER F., Institutionen des Deutschen Verwaltungsrechts, 8.Aufl., Tübingen 1928, 2.Neudruck, Aalen 1963; FORSTHOFF E., Lehrbuch des Verwaltungsrechts, Bd.I., 10.Aufl., München 1973; GIACOMETTI Z., Allgemeine Lehren des rechtsstaatlichen Verwaltungsrechts, Zürich, Neudruck 1960; GRISEL A., Droit administratif suisse, Neuenburg 1970; IMBODEN M., RHINOW R.A., Schweizerische Verwaltungsrechtsprechung, 5.Aufl., 2 Bde., Basel, Stuttgart 1976; JELLINEK W., Verwaltungsrecht, 3.Aufl., Berlin, 1931 mit Nachtrag 1950, (Neudruck Bad Homburg 1966); LANDMANN H., GIERS W., PROKSCH E., Allgemeines Verwaltungsrecht, 4.Aufl., Düsseldorf 1969; LAUBADERE A. de, Traité de droit administratif, 6e éd., Paris 1973; MAYER F., Allgemeines Verwaltungsrecht. Eine Einführung, 3.Aufl., Stuttgart, München 1972; MERK W., Deutsches Verwaltungsrecht, I.Bd., Berlin 1962, II.Bd., ebd. 1970; PETERS H., Lehrbuch der Verwaltung, Berlin 1949; PUETTNER G., Allgemeines Verwaltungsrecht, 2.Aufl., Düsseldorf 1973; RIVERO J., Précis de droit administratif, 3e éd., Paris 1965; RUCK E., Schweizerisches Verwaltungsrecht, 3.Aufl., Zürich 1951/1953 (2 Bde.); RUPP H.H., Grundfragen der heutigen Verwaltungsrechtslehre, Tübingen 1965; SCHWARZENBACH H.R., Grundriss des allgemeinen Verwaltungsrechts, 6.Aufl., Bern 1973; TUREGG K.E. VON, KRAUS E., Lehrbuch des Verwaltungsrechts, 4.Aufl., Berlin 1962; WALINE M., Précis de droit administratif, Paris 1969; WOLFF H.J., Verwaltungsrecht II, III, 3.Aufl., München 1970, 1973; WOLFF H.J., BACHOF O., Verwaltungsrecht I, 9.Aufl., München 1974.

Von der Geburt bis zum Tode, von morgens früh bis abends spät sind wir vom Gemeinwesen und seinen Gesetzen wie von einem unsichtbaren Netz umwoben. Die meisten Menschen werden in einem staatlichen Spital geboren. Vom Moment der Geburt an sind sie Benützer einer öffentlichen Anstalt. Die Verwaltung sorgt dafür, dass Name, Geburtstag, Geburtsort und allfällige Geburtsgebrechen des Neugeborenen in die Register eingetragen werden. Das Kleinkind wird medizinisch untersucht, die Krankenkassen bewerben sich auf Grund des gesetzlichen Krankenkassenobligatoriums um seine Mitgliedschaft. Nach fünf oder sechs Jahren besucht das Kind den Kindergarten, dann die Schule. Dort wird es wiederum zu einem Anstaltsbenützer und untersteht der Aufsicht von Lehrern und Schulpflege. Der junge Mensch tritt ins Berufsleben ein und muss den im Berufsbildungsgesetz vorgesehenen staatlichen Fähigkeitsausweis erwerben. Die anschliessende Rekrutenschule sowie die militärische Laufbahn unterwerfen den jungen Erwachsenen einem besonderen staatlichen Rechtsverhältnis. Die verschiedenen Sozial- und Haftpflichtversicherungen, die abgeschlossen werden müssen, sind längst nicht mehr im Rahmen des Privatrechts, sondern von öffentlich-rechtlichen Normen geregelt. Das Sozialversicherungsrecht umfasst die AHV/IV, demnächst die berufliche Vorsorge, die Arbeitslosenversicherung und die Kranken- und Unfallversicherung. Selbst seine letzte Ruhestätte findet der Mensch in einer staatlichen Anstalt: dem Friedhof.

1. Teil / 1. Kapitel: I. Einleitung

Wo wir uns bewegen, wo wir leben, *wir sind immer von Vorschriften des Gemeinwesens umgeben*. Am Morgen lassen wir uns durch das Telephon wecken und benutzen somit eine öffentlich-rechtliche Anstalt, die PTT. Wir fahren auf der Strasse, ebenfalls einer öffentlichen Sache im Gemeingebrauch. Wir steigen in die Strassen- oder Eisenbahn, wiederum öffentliche Anstalten des Bundes oder der Gemeinden. Das Bürogebäude, das wir betreten, konnte nur kraft einer verwaltungsrechtlichen Baubewilligung erstellt werden. Seine Einrichtungen und Räume werden von der Feuer-, Gesundheits-, Gewässerschutzpolizei und von anderen Sicherheitsdiensten der Baupolizei überwacht. Am Mittag kaufen wir für das Mittagessen ein. Die Lebensmittelpolizei schützt uns vor schädlichen Lebensmitteln. Nach der Arbeit sitzen wir im Restaurant; der Wirt hat ein staatliches Wirtepatent. Wenn wir dann am Abend müde nach Hause kommen, müssen wir noch die Steuererklärung ausfüllen. «Von der Wiege bis zur Bahre, Formulare, Formulare», sagt der Volksmund.

Diese Vielfalt der Verwaltung führt notgedrungen zu einer *unübersehbaren Masse verwaltungsrechtlicher Normen*. Die *Komplexität* ist einer der Gründe, weshalb das Verwaltungsrecht so schwer verständlich ist. Während die Vorschriften des Privatrechts in zwei überschaubaren Gesetzeswerken zu finden sind, bedarf es für die Normen des Verwaltungsrechts von Bund, Kantonen und Gemeinden einer grossen Anzahl von Büchern, die dutzende von Regalen füllen.

Allein die Gesetzessammlung des Kantons Freiburg, die bis auf das Jahr 1803 zurückgeht und noch nicht systematisch geordnet ist, hat das ansehnliche Gewicht von 52 Kilogramm! Wenn wir nun diese Summe mit der Anzahl der Kantone multiplizieren, den Bund und das gesamte Gemeindeverwaltungsrecht sowie das Recht der verschiedenen Anstalten hinzufügen, ergibt dies eine Fülle von Normen, die niemand im Kopf behalten kann. Demgegenüber nehmen sich die kleinen Bändchen des Privatrechts recht bescheiden aus.

Das Verwaltungsrecht kann nicht wie das Privatrecht auf einer 2000jährigen Erfahrung aufbauen. *Die Lehren des Verwaltungsrechts sind viel später entstanden.* Sie bauen auf Grundsätzen auf, die erst im letzten Jahrhundert entwickelt wurden. Zudem unterliegt das Verwaltungsrecht einem viel stärkeren Wandel der gesellschaftlichen Verhältnisse als das Privatrecht. Aus dem absoluten, totalitären Obrigkeitsstaat preussischer Prägung hat sich der liberale Staat mit seinem begrenzten Polizeirecht entwickelt. Dieser Staat musste mehr und mehr in die Rechte der Privaten eingreifen. Die Verwirklichung des sozialen Ausgleiches erforderte den Ausbau der Sozialversicherung, die Postulate auf dem Bildungssektor führten zum Ausbau des Schul-, Berufsbildungs- und Universitätswesens. Das Gemeinwesen musste neue Aufgaben auf dem Gebiet des Verkehrs, der Infrastruktur, der Gesundheitsvorsorge und Gesundheitspflege, der Konjunkturpolitik, der Wirtschaft, der Finanz- und Strukturpolitik, des Umweltschutzes und der Raumplanung übernehmen.

Neue gesellschaftliche Ideen, wie etwa der Gedanke der Mitbestimmung, werden über kurz oder lang zu entsprechenden gesetzlichen Regelungen über das Verhältnis von Arbeitgebern und Arbeitnehmern führen. Die Konzentration grösserer Wirtschaftsgebilde, zum Beispiel die multinationalen Unternehmungen, zwingen das Gemeinwesen, im Rahmen seiner Aufsichts- und Polizeibefugnisse sicherzustellen, dass diese nicht in die staatlichen Zuständigkeitsbereiche übergreifen und öffentliche Interessen gefährden können. Überall dort, wo moderne gesellschaftliche Probleme nicht mehr auf der Ebene des Privatrechts partnerschaftlich gelöst werden können, müssen verwaltungsrechtliche Normen Platz greifen. Wenn Missbräuche verhindert werden müssen, wenn es gilt, die Schwachen gegenüber den Starken zu schützen, wenn der freie Markt nicht mehr zur gerechten Verteilung der Wirtschaftsgüter führt, wenn das allgemeine Wohl, das öffentliche Interesse auf dem Spiele steht, muss das Gemeinwesen über den Weg des Gesetzes Massnahmen zum Schutze der Allgemeinheit treffen.

Da das Verwaltungsrecht mit dem Puls der Zeit schlägt, muss es den Verhältnissen angepasst werden. — Es ist bezeichnend, dass beispielsweise das Gewässerschutzgesetz schon zehn Jahre nach Inkrafttreten revidiert werden musste. Das Umweltschutzgesetz muss noch vor Inkrafttreten den neuen Gegebenheiten und Erfordernissen der Wirtschaft und den Rezessionsproblemen angepasst werden.

Ein verwaltungsrechtliches Lehrbuch kann sich — wie schon erwähnt — kaum mit allen einschlägigen Vorschriften von Bund, Kantonen und Gemeinden befassen. Es muss sich *auf einige wesentliche Grundsätze beschränken*. Dies führt allerdings dazu, dass das Verwaltungsrecht abstrakt und oft wenig verständlich ist, weshalb wir uns bemühen wollen, diese abstrakten Prinzipien mit lebensnahen Beispielen auszufüllen. Wer das Verwaltungsrecht verstehen will, muss versuchen, die abstrakten, leblosen Rechtsinstitute und -begriffe mit seiner eigenen Phantasie zu beleben.

Das Verwaltungsrecht ist auch *vom jeweiligen politischen Regierungssystem abhängig*. Das Verwaltungsrecht der USA lässt sich mit dem unsrigen kaum vergleichen. Dagegen besteht historisch gesehen eine enge Verbindung zwischen dem schweizerischen und dem deutschen Verwaltungsrecht. Unser eigenständiges Gemeinwesen, die Entwicklung der Verwaltungsgerichtsbarkeit in Bund und Kantonen, die Kodifikation des Verwaltungsverfahrens auf Bundesebene und die besonderen Probleme unserer kollegialen, vom Parlament unabhängigen Exekutive haben allmählich zu einer entscheidenden Verselbständigung des schweizerischen Verwaltungsrechts geführt.

II. Die Grundprobleme des Verwaltungsrechts

LITERATUR: BACHOF O., Über die Entwicklungstendenzen im gegenwärtigen Verwaltungsrecht, in: Staatsbürger und Staatsgewalt, Jubiläumsschrift zum 100jährigen Bestehen der deutschen Verwaltungsgerichtsbarkeit, Karlsruhe 1963; BACHOF O., BROHM W., Die Dogmatik des Verwaltungsrechts vor den Gegenwartsaufgaben der Verwaltung VVDStRL, 30, 1972, S. 193 ff., S. 245 ff.; BADURA P., Verwaltungsrecht im liberalen und im sozialen Rechtsstaat, Tübingen 1966; DERSELBE, Das Verwaltungsrecht des liberalen Rechtsstaates, Göttingen 1967; BERNET F., Das öffentliche Interesse als Grundlage der Verwaltungstätigkeit, SJZ 72, 1976, S. 217 ff.; BLANC J.-P., Das öffentliche Interesse als Voraussetzung der Enteignung, Diss. Zürich 1967; BURCKHARDT W., Die Organisation der Rechtsgemeinschaft, Basel 1927; DERSELBE, Methode und System des Rechts, Zürich 1936, Neudruck Zürich 1971; CHEVALLIER J.,

L'intérêt général dans l'administration française. Revue internationale des sciences administratives 41, 1975, S. 325 ff.; DÜRIG G., Die konstanten Voraussetzungen des Begriffs «Öffentliches Interesse», Diss. iur. München 1949; ERICHSEN H.U., Verwaltungsrecht und Verwaltungsprozessrecht, 1975; FACH W., Begriff und Logik des «öffentlichen Interesses». Archiv für Rechts- und Sozialphilosophie 60, 1974, H.2, S.231 ff.; FRIAUF K.H., Grundfragen der heutigen Verwaltungsrechtslehre, in: Der Staat 9 (1970) S.223 ff.; HÄBERLE P., Öffentliches Interesse als juristisches Problem, Bad Homburg 1970; HERZOG R., Verwaltung und Verwaltungsrecht in der freiheitlichen Industriegesellschaft, 1970; HUBER H., Das Gemeinwohl als Voraussetzung der Enteignung, ZSR NF 84 I, 1965, S. 39 ff.; KLEIN W., Zum Begriff des öffentlichen Interesses, Diss. iur. München 1969; LEISNER W., Privatinteressen als öffentliches Interesse, DöV 23, 1970, S. 217 ff.; MARTENS W., Öffentlich als Rechtsbegriff, Bad Homburg 1969; MERZ H., Privatrechtliche und öffentlichrechtliche Ordnungen, Spiegelungen eines einzigen Leitgedankens. Schweizerische Wirtschaftspolitik zwischen gestern und morgen. Festgabe zum 65.Geburtstag von Hugo Sieber, Bern 1976, S.31 ff.; MÖHRING PH., Verfassungsgerichtliche Wertentscheidungen. Dimensionen des Rechts, Gedächtnisschrift für René Marcic, Berlin 1974, S.575 ff.; MÜHL O., Die Ausgestaltung des Nachbarrechtsverhältnisses in privatrechtlicher und öffentlich-rechtlicher Hinsicht, in: Funktionswandel der Privatrechtsinstitutionen, Festschrift für Ludwig Raiser zum 70.Geburtstag, Tübingen 1974, S.159 ff.; MÜLLER G., Interessenabwägung im Verwaltungsrecht, ZBl 73, 1972, S. 337 ff.; ROELLECKE G., Grundbegriffe des Verwaltungsrechts, 1972; SALADIN P., Verwaltungsprozessrecht und materielles Verwaltungsrecht. Einwirkungen des Verwaltungsverfahrensrechts im Bund auf das materielle Verwaltungsrecht, ZSR NF 94 II, 1975, S. 307 ff.; SAVATIER R., Du droit civil au droit public. A travers les personnes, les biens et la responsabilité civile, 2. Aufl., Paris 1950; SPANNER H., WERNER F., Empfiehlt es sich, den allgemeinen Teil des Verwaltungsrechts zu kodifizieren? in: Verhandlungen des 43. Deutschen Juristentages, München 1960; STEIGER R., Zur Entscheidung kollidierender öffentlicher Interessen bei der politischen Planung als rechtlichem Problem, in: Fortschritte des Verwaltungsrechts, Festschrift für H.J. Wolff zum 75. Geburtstag, München 1973, S. 385 ff.; STOLLEIS M., Öffentliches Interesse als juristisches Problem, VA 65, 1974, S. 1 ff.; SUHR R., Möglichkeiten und Grenzen der Kodifizierung des allgemeinen Teils des schweizerischen Verwaltungsrechts. Diss. iur. Zürich 1975, Zürcher Beiträge zur Rechtswissenschaft, NF 465; WENSTENFELD W., Die Bedeutung des «Gemeinwohls» im Rechts- und Staatsdenken der Gegenwart, Diss. Münster 1962; *Wohl der Allgemeinheit und öffentliches Interesse*, Schriftenreihe der Hochschule Speyer, Bd. 39, Berlin 1968 (mit Beiträgen von Ryffel, Mornstein Marx, Schnur, Becker, Schaeder, Rupp, Ule); WINKLER G., Wertbetrachtungen im Recht und ihre Grenzen. Forschung aus Staat und Recht 12, Wien, New York 1969; ZIPPELIUS R., Wertungsprobleme im System der Grundrechte, München 1962.

Wer sich ein Schwimmbad bauen möchte und über genügende Mittel verfügt, beauftragt damit einen geeigneten Unternehmer. Im Vertrag wird der Umfang der Rechte und Pflichten der Vertragspartner festgelegt. Dabei können beide Partner frei über die vertraglich festzulegenden Rechte und Pflichten bestimmen.

Viel schwierigere Probleme stellen sich, wenn ein Hauseigentümer, der nicht über genügend eigene Mittel verfügt, versuchen möchte, gemeinsam mit seinen Nachbarn ein Schwimmbad zu bauen. Soll das Projekt gelingen, müssen sich die Interessenten über die Verteilung der Lasten einigen. Es muss entschieden werden, wie die Zusammenarbeit organisiert wird und wie hoch der Beitrag eines jeden Nachbarn sein soll; wer für die Verwaltung und Organisation aufzukommen hat; wer mit dem Unternehmer welchen Vertrag abschliessen will; wie die späteren Verwaltungsbeiträge zu berechnen sind; wer über die Nutzungsordnung zu entscheiden hat usw. usw. Voraussetzung für das Gelingen des Projektes ist die Errichtung einer gemeinsamen Gesellschaft, der die Mitglieder unterstellt sind. In dieser Gesellschaft werden die Mitglieder mit Mehrheit über Rechte und Pflichten entscheiden, wobei sich die Minderheit der Mehrheit fügen muss.

Jedermann entscheidet aber frei über den Beitritt zur Gesellschaft. Die Gesellschaft kann keinem Mitglied Rechte und Pflichten auferlegen, die über ihren Zweck hinausgehen. So kann die Mehrheit nicht plötzlich entscheiden, anstelle des Schwimmbades einen Tennisplatz zu errichten, sofern der Tennisplatz im Zweck des Vertrages nicht vorgesehen ist. Die Entscheidungsbefugnis der Mehrheit wird durch den Zweck des Gesellschaftsvertrages begrenzt. Zudem wird jedes Mitglied im Rahmen des Gesellschaftsvertrages aus dieser Gesellschaft austreten können.

Ganz anders ist die öffentlich-rechtliche Körperschaft organisiert. Will nämlich eine Gemeinde ein Schwimmbad bauen, kann sie diesen Entscheid auch gegen eine Minderheit fällen. Die Minderheit muss sich der Mehrheit fügen. Die Gemeinde kann sogar Grundstücke enteignen, um darauf das Schwimmbad zu bauen, wenn sie nicht genügend eigenes Land besitzt, das sich für diesen Zweck eignet.

Mit diesem Beispiel lässt sich der Unterschied zwischen dem öffentlichen und dem Privatrecht deutlich aufzeigen. *Das Privatrecht lässt den einzelnen die Freiheit, gegenseitige Rechte und Pflichten vertraglich festzulegen. Der Vertragsinhalt bestimmt sich nach der Interessenlage und den Einflussmöglichkeiten der Verhandlungspartner. Im öffentlichen Recht dagegen werden Rechte und Pflichten des einzelnen durch Mehrheitsbeschluss in Gesetz und Verordnung allgemein festgelegt und durch Entscheid der Verwaltung im Einzelfall konkretisiert. Das Privatrecht geht von der rechtlichen Gleichstellung der Partner aus, im Verwaltungsrecht haben wir es mit zwei ungleichen Partnern zu tun: Gemeinwesen — einzelner.*

Die privatrechtliche Gesellschaft kennzeichnet gewissermassen den allmählichen Übergang von der reinen Privatautonomie bis zur hoheitlichen Festlegung von Rechten und Pflichten durch den staatlichen Verband. Über Beitritt und Umfang der statutarischen Verpflichtungen kann jeder Gesellschafter frei entscheiden, nachher muss er sich der Mehrheit unterziehen. Über die «statutarischen» oder verfassungsrechtlichen Verpflichtungen des staatlichen Verbandes entscheidet demgegenüber die Mehrheit. Den Verpflichtungen des Gemeinwesens kann man sich nur durch den Wechsel des Wohnsitzes entziehen.

Im Gegensatz zur privaten Gesellschaft beschränkt sich der Zweck des staatlichen Verbandes nicht auf eine engumschriebene, bestimmte Aufgabe. Er muss für das Wohl aller Bürger sorgen. Eine privatrechtliche Gesellschaft darf nur im Rahmen des Zweckes tätig werden, den ihr die Mitglieder aufgetragen haben.

Neben der Zweckbegrenzung unterscheidet sich die Gesellschaft des Privatrechts vom staatlichen Verband auch aus folgendem Grund: *Der staatliche Verband kann seine Entscheidungen mit staatlicher Macht durchsetzen.* Die private Gesellschaft muss ihre Rechte durch den Richter anerkennen lassen. Sofern der Beklagte seine Rechtspflichten bestreitet, kann sie den staatlichen Verband erst in Anspruch nehmen und mit Hilfe der Vollstreckungsorgane ihre Rechte durchsetzen, wenn die Rechtspflichten des Beklagten in einem rechtskräftigen Urteil bekräftigt sind. Der Staat ist nur dann bereit, das Privatrecht bedingungslos zu vollstrecken, wenn die privatrechtlichen Ansprüche durch den Richter geklärt sind. Rechtskräftige Verfügungen der Verwaltung hingegen sind unmittelbar vollstreckbar.

Trotzdem bestehen Ähnlichkeiten zwischen der privatrechtlichen Gesellschaft und einer Gemeindeorganisation. Die Mitglieder der Gesellschaft müssen sich nämlich ebensosehr wie die Gemeindemitglieder dem Willen der Mehrheit unterziehen. Hat die Mehrheit einmal entschieden, muss jedes einzelne Mitglied die entsprechenden Rechtspflichten übernehmen. Auch in der Gemeinde kann die Mehrheit dem einzelnen einseitig Rechte und Pflichten auferlegen. *Grundlage* dieser einseitigen Rechtspflicht ist aber nicht irgendein Gemeindevertrag, sondern *die Verfassung und das Gesetz.* Der Beschluss, der von der Mehrheit aller Gemeindemitglieder im Rahmen des kantonalen Gesetzes angenommen wurde, ersetzt die Willensübereinstimmung der Vertragspartner.

Weshalb ist das zulässig ? Die Gemeinde kann den einzelnen nur dann einseitige Verpflichtungen auferlegen, wenn sie im öffentlichen Interesse handelt. *Das öffentliche Interesse ist gleichsam der Verbandszweck des Gemeinwesens. Nur im Rahmen des öffentlichen Interesses kann die Mehrheit der Minderheit gegen ihren Willen Verpflichtungen auferlegen.* So wäre es beispielsweise unzulässig, wollte die Gemeinde beschliessen, eine Boutique von Dior oder Helena Rubinstein durch die Gemeindeverwaltung betreiben zu lassen. Sie darf nur im Rahmen des öffentlichen Interesses zur Verwirklichung ursprünglicher oder ihr übertragener kantonaler Aufgaben tätig werden. Ihr Zuständigkeitsbereich ist in der Verfassung, im Gesetz und im Gewohnheitsrecht festgelegt.

Was für besondere Probleme ergeben sich aus diesen grundlegenden Unterschieden zwischen dem privaten und dem öffentlichen Recht ?

A. Wertungsprobleme

Da jede Entscheidung des Gemeinwesens an den Staatszweck, d.h. das öffentliche Interesse, gebunden ist, stehen im Verwaltungsrecht Wertungsfragen im Vordergrund. Eine Wertentscheidung ist beispielsweise die Frage, ob die Errichtung eines Schwimmbades Gemeindeaufgabe sei. Vor 50 Jahren hätte dies jedermann verneint. Heute, im Zeitalter der Fitness-Clubs und der Präventivmedizin, wird niemand mehr bestreiten, dass sich Erholung und Sport, die nun auch in unserer Verfassung verankert sind (Art. 27quinquies BV), zu einer öffentlichen Aufgabe entwickelt haben. *Das öffentliche Interesse verändert sich mit den gesellschaftlichen Bedürfnissen. Ob ein Entscheid aber im öffentlichen Interesse liegt, ist letztlich eine Wertungsfrage.*

Das öffentliche Interesse lässt sich nicht mit mathematischer Exaktheit messen. Wenn es auch stets einen sicheren Kernbereich gibt, befinden sich die Grenzbereiche immer in grauen Zonen. Schule und Verwaltung, Spital und Strassenwesen gehören zu den traditionellen staatlichen Aufgaben. Ist aber ein allgemeines Vorkaufsrecht des Staates für die Errichtung sozialer Wohnungen im öffentlichen Interesse, darf eine Gemeinde unbeschränkt Land zur Erhaltung von Grünzonen enteignen? Dies sind Beispiele für die erwähnten grauen Zonen.

Wenn sich diese *Wertungsfragen nicht mit mathematischer Genauigkeit beurteilen lassen,* handelt es sich dann noch um juristische Probleme? — Es gibt sicher einen Bereich, in dem die Verwaltung einen grossen Ermessensspielraum hat. Der Richter wird ihr in diesem Bereich kaum vorschreiben, was im öffentlichen Interesse liegt oder nicht. Er wird das Ermessen der Verwaltung anerkennen, wenn er überzeugt ist, dass sie pflichtgemäss und nicht willkürlich gehandelt hat. Demgegenüber gibt es aber Werturteile, die der Richter überprüft. Wie soll er sie bewerten, wie soll die vorgesetzte Behörde die Ermessensentscheidung der unterstellten Behörde bewerten?

Wir wollen diesen Fragen anhand eines Beispieles nachgehen: Ein Kiesgrubenbesitzer will für die Erweiterung seines Geschäfts ein Stück Wald roden. Kann ihm die Bewilligung erteilt werden? — Bekanntlich bestimmt Art. 31 Abs. 1 FPolG, der Waldbestand müsse erhalten bleiben. Nur in Ausnahmefällen und wenn das öffentliche Interesse es erfordert kann eine Rodungsbewilligung erteilt werden. Zudem muss sichergestellt sein, dass an einem anderen Ort aufgeforstet oder, was bei der Kiesgrube der Fall ist, nach Benutzung des Bodens der Wald neu aufgeforstet wird (Art. 31 Abs. 3 FPolG).

Die Behörde, die über die Bewilligung zu entscheiden hat, muss zwischen dem öffentlichen Interesse des Gemeinwesens und dem privaten Interesse des Kiesgrubenbesitzers abwägen. Wie muss sie vorgehen? — Wertentscheidungen setzen eine umfassende Information voraus. Die Behörde muss sowohl über die Interessen des Privaten wie auch über diejenigen des Staates im Bilde sein. Beim Kiesgrubenbesitzer muss abgeklärt werden, inwieweit er wirtschaftlich auf die Kiesgrube angewiesen ist.

Für die Abklärung der öffentlichen Interessen sind die verschiedensten Interessen von Bund, Kantonen und Gemeinden in Betracht zu ziehen. Einerseits ist die Gemeinde für ihren Strassenbau auf billigen Kies angewiesen; andererseits brauchen die Gemeindeeinwohner den Wald als Erholungsgebiet. Die Errichtung einer Kiesgrube könnte das Landschaftsbild der Gemeinde wesentlich verändern. Der Wald dient zudem dem Schutz der Gewässer, da der Waldboden das Wasser reinigt. Aber auch für die Reinigung der Luft hat der Wald eine hervorragende Bedeutung. Soll nun die Rodungsbewilligung erteilt werden oder nicht? In diesem Falle ist das Bundesgericht zum Ergebnis gelangt, dass zwar der Gemeinde nicht zugemutet werden könne, den Kies mit grossen Transportkosten von einem anderen Ort zu beziehen. Anderseits müsse aber die Erhaltung des Waldes als wesentliches öffentliches Interesse angesehen werden. Die Gemeinde könne den Kies preisgünstig künstlich herstellen. Die Interessen des Privaten hätten deshalb gegenüber den Interessen zur Erhaltung des Waldes zurückzustehen, denn die geschäftliche Existenz des Kiesgrubenbesitzers sei durch die Verweigerung der Rodungsbewilligung nicht gefährdet (vgl. ZBl 71, 1970, S. 112 ff.).

Wertentscheide verlangen von der Behörde nicht nur *umfassende rechtliche Kenntnisse, sondern vor allem die Abklärung der tatsächlichen Gegebenheiten und der bestehenden Interessenlagen.* Nur in Kenntnis dieser Probleme ist ein vernünftiger, gerechter und der Sache angemessener Entscheid möglich.

Oft muss, insbesondere auf dem Gebiet des Umweltschutzes, nicht nur zwischen den Interessen des einzelnen und denen der Allgemeinheit, sondern *auch zwischen verschiedenen öffentlichen Interessen abgewogen werden.* — Vor einigen Jahren wollte die Gemeinde Celerina eine Strasse nach Samedan bauen. Zwei verschiedene Lösungen standen zur Diskussion. Das eine Projekt sah eine geradlinige Verbindung der Gemeinde Samedan mit Celerina vor. Das andere Projekt zog sich dem bereits bestehenden, aber etwas kurvenreichen Bahntrasse entlang. Welches Projekt soll bevorzugt werden?

Die Vertreter des Natur- und Heimatschutzes setzten sich für das Projekt entlang der Bahnlinie ein, da eine geradlinige Strassenverbindung von Celerina nach Samedan das Landschaftsbild störe. Die neue Strasse dürfe nicht mitten durch die zum grossen Teil noch unberührte Berglandschaft gezogen werden. Führe man die Strasse aber dem bereits bestehenden Bahntrasse nach, werde am Landschaftsbild nichts mehr verändert. Die Befürworter des geradlinigen Projektes brachten vor allem finanzielle Argumente ins Spiel. Die gerade Strasse sei bedeutend billiger, die Verbindung zwischen den beiden Ortschaften viel einfacher und für den Autofahrer schneller. Zudem werde weniger Benzin verbraucht.

Der Bundesrat entschied in diesem Falle für den Natur- und Heimatschutz (ZBl 71, 1970, S. 198 ff.). Zu werten war zwischen dem Umwelt- und dem Natur- und Heimatschutz auf der einen Seite und den zur Verfügung stehenden Finanzen auf der anderen Seite. Ist die Staatskasse voll, werden die Behörden eher geneigt sein, dem Umweltschutz den Vorrang zu geben. Wenn gespart werden muss, wird leider oft zuerst beim Umweltschutz gespart.

Dieses Beispiel zeigt, *dass die Konkretisierung des öffentlichen Interesses immer von den gesellschaftlichen und wirtschaftlichen Gegebenheiten abhängig ist und nicht isoliert betrachtet werden kann. Politische Auffassungen, allgemeine Modeströmungen, ethische und weltanschauliche Überzeugungen der zuständigen Behörden spielen eine ganz erhebliche Rolle.*

Die Verwaltung muss von Tag zu Tag neue Wertentscheidungen fällen. Der Verwaltungsjurist hat die Aufgabe, die verschiedenen Interessen abzuwägen. *Aufgabe des Verwaltungsrechts ist es, die Grenzen der Entscheidungsmöglichkeiten festzulegen und die Willkür zu verhindern.* Gleichzeitig sollen den Behörden *Entscheidungshilfen* gegeben und *Verfahrensvorschriften* aufgestellt werden, damit sie sich über die Interessenlage vollumfänglich informieren und eine richtige Abwägung der Interessen vornehmen können.

B. Organisationsprobleme

Neben den Wertungsfragen befasst sich das Verwaltungsrecht auch mit Fragen der Organisation. Dies lässt sich wiederum am Schwimmbad-Beispiel deutlich aufzeigen. Die Gemeinde muss entscheiden, wie gross das Schwimmbad sein soll, sie wird sich ausserdem über die Organisation und die Verwaltung des Schwimmbades zu äussern haben. So kann sie beispielsweise beschliessen, das Schwimmbad durch eine private Aktiengesellschaft betreiben zu lassen.

Die Gemeinde kann sich aber auch für eine öffentlich-rechtliche Struktur entscheiden. In diesem Falle stehen ihr zwei Grundmodelle zur Verfügung. Erstens kann sie eine öffentlich-rechtliche Körperschaft errichten, wobei die Mitglieder des Schwimmbades über Benutzung, Kosten und Wahl des Personals entscheiden. Dieses Organisationsmodell wäre im vorliegenden Fall sicher nicht gerade sinnvoll. — Zweitens kann das Schwimmbad auch als Anstalt organisiert werden. Die Anstalt ist hierarchisch gegliedert. Die Gemeinde muss die Anstaltsleitung wählen. Diese entscheidet über die Benutzungsordnung sowie über Rechte und Pflichten der Benützer des Schwimmbades.

Neben der Wahl dieser beiden öffentlich-rechtlichen Modelle steht es der Gemeinde auch frei, das Schwimmbad ganz in die Zentralverwaltung einzugliedern. Dann wäre der Gemeindepräsident gleichzeitig Bademeister. Diese Struktur ist für das Schwimmbad sicher nicht zu empfehlen: Neue staatliche Leistungsaufgaben können nur schwer in die Zentralverwaltung eingegliedert werden.

Organisationsprobleme sind von zentraler Bedeutung für das Verwaltungsrecht. Gute Organisation führt zu einer klaren Regelung und zweckmässigen Abgrenzung der Zuständigkeiten sowie der Rechte und Pflichten der Organe. Der Fächer der verschiedenen Organisationsmodelle, mit denen öffentlich-rechtliche Aufgaben erfüllt werden können, ist vielfältig: Von der privatrechtlichen Organisation über die gemischtwirtschaftliche Organisation bis zur öffentlich-rechtlichen Gestaltung einer Aufgabe steht dem Gesetzgeber eine Fülle verschiedener Stufen und Modelle zur Verfügung. *Das Verwaltungsrecht muss diese Modelle in ihren Verzweigungen und ihre Auswirkungen auf Betrieb und Funktion aufzeigen.* Dies ist allerdings ohne Berücksichtigung der Verwaltungslehre nicht möglich. Gerade auf diesem Gebiet ist eine in der Schweiz lange Zeit vernachlässigte Zusammenarbeit von Verwaltungslehre und Verwaltungsrecht unerlässlich.

Folgende Fragen lassen sich beispielsweise nur auf interdisziplinärem Weg lösen: Wie soll das Beamtenrecht für eine gut funktionierende und gerecht entscheidende Verwaltung konzipiert werden? Wie sind Behörden und Organe zu organisieren, um eine gute Koordination und Flexibilität zu gewährleisten und gleichzeitig eine klare Regelung der Zuständigkeit sicherzustellen?

C. Abgrenzungsfragen

Ein weiteres Gebiet verwaltungsrechtlicher Wertungsfragen sind **Abgrenzungsprobleme**. Verwaltungsrechtliche Entscheidungen müssen häufig Abgrenzungen vornehmen, zum Beispiel zwischen den Zuständigkeiten verschiedener Behörden, zwischen der Zuständigkeit des Bundesrates und jener des Bundesgerichts. Abgegrenzt werden muss auch zwischen der Verfügung und dem Vertrag, zwischen dem Gesetz und dem Plan, zwischen der öffentlich-rechtlichen und der privatrechtlichen Gestaltung eines Problemes, zwischen der Ermessens- und der Rechtsfrage. Derartige Abgrenzungsfragen sind oft durch Auslegung der Gesetze, oft durch Wertentscheidungen zu lösen.

D. Verfahrensfragen

Neben den Abgrenzungs-, den Organisations- und den Wertungsproblemen befasst sich das Verwaltungsrecht auch mit den Verfahrensfragen. Im Gegensatz zum Zivilrecht, das zwischen formellem Prozess- und materiellem Privatrecht zu unterscheiden weiss, sind das *formelle Verfahrensrecht und das materielle Verwaltungsrecht sehr eng miteinander verbunden. Sie hängen voneinander ab, bedingen einander und beeinflussen sich wechselseitig.*

Wir wollen diesen engen Zusammenhang an einem Beispiel etwas näher erläutern. Vor einiger Zeit hat der Eigentümer eines Grundstückes im Kanton Solothurn gegen die Baubewilligung für die Errichtung einer Geflügelfarm auf dem Nachbargrundstück eine Beschwerde beim Bundesgericht eingereicht. Das Bundesgericht hat anerkannt, dass dem Nachbarn nicht nur ein privatrechtliches, sondern auch ein öffentlich-rechtliches Rechtsmittel gegen die Erteilung der Bewilligung zustehe. Es hat demzufolge den Entscheid zu neuer Begutachtung an die kantonalen Instanzen zurückgewiesen (ZBl 70, 1969, S. 522 ff., vgl. auch BGE 101 Ia 209 ff.).

Anhand dieses Beispieles lassen sich die verschiedenen Möglichkeiten zur Durchsetzung der Interessen sehr schön aufzeigen. Wer gegen eine geplante immitierende Anlage auf einem Nachbargrundstück vorgehen will, kann dies auf drei verschiedenen Wegen tun:

1. gütliche Einigung, (Vertrag)
2. nachbarrechtliche Klage aus Art. 679 ZGB,
3. Einreichung einer verwaltungsrechtlichen Beschwerde gegen die Erteilung der Baubewilligung.

Eine weitere Möglichkeit ist die Erhebung einer blossen Anzeige. Bei der Anzeige hat der Betroffene aber keine Parteirechte wie bei den formellen Rechtsmitteln. Wie verhalten sich diese verschiedenen Rechtsmittel zueinander?

1. Der *Vertrag* setzt die Willensübereinstimmung der beiden Vertragspartner voraus. Die Partner können den Vertragsinhalt weitgehend frei bestimmen, sofern sie sich einigen. Die Grenzen der Gestaltungsmöglichkeit eines Vertrages sind so weit, dass die Interessen der Partner angemessen berücksichtigt werden können. Demgegenüber enthält die Vertragslösung allerdings einige Probleme: Eine gütliche Einigung mit dem Nachbarn wird nur gegen Leistung einer angemessenen Entschädigung möglich sein. Darüber hinaus lässt sich ein obligatorischer Vertrag, der nicht im Grundbuch eingetragen wird, nicht ohne weiteres vollstrecken. Für die staatliche Vollstreckung bedarf es letztlich eines richterlichen Urteils, sofern der Pflichtige seine Rechtspflichten bestreitet.

2. Die zweite Möglichkeit zur Durchsetzung der Interessen ist die *privatrechtliche Klage* nach Art.679 ZGB. Dieser Weg führt die Parteien direkt zum Richter, ohne Umweg über den Vertrag. Woraus kann aber der Richter die gegenseitigen Rechtspflichten ableiten, wenn kein Vertrag für die Beurteilung dieser Frage vorliegt? Der Vertrag wird gleichsam durch das Gesetz ersetzt. Das Zivilrecht enthält die Normen über den Immissionsschutz, die den Richter anweisen, die gegenläufigen Interessen der beiden Nachbarn gegeneinander abzugrenzen. Die Willensübereinstimmung der demokratischen Mehrheit, die im Gesetz zum Ausdruck kommt, ersetzt die Willensübereinstimmung der Vertragspartner. Soweit allerdings das Gesetz keine klaren Anweisungen an den Richter gibt, muss dieser durch Auslegung zu einem gerechten Urteil kommen.

Wegleitend für den Entscheid wird die Interessenlage der beiden Nachbarn sein müssen. Der Richter muss im Rahmen des Gesetzes eine gerechte Abwägung der Interessenlage der beiden Parteien vornehmen, um zu einem Urteil zu kommen. Das Urteil des Richters ist, wenn es rechtskräftig geworden ist, ohne weiteres vollstreckbar.

Natürlich ist der Prozessweg für den Kläger mit einigen Risiken verbunden. Ohne den Prozessausgang zu kennen, muss er erhebliche Kosten auf sich nehmen. Als Kläger steht ihm überdies die gesamte Beweislast für die von ihm behaupteten Tatsachen zu. Von Vorteil für ihn ist aber die Tatsache, dass der Richter seine private Interessenlage voll würdigen und jener des Nachbarn gleichberechtigt gegenüberstellen wird.

3. Beim *öffentlich-rechtlichen Verfahren* dagegen ist der Nachbar nicht auf den beschwerlichen Zivilprozess angewiesen. Er muss sich nicht an komplizierte Prozessformeln halten und kommt meist ohne Anwalt aus; denn eine verwaltungsrechtliche Beschwerde ist in der Regel einfach zu schreiben und bedarf keiner grösseren juristischen Belehrung. Die Bundesrichter sind immer wieder stolz, wenn sie darauf hinweisen können, dass das Bundesgericht auf eine einfache Postkarte eintritt, wenn die wesentlichen Erfordernisse für die Beschwerde enthalten sind. Man kann also schreiben:

«Lieber Herr Bundesrichter, gestern hat mir der Staatsrat grundlos mein Grundstück enteignet. Das ist eine willkürliche Behandlung und eine schwere Verletzung der Eigentumsgarantie. Bitte helfen Sie mir und heben Sie den Entscheid des Staatsrates auf.   Hochachtungsvoll
                                                                                    Ihr XY.»

In der Tat, die Beschwerde ist vollständig. Der Antrag, der Beschwerdegrund und eine sehr summarische Begründung der Beschwerde sowie die Unterschrift des Antragstellers sind vorhanden. Das Bundesgericht kann auf die Beschwerde eintreten, es fehlt lediglich das Doppel. Aber beim verwaltungsrechtlichen Weg haben die Behörden immer die Möglichkeit, nicht richtig formulierte Beschwerden zur Verbesserung zurückzuweisen, ohne dass der Beschwerdeführer des Beschwerderechts verlustig geht. Der *öffentlich-rechtliche Beschwerdegang ist also einfacher als der zivilrechtliche.*

Im Gegensatz zum Zivilrichter wägt die Verwaltung bei der öffentlich-rechtlichen Beschwerde nicht die gegenseitigen Interessen der Privaten ab, sondern *das Interesse des betroffenen Privaten gegenüber dem öffentlichen Interesse*. Der Staat kann die Errichtung einer immitierenden Anlage nur verbieten, wenn die Immissionen öffentliche Interessen verletzen. Das subjektive Empfinden des Nachbarn ist nicht massgebend. Die Behörde kann also dem Nachbarn der projektierten Geflügelfarm nur helfen, wenn sie dazu vom öffentlichen Recht verpflichtet ist, d.h. wenn das Interesse des Nachbarn mit dem öffentlichen Interesse zusammenfällt. Die Immissionsschutznormen des Privatrechts nützen ihm wenig, um seine Interessen durchzusetzen. Er muss eine *öffentlich-rechtliche Norm finden, die seine privaten Interessen schützt, weil sie mit dem zu schützenden öffentlichen Interesse zusammenfällt*. Das Gesetz über die öffentliche Gesundheitspflege und Lebensmittelpolizei vom 6. Mai 1882 des Kantons Solothurn lautet folgendermassen:

> «Es ist Recht und Pflicht des Staates und der Gemeinden, die öffentlichen Gesundheitsinteressen zu fördern und zum Zweck der möglichsten Abhaltung und Beseitigung gesundheitsschädlicher Einflüsse die nötigen Massnahmen zu treffen.»

Die Gesundheit ist also nicht nur eine private Angelegenheit, sie entspricht auch dem öffentlichen Interesse. Das Gemeinwesen muss für die Gesundheit der Bevölkerung sorgen. Wenn also der Nachbar geltend machen kann, die Geflügelfarm gefährde durch Staub und Geruch seine Gesundheit und führe zu einer psychischen Belastung, dann ist er zur Beschwerde berechtigt.

Die Entscheidung der Behörde, zum Beispiel die Ablehnung der Baubewilligung, kommt weitgehend einem richterlichen Urteil gleich. Wenn sie nicht mehr angefochten werden kann, d.h. rechtskräftig wird, wird sie mit staatlicher Macht vollstreckt. Würde also der Nachbar seine Geflügelfarm trotzdem errichten, wären die Behörden verpflichtet, ihrer Verfügung Nachachtung zu verschaffen und müssten das Gebäude polizeilich abbrechen lassen.

Wenn wir diese drei Möglichkeiten zur Verwirklichung der Interessen des Nachbarn miteinander vergleichen, ergeben sich folgende Unterschiede: Der *vertragliche Weg* gibt den Vertragspartnern zwar *viele Gestaltungsmöglichkeiten*, er ist aber mit hohen Kosten verbunden und setzt das Einvernehmen der Partner voraus. Der *privatrechtliche* Weg führt zum Ziel, wenn der Richter dem Nachbarn Recht gibt, er ist aber auch mit einem *erheblichen Risiko* verbunden. Wenn der Nachbar den Prozess verliert, muss er die Prozess- und Anwaltskosten übernehmen. *Der einfachste Weg ist sicher die Beschwerde*. Im öffentlich-rechtlichen Verfahren ist die Behörde verpflichtet, von Amtes wegen den Sachverhalt festzustellen und auf Grund dieses Sachverhaltes zu entscheiden. Die Parteien haben nicht die gleichen Rechte und Pflichten wie beim privatrechtlichen Prozessweg. Darüber hinaus sind der öffentlich-rechtliche Weg und dessen Verfahren *einfacher* als der Zivilprozess. Anderseits sind die *Chancen*, im öffentlich-rechtlichen Verfahren durchzukommen, *geringer*.

Denn es muss nachgewiesen werden können, dass die Interessen des Nachbarn auch mit dem öffentlichen Interesse zusammenfallen.

Im Zeitalter des Sozial- und Wohlfahrtsstaates wird der öffentlich-rechtliche Weg dem Bürger, damit er seine Interessen wahrnehmen kann, je länger je mehr zur Verfügung gestellt, weil sonst der schwächere Partner oft nicht in der Lage ist, das Risiko eines privaten Prozesses auf sich zu nehmen. Dies führt zur Ausdehnung verwaltungsrechtlicher Aufsichtsverfahren auf Gebiete, die bisher dem Privatrecht vorbehalten waren. Das Bundesgericht hat über die grosszügige Ausdehnung der Beschwerdebefugnis den Rechtsschutz des Bürgers im öffentlich-rechtlichen Verfahren wesentlich erweitert. Dies ist der Fall im erwähnten Nachbarrecht, auf dem Gebiet der Versicherungsaufsicht und der Aufsicht über Banken und Anlagefonds.

E. Zusammenfassung:

Das Verwaltungsrecht umfasst also den ganzen Fächer des materiellen und formellen Rechts, angefangen von der Entstehung der Rechtspflichten bis zu ihrer Vollstreckung. Materielles und formelles Recht sind eng verwoben und bedingen einander.

Im Zentrum der Probleme des Verwaltungsrechts steht die *einseitige Abhängigkeit* des Bürgers vom Gemeinwesen, im Gegensatz zum Privatrecht, dessen Normen das *partnerschaftliche Verhältnis* mehrerer Bürger zueinander regeln. *Das Verwaltungsrecht enthält die allgemeinen Lehren über die Voraussetzungen, die Entstehung, den Inhalt, die Durchsetzung sowie die Rechte der Betroffenen zur Beschwerde gegen die Begründung eines einseitigen Abhängigkeitsverhältnisses.*

III. Die Bedeutung des öffentlichen Interesses für das Verwaltungsrecht

Das entscheidende Merkmal der Verwaltung liegt darin, dass sie stets das öffentliche Interesse, das Interesse des Gemeinwohles, das Gesamtinteresse des Staates zu verwirklichen sucht. Der Polizist regelt den Strassenverkehr nicht zu seinem privaten Vergnügen und seinem persönlichen Schutz, sondern zum Schutz aller Verkehrsteilnehmer. Die Schulverwaltung sorgt für die Ausbildung der Schüler nicht nur, weil dies im persönlichen Interesse der betreffenden Schüler liegt, sondern weil die Bildung eine Aufgabe im Gesamtinteresse des Gemeinwesens ist. Die Verwaltung zahlt Beiträge an unterentwickelte Regionen und Gebiete, weil die Entwicklung dieser Gebiete im öffentlichen Interesse liegt. Immer steht das öffentliche Interesse im Vordergrund. Die Verwaltung arbeitet nie für sich, sondern stets für das Gesamtinteresse.

Wer somit die Verwaltung in ihren Erscheinungsformen verstehen will, muss sich *mit dem Begriff des Öffentlichen auseinandersetzen.* Das Öffentliche ist das allen Zugängliche, es ist das alle Angehende, das sich vom Privaten, vom «Sonderlichen», vom «Sundern» unterscheidet. Wir unterscheiden zwischen öffentlichen Gebäuden und privaten Häusern, zwischen der öffentlichen und der privaten Meinung, zwischen dem öffentlichen Interesse und der öffentlichen Wohlfahrt sowie dem privaten Interesse und der privaten Wohlfahrt.

Im alten griechischen Stadtstaat ist es die Sphäre der Polis, die den Bürgern gemeinsam ist (die Koine). Sie ist streng von der Sphäre des Oikos getrennt. — Im europäischen Mittelalter hat der Unterschied von «publicus» und «privatus» keine besondere rechtliche Verbindlichkeit. Die im Hochmittelalter voll ausgebildete Grundherrschaft wird erst im 18.Jh. zu «privatem» Eigentum. Gegenüber dieser «besonderen» Herrschaft schält sich allmählich etwas Neues, das Gemeine, das allen Zugängliche heraus: die Allmend, der Marktplatz, der Brunnen, die Stadtmauer. Im Zeitalter der absoluten Herrschaft der Monarchen wird dann dieses Gemeine und allen Zugängliche vom Staatlichen, d.h. von der Monarchie, abgegrenzt. Das öffent-öffentliche Interesse ist das von oben Diktierte.

«Die politisch fungierende Öffentlichkeit erhält den normativen Status eines Organs der Selbstvermittlung der bürgerlichen Gesellschaft mit einer ihren Bedürfnissen entsprechenden Staatsgewalt. Die soziale Voraussetzung dieser 'entfalteten' bürgerlichen Öffentlichkeit ist ein tendenziell liberalisierter Markt, der den Verkehr in der Sphäre der gesellschaftlichen Reproduktion soweit irgendmöglich zu einer Angelegenheit der Privatleute unter sich macht und so die Privatisierung der bürgerlichen Gesellschaft erst vollendet. Von deren Etablierung als eines privaten Bereichs konnte unter dem Absolutismus ja zunächst nur in dem privaten Sinne die Rede sein, dass die gesellschaftlichen Beziehungen ihres quasi öffentlichen Charakters entkleidet wurden; die politischen Funktionen, juristische und administrative, wurden zur öffentlichen Gewalt zusammengezogen» HABERMAS J., Strukturwandel der Öffentlichkeit, 4. Aufl., Darmstadt 1959, S.86).

Die politischen Funktionen wurden der Gesellschaft entzogen und zur öffentlichen Gewalt, zur Regierungs-, Gerichts- und Verwaltungsgewalt zusammengezogen. Damit begann zunächst auf dem Kontinent die *eigentliche Trennung von öffentlichem und privatem Recht*, die in den Kodifikationen des Privatrechts, dem Allgemeinen Landrecht Preussens von 1794, dem Code Civil von 1804 und dem Allgemeinen Bürgerlichen Gesetzbuch von 1811 ihren Niederschlag fand.

Die ersten Kodifikationen des Privatrechts in der Schweiz gehen zurück auf 1803 (Kanton Waadt) und 1804 (Kanton Genf). Die meisten Kodifikationen der schweizerischen Kantone wurden aber erst nach dem Jahre 1824 mit der Kodifikation des Privatrechts im Kanton Bern eingeleitet und fanden 1863 mit der Kodifikation durch den Kanton Schaffhausen ihren Abschluss.

Durch diese Kodifikationen wurden Markt- und Tauschverkehr, Besitz und Grundherrschaft, Familien- und Erbrecht, Arbeitsverhältnis und Gewerbe fürs erste einmal der Privatsphäre zugewiesen. Das öffentliche Recht, soweit man damals von einem derartigen Recht überhaupt sprechen konnte, musste sich mit der Regelung dessen begnügen, was dem Staate unmittelbar zukam: das Polizeirecht sowie das Beamten- und Militärwesen.

Diese Teilung in Privat- und öffentliches Recht hat die angelsächsische Welt nicht mitgemacht. Das Recht blieb «common», gemein, für alle gültiges Recht. — Für das kontinentale Recht stellte sich aber die schwierige Frage, wie dieses nicht private, dem Staate zugehörende Recht zu umschreiben und vom privaten Recht abzugrenzen sei. Das Wohl der Allgemeinheit wurde in ein vom Gemeinwesen und von den Privaten herbeizuführendes Wohl gespalten. Von da an musste zwischen dem privaten und dem öffentlichen, dem überwiegenden öffentlichen und dem polizeilichen Interesse unterschieden werden. Das öffentliche Recht diente dazu, das Untertanenverhältnis zwischen Monarch und Untergebenen zu umschreiben, es war dazu da, dem primären Interesse der Herrschenden zu dienen.

Damit wurde ein *fast unversöhnlicher Gegensatz zwischen dem öffentlichen und dem privaten Interesse aufgebaut*. Im Rahmen des öffentlichen Interesses konnte das Gemeinwesen frei schalten und walten. So hat beispielsweise ein Steuergesetz der Helvetik den Beamten lediglich vorgeschrieben, sie sollen vom Bürger nehmen, was für den Staat gut sei und ihm zugemutet werden könne. Aufgabe des Beamten war es, abzuschätzen, was dem Bürger zumutbar war und welche Mittel der Staat für die Erfüllung seiner Aufgaben brauchte.

Mit der Entwicklung des *Liberalismus wurde der Staat und die Verwaltung noch weiter zurückgedrängt*. Sie mussten sich auf die eigentliche *Polizeiverwaltung* und *Armenfürsorge* beschränken. Allein, diese Entwicklung dauerte nicht lange. Schon bald erkannten Staat und Gesellschaft, dass durch ein derartiges Zurückdrängen des Öffentlichen letztlich das Wohl der Allgemeinheit, das Voraussetzung jeglichen Zusammenlebens ist, ausgehöhlt und von innen zerstört werden konnte. Das Gemeinwesen musste die Aufgabe übernehmen, Missstände zu verhüten, ausgleichend einzugreifen, wo die freie Privatwirtschaft zur Ausbeutung der Arbeiter führte und schützend zu helfen, wo die Schwächeren der Macht der Stärkeren ausgeliefert waren. Die Kriegswirtschaft erforderte eine vollständige Verwebung von Staat und Wirtschaft, sie führte damit ebenfalls langfristig zu einer stärkeren Verwebung von öffentlichen und privaten Interessen. Damit war die Grundlage für die Entwicklung des allmählich aufkommenden *Wohlfahrtsstaates* gelegt.

Dieser hat die wesentlichen Errungenschaften des Liberalismus, Rechtsstaat und Freiheit, mit den Zielen des Sozialstaates glücklich vereint. Allerdings besteht in vielen Kreisen noch die verbreitete Auffassung, der Wohlfahrtsstaat müsse letztlich zu einem totalitären Staat führen, bei dem die Freiheit des einzelnen unterdrückt werde. Wer zwischen Liberalismus und Wohlfahrtsstaat einen unversöhnlichen Gegensatz aufbaut, trägt dazu bei, dass bei der nicht aufzuhaltenden Entwicklung des Wohlfahrtsstaates der notwendige Unterbau eines guten Rechtsschutzsystems vernachlässigt wird, weil sich gewisse Kreise mit den Errungenschaften des Wohlfahrtsstaates überhaupt nicht befassen wollen.

Neben dem Wohlfahrtsstaat haben aber auch andere Entwicklungen zu einer intensiven Verwebung des Öffentlichen mit dem Privaten geführt. Die technische Revolution, die engen räumlichen Verhältnisse in den Agglomerationen, die ökologische Abhängigkeit, die Omnipräsenz der Massenmedien, die weitgehend kollektive Absicherung der grossen Risiken in staatlichen oder obligatorischen privaten Versicherungen und die unbeschränkten Möglichkeiten zur Speicherung von Daten haben den Autonomiebereich des einzelnen und damit den Autonomiebereich des Privatrechts in einem Ausmass verdrängt, wie man sich das vor fünfzig Jahren kaum hätte vorstellen können.

In der Tat, man wird sich in Zukunft nicht mehr auf die Gewährleistung der Freiheit im privaten Bereich beschränken können; es wird vielmehr entscheidend darauf ankommen, dass der einzelne auch im öffentlichen, vom Staate verwalteten Bereich eine möglichst grosse Autonomie und Entfaltungsfreiheit hat. Der Mensch soll nicht nur frei sein, wenn er der staatlichen Gewalt nicht unterstellt ist, wie etwa in seiner Wohnung, in seinem Geschäft usw., er soll auch dann möglichst frei sein, wenn er unter besonderer staatlicher Aufsicht steht, zum Beispiel im Spital, in der Schule, in der Sozialversicherungsanstalt usw.

Autonomie wird es in Zukunft nicht mehr allein im privaten Bereich geben, auch das Verwaltungsrecht muss im Rahmen der Rechtsstaats- und Sozialverpflichtung die Entfaltungsfreiheit des einzelnen schützen und vor allem auch fördern. Die liberale Abwehrideologie der Freiheitsrechte, der unnötig aufgebaute Interessengegensatz zwischen den öffentlichen und den privaten Interessen, muss, will man die Errungenschaften des Freiheits- und Sozialstaates retten, überwunden werden.

Dort aber, wo, wie beispielsweise im Planungsrecht, der *Autonomiebereich des einzelnen wesentlich eingeengt werden muss, soll er durch seine Teilnahme, d.h. Partizipationsmöglichkeit an der staatlichen Willensbildung, ersetzt werden*. Damit sich der einzelne in einem gesellschaftlichen Rahmen entfalten kann, müssen Staat und Gesellschaft gewisse Aufgaben übernehmen. Die Aufgabenverteilung zwischen Staat und Gesellschaft darf sich nicht darauf beschränken, dem Staat die polizeilichen Schutzaufgaben und der Gesellschaft die Entfaltungsmöglichkeiten zuzuweisen.

Wie in früherer Zeit muss also das sogenannte «Öffentliche» wiederum vermehrt in den Dienst des Privaten gestellt werden. Das Öffentliche dient weder einem abstrakten Leviathan noch einem auf seine persönlichen Interessen erpichten Monarchen. *Es dient letztlich der Entfaltungsmöglichkeit jedes einzelnen*.

Andererseits besteht ein intensives Wechselverhältnis zwischen dem öffentlichen und dem privaten Interesse. Viele Entscheidungen der Privaten haben in unserer interdependenten Gesellschaft Auswirkungen auf die gesamte Öffentlichkeit. Es muss dabei nicht nur an die grossen multinationalen Konzerne erinnert werden. Auch ein kleines Unternehmen erfüllt gewissermassen eine «öffentliche Aufgabe» in einer Gemeinde. Es kann nicht ohne weiteres, zumindest nicht ohne Schaden der Öffentlichkeit, von einem Tag auf den anderen den Betrieb schliessen. Das Interesse des privaten Betriebes ist eng mit demjenigen der Gemeinde verbunden. Ein Eigentümer kann auf seinem Grundstück nicht bauen, was er will. Bauten dürfen nicht zu grossen Immissionen führen oder die Verkehrswege, die Versorgung und Entsorgung übermässig belasten. Eine Quartierüberbauung für mehrere tausend Personen hat Auswirkungen auf das Schul-, Gesundheits- und Finanzwesen der Gemeinde.

In gewissen Fragen baut das heutige Verwaltungsrecht noch immer auf den *frühen Lehren* des letzten Jahrhunderts auf. Diese waren weitgehend von der grundsätzlichen Trennung zwischen öffentlichem und privatem Bereich geprägt. Im Zentrum der Verwaltungsrechtslehre stand die Abgrenzung der Befugnisse des Staates gegenüber den Privaten. Der öffentlich-rechtliche Bereich des Obrigkeitsstaates war der unkontrollierten Willkür der Obrigkeit ausgeliefert. Die Untertanen waren der Willkür der Exekutive ausgesetzt. Nur soweit der Monarch wie ein Privater auftrat und Kaufverträge abschloss, Boden enteignete oder Private unrechtmässig schädigte, musste er sich dem Privatrecht unterstellen. Der Staat hatte zwei Gesichter: Das eine Gesicht, die Verwirklichung des staatlichen Wohles, war weitgehend der rechtlichen Kontrolle entzogen. Das andere Gesicht, der Fiskus, war der normalen Privatrechtsordnung unterstellt. Dies führte dazu, dass man mit der Zeit verschiedene Tätigkeiten der Verwaltung dem Fiskus zuteilte, um auf diese Weise den Rechtsschutz des einzelnen wenigstens in einer beschränkten Form sicherzustellen.

Die *klassische liberale* Verwaltungsrechtslehre hat dazu Grundsätze erarbeitet, mit denen die Verwaltung auch im hoheitlichen Bereich beschränkt werden konnte. Ausgangspunkt dieser Lehre war der Grundsatz der gesetzmässigen Verwaltung. Die Gesetze mussten die Trennungslinie zwischen dem Bereich der staatlichen Autonomie und dem Bereich privater Entfaltungsmöglichkeiten ziehen. Der Staat durfte nur dann in die privaten Rechte des einzelnen eingreifen, wenn er dazu durch Gesetze ausdrücklich ermächtigt war.

Symptomatisch für die Zeit des voluntaristischen 19. Jh. war schliesslich auch die Entwicklung der *Lehre vom Verwaltungsakt*. Der Verwaltungsakt ist die konkrete Anwendung des Gesetzes auf den Einzelfall und die Festlegung von Rechten und Pflichten von bestimmten Personen.

> «Der Verwaltungsakt bzw. die Verwaltungsverfügung ist ... ein individueller, an den einzelnen gerichteter Hoheitsakt, durch den eine konkrete verwaltungsrechtliche Rechtsbeziehung rechtsgestaltend oder feststellend in verbindlicher und erzwingbarer Weise geregelt wird» (BGE 101 Ia 74).

Im Zentrum dieser Lehre stehen also die Verfügungen, durch die Eingriffe in die Rechte des einzelnen vorgenommen werden können. Das tatsächliche Verhalten der Verwaltung, ihre Handlungen und insbesondere die Förderungs- und Leistungsverwaltung wurden allerdings noch kaum beachtet. Die Lehre vom Verwaltungsakt hatte aber eine derart starke Überzeugungskraft, dass sie schliesslich den gesamten Bereich der Verwaltungstätigkeit eroberte. Überall, wo es nur irgendwie möglich war, schaltete sich dieses Rechtsinstitut zwischen Gesetz und Verwaltungshandlung ein. *Das Gesetz ist die Grundlage für die Eingriffsmöglichkeit der Verwaltung in die*

Rechte der Gesellschaft, der Verwaltungsakt wurde zur Grundlage für die Eingriffsmöglichkeit der Verwaltung in die Rechte des einzelnen. Beide Rechtsinstitute sind dazu da, zwischen Staat und Privaten zu trennen. Sie trennen die staatliche Hoheit von der Gesellschaft und begrenzen die staatlichen Hoheitsrechte gegenüber dem einzelnen.

Im Laufe der Zeit hat sich damit die Lehre vom Verwaltungsakt oder von der Verfügung gewandelt. Die Verfügung war nicht nur Grundlage für Eingriffe und Eingriffsrechte der Verwaltung, sie wurde *Ausgangspunkt jeglicher Tätigkeit der Verwaltung, der eine Entscheidung gegenüber konkreten Privatpersonen zugrunde lag.* Förderungs- und Leistungsverwaltung, Sozialverwaltung und Daseinsvorsorge, Polizei- und Bedarfsverwaltung, alle Verwaltungsbereiche wurden mit dem Institut der Verfügung angereichert.

Allein, das gesamte Gebiet der Verwaltungshandlungen, denen *keine konkrete Verfügung vorangeht, sowie das Gebiet der verwaltungsinternen Tätigkeit blieben zum grossen Teil von dieser Entwicklung unberührt.* Im Vordergrund stand immer nur die Frage: Wann ist der Staat berechtigt, gegenüber den Privaten einen Eingriff vorzunehmen, bzw. wann ist der Private berechtigt, gegenüber dem Staat Rechte geltend zu machen? Kann aber auch der Private vom Staat die Vornahme einer Handlung verlangen? Können beispielsweise die Einwohner eines abgelegenen Quartiers von der Gemeinde verlangen, auf der verkehrsreichen, nahen Strasse eine Verkehrsampel zu errichten, damit die schulpflichtigen Kinder gefahrlos die Strasse überqueren können? Kann der Staat verpflichtet werden, eine Nationalstrasse durch einen Tunnel zu führen, damit die Anlieger durch die Immissionen nicht belastet werden? Inwieweit gilt der Grundsatz der Gesetzmässigkeit der Verwaltung auch im internen Verwaltungsbereich? Beispielsweise im Beamtenverhältnis, im Schulwesen, im Spital- und im Militärwesen? Derartige Fragen wurden erst in jüngster Zeit neu aufgerollt und erfordern von der Verwaltungsrechtslehre eine entsprechende Antwort.

Die Beispiele zeigen, dass das *Verwaltungsrecht auch in der heutigen Zeit in voller Entwicklung steht.* Es strebt nicht nur einem neuen Selbstverständnis im gesamten Bereich der Gesellschaft zu. Es muss vor allem ganz neue, bisher nicht behandelte Bereiche erfassen. Die moderne Verwaltung muss nicht nur den Schutzauftrag gegenüber dem Bürger erfüllen, sondern auch dem Bürger helfen und ihn fördern. Der einzelne ist nicht mehr Untertan, wie ihn noch die Verwaltungsrechtslehre des letzten Jahrhunderts gesehen hat. Er ist *Partner,* ein *Glied* und Unterstellter der Verwaltung. In der Sozialversicherung beispielsweise ist er über die Umlage Prämienpflichtiger und Rentner. Im Bau- und Planungswesen werden die Grundstückeigentümer von der Verwaltung und der Gemeinde je länger je mehr zur Mitarbeit und Mitbeteiligung herangezogen. Sie müssen die Mehrwertbeiträge an Strassen- und Kanalisationskosten leisten, sollen dafür aber vermehrt bei der Planung mitsprechen. Diese neue Partnerschaft kommt auch in den vielen verschiedenen gemischten Organisationen zwischen Gemeinwesen und einzelnen zum Ausdruck. Das neue Gesetz über die berufliche Vorsorge schafft beispielsweise eine private Pensionskasse, der alle Arbeitnehmer beitreten können, die bei keiner anderen Pensionskasse Aufnahme finden. In dieser Pensionskasse arbeiten Private und Staat zusammen. Sie hat öffentlich-rechtliche Befugnisse. Auch im Landwirtschaftswesen finden wir eine Reihe verschiedener Organisationen und Verbände mit teilweise öffentlich-rechtlichem und teilweise privatrechtlichem Charakter, in denen Staat und Private zusammenarbeiten. Das Energiewesen sowie Radio und Fernsehen sind in ähnlicher Weise organisiert und verstärken die Partnerschaft von Staat und Gesellschaft. Beide nehmen gemeinsam an der Wahrnehmung öffentlicher Aufgaben teil und «verwalten» partnerschaftlich das öffentliche Interesse.

Zusammenfassend lässt sich folgendes festhalten: Im griechischen Stadtstaat, im römischen und im mittelalterlichen Recht war das Öffentliche, das Gemeine, das allen Zugängliche. Das Private war etwas besonderes, vom Öffentlichen abgetrenntes. Die Monarchen der absolutistischen Zeit haben es dann verstanden, ihre privaten Interessen zu öffentlichen Interessen zu machen und das Gemeine, das allen Zugängliche, dem pivaten gesellschaftlichen Bereich zu belassen. Dies führte zu ideologischen Auseinandersetzungen auf Grund der liberalen Staatstheorie und zur Zurückdrängung des Öffentlichen auf den Polizeischutzgedanken.

Der soziale Wohlfahrtsstaat und die Kriegswirtschaft haben dann die Grundlage für eine neue Entwicklung und Partnerschaft zwischen dem Öffentlichen und dem Privaten geschaffen.

Heute müssen wir insbesondere auch im Verwaltungsrecht anerkennen, dass eine Partnerschaft zwischen dem Öffentlichen und dem Privaten besteht. Ziel des Verwaltungsrechts ist weniger die Trennung als vielmehr eine vernünftige *Arbeitsteilung* und eine Zuordnung von Staat und Gesellschaft. Die Verwaltung hat die Aufgabe, im Rahmen ihrer Befugnisse für das öffentliche Interesse, das Gemeinwohl, zu sorgen. Sie ist aber auf die Mitwirkung und Mitarbeit von Privaten angewiesen. Die Privaten ihrerseits können sich nur mit Hilfe des Staats entfalten und sind darauf angewiesen, dass die Verwaltung ihnen in ihrem privaten Bereich selbst dann, wenn sie in den öffentlichen Bereich eingegliedert sind, die notwendige Entfaltungsmöglichkeit belässt.

2. Kapitel: Begriff und Arten der Verwaltung

I. Begriff der Verwaltung

LITERATUR: BADURA P., Auftrag und Grenzen der Verwaltung im sozialen Rechtsstaat, DöV 21, 1968, S. 446 ff.; BECKER E., Die vollziehende Gewalt nach der demokratischen Verfassung des Grundgesetzes, in: Demokratie und Verwaltung. Schriftenreihe der Hochschule Speyer, Bd. 50, Berlin 1972, S. 497 ff.; BECKER U., THIEME W. (Hrsg.), Handbuch der Verwaltung, Köln 1974; *Berliner Beamtentage 1969*: Verwaltung im modernen Staat, Berlin 1970; BODMER-LENZIN W., Der Staat als Dienstleistungsorganisation, WuR 1966, S. 92 ff.; BULLINGER M., Öffentliches Recht und Privatrecht, Stuttgart 1968; DAMKOWSKI W., Die Entstehung des Verwaltungsbegriffs, Köln 1969; DUNSIRE A., Administration. The world and the science, London 1973; ELLWEIN TH., Einführung in die Regierungs- und Verwaltungslehre, 1966; HANGARTNER Y., Verwaltung im Wandel des Bundesstaates, in: VP 25 (1971), Jubiläumsnummer 25 Jahre Verwaltungs-Praxis, Vom Wandel der Verwaltung, S. 171 ff.; HUBER K., Die Verwaltung als «vierte Gewalt»?, in: Beiträge zur Staatsreform, Jahrbuch der neuen Helvetischen Gesellschaft, Bern 1967, S. 247 ff.; KÖTTGEN A., Struktur und politische Funktion öffentlicher Verwaltung, in: Die moderne Demokratie und ihr Recht, Festschrift für G. Leibholz zum 65. Geburtstag, Tübingen 1966, Bd. II, S. 771 ff.; LAUBINGER H.-W., Die Verwaltung als Helfer des Bürgers, in: Demokratie und Verwaltung, Schriftenreihe der Hochschule Speyer, Bd. 50, Berlin 1972, S. 439 ff; LECHELER H., Verwaltung als «ausserparlamentarische Gewalt», DöV 27, 1974, S. 441 ff.; LORENZ H.F., Verwaltung in der Demokratie, München 1972; LUHMANN N., Theorie der Verwaltungswissenschaft, Köln, Berlin 1966; MÄDING E., Verwaltung und Raum, in: Becker U., Thieme W. (Hrsg.): Handbuch der Verwaltung, H.1.2, Köln 1974; MENGER CHR.-F., Die Bestimmung der öffentlichen Verwaltung nach den Zwecken, Mitteln und Formen des Verwaltungshandelns, DVBl 75, 1960, S. 297 ff.; MORSTEIN MARX F. (Hrsg.), Die Verwaltung. Eine einführende Darstellung, Berlin 1965; MÜNCH I. VON, Martens W., Allgemeines Verwaltungsrecht, Berlin, New York 1975, S. 1 ff.; in: Erichsen H.-U., Martens W., Allgemeines Verwaltungsrecht, Berlin, New York 1975, S. 1 ff.; PETERS H., Die Verwaltung als eigenständige Staatsgewalt, Krefeld 1965; REUSS H., Die Verwaltung im Rechtsstaat, DöV 20, 1967, S. 217 ff.; SCHMIDT W., BARTELSPERGER R., Organisierte Einwirkung auf die Verwaltung..., VVDStRL 33, 1975, S. 183 ff., S. 221 ff.; THIEME W., Verwaltung und Gesellschaft, in: Becker U., Thieme W. (Hrsg.): Handbuch der Verwaltung, H. 1.1, Köln 1974; DERSELBE, Verwaltungslehre, Köln 1967; WAGENER F., Neubau der Verwaltung, Berlin 1969.

In der Lehre hat man bisher mit zweifelhaftem Erfolg versucht, die Verwaltung zu definieren. Berühmt ist die einfache, aber nicht vielsagende Definition von JELLINEK, wonach die Verwaltung die Tätigkeit des Staates oder eines sonstigen Trägers öffentlicher Gewalt ausserhalb von Rechtsetzung und Rechtsprechung ist (JELLINEK W., Verwaltungsrecht, 3. Aufl., 1931, Neudruck Bad Homburg 1966, S. 6). Diese negative Definition genügt schon deshalb nicht, weil sie den Begriff der Regierung nicht miterfasst. Definitionen müssen immer einen bestimmten Zweck erfüllen. Die Umschreibung der Verwaltung soll dazu dienen, diese Tätigkeit von der Gesetzgebungs-, der richterlichen und der Regierungsgewalt abzugrenzen. Eine negative Definition kann diesen Zweck nicht erfüllen. Deshalb versucht WOLFF die Verwaltung folgendermassen zu umschreiben.

«Öffentliche Verwaltung im materiellen Sinne ist also die mannigfaltige, konditional oder nur zweck-bestimmte, also insofern fremdbestimmte, nur teilplanende, selbstbeteiligt entscheidend ausführende und gestaltende Wahrnehmung der Angelegenheiten von Gemeinwesen und ihrer Mitglieder als solcher durch die dafür bestellten Sachwalter des Gemeinwesens» (WOLFF H.J., BACHOF O., Verwaltungsrecht, Bd. 1, 9. Aufl., München 1974, § 2 III, S. 12).

Diese Definition versucht zwar eine positive Umschreibung, ist aber schwerfällig und fördert das Verständnis kaum, da sie den unklaren Begriffen der Verwaltung noch unklarere wie «Planung», «fremdbestimmend», «selbstbeteiligt», «Sachwalter» usw. hinzufügt.

Wenn es uns nicht gelingt, die Verwaltung eindeutig zu definieren, müssen wir versuchen, wenigstens die typischen Merkmale der Verwaltungstätigkeit herauszuarbeiten, mit denen sie gegenüber andern Tätigkeiten abgegrenzt werden kann. Ein erstes typisches Merkmal ist das «*öffentliche Interesse*». Jede Verwaltungstätigkeit muss der Verwirklichung des Gemeinwohles dienen. Damit lassen sich die Handlungen der Verwaltung weitgehend von der privaten Tätigkeit unterscheiden, die der Verwirklichung privater Interessen dient. Allein, es gibt auch private Tätigkeit, die öffentlichen Zwecken dient, wie beispielsweise die Führung eines privaten Spitals oder einer privaten Schule. Im Gegensatz aber zu dieser privaten, öffentlichen Interessen dienenden Tätigkeit, wird die *Verwaltung nur tätig, wenn sie dazu durch die Verfassung, das Gesetz oder die Regierung beauftragt wird.* Verwaltung ist also stets *Tätigkeit im Auftrag* der Verfassung, des Gesetzes oder der Verordnung. Damit lässt sich die Verwaltung zwar von der Privattätigkeit, nicht aber ohne weiteres von der Gesetzgebung oder von der richterlichen Tätigkeit abgrenzen. Der wesentliche Unterschied zwischen der richterlichen Gewalt und der Verwaltung liegt in der *Abhängigkeit* der Verwaltung. Die Verwaltung entscheidet *im Auftrag, auf Weisung und Grund eines Pflichtenheftes der Regierung*. Zur Erfüllung dieser Aufgaben muss sie selbständig gestaltend tätig werden. Die richterliche Gewalt ist unabhängig. Ihre Befugnisse sind in Verfassung und Gesetzt verankert. Sie nimmt ohne Weisungen ihre ihr von Verfassung und Gesetz übertragenen Befugnisse wahr und ist nicht in eine hierarchische Ordnung eingegliedert.

Auch die gesetzgebende Gewalt ist unabhängig. Sie gibt sich ihre Aufträge selbst und entscheidet über die Konkretisierung der Verfassung in eigener Verantwortung.

II. *Begriff des Verwaltungsrechts*

Das Verwaltungsrecht umfasst alle jene Rechtsnormen, die die Verwaltungstätigkeit regeln, soweit es sich um staatliche, d.h. hoheitliche Tätigkeit handelt. *Das Verwaltungsrecht regelt also das Verhältnis des einzelnen zur Verwaltung, es umschreibt die*

Grenzen und Möglichkeiten der hoheitlichen Verwaltungstätigkeit und legt die verwaltungsinterne Ordnung fest. Hoheitlich ist die Verwaltungstätigkeit dann, wenn zur Verwirklichung des Gemeinwohles einseitige Rechte und Pflichten begründet werden oder der einzelne auf Grund eines Abhängigkeitsverhältnisses Handlungen der Verwaltung zu dulden hat.

Die nicht hoheitliche Verwaltungstätigkeit wird neuerdings dem sogenannten *Verwaltungsprivatrecht* zugeordnet. Das Verwaltungsprivatrecht kennzeichnet den allmählichen Übergang vom Abhängigkeitsverhältnis zum freien partnerschaftlichen Verhältnis zwischen Staat und Privaten. Das Verwaltungsprivatrecht untersteht zwar dem Privatrecht. Um aber der faktischen Machtstellung der Verwaltung auch in diesem Bereich Rechnung zu tragen, ist die Verwaltung nicht völlig frei, sie muss sich an gewisse verfassungsrechtliche Grundsätze halten, die bei der Interpretation des Autonomiebereiches der Verwaltung im Privatrecht beachtet werden müssen.

III. Arten der Verwaltung

A. Dreistufige Verwaltung

LITERATUR: BISCHOFBERGER P., GERMANN R.E., RUFFIEUX R., Verwaltung im Umbruch, Bern 1972; *Föderalismushearings.* Protokolle von zehn öffentlichen Befragungen in Solothurn zum Zustand des schweizerischen Föderalismus, 3 Bände, Zürich 1973 (insbes. Bd.1, S.6 ff., Bd.3); FROWEIN J., MÜNCH I. VON, Gemeinschaftsausgaben im Bundesstaat, VVDStRL 31, 1973, S. 13 ff., S. 51 ff.; GERMANN R.E., Vollzugsföderalismus in der Schweiz als Forschungsobjekt. Die Verwaltung 9, 1976, S.223 ff.; HANGARTNER Y., Die Kompetenzverteilung zwischen Bund und Kantonen, Bern 1974; GIESSER E.H., Die Zusammenarbeit zwischen Bund und Kantonen im Bereich der Verwaltung nach schweizerischem Recht mit rechtsvergleichenden Ausblicken zur Bundesrepublik Deutschland und den Vereinigten Staaten, Diss. iur. Basel 1976; HUBER H., Einheit der Rechtsordnung und Einheit der Verwaltung im Bundesstaat mit Beispielen aus der Kompetenzabgrenzung zwischen Bund und Kantonen auf dem Gebiet des Gewässerschutzes, ZBl 58, 1957, S.481 ff.; DERSELBE, Die Zuständigkeit des Bundes, der Kantone und der Gemeinden auf dem Gebiet des Baurechts — ..., in: Rechtliche Probleme des Bauens, Bern 1969; KEHRLI H., Interkantonales Konkordatsrecht, Diss. Bern 1968; SCHINDLER D., Das Zusammenwirken zwischen Bundesverwaltung und kantonalen Verwaltungen, in: Jahrbuch der Schweizerischen Vereinigung für politische Wissenschaft 4, 1964, S.61 ff.; *Zur Struktur der deutschen Verwaltung.* Föderalismus und Probleme der Zentralisation und der Dezentralisation. Schriftenreihe der Hochschule Speyer, Bd.33, Berlin 1967.

Die Verwaltung lässt sich auf Grund von verschiedenen Kriterien gliedern. Wenn wir die Verwaltung nach dem Träger einteilen, können wir zwischen *Gemeinde-, Kantons- und Bundesverwaltung* unterscheiden. Überdies gibt es Formen der internationalen Verwaltung, so etwa der *Verwaltung der internationalen, supranationalen Organisationen.* Neben den verschiedenen staatlichen Stufen können wir auch auf Grund des Trägers zwischen *Anstalts-, Körperschafts- und Zentralverwaltung* gliedern.

Für das schweizerische Verwaltungsrecht ist die Stufenordnung vor allem deshalb von Bedeutung, weil der Bürger selten nur mit einem Verwaltungsträger, sondern mit mehreren konfrontiert ist, und deshalb meistens sowohl das Bundesverwaltungsrecht wie auch das kantonale Verwaltungsrecht konsultieren muss. Dies hat zur Folge, dass die Rechtsmittel oft nicht beim Kanton enden, sondern mittelbar über die Bundesverwaltung oder direkt zum Bundesgericht führen.

Die Verzahnung der *verschiedenen Verwaltungsstufen führt notgedrungen zu einer Unübersichtlichkeit des Verwaltungsrechts.* Beim Gewässerschutzrecht, beim Boden- und Planungsrecht, bei der Sozialversicherung, bei der Forstwirtschaft, bei der Wasser- und Energieversorgung, auf dem Gebiete des Umweltschutzes, in der Landwirtschaft und im Militärwesen, überall sind Bund und Kantone und zum Teil die Gemeinden am Vollzug beteiligt.

B. Eingriffsverwaltung

LITERATUR: ACHTERBERG N., «Öffentliche Ordnung» im pluralistischen Staat, in: Öffentliches Recht und Politik, Festschrift für Hans U. Scupin zum 70. Geburtstag, Berlin 1973, S. 9 ff.; BOTHE M., Die Rolle der Verwaltung im Umweltschutz, AöR 99, 1974, S. 122 ff.; CHRISTINGER U., Das schweizerische Versicherungsaufsichtsrecht. Schweizerische Versicherungs-Zeitschrift 42, 1974/75, H. 1, S. 3 ff.; DENNINGER E., Die veränderte Rolle der Polizei in der freiheitlichen Demokratie, in: Berliner Beamtentage 1969, Verwaltung im modernen Staat, Berlin 1970, S. 7 ff.; FRIAUF K.H., La surveillance des banques par l'office fédéral de contrôle du crédit, Revue internationale de droit comparé 25, 1973, No. 3, S. 511 ff.; DERSELBE, Polizei- und Ordnungsrecht, in: Münch I. von (Hrsg.), Besonderes Verwaltungsrecht, Frankfurt, 3. Aufl., 1972, S. 141 ff.; GÖTZ V., Allg. Polizei- und Ordnungsrecht, 3. Aufl., Göttingen 1975; IPSEN H.P., Rechtsstaatliche Grenzen der Versicherungsaufsicht, DöV 28, 1975, S. 805 ff.; LEUTENEGGER P.B., Das formelle Baurecht der Schweiz. Einsprache und Rechtsmittel im Baurecht der Schweiz, Diss. iur. Zürich, Bern 1974; RINIKER P., Die Bankenaufsicht, Diss. iur. Bern 1974; ROTH G., Die Gefahrenvorsorge im sozialen Rechtsstaat, Berlin 1968; WÜRTENBERGER TH., Polizei- und Ordnungsrecht, Berlin 1974.

Die Verwaltung kann aber nicht nur nach dem Träger, sie kann vor allem auch *nach der Art ihres Verhältnisses zum Bürger in Eingriffs-, Leistungs-, Abgabe-, planende und Bedarfsverwaltung eingeteilt werden.* Zur klassischen Verwaltung gehört die sogenannte Eingriffsverwaltung. Sie führt zur Beschränkung der Rechte des Bürgers.

Im Rahmen der *Eingriffsverwaltung* wird die Verwaltung über den Weg von *Geboten und Verboten* tätig. Es ist die typische Polizeiverwaltung, die zur Verwirklichung ihres Schutzauftrages gegenüber der Gesellschaft Vorschriften erlässt. Zur Eingriffsverwaltung gehören somit *alle Polizeiaufgaben des Staates*, wie Baupolizei, Feuerpolizei, Gesundheitspolizei, Lebensmittelpolizei, *Bankenaufsicht*, *Versicherungsaufsicht*, Strassenpolizei, Gewässerschutzpolizei usw. Die Verfügungen, durch die die Verwaltung im Rahmen der Eingriffsverwaltung tätig wird, sind *Polizeibewilligungen* wie: Baubewilligungen, Verbote (zum Beispiel das Verbot, bestimmte Stoffe in Abwässer abzulassen), *Verhaltensvorschriften* (zum Beispiel Verkehrsregeln) sowie im Rahmen der repressiven Polizei *Strafen gegenüber Personen*, die sich nicht an die Verwaltungsvorschriften gehalten haben. Zur Eingriffsverwaltung zählt auch der grosse Bereich der Interventionen im Bereich der Wirtschaftspolitik, die zu

Beschränkungen der freien wirtschaftlichen Tätigkeit führen. Dazu gehören die staatlichen Kontingentierungen, aber auch die Monopole, die einen grossen Bereich der privaten Tätigkeit entziehen.

C. Abgabeverwaltung

LITERATUR: Vgl. auch: 3. Teil, 1. Kap., II, B, S. 154 f.
ANATONIOLLI W., Finanzverwaltung und Rechtsstaat, in: Verfassung und Verfassungswirklichkeit, Festschrift für Hans Huber, Bern 1961; S. 9 ff.; HIGY C., Die eidgenössische Steuerverwaltung, ZBl 69, 1968, S. 137 ff.; MÜLLER B., Aufgaben und Organisation des Eidg. Finanz- und Zolldepartementes, in: Ein Blick in die Bundesverwaltung, 1971, S. 40 ff.; REIMANN A., Arbeitsfeld und Organisation des kantonalen Steueramts Zürich, ZBl 77, 1976, S. 465 ff.; *50 Jahre Eidg. Steuerverwaltung,* Sonderheft zum Jubiläum der Eidg. Steuerverwaltung ASA 35., 1966, H. 1/2; *Vortragszyklus über das Eidg. Finanz- und Zolldepartement,* Bern 1970/71.

Eng mit der Eingriffsverwaltung verwandt ist die Abgabeverwaltung. Bei der Abgabeverwaltung wird die Verwaltung nicht durch Verbote tätig, sondern durch die *Forderungen an den Bürger, der Verwaltung bestimmte Leistungen zu erbringen.* Früher handelte es sich um Naturalleistungen oder um Frondienste, die übrigens zum Teil auch heute noch, zum Beispiel bei Lawinenkatastrophen oder Überschwemmungen, erbracht werden müssen.

In der Regel richten sich die Forderungen auch auf Geldleistungen. Dabei kennt die Abgabeverwaltung verschiedene Arten von Geldleistungen, zum Beispiel die *Steuern,* die voraussetzungslos für einen nicht vorherbestimmten Zweck der Verwaltung vom Bürger geschuldet werden, die *Vorzugslasten,* die für eine Leistung der Verwaltung geschuldet werden, welche dem Bürger einen unmittelbaren Vorteil eingebracht hat und die *Gebühren,* die für die Benutzung einer besonderen Leistung der Verwaltung vom Bürger zu entrichten sind. Das Abgaberecht hat aber neben diesen Formen von Abgaben noch weitere Arten von *Kausalabgaben,* zum Beispiel die Motorfahrzeugsteuer, Gemengsteuer (Gebühren mit fiskalischer Zielsetzung) und insbesondere Abgaben der wirtschaftslenkenden Verwaltung, zum Beispiel in der Milchwirtschaft, entwickelt. Zu erwähnen sind überdies die Ersatz- und Konzessionsabgaben.

D. Leistungsverwaltung

LITERATUR: BUSCHOR E., Planung als Instrument der integrierten Frühkoordination der Verwaltungstätigkeit, VP 26, 1972, S. 196 ff.; BUSE J., Integrierte Systeme staatlicher Planung, Baden-Baden stadt 1968, S. 201 ff.; BADURA P., Die Daseinsvorsorge als Verwaltungszweck der Leistungsverwaltung und der soziale Rechtsstaat, DöV 19, 1966, S. 624 ff.; DERSELBE, Verwaltungsrecht im liberalen und sozialen Rechtsstaat, Tübingen 1966; EBER K., Leistungsverwaltung des Bundes durch Gewährung von Garantien und Bürgschaften, BB 1975, S. 753 ff.; EICHENBERGER K., Leistungsstaat und Demokratie, in: Basler Universitätsreden, H. 62, Basel 1969, S. 19 ff.; FORSTHOFF F., Rechtsfragen der leistenden Verwaltung, Res publica, Bd. 1, Stuttgart 1959; DERSELBE, Die Verwaltung als Leistungsträger, Stuttgart, Berlin 1938; GRÖTTRUP H., Die kommunale Leistungsverwaltung, Stuttgart 1973; MARTENS W., Prinzipien der Leistungsverwaltung. Fortschritte des Verwaltungsrechts, Festschrift für Hans J. Wolff zum 75. Geburtstag, München 1973, S. 429 ff.; RÜFNER W., Formen öffentlicher Verwaltung im Bereich der Wirtschaft. Untersuchungen zum Problem der leistenden Verwaltung, Berlin 1967; WENGER K. (Hrsg.), Förderungsverwaltung, Wien, New York 1973.

Im Gegensatz zur Eingriffs- und Abgabeverwaltung wird die Leistungsverwaltung in der Regel durch eine *Begünstigung des Bürgers* tätig. Sie stellt ihm Krankenhäuser und Schulen zur Verfügung, baut Infrastrukturanlagen, fördert zurückgebliebene Wirtschaftszweige oder Regionen, unterstützt Infrastruktur-Investitionen und gewährleistet eine existenzsichernde Alters- und Hinterlassenenvorsorge. Mit der Leistungsverwaltung werden die modernen Aufgaben des Staates verwirklicht, die im Rahmen der Entwicklung zum Wohlfahrts- und Sozialstaat ständig zunehmen. Entscheidend für die Leistungsverwaltung ist, dass diese im Gegensatz zur Eingriffs- und Abgabeverwaltung *nur zu einem geringen Teil durch Verfügungen*, sondern vor allem durch *Handlungen* tätig wird. Die Verwaltung sorgt für ein gutes Schulwesen, sie lässt an Kranken Operationen vornehmen, sichert den Strassenunterhalt, sorgt für ein beförderliches Post- und Telefonwesen und stellt die Versorgung mit elektrischer Energie sicher. Im Rahmen der Leistungsverwaltung nimmt also die Verwaltung selber am Produktions- und Dienstleistungsprozess der Gesellschaft teil.

E. Planungsverwaltung

LITERATUR: BUSCHOR E., Planung als Instrument der integrierten Frühkoordination der Verwaltungstätigkeit, VP 26, 1972, S. 196 ff.; BUSE J., Integrierte Systeme staatlicher Planung, Baden-Baden 1974; FLOHR H., Die Tätigkeit der Planungsabteilung im Bundeskanzleramt. Gesellschaftlicher Wandel und politische Innovation, Opladen 1972, S. 54 ff.; GRAUHAN R.R., Strukturwandlungen planender Verwaltung, in: Schäfers B. (Hrsg.). Gesellschaftliche Planung, Stuttgart 1973, S. 231 ff.; DERSELBE, Zur Struktur der planenden Verwaltung, in: Lauritzen Lauritz (Hrsg.): Mehr Demokratie im Städtebau, Hannover 1972, S. 37 ff.; GROTTIAN P., Strukturprobleme staatlicher Planung, Hamburg 1974; HARNISCHFEGER H., Strukturprobleme planender Verwaltung, Archiv für Kommunalwissenschaften 10, 1971, II, S. 211 ff.; JOCHIMSEN R., Zum Aufbau und Ausbau eines integrierten Aufgabenplanungssystems und Koordinationssystems der Bundesregierung. Bulletin des Presse- und Informationsamtes der Bundesregierung, 1970; KÖNIG K., Planung und Koordination im Regierungssystem, VA 62, 1971, S. 1 ff.; LAUX E., Planung als Führungsmittel der Verwaltung. Politik und Verwaltung, H. 5, Baden-Baden 1967; SCHEEBARTH H.W., Von der Fähigkeit des öffentlichen Dienstes zu planen. Rechtsfragen der Gegenwart, Stuttgart 1972; S. 177 ff.; SFEZ L, L'administration prospective, Paris 1970; STAAK M., Planen, eine Form des Verwaltungshandelns. Der Städtebund, 1969, S. 193 ff.; WAGENER F., Für ein neues Instrumentarium der öffentlichen Planung. Raumplanung — Entwicklungsplanung, Hannover 1972, S. 23 ff.; WITTKÄMPFER G., Analyse und Planung in Verwaltung und Wirtschaft, Bonn, Bad-Godesberg 1972; WITTMANN H., Planung und Koordination in der obersten Bundesverwaltung. Österreichische Zeitung für Politikwissenschaft 3, 1974, H. 2, S. 181 ff.

Einen breiten Raum nimmt die planende Verwaltung ein. Planung ist Vorbereitung von Entscheidungen. Der unübersichtliche Verwaltungsapparat bringt es mit sich, dass fast jede Entscheidung der Verwaltung vorbereitet und mit anderen Verwaltungsaufgaben koordiniert werden muss. *Mit den Plänen können solche Entschei-*

dungen rechtzeitig vorbereitet und koordiniert werden. Diese interne Tätigkeit hat aber Auswirkungen nach aussen. Wenn beispielsweise der Gemeinderat einer Gemeinde der Baukommission vorschreibt, in einem bestimmten Gemeindesektor keine Baubewilligungen zu erteilen, da dieser Sektor für die Landwirtschaft erhalten bleiben müsse, werden durch diese koordinierende Entscheidungsvorbereitung die Eigentümer von Grundstücken dieser Gebiete betroffen, sie werden keine Baubewilligungen erhalten. Inwieweit zeitigen nun derartige Pläne Aussenwirkungen, inwieweit soll der indirekt Betroffene berechtigt werden, sich gegen den Erlass eines Planes zu wehren, inwieweit muss er ihn akzeptieren? Dies sind Fragen, die für die Planungsverwaltung von entscheidender Bedeutung sind.

F. Lenkungsverwaltung

LITERATUR: BELLSTEDT CHR., Verfassungsrechtliche Grenzen der Wirtschaftslenkung durch Steuern, Schwetzingen 1962; BLÄTTLER E., Rechtliche Grundlagen staatlicher Wirtschaftslenkung, Diss. Zürich (Masch.Schr.) 1953; BÖCKLI P., Indirekte Steuern und Lenkungssteuern, Habil. Basel, Basel, Stuttgart 1975; DERSELBE, Verfassungsrechtliche Anforderungen an die zur Konjunkturbeeinflussung erhobenen «Sonderabgaben», ZSR NF 94 I, 1975, S. 255 ff.; FREMUTH W., Die politische Kontrolle der Subventionsverwaltung, Förderungsverwaltung Wien, Springer 1973, S. 305 ff.; FRIAUF K.H., Verfassungsrechtliche Grenzen der Wirtschaftslenkung und Sozialgestaltung durch Steuergesetze, Recht und Staat, H. 325/26, Tübingen 1966; GEIGER H., Möglichkeiten einer konjunkturellen Feinsteuerung durch die Geldpolitik — Erfahrungen mit dem Bundesbankinstrumentarium, in: Recht und Wirtschaft in Geschichte und Gegenwart, München 1975, S. 333 ff.; KIRCHHOFF G., Subvention als Instrument der Lenkung und Koordinierung, Diss.phil. Freiburg i.Br., Berlin 1973; KOLLMAR H., Das Problem der staatlichen Lenkung und Beeinflussung des rechtsgeschäftlichen Verkehrs, Tübingen 1961; LERCHE P., Rechtsprobleme der wirtschaftslenkenden Verwaltung, in: Scheuner U. (Hrsg.), Die staatliche Einwirkung auf die Wirtschaft, Frankfurt a.M. 1971, S. 449 ff.; PROBST R., Abgaben zur Lenkung der Wirtschaft, in: ASA 30, 1962, S. 417 ff.; RIEBEN J., Verfassungsrechtliche Aspekte der Geldpolitik, Diss. iur. Bern 1975; SPANNER H., Die Steuer als Instrument der Wirtschaftslenkung, Steuer und Wirtschaft, Bd. 47, 1970, S. 377 ff.; STOCKER H.F., Die BUTYRA als Instrument der staatlichen Lenkung der schweizerischen Butterwirtschaft, Diss. Bern, Zürich 1973; WEBER K., Die schweizerische Aussenhandelsgesetzgebung unter besonderer Berücksichtigung der Handels- und Gewerbefreiheit, Diss. Fribourg 1975.

Ein neueres Gebiet der Verwaltungstätigkeit ist die Lenkungsverwaltung (vgl. auch S. 149, 432). Das Gemeinwesen muss vor allem im Wirtschaftsbereich je länger je mehr Lenkungsaufgaben übernehmen. Konjunktur- und Strukturpolitik erfordern eine zunehmende Lenkungstätigkeit von seiten der Verwaltung. Zu unterscheiden ist dabei zwischen der *globalen oder marktkonformen Lenkung*, die jedermann in gleicher Weise zugute kommen. Ein Beispiel ist die Geldpolitik des Staates zum Schutze der staatlichen Währung. Problematischer sind *strukturelle Eingriffe*, die zu staatlich gelenkten Strukturveränderungen führen, wie zum Beispiel eine Mindestreservenpolitik der Nationalbank zu Lasten der Bauwirtschaft oder zugunsten der Exportindustrie bzw. regionaler Wirtschaftsgebiete.

Neben der Wirtschaft werden vom Gemeinwesen auch Lenkungsmassnahmen zugunsten des *Umweltschutzes* verlangt. Die Verwaltung soll Mittel und Wege finden, um zum Beispiel die Verkäufer zu veranlassen, die Einwegflasche abzuschaffen und überall das Flaschenpfand einzuführen. Daneben sollen zum Beispiel die Produzenten zu einer sparsamen Verwendung von Energie- und Rohstoffen gebracht werden.

Die *Mittel* der Lenkungsverwaltung sind sehr vielfältig. Während in anderen Staaten die *Lenkungsabgabe* eine grosse Rolle spielt, konnte sich diese aus politischen und verfassungsrechtlichen Gründen in der Schweiz noch kaum durchsetzen. Umso populärer sind die *Subventionen,* mit denen vor allem im Landwirtschaftssektor Lenkungsaufgaben erfüllt werden. Auch die *Zollverwaltung* hat zum Teil Lenkungsfunktionen. *Lenkungszölle und Einfuhrbeschränkungen* dienen dem Schutze einheimischer Produzenten.

Zur Lenkungsaufgabe gehören aber auch *Massnahmen zur Überwindung von Versorgungsengpässen*, beispielsweise auf dem Energie- und Rohstoffsektor. Dazu gehören die *Pflichtlagerverträge* der Importeure für Brenn- und Treibstoffe, sowie andere lebensnotwendige Güter. Werden dann die Güter dennoch knapp, dienen die *Konsumbeschränkungen und Rationierungen* der Überwindung der Krise.

Ist die Zielsetzung der Lenkungsaufgabe global, geht es in der Regel um die Erhaltung notwendiger Güter für die Allgemeinheit: Schutz der Währung, Erhaltung der Rohstoff- und Energieversorgung usw. Sollen durch die Lenkungsaufgaben strukturelle Veränderungen vorgenommen werden, können sie zum Ziel haben, die *Startchancen* auszugleichen (Stipendien), die Voraussetzungen für eine bessere *Selbsthilfe* zu schaffen (Unterstützung gefährdeter Industriezweige) oder aus politischen oder sozialen Gründen einen bestimmten *Erwerbszweig* (Landwirtschaft) *oder eine Wirtschaftsregion* (Berggebiete) *zu erhalten*.

G. Bedarfsverwaltung

LITERATUR: ALTMANN C.H., Das öffentliche Auftragswesen, Grenzen des fiskalischen Denkens, Stuttgart 1960; FORSTHOFF E., Der Staat als Auftraggeber unter besonderer Berücksichtigung des Bauauftragswesens, Stuttgart 1963; GREWLICH K.W., Schutz gegen Willkür bei der Vergabe von Forschungs- und Entwicklungsaufträgen, Diss. iur. Freiburg i.Br. 1972; JUCKER W., Der Bund als Konzernleitung des öffentlichen Sektors, Festschrift Bundesrat H.P. Tschudi, Bern 1973, S. 171 ff.; KELLER H.A., Das Einkaufswesen der öffentlichen Hand, Gewerbliche Rundschau 19, 1974, H.2, S.70 ff.; SCHMID H., Die staatliche Beschaffungspolitik, Bern 1972; SCHMITZ E., Das Recht der öffentlichen Aufträge im Gemeinsamen Markt, Baden-Baden 1972; SCHNEEBERGER E., Neue Einkaufsverordnung. Der Organisations-Mitarbeiter, 1976, H.1, S.19 ff.; SCHWARZENBACH H.R., Bauherr und Bauunternehmer im öffentlichen Tiefbau, ZBl 63, 1962, S.353 ff.; DERSELBE, Die neue eidgenössische Submissionsordnung für den Nationalstrassenbau, ZBl 66, 1965, S.57 ff.; *Schweizerische Kartellkommission*: Die öffentlich-rechtlichen Beschränkungen des Wettbewerbs durch Submissions- und Konzessionsvorschriften, in: Veröffentlichungen der Schweizerischen Kartellkommission 2, 1967, S.102 ff.; SIEPMANN H., Bedarfsdeckung, in: Becker U., Thieme W. (Hrsg.), Handbuch der Verwaltung, H.5.5, Köln 1974; VONÄSCH M., Probleme der Materialbeschaffung in der öffentlichen Verwaltung, Diss. Zürich 1966; ZAUGG A., Die bernische Submissionsordnung vom 7. Nov. 1967, MBVR 66, 1968, S.113 ff.

Während alle bereits behandelten Verwaltungsbereiche das Verhältnis zwischen Staat und Bürger regeln, richtet sich die *Bedarfsverwaltung vor allem auf die interne Erfüllung der Aufgaben der Verwaltung.* Damit die Verwaltung ihre Aufgaben lösen kann, muss sie sich die notwendigen Mittel wie Gebäude, Schreibmaterial, Transportmittel, Energie usw. beschaffen. Was zur Sicherstellung dieser Verwaltungsaufgaben gehört, ist Teil der Bedarfsverwaltung.

Früher wurde dieser Bereich grundsätzlich dem Privatrecht zugewiesen. Wenn der Staat Bleistifte für seine Beamten einkauft, schliesst er einen Kaufvertrag im Rahmen des OR ab. Wie steht es aber, wenn der Kanton als Bauherr zur Verwirklichung seiner Aufgaben 50 % der gesamten Bauaufträge vergibt? Wird damit nicht eine Schwelle überschritten, die zu einer Überprüfung festgefahrener Positionen zwingt, um zu verhindern, dass der Staat auf Grund seiner Machtstellung die private Bautätigkeit wettbewerbswidrig beeinflussen kann?

Bei der Bedarfsverwaltung stehen deshalb folgende Fragen im Vordergrund: Inwieweit haben Private einen Anspruch auf den Abschluss eines Vertrages mit dem Staat, wie ist das Verhältnis zwischen Staat und Privaten zu regeln, kann beispielsweise der Staat aus Gründen der Finanzknappheit Verträge mit Privaten zur Sicherstellung seiner öffentlichen Aufgaben später abändern?

3. Kapitel: Die Stellung der Verwaltung im Rechtssystem

I. Verfassungsrecht — Verwaltungsrecht

LITERATUR: ALBERT H. (Hrsg.), Rechtstheorie als Grundlagenwissenschaft der Rechtswissenschaft, Düsseldorf 1972; BADURA P., Verfassung und Verfassungsgesetz, Festschrift für U. Scheuner zum 70. Geburtstag, Berlin 1973, S. 19 ff.; BÄUMLIN R., Verfassung und Verwaltung in der Schweiz, in: Verfassungsrecht und Verfassungswirklichkeit, Festschrift für H. Huber zum 60. Geburtstag, Bern 1961, S. 69 ff.; BARING, Die allgemeinen Grundsätze des Verwaltungsrechts — eine Rechtsquelle?, in: Juristen-Jahrbuch 6, 1965/66, S. 27 ff.; BURCKHARDT W., Methode und System des Rechts, Zürich 1936; BURMEISTER J., Die Verfassungsorientierung der Gesetzesauslegung. Verfassungskonforme Auslegung oder vertikale Normendurchdringung? Diss. Köln 1966; EISENMANN CH., La théorie des «bases constitutionelles du droit administratif». Revue du droit public et de la science politique en France et à l'étranger, 88, 1972, Nr. 6, S. 1345 ff.; HARDT H.-J., Die allgemeinen Verwaltungsgrundsätze. Definition ihres Rechtsnormcharakters, DöV 1971, S. 685 ff.; DERSELBE, Zur Rechtsnatur der allgemeinen Grundsätze des Verwaltungsrechts, Diss. Würzburg 1969; HAURIOU A., GICQUEL J., GELARD P., Droit constitutionnel et institutions politique, 6e éd. Paris 1975; KÄGI W., Die Verfassung als rechtliche Grundordnung des Staates. Untersuchungen über die Entwicklungstendenzen im modernen Verfassungsrecht, Darmstadt 1971; KAUFMANN O.K., Allgemeines Verwaltungsrecht — Ungeschriebenes Verfassungsrecht, VP 25 1971, S. 178 ff.; KRECH H., Die Theorie der allgemeinen Rechtsgrundsätze im französischen öffentlichen Recht, Göttingen 1973; KOPP F., Verfassungsrecht und Verwaltungsverfahrensrecht, Habil. München 1971; LEISNER W., Von der Verfassungsmässigkeit der Gesetze zur Gesetzmässigkeit der Verfassung, Tübingen 1964; MENGER CHR., Die allgemeinen Grundsätze des Verwaltungsrechts als Rechtsquellen, in: Festschrift für Walter Bogs, 1967, S. 89 ff.; MERKEL A., Prolegomena einer Theorie des rechtlichen Stufenbaus, in: Gesellschaft, Staat und Recht, Untersuchungen zum Reinen Rechtslehre, Hrsg. von Verdross A., Wien 1931; NAWIASKY H., Allgemeine Rechtslehre als System der rechtlichen Grundbegriffe, 2. Aufl., Einsiedeln 1948; WALTER R., Der Aufbau der Rechtsordnung. Eine rechtstheoretische Untersuchung auf der Grundlage der Reinen Rechtslehre, 2. Aufl., Wien 1974; WERNER F., Verwaltungsrecht als konkretisiertes Verfassungsrecht, DVBl 74, 1959, S. 527 ff.; WIMMER N., Materiales Verfassungsverständnis, Wien, New York 1971; WOLFF H.J., Rechtsgrundsätze und verfassungsgestaltende Grundentscheide als Rechtsquelle, in: Forschungen und Berichte aus dem öffentl. Recht, Bd. 6, Gedächtnisschrift für Walter Jellinek 1885—1955, München 1955, S. 33 ff.; SMEND R., Verfassung und Verfassungsrecht, in: Staatsrechtliche Abhandlungen, Berlin 1955, S. 119 ff.

Von OTTO MAYER stammt bekanntlich der Satz:

«Verfassungsrecht vergeht, Verwaltungsrecht besteht.»

Diese Auffassung stellt auf eine von der Verfassung vollkommen unabhängige Verwaltung ab. Regierungen und Parlamente kommen und gehen, die Verwaltung, die für die eigentlichen Staatsgeschäfte zu sorgen hat, bleibt bestehen. *Die Verwaltung hat aber längst ihre Unabhängigkeit von der Verfassung aufgegeben, im Gegenteil, sie ist in unser Verfassungssystem integriert.* Jede Bestimmung unserer Verfassung, jede Verfassungsänderung wirken sich letztlich auch auf die Tätigkeit der Verwaltung aus.

In einem Bundesstaat entscheidet die Verfassung über die *Kompetenzordnung* von Bund und Gliedstaaten. Diese Aufgabenteilung ist von entscheidender Bedeutung für die Verwaltung, deren Vollzugsbefugnisse ebenfalls mittelbar oder unmittelbar aus dem Verfassungstext abgeleitet werden können.

Unsere Gesetze übertragen den Verwaltungsbehörden grosse Ermessensbefugnisse. Bei der Übertragung derartiger Befugnisse kann der Gesetzgeber darauf abstellen, dass sich die Verwaltung bei der Auslegung der Gesetze an die Grundsätze unserer Verfassung und unseres Rechtsstaates hält. Viele Generalklauseln unserer Gesetze könnten in einem totalitären System ohne Abänderung totalitär angewendet und ausgelegt werden. Da die Verwaltung verpflichtet ist, *Generalklauseln verfassungskonform* anzuwenden, bietet die Verfassung die Gewähr für eine rechtsstaatliche Anwendung der Gesetze.

Das Verwaltungsrecht ist kein in sich geschlossenes, isoliertes Rechtssystem, es öffnet sich vielmehr den Grundsätzen unserer Verfassung. Im Vordergrund steht dabei Art. 4 BV. Der *Gleichheitssatz* unserer Verfassung ist in kreativer Rechtsprechung vom Bundesgericht so weiterentwickelt worden, dass er gegenüber Kantonen ohne gesetzlich vorgeschriebenes Verwaltungsverfahren als Ersatznorm für fehlende Verfahrensregelungen gelten kann. Aber auch für die Ausübung von Ermessensbefugnissen der Bundesverwaltung kommt diesem Grundsatz eine entscheidende Bedeutung zu. Soweit die Verwaltung bisher auf Grund des besonderen Rechts- oder Gewaltverhältnisses weniger an den Grundsatz der Gesetzmässigkeit gebunden war, springen die Verfassungsnormen gleichsam als Stützen des Rechtsschutzes des einzelnen ein. Dazu zählen neben Art. 4 BV auch die anderen Grund- und Freiheitsrechte der Verfassung.

Das Verfassungsrecht ist für die Verwaltung auch weitgehende *Interpretationshilfe*. Gesetze, an die sich die Verwaltung zu halten hat, müssen aus der Gesamtsicht der Rechts- und insbesondere der Verfassungsordnung interpretiert werden.

Die Verpflichtung der Verwaltung, den Grundsatz von Treu und Glauben zu befolgen, lässt sich nicht aus Art. 2 ZGB, sondern allein aus Art. 4 BV ableiten. Gleiches gilt für den Grundsatz der Verhältnismässigkeit und das Willkürverbot. Der Gesetzgeber wäre überfordert, müsste er diese Grundsätze stets gesondert in seine einzelnen Gesetze aufnehmen. Die Verfassung ermöglicht dem Gesetzgeber auf diese Grundsätze abzustellen und davon auszugehen, dass sie von den Gerichten und Behörden gegenüber dem einzelnen angewendet werden.

Die Verfassung ist aber auch *Orientierungshilfe bei der Abwägung der Interessen*. Insbesondere das öffentliche Interesse wäre ohne die Verfassung nicht fassbar. In der Verfassung finden wir die Ansatzpunkte für die allmähliche Entwicklung und Erweiterung der staatlichen Aufgaben und damit des öffentlichen Interesses. Welchen Grundwert hätte beispielsweise das öffentliche Interesse des Umweltschutzes ohne entsprechende Verankerung in der Bundesverfassung? Wie könnte im Rahmen der Interpretation dem Sozialstaatsgedanken Rechnung getragen werden, wenn nicht bereits in Art. 2 BV dem Bund die Aufgabe übertragen würde, für die gemeinsame Wohlfahrt der Allgemeinheit besorgt zu sein.

Diese Beispiele zeigen die *enge Wechselwirkung von Verfassungsrecht und Verwaltungsrecht auf*. Bis eine allgemeine politische Idee vom Verfassungsrecht zum Gesetzes- und Verordnungsrecht bis zum konkreten Verwaltungsakt Wirklichkeit wird, durchströmt sie, wie bei einem römischen Brunnen, viele verschiedene Gefässe. Sie beginnt beim obersten Verfassungsgefäss, fliesst hinunter in das Gesetzesgefäss und geht über in die Verwaltung, die es zu konkretisieren hat. So müssen wir uns den gesamten Prozess der Rechtsverwirklichung als eine Einheit vorstellen und können erkennen, welche Bedeutung die Verfassung als Trägerin der Verwaltung hat.

Aber nicht nur das Verwaltungsrecht, *auch die gesamte Tätigkeit der Verwaltung ist weitgehend vom Verfassungsrecht bedingt.* Der in der Bundesverfassung niedergelegte Grundsatz der kollegialen Regierung hat besondere Auswirkungen auf die Organisation der Verwaltung. Das Prinzip der Kollegialität darf beispielsweise auf der unteren Stufe der einzelnen Verwaltungshierarchien nicht durch koordinierende Informationssysteme durchbrochen werden, die auf der oberen Stufe das Kollegialitätsprinzip in Frage stellen könnten.

Aber auch der bundesstaatliche Aufbau, der Grundsatz der föderalistischen «Courtoisie» im Verhältnis von Bundesrat und Kantonsregierungen, die beschränkten Sanktionsmöglichkeiten und das faktische Zurückhalten der Bundesregierung gegenüber fehlbaren Kantonsregierungen, dieses rechtlich letztlich nicht fassbare informelle Verhältnis zwischen Bund und Kantonen spiegelt sich in der Organisation und Ausgestaltung der Verwaltungsaufgaben wider. *Verwaltungsrecht,* so müssen wir im Gegensatz zu OTTO MAYER feststellen, *ist nichts anderes als das für das Gemeinwesen relevante konkretisierte Verfassungsrecht.*

II. Öffentliches Recht — Privates Recht

LITERATUR: BECHTOLD R., Die positiv-rechtliche Unterscheidung von öffentlichem Recht und Privatrecht in Frankreich, Diss. Freiburg i. Br. 1969; BULLINGER M., Öffentliches Recht und Privatrecht, Stuttgart 1968; GIACOMETTI Z., Über die Grenzziehung zwischen Zivilrechts- und Verwaltungsrechtsinstituten in der Judikatur des schweizerischen Bundesgerichts, Habil. Zürich 1924; GRISEL A., Des rapports entre le droit civil fédéral et le droit public cantonal, ZSR NF 70, 1951, S. 293 ff.; GYGI F., Verwaltungsrecht und Privatrecht, Bern 1956; HUBER H., Das Verhältnis des kantonalen öffentlichen Rechts und des Bundeszivilrechts in der Gegenwart, ZBJV 98, 1962, S. 169 ff.; MENGER CHR.-F., Zum Stand der Meinungen über die Unterscheidung von öffentlichem und privatem Recht. Fortschritte des Verwaltungsrechts, Festschrift für Hans J. Wolff zum 75. Geburtstag, München 1973, S. 149 ff.; MOLITOR E., Über öffentliches Recht und Privatrecht, Karlsruhe 1949; OSSENBÜHL F., Öffentliches Recht und Privatrecht in der Leistungsverwaltung, DVBl 89, 1974, S. 541 ff.; PESTALOZZA CHR., Kollisionsrechtliche Aspekte der Unterscheidung von öffentlichem Recht und Privatrecht, DöV 27, 1974, S. 188 ff.; RAMSTEIN K., Die Abgrenzung zwischen öffentlichem und privatem Recht im Lichte der bundesgerichtlichen Rechtsprechung, Diss. iur. Bern 1959; WOLF E., Zur Methode der Bestimmung von privatem öffentlichem Recht, in: Festschrift für Erich Molitor, München 1962, S. 1 ff.; WOLFF H.J., der Unterschied zwischen öffentlichem und privatem Recht, AöR 76, 1950, S. 205 ff.; VAN DER VEN, J.J.M., Ein-Zwei-Drei? Bürgerliches, öffentliches, soziales Recht, Festschrift für Rudolf Reinhardt, 1972, S. 167 ff.

A. Gründe für die Unterscheidung

Es kommt nicht von ungefähr, dass der Unterschied zwischen öffentlichem Recht und Privatrecht in der heutigen Zeit erneut in Frage gestellt wird. Er ist zurückzuführen auf die privatrechtlichen Kodifikationen des letzten Jahrhunderts, die Beschränkung der Befugnisse der «Zivil»-Gerichte und die Willkürherrschaft der absolutistischen Obrigkeit, deren Befugnisse allmählich durch das im 19. Jh. aufkommende Verwaltungsrecht begrenzt werden konnten. Ausserdem ist er beeinflusst von der ideologischen Auseinandersetzung über die Trennung von Gesellschaft und Staat, die vor allem im Anschluss an die liberalen Staatstheorien ihre Ausprägung gefunden hat (vgl. dazu auch S. 187 ff.).

Der Streit über die Unterscheidung von Verwaltungs- und Privatrecht ist deshalb nicht nur wissenschaftlicher Natur, er hat vor allem ideologische Wurzeln. Die angelsächsischen Juristen sind demgegenüber pragmatischer vorgegangen. Sie konnten auf die Unterscheidung von Privat- und Verwaltungsrecht in unserem Sinne verzichten. *Der Gegensatz von Staat und Gesellschaft wird heute viel weniger als ideologische Trennung betrachtet, sondern vielmehr als eine arbeitsteilige, partnerschaftliche Zuordnung verschiedener Funktionen und Aufgabenbereiche, die letztlich dem gemeinsamen Ziele zu dienen hat: das Wohl der Gemeinschaft und eine möglichst grosse Entfaltung des einzelnen in dieser Gemeinschaft zu verwirklichen.*

Neben diesen Auseinandersetzungen kommt aber der Frage nach der Trennung von Verwaltungs- und Privatrecht eine eminent praktische Bedeutung zu. Einmal stellt sich auf Grund von **Art. 64 BV** die Frage nach der *Kompetenzausscheidung zwischen Bundeskompetenz und kantonaler Kompetenz.* Bekanntlich sind die Kantone nicht befugt, privatrechtliche Normen zu erlassen, es sei denn, das Bundesprivatrecht erteile ihnen dazu eine ausdrückliche Kompetenz. Sie können aber vorbehältlich Art. 64 und Art. 6 ZGB öffentlich-rechtliche Normen erlassen. Andererseits kann der Bund ohne ausdrückliche Verfassungsbestimmung keine öffentlich-rechtlichen Normen aufstellen. Art. 64 BV gibt dem Bund umfassende Rechtsetzungskompetenzen, die viele verschiedene Aufgabenbereiche berühren können, angefangen beim Schutz der Persönlichkeit über die Familie bis zum Eigentum. Immer muss sich der Bund aber darauf beschränken, diese Bereiche auf privatrechtlichem Weg zu regeln.

So stellt sich die Frage, ob das Versorgungsrecht zum Privatrecht gehört und demzufolge vom Bunde ohne besondere Kompetenznorm geregelt werden kann, oder ob der Bund dazu einer Befugnis des Verfassungsgesetzgebers bedarf: Sind die Normen über den Mieterschutz privatrechtlich, braucht der Bund dazu keine besondere Kompetenz. Handelt es sich aber um öffentlich-rechtliche Normen, bedarf es einer ausdrücklichen Bundeskompetenz. Wird das Mitbestimmungsproblem über eine Reform des Aktienrechts geregelt, bedarf es dazu keiner besonderen Bundeskompetenz, wird es aber über öffentlich-rechtliche Normen geregelt, bedarf es dazu einer besonderen verfassungsrechtlichen Kompetenz. Bei der Interpretation der Bundeskompetenz nach Art. 64 BV wird man sich allerdings nicht nur auf die traditionelle Unterscheidung zwischen öffentlichem und privatem Recht abstützen können. Massgebend ist vielmehr, was traditionell zum Gebiet des Privatrechts gehört, unabhängig davon, ob es mit öffentlich-rechtlichen oder privatrechtlichen Normen geregelt ist.

Die Trennung von öffentlichem Recht und privatem Recht hat eine weitere praktische Seite. Es stellt sich beispielsweise die Frage, ob ein Vertrag, den ein öffentlicher Bauherr mit einem privaten Generalunternehmer geschlossen hat, *ein öffentlich-rechtlicher oder privatrechtlicher Vertrag sei.* Ist es ein privatrechtlicher Vertrag, hat der staatliche Bauherr grössere Freiheit bei der Gestaltung des Vertrages. Er ist nur an gewisse elementare verfassungsrechtliche Grundsätze und an die Grenze der Autonomie des Privatrechts gebunden. Handelt es sich aber um einen öffentlich-rechtlichen Vertrag, ist er unter anderem an den Grundsatz der Rechtsgleichheit gebunden. Er darf keinen Unternehmer willkürlich bevorzugen. Handelt es sich nun um eine öffentlich-rechtliche Angelegenheit, werden Streitigkeiten nicht durch den Zivilrichter, sondern durch den öffentlich-rechtlichen Richter entschieden.

Als weiteres Beispiel ist etwa das Verhältnis der Konsumenten zu Elektrizitätsunternehmen zu nennen, die vielfach eine Monopolstellung haben. Dürfen diese Unternehmen ohne weiteres den Strom abstellen, wenn der Abonnent nicht bezahlt hat, oder sind sie an die öffentlich-rechtlichen Grundsätze des Verwaltungszwanges gebunden? Ist der Patient in einer öffentlichen Abteilung des Spitals den Grundsätzen des öffentlichen Rechts unterstellt oder den Grundsätzen des Privatrechts? Wie steht es mit dem Privatpatienten? Ist der Arzt bei der Vornahme einer Transplantation bei einem Patienten der öffentlichen Abteilung an die gleichen Grundsätze gebunden wie bei der Behandlung eines Privatpatienten?

Die Trennung von Privatrecht und öffentlichem Recht hat neben der Frage der Ausscheidung der Kompetenzen von Bund und Kantonen zwei weitere konkrete Auswirkungen: *Mit der Zuweisung einer Angelegenheit zu einem Rechtsgebiet wird in der Regel gleichzeitig der Rechtsweg festgelegt*: Privatrechtliche Fragen müssen durch den Zivilrichter, verwaltungsrechtliche durch den Verwaltungsrichter entschieden werden. Darüber hinaus wird entschieden, *welche materiell-rechtliche Normen Anwendung finden.* Finden öffentlich-rechtliche Grundsätze Anwendung, kommt dem öffentlichen Interesse entscheidende Bedeutung zu. Überdies findet das materielle Verfassungsrecht unmittelbar Anwendung. Beim Privatrecht ist auf die Autonomie und die Abwägung privater Interessen abzustellen.

B. Kriterien für die Unterscheidung

1. Interessentheorie

Welches sind nun die *Unterscheidungskriterien*? Sowohl die Lehre wie auch die Praxis haben sich bis jetzt an Unterscheidungskriterien gehalten, die kaum allseitig zu befriedigenden Ergebnissen geführt haben. Dazu gehören insbesondere die Interessen-, Subjektions- und Subjektstheorie. Im Vordergrund steht in der Regel die Interessentheorie. Sie ist auf die berühmte Digestenstelle von ULPIAN zurückzuführen (Digesten 1, 1, 1), in der es heisst:

«Publicum ius est quod ad statum rei romanae spectat, privatum quod ad utilitatem singulorum.»

Demnach gehören zum öffentlichen Recht alle diejenigen Rechtssätze und Rechtsverhältnisse, die dem öffentlichen Interesse dienen; zum Privatrecht gehören diejenigen Rechtssätze, die dem privaten Interesse dienen. Dieser Theorie kann mit einigem Recht entgegengehalten werden, dass natürlich auch die Normen des Privatrechts nicht etwa dem privaten Interesse allein, sondern auch dem öffentlichen Interesse zu dienen haben. Deshalb fällt es oft sehr schwer, allein mit Hilfe der *Interessentheorie*, eine klare Abgrenzung vorzunehmen. Der Begriff des öffentlichen Interesses ist selbst derart abstrakt, unbestimmt und offen, dass er einer Leerformel sehr nahekommt.

2. Subjektionstheorie

Die *Subjektionstheorie* geht von der Frage der Unterstellung aus. Dort, wo ein Unterstellungsverhältnis, ein Verhältnis rechtlicher Über- und Unterordnung, vorliegt, ist eine Angelegenheit dem öffentlichen Recht zuzuweisen, dort, wo ein partnerschaftliches Verhältnis vorliegt, ist es dem Privatrecht zuzuweisen. Diese Unterscheidung vermag nicht zu befriedigen. Erstens finden wir auch im öffentlichen Recht koordinierende Verhältnisse ohne Unterstellung. Dazu gehören beispielsweise die öffentlich-rechtlichen Zweckverbände verschiedener Gemeinden; die Körperschaft ist ebenfalls ein Koordinationsverhältnis. Der öffentlich-rechtliche Vertrag beruht auf dem Gedanken einer Partnerschaft von Staat und Bürger. Des weiteren finden sich eine Reihe öffentlich-rechtlicher Partnerschaftsverhältnisse bei der Zusammenarbeit von Staat und Privaten. Andererseits gibt es auch im Zivilrecht Unterstellungsverhältnisse wie zum Beispiel das Verhältnis der Kinder zu den Eltern, des Mündels zum Vormund oder im privatrechtlichen Arbeitsrecht. Überdies kennen wir eine Reihe faktischer Unterstellungsverhältnisse, so etwa beim Abschluss eines Versicherungs- oder Mietvertrages oder auch im Organisations- und Gesellschaftsrecht.

3. Subjektstheorie

Die *Subjektstheorie* unterscheidet zwischen öffentlichem und privatem Recht. Wenn auf Grund der am Rechtsverhältnis beteiligten Subjekte ein Subjekt des öffentlichen Rechts am Rechtsverhältnis beteiligt ist, wird das Rechtsverhältnis dem öffentlichen, wenn ein Subjekt des privaten Rechts beteiligt ist, dem privaten Recht zugeordnet. Richtet sich gemäss der neueren Subjektstheorie eine Norm an ein Subjekt, das ausschliesslich Träger hoheitlicher Gewalt ist, handelt es sich um eine öffentlich-rechtliche und nicht um eine privatrechtliche Norm. So sehr diese Theorie nach ihrer neueren Ausgestaltung zu bestechen vermag, so wenig kann sie zu einer vernünftigen Lösung des Problems beitragen. Es gibt viele Rechtsnormen, die sich beispielsweise an private Organisationen richten, die aber eindeutig öffentlich-rechtliche Befugnisse wahrnehmen. Eine Milchsammelstelle, die im Rahmen des Landwirtschaftsgesetzes über die Annahme der Milch zu entscheiden hat, nimmt öffentlich-rechtliche Befugnisse wahr. Eine Pensionskasse, die einen Arbeitgeber nach dem Gesetz über die berufliche Vorsorge verpflichtet, sich ihr anzuschliessen, weil er der Verpflichtung der beruflichen Vorsorge nicht nachgekommen ist, handelt auf Grund öffentlichen Rechts hoheitlich, ohne dass von einem öffentlich-rechtlichen Träger gesprochen werden kann.

4. Methode der Konsequenz

Diese Beispiele zeigen uns, dass keine dieser Unterscheidungen zu befriedigenden Ergebnissen führen. Dies liegt vielleicht weniger an den Unterscheidungskriterien als an der Fragwürdigkeit der grundsätzlichen Trennung zwischen dem öffentlichen und dem privaten Recht.

Trotzdem will ich versuchen, ein weiteres Unterscheidungskriterium in die Diskussion zu werfen, das eine pragmatische, auf den Einzelfall zugeschnittene Lösung ermöglichen soll. Das *Kriterium der Konsequenz*: Bei jedem Rechtsverhältnis muss, wenn es sich um einen Grenzfall handelt, vorerst untersucht werden, *zu welchen Konsequenzen die öffentlich-rechtliche und zu welchen Konsequenzen die privatrechtliche Lösung führt.* Bei einem vertraglichen Verhältnis zwischen dem einzelnen (zum Beispiel einem Unternehmer) und dem Staat muss beispielsweise geprüft werden, zu was für Konsequenzen die öffentlich-rechtliche bzw. die privatrechtliche Lösung führt. Wie wäre die Ausgestaltung der jeweiligen Interessenlage nach den beiden Rechtsgebieten? Führt das Ergebnis dazu, dass die Interessenabwägung und die Interessenberücksichtigung nach dem öffentlichen Recht gerechter ist als nach dem Privatrecht, dann muss das Verhältnis dem öffentlichen Recht zugewiesen werden. Kommen wir zu anderen Ergebnissen, müssen wir das Rechtsverhältnis dem Privatrecht zuweisen. Dieses Unterscheidungskriterium setzt voraus, dass die Auswirkungen für jeden konkreten Fall geprüft und die jeweiligen Konsequenzen genau untersucht werden.

Vielleicht ist der Rechtsschutz im Privatrecht umfassender als im öffentlichen Recht, vielleicht sind die Rechtsverhältnisse im öffentlichen Recht flexibler als im Privatrecht usw. Ist der öffentlich-rechtliche Rechtsschutz besser ausgebaut, kann ein Rechtsverhältnis eher dem öffentlichen Recht zugewiesen werden.

III. Das privatrechtliche Handeln der Verwaltung

LITERATUR: FLÜCKIGER P., Das Zivilrecht als Rechtsquelle des Verwaltungsrechts, Rechtsquellen. Probleme im schweizerischen Recht, ZBJV 91bis, 1955, S. 137 ff.; FIEDLER W., Zum Wirkungsbereich der clausula rebus sic stantibus im Verwaltungsrecht, VA 67, 1976, S. 125 ff.; HEUSSER W., Die Flucht des Gemeinwesens in die privatrechtliche Unternehmung als Rechtsproblem, Diss. Zürich 1949; JAGMETTI R., Le rôle du droit civil et de la coutume dans les rapports de droit administratif, Verwaltungsrechtliches Kolloquium Sigriswil 1968, S. 106 ff.; LEUTHOLD M., Die Anwendung von Zivilrecht auf öffentliche Rechtssachen, Diss. iur. Zürich 1970; MÜLLER P.R., Das öffentliche Gemeinwesen als Subjekt des Privatrechts, Zürich 1971; OSSENBÜHL F., Daseinsvorsorge und Verwaltungsprivatrecht, DöV 24, 1971, S. 513 ff.; DERSELBE, Öffentliches Recht und Privatrecht in der Leistungsverwaltung, DVBl 89, 1974, S. 541 ff.; PESTALOZZA CHR., «Formenmissbrauch» des Staates, München 1973; PUETTNER G., Die Einwirkungspflicht — Zur Problematik öffentlicher Einrichtungen in Privatrechtsform, DVBl 90, 1975, S. 353 ff.; SCHMIDT-SALZER J., Tätigwerden des Staates in zivilrechtlichen Handlungsformen im Bereich der Daseinsvorsorge und des Beschaffungswesens, Wirtschaftsrecht 1, 1972, H. 1, S. 103 ff.; SIEBERT W., Privatrecht im Bereich öffentlicher Verwaltung, in: Festschrift Niedermayer, Göttingen 1953, S. 215 ff.; STÜRNER R., Privatrechtliche Gestaltungsformen bei der Verwaltung öffentlicher Sachen, Diss. Tübingen 1969; USTERI M., Theorie der Verwaltung in den Formen des Privatrechts, Habil. Zürich 1964.

A. Die Unterstellung der Verwaltung unter das Privatrecht

Nach der früheren Fiskustheorie war der Bürger gegenüber dem Obrigkeitsstaat wehrlos. Wehren konnte er sich nur gegenüber dem privatrechtlich handelnden Staat, dem sogenannten Fiskus. Dies führte dazu, dass manches Rechtsverhältnis dem Privatrecht zugewiesen wurde. So finden wir beispielsweise heute noch in Art. 61 Abs. 2 OR den Grundsatz, dass die *Kantone für gewerbliche Verrichtungen nicht nach dem öffentlichen Recht, sondern nach dem Obligationenrecht zu haften haben.* Im Rahmen der gewerblichen Verrichtung handelt der Kanton wie ein Privater. Er muss demzufolge nach den Grundsätzen des Privatrechtes haften.

Solche Vorschriften wären nicht nötig, hätten wir in allen Kantonen ein ausgebautes Staatshaftungsrecht, das den Grundsätzen des Obligationenrechts zumindest gleichgestellt ist. Die privatrechtlichen Konstruktionen wurden deshalb in dem Masse zurückgedrängt, als sich der öffentlich-rechtliche Rechtsschutz verbesserte. Fehlt der öffentliche Rechtsschutz, sind wir auf die entsprechenden Normen des Privatrechts angewiesen. Das Unterscheidungskriterium der Konsequenz ermöglicht uns, je nach kantonalem Ausbau des Rechtsschutzes, das staatliche Handeln dem öffentlichen Recht oder als Fiskus dem Privatrecht zu unterstellen.

Grundsätzlich ist festzuhalten, dass dieses *Janusgesicht des Staates* mit einer öffentlich-rechtlichen und einer privatrechtlichen Seite *rechtstheoretisch ein Unding ist. Der Staat handelt immer im öffentlichen Interesse,* er handelt nie wie ein Privater. Damit soll nicht gesagt werden, dass er nie dem Privatrecht unterstellt werden kann. Selbstverständlich kann der Staat dann dem Privatrecht unterstellt werden, wenn dies für die Ausgestaltung des Rechtsverhältnisses sinnvoll ist. Massgebend ist aber die Konsequenz, die Auswirkung der öffentlich-rechtlichen oder privatrechtlichen

Lösung und nicht die Frage, ob der Staat wie ein Privater gleichsam in einem anderen Gewand oder mit einer anderen Gesichtsseite auftritt. Der Staat ist kein Komödiant.

In vielen Fällen versucht das Gemeinwesen durch einen Entscheid das Problem zu lösen, indem es *besondere Probleme ausdrücklich dem Privatrecht zuweist*. Diese «Flucht ins Privatrecht» ermöglicht ihm, den strengen Vorschriften des öffentlichen Rechts auszuweichen. So wird eine privatrechtliche Stiftung gegründet (Schweizerischer Nationalfonds) oder eine private Aktiengesellschaft errichtet (Kantonalbank), um sich dem Zwang des öffentlichen Verwaltungsverfahrens zu entziehen. Solche Entwicklungen finden wir aber auch im Dienstrecht, zum Beispiel wenn sich kantonale Verwaltungen nicht an das Beamtenrecht und die Angestelltenordnung halten wollen und Gelegenheitsarbeiter einstellen oder Gelegenheitsaufträge nach den Grundsätzen des Privatrechts verteilen.

Ob solche Rechtsverhältnisse privatrechtlich oder öffentlich-rechtlich zu behandeln sind, entscheidet sich nicht nach der Frage, ob dies dem Staate mehr oder weniger nütze, sondern allein auf Grund der Frage, ob die Konsequenz einer öffentlich-rechtlichen oder einer privatrechtlichen Lösung für die gerechte Behandlung der betroffenen Interessen sinnvoller sei. *Das Gemeinwesen kann sich seinen öffentlich-rechtlichen Verpflichtungen nicht einfach dadurch entledigen, dass es ins Privatrecht flieht.*

In gewissen Fällen sollten allerdings auch die Zivilgerichte von der Möglichkeit Gebrauch machen, bei der Behandlung privatrechtlicher Streitigkeiten, bei denen der Staat involviert ist, vermehrt verfassungsrechtliche Grundsätze ins Privatrecht einfliessen zu lassen. Auf diese Weise könnte sich ein eigentliches Verwaltungsprivatrecht entwickeln, das die Privatautonomie des Staates auf Grund des Verfassungsrechts einschränkt.

B. Die Übernahme privatrechtlicher Grundsätze ins öffentliche Recht

Neben der eigentlichen Unterstellung der Verwaltung unter das Privatrecht kennen wir auch den umgekehrten Vorgang, nämlich die Übernahme privatrechtlicher Grundsätze ins öffentliche Recht. Diese Übernahme privatrechtlicher Grundsätze ins öffentliche Recht ist *nur möglich, wenn im öffentlichen Recht Lücken vorliegen, die ausgefüllt werden müssen.* Privatrechtliche Grundsätze können deshalb nur subsidiär ins öffentliche Recht übernommen werden, wenn keine ausreichenden öffentlich-rechtlichen Bestimmungen unmittelbar oder analog angewendet werden können. Die Übernahme dieser Grundsätze ins öffentliche Recht muss also insbesondere dem Zweck der zu regelnden Materie entsprechen. So kann sich bei der Beurteilung öffentlich-rechtlicher Verträge beispielsweise die Frage stellen, ob beim Fehlen ausdrücklicher Bestimmungen die Vorschriften des Privatrechts über die Verjährung auch im öffentlichen Recht gelten. Werden diese privatrechtlichen Grundsätze ins öffentliche Recht übernommen, gelten sie als *eigenständige öffentlich-rechtliche Vorschriften*, die vom Verwaltungsrichter entsprechend anzuwenden sind.

Eine Übernahme privatrechtlicher Grundsätze in das öffentliche Recht kennen wir vor allem bei den *öffentlich-rechtlichen Verträgen*. Die privatrechtlichen Grundsätze des Schutzes von Treu und Glauben, der Willensmangel, der Clausula rebus sic stantibus, der Verrechnung und Verjährung können analog auf den öffentlich-rechtlichen Vertrag angewendet werden. Ähnliches gilt aber auch für die ungerechtfertigte Bereicherung oder für die Verjährung öffentlich-rechtlicher Forderungen, die sich aus Verfügungen ableiten.

Der analogen Übernahme privatrechtlicher Grundsätze ins öffentliche Recht sind allerdings *enge Grenzen* gesetzt. Privatrechtliche Grundsätze dürfen nämlich im öffentlichen Recht nur soweit Anwendung finden, *als tatsächlich eine Analogie gegeben ist.*

So ist beispielsweise die *Verrechnung* im öffentlichen Recht nur bei gleichwertigen Forderungen möglich. Ein Architekt kann sein Architektenhonorar nicht mit der Steuerforderung der Gemeinde verrechnen. Öffentlich-rechtliche Forderungen können nach Ablauf der Beschwerdefrist sofort vollstreckt werden, privatrechtliche Forderungen können beim Richter bestritten werden. Eine Verrechnung ist aber bei gleichwertigen Forderungen aus zwei öffentlich-rechtlichen Verträgen zwischen gleichen Vertragspartnern möglich.

Auch der *Grundsatz der Clausula rebus sic stantibus* lässt sich nicht ohne weiteres ins öffentliche Recht übernehmen. Eine nicht voraussehbare Änderung der Verhältnisse, die aus überwiegenden öffentlichen Interessen eine Anpassung des Vertrages erfordert, genügt, um den Vertrag abzuändern. Der Tatbestand der Unzumutbarkeit der Weiterführung des Vertrages muss nicht in der Weise wie im Privatrecht erfüllt sein.

Auch die *Lehre der Willensmängel* lässt sich nur in einem gewissen Rahmen ins öffentliche Recht übernehmen. Auszugehen ist primär von der richtigen Anwendung des Gesetzes. Wurde das Gesetz auf Grund einer irrtümlich falschen Beurteilung des Sachverhaltes falsch angewendet, kann die Verfügung oder der öffentlich-rechtliche Vertrag nur widerrufen werden, wenn eine Voraussetzung für den Widerruf gegeben ist. Überwiegende öffentliche Interessen müssen den Widerruf notwendig erscheinen lassen, und der Betroffene darf beispielsweise noch keine Dispositionen getroffen haben usw. Das Gemeinwesen trägt die volle Verantwortung für die richtige Feststellung des erheblichen Sachverhaltes. Der Bürger soll dem Gemeinwesen vertrauen können.

Eine analoge Übernahme privatrechtlicher Grundsätze setzt weiter das Vorhandensein einer Lücke voraus. Wenn der Gesetzgeber das Problem geregelt hat oder bewusst nicht regeln wollte, dürfen keine privatrechtlichen Grundsätze ins öffentliche Recht übernommen werden. Nur wenn im Sinne von Art. 1 ZGB anzunehmen ist, dass der Gesetzgeber ein notwendigerweise zu regelndes Problem nicht geregelt hat, kann der Richter auf das Privatrecht zurückgreifen.

IV. Die Geltung des Verwaltungsrechts

LITERATUR: BORTER W., Demokratiegebot und interkantonales Vertragsrecht. Konkordate — Verwaltungsabkommen — Absprachen, Diss. Fribourg 1976, Arbeiten aus dem juristischen Seminar der Universität Freiburg/Schweiz 45; DELVOLVE P., Le principe de non-rétroactivité dans la jurisprudence économique du Conseil d'Etat, Mélanges offerts à M. Waline, Paris 1974, S. 355 ff.; EGGENSCHWILER E., Wann treten Gesetze ausser Kraft? ZBl 73, 1972, S. 49 ff.; HABSCHEID W.J., ROLF W., Territoriale Grenzen der staatlichen Rechtsetzung. Referate... der 12. Tagung der Deutschen Gesellschaft für Völkerrecht in Bad Godesberg 1971, Karlsruhe 1973; HEROLD H., Die Doppelbesteuerungsabkommen der Schweiz in grundsätzlicher und aktueller Betrachtung, Steuer-Revue 22, 1967, S. 4 ff.; HOFFMANN G., Internationales Verwaltungsrecht, Münch I. von, (Hrsg.), Besonderes Verwaltungsrecht, Frankfurt a.M. 1972, S. 651 ff.; HÖHN E., Doppelbesteuerungsrecht. Eine Einführung in das interkantonale und internationale Steuerrecht der Schweiz, Bern, Stuttgart 1973; HUBER H., Das Verhältnis zu den vollziehenden Kantonen, Verwaltungsrechtliches Kolloquium Sigriswil 1968, S. 36 ff.; KIMMINICH O., Die Rückwirkung von Gesetzen, JZ 17, 1962, S. 518 ff.; KISKER G., Die Rückwirkung von Gesetzen, 1963; KLOEPFER M., Künftige Normen und Verwaltungshandeln, DöV 26, 1973, S. 657 ff.; DERSELBE, Vorwirkung von Gesetzen, Habil. iur., München 1974; LANDWEHRMANN F., Veröffentlichung von Gesetzesvorhaben und Rückwirkung von Gesetzen, Zeitschrift für Rechtspolitik 6, 1973, S. 81 ff.; LANFRANCONI V., Die Staatsverträge und Verwaltungsabkommen zwischen der Schweiz und dem Fürstentum Liechtenstein unter besonderer Berücksichtigung der daraus entstandenen völkerrechtlichen Konsequenzen, Diss. Basel 1970; LEISNER W., Das Gesetzesvertrauen des Bürgers. Zur Theorie der Rechtsstaatlichkeit und der Rückwirkung der Gesetze, Festschrift für F. Berber zum 75. Geburtstag, München 1973, S. 273 ff.; VOGEL K., Der räumliche Anwendungsbereich der Verwaltungsrechtsnorm, Frankfurt a.M. 1965; WENGLER W., Völkerrechtliche Schranken der Gebietshoheit, Internationales Recht und Diplomatie, 1972, S. 263 ff.; WICKI A.A., Der «Staatsvertrag zwischen der Schweizerischen Eidgenossenschaft und den Vereinigten Staaten von Amerika über gegenseitige Rechtshilfe in Strafsachen» aus der Sicht eines Bankjuristen, SJZ 70, 1974, S. 34 ff.; WIDMER P., Normenkonkurrenz und Kompetenzkonkurrenz im schweizerischen Bundesstaatsrecht, Diss. iur. Zürich 1966; ZIMMERLI CHR., Das Verbot rückwirkender Verwaltungsgesetze, Diss. Basel 1967, Basler Studien zur Rechtswissenschaft 80.

A. Die territoriale Geltung

Die staatliche Souveränität beschränkt sich auf das Hoheitsgebiet des betreffenden Staates. Verwaltungsrechtliche Anordnungen gelten deshalb grundsätzlich ebenfalls nur im betreffenden Hoheitsgebiet. Eine Ladenschlussordnung gilt nur für die Läden der Gemeinde, die den Ladenschluss anordnet. Die Nachbargemeinde ist nicht daran gehalten.

So einfach dieser Grundsatz ist, so schwierig ist er oft in der Praxis durchzuführen. *Hoheitliche Anordnungen wirken sich oft nicht unmittelbar, sondern mittelbar auf das Nachbargebiet aus.* Die Errichtung eines Kernkraftwerkes an der Grenze kann für die Nachbargemeinde, den Nachbarkanton oder auch den Nachbarstaat schwerwiegende Folgen haben. Deshalb ist es gerade auf dem Gebiete des Umweltschutzes unerlässlich, über das Hoheitsgebiet hinaus, zusammenzuarbeiten und gegenseitig Rücksicht zu nehmen.

Gewisse Bereiche wie zum Beispiel die Hoheitsausübung über die Gewässer erfordern eine Zusammenarbeit mehrerer Staaten in der Verwaltung. Für die Verwaltung von Gewässern, insbesondere grosser Flüsse bestehen deshalb schon seit langer Zeit internationale Kommissionen, wie zum Beispiel die Kommission für die Rheinschiffahrt.

Schwierig wird die Kompetenzausscheidung, wenn die Staaten ihre Hoheitsrechte *an unterschiedliche Sachverhalte anknüpfen*. Dieses Problem besteht vor allem im *Steuerrecht*. So kann ein Staat den Aktienbesitzer am Sitz der Aktiengesellschaft oder an seinem Wohnsitz besteuern. Die Grenzgänger könnten am Ort ihres Arbeitsplatzes und am Ort ihres Wohnsitzes besteuert werden. Der Erholungskanton könnte nicht nur das Grundstück, sondern auch das Einkommen des Ferienhausbesitzers besteuern. Derartige Doppelbesteuerungen müssen verhindert werden. Im internationalen Bereich geschieht dies auf Grund von internationalen Vereinbarungen, dem sogenannten *Doppelbesteuerungsabkommen*. Im internen Bereich ist Art. 46 Abs. 2 BV massgebend, der den Bundesgesetzgeber beauftragt, die erforderlichen Bestimmungen gegen die Doppelbesteuerung zu erlassen. Bis heute gibt es aber kein Bundesgesetz gegen die Doppelbesteuerung. Das Doppelbesteuerungsverbot wurde vielmehr durch das Bundesgericht in schöpferischer Anwendung der Verfassung erarbeitet und weiterentwickelt. Wir haben es hier mit einem typischen Fall richterlicher Rechtssetzung zu tun.

Von entscheidender Bedeutung ist das Territorialitätsprinzip im *Polizeirecht*. Die Polizeihoheit des Staates beschränkt sich auf sein Hoheitsgebiet (BGE 87 I 454). Dies kann allerdings groteske Folgen haben, wenn in zwei Nachbarkantonen unterschiedliche Auffassungen über das Polizeigut der Sittlichkeit bestehen. Wenn im Kanton Neuenburg an der Freiburger Grenze Filme gezeigt werden, die im Kanton Freiburg verboten sind, kann dieser dagegen nicht einschreiten. Er kann aber die Reklame für diesen Film im Kanton verbieten. Problematisch ist die territoriale Begrenzung u.a. bei der Autobahnpolizei. Auf diesem Gebiet ist eine Zusammenarbeit der Polizeiorgane unerlässlich. Diese Zusammenarbeit zwischen den Kantonen verstärkt sich zusehends auf dem Gebiete der Ausbildung der Polizisten.

Ein weiterer Konfliktsfall im internationalen Verwaltungsrecht ist die Übernahme des *Personalitätsprinzips* in gewissen Bereichen. Der Schweizer ist beispielsweise auch im Ausland verpflichtet, gewisse militärische Obliegenheiten wie Meldung beim Konsulat, Einrücken im Krisenfall usw. zu erfüllen. Der Tessiner im Ausland ist sogar berechtigt, an kantonalen Abstimmungen teilzunehmen. Selbstverständlich ist ein Staat nicht in der Lage, seine Hoheitsrechte auf andere Staaten auszudehnen und dort durchzusetzen. Er kann beispielsweise Dienstverweigerer nicht polizeilich ins Land schaffen. Wenn der Dienstverweigerer aber zurückkehrt, kann er bestraft werden.

Zur gegenseitigen Zusammenarbeit bei der *Strafverfolgung und der Durchsetzung des Rechts* arbeiten die Staaten auf Grund der Rechtshilfeabkommen zusammen. Über diese Abkommen verpflichten sich die Staaten, Straftäter auszuliefern oder Zeugen für einen anderen Staat einzuvernehmen usw. Derartige Abkommen werfen so lange keine Probleme auf als die Rechtssysteme der Staaten einigermassen vergleichbar sind. Bestehen aber Unterschiede, zum Beispiel in der Behandlung des Bankgeheimnisses, muss ein vernünftiger Kompromiss zwischen den Staaten gefunden werden. Ein Beispiel ist das Rechtshilfeabkommen, das zwischen der Schweiz und den USA getroffen werden konnte.

Ohne derartige Vereinbarungen ist es dem Staate aber verwehrt, hoheitliche Handlungen auf fremdem Staatsgebiet vorzunehmen. So dürfen amerikanische Beamte des Gesundheitsamtes der Vereinigten Staaten keine offiziellen Untersuchungshandlungen über die Produktion schweizerischer Pharmazeutika in unserem Lande durchführen, selbst wenn diese Produkte in die Vereinigten Staaten exportiert werden. Wer eine derartige Handlung begeht, verstösst gegen Art. 271 StGB, der solche Handlungen für einen anderen Staat auf schweizerischem Territorium verbietet.

Die *zunehmende gegenseitige Abhängigkeit der Staaten,* die verstärkte internationale Zusammenarbeit, der Ausbau internationaler Organisationen und die Entwicklung der Technik (Beispiel: im Bereich der Elektronik: Satellitenfernsehen, Laser usw.) bringen es aber mit sich, dass das Verwaltungsrecht auf Grund von gegenseitigen Vereinbarungen, von Staatsverträgen und Entscheidungen internationaler und supranationaler Organisationen allmählich internationalisiert wird. In der Tat kann man bereits heute von einem *eigenständigen internationalen Verwaltungsrecht* sprechen.

Ein Problem besonderer Natur ist die *Geltung von Gesetzen im Verhältnis Gliedstaaten-Bundesstaat.* Soweit diese Abgrenzung nicht durch die Gesetze abschliessend vorgenommen wird, muss sie durch die richterliche Praxis entschieden werden. Art. 10 GarG entzieht beispielsweise das Bundesvermögen dem kantonalen Fiskus. Ähnliches bestimmen die Gesetze von Bundesanstalten mit eigener Rechtspersönlichkeit. Deren Vermögen und Liegenschaften unterliegen keiner kantonalen Besteuerung. *Art. 43 VwVG verpflichtet die Kantone zudem, den Bundesbehörden bei der Vollstreckung des Verwaltungsrechts Rechtshilfe zu leisten.*

Wie muss aber entschieden werden, wenn keine gesetzliche Regelung besteht? Ist die PTT verpflichtet, bei der Errichtung eines PTT-Gebäudes die Gemeindebauordnung einzuhalten? Müssen sich Militärfahrzeuge auch an kantonale Verkehrsanordnungen halten?

Grundsätzlich kann die übergeordnete Körperschaft im Rahmen ihrer verfassungsmässigen Befugnisse das Recht der untergeordneten Körperschaften auf Grund eines Gesetzes verdrängen. Ohne gesetzliche Grundlage muss sich aber die übergeordnete Körperschaft an das Recht der untergeordneten Körperschaft halten. Besteht eine allgemeine, aber nicht ausdrückliche gesetzliche Bestimmung, die die Rechtshoheiten der beiden Körperschaften abgrenzt (zum Beispiel Errichtung eines PTT-Gebäudes), muss der richtige Entscheid durch Abwägung der gegenseitigen Interessen gefunden werden. Lässt sich der Zweck der übergeordneten Körperschaft ohne Eingriff in die Hoheit der untergeordneten Körperschaft verwirklichen, geht das Recht der untergeordneten Körperschaft vor. Verlangt aber die Verwirklichung des Zweckes des Gesetzes einen Einbruch in das Recht des Kantons (Verwirklichung eines wichtigen Auftrages im Rahmen einer militärischen Übung), geht das Recht des Bundes vor.

B. Die zeitliche Geltung

Gesetze wirken sich immer in die Zukunft aus. Die Vergangenheit lässt sich nicht revidieren. Sie ist abgeschlossen. Trotzdem ist die Frage berechtigt, ab welchem Zeitpunkt die Gesetze gelten, inwieweit sie an Sachverhalte anknüpfen können, die bereits vergangen und abgeschlossen sind, ob sie in ein hängiges Verfahren, zum Beispiel Baubewilligung, eingreifen oder bereits bestehende Dauerrechte abändern können.

Zuerst ist die Frage des Zeitpunktes der Geltung der Gesetze abzuklären. *Nach Art. 9 Bundesgesetz über die Rechtskraft der bereinigten Sammlung der Bundesgesetze und Verordnungen sind die Gesetze nur verbindlich, wenn sie in der Gesetzessammlung veröffentlicht sind.* Ausgenommen sind Gesetze, die infolge besonderer Umstände (zum Beispiel Naturkatastrophen, besondere Ereignisse wie Währungskrise) durch Anschlag und Radiomitteilung veröffentlicht werden. In diesem Falle hat der Betroffene allerdings die Möglichkeit nachzuweisen, dass er von der Veröffentlichung keine Kenntnis hat.

Auf Grund von Art. 69 GVG sollen Erlasse in der Regel nicht am Tage der Veröffentlichung in Kraft treten, sondern *frühestens fünf Tage nach der Veröffentlichung.*

Diese Regelungen erlauben es dem Bürger, sich auf seine neuen Verpflichtungen einzustellen und sich entsprechend zu verhalten. Mit den Gesetzen will man das Verhalten der Bürger steuern. Dies ist nur möglich, wenn diese ihre Pflichten kennen und sich entsprechend einrichten können. Der Staat und die Verwaltung sollen kalkulierbar, voraussehbar, berechenbar sein. Sie sollen nicht willkürlich auf Grund vergangener Verhaltensweisen in die Rechte der Bürger eingreifen. *Aus diesem Grunde ist es dem Gesetzgeber grundsätzlich verwehrt, an Sachverhalte anzuknüpfen, die in der Vergangenheit liegen und abgeschlossen sind.* Lehre und Praxis nennen dies fälschlicherweise «Rückwirkung» (vgl. dazu WEISS L., Zeit, Zeitlichkeit und Recht, Zürich 1968).

In Tat und Wahrheit wirkt das Gesetz aber nicht in die Vergangenheit. Es wirkt erst vom Zeitpunkt seines Inkrafttretens an. Ein Steuergesetz kann nicht mit einer Rückwirkungsklausel den Finanzhaushalt der Vergangenheit verbessern, es kann nur für den zukünftigen Finanzhaushalt sorgen. Ein Gesetz kann aber an Sachverhalte anknüpfen, die in der Vergangenheit liegen und dadurch neue Pflichten der Bürger für die Gegenwart begründen. Derartige Rückwirkungsklauseln verstossen aber gegen das Vertrauensprinzip und den Grundsatz der Voraussehbarkeit der Verwaltung. Sie sind nur ausnahmsweise unter Beachtung fester Regeln zulässig.

Der Gesetzgeber kann zum Beispiel nicht das Einkommen eines Bürgers, das er vor fünf Jahren hatte, nachträglich mit einer Zusatzsteuer belegen. Der Bürger muss zum voraus wissen, wieviele Steuern er zu bezahlen hat. Ebensowenig darf der Gesetzgeber nachträglich ein bestimmtes Verhalten, zum Beispiel die Energieverschwendung, bestrafen. Dies wäre eine Verletzung des Grundsatzes «keine Strafe ohne Gesetz».

Eine Rückwirkung liegt beispielsweise vor, wenn ein Gesetz an einen in der Vergangenheit liegenden, abgeschlossenen Sachverhalt (zum Beispiel Einkommen vergangener Jahre) anknüpft. Wird ein Dauersachverhalt, zum Beispiel Baubewilligung, für die Zukunft anders geregelt als in der Vergangenheit (zum Beispiel alle Autos müssen ab 1. Januar 1977 mit Sicherheitsgurten ausgerüstet sein), liegt eine «unechte Rückwirkung» vor. Diese hat sich an die gleichen Grundsätze zu halten wie die echte Rückwirkung.

Ein absolutes Verbot gegen «rückwirkende» Gesetze könnte verhängnisvoll sein. Nehmen wir an, der Gesetzgeber möchte gegen bestimmte Spekulationen einschreiten. Das Gesetz wird im Parlament beraten. Die Spekulanten werden alles tun, um noch vor Inkrafttreten des Gesetzes möglichst viele Geschäfte zu erledigen. Dies könnte den Zweck des Gesetzes grundsätzlich in Frage stellen. Der Gesetzgeber muss deshalb in bestimmten Fällen die Möglichkeit haben, an Tatbestände anzuknüpfen, die in der Vergangenheit liegen. Dies ist aber nur möglich, wenn folgende Voraussetzungen erfüllt sind:

1. *Die Rückwirkung muss zeitlich begrenzt sein (höchstens ein Jahr).*
2. *Sie muss im überwiegenden öffentlichen Interesse liegen.*
3. *Sie muss ausdrücklich geregelt sein.*
4. *Sie darf nicht in wohlerworbene Rechte eingreifen und nicht willkürlich sein.*

Diese Grundsätze gelten aber nicht nur für die «Rückwirkung» von Gesetzen. Sie gelten ganz allgemein und lassen sich generell aus dem Gebot der Gleichbehandlungspflicht (Art. 4 BV) ableiten. So hat denn das Bundesgericht durchaus zu Recht entschieden, eine kurzfristige, einseitige Änderung des Arbeitsverhältnisses (zum Beispiel Herabsetzung von Entschädigungsansprüchen) sei unzulässig (ZBl 78, 1977, S. 269). Wer ein Arbeitsverhältnis eingeht, trifft langfristige Dispositionen (Wohnungswechsel der Familie). Der Gesetzgeber muss dieser Tatsache auch im öffentlichen Dienstrecht Rechnung tragen und darf nicht in solche wohlerworbenen Rechte kurzfristig eingreifen. Der Beamte muss die Zeit haben, sich auf die neue Situation einzustellen.

An diese Grundsätze muss sich der Gesetzgeber bei der Festlegung von Übergangsbestimmungen (intertemporales Recht) auch halten, wenn er in Dauerrechtsverhältnisse oder in nicht abgeschlossene Verfahren eingreifen will. Der Gesetzgeber kann mit einem neuen Baugesetz die Hauseigentümer einer bestimmten Bauzone nicht verpflichten, die Häuser abzubrechen, weil er an dieser Stelle inskünftig Landwirtschaftsgebiet haben möchte. Eine juristische Fakultät kann aber ein Reglement für das Doktorat erlassen, das den Lizenziaten nach altem Recht die Möglichkeit gibt, nur noch im Rahmen einer angemessen Übergangsfrist das Doktorat nach altem Recht zu absolvieren. Die Lizenziaten nach altem Recht haben genügend Zeit sich auf die neue Situation einzustellen und ihre Dissertation zu schreiben. Der Grundsatz der Rechtssicherheit wird dadurch nicht verletzt. Die Verwaltung bleibt kalkulierbar. Das Erfordernis der Kalkulierbarkeit darf aber nicht dazu führen, die Verwaltung in veralteten Vorschriften erstarren zu lassen.

Ähnlich ist vorzugehen, wenn in bestehende Verfahren eingegriffen werden soll. Vorerst ist festzuhalten, dass der *Gesetzgeber keine Möglichkeit hat, abgeschlossene Verfahren aufzuheben oder abzuändern.* Urteile der Verwaltungsgerichte und Verfügungen letzter Instanzen können nur abgeändert werden, wenn eine Revisionsmöglichkeit gegeben ist. Dies bedarf aber immer einer Prüfung und Abwägung im Einzelfall.

Ist das Verfahren noch nicht abgeschlossen, kann der Gesetzgeber unter Umständen eingreifen und verlangen, dass bei hängigen Bewilligungsverfahren (Baurecht) nach neuem und nicht nach altem Recht vorzugehen sei. Aber auch hier hat sich der Gesetzgeber an die gleichen Grundsätze zu halten wie bei der sogenannten «Rückwirkung».

Ein Eingriff besonderer Natur ist die sogenannte «Vorwirkung». *Eine Vorwirkung liegt vor, wenn die Anwendung des geltenden Rechts bis zum Inkrafttreten des neuen Rechts durch das kommende Gesetz ausgeschaltet wird.* Besonders verbreitet ist die Vorwirkung im Baurecht bei der «Bausperre», dem Baubann und der gesetzlichen Zurückstellung der Baugesuche. Bei der Vorwirkung muss also die Verwaltung vor Inkrafttreten des Gesetzes auf Grund des geltenden Rechts Massnahmen im Hinblick auf das neue Gesetz treffen. Zu derartigen Massnahmen ist sie nur auf Grund einer gesetzlichen Grundlage im geltenden Recht berechtigt. Das Parlament kann ihr nicht bei der Gesetzesberatung Auflagen machen, zu der es auf Grund der Gewaltenteilung nicht befugt ist. In Gesetzesbereichen, in denen eine Vorwirkung sinnvoll ist, wird man deshalb im *geltenden Recht* die gesetzliche Grundlage für Massnahmen der Verwaltung vorsehen müssen, auf Grund derer sie bei Beratung eines Gesetzes zum Beispiel Baugesuche zurückstellen oder eine Bausperre erlassen kann.

2. Teil: Grundlagen und Voraussetzungen der Verwaltungstätigkeit

1. Kapitel: Der Grundsatz der Gesetzmässigkeit der Verwaltung

I. Begriff und Funktion des Gesetzes

LITERATUR: Vgl. auch: 2. Teil, 1. Kap., II, A, B 3, S. 63, 69.
ACHTERBERG N., Kriterien des Gesetzesbegriffs unter dem Grundgesetz, DöV 26, 1973, S. 289 ff.; BAUMGARTNER M., Zwischen Gesetzeshypertrophie und Rechtsstaatlichkeit. Auf der Suche nach einem Ausweg, ASA 34, 1965/66, S. 129 ff.; BÖCKENFÖRDE E.W., Gesetz und gesetzgebende Gewalt, Schriften zum öff. Recht, Bd. 1, Berlin 1958; EICHLER H., Gesetz und System, Berlin, München 1971; FLEINER TH., Die Delegation als Problem des Verfassungs- und Verwaltungsrechts, Fribourg 1972; HAENEL A., Das Gesetz im formellen und materiellen Sinne, 2. Aufl., Darmstadt 1968; HUBER H., Lücken in der Verwaltungsgesetzen, Verwaltungsrechtliches Kolloquium Sigriswil 1968, S. 18 ff.; IMBODEN M., Die Bedeutung des Rechtssatzes. Verwaltungsrechtliches Kolloquium Sigriswil 1968, S. 47 ff.; KANIAK G., Das vollkommene Gesetz, Wien 1974; KLECATSKY H.R., Die Funktion des Gesetzes im modernen demokratischen Rechtsstaat, ZBJV 106, 1970, S. 169 ff.; KOPP H.W., Inhalt und Form des Gesetzes, 2 Bde., Zürich 1958; MARCIC R., Das Gesetz, in: Festschrift für E.C. Helbling, Salzburg 1971, S. 447 ff.; MEYER-CORDING U., Die Rechtsnorm, Tübingen 1971; NEUMANN F., Der Funktionswandel des Gesetzes im Recht der bürgerlichen Gesellschaft, 1937; ROELLECKE G., Der Begriff des positiven Gesetzes und das Grundgesetz, Mainz 1969; STARCK CH., Der Gesetzesbegriff des Grundgesetzes, Baden-Baden 1970; TROLLER A., Das Gesetz im Recht. Probleme der Rechtsetzung. Referate und Mitteilungen des Schweizerischen Juristenvereins 108, 1974, S. 29 ff.; WILDHABER L., Vertrag und Gesetz — Konsensual und Mehrheitsentscheide im schweizerischen Staatsrecht, ZSR NF 94 I, 1975, S. 113 ff.; ZIMMERLI CHR., Das Verbot rückwirkender Verwaltungsgesetze, Diss. Basel 1967, Basler Studien zur Rechtswissenschaft 80.

A. Begriff des Gesetzes

Eine Expertenkommission muss ein neues Baugesetz erarbeiten. Wie wird sie vorgehen? Die Mitglieder werden auf Grund ihrer Erfahrungen und Vorstellungen vorschlagen, welche bestehenden Mängel behoben und welche Bedürfnisse befriedigt werden sollen. Dabei spielen konkrete fachliche Erfahrungen, aber auch andere menschliche subjektive Lebenserfahrungen und Empfindungen eine entscheidende Rolle. Sehr punktuell werden die einen die Auffassung vertreten, es seien keine Häuser mit violetten Fassaden zuzulassen, andere wollen Glaspaläste verbieten, wieder andere wenden sich gegen die Errichtung von Betonklötzen in einem malerischen Bauerndorf. Manche Experten werden sich gegen solche Einschränkungen der Baufreiheit wehren, da sie sich aus wirtschaftlichen Gründen nicht rechtfertigen lassen und gegen die Eigentumsgarantie verstossen. Jeder wird sehr punktuelle eigene Erfahrungen in die Diskussion einbringen.

Die Kommission wird alle diese konkreten Erfahrungen auf einen gemeinsamen Nenner bringen müssen. Dies ist im vorliegenden Fall besonders schwer, da die Meinungen auf ausserordentlich divergierende Erfahrungen mit unterschiedlichem kulturellem, persönlichem und politischem Hintergrund zurückzuführen sind. In ländlichen Gegenden muss man Betonklötze, Glaspaläste und violette Fassaden verbieten, während in den Stadtregionen Grossüberbauungen mit Parkanlagen anzustreben sind. Die persönlichen Einzelerfahrungen lassen sich nicht ohne weiteres verallgemeinern. Aus diesem Grund muss eine Formulierung gefunden werden, die vernünftig auf den Einzelfall angewendet werden kann und der Behörde das notwendige Ermessen lässt, um eine sinnvolle Praxis aufzubauen. Ein solcher gemeinsamer Nenner auf dem Gebiete des Baurechts ist beispielsweise die Formulierung «die Baute muss sich in das Orts- und Landschaftsbild einfügen». Dies ist eine sehr allgemeine Formulierung, die einen weiten Fächer verschiedenster Anwendungen zulässt. Sie gibt der Anwendungsbehörde ein weites Ermessen, und sie lässt den notwendigen Spielraum, um im Rahmen der vielfältigen Lebenswirklichkeit vernünftige Entscheidungen zu fällen.

Wie muss die Behörde das Gesetz anwenden? Die Behörde muss bei der Anwendung des Gesetzes den umgekehrten gedanklichen Weg gehen, den die Expertenkommission vollzogen hat. Sie muss auf Grund eines konkreten Baugesuchs entscheiden, ob sie das Projekt unter dem Gesichtspunkt des Orts- und Landschaftsbildes bewilligen will. Sie ist also ebenso schöpferisch tätig wie die Expertenkommission. Sie muss sich fragen, ob der Gesetzgeber dieses konkrete Projekt auch zulassen würde.

Die Gesetze sind somit nichts anderes als generelle Formulierungen, mit denen Entscheidungen und Verhaltensweisen von Behörden und Privaten gelenkt werden können.

Es gibt zwei Wege, das Verhalten der Menschen zu lenken: Entweder kann man sie durch das Beispiel, den Präzedenzfall, das Vorbild oder durch den Erlass allgemeiner Verbote oder Gebote lenken. Wenn der Vater seinem Kind beibringen will, dass es den Hut abziehen soll, wenn es ein Gebäude betritt, kann er dem Kind eine allgemeine Anweisung geben: «Wer ein Gebäude betritt, zieht den Hut ab.» Er kann seinem Kind aber auch vorschreiben, es müsse sich so verhalten wie der Vater, es habe sich also an sein Vorbild, sein Beispiel zu halten.

In beiden Fällen muss das Kind, das dem Vater gehorchen will, einen schöpferischen Gedankengang vornehmen. Soll es sich an die allgemeine Formulierung halten, muss es überlegen, was unter dem Begriff des «Gebäudes» und unter dem Begriff des «Hutes» zu verstehen ist. Gehören ein kleines Gartenhäuschen, der Wartesaal oder der Unterstand vor einer Autobushaltestelle auch dazu? Versteht der Vater unter dem Begriff Hut jede Kopfbedeckung, oder ist beispielsweise der Zierhut einer Frau nicht gleich zu behandeln wie der Hut eines Mannes? Wie steht es mit der Mütze, dem Kopftuch usw.?

Andere, aber ähnliche Überlegungen muss sich das Kind bei der Lenkung durch Präzedenzfälle machen: Was ist wesentlich am Beispiel meines Vaters? Ist wesentlich, dass ich den Hut schnell abziehe, ist wesentlich, dass ich den Hut vor oder erst nach Betreten des Gebäudes abziehe, ist wesentlich, dass ich einfach den Hut abnehme, ist wesentlich, dass ältere Leute den Hut abnehmen oder muss jedermann den Hut abnehmen?

Dieses Beispiel soll zeigen, dass bei der Gesetzgebung wie bei der Regelung des Verhaltens durch Präzedenzfälle der Einzelfall noch nicht geregelt ist. *Das Gesetz lässt sich in der Regel nicht computermässig, mathematisch, «more geometrico» auf den Einzelfall anwenden. Dazu bedarf es vielmehr der konkretisierenden, aber gleichzeitig auch gestaltenden und schöpferischen Tätigkeit der Verwaltung.*

Gleichzeitig erkennen wir, dass die allgemeinen und generellen Formulierungen nichts anderes sind als Verallgemeinerungen konkreter Lebenserfahrungen. Diese Verallgemeinerungen müssen durch einen kreativen Akt auf eine konkrete Situation angewendet werden, der mit der bereits gemachten Lebenserfahrung in der Regel nie voll übereinstimmt. Bei der Regelung durch Präzedenzfälle fehlt die Verallgemeinerung. Man muss direkt von einem konkreten Fall auf den anderen schliessen. Da sich konkrete Lebenssituationen nie wiederholen, müssen beide miteinander verglichen werden. Dabei muss das Vergleichbare gegenüber dem Nichtvergleichbaren herausgehoben werden. Ist das Vergleichbare wesentlich, muss der zweite Fall wie der erste entschieden werden, sonst muss eine neue Entscheidung gefunden werden.

Das angelsächsische Recht wird bekanntlich stark von der Regelung durch Präzedenzfälle beherrscht. Die Richter sind gewohnt, die schwierige gedankliche Überlegung von einem Fall auf den anderen vorzunehmen. Das kontinental-europäische Recht ist seit der Zeit der Kodifikationen des Privatrechts von der Regelung des menschlichen Verhaltens durch Gesetze geprägt. *Allerdings erfordert unsere komplexe, dynamische gesellschaftliche Situation oft allgemeine und generelle Gesetze. Dies führt zu einem immer grösser werdenden Ermessensbereich von Richter und Verwaltung.* Im Rahmen dieses Ermessensbereiches werden wir je länger je mehr gezwungen, nicht nur durch allgemeine Regelungen, sondern auch auf Grund von *Präzedenzfällen von einem Fall auf den anderen zu schliessen.*

Gesetze in diesem Sinne sind also generell-abstrakte Erlasse, die die Rechte und Pflichten der Bürger, das Verfahren oder die Organisation der Behörden zum Gegenstand haben. Werden die Gesetze auf dem *ordentlichen Gesetzgebungsweg* durch das Parlament mit Einschluss des Referendums erlassen, handelt es sich um *Gesetze im formellen Sinne.* Werden die generell-abstrakten Anordnungen auf Grund einer *Delegation des Gesetzes* oder *der Verfassung* erlassen, handelt es sich um Gesetze im materiellen Sinne, zum Beispiel Verordnungen. Gesetze im materiellen Sinne entsprechen dem Begriff des Gesetzes, sie sind aber nicht auf dem formellen Gesetzgebungsweg entstanden. Solche Gesetze im materiellen Sinne sind neben den Verordnungen des Bundesrates jene des Parlaments, der Departemente, der Anstalten des Bundes oder des Bundesgerichts.

Generell-abstrakt ist eine Anordnung dann, wenn sie sich an eine unbestimmte Anzahl von Personen richtet und einen allgemeinen Sachverhalt regelt. Damit erfüllt das Gesetz die wesentliche rechtsstaatliche Funktion der *Kalkulierbarkeit* und der *Rechtsgleichheit.* Wenn sich Gesetze auf Grund allgemeiner Kriterien an eine unbestimmte Anzahl von Personen richten, tragen sie zur Verwirklichung der Rechtsgleichheit bei. Auf diese Weise lässt sich auch die *Rückwirkung von Gesetzen verhindern.* Rückwirkende Anordnungen richten sich immer an eine *bestimmte Anzahl von Personen,* da feststeht, wer die gesetzlichen Voraussetzungen bei Inkrafttreten des Gesetzes bereits erfüllt hat. Das Baureglement einer Gemeinde, das beispielsweise allen Einwohnern, die bis zum Jahre 1975 in der Gemeinde Wohnsitz hatten, verbieten würde, bauliche Veränderungen an ihren Gebäuden vorzunehmen, ist rückwirkend und richtet sich an eine bestimmte Anzahl von Personen. Es steht fest, wer bis 1975 in der Gemeinde Wohnsitz hatte. Das Gesetz müsste also bestimmen, dass nach Inkrafttreten keine baulichen Veränderungen an Gebäuden vorgenommen werden dürfen. Damit entspräche es den begrifflichen Voraussetzungen der generellen Abstraktheit. Wer nach Inkrafttreten des Gesetzes ein Haus bauen will, weiss, dass er am fertigen Gebäude keine baulichen Veränderungen mehr vornehmen kann.

Gesetze im materiellen Sinne müssen sich nicht nur an eine unbestimmte Anzahl von Personen richten, sie müssen auch einen *allgemeinen abstrakten Tatbestand regeln*. Dieses Erfordernis steht mit der unbestimmten Anzahl von Personen in engem Zusammenhang. Ein Gesetz kann beispielsweise nicht festlegen: «Die Gemeindeeinwohner von Seldwyla müssen am 7. Dezember 1975 um 12.00 Uhr die Kuh des Gemeindepräsidenten melken» Das Gesetz kann aber, abgesehen von der Frage der verfassungsmässigen Zulässigkeit, bestimmen: «Alle Besitzer von Kühen müssen morgens 05.00 ihre Kühe melken.»

Erfüllt eine Anordnung nicht gleichzeitig beide Merkmale, richtet sie sich beispielsweise an eine unbestimmte Anzahl von Personen, regelt aber einen konkreten Sachverhalt wie zum Beispiel das Fahrverbot für eine Strasse, dann handelt es sich nicht um ein Gesetz, sondern um eine *Allgemeinverfügung*, die den Regeln der Verfügung untersteht.

Neben dem Erfordernis der generellen Abstraktheit verlangen gewisse Lehrmeinungen zusätzliche Kriterien für die Gesetze. Das Wichtigste ist der Eingriff in die Freiheit des einzelnen. Von diesem Gedanken ist auch Art. 5 Abs. 2 GVG getragen, wenn er festlegt, dass nur jene generell-abstrakten Normen rechtsetzende Normen sind, die *natürlichen oder juristischen Personen Pflichten auferlegen oder Rechte einräumen*. Mit dieser Einschränkung wird das Gesetz *von der internen Verwaltungsverordnung abgegrenzt*. Die interne Verwaltungsverordnung ist eine Richtlinie oder Weisung an die Beamten; sie legt den einfachen oder juristischen Personen keine unmittelbaren Rechte und Pflichten auf. Eine Weisung, die den Beamten die Pflicht auferlegt, die Kaffeepause für höchstens eine viertel Stunde während des Zeitraumes von 09.30—10.30 Uhr einzunehmen, legt aussenstehenden Personen keine Rechte und Pflichten auf. Sie richtet sich nur an die Beamten. Aus diesem Grunde ist eine solche allgemeine Anordnung kein Gesetz.

Problematischer wird es allerdings, wenn es sich um Weisungen handelt, die sich zwar an die Beamten richten, aber eine *unmittelbare oder mittelbare Aussenwirkung auf Drittpersonen* haben. Wenn etwa die Zollbehörde ihren unterstellten Zolldiensten die Weisung erteilt, wie gross die unverzollbare Tagesration eines Grenzgängers sein dürfe, sind dadurch die Grenzgänger unmittelbar betroffen, da die Zollorgane nur noch eine bestimmte Ration zulassen werden.

In Lehre und Praxis ist umstritten, inwieweit derartige Weisungen überhaupt auf Grund einer Verfügung oder allenfalls im Rahmen der staatsrechtlichen Beschwerde selbständig vor Gericht angefochten werden können. Das Bundesgericht hat entschieden, dass *derartige Weisungen jedenfalls dann wie Gesetze im materiellen Sinne zu prüfen sind, wenn sie faktisch eine unmittelbare Wirkung nach aussen zeitigen.* Eine derartige Weisung ist beispielsweise die Schiessregelung für Polizisten. Sie enthält Weisungen an die Polizisten über den Gebrauch der Schusswaffe, zum Beispiel gegenüber fliehenden Gefangenen (vgl. dazu BGE 99 IV 255).

Es wäre deshalb sicher *falsch*, würden wir uns heute noch *sklavisch an dieses Kriterium der unmittelbaren Auferlegung von Rechten und Pflichten an einfache und juristische Personen halten.* Dieses Kriterium stammt aus der Zeit der Entstehung der Gesetze. Der Gesetzesbegriff hatte im letzten Jahrhundert vor allem die Aufgabe, die Befugnisse des Parlamentes gegenüber jenen des Königs zu schützen. Das Parlament konnte sich allmählich gegenüber dem König das Mitspracherecht bei Eingriffen in die Freiheit der einzelnen Bürger abringen und verlangen, dass derartige Eingriffe nur auf Grund eines vom Parlament verabschiedeten Gesetzes vorgenommen werden dürften. Aus diesem Grunde konnte er in die Rechte der Bürger nur eingreifen, wenn er durch ein Gesetz des Parlamentes abgedeckt war. Im Rahmen der internen Tätigkeit war er aber frei von der Fessel des Gesetzes. Er versuchte deshalb, möglichst viele Anordnungen durch interne Weisungen an seine Beamten zu erledigen, um der parlamentarischen Mitsprache zu entgehen. Da ihm die Beamten zu Gehorsam verpflichtet waren, bestand keine Gefahr, dass derartige Weisungen nicht befolgt oder gar angefochten wurden. Dieser Versuchung unterliegt auch die Verwaltung in unserem Land. Oft werden wichtigste Probleme, wie zum Beispiel Datenschutz, durch interne Verordnungen geregelt, weil man die Auseinandersetzungen im demokratischen Gesetzgebungsverfahren scheut.

Heute erfüllt der Gesetzesbegriff viel weniger die Funktion, die Rechte des Parlamentes gegenüber der Exekutive sicherzustellen, als vielmehr den *Rechtsschutz des einzelnen Bürgers zu gewährleisten. Die Verwaltung soll durch das Gesetz in ihrer Tätigkeit kalkulierbar werden.* Der Begriff des Gesetzes ist somit heute viel eher von der *Rechtsschutzfunktion* gegenüber der Gesellschaft oder dem einzelnen als von den Rechten der gesetzgebenden Gewalt her zu bestimmen.

Neben dem Eingriff in Rechte und Pflichten kennt der Gesetzesbegriff des Geschäftsverkehrsgesetzes noch als weitere Kriterien die *Übertragung von Zuständigkeiten an Behörden, Organisationserlasse oder Verfahrensregelungen.* Damit geht der Gesetzesbegriff des Geschäftsverkehrsgesetzes weiter als der Gesetzesbegriff anderer Staaten. Insbesondere die Organisation etwa der Verwaltung wird im Ausland selten durch rechtssetzende Erlasse, sondern durch interne Anordnungen geregelt. Der Grund für einen derartigen weitgehenden Gesetzesbegriff ist politischer Natur. Das Parlament wollte gegenüber der kollegial organisierten Exekutive durch eigene Erlasse die politische Gewichtung der einzelnen Departemente regeln. Der Bundesrat soll nicht durch interne Erlasse allein entscheiden können, welche Aufgaben den Departementen übertragen werden, und damit die politische Gewichtung der Bundesräte verschieben und ihre Einflusssphäre ausdehnen oder einschränken können. Aus diesem Grunde ist es in der Schweiz seit jeher Aufgabe des Gesetzgebers, die Organisation der Verwaltung weitgehend selber zu regeln.

Die philosophische Grundlage des Gesetzesbegriffes finden wir wohl bei Kant. Einer seiner wesentlichen ethischen Grundsätze lautet bekanntlich:

«Handle so, dass die Maxime deines Willens jederzeit zugleich als Prinzip einer allgemeinen Gesetzgebung gelten kann.»

Jede Handlung und Entscheidung muss verallgemeinert werden können. Gültigkeit, d.h. ethische Gültigkeit, hat nur das Allgemeine. Aus diesem Grunde ist ein Erlass nur dann richtig, wenn er allgemein, d.h. generell-abstrakt, formuliert ist. Aus dieser Tatsache haben dann die Positivsten den falschen Schluss gezogen, generell-abstrakte Anordnungen seien überhaupt nicht mehr auf ihre Richtigkeit überprüfbar, sie seien in sich richtig und gerecht.

B. Funktion des Gesetzes

Wir haben bereits bei der Begriffsumschreibung der Gesetze gesehen, dass der Begriff des Gesetzes weitgehend von seiner Funktion bestimmt wird. Der Begriff des Gesetzes lässt sich nicht ohne seine Funktion verstehen. Im Vordergrund stehen dabei die demokratische und die rechtsstaatliche Funktion der Gesetze.

1. Demokratische Funktion

Die demokratische Funktion des Gesetzes entspricht der klassischen Verteidigungslinie des Parlamentes gegenüber der Exekutive.

Das Gesetz soll sicherstellen, dass *die Exekutive nur auf Grund von Entscheidungen handeln kann, die durch die Mehrheit der Parlamentarier oder der Stimmbürger abgedeckt sind*. Wir haben bereits eingangs festgestellt, dass der Staat dem einzelnen einseitig Rechte und Pflichten auferlegen kann. Dies, so haben wir gesehen, setzt aber eine Willensentscheidung der Mehrheit des Volkes voraus. Das Gesetz stellt sicher, dass die Verwaltung keine *gesellschaftspolitischen Gewichtungen* zwischen den verschiedenen Gruppierungen vornehmen kann.

Der Gesetzgeber muss entscheiden, welche gesellschaftlichen Gruppen mehr, welche weniger zu bevorzugen sind. Weder die Verwaltung noch die Regierung, noch das Gericht dürfen zum Beispiel über die Progression der Steuerlast von den niederen zu den hohen Einkommen befinden. Derartige strukturpolitische Veränderungen müssen durch den Gesetzgeber entschieden werden.

Der Gesetzgeber hat die grundsätzliche Aufgabe zu bestimmen, *wieweit die Eingriffe des Staates in die Freiheit des einzelnen gehen dürfen*. Die Linie zwischen Freiheit und staatlicher Lenkungsmöglichkeit soll im Gesetz vorbestimmt sein. Dieser Grundsatz wird verletzt, wenn der Gesetzgeber die Exekutive ermächtigt, die Höhe der Abgabepflicht oder die Voraussetzungen für Enteignungen festzulegen.

Desgleichen darf der Gesetzgeber in einem Bankengesetz nicht der Regierung die Befugnis erteilen, etwa bei der Kreditbegrenzung oder bei der Mindestreservenpolitik nach eigenen Kriterien Unterschiede zwischen den verschiedenen Banken und Kreditbedürfnissen zu machen. Damit hätte der Bundesrat eine **strukturpolitische Entscheidungskompetenz**, die nur in den Händen des Gesetzgebers liegen darf. Strukturpolitische Entscheidungen müssen durch ein demokratisches Organ oder durch das Volk selbst vorgenommen werden.

Die demokratische Funktion des Gesetzes stellt somit sicher, dass das Volk an der Grenzziehung zwischen der Kompetenz, Autonomie der Verwaltung und der Freiheit des einzelnen Bürgers einerseits sowie an der gesellschaftspolitischen Gewichtung zwischen den verschiedenen Gruppierungen der Gesellschaft anderseits beteiligt ist. Derartige Entscheidungen sind im formellen Gesetzgebungsverfahren zu fällen und dürfen nicht der Verordnungskompetenz der Regierung übertragen werden. Durch diese Funktionsumschreibung lässt sich somit gleichzeitig das Gesetz im formellen von jenem im materiellen Sinne abgrenzen.

Dieses Kriterium zur Abgrenzung zwischen den Befugnissen der Legislative und denjenigen der Exekutive erscheint mir sinnvoller zu sein als das Kriterium des deutschen Bundesverfassungsgerichts, das in Anwendung von Art. 80 GG erklärt hat, die Delegationskompetenz der Legislative sei an Inhalt und Umfang der Delegationsnorm beschränkt, d.h. der Exekutive dürfe nur dann Verordnungskompetenz übertragen werden, wenn Inhalt und Umfang der Kompetenz in der Delegationsnorm selber erkennbar sei (zum Beispiel BVerfGE 5, 76 f.). Demnach kann nur dann delegiert werden, wenn voraussehbar ist, was die Regierung mit der Delegationskompetenz machen wird. Wenn der Gesetzgeber aber voraussieht, was zu machen ist, muss er nicht delegieren. Delegieren muss er nur, wenn er nicht voraussehen kann, wie sich die Dinge entwickeln und wie, entsprechend der Entwicklung der Lage, der Gesetzesauftrag konkretisiert werden muss.

Unbrauchbar ist aber auch das Kriterium des schweizerischen **Bundesgerichts**, das in langjähriger Praxis entschieden hat, der Gesetzgeber könne, soweit die Verfassung die Delegation nicht ausdrücklich verbiete, der Regierung Befugnisse erteilen, wenn die Materie beschränkt sei, die der Befugnis der Regierung anvertraut werde. Damit ist nicht erkennbar, wieweit die Delegationsbefugnis des Gesetzgebers geht. Mit der Leerformel von der «beschränkten Materie» kann man alles oder nichts zulassen. Der Umfang der Delegationsbefugnis des Gesetzgebers hängt vom Begriff der «beschränkten Materie» ab. Ist das ganze Privatrecht, das Strassenverkehrsrecht oder nur die Regelung der Ferienzeit der Lehrer eine beschränkte Materie?

Das Bundesgericht ist denn auch vor allem auf dem Gebiete des Abgaberechtes allmählich von diesem Grundsatz abgewichen. Heute bestimmt es, dass, abgesehen von den Kanzlei- und gewissen technischen Gebühren, für *alle Abgaben Objekt und Höhe in einem Gesetz im formellen Sinne verankert sein müssen* (BGE 99 I a 542). Damit hält sich das Bundesgericht im Abgaberecht an den Grundsatz, dass es Aufgabe des Gesetzgebers ist, die Linie zwischen der Freiheit, hier dem Eigentumsrecht des Betroffenen, und der Verfügungskompetenz der Verwaltung zu ziehen. Bei Gebühren, deren Höhe aus technischen Gründen flexibel sein muss und deshalb im Gesetz nicht endgültig festgelegt werden kann, wird von dieser starren Regel allerdings eine Ausnahme gemacht (BGE 100 Ia 140, 99 Ia 603, 701). Mit dieser Änderung der bundesgerichtlichen Praxis werden eine Fülle von kantonalen Gebührenverordnungen in Frage gestellt. Man kann sich fragen, ob eine derart rigorose Praxis gerechtfertigt sei. Die Höhe der Gebühr ist bekanntlich deshalb einigermassen bestimmbar, weil sie kostendeckend, verhältnismässig zur Leistung und angemessen sein muss.

Aber auch auf anderen Gebieten, insbesondere der Grundrechte, hat das Bundesgericht die ursprüngliche Praxis und damit die Befugnis des Gesetzgebers zu delegieren, eingeschränkt. «Der Grundsatz der Gewaltentrennung ist auch ungeschrieben in allen Kantonen verfassungsmässig gewährleistet, da er sich aus der in der Verfassung vorgesehenen Aufteilung der Staatsfunktion auf verschiedene Gewalten ergibt (BGE 93 I 44 und 334 mit Hinweisen). Nach feststehender Rechtsprechung des Bundesgerichtes ist dennoch die Delegation rechtsetzender Befugnisse an Verwaltungsbehörden oder untergeordnete Subjekte des öffentlichen Rechts zulässig, wenn sie auf ein *bestimmtes Gebiet* beschränkt wird und das Gesetz *die Grundzüge der Regelung* selbst enthält, soweit sie die *Rechtsstellung der Bürger schwerwiegend* berührt, und wenn sie in einem der *Volksabstimmung unterliegenden Gesetz* enthalten ist (BGE 100 Ia 86 E. 2)» (BGE 102 Ia 64). Selbstverständlich müssen derartige freiheitsbeschränkende Gesetze selber den materiellen Verfassungsvorschriften, insbesondere den Grundrechten, entsprechen. Das Bundesgericht vertritt denn auch die Auffassung, die Verordnungskompetenz der Exekutive müsse verfassungskonform, zum Beispiel im Rahmen der Freiheitsrechte angewendet werden.

Die Subdelegation von der Exekutive an ein Departement oder eine untergeordnete Verwaltungsbehörde ist auf Bundesebene im Rahmen von Art. 103 Abs. 2 BV und Art. 7 Abs. 1 des Rechtskraftgesetzes von 1948 zulässig, wenn die gleichen Grundsätze wie für die Gesetzesdelegation befolgt werden (BGE 101 Ib 74). Da das Bundesgericht die Verfassungsmässigkeit der Bundesgesetze nicht überprüfen kann, konnte es die Zulässigkeit der durch den Bundesgesetzgeber vorgesehenen Subdelegation nicht überprüfen. Es ist auch offen, inwieweit die Subdelegation in den Kantonen zulässig ist. Soweit es sich nur um technische Fragen handelt, sollte sie zulässig sein, wenn sie im Gesetz ausdrücklich vorgesehen ist.

Abschliessend ist folgendes festzuhalten: Die Verfassung beauftragt den Gesetzgeber, die Aufgaben des Staates zu konkretisieren, die Freiheit des Bürgers zu schützen und zu fördern und im Rahmen der Staatsaufgaben die Voraussetzungen für einen gerechten gesellschaftlichen Ausgleich zu schaffen. Aufgabe des Gesetzgebers ist es, bei der Konkretisierung dieser Aufgabe die grundlegenden Entscheidungen selber zu treffen. Dazu gehören die Bestimmungen, die die Verwaltung zu Eingriffen in Rechte und Freiheiten des Bürgers ermächtigen, gesellschaftspolitische Gewichtungen vornehmen und grundsätzliche Ziele der Rechtsanwendung für Verwaltung und Gerichte enthalten.

Bei allen diesen theoretischen Überlegungen muss aber grundsätzlich doch immer vor Augen gehalten werden, dass Gesetzgebung letztlich keine theoretische, sondern eine *eminent praktische und politische Aufgabe* ist. Es sind sehr oft politische Überlegungen, die zu einer bestimmten Formulierung von Normen führen. Können sich Verbände und Parteien nicht einigen, wird das Problem in der Regel durch Generalklauseln an die Exekutive weitergeschoben. Dadurch werden die Gesetze unübersichtlich und enthalten eine unterschiedliche Regelungsdichte. Unwichtiges wird detailliert und abschliessend geregelt, Wichtiges wird ungenau und durch umfassende Delegationen dem Bundesrat überantwortet. Der Vorentwurf zum Bundesgesetz über die berufliche Vorsorge enthielt beispielsweise Regelungen über die Frage, wie die Rentenberechtigung von Witwen bzw. wiederverheirateter und geschiedener Frauen und ihren Kindern bzw. Halbkindern zu regeln sei, liess aber offen, wie vorzugehen sei, wenn das Leistungsziel bei unvorhergesehenen wirtschaftlichen Schwierigkeiten nicht erreicht werden kann. Der Grund für diese unterschiedliche Regelungsdichte liegt darin, dass bei verschiedenen Fragen, insbesondere technischer Natur, ohne weiteres Einigkeit erzielt werden kann, während über die entscheidenden politischen Fragen Uneinigkeit herrscht. Dabei wäre es Aufgabe des Gesetzgebers, politisch wichtige Probleme zu entscheiden und die technischen Fragen der Exekutive zu überlassen.

2. Rechtsstaatliche Funktion

Die rechtsstaatliche Funktion der Gesetze wird sowohl durch das Gesetz im formellen, wie auch durch das *Gesetz im materiellen Sinne erfüllt*. Das Gesetz trägt zur Verwirklichung des Rechtsstaates bei, weil es einerseits die *Rechtsgleichheit* gewährleistet und andererseits die Verwaltungstätigkeit *voraussehbar, kalkulierbar* macht und damit die *Rechtssicherheit* fördert.

Normen, die generell abstrakt formuliert sind, behandeln alle gleich. Die Gesetze verhindern, dass jemand auf Grund von Beziehungen oder Geldmitteln bevorzugt wird. In diesem Sinne tragen sie zur Verwirklichung der Rechtsgleichheit bei.

Art. 29 TVG überträgt dem Bundesrat die Befugnis, die Tarife für die Telephonverbindungen festzulegen (SR 784.10). Dagegen ist er nicht befugt, diese Kompetenz den einzelnen Kreistelephondirektionen weiter zu delegieren und sie zu ermächtigen, die Tarife den persönlichen Verhältnissen der einzelnen Telefonbenützer anzupassen. Die Rechtsgleichheit verlangt, dass jedermann, auf Grund von gleichen Tarifen, Telephongebühren zu entrichten hat. Aus diesem Grunde muss der Bundesrat die Tarife generell festlegen.

Nun könnte er das gleiche Ziel, nämlich die rechtsgleiche Behandlung, allerdings auch mit internen Weisungen verwirklichen. Er könnte zum Beispiel alle Kreistelephondirektionen beauftragen, für Stadtgespräche beispielsweise 0.20 oder 0.30 Rp. zu verlangen. Derartige interne Weisungen sind oft nicht bekannt. Sie binden lediglich die unmittelbar betroffenen Adressaten, d.h. die Kreistelephondirektionen. Sie binden aber weder alle Behörden, zum Beispiel die Gerichte, noch die Privaten. Das Bundesgericht beispielsweise ist nicht an die Weisung gebunden. Es wird diese bei einer Beschwerde zwar berücksichtigen, kann aber auch davon absehen. Ebensowenig geben die Weisungen dem einzelnen einen unmittelbaren Rechtsanspruch. Die

Weisungen haben lediglich interne Wirkung und begründen keine Ansprüche für aussenstehende Dritte.

Die Rechtsgleichheit darf nicht allein vom Willen der Verwaltung abhängen. Der einzelne muss auch sicher sein, dass die Verwaltung rechtsgleich vorgeht. Sie muss an bestimmte Regeln gebunden sein. Diese *Rechtssicherheit* und Kalkulierbarkeit lassen sich nur über die Gesetze verwirklichen, die sowohl die Verwaltung, die Gerichte, die Exekutive, das Parlament und den Bürger binden. Nur so kann der Bürger vorhersehen, welche Eingriffe er von der Verwaltung zu erwarten hat. Er muss sicher sein, dass die Verwaltung an Gesetze und Verordnungen ebenso gebunden ist wie er. Dies lässt sich nur verwirklichen, wenn der Bundesrat die Tarife nicht durch Weisungen, sondern durch generell-abstrakte Normen, d.h. durch Verordnungen, festlegt, die für alle Behörden und Privaten verbindlich sind.

Welchen Anforderungen müssen die Gesetze im materiellen Sinne genügen, wenn sie den rechtsstaatlichen Grundsätzen der Rechtsgleichheit und Kalkulierbarkeit entsprechen sollen? Im Entwurf zum Umweltschutzgesetz von 1973 findet sich in Art. 10 folgende allgemeine Verhaltensvorschrift:

«Jedermann ist gehalten, die Umwelt beeinträchtigende Einwirkungen im Sinne des Gesetzes zu unterlassen oder sie, sofern und solange sie nicht verhindert werden können, auf das, was unvermeidlich ist, einzuschränken.»

Derartige Blankettvorschriften sind unzulässig, da niemand weiss, wie sie von den Behörden ausgelegt werden. Solche Normen widersprechen dem Grundsatz der Rechtsstaatlichkeit, d.h. der Kalkulierbarkeit und Rechtsgleichheit. Sie öffnen Tür und Tor für willkürliche Entscheidungen der Behörden.

Welche Kriterien muss aber eine Gesetz erfüllen, damit es den Grundsätzen der Rechtsstaatlichkeit genügt? Es wird sicher nicht möglich sein, auf allen Gebieten Normen zu erlassen, deren Auswirkungen für den Bürger erkennbar sind. Gesetze erfüllen das Erfordernis der Rechtsstaatlichkeit dann, wenn der Entscheidungsrahmen, der den Behörden ein Ermessen lässt, so eng ist oder sich auf Gebiete beschränkt, dass dem einzelnen eine gewisse Unsicherheit über das Handeln der Verwaltung zugemutet werden kann. Grundrechtsbeschränkungen bedürfen deshalb einer detaillierten, klaren gesetzlichen Grundlage während organisatorische Bestimmungen den Behörden ein grösseres Ermessen überantworten können.

Welche Kriterien muss aber ein Gesetz erfüllen, damit es den Grundsätzen der Rechtsstaatlichkeit genügt? Zwar ist zuzugeben, dass es nicht möglich sein wird, auf allen Gebieten Normen zu erlassen, deren letzte Auswirkungen für den Bürger erkennbar sind. Die Ausnahmen vom Grundsatz müssen sich jedoch an einen beschränkten Rahmen halten. Um den Grundsätzen der Rechtsstaatlichkeit zu genügen, ist eine solche Ausnahme nur zulässig, wenn der Entscheidungsbereich, der den Behörden das Ermessen lässt, entweder sehr eng ist oder aber ein relativ unwichtiges Gebiet betrifft. Grundrechtsbeschränkungen bedürfen deshalb einer detaillierten, klaren gesetzlichen Grundlage während organisatorische Bestimmungen den Behörden ein grösseres Ermessen überantworten können.

Dieses Kriterium der zumutbaren Unsicherheit führt dazu, dass der Konkretisierungsgrad, den der Grundsatz der Rechtsstaatlichkeit an die Normen stellt, verschieden sein kann. Für Strafnormen gelten strenge Anforderungen, bei Subventionsgesetzen, die die Rechte des Bürgers in der Regel weniger stark beschneiden, kann sich der Gesetzgeber mit grosszügigeren Formulierungen begnügen. Allerdings können auch hier verschiedene Massstäbe gelten. Ein Stipendiengesetz muss konkreter sein als beispielsweise eine Subventionsregelung für Qualitätsprämien an Künstler. *Je nach Gesetz und Freiheitsbeschränkung ist der Ungewissheitsgrad, der dem Bürger zugemutet werden kann, grösser oder kleiner.*

3. Die planerische Funktion des Gesetzes

Je länger je mehr erfüllt das Gesetz auch eine planerische Aufgabe. Es soll nicht nur wie beispielsweise die Kodifikationen des Privatrechts langfristig gesellschaftliche Interessengegensätze in einen gerechten Ausgleich bringen, sondern die gesellschaftliche Entwicklung beeinflussen und steuern. Steuergesetze sollen Investitionen fördern oder beschränken, Umweltschutzgesetze sollen die Wiederverwertung der Abfälle fördern, Landwirtschaftsgesetze sollen die Milchproduktion hemmen und den Getreideanbau fördern, Gesetze über den Grundstückverkauf sollen den Ausverkauf der Heimat verhindern. Es liegt in der Natur derartiger Gesetze, dass sie kurzfristige Dispositionen treffen und den veränderten Verhältnissen anzupassen sind. Diese Gesetze sind deshalb sehr oft befristet und in die Form des allgemein verbindlichen Bundesbeschlusses gekleidet. Sie enthalten auch weitgehende Verordnungsermächtigungen, um dem Bundesrat die erforderliche Flexibilität sicherzustellen.

Im Gegensatz zu den langfristigen Kodifikationen gesellschaftlicher Rechtsüberzeugungen nehmen diese planenden, lenkenden und steuernden Gesetze (man nennt sie auch oft Massnahmegesetze) eine hervorragende Stellung in der parlamentarischen Gesetzgebungstätigkeit ein. Der Erlass und die Verwirklichung der Massnahmegesetze bringt die Partnerschaft von Staat und Gesellschaft sehr deutlich zum Ausdruck. Der Staat als Partner der Gesellschaft muss mit seinen ihm zur Verfügung stehenden Mitteln die gesellschaftliche Entwicklung steuern. Dies ist aber nur möglich, wenn die Gesetze realistisch auf die Wirklichkeit angelegt sind und nicht zu einer Konfrontation, sondern Kooperation der Verwaltung mit der Gesellschaft führen. Gesetze, die dieser Planungsfunktion genügen wollen, müssen sich an folgende Kriterien halten: Sie müssen von einer Gesamtkonzeption, von einem Leitbild getragen sein, sie müssen der Wirklichkeit entsprechen und gleichzeitig dort lenkend eingreifen, wo der Staat realistisch den bestehenden Trend beeinflussen kann.

C. Zusammenfassung

Mit dem Grundsatz der Gesetzmässigkeit sollen zwei Ziele verfolgt werden: Einmal muss der Grundsatz sicherstellen, *dass das Volk über das Parlament bei den grundlegenden Fragen mitentscheiden kann*. Probleme, die der demokratischen, parlamentarischen Entscheidung bedürfen, können nicht der Exekutive überantwortet werden. Angelegenheiten, bei denen das Volk oder das Parlament mitentscheiden sollen, müssen in einem Gesetz im formellen Sinne geregelt sein. Soweit für die **Regelung einer Frage die Mitentscheidung des Parlamentes nicht erforderlich ist, kann sie der Verordnungskompetenz der Regierung übertragen werden.**

Gesetze übertragen aber nicht nur der Exekutive Verordnungsbefugnisse zum Erlass genereller Normen. Sie übertragen auch der Verwaltung oder dem Richter unmittelbare Entscheidungsbefugnisse, d.h. Ermessensbereiche, die sie ermächtigen, über den Weg von Einzelentscheidungen in die Rechte des einzelnen einzugreifen. Derartige Ermessensbereiche werden sowohl in formellen Gesetzen wie auch in Verordnungen vorgesehen. Beim Umfang dieser Ermessensbereiche müssen sich sowohl der formelle Gesetzgeber wie auch der Verordnungsgeber an die Grundsätze des Rechtsstaates halten. *Sie müssen allgemeine, für jedermann verbindliche Regelungen vorsehen, wenn die Rechtsgleichheit dies verlangt, und dürfen der Verwaltung nur soviel Freiheitsraum gewähren, als dies dem einzelnen zugemutet werden kann.*

Die demokratische Funktion setzt Anforderungen an das formelle Gesetz, die rechtsstaatliche an das materielle, d.h. an formelle Gesetze und Verordnungen. Dabei ist es sowohl für den Gesetzgeber wie auch für den Verfassungsrichter *ausserordentlich schwierig, den schmalen Grat zwischen zulässiger Delegationskompetenz und übertriebener Pedanterie zu finden.* Geht der Richter in seinen Anforderungen an den Gesetzgeber zu weit, führt dies zu unverständlichen und komplizierten Gesetzen, die jedes Detail regeln, so dass man vor lauter Bäumen den Wald nicht mehr sieht. Diese Gesetze sind ebenso unübersichtlich und unklar wie abstrakte Leerformeln.

Gesetzgeber und Verordnungsgeber müssen davon ausgehen können, dass ihre Gesetze von Richtern und Behörden angewendet werden, die die gleichen Grundanschauungen über die Verfassung, den Rechtsstaat und die Rechtsanwendung wie sie haben und deshalb ihre Befugnisse nicht missbrauchen werden. Es wäre kaum denkbar, Gesetze für Behörden und Institutionen zu erlassen, die unsere Rechtstradition nicht kennen. Vollziehungsorgane von totalitären Staaten würden unsere Gesetze anders anwenden als unsere Vollziehungsorgane. Das Scheidungs- und Abtreibungsgefälle zwischen den katholischen und nicht-katholischen Kantonen zeigen allerdings auch bei uns deutlich, dass selbst auf dem traditionellen Gebiete des Zivil- und Strafrechts zwischen Richtern verschiedener Weltanschauungen verschiedene Lösungen möglich sind.

II. Die Bedeutung des Grundsatzes der Rechtmässigkeit der Verwaltung

A. Der Geltungsbereich

LITERATUR: Vgl. auch: 2. Teil, 1. Kap., I, S. 51.
DICKE D., Der allgemeine Gleichheitssatz und die Selbstbindung der Verwaltung, VA 59, 1968, S. 293 ff.; GRISEL A., L'administration et la loi, in: Regards sur le droit suisse, Basel 1964, S. 31 ff.; HANSEN H.-J., Fachliche Weisung und materielles Gesetz. Zugleich ein Beitrag zur Lehre von der Gewaltenteilung, zum Gesetzmässigkeitsprinzip und zum Vorbehalt des (formellen) Gesetzes, Hamburger Abhandlungen aus dem Seminar für öffentliches Recht 61, Hamburg 1971; HÖHN E., Gesetz und Verordnung als Rechtsquelle des Abgaberechts, in: Der Staat als Aufgabe, Gedenkschrift für M. Imboden, Basel, Stuttgart 1972, S. 173 ff.; JESCH D., Gesetz und Verwaltung. Eine Problemstudie zum Wandel des Gesetzmässigkeitsprinzips, Tübinger rechtswissenschaftliche Abhandlungen, Bd. 2, 2. Aufl., Tübingen 1968; JETZLER CHR., Der Grundsatz der Gesetzmässigkeit der Verwaltung, insbesondere im Bund, Diss. Zürich 1967, Zürcher Beiträge zur Rechtswissenschaft; KNIESCH J., Gesetzmässigkeit und Rechtmässigkeit der gesetzesakzessorischen und der gesetzesfreien Verwaltung, NJW 14, 1961, S. 2190 f.; LEISNER W., Das Gesetzesvertrauen des Bürgers. Theorie der Rechtsstaatlichkeit und der Rückwirkung der Gesetze. Festschrift Friedrich Berber zum 75. Geburtstag, München 1973, S. 273 ff.; LÜCKE J., Die (Un-)Zumutbarkeit als allgemeine Grenze öffentlich-rechtlicher Pflichten des Bürgers, Diss. iur. Göttingen, Berlin 1973; NEF H., Sinn und Schutz verfassungsmässiger Gesetzgebung und rechtmässiger Verwaltung im Bunde, ZSR 69, 1950, S. 133 a ff.; PETERS H., Verwaltung ohne gesetzliche Ermächtigung?, in: Verfassungsrecht und Verfassungswirklichkeit, Festschrift für Hans Huber zum 60. Geburtstag, Bern 1961, S. 206 ff.; PREUSS U.K., Legalität und Pluralismus, Frankfurt a.M. 1973; ROOS G., Der Grundsatz der gesetzmässigen Verwaltung und seine Bedeutung für die Anwendung des Verwaltungsrechts, in: Rechtsquellenprobleme im schweizerischen Recht, ZBJV 99bis, 1955, S. 117 ff.; SCHAUMANN W., Gleichheit und Gesetzmässigkeitsprinzip, JZ 21, 1966, S. 721 ff.; SCHEUNER U., Gesetz als Auftrag der Verwaltung, DöV 22, 1969, S. 585 ff.; THIEME CHR., Der Vorbehalt des Gesetzes und die vollziehende Gewalt in der schweizerischen Eidgenossenschaft, Diss. Freiburg i.Br. 1976; VOLKINGER H.W., Der Gesetzesvorbehalt, SJZ 69, 1973, S. 33 ff.

Der Grundsatz der Rechtmässigkeit der Verwaltung besagt, dass die Verwaltung im Rahmen ihrer Tätigkeit nur auf Grund des vorgegebenen Rechts handeln kann. Die Verwaltung wird gegenüber dem Bürger einseitig und hoheitlich tätig. Dieses Recht steht ihr nur zu, wenn sie sich auf demokratisch verfasste Normen berufen kann. Der Verwaltung steht nicht das Recht zu, hoheitlich zu handeln, wenn keine vorgegebenen Rechtsgrundlagen vorliegen. Die Legitimität verwaltungsrechtlicher Tätigkeit beruht auf dem demokratischen Gesetz und dieses letztlich auf der Verfassung und den im Volke vorgegebenen Gerechtigkeitsvorstellungen.

Der Grundsatz der Rechtmässigkeit der Verwaltung erfordert, dass die Verwaltung nicht *gegen* gegebenes Recht entscheiden kann, er besagt aber auch, dass die Verwaltung nur *im Rahmen* des gegebenen Rechts entscheiden kann und nur *auf Grund* des gegebenen Rechts tätig werden darf.

1. Verbot rechtswidriger Handlungen

Die Verwaltung darf nicht gegen klare Rechtsvorschriften verstossen. Dies gilt insbesondere für formelle Rechtsvorschriften über die Zuständigkeit, das Verfahren wie auch materielle Vorschriften über das Verhalten von Behörden und einzelnen, Rechtsansprüche der einzelnen, Freiheitsbereiche und gesellschaftliche Wertvorstellungen, zum Beispiel Rechtsstaatlichkeit, Treu und Glauben und Verhältnismässigkeit.

Wenn das Gesetz die *Zuständigkeit* für die Entscheidung über die Erteilung einer Baubewilligung dem kantonalen Regierungsrat überträgt, kann nicht der Gemeinderat anstelle des Regierungsrates entscheiden. Zuständigkeitsvorschriften binden die Verwaltung. Wenn sie sich über diese Zuständigkeitsvorschriften hinwegsetzt, sind ihre Verfügungen fehlerhaft oder nichtig.

Das Verbot, gegen das Gesetz zu handeln, richtet sich aber auch auf das *Verfahren* für den Erlass von Entscheidungen. Die Verwaltung ist an diese Vorschriften der Verfahrensgesetze gebunden. Wenn sich beispielsweise ein Departement des Bundes bei einer Entscheidung über eine Kontingentsbewilligung nicht an die Grundsätze des rechtlichen Gehörs hält, ist die Verfügung fehlerhaft.

Das Verbot, klares Recht zu übertreten, richtet sich aber auch auf die Einhaltung des *materiellen Rechts*. Wenn der Gesetzgeber die Verwaltung verpflichtet, Schüler vom 7. Altersjahr obligatorisch in die Schule einzugliedern, darf sie sich nicht darüber hinwegsetzen und die Schüler erst nach dem 8. oder bereits im 6. Altersjahr in die Schule eingliedern. Die Verwaltung ist verpflichtet, sich an die klaren Rechtsvorschriften des Gesetzes zu halten.

Die Rechtspflichten der Verwaltung lassen sich auch *nicht dadurch aufheben, dass mit den betroffenen Bürgern über den Weg einer freiwilligen Vereinbarung auf das zwingende Recht verzichtet wird.* Die Gemeindeverwaltung darf nicht mit den Eltern einen Vertrag abschliessen, wonach Kinder erst ab dem 8. Altersjahr in die Schule eingegliedert werden, um die Ausgaben für eine Schulklasse im Jahr einzusparen.

Die Gesetze binden Verwaltung und einzelne. Sie sollen öffentliche, dem Gemeinwohl dienende Interessen verwirklichen und können nicht über den Weg freiwilliger Vereinbarungen ausser Kraft gesetzt werden. Das öffentliche Recht ist kein dispositives Recht, über das Verwaltung und Bürger verfügen können. Könnte die Verwaltung über den Weg von Vereinbarungen Gesetze ausser Kraft setzen, hätte sie die Möglichkeit, mit Druckmitteln die Bürger zu Vereinbarungen zu zwingen. Vertragliche Vereinbarungen führen aber auch oft zu Rechtsungleichheit. Der Gutgestellte kann auf diese Weise gegenüber der Verwaltung eine bevorzugte Behandlung erkaufen, dies ist der Anfang der korrumpierten Verwaltung.

Diese klare Rechtspflicht darf nicht darüber hinwegtäuschen, dass trotzdem rechtliche Vorschriften verletzt werden können. Dazu gehören zum Beispiel gewisse *Verträge* einiger Kantone oder Gemeinden auf dem Gebiete des Steuerrechts. Wenn solche Verträge gegen klares Recht verstossen, kann sich weder die Verwaltung noch der Bürger auf sie berufen. Da aber Dritte nicht legitimiert sind, solche Verträge anzufechten oder auf Grund derartiger Verträge selber auf Privilegien Anspruch zu erheben, bleiben sie solange bestehen, als beide Seiten an der Aufrechterhaltung der vertraglichen Vereinbarungen interessiert sind.

Neben gegenseitigen Vereinbarungen können Gesetzesvorschriften einseitig verletzt werden. Die Verwaltung kann einseitig Gesetzesbestimmungen nicht beachten oder verletzen, wenn sie zum Beispiel zugunsten des Bürgers entscheidet und damit rechnen kann, dass ihre Verfügungen nicht angefochten werden, oder wenn sie aus anderen Gründen davon ausgehen kann, der Betroffene werde ihre Entscheidung nicht in Frage stellen.

Eine derartige einseitige Nichtbeachtung des Gesetzes ist unstatthaft. Wie ist aber vorzugehen, wenn die Verwaltung in langjähriger Praxis bestimmte Gesetzesbestimmungen nicht beachtet? Kann sich der betroffene Bürger auf das *derogierende Gewohnheitsrecht* berufen? *Gewohnheitsrecht kann bestehendes Gesetzesrecht nicht derogieren.* Das bestehende Gesetzesrecht geht vor. Es gibt aber Fälle, wo eine langjährige Praxis der Verwaltung, die zur Nichtbeachtung der Gesetze geführt hat, nicht willkürlich gegenüber einem einzelnen Bürger wieder aufgehoben werden kann. Massgebend ist dabei nicht nur die langjährige Praxis der Verwaltung, sondern die Tatsache, dass die Aufrechterhaltung der gesetzwidrigen Praxis im Interesse des Bürgers liegt, weil eine plötzliche Änderung *willkürlich wäre*, ihn gegenüber anderen *benachteiligen* oder den Grundsatz von Treu und Glauben verletzen würde.

«Das Bundesgericht hat wiederholt ausgeführt, der Grundsatz der Gesetzmässigkeit der Verwaltung gehe in der Regel der Rücksicht auf gleichmässige Rechtsanwendung vor, und der Umstand, dass das Gesetz in anderen Fällen nicht oder nicht richtig angewandt worden sei, gebe dem Bürger grundsätzlich keinen Anspruch darauf, ebenfalls abweichend vom Gesetz behandelt zu werden (BGE 98 Ia 161 ff. mit Hinweisen; 99 Ib 290 E. 3 c). Es hat diesen Grundsatz dahingehend eingeschränkt, dass er lediglich gelte, wenn nur in einem einzigen oder in einigen wenigen Fällen eine abweichende Behandlung dargetan sei. Wenn dagegen die Behörden die Aufgabe der in anderen Fällen geübten gesetzwidrigen Praxis ablehnten, könne der Bürger verlangen, dass diese widerrechtliche Begünstigung, die den Dritten zuteil werde, auch ihm gewährt werde» (BGE 99 Ib 383).

2. Gebot, sich an den Rahmen der Gesetze zu halten

Das Privatrecht gewährt den Privaten die Autonomie, im Rahmen der vom gesetzten Privatrecht gegebenen Möglichkeiten frei zu handeln und zu entscheiden, Rechtspflichten einzugehen und Rechte zu begründen. Im Gegensatz dazu ist das öffentliche Recht zwingendes Recht. Trotzdem gibt es im Rahmen des öffentlichen Rechts viele Bereiche, die der Verwaltung einen Handlungsspielraum, eine gewisse Autonomie zur freien Entscheidung belassen. *Diese Entscheidungsspielräume nennen wir Ermessensbereiche. Die Verwaltung ist nach dem Grundsatz der Rechtmässigkeit der Verwaltung verpflichtet, sich an diese Ermessensbereiche zu halten.* Das Ermessen, das der Verwaltung in Gesetzen übertragen wird, muss ausgeschaltet und darf nicht überschritten werden.

3. Handeln auf Grund der Gesetze

Die Verpflichtung der Verwaltung, nur auf Grund von Gesetzen zu handeln, hat zwei Aspekte: Einmal muss die Verwaltung *die von den Gesetzen vorgesehenen Ziele verwirklichen*. Die Verwaltung darf sich nicht damit begnügen, sich lediglich an den Rahmen der Gesetze zu halten, sie ist verpflichtet, ihre Aufträge zu erfüllen und aus eigener Initiative den gesetzgeberischen Auftrag zu verwirklichen. Wenn ein Gesetz beispielsweise die Verwaltung ermächtigt, selbständig gewisse Entscheidungen vorzunehmen, ist sie nicht frei, etwas zu unternehmen oder nicht. Die Verwaltung muss gesetzliche Ziele verwirklichen.

Zu diesen Zielen gehören selbstverständlich auch die vorgegebenen *verfassungsrechtlichen Wertvorstellungen*, die den grundlegenden Gerechtigkeitsvorstellungen des Volkes entsprechen. Die Verwaltung ist verpflichtet, diese verfassungsrechtlichen Wertvorstellungen zu verwirklichen. Sie darf sich nicht damit begnügen, den Freiheitsraum des Bürgers zu schützen. Sie muss den Freiheitsraum im Rahmen der Rechtsordnung ausweiten und die Voraussetzungen schaffen, dass er vom einzelnen auch benützt werden kann. *Die Verwaltung ist somit verpflichtet, im Rahmen ihrer gesetzlichen Möglichkeiten alles zu tun, um die verfassungsrechtlichen Wertvorstellungen von Freiheit und Menschenwürde in der Gesellschaft zur Entfaltung zu bringen.*

Die Universitätsverwaltung darf sich nicht darauf berufen, sie genüge der Freiheit der Studenten, wenn sie bloss die politische Meinungsäusserungsfreiheit nicht beeinträchtigt. Die Universitätsverwaltung muss auch dafür sorgen, dass die Studenten im Rahmen ihrer Tätigkeit ihren politischen Willen bilden können. Deswegen ist sie nach Möglichkeit verpflichtet, den Studenten die notwendigen Räumlichkeiten für die Durchführung von Veranstaltungen zur Verfügung zu stellen. *Recht und Gesetz setzen nicht nur den Rahmen, sondern vor allem auch die Ziele des verwaltungsrechtlichen Handelns.*

Die Verpflichtung, nur auf Grund von Gesetzen zu handeln, hat einen weiteren Aspekt. *Ohne Vorliegen einer Rechtsgrundlage kann die Verwaltung keine Entscheidungen und Handlungen vornehmen.* Diese Verpflichtung muss differenziert betrachtet werden. Bei schweren Eingriffen in die Freiheit des einzelnen kann die Verwaltung nur auf Grund eines formellen Gesetzes handeln. Bei weniger schweren Eingriffen in die Grundrechte kann die Verwaltung auf Grund einer allgemeinen Gesetzesvorschrift und auf Grund einer Verordnung oder durch Einzelentscheidung in Ausübung des ihr vom Gesetzgeber übertragenen Ermessens handeln. *Je nach Art des Eingriffs und je nach Handlung sind somit strengere oder weniger strenge Anforderungen an die gesetzliche Grundlage zu stellen.*

4. Arten der Handlungen

Welche Handlungen und Entscheidungen der Verwaltung müssen nun durch ein Gesetz abgedeckt werden? Gelten die gleichen Regeln für die Verwaltungstätigkeit, die in die Rechte der Bürger eingreift, wie für die gewährende Subventionsverwaltung? Muss die Tätigkeit der Verwaltung, die rein internen Charakter hat, ebenso auf ein Gesetz abgestützt werden wie die Verwaltungstätigkeit, die sich nach aussen hin auswirkt?

Die Tätigkeit der Verwaltung kann in Handlungen gegliedert werden, die durch keine besonderen Entscheidungen oder Verfügungen unterbrochen werden und Handlungen, denen Entscheidungen, d.h. Verfügungen der Verwaltung, vorangehen. Die Handlungen ihrerseits können rein interne Bedeutung haben oder sich in irgendeiner Weise nach aussen auf Dritte auswirken. Soweit *Handlungen rein internen Charakter haben*, wie etwa die Niederschrift eines Briefes durch eine Sekretärin oder der Umbau eines Verwaltungsgebäudes, bedürfen sie *keiner besonderen gesetzlichen Grundlage*.

Handlungen aber, die sich *nach aussen hin auswirken*, d.h. Dritte in ihren Rechten beeinträchtigen, sie schädigen oder auf sie sonstwie Einwirkungen haben (zum Beispiel im Rahmen der Ausbildung wie der Schulverwaltung oder im Rahmen der Gesundheitsverwaltung), bedürfen einer *gesetzlichen Grundlage. Die gesetzliche Grundlage muss ausdrücklich und klar sein, wenn durch Handlungen Rechte der einzelnen unmittelbar beeinträchtigt werden*. Wenn durch die Handlungen und Massnahmen der Verwaltung Dritte in ihrem Wettbewerb konkurrenziert werden wie etwa durch den Betrieb der Eisenbahnen, die den privaten Transport konkurrenzieren, bedarf er als solcher einer gesetzlichen Grundlage sowie die vom Betrieb festgelegten Tarifpolitik, die auf Grund gesetzlich festgelegter gesellschaftspolitischer Wertvorstellungen allerdings auch auf Verordnungsstufe geregelt werden kann.

Werden Dritte durch Handlungen der Verwaltung nur *mittelbar* beeinflusst, aber nicht unmittelbar, d.h. durch Verfügungen, in ihren Rechten beeinträchtigt, zum Beispiel über die Ausbildung im Rahmen der Schulverwaltung oder durch besondere Massnahmen öffentlicher Spitäler im Rahmen der Gesundheitsverwaltung, *lassen sich die einzelnen Handlungen und Massnahmen nicht durch detaillierte Vorschriften zum voraus festlegen*. Das Gesetz wird sich deshalb oft darauf beschränken, die organisatorischen Voraussetzungen für die Führung der Anstalt zu umschreiben und in den Zweck- und Grundsatzbestimmungen die allgemeine Führung festzulegen. Der Rechtsschutz in diesem Gebiet wird vor allem von der Verwirklichung weiterer Sicherungen wie zum Beispiel eines Ombudsmannes oder interner Rekurskommissionen abhängen. Detaillierte gesetzliche Vorschriften werden den Bedürfnissen der wechselnden Verhältnisse nicht gerecht.

Der gesetzlichen Grundlage bedürfen grundsätzlich auch *Sanktions-* und Vollstreckungsmassnahmen der Verwaltung. Das Bundesgericht macht allerdings eine Ausnahme bei der Ersatzvornahme (BGE 100 Ia 345).

Keiner ausdrücklichen gesetzlichen Grundlage bedürfen *gewisse Handlungen und Massnahmen der Verwaltung im Rahmen der Leistungsverwaltung* (BGE 100 Ia 195). Dieser Auffassung des Bundesgerichtes ist sicher so lange beizupflichten, als diese Leistungen nicht mit besonderen Auflagen verbunden werden bzw. Personen zugute kommen, die auf Grund besonderer Umstände darauf angewiesen sind (zum

Beispiel bei Katastropheneinsätzen, Unfällen und anderen ausserordentlichen Ereignissen). Auch kleinere Leistungen, wie etwa die Erteilung von Auskünften, die Ausschüttung einmaliger Zuschüsse aus kleineren Hilfsfonds und anderes, bedürfen keiner gesetzlichen Grundlage. Oft begnügt sich das Parlament damit, die Ausgaben der Verwaltung im jährlichen Voranschlag zu bewilligen.

Grössere Leistungen der Verwaltung, die mittelbar zur *Steuerung privater Verhaltensweisen* verwendet werden, wie Subventionen im Rahmen der Landwirtschaft oder Stipendien an Studenten, bedürfen einer *klaren gesetzlichen Grundlage.* Dies ergibt sich schon aus dem Grundsatz der Rechtsgleichheit.

Einer gesetzlichen Grundlage bedürfen auch *Nebenbestimmungen* der Verfügungen, die in die Rechte des einzelnen eingreifen. Die Verwaltung darf die Abhängigkeit eines Subventionsempfängers nicht ausnützen und beispielsweise seine politische Unterstützung durch ein Wahlversprechen erkaufen.

Der gesetzlichen Grundlage bedürfen schliesslich auch die *Pläne* der Verwaltung im Rahmen des kantonalen Bau- und Planungsrechtes. Wesentlich für die kantonale Raumplanung ist, dass das Gesetz die Rechtsnatur der Pläne, ihre Auswirkungen und die Zuständigkeit zum Erlass regelt. Demgegenüber können rein interne Pläne wie etwa Finanzpläne oder Pläne über die Verwaltungstätigkeit ohne gesetzliche Grundlage erarbeitet werden.

Ein Problem besonderer Natur ist die *Entschädigungspflicht der Verwaltung.* Lange ging das Bundesgericht davon aus, dass die Verwaltung nur dann für Schädigungen an Privaten hafte, wenn sie dazu durch eine besondere gesetzliche Grundlage verpflichtet sei. Diese Praxis führt dazu, dass sich der Sinn des Grundsatzes der Gesetzmässigkeit der Verwaltung in sein Gegenteil verkehrt. Der Grundsatz der Rechtmässigkeit der Verwaltung dient dem Rechtsschutz des Bürgers. Dieser wird durch rechtswidrige Schädigungen des Staates in seinen Vermögensrechten verletzt und kann sich paradoxerweise wegen mangelnder gesetzlicher Grundlage nicht vom Staate entschädigen lassen. Zwar steht ihm immer eine Klage gegen den fehlbaren Beamten nach dem Obligationenrecht zu, wenn nicht der Staat nach Verantwortlichkeitsgesetz haftet. Allein, in vielen Fällen wird er auf diesem Wege kaum entschädigt werden können.

Meines Erachtens müsste die Entschädigungspflicht des Staates *unmittelbar aus Art. 4 BV* abgeleitet werden. Der Grundsatz der Gesetzmässigkeit der Verwaltung verlangt, dass sich der Staat und seine Beamten an die Gesetze halten. Handeln sie rechtswidrig, also gegen die Gesetze, muss der Staat für die Schäden, die infolge dieser rechtswidrigen Handlungen angerichtet werden, einstehen. Der Grundsatz der Gesetzmässigkeit der Verwaltung darf nicht dazu führen, dass gesetzeswidrige Handlungen des Staates nicht entschädigt werden. Die Verpflichtung zur rechtsgleichen Behandlung der Bürger verlangt vielmehr vom Staate, dass er jene Bürger, die durch staatliche Handlungen in gesetzeswidriger Weise gegenüber anderen benachteiligt wurden, entschädigt. Offen bleibt allerdings, ob es Aufgabe der Gerichte sein soll, diese Entschädigungspflicht des Staates zu begründen oder ob dies nicht durch den Gesetzgeber entschieden werden müsste.

B. Die Grundlagen («Rechtsquellen») des Verwaltungsrechts

1. Der Begriff der Rechtsquelle

LITERATUR: ADOMEIT K., Rechtsquellenfragen im Arbeitsrecht, München 1969; DREIER R., Probleme der Rechtsquellenlehre ..., in: Fortschritte des Verwaltungsrechts, Festschrift für H.J. Wolff, München 1973, S. 3 ff.; ESSER J., In welchem Ausmass bilden Rechtsprechung und Lehre Rechtsquellen? Zeitschrift für vergleichende Rechtswissenschaft 75, 1975, H. 1, S. 67 ff.; HENSEL A., Die Rangordnung der Rechtsquellen, insbesondere von Reichs- und Landesgesetzgebung, in: Handbuch des deutschen Staatsrechts, Bd. II, 1932, S. 313; KNIESCH J., Zur Neuordnung der Rechtsquellen im Verwaltungsrecht, in: Gedächtnisschrift für H. Peters, 1967, S. 187 ff.; KRUSE H.W., Richterrecht als Rechtsquelle des innerstaatlichen Rechts, Tübingen 1971; LIVER P., Der Begriff der Rechtsquelle, in: Rechtsquellenprobleme im schweizerischen Recht, ZBJV 99bis, 1955, S. 1 ff.; LUHMANN N., Die juristische Rechtsquellenlehre in soziologischer Sicht, in: Festschrift für René König, Opladen 1973, S. 387 ff.; OSSENBÜHL F., Die Bindung der Verwaltung an die höchstrichterliche Rechtsprechung, AöR 92, 1967, S. 478; DERSELBE, Die Quellen des Verwaltungsrechts, in: Erichsen H.-U., Martens W., Allgemeines Verwaltungsrecht, Berlin, New York 1975, S. 51 ff.; *Rechtsquellenprobleme im schweizerischen Recht*, ZBJV 91bis, 1955; Ross A., Theorie der Rechtsquellen, Leipzig, Wien 1929; SCHÄFFER H., Rechtsquellen und Rechtsanwendung, Wien 1973.

Verwaltungsrechtliche Handlungen und Entscheidungen sind auf verschiedene Ursachen persönlicher, politischer, wirtschaftlicher, demographischer und historischer Natur zurückzuführen. Derartige Ursachen können als Rechtsquellen im soziologischen oder historischen Sinne angesehen werden. Die Lehre des Vewaltungsrechts spricht in diesem Zusammenhang von den sogenannten «Rechtserzeugungsquellen». Es handelt sich dabei aber nicht um eigentlich rechtliche Grundlagen des Verwaltungshandelns, d.h. um Grundlagen, die für Verwaltung und ausserhalb der Verwaltung stehende Dritte sowie für die Verwaltungsgerichte unmittelbar verbindlich sind.

Ebenfalls als Rechtsquellen werden hin und wieder die Rechtswertungsquellen (vgl. OSSENBÜHL F., Quellen des Verwaltungsrechts, in: Erichsen H.-U., Martens W. (Hrsg.) Allgemeines Verwaltungsrecht, Berlin 1975, S. 58) bezeichnet. Rechtswertungsquellen sind die Grundlagen für das Recht überhaupt: Gerechtigkeit, Gleichheit, Rechtssicherheit, Menschenwürde, Solidarität, Vernunft usw. *Rechtsquellen im eigentlichen Sinne sind aber nur jene Grundlagen verwaltungsrechtlichen Handelns, die für die Verwaltung, für Dritte und für die Verwaltungsgerichte verbindlich sind*, weil sie letztlich das in der demokratischen Rechtsordnung verankerte Gewaltmonopol des Gemeinwesens legitimieren. Derartige Rechtsquellen sind u.a.: Verfassung, Staatsverträge, Gesetze, Gewohnheitsrecht, Verordnungen, autonome Satzungen, Satzungen von öffentlichen Anstalten sowie eine langjährige Praxis der Verwaltung.

2. Die Verfassung als Rechtsquelle des Verwaltungsrechts

LITERATUR: Vgl.: 1. Teil, 3. Kap., I, S. 33.

Der berühmte Satz von OTTO MAYER «Verfassungsrecht vergeht, Verwaltungsrecht besteht» hat heute weitgehend seine Gültigkeit verloren. Dem Verfassungsrecht kommt als Rechtsquelle für das Verwaltungsrecht in verschiedener Hinsicht eine entscheidende Bedeutung zu. Einmal lassen sich aus dem Verfassungsrecht die massgebenden *allgemeinen Rechtsgrundsätze* wie Bindung an das Gesetz, Willkürverbot, Treu und Glauben usw. ableiten. Diese Rechtsgrundsätze hat das Bundesgericht in ständiger Praxis aus Art. 4 BV hergeleitet.

Darüber hinaus kommt den *Grundrechten* der Verfassung, die die wesentlichen Elemente unserer rechtlichen Wertordnung enthalten, für die Auslegung und Anwendung der weiteren Rechtsquellen entscheidende Bedeutung zu, wenn die Verwaltung im Rahmen ihres Ermessens Entscheidungen zu fällen hat. Die Verfassung regelt auch die *Zuständigkeitsordnung* zwischen Bund und Kantonen.

Schliesslich lassen sich aus verschiedenen Verfassungsnormen, zum Beispiel Art. 34quater, unmittelbare *Ziele* der Gesetzgebung ableiten, die für die Interpretation einzelner Gesetzesbestimmungen, aber ebenfalls für die Handhabung des der Verwaltung übertragenen Ermessens massgebend sind.

In einem gewissen Sinne lässt sich die ganze Verfassung als Zielsystem bezeichnen. Grundrechte, Rechtsgleichheit, Kompetenz- und Zielnormen enthalten alle grundlegende Ziele für das Handeln des Gemeinwesens.

Obschon die Verfassungsgerichtsbarkeit gegenüber Bundesgesetzen ausgeschlossen ist, wirkt die Verfassung durch die Gesetze hindurch auf Handlungen und Entscheidungen der Verwaltung, die nicht vollständig durch das Gesetz gesteuert werden. Der Ermessensbereich der Verwaltung, die Ausgestaltung des besonderen Gewaltverhältnisses, die Wahrnehmung der Polizeihoheit des Gemeinwesens, die Regelung des Gemeingebrauchs, das Verhältnis zwischen Anstalt und Dritten, dies sind Einrichtungen der Verwaltung, die eine *schöpferische Tätigkeit voraussetzen und sich somit nicht durch das Gesetz steuern lassen, deren Ausgestaltungen aber von der Wertordnung der Verfassung beeinflusst werden.*

Aus der Verfassung lässt sich entnehmen, welche Eingriffe schwerwiegend sind und deshalb einer ausdrücklichen, klaren, formellen gesetzlichen Grundlage bedürfen, wie und in welchem Verfahren die Verwaltung bei Eingriffen in die Rechte der einzelnen vorzugehen hat, welche Tätigkeit der Verwaltung einer gesetzlichen Grundlage bedarf.

Im Gegensatz zum Grundsatz der Gesetzmässigkeit der Verwaltung kennen wir beim *Grundsatz der Verfassungsmässigkeit der Verwaltung keine Ausnahme.* In diesem Sinne ist die Verfassung *absolute Grundlage, Voraussetzung und Auftrag* der verwaltungsrechtlichen Tätigkeit. Die Verwaltung ist an die Zuständigkeitsordnung der Verfassung gebunden, sie darf in keiner Weise Rechtsgrundsätze der Verfassung verletzen und nur auf Grund der Verfassung handeln. Sie ist an die Grund- und Freiheitsrechte gebunden.

In einigen wenigen Ausnahmefällen wie zum Beispiel der Wahrnehmung der Befugnisse auf Grund der polizeilichen Generalklausel oder zur Wahrung aussenpolitischer Interessen (Art. 102 Ziff. 8-10 BV) handelt die Verwaltung unmittelbar auf Grund der Verfassung. In einem gewissen Sinne kann ähnliches gesagt werden von der Ausübung des Ermessens bzw. von der Wahrnehmung der Befugnisse der Verwaltung im Rahmen der besonderen Rechtsverhältnisse. Auch in diesen Fällen stehen der Verwaltung wenige gesetzliche Direktiven zur Verfügung. Trotzdem muss sie sich an die klare verfassungsrechtliche Ordnung halten. Die Verfassung ist in diesem Sinne absolute Rechtsquelle, die in keiner Weise übergangen werden darf. Wenn gewisse verfassungsrechtliche Grundsätze in konkreten Fällen nicht beachtet werden können, ist dies nur zulässig, wenn die Ausnahme selber auf Verfassungsstufe vorgesehen ist oder sich aus den verfassungsrechtlichen Grundsätzen selbst ableiten lässt.

3. Rechtsquellen auf der Stufe der formellen Gesetze

LITERATUR: Vgl. auch: 2. Teil, 1. Kap., I, S. 51,
2. Teil, 1. Kap., II A, S. 63.
BEQUELIN M., Das Gewohnheitsrecht in der Praxis des Bundesgerichts, Diss. Bern 1968; BÖHRINGER M., Ausführung und Vollzug von Staatsverträgen durch bundesrätliche Verordnungen, Diss. Bern 1970; ESSER J., Richterrecht, Gerichtsgebrauch und Gewohnheitsrecht, in: Festschrift für F. von Hippel zum 70. Geburtstag, Tübingen 1967, S. 95 ff.; FRIESENHAHN E., Anmerkungen zum Verfassungsbegriff und zum Staatsvertragsreferendum der Schweizerischen Eidgenossenschaft, Festschrift für U. Scheuner zum 70. Geburtstag, Berlin 1973, S. 85 ff.; GYSIN A., Ungeschriebenes Gesetz und Rechtsordnung, in: Festschrift für F. von Hippel zum 70. Geburtstag, Tübingen 1967, S. 179 ff.; HAURI K., Die Verfassungsmässigkeit der Staatsverträge, Bern 1962; HÖHN E., Gewohnheitsrecht im Verwaltungsrecht, Bern 1960; HUWYLER F., Gesetz und Verordnung im Kanton Schwyz, Diss. Zürich, Aarau 1970; JAGMETTI R., Le rôle du droit civil et de la coutume dans les rapports de droit administratif, Verwaltungsrechtliches Kolloquium Sigriswil 1968, S. 106 ff.; KLISCH R., Gesetz und Verordnung in der Verfassung der 5. französischen Republik vom 4. Oktober 1958, Berlin 1971; KNAPP B., Les particuliers et les traités internationaux devant le Tribunal fédéral suisse, Cahiers de droit européen 10, 1974, S. 187 ff.; SCHINDLER D., Die Staatsverträge und die nationale Rechtsordnung, Verwaltungsrechtliches Kolloquium 1970, S. 78 ff.

Auf der Stufe des Gesetzes kommen verschiedene miteinander gleichberechtigte Rechtsquellen in Frage, nämlich die *formellen Gesetze*, das *Gewohnheitsrecht* und die *Staatsverträge*. Gemeinsam für diese Stufe der Rechtsquellen ist, dass sie sich an das bestehende Verfassungsrecht halten müssen. Gesetze, Gewohnheitsrecht und Staatsverträge gelten nur im Rahmen des bestehenden Verfassungsrechts. Auf der Stufe des Bundes lässt sich diese Verfassungsmässigkeit allerdings nicht durch das Bundesgericht kontrollieren, da nach Art. 113 Abs. 3 BV Gesetze und Staatsverträge *für das Bundesgericht verbindlich* sind. Es ist aber Aufgabe der Bundesversammlung, des Gesetzgebers, dafür zu sorgen, dass sich die Gesetze und Staatsverträge an das bestehende Verfassungsrecht halten. Darüber hinaus kann das Bundesgericht die Gesetze und die Staatsverträge verfassungskonform auslegen, um über diesen Weg Kollisionen zwischen Gesetzes- und Verfassungsrecht zu verhindern.

Zu erwähnen sind schliesslich auch die sogenannten Massnahmegesetze. Diese Gesetze sind Grundlagen für besondere, zum Beispiel zur Überwindung ausserordentlicher wirtschaftlicher Verhältnisse zu treffende Massnahmen des Staates. Derartige Gesetze sind deshalb grundsätzlich befristet. Sie werden auf Bundesebene in die Form des allgemeinverbindlichen Bundesbeschlusses gekleidet. Erfordert die Situation ein sofortiges Eingreifen des Staates, können sie dringlich erklärt und damit vor Ablauf der Referendumsfrist in Kraft gesetzt werden. Verstossen sie gegen die Verfassung, müssen sie ein Jahr nach Inkrafttreten dem obligatorischen Referendum von Volk und Ständen, sind sie verfassungsmässig, dem fakultativen Referendum unterstellt werden. Die Bundesversammlung hat von ihrem Dringlichkeitsrecht in letzter Zeit allzuoft Gebrauch gemacht. Dies ist vor allem auch deshalb problematisch, weil das Dringlichkeitsrecht in der Regel die Blankettvorschriften und Delegationskompetenzen enthält.

Besteht ein Widerspruch zwischen mehreren Gesetzen, muss er auf dem Wege der Interpretation bereinigt werden. Für diese Interpretation können die Grundsätze *«das spätere Gesetz geht dem früheren vor»* oder *«das besondere Gesetz geht dem allgemeinen Gesetz vor»* herangezogen werden. In allen Fällen lässt sich aber auch auf diesem Weg keine klare Bereinigung eines Widerspruchs zwischen mehreren Gesetzen herbeiführen.

So stellt sich zum Beispiel das Problem des Verhältnisses des Bundesgesetzes über das Verwaltungsverfahren zu älteren, bereits bestehenden Gesetzen, beispielsweise zum *Gesetz über das schweizerische Bürgerrecht.* Gelten für die Einbürgerung auf Bundesebene die Grundsätze des Verwaltungsverfahrensgesetzes, insbesondere des rechtlichen Gehörs, oder sind diese Grundsätze für das Einbürgerungsverfahren nicht massgebend? Das Verwaltungsverfahrensgesetz ist das spätere Gesetz zum Bürgerrechtsgesetz. Das Bürgerrechtsgesetz seinerseits kann aber als Sondergesetz gegenüber dem Verwaltungsverfahrensgesetz bezeichnet werden. Zu prüfen ist überdies, ob Art. 4 VwVG Anwendung findet, der das Verwaltungsverfahren ausschliesst, wenn ein Spezialgesetz ein eingehenderes Verfahren vorsieht. Die Kollision zwischen diesen verschiedenen Gesetzen lässt sich deshalb nur auf dem Wege einer ganzheitlichen Interpretationsmethode über die teleologische Interpretation bewerkstelligen. Dabei ist letztlich auch auf die Methode der Konsequenz abzustellen. Was für Auswirkungen hat es, wenn das Einbürgerungsverfahren nach den Grundsätzen des Verwaltungsverfahrens gehandhabt wird?

Ähnliche Probleme können sich bei der Kollision eines Umweltschutzgesetzes mit besonderen Umweltschutznormen einzelner Gesetze ergeben. Massgebend ist, dass *alle Gesetze auf der gleichen Stufe stehen* und kein Gesetz grundsätzlich für sich Priorität beanspruchen kann.

Noch schwieriger sind die Gegensätzlichkeiten zwischen Staatsverträgen und Gesetz zu bewerten. Während nach der Praxis des Bundesgerichtes klares Gesetzesrecht, das nach dem Staatsvertrag erlassen wurde, dem Staatsvertragsrecht vorgeht, vertritt ein grosser Teil der Lehre die Auffassung, dass Völkerrecht dem innerstaatlichen Recht und insbesondere dem Gesetzesrecht immer vorgeht.

Im Gegensatz zu ausländischen Staaten muss das unmittelbar anwendbare (self-executing) Staatsvertragsrecht nicht durch ein besonderes Gesetz in das innerstaatliche Recht übertragen werden. Völkerrecht gilt unmittelbar im innerstaatlichen Recht, sofern es sich um self-executing-Normen (BGE 100 Ib 230) handelt.

Bei einer Kollision zwischen Staatsvertrags- und Gesetzesrecht muss deshalb versucht werden, *das Gesetzes- und das Staaatsvertragsrecht staatsvertrags- bzw. gesetzeskonform auszulegen.* Über den Weg der Interpretation sollen soweit als möglich bestehende Kollisionen ausgeräumt werden. Lässt sich aber die Kollision trotzdem nicht ausräumen, *muss das Staatsvertragsrecht dem Gesetzesrecht, entgegen der Meinung der Praxis* (BGE 99 Ib 43), *vorgehen.*

Der Kleinstaat hat in der internationalen Rechtsgemeinschaft keine andere Waffe als die Waffe des Rechts. Wenn er sich selber nicht ans Recht hält, kann er auch von den anderen die Einhaltung der völkerrechtlichen Verpflichtungen nicht erwarten. Der Kleinstaat ist der Fussgänger im internationalen Strassenverkehr. Der Fussgänger hat das Interesse daran, dass sich auch die grossen Transporter an die Verkehrsvorschriften halten. Deshalb ist es im primären Interesse des Kleinstaates, die Normen des Völkerrechts einzuhalten.

Das Primat des Völkerrechts entspricht aber nicht nur einem politischen Bedürfnis des Kleinstaates. Das Völkerrecht selbst ist in Frage gestellt, wenn es durch einfache Gesetze der einzelnen Staaten ausser Kraft gesetzt werden kann. Das Völkerrecht muss dem staatlichen Recht vorgehen, will es überhaupt seine koordinierende Funktion zwischen den Staaten wahrnehmen können. Die Souveränität der Staaten kann dem Völkerrecht nicht übergeordnet werden, da der Souveränitätsbegriff selbst letztlich ein vom Völkerrecht abhängiger Begriff und deshalb auf das Völkerrecht angewiesen ist.

Von besonderer Bedeutung für das Verwaltungsrecht ist das sogenannte *Gewohnheitsrecht* (BGE 98 I 599, 94 I 141, 308, 96 I 228 und 96 V 51). Das Gewohnheitsrecht ist eine Rechtsquelle, wenn folgende Voraussetzungen erfüllt sind: «Bei der Anwendung von Gewohnheitsrecht in öffentlich-rechtlichen Belangen war das Bundesgericht stets zurückhaltend. Es hat aber anerkannt, dass es zur Ausfüllung von Gesetzeslücken herangezogen werden kann. Die Entstehung von Gewohnheitsrecht setzt nach der Rechtsprechung voraus: Regelmässigkeit und *lange, ununterbrochene Dauer der Übung*; die ihr zugrunde liegende *Rechtsüberzeugung* sowohl der *rechtsanwendenden Behörden* als auch der vom *angewendeten Grundsatz Betroffenen*; das Bestehen einer *echten Lücke* im Gesetz und das *unabweisliche Bedürfnis sie zu füllen*» (BGE 96 V 51). Fehlt eine dieser Voraussetzungen, liegt kein Gewohnheitsrecht vor. Wer also Gewohnheitsrecht nachweisen will, kann sich nicht darauf beschränken, lediglich von einer langjährigen Übung zu sprechen. Bei den betroffenen Kreisen muss zudem die Überzeugung bestehen, dass diese langjährige Übung gerechtfertigt ist. Dabei muss es sich wirklich um eine langdauernde Übung handeln. Eine Praxis während zwei bis fünf Jahren genügt sicher nicht. Langjährige Übung liegt erst vor, wenn sie mehr als 10 oder gar 20 Jahre dauert.

Nicht einfach ist der Nachweis der Rechtsüberzeugung. Dieser Nachweis lässt sich im Einzelfall möglicherweise erst erbringen, wenn durch Nachforschungen und Umfragen eruiert worden ist, was allfällig betroffene Kreise von dieser Praxis halten.

Wie sind Kollisionen zwischen Gewohnheitsrecht und Gesetzesrecht zu behandeln? Die Bildung von *Gewohnheitsrecht ist dort möglich, wo eine Gesetzeslücke besteht.* Das ergänzende Gewohnheitsrecht ist also zulässig.

Grundsätzlich unzulässig ist das derogierende Gewohnheitsrecht. Durch Gewohnheitsrecht kann Gesetzesrecht nicht abgeändert werden. Allerdings muss hier eine Einschränkung in dem Sinne gemacht werden, dass eine langjährige Praxis, die vom Gesetze abweicht, gegenüber einem einzelnen Betroffenen nicht willkürlich abgeändert werden kann, wenn nicht der Wille besteht, die Praxis überhaupt aufzuheben.

Ein das Gesetzesrecht derogierendes Gewohnheitsrecht wäre undemokratisch. Das Gewohnheitsrecht entsteht auf dem Gebiete des Verwaltungsrechtes in Zusammenarbeit zwischen Verwaltung und betroffenen Kreisen. Diese können weder durch freiwillige gegenseitige Vereinbarungen das Gesetzesrecht derogieren, noch durch eine langdauernde Praxis. Auf diese Weise könnte der Gesetzgeber vollständig überspielt werden. *Deshalb muss entsprechend unserer verfassungsrechtlichen Grundordnung das derogierende Gewohnheitsrecht als verfassungswidrig bezeichnet werden.*

Beim Vorliegen *echter Gesetzeslücken* werden gewisse Rechtsgrundsätze des Privatrechts, zum Beispiel der Verjährung oder der ungerechtfertigten Bereicherung, der Auslegung von Verträgen, der Clausula rebus sic stantibus usw., analog ins öffentliche Recht übernommen. In diesem Sinne ist auch das Privatrecht als Rechtsquelle des Verwaltungsrechts zu bezeichnen.

Als weitere Rechtsquelle sind die *autonomen Satzungen* der Gemeinden zu bezeichnen. Im Rahmen ihrer Befugnisse können die Gemeinden Reglemente erlassen, die, wie Verordnungen und Gesetze, an eine unbestimmte Anzahl von Personen gerichtet sind und abstrakte Sachverhalte regeln. Derartige autonome Satzungen müssen sich an das übergeordnete Recht halten. In diesem Rahmen haben sie gleiche Wirkung wie die Gesetze. Dabei ist zu unterscheiden zwischen Satzungen, die die Gemeinden in Ausübung der ihnen vom Kanton übertragenen Befugnisse und Aufgaben erlassen (übertragener Wirkungsbereich), und Satzungen, die die Gemeinden auf Grund ihrer ursprünglichen eigenen Kompetenz in Kraft setzen (eigener Wirkungsbereich). Die Gemeinden haben auf Grund der Gemeindeautonomie das Recht, auf Gebieten, die naturgemäss Gemeindeangelegenheiten sind, autonomes Recht zu schaffen. In kantonalen Angelegenheiten können sie nur im Rahmen der ihnen vom kantonalen Gesetz übertragenen Befugnisse Satzungen erlassen.

Von Bedeutung für die Geltungskraft der autonomen Satzungen ist die Regelung des *Genehmigungsverfahrens*. In einigen Kantonen bedürfen die Satzungen der Gemeinden der Genehmigung des Regierungsrates. Unklar ist oft, ob es sich bei diesen Genehmigungen um deklaratorische oder konstitutive Genehmigungen handelt. Im Zweifel ist davon auszugehen, dass die Genehmigung durch den Regierungsrat lediglich deklaratorische Bedeutung hat. Jede andere Lösung würde zu grössten Rechtsunsicherheiten führen, zumal sehr viele Rechtsverordnungen der Gemeinden den Regierungen gar nicht oder viel später zur Genehmigung unterbreitet werden. Selbst bei konstitutiver Wirkung der Genehmigung kommt den Erlassen nach Verabschiedung in der Gemeinde eine gewisse Vorwirkung zu (BGE 100 Ia 149).

4. Rechtsquellen auf der Stufe der Verordnung

LITERATUR: BLÜMEL W., Bundesstaatsrechtliche Aspekte der Verwaltungsvorschriften, AöR 93, 1968, S. 200 ff.; HANSEN H.J., Fachliche Weisungen und materielles Gesetz, Hamburg 1971; JAGMETTI R.L., Vollziehungsverordnungen und gesetzesvertretende Verordnungen, Zürich 1957; KLEIN H., Rechtsqualität und Rechtswirkung von Verwaltungsnormen, in: Festgabe für E. Forsthoff, München 1967, S. 163 ff.; KRÜGER H., Rechtsverordnung und Verwaltungsanweisung, in: Rechtsprobleme in Staat und Kirche, Festschrift für R. Smend, Göttingen 1952, S. 211 ff.; MARTI H., Verordnungsrecht des Bundes, Zürich 1944; MENGER CHR., Verwaltungsrichtlinien — autonome Rechtsetzung durch die Exekutive?, in: Demokratie und Verwaltung, Schriftenreihe der Hochschule Speyer, Berlin 1972, S. 299 ff.; OSSENBÜHL F., Verwaltungsvorschriften in der gerichtlichen Praxis, AöR 92, 1967, S. 1 ff.; DERSELBE, Verwaltungsvorschriften und Grundgesetz, Bad Homburg 1968; SCHMIDT W., Gesetzesvollziehung durch Rechtsetzung, Bad-Homburg 1969; SCHNEIDER H., Autonome Satzung und Rechtsverordnung, in: Festschrift für Philipp Möhring, München, Berlin 1965, S. 521 ff.; SELMER P., Rechtsverordnung und Verwaltungsvorschrift, VA 59, 1968, S. 114 ff.; SPRING J.P., Das Verordnungsrecht des Kantons Thurgau, Diss. iur. Bern, Winterthur 1976; WEYREUTHER F., Über die Rechtsnatur und die Rechtswirkungen von Verwaltungsvorschriften, DVBl 91, 1976, S. 853 ff.; WILKE D., Bundesverfassungsgericht und Rechtsverordnung, AöR 98, 1973, S. 196 ff.

Verordnungen sind *Gesetze im materiellen Sinne*, die nicht vom Gesetzgeber, sondern von einem dem Gesetzgeber unterstellten Organ, zum Beispiel vom Parlament oder was die Regel ist, vom Bundesrat erlassen werden. Verordnungskompetenzen können neben dem Bundesrat aber auch die einzelnen Departemente wahrnehmen.

Zu unterscheiden ist zwischen den selbständigen und den unselbständigen Verordnungen. Die *selbständigen Verordnungen* werden unmittelbar auf Grund des Verfassungsrechts erlassen. Zu diesen selbständigen Verordnungen gehören die Verordnungen des Bundesrates, die in unmittelbarer Anwendung von Art. 102 Ziff. 8—10 BV, insbesondere auf dem Gebiete des Polizeiwesens, erlassen werden wie zum Beispiel die Verordnung über Reden von Ausländern in der Schweiz und die Verordnung über das Tragen ausländischer Uniformen.

Auf kantonaler Stufe handelt es sich um Verordnungen, die von der kantonalen Regierung in Anwendung der polizeilichen Generalklausel unmittelbar auf Grund der Verfassung erlassen werden. Darüber hinaus gibt es selbständige Verordnungen, die auf einer unmittelbaren Verfassungsdelegation beruhen. Unzulässig ist die Verordnung des Bundesrates über die Ausweisung von Kriegsverbrechern, die nicht einmal publiziert ist und sich auf Art. 70 BV stützt.

Selbständige Verordnungen sind nur soweit als zulässige Rechtsquellen zu bezeichnen, als sie auf Grund einer *Ausnahme vom Grundsatz* der gesetzmässigen Grundlage erlassen werden können. Dazu zählt insbesondere die Anwendung der *polizeilichen Generalklausel*. Darüber hinaus sind selbständige Verordnungen nur dann zulässig, wenn der *Verfassungsgesetzgeber der Regierung eine ausdrückliche Kompetenz zum Erlass einer solchen Verordnung erteilt hat*. Derartige Kompetenzdelegationen sind in der Verfassung oft auf kantonaler Stufe vorgesehen, wo dem Parlament oder der Regierung die Möglichkeit gegeben wird, rechtsetzende Normen über den Weg des Dekretes, ohne ausdrückliche gesetzliche Grundlage, zu erlassen.

Eine grössere Bedeutung kommt den *unselbständigen Verordnungen* zu. Diese werden auf Grund einer ausdrücklichen Gesetzesdelegation erlassen. Sie gelten nur im Rahmen der Exekutive vom Gesetzgeber übertragenen Kompetenzen und müssen sich an die vom formellen Gesetz festgelegten Ziele halten. Unselbständige Verordnungen müssen also *gesetzmässig* sein.

Die Gesetzmässigkeit der Verordnung kann vom Bundesgericht akzessorisch im Rahmen der verwaltungsgerichtlichen Beschwerde überprüft werden. Voraussetzung der Gesetzmässigkeit ist, dass die Zuständigkeits- und Verfahrensordnung eingehalten wird, sich die Verordnung selber materiell an die Gesetzesvorschriften hält und den Rahmen der übertragenen Kompetenz nicht überschreitet. Unter diesen Voraussetzungen sind Verordnungen als Rechtsquellen zu betrachten.

Eine besondere Bedeutung kommt in diesem Rahmen den Verwaltungsverordnungen zu. *Verwaltungsverordnungen sind Weisungen vorgesetzter Instanzen an ihre Untergebenen über die Art und Weise wie Zuständigkeiten der Verwaltung auszufüllen sind*. Derartige Weisungen haben generell-abstrakten Charakter, richten sich aber nur an die internen Instanzen. Diese Verwaltungsanweisungen haben sicher nicht die gleiche Geltungskraft wie die Verordnungen im eigentlichen Sinne. Faktisch kommt ihnen aber eine überaus entscheidende Bedeutung zu. Die unterstellten Verwaltungsorgane werden sich nämlich an die ihnen von der übergeordneten Instanz vorgegebenen Weisungen halten. Die Weisungen sind nicht publiziert, der Betroffene weiss oft davon nichts. Deshalb ist es für ihn oft recht schwierig, den Entscheid begründet anzufechten.

Die Weisungen haben also eine unmittelbare rechtliche Geltung im internen Bereich und oft *faktisch eine Aussenwirkung*. Der Verwaltungsrichter ist bei der Beurteilung der Rechtmässigkeit eines Verwaltungsentscheides zwar nicht an die Weisungen gebunden, er wird ihnen aber unter dem Gesichtspunkt einer kontinuierlichen Praxis Rechnung tragen müssen. Deshalb sollten derartige Weisungen veröffentlicht und allenfalls angefochten werden können.

Wenn beispielsweise einer Friedhofsverwaltung die Weisung erteilt wird, nur Grabsteine zuzulassen, die von einem bestimmten Künstler angefertigt werden, hat dies unmittelbare Wirkung für andere interessierte Künstler. Sie kennen die Weisung nicht und können dagegen keine Verwaltungsbeschwerde einreichen. Werden sie von einem Kunden nicht berücksichtigt, haben sie überdies keine Möglichkeit sich zu wehren.

Eine ähnliche Bedeutung wie die Verwaltungsverordnungen haben die *Pläne*. Mit den *Plänen werden zukünftige Entscheidungen koordiniert*. Derartige Pläne können hinsichtlich ihrer Verbindlichkeit unterschiedliche Wirkung haben. Es kann sich um unverbindliche Angaben über mögliche Entwicklungen handeln, an die niemand gebunden ist. Es kann sich aber auch um Angaben über zukünftige Entwicklungen handeln, die entweder für die Verwaltung oder sogar für Aussenstehende verbindliche Bedeutung haben. Zu diesen Arten von Plänen zählen insbesondere die Pläne auf dem Gebiete des *Baurechts* und der *Raumordnung*.

Ihre Geltungskraft lässt sich oft nicht klar aus dem Plan selber oder aus der gesetzlichen Grundlage ableiten. Soweit die Pläne lediglich Verbindlichkeit für die Behörden aufweisen, handelt es sich um Richtpläne. Sie haben eine ähnliche Wirkung wie die internen Weisungen und sind dementsprechend zu behandeln.

Verordnungscharakter haben schliesslich auch die vom Bundesrat auf Grund von Art. 34ter BV für allgemeinverbindlich erklärten Gesamtarbeitsverträge. Zwar wird der Vertragsinhalt von den Verbänden ausgehandelt, durch die Allgemeinverbindlicherklärung gelten diese Verträge aber auch für Personen, die den betreffenden Verbänden nicht angehören. Diese Allgemeinverbindlicherklärung darf aber nur im Rahmen der Verfassung und des Arbeitsrechts erfolgen (vgl. AVEG, SR 221.215.311).

III. Auslegung der Gesetze

LITERATUR: AMMANN W., Die Auslegung von Verwaltungsrecht durch das Bundesgericht, Diss. Zürich 1973, Zürcher Beiträge zur Rechtswissenschaft, NF 408; BÄUMLIN R., Grundsätze der Auslegung. Verwaltungsrechtliches Kolloquium Sigriswil 1968, S. 77 ff.; BOGS H., Die verfassungskonforme Auslegung von Gesetzen, Stuttgart 1966; BERKEMANN J., Zur Auslegung des einfachen Gesetzes im Verfahren der konkreten Normenkontrolle, AöR 99, 1974, S. 54 ff.; BURCKHARDT W., Die Lücken des Gesetzes und die Gesetzesauslegung, Bern 1925; BURMEISTER J., Die Verfassungsorientierung der Gesetzesauslegung, Berlin, Frankfurt 1966; ECKER W., Gesetzesauslegung vom Ergebnis her, JZ 22, 1967, S. 265 ff.; ESSER J., Grundsatz und Norm in der richterlichen Fortbildung des Privatrechts, 2. Aufl., 1964; FLEINER TH., Die verfassungsrechtliche Bedeutung von Art. 1 Abs. 2 ZGB, in: Gedächtnisschrift Peter Jäggi, Fribourg 1977, S. 315 ff.; DERSELBE, Norm und Wirklichkeit, ZSR NF 93 II, 1974, S. 279 ff.; GERMANN O.A., Neuere Judikatur des Schweizerischen Bundesgerichtes zur Frage der Gesetzesauslegung nach den Vorarbeiten, ZSR NF 81 I, 1962, S. 207 ff.; DERSELBE, Probleme und Methoden der Rechtsfindung, 2. Aufl., Bern 1967; GYGI F., Zur Auslegung des Verwaltungsrechts, ZSR NF 75 I, 1956, S. 129 ff.; KÖLZ A., Zur Auslegung einfachen Rechts durch den schweizerischen Verfassungsrichter, ZSR NF 95 I, 1976, S. 29 ff.; MEIER-HAYOZ A., Lücken intra legem. Festschrift für O.A. Germann zum 80. Geburtstag, Bern 1969, S. 149 ff.; IMBODEN M., Normenkontrolle und Verfassungsinterpretation. Verfassungsrecht und Verfassungswirklichkeit. Festschrift für Hans Huber zum 60. Geburtstag, Bern 1961, S. 133 ff.; KELLER A., Die Kritik, Korrektur und Interpretation des Gesetzeswortlautes, Diss. Zürich 1960; KRAUSE P.TH., Das Verfassungswidrigwerden von Gesetzen, Diss. Frankfurt a.M. 1973; LARENZ L., Methodenlehre der Rechtswissenschaft, 3. Aufl., Berlin 1975; LOHMANN H.H., Die Praktikabilität des Gesetzesvollzugs als Auslegungsform im Verwaltungsrecht, AöR 100, 1975, S. 415 ff.; MENNICKEN A., Das Ziel der Gesetzesauslegung. Eine Untersuchung zur sub. und obj. Auslegungstheorie, Bad Homburg v.d.H. 1970; OTT E., Zur Frage der Rangordnung unter den Auslegungsargumenten, ZSR NF 92 I, 1973, S. 247 ff.; SPANNER H., Die verfassungskonforme Auslegung in der Rechtsprechung des Bundesverfassungsgerichts, AöR 91, 1966, S. 503 ff.; STEINDORFF E., Politik des Gesetzes als Auslegungsmassstab im Wirtschaftsrecht. Festschrift für Karl Larenz zum 70. Geburtstag, München 1973, S. 217 ff.; STRATHENWERTH G., Zum Streit der Auslegungstheorien. Rechtsfindung, Festschrift für O.A. Germann, 1969, S. 256 ff.: WOLLFFERS A., Logische Grundformen der juristischen Interpretation, Bern, Stuttgart 1971; ZIPPELIUS R., Der Typenvergleich als Instrument der Gesetzesauslegung. Rechtstheorie als Grundlagenwissenschaft der Rechtswissenschaft, Düsseldorf 1972, S. 481 ff.

Weder Gesetze noch Verordnungen lassen sich mit mathematischer Genauigkeit «more geometrico» auf den konkreten Einzelfall anwenden. Dies ergibt sich schon aus der Tatsache, dass generell-abstrakte Normen Verallgemeinerungen konkreter

Erfahrungen sind. Die Verallgemeinerung führt immer dazu, dass Einzelfragen nur teilweise berührt werden. Mit den Gesetzen sollen über sprachliche Formulierungen Verhaltensweisen verschiedener Menschen geregelt werden. Die Sprache, die mit Begriffen arbeiten muss, ist aber selbst bereits eine Verallgemeinerung der Lebenswirklichkeit.

A. Warum müssen wir Gesetze auslegen?

1. Die beschränkten Möglichkeiten der Sprache

Wir haben bereits feststellen können, dass wir mit unseren sprachlichen Möglichkeiten nicht die volle Wirklichkeit der Handlungen und Gegenstände erfassen können. Der Ausdruck 'Haus' wird beispielsweise für verschiedene Gegenstände benutzt. Die Sprache stellt nicht die gleiche Vielfalt von Wörtern zur Verfügung, die der Vielfalt aller Häuser entspricht. Wir müssen von gewissen Einzelheiten abstrahieren.

Dies ist nicht nur ein Nachteil, sondern auch ein Vorteil der Sprache. Wäre die Sprache reines Abbild der Wirklichkeit, wäre sie zu vielfältig und könnte nicht als Verständigungsgrundlage zwischen verschiedenen Menschen dienen. Nur auf der Basis der Abstraktion lässt sich zwischen verschiedenen Menschen mit verschiedener Erfahrung eine gemeinsame Verständigung finden. Die Sprache zerschneidet die Wirklichkeit, sie ist nicht reines Abbild der Wirklichkeit. Die Gesetzesanwendung ihrerseits setzt aber voraus, dass Gesetze auf konkrete Wirklichkeit hin angewendet werden. Wir müssen bei der Gesetzesanwendung von der Abstraktion wiederum zurück auf den konkreten Einzelfall schliessen.

Die Gesetze selbst können aber unmöglich die Vielfalt der Sprache in ihre Normen aufnehmen. Der Gesetzgeber seinerseits ist nämlich verpflichtet, gegenüber der Vielfalt der Sprache Verallgemeinerung vorzunehmen.

Bei einem Baugesetz kann er sich nicht darauf beschränken, zu bestimmen, dass die Errichtung von Häusern einer Baubewilligung bedarf. Er muss erklären, dass die Änderung und der Abbruch von Gebäuden, Gebäudeteilen und sonstigen baulichen Anlagen, wesentliche Terrainveränderungen und die Einrichtung und Erweiterung von Campingplätzen, Ablagerungs- und Materialentnahmestellen, einer Baubewilligung bedürfen (vgl. Art. 1 Baugesetz des Kantons BE vom 7. Juni 1970, Gesetzesversammlung des Kantons Bern 1970—71, S. 163 ff.).

Derartige Abstraktionen setzen bei der Konkretisierung für die Rechtsanwendung eine grosse gedankliche und schöpferische Tätigkeit des Rechtsanwenders voraus. Es ist deshalb notwendig, dass dem Rechtsanwender Instrumente zur Verfügung gestellt werden, mit denen er nach möglichst sachlichen Kriterien zu einer sinnvollen und überzeugenden Auslegung und Anwendung der Gesetze kommt.

2. Notwendigkeit der einfachen und klaren Gesetzessprache

Gesetze, die der Volksabstimmung zu unterbreiten sind und im Parlament von Milizparlamentariern, die nur teilweise eine juristische Ausbildung genossen haben, verabschiedet werden, müssen sprachlich einfach formuliert sein. *Es nützt nichts, wenn nur der Fachmann den Inhalt und die Auswirkungen eines Gesetzes versteht, Parlamentarier und Stimmbürger müssen letztlich das Gesetz auch verstehen können.* Die einfache Gesetzessprache ist aber auch für den Adressaten unerlässlich. Nur mit einer einfachen Formulierung wird dem Erfordernis der **Kalkulierbarkeit und Rechtssicherheit** Rechnung getragen. Aus diesem Grund versuchen wir in der Schweiz, seit dem von EUGEN HUBER redigierten Zivilgesetzbuch, sprachlich verständliche Gesetze zu formulieren.

Wir wollen uns einige Beispiele für komplizierte und vereinfachte Formulierungen bei einem Gesetzesentwurf über die berufliche Vorsorge ansehen:

«¹ Anspruch auf Invalidenleistungen haben Personen, die bei Eintritt der zur Invalidität führenden Arbeitsunfähigkeit versichert waren und denen eine Rente der Eidgenössischen Invalidenversicherung zusteht.

² Erfüllt ein Ausländer oder Staatenloser die Bedingungen von Abs. 1 nur wegen Art. 6 Abs. 2 des Bundesgesetzes über die Invalidenversicherung nicht, so hat er dennoch Anspruch auf Invalidenleistungen der Vorsorgeeinrichtungen.»

Die vereinfachte Formulierung ergibt folgendes:

«Anspruch auf Invalidenleistungen haben Personen, die bei Beginn der zur Invalidität führenden Arbeitsunfähigkeit versichert waren und im Sinne der IV zu mindestens 50 % invalid sind.»

Oder:

«Grundsatz der Freizügigkeitsleistung: Wird das Arbeitsverhältnis vor Eintritt eines nach Gesetz oder Reglement der Vorsorgeeinrichtung versicherten Ereignisses beendet und verlässt der Versicherte die Vorsorgeeinrichtung, so hat er gegen sie einen Anspruch auf Freizügigkeitsleistung.»

Dies ergibt im Klartext:

«Die Freizügigkeitsleistung gewährt dem Versicherten bei Beendigung des Arbeitsverhältnisses die Erhaltung des Vorsorgeschutzes in gesetzlichem Umfang.

Der Versicherte hat Anspruch auf eine Freizügigkeitsleistung, wenn sein Arbeitsverhältnis vor Eintritt eines Versicherungsfalles aufgelöst wird und er die Vorsorgeeinrichtung verlässt.»

Diese Beispiele zeigen, wie notwendig es ist, vor allem fachtechnische Spezialgesetze mit komplexem Inhalt zu vereinfachen. Bei den oben angeführten Fällen ist es weitgehend gelungen, trotz der sprachlichen Änderung, den wesentlichen Inhalt des komplizierten Gesetzestextes beizubehalten. Sehr oft kann man aber nicht vereinfachen, ohne an Präzision zu verlieren. Auch die einfache Gesetzessprache täuscht eine scheinbare Präzision der Formulierung vor. Es ist dann Aufgabe des Gesetzesanwenders, die Präzision beim konkreten Fall zu suchen.

3. Politische Gründe

Gesetze werden nicht nur aus sprachlichen Gründen, sondern sehr oft aus politischen Gründen offen und unklar formuliert. Der Gesetzgeber kann *aus politischen Gründen nur einen unklaren Kompromiss formulieren, um keine gesellschaftliche Interessengruppe vor den Kopf zu stossen und das Gesetz im Abstimmungskampf nicht zu gefährden.*

Eine offene Formulierung findet sich zum Beispiel in Art. 5 NSG (SR 725.11). Dort heisst es in Abs. 1 und 2:

> «¹ Die Nationalstrassen haben hohen verkehrstechnischen Anforderungen zu genügen; sie sollen insbesondere eine sichere und wirtschaftliche Abwicklung des Verkehrs gewährleisten.
>
> ² Stehen diesen Anforderungen andere schutzwürdige Interessen entgegen, wie insbesondere die Erfordernisse der militärischen Landesverteidigung und der wirtschaftlichen Nutzung des Grundeigentums, die Anliegen der Landesplanung oder des Gewässer-, Natur- und Heimatschutzes, so sind die Interessen gegeneinander abzuwägen.»

Diese Bestimmung schliesst die unterschiedlichsten öffentlichen und privaten Interessen ein. Der Gesetzgeber hätte ebensogut formulieren können: «Stehen andere öffentliche oder private Interessen dem Interesse des Verkehrs entgegen, sind die verschiedenen Interessen gegenseitig abzuwägen.» Die Bestimmung sagt nichts aus, ist aber von politischer Bedeutung, weil sie hilft, alle jene Interessengruppen zu beruhigen, die befürchten, durch die Anlage von Nationalstrassen könnten ihre Interessen beeinträchtigt werden.

Unklar ist ebenfalls Art. 2 des Bundesbeschlusses über die aussenwirtschaftlichen Massnahmen vom 28. Juni 1972 (SR 946.201). Dort wird erklärt:

> «Der Bundesrat kann zur Wahrnehmung wesentlicher schweizerischer Wirtschaftsinteressen Abkommen über Waren-, Dienstleistungs- und Zahlungsverkehr abschliessen und vorläufig in Kraft setzen. ...»

Bleibt zu bestimmen, was unter den «wesentlichen schweizerischen Wirtschaftsinteressen» zu verstehen ist. Sollen die Interessen privater Wirtschaftszweige oder die öffentlichen Interessen geschützt werden? Stehen die Interessen der Produktion oder jene des Konsumenten im Vordergrund?

Auch beim Landwirtschaftsgesetz haben wir im Zweckartikel eine ausserordentlich offene Formulierung. Ziel der gesamten Landwirtschaftspolitik ist die Erhaltung eines gesunden Bauernstandes. Was versteht der Gesetzgeber unter dem gesunden Bauernstand? Handelt es sich um einen wirtschaftlich gesunden und konkurrenzfähigen Bauernstand? Oder wollen wir vor allem einen politisch und moralisch gesunden Bauernstand erhalten? Auch diese Fragen sind nicht geklärt. Der Gesetzgeber hat offengelassen, welche Arten von Landwirtschaftsbetrieben durch das Landwirtschaftsgesetz zu erhalten sind. Es ist Aufgabe des Bundesrates zu bestimmen, auf welche Betriebe (Art und Grösse) abzustellen ist, und welche Betriebe für die gesamte Förderungspolitik im Rahmen der Landwirtschaftsgesetzgebung als Grundlage für die Preisbindungen bzw. für die Import- und Exportmassnahmen dienen sollen, d.h. für welchen Landwirt ein minimales Einkommen zu gewährleisten ist.

Dies sind nur einige wenige Beispiele, die zeigen, wie oft der Gesetzgeber in entscheidenden Fragen darauf verzichtet, klare politische Entscheidungen zu treffen. *Es ist Aufgabe der rechtsanwendenden Behörde, entweder im Rahmen der Verordnungsgesetzgebung oder im Rahmen der konkreten Anwendung die Abgrenzung für den Einzelfall zu finden.*

Zum Abschluss sei noch ein Beispiel aus dem Gebiete der Strassenverkehrsgesetzgebung erwähnt: Die Motorfahrzeugführer wissen, dass sie beim Hintereinanderfahren einen ausreichenden Abstand zu wahren haben. Dies hat der Bundesrat in der Verordnung über die Strassenverkehrsregeln in Art. 12 Abs. 1 (SR 741.11) folgendermassen festgehalten:

«Der Fahrzeugführer hat beim Hintereinanderfahren einen ausreichenden Abstand zu wahren, so dass er auch bei überraschendem Bremsen des voranfahrenden Fahrzeuges rechtzeitig halten kann.»

Diese Vorschrift geht allerdings wiederum sehr weit. Müsste nämlich jedermann einen derartigen Abstand halten, dass er auch bei vollständig unmotiviertem Anhalten des Vorderfahrzeuges nicht auf das Vorderfahrzeug auffährt, hätten wir endlos lange Kolonnen. Dies haben die Automobilvereinigungen eingesehen und sind deshalb beim Bundesrat vorstellig geworden. Dieser wollte die Einwände dieser Vereinigungen berücksichtigen; er hat dann in Abs. 2 das brüske Bremsen grundsätzlich verboten. Dies wiederum hat die Vereinigung der Mütter zum Protest veranlasst. Diese befürchteten nämlich, die Motorfahrzeugführer würden selbst dann nicht brüsk bremsen, wenn ein Kind auf die Strasse springt. Um auch diesem Einwand gerecht zu werden, hat der Bundesrat Abs. 2 folgendermassen formuliert:

«Brüskes Bremsen und Halten sind nur gestattet, wenn kein Fahrzeug folgt und im Notfall.»

Der Richter hat nun die Aufgabe herauszufinden, welchem spezifischen Interesse er im konkreten Anwendungsfall Rechnung zu tragen hat! Dieses Beispiel zeigt übrigens sehr klar, dass die Gesetzesformulierungen oft Kompromisse von Verhandlungen der verschiedenen Interessenpartner sind. Aufgabe des Gesetzesanwenders ist es, aus dem Wirrwarr der verschiedenen Interessen-Kompromisse den richtigen Weg für eine allen Interessen gerecht werdende Konkretisierung der Gesetze zu finden.

4. Mangelnde Voraussehbarkeit

Der Gesetzgeber ist aber oft gezwungen, allgemeine Gesetzesformulierungen vorzusehen, *weil er nicht voraussehen kann, wie die Entwicklung in Zukunft verlaufen wird*. Der Gesetzgeber konnte im Landwirtschaftsgesetz, das in den 50er Jahren erlassen wurde, nicht generell und definitiv den Milchpreis festlegen. Dies hätte dazu geführt, dass der Milchpreis den neuen Erfordernissen durch Gesetzesrevision hätte ständig angepasst werden müssen. Die Entwicklung der Konjunktur ist nicht voraussehbar. Aus diesem Grunde musste der Gesetzgeber diese Aufgabe dem Bundesrat übertragen (vgl. dazu den Beschluss der Bundesversammlung über Milch, Milchprodukte und Speisefette vom 24. September 1953, SR 916.350 Art. 4 sowie Art. 29 und 30 LwG, SR 910.1).

Es gibt verschiedene Gründe, weshalb der Gesetzgeber die Entwicklung nicht voraussehen kann. Oft fehlt ihm zur Zeit der Gesetzgebung die notwendige Erfahrung. Man muss zuerst abwarten, wie sich ein Gesetz in der Rechtsanwendung bewährt und was für neue Probleme auftauchen. Oft muss er aber in einem Gebiet tätig werden, das von der Natur der Sache her den veränderten Verhältnissen ständig anzupassen ist. Die Dynamik der Entwicklung kann er nicht voraussehen.

B. Methode der Auslegung

Mit der Auslegung soll der abstrakte Gehalt einer Gesetzesnorm auf die konkrete Wirklichkeit angewendet werden. Dies setzt eine *kreative und schöpferische Tätigkeit voraus*. Der Rechtsanwender muss aus den allgemeinen Gesetzesnormen den für die konkrete Wirklichkeit massgebenden Tatbestand des Gesetzes finden.

Bei der Anwendung des Gesetzes müssen die konkrete Wirklichkeit und die abstrakte Gesetzesformulierung miteinander übereinstimmen. Um diese Übereinstimmung zu überprüfen, muss der Blick zwischen Gesetz und Wirklichkeit hin und her wandern.

Nehmen wir folgendes Beispiel: Ein Beamter kritisiert in einer Zeitung die Tätigkeit seiner Vorgesetzten. Er behauptet, der vom Bundesrat und vom Verkehrs- und Energiewirtschaftsdepartement vorgesehene Furkatunnel sei unwirtschaftlich und mit einem sparsamen Finanzhaushalt nicht zu vereinbaren. Jetzt stellt sich die Frage, ob dieser Beamte gegen Art. 22 oder 24 BtG verstossen hat (SR 172.221.10). In Art. 22 wird erklärt:

> «Der Beamte hat seine dienstlichen Obliegenheiten treu und gewissenhaft zu erfüllen und dabei alles zu tun, was die Interessen des Bundes fördert, und alles zu unterlassen, was sie beeinträchtigt.»

Art. 24 bestimmt:

> «[1] Der Beamte hat sich durch sein Verhalten in und ausser Dienst der Achtung und des Vertrauens würdig zu erweisen, die seine amtliche Stellung erfordert.

² Dem Beamten wird gegenüber Vorgesetzen, Mitbeamten und Untergebenen ein höfliches und taktvolles Benehmen zur Pflicht gemacht. Diese Pflicht liegt ihm auch im dienstlichen Verkehr mit dem Publikum ob.»

Wie müssen diese beiden Blankettvorschriften ausgelegt werden? Hat der untergebene Beamte des Verkehrs- und Energiewirtschaftsdepartementes durch die Veröffentlichung dieses kritischen Artikels seine Dienstpflicht verletzt, kann er disziplinarisch bestraft werden?

Diese Frage lässt sich aus der abstrakten Darstellung von Gesetz und Tatbestand nicht ohne weiteres beantworten. Es müssen weitere Abklärungen vorgenommen werden. Einmal muss beantwortet werden, was der *Sinn und Zweck* insbesondere von Art. 22 und 24 BtG ist. Sicher soll das Beamtengesetz eine möglichst gute und den öffentlichen Interessen dienende Amtsführung ermöglichen, wobei gleichzeitig die Rechte der angestellten Beamten zu berücksichtigen sind.

Dieses Ziel lässt sich nur erreichen, wenn die Amtstätigkeit vor der Öffentlichkeit glaubhaft gemacht werden kann. Damit fragt sich, ob durch die Veröffentlichung dieses kritischen Artikels die Glaubhaftigkeit der Verwaltung tatsächlich gelitten habe. Allenfalls muss geprüft werden, ob Art. 22 BtG die Amtsführung soweit schütze, dass objektive Fehler vertuscht werden müssen oder ob beim Vorliegen von objektiven Fehlern eine Kritik zulässig sei usw. Mit anderen Worten: Der Blick muss bei der Auslegung der Gesetze vom Gesetz zum Sachverhalt und wieder zurück zum Gesetz hin und her wandern. Das Gesetz muss im Hinblick auf den Sachverhalt untersucht werden, der Sachverhalt seinerseits muss im Hinblick auf die getroffene Auslegung des Gesetzes neu überprüft werden.

Gesetzesanwendung setzt Kenntnis des Inhaltes des Gesetzes und ebenso genaue Kenntnis des konkreten Sachverhaltes voraus. Beide Elemente sind notwendige Voraussetzungen einer guten Gesetzesanwendung.

Im 19. Jh. wurden gewisse Techniken der Gesetzesauslegung erarbeitet, die auch für die heutige Zeit von gewisser Bedeutung sind. Sie dürfen aber nicht überbewertet werden, da es sich um Hilfsmittel handelt, die selten zu einem konkludenten Ergebnis führen. Solche Auslegungsmethoden sind die *grammatische Methode*, die *logische Methode*, die *systematische Auslegung* und die *teleologische Auslegungsmethode*.

1. Grammatische Methode

Die grammatische Auslegungsmethode geht *vom Wortlaut einer Gesetzesvorschrift aus. Der Wortlaut einer Gesetzesvorschrift ist Grundlage und Ausgangspunkt jeglicher Auslegung*. Massgebend ist dabei nicht etwa ein abstrakter Begriff, der unabhängig vom Gesetz gelten soll, sondern vielmehr der *Begriff, der sich aus dem Zusammenhang des Gesetzes* oder gar der einzelnen Gesetzesbestimmung ergibt. So umfasst der Begriff «Hochschule» im Hochschulförderungsgesetz die Hochschulen der Kantone, möglicherweise auch jene des Bundes sowie kleinere Institute, während das gleiche Wort im ETH-Gesetz nur auf die Hochschulen des Bundes Anwendung findet.

Der Rechtsanwender kann die Begriffe nicht aus dem Gesetz herauslösen und ihren Inhalt losgelöst vom Gesetz eruieren, wie das die Begriffsjurisprudenz noch getan hat. Er muss den Wortlaut vielmehr aus dem *Gesamtzusammenhang* des Gesetzes verstehen. Dabei ist davon auszugehen, dass es zwei verschiedene Arten von Definitionen gibt: **Die eigentliche wissenschaftliche Definition und die Erklärung eines Begriffes im Sinne des allgemeinen Sprachgebrauches.**

Die Wissenschaft definiert einen Begriff bevor sie ihn verwendet. Auf diese Weise lässt sich zum voraus klar festlegen, was unter einem Begriff verstanden werden soll. Der Wissenschafter gebraucht das Wort «Atom» nicht, bevor er nicht weiss, was unter diesem Begriff zu verstehen ist. Dann verwendet er aber das Wort «Atom» nur im Sinne der Definition. Ähnliches finden wir in Gesetzen, die einen neuen Begriff verwenden oder ihn anders gebrauchen als der normale Sprachgebrauch. Diese Gesetze definieren die Begriffe mit einer sogenannten *Legaldefinition.*

Die Umgangssprache geht anders vor. In der Umgangssprache bezeichnen wir Gegenstände mit Worten und versuchen, diese abstrakten Worte und Begriffe nachträglich inhaltlich zu definieren. Diese Definition der Begriffe nach dem normalen Sprachgebrauch sind aber immer nur Versuche, den Inhalt des Wortes im Sinne des allgemeinen Sprachgebrauches zu verstehen. Derjenige, der den Wortsinn verstehen will, muss versuchen herauszufinden, wie und in welchem Zusammenhang dieses oder jenes Wort *gewöhnlich* verwendet wird und was für Gegenstände ihm zugeordnet sind.

Bei der grammatischen Interpretation von Gesetzen ist nun in der Regel von der zweiten Art der Definition auszugehen. *Der Gesetzgeber verwendet Worte des allgemeinen Sprachgebrauches und kümmert sich in der Regel wenig um wissenschaftliche Definitionen.* In wenigen Fällen definiert er neue, fachtechnische oder wenig bekannte Begriffe. Derartige gesetzliche Definitionen nennt man *Legaldefinitionen*. Bei einer Legaldefinition muss man sich selbstverständlich an die genaue Definition des Gesetzgebers halten. Sonst aber müssen Wort und Sinn so verstanden werden, wie sie im normalen Sprachgebrauch verstanden werden. Der Gesetzgeber muss die Gesetze in der Umgangssprache schreiben und nicht mit der Sprache des Wissenschafters.

§ 27 des aargauischen Steuergesetzes bestimmt, dass zur Ermittlung des Reineinkommens bei den Selbständigerwerbenden folgende Abzüge gemacht werden können:

> b. die geschäftsmässig begründeten Abschreibungen und Rückstellungen; diesen gleichgestellt sind die Gewinne bei Veräusserung von Anlagevermögen, sofern sie innert zwei Jahren im gleichen Geschäftsbetrieb zur Anschaffung von funktionell gleichem Anlagevermögen verwendet werden; ...»

Die Rekurskommission musste folgendes Problem untersuchen: Ein Landwirt verkaufte ein landwirtschaftliches Grundstück. Mit dem Kapitalgewinn kaufte er verschiedene Ersatzgrundstücke und landwirtschaftliche Maschinen. Vom steuerbaren Kapitalgewinn zog er nun sowohl die Maschinen wie auch das Land und die landwirtschaftlichen Ersatzgrundstücke ab. Die Steuerrekurskommission musste prüfen, ob die Maschinen ebenso zu einem funktionell gleichen Anlagevermögen gehören wie die Ersatzgrundstücke.

> «Streitig ist, was unter *funktionell gleichem Anlagevermögen* (Ersatzvermögen) zu verstehen ist. Bei enger Interpretation wären Gewinne nur dann steuerfrei, wenn sie zum Ersatz von Vermögensbestandteilen durch artgleiche Vermögensbestandteile verwendet würden, so zum Beispiel bei Verkauf von Grundstücken und Kauf von anderen Grundstücken oder bei Verkauf von Gebäuden und Kauf von anderen Gebäuden, oder bei Verkauf von Maschinen und Kauf von anderen Maschinen (ZBl 72, 1971, S. 387). ... Wohl scheint streng wissenschaftlich der Ausdruck 'Funktion' oder 'funktionell' eine eher etwas einschränkende Bedeutung zu haben. Innerhalb der Sprachwissenschaft kommt es auf die Bedeutung der Wort- und Satzteile in einem grösseren Ganzen an. Im allgemeinen Sprachgebrauch aber haben die Wörter 'Funktion' oder 'funktionell' eine weitere Bedeutung, *nämlich so wie sie eben spontan und ohne lange sprachwissenschaftliche Untersuchung vom Finanzdirektor gegeben wurde.* ... Gerade ein Steuergesetz, das den Stimmbürger viel unmittelbarer trifft und interessiert als manch andere Gesetzesvorlage, muss so interpretiert werden, wie es der gewöhnliche Stimmbürger versteht und auf Grund von Äusserungen einer zuständigen Person verstehen durfte und darf» (ebd. 389; Hervorhebung nicht im Original).

Aus diesem Grunde war die Rekurskommission der Meinung, dass *funktionell* im wirtschaftlichen Sinne und nicht im wissenschaftlichen Sinne zu verstehen sei. Somit konnte also ein Landwirt im Rahmen seines wirtschaftlichen Betriebes Maschinen oder Grundstücke kaufen und musste den Kapitalgewinn, den er in das Vermögen anlegte, nicht besteuern. 'Funktionell' muss also so verstanden werden, dass das Anlagevermögen, für das der Kapitalgewinn eingesetzt wird, dem gleichen wirtschaftlichen Zwecke dient.

2. Systematische Methode

Die systematische Methode geht vom Gedanken aus, dass *das Recht letztlich ein widerspruchloses einheitliches Ganzes ist und einzelne Gesetzesbestimmungen dieser Gesamtordnung nicht widersprechen dürfen.*

Die systematische Methode verlangt deshalb, dass Gesetzesbestimmungen immer aus dem Gesamtzusammenhang der Rechtsordnung zu betrachten sind. Widerspricht eine Gesetzesbestimmung einem anderen Gesetz, muss versucht werden, beide Bestimmungen so auszulegen, dass sie einander nicht widersprechen.

Bleibt der Widerspruch, ist zu prüfen, welches Gesetz den Vorrang hat. Führt auch dies nicht zu einem konkludenten Ergebnis, können die beiden Grundsätze angewendet werden, wonach die *Spezialgesetze dem allgemeinen Gesetz und die späteren den früheren vorgehen.*

Solche Probleme ergeben sich zum Beispiel beim Vergleich verschiedener Spezialgesetze zum Bundesgesetz über das Verwaltungsverfahren. Inwieweit findet das Bundesgesetz über das Verwaltungsverfahren auf Gesetze Anwendung, die zwar gewisse Verfahrensvorschriften vorsehen, aber weniger weit gehen als das Verwaltungsverfahrensgesetz. In diesen Fällen gilt der Grundsatz, dass die allgemeine spätere gesetzliche Regelung des Verwaltungsverfahrensgesetzes den früheren besonderen Regelungen vorgeht.

Ein Spezialfall der systematischen Auslegung ist die *verfassungskonforme Auslegung von Gesetzen.* Muss bei der Gesetzesauslegung auch auf die Verfassung Rücksicht genommen werden? Diese Frage ist vor allem deshalb von Bedeutung, weil das Bundesgericht gemäss Art. 113 Abs. 3 BV die Bundesgesetze nicht auf ihre Verfassungsmässigkeit überprüfen kann.

Ist es trotzdem befugt, Bundesgesetze verfassungskonform, d.h. so auszulegen, dass sie mit der Verfassung übereinstimmen? Entspricht eine verfassungskonforme Auslegung der Kompetenzbegrenzung von Art. 113 Abs. 3 BV? Früher ist das Bundesgericht auf die Verfassungskonformität einer Gesetzesbestimmung nicht eingetreten, weil es die Meinung vertrat, der Gesetzgeber sei ausschliesslich und abschliessend kompetent, in seinen Gesetzen die Verfassung zu interpretieren. Das Bundesgericht habe keine Befugnisse, in irgendeiner Weise an einem Gesetz auf Grund der Verfassung zu rütteln.

Von dieser Praxis ist es in letzter Zeit abgekommen. Es *vertritt heute den Standpunkt, Bundesgesetze müssten verfassungskonform ausgelegt werden* (BGE 92 I 427, vgl. aber bereits BGE 51 I 451). Wenn der Gesetzgeber dem Bundesrat weitgehende Verordnungsbefugnisse überträgt, darf die Verordnung Art. 4 BV nicht verletzen. Der Bundesrat ist verpflichtet, Art. 4 BV zu beachten. Das Bundesgericht geht davon aus, dass der Gesetzgeber dem Bundesrat nicht auch noch die Befugnis übertragen wollte, Art. 4 BV durch die Verordnung zu verletzen. Das Bundesgericht interpretiert das Gesetz verfassungskonform. Der Bundesrat muss aber nicht nur Art. 4 BV bei der Wahrnehmung seiner Verordnungskompetenz, er muss auch andere Verfassungsbestimmungen, zum Beispiel Art. 31 BV, beachten. Wenn der Gesetzgeber keine ausdrückliche Befugnis überträgt, bei der Anwendung der Gesetze die Verfassung zu verletzen, muss sich der Rechtsanwender an den Verfassungsrahmen und das Gesetz halten.

Die systematische Methode muss nicht nur die Gesetze und die Verfassung in die Auslegung einbeziehen, *die systematische Methode erfordert von der rechtsanwendenden Behörde vor allem auch eine ganzheitliche Betrachtung aller Bestimmungen eines bestimmten Gesetzes.* Sie darf eine Norm nicht isoliert betrachten, sondern jede Bestimmung ist ein Baustein eines Gebäudes; sie muss deshalb als Teil dieses Gebäudes betrachtet werden.

3. Methode der Konsequenz

Nach der Methode der Konsequenz muss die rechtsanwendende Behörde *jederzeit überprüfen, was für Konsequenzen ihre Auslegung auf andere ähnliche Entscheidungen haben könnte*. Eine Anwendung des Geetzes mag in einem einzelnen Fall durchaus vernünftig erscheinen. Eine derartige Anwendung könnte aber zu widersprüchlichen Ergebnissen führen. Diese Methode der Konsequenz drängt sich vor allem dort auf, wo über *Ausnahmeklauseln* zu entscheiden ist. Es mag in einem konkreten Einzelfall durchaus gerechtfertigt sein, einmal eine Ausnahme von einer harten Gesetzesbestimmung zu machen. Die Ausnahme muss aber auf ihre Konsequenz hin geprüft werden. Sie kann Präzedenzfall für neue Ausnahmen werden. Die Kompetenz, Ausnahmebewilligungen zu erteilen, darf nicht leichtfertig gehandhabt werden.

Wenn ein Immatrikulationsreglement beispielsweise der Fakultät die Befugnis erteilt, in Härtefällen Studenten zu immatrikulieren, die nicht alle Voraussetzungen erfüllen, so darf nicht aus einer besonderen Laune heraus ohne weiteres eine Ausnahmebewilligung gewährt werden. Wird nämlich eine derartige Bewilligung gewährt, kann dies unabsehbare Konsequenzen haben. Der Grundsatz «einmal ist keinmal» gilt hier nicht.

Die Methode der Konsequenz erfordert die Mitberücksichtigung anderer ähnlicher Situationen. Wenn ein Auslegungsergebnis mit einer anderen ähnlichen Situation nicht vereinbar ist, muss es nochmals überprüft werden. Nach der Methode der Konsequenz entschied das Bundesgericht, dass ein Grundstück, das im Siedlungsgebiet einer Gemeinde war, die noch keine Bauzonenplanung und auch kein Kanalisationsprojekt hatte, trotzdem in der Bauzone liegt:

> «Es wäre unbegreiflich, warum zu den Bauzonen nicht die eingeschlossenen Siedlungsgebiete zählen sollten, bei denen nicht nur Kanalisationsprojekte, sondern fertige Kanalisationen bestehen. Geschlossene und kanalisierte Siedlungsgebiete müssen a fortiori als Bauzonen gelten. Es wäre nach der Logik und nach dem Sinn der gesetzlichen Regelung nicht einzusehen, warum Ausländer Grundstücke in noch nicht überbauten und nicht erschlossenen, aber zur Überbauung bestimmten Gebieten kaufen dürften, nicht aber Häuser in erschlossenen Gebieten. Für eine solche Auslegung findet sich im Zweck der gesetzlichen Regelung keine mit vernünftigen Gründen zu stützende Erklärung» (BGE 101 Ib 29).

Das Auslegungsergebnis muss stets vernünftig sein. Es ist vernünftig, wenn es zu keinen widersinnigen Konsequenzen führt, praktikabel, für die Behörden anwendbar und für den Betroffenen angemessen und zumutbar ist.

4. Logische Methode

Logische Hilfsmittel der Auslegung sind: der Analogieschluss, der Schluss e contrario, der Schluss vom Grossen auf das Kleine und vom Kleinen auf das Grosse oder vom Teil auf das Ganze. Wir wollen diese logischen Hilfsmittel anhand eines Beispieles etwas näher erläutern. An einer Wartesaaltür steht die Aufschrift «Hunde haben keinen Zutritt». Ein Reisender möchte mit einem Papagei, einem zahmen Bären, mit weissen Mäusen, einer Katze und mit kleinen Fischen den Wartesaal betreten. Welche Tiere muss er draussen lassen, welche kann er in den Wartesaal hineinnehmen?

Die grammatische Interpretationsmethode kann kaum zu einem vernünftigen Ergebnis führen. Das Wort «Hund» lässt sich beim besten Willen nicht auf die Papageien, Katzen, Bären, Mäuse und Fische anwenden. Man muss bei einem anderen Auslegungsmittel Zuflucht suchen.

Die logische Interpretationsmethode stellt unter anderem den *Analogieschluss* zur Verfügung. Nach dem Grundsatz der Analogie müssen ähnliche Fälle ähnlich entschieden werden. Wie lässt sich aber herausfinden, was nach Meinung des Gesetzgebers ähnlich zu behandeln ist? Die Analogie setzt immer ein *tertium comparationis,* d.h. einen *Oberbegriff,* voraus, der beide Tatbestände miteinander vereint. Mit Hilfe des Analogieschlusses ergibt sich beispielsweise folgender Schlusssatz: Hunde sind Säugetiere, Bären sind auch Säugetiere, also sind Bären und Hunde gleichzubehandeln. Wie steht es aber mit den geschwätzigen Papageien? Sollen Papageien zugelassen werden? Papageien und Hunde sind Warmblütler. Darf die Analogie so weit getrieben werden, dass allen Warmblütlern der Zugang zu verwehren ist? Sollen dann dafür die Kaltblütler, die Fische, zugelassen werden oder sind auch sie auszuschliessen, weil Hunde und Fische Tiere sind und der Gesetzgeber alle Tiere vom Wartesaal ausschliessen wollte?

Wir sehen: Der Analogieschluss führt uns nicht zu einem eindeutigen Ergebnis. Vor allem lässt sich nicht eindeutig bestimmen, bis wohin die Analogie führen soll.

Noch schwieriger ist der *Schluss «e contrario».* E contrario will der Gesetzgeber zum Beispiel etwas verbieten, um etwas anderes bewusst zuzulassen. Was er nicht ausdrücklich erwähnt, will er zulassen. Hunde hätten dann keinen Zutritt, e contrario dafür aber alle anderen Tiere. Welche Methode hat nun den Vorrang?

Noch schwieriger und verwirrender wird das Spiel, wenn die weiteren logischen Interpretationshilfen, der *Schluss vom Kleinen auf das Grosse und der Schluss vom Grossen auf das Kleine* beigezogen werden. Der Schluss vom Kleinen auf das Grosse führt zum Ergebnis, dass der Bär keinen Zutritt, die Papageien, die Katzen und die weissen Mäuse aber, da sie kleiner sind als die Hunde, Zutritt haben. Auch der *Schluss vom Teil auf das Ganze «pars pro toto»* bringt uns nicht viel weiter als der Analogieschluss, da sich immer wieder die Frage stellt, was denn das Ganze sei: die Säugetiere, die Warmblütler oder alle Tiere bzw. Lebewesen ausser den Menschen?

Dieses Beispiel zeigt, dass wir mit der logischen Interpretationsmethode zwar interessante Ergebnisse erhalten, diese Ergebnisse aber in sich widersprüchlich sind. Offen bleibt deshalb, welche Lösung richtig sei: der Analogieschluss, der Schluss e contrario, der Schluss vom Kleinen auf das Grosse oder vom Grossen auf das Kleine, vom Teil auf das Ganze usw. Diese Frage lässt sich lediglich mit der teleologischen Methode beantworten.

5. Teleologische Methode

Die teleologische Methode versucht *den Zweck, den Sinn, die Ratio eines Gesetzes näher zu eruieren.* Dieses Interpretationsmittel geht davon aus, dass jede Gesetzesnorm im Grunde nichts anderes ist als die generell-abstrakte Lösung und Bewertung eines Interessenkonfliktes. Gesetze entscheiden zwischen allgemeinen Interessen gesellschaftlicher Gruppen. Verfügungen und Urteile bewerten u.a. konkrete Interessengegensätze von Staat und Einzelpersonen im Lichte der Gesetze. Die Vorschrift, Hunde nicht in den Wartesaal zu lassen, bewertet den Interessenkonflikt zwischen Reisenden, die in Ruhe, geschützt vor Wind und Wetter auf den Zug warten wollen und solchen, die ihre Tiere in den Wartesaal nehmen möchten. Der Gesetzgeber hat hier zugunsten des Interesses derjenigen, die in Ruhe auf den Zug warten wollen und zu Lasten derjenigen entschieden, die den Wartesaal zu einem Tummelplatz machen möchten. Dem Sinn der Gesetzesnorm entspricht es, wenn alle jene Tiere keinen Zutritt haben, die die Personen im Wartesaal durch ihren Lärm, durch ihr Verhalten oder durch ihre Ausdünstung stören könnten. Fische und weisse Mäuse sind also vernünftigerweise zuzulassen, die anderen Tiere müssen draussen bleiben.

Die teleologische Methode ist die Auslegungsmethode, die *am häufigsten* angewandt wird. Sie hilft der rechtsanwendenden Behörde, schnell zu einem vernünftigen und zweckmässigen Ergebnis zu kommen. Dabei darf nicht übersehen werden, dass bei einer konsequenten Anwendung der teleologischen Methode der eigentliche Wortlaut einer Gesetzesformulierung in den Hintergrund rückt und der Sinn der Norm, der hinter dem Wortlaut steht, an Bedeutung gewinnt. Deshalb darf sich die rechtsanwendende Behörde nicht allein auf die teleologische Methode beschränken, sie muss vielmehr die verschiedenen Auslegungsmethoden zu Hilfe nehmen und die verschiedenen Ergebnisse miteinander vergleichen und gegenseitig abwägen.

6. Historische oder geltungszeitliche Auslegung?

Soll der Richter die Norm so anwenden, wie sie vom Gesetzgeber zur Zeit der Entstehung der Gesetze verstanden wurde, oder ist sie so auszulegen, wie sie heute von vernünftigen Leuten unter Brücksichtigung der Zeitumstände verstanden werden kann? Diese Streitfrage bewegt die Juristenwelt seit es auslegungsbedürftige Gesetze gibt.

6.1. Historische Auslegung

Die historische Methode versucht den Sinn eines Gesetzes so zu verstehen wie er damals vom historischen Gesetzgeber verstanden wurde. Dabei sind zwei verschiedene Gesichtspunkte möglich: die objektive und die subjektive entstehungszeitliche Interpretationsmethode.

6.1.1. Subjektive entstehungszeitliche Methode

Die subjektive Methode versucht, *den subjektiven Willen des Gesetzgebers herauszufinden.* Massgebend für die Auslegung ist nicht, was «man» damals unter den gegebenen Zeitumständen von einem Gesetz erwarten und wie «man» es verstehen konnte, sondern, was die Parlamentarier effektiv mit dem Gesetz gewollt haben. Untersucht werden die Voten der Parlamentarier und des Bundesrates sowie die Motive, die Fraktionen und Gruppen zur Zustimmung oder Ablehnung des Gesetzes bewogen haben.

Die subjektive historische Interpretationsmethode kommt heute kaum mehr in ihrer reinsten Form zur Anwendung. Sie führt auch nicht zu einem akzeptablen Ergebnis. Einmal ist es im Grunde *gar nicht möglich, festzustellen, was die Parlamentarier mit einem Gesetz überhaupt gewollt haben*. Oft führen taktische und nicht gesetzespolitische, von Gerechtigkeitsvorstellungen getragene Überlegungen zur Annahme eines Gesetzes. Manchmal stimmt eine Fraktion dem Vorschlag zu, damit sie in einer anderen Angelegenheit von der anderen Fraktion unterstützt wird. Überdies kommen Sympathien und Antipathien beim Erlass von Gesetzen eine nicht unerhebliche Bedeutung zu.

Die subjektive historische Interpretationsmethode ist aber auch deshalb abzulehnen, weil sie letztlich undemokratisch ist. *Massgebend kann nicht das einzelne Votum eines Parlamentariers sein, massgebend ist vielmehr, wie das Volk unter den gegebenen Umständen ein Gesetz verstehen musste.* Für Referendumsabstimmung und Referendumsbegehren sind nicht die Voten der Parlamentarier, sondern die eigentlichen Gesetzesformulierungen entscheidend. Die Überbewertung der subjektiven historischen Methode hätte zur Folge, dass Parlamentarier und Bundesrat in den Voten oder in der Botschaft bereits zum voraus die Interpretation einer Norm festlegen könnten. So könnte die dritte Gewalt, der Richter, bereits an die Auslegung gebunden werden.

Eine starre subjektive Interpretation ist aber undemokratisch. Zwar wird verschiedentlich versucht, im Rahmen der Voten im Parlament oder in den Kommissionen und vor allem auch in der Botschaft des Bundesrates die Auslegung und konkrete Anwendung des Gesetzes vorwegzunehmen. Der Richter muss aber die Möglichkeit haben, von derartigen Auslegungsvoten abzuweichen, wenn sie einer vernünftigen Auslegung des eigentlichen Gesetzestextes widersprechen.

6.1.2. Objektiv historische Methode

Die objektive historische Interpretationsmethode legt *die Gesetze so aus, wie sie damals unter den gegebenen Umständen von einem vernünftigen Menschen verstanden werden konnten*. Massgebend ist nicht, was die einzelnen Parlamentarier subjektiv mit dem Gesetz erreichen wollten, sondern wie das Gesetz damals zu verstehen war. Selbstverständlich müssen auch bei der objektiven Methode die Botschaft des Bundesrates und die Voten der Parlamentarier mitberücksichtigt werden. Es kommt ihnen aber nicht die gleiche Bedeutung wie nach der subjektiven Methode zu. Alles muss unter einem objektiven Gesichtspunkt betrachtet werden, entscheidend ist, was das Volk und nicht ein bestimmter Parlamentarier unter einer Gesetzesformulierung verstehen konnte.

Diese objektive Interpretationsmethode trägt auch den demokratischen Gegebenheiten besser Rechnung als die subjektive. Massgebend ist nicht die Meinung einiger weniger Parlamentarier, sondern eine objektive Meinung, die auch vom Volke verstanden werden kann. Niemand kann ein parlamentarisches Votum aus der Retorte ziehen und eine Gesetzesvorschrift anders auslegen als man sie auf Grund der gegebenen Umstände verstehen musste.

6.2. Geltungszeitliche Methode

Die geltungszeitliche Interpretation berücksichtigt nicht nur, was man historisch unter einer Gesetzesnorm verstehen konnte, sondern *in der Gegenwart unter Berücksichtigung der gegebenen konkreten Zeitumstände verstehen muss*. Jüngere Generationen sollen nicht an Auffassungen älterer Generationen festgenagelt werden, auch Gesetze müssen den *gewandelten Zeitumständen* Rechnung tragen.

Was beispielsweise heute unter dem Begriff der Gesundheitsvorsorge verstanden wird, entspricht nicht unbedingt den Vorstellungen vor 50 Jahren. Die Gesetzesmaschinerie der Referendumsdemokratie ist viel zu schwerfällig, als dass sie die Gesetze stets und ohne Verzug veränderten Zeitumständen anpassen könnte. Aus diesem Grunde soll die rechtsanwendende Behörde den Auslegungsspielraum des Gesetzes voll ausschöpfen.

Selbstverständlich darf die rechtsanwendende Behörde nicht gegen den klaren Wortlaut des Gesetzes geltungszeitlich interpretieren. Für die Abweichung von der historischen Methode müssen starke Argumente sprechen. Würde sie aber beim Vorliegen anders gelagerter Umstände und Voraussetzungen nicht geltungszeitlich interpretieren, also nicht so auslegen, wie ein vernünftiger Mensch der Gegenwart das Gesetz versteht, würde sie letztlich undemokratisch entscheiden. Ein starres Festhalten am historisch Überlieferten hätte zur Folge, dass der Gesetzgeber die Gesetze ständig den neuen Verhältnissen anpassen müsste, wo dies bereits durch Auslegung möglich wäre. Die Gesetzesmaschinerie würde dadurch vollständig überlastet und blockiert.

C. Die Gesetzeslücke

In Art. 1 ZGB hat der Gesetzgeber dem Richter die Befugnis erteilt, wenn im Gesetz selbst keine Lösung für die zu behandelnden Fragen vorgesehen ist, anstelle des Gesetzgebers zu entscheiden. Steht der Verwaltung eine ähnliche Befugnis zu, durch eigene schöpferische Entscheidungen Gesetzeslücken zu füllen? Die Kompetenz, Gesetzeslücken zu füllen, ist zu sehen in Zusammenhang mit dem Auftrag des Gesetzgebers, Gesetze zur Verwirklichung verfassungsrechtlicher Wertvorstellungen, insbesondere von Art. 4 BV, zu erlassen. Kommt der Richter zum Schluss, das Gesetz enthalte keine der verfassungsrechtlichen Wertvorstellung entsprechende Entscheidung, muss er anstelle des Gesetzgebers entscheiden. *In diesem Rahmen ist die Verwaltung auch befugt, Gesetzeslücken zu füllen.*

Auszugehen ist allerdings von der Tatsache, dass die Freiheitsrechte der Menschen zu den wesentlichen verfassungsrechtlichen Wertvorstellungen gehören. Deshalb ist die Verwaltung *nicht befugt*, auf Grund der Lehren der Gesetzeslücken, *ohne gesetzliche Grundlage, in die Freiheit des einzelnen einzugreifen*. Der Freiheitsraum des einzelnen wird durch Verfassung und Gesetz abschliessend eingeschränkt. Sehr viele Entscheidungen, insbesondere der Leistungsverwaltung, führen aber nicht notwendigerweise zu Freiheitsbeschränkungen. Auf diesen Gebieten hat die Verwaltung ebenso wie der Zivilrichter die Aufgabe, Lücken zu füllen. Oft führt aber die Freiheitsbeschränkung des einen zur grösseren Entfaltungsmöglichkeit des anderen. Wenn die Wertvorstellungen des in Art. 4 BV verankerten Gerechtigkeitsprinzips notwendigerweise einen Verwaltungsentscheid gebieten, können auch in diesen Fällen Gesetzeslücken gefüllt werden (vgl. dazu FLEINER TH., Die verfassungsrechtliche Bedeutung von Art. 1 Abs. 2 ZGB, in: Gedächtnisschrift Peter Jäggi, Fribourg 1977, S. 315 ff.).

Dabei ist zu unterscheiden zwischen der echten und der unechten Gesetzeslücke. Bei der echten *Gesetzeslücke* hat der Gesetzgeber ein notwendigerweise zu regelndes Problem nicht geregelt. Dies ist der Fall, wenn Sozialversicherungs- oder Steuergesetze keine Bestimmung über die Verjährung enthalten. In diesem Fall muss sich die rechtsanwendende Behörde fragen, ob sie die Vorschriften der Verjährung im öffentlichen Recht analog wie Privatrecht anwenden soll oder ob sie eigene gesetzesergänzende Lösungen im öffentlichen Recht treffen will. Bevor die rechtsanwendende Behörde allerdings das Vorliegen einer echten Lücke bejaht, muss sie überzeugt sein, dass der Gesetzgeber das Problem, zum Beispiel der Verjährung, nicht bewusst offengelassen hat, um die Verjährung auszuschliessen. Wenn ein *qualifiziertes Schweigen* des Gesetzgebers vorliegt, gibt es keine Gesetzeslücke.

Bei der *unechten Lücke* hat der Gesetzgeber ein Problem zwar geregelt, die Regelung führt aber im konkreten Fall zu einem absurden Ergebnis. Eine Frau tötet ihren Ehemann und verlangt anschliessend die Ausbezahlung der Hinterbliebenenrente. Nach Gesetz hat sie Anspruch auf die Auszahlung dieser Rente, soll dieser Anspruch aber soweit gehen, dass auch dieser Witwe die Rente auszubezahlen ist? Das Versicherungsgericht hat diese Frage verneint (EVGE 1951, S. 205 ff. und AGVE 1964, S. 77 f. sowie IMBODEN M., RHINOW R. Nr. 25).

Die Annahme einer unechten Gesetzeslücke ist sicher nur in extremen Ausnahmefällen zulässig. Da aber die rechtsanwendende Behörde nach unserem Recht nicht ermächtigt ist, Gesetze auf ihre Verfassungsmässigkeit zu überprüfen, muss ihr in Ausnahmefällen wenigstens gestattet werden, im Einzelfall eine angemessene Lösung zu finden, wenn die gesetzliche Lösung auf Grund der besonderen Situation zu offensichtlichen Ungerechtigkeiten führen würde.

IV. Konkretisierung der Gesetze durch Pläne

A. Die Bedeutung der Pläne

Planungsentscheidungen der Verwaltung sind Konkretisierungen allgemeiner Gesetzesbestimmungen und Verordnungen. Sie erfolgen im Rahmen des weitgehenden Ermessensspielraumes der Verwaltung und sorgen für eine rationale und überschaubare Anwendung des Ermessensspielraumes.

Die moderne Verwaltung muss viele *komplexe Probleme* bewältigen. Früher musste sich das Gemeinwesen weitgehend auf die *reine Gefahrenabwehr* beschränken. Dies war, zumal in einer Zeit, da die Gefahren überschaubar und bekannt waren, eine einfache Angelegenheit und erforderte keine sorgfältige Planung. Heute muss der Sozialstaat ständig neue Aufgaben übernehmen. Aber auch die Gefahren, die er abwehren soll, sind komplexer geworden. Denken wir nur an die Probleme des Umweltschutzes. Die Umweltgefahr ist abstrakt und auf Generationen verteilt. Will das Gemeinwesen dieser Gefahr begegnen, muss es auf Generationen hinaus planen und sowohl die Umweltgestaltung regeln wie auch den Verbrauch an Umweltgütern sorgfältig verteilen. Der Gefahr kann nicht durch eine verspätete Katastrophenhilfe begegnet werden.

Der Staat muss aber nicht nur Gefahren abwehren, er hat heute vor allem *fördernde und gestaltende Aufgaben zu übernehmen*. Die Förderung einer Region durch Subventionen und eine entsprechende Bau- und Verkehrsplanung setzen umfassende Entwicklungskonzeptionen voraus. Die Regierung muss verhindern, dass, ohne Rücksicht auf mögliche Konsequenzen, ganze Regionen verplant werden. Gerade im Rahmen der Wirtschaftsentwicklung muss der Staat richtig und sorgsam Entscheidungen vorbereiten und planen.

Im Rahmen der Konkretisierung der Gesetze muss die Verwaltung die Ausgestaltung des ihr vom Gesetzgeber übertragenen Ermessensspielraumes planen, soweit dies nicht bereits durch die Verordnung geschehen ist. Im Zeitalter der leeren Staatskassen kommt aber auch der Finanzplanung eine entscheidende Bedeutung zu. Die Verwirklichung vieler Gesetze ist mit grossen finanziellen Aufwendungen verbunden. Diese Aufwendungen müssen sich an die staatlichen Möglichkeiten halten. Schliesslich muss aber die Verwaltung vermehrt politisch planen. Wenn die Gesetze den Bedürfnissen nicht mehr genügen, wenn sie Mängel aufweisen oder wenn die gesellschaftlichen Verhältnisse ein staatliches Eingreifen erforderlich machen, muss die Verwaltung rechtzeitig für die Beschaffung der gesetzlichen Grundlagen besorgt sein.

Für das Verwaltungsrecht ist die Planung vor allem soweit relevant, als sie den weitgehend politischen Ermessensspielraum, der der Verwaltung heute angesichts der sehr weitgefassten Gesetze zusteht, konkretisiert. Dort, wo die Behörden und Aussenstehende an die getroffene Planung gebunden sind, muss der Rechtsschutz einsetzen. Der einzelne soll die Möglichkeit haben, genau gleich wie gegen die konkrete Verfügung eine Beschwerde gegen den Planungsentscheid zu treffen.

B. Wesen und Aufgabe der Pläne

LITERATUR: BALSCHEIT P., Die Rechtsnatur des Plans, Diss. Basel 1969; BASCHUNG M., STÜDELI R., Probleme des Rechtsschutzes im Planungsrecht, WuR 1971, S. 122 ff.; BATTIS U., Rechtsschutz gegen Planung. Zeitschrift für Rechtspolitik 8, 1975, S. 111 ff.; BREUER R., Selbstbindung des Gesetzgebers durch Programm- und Plangesetze, DVBl 85, 1970, S. 101 ff.; BROHM W., Rechtsschutz im Bauplanungsrecht, Stuttgart 1959; BRUHIN U., Planänderung im Raumplanungsrecht, Diss. Zürich 1975; BUSCHOR E., Planung als Instrument der integrierten Frühkoordination der Verwaltungstätigkeit, VP 26, 1972, S. 196 ff.; HILL W., Möglichkeiten künftiger Gestaltung der Planung beim Bund, Bern 1975; HÖNISCH H.J., Planifikation. Recht zwischen Plan und Freiheit, Berlin, München 1974; HOPPE W., Rechtsschutz bei der Planung von Strassen und anderen Verkehrsanlagen, München 1971; HUBER H., Die Zuständigkeit des Bundes, der Kantone und Gemeinden auf dem Gebiet des Baurechts — Vom Baupolizeirecht zum Bauplanungsrecht. Rechtliche Probleme des Bauens, Bern 1969, S. 47 ff.; IMBODEN M., Der Plan als verwaltungsrechtliches Institut (1960). Staat und Recht, Basel, Stuttgart 1971, S. 387 ff., auch in VVDStRL 18, 1960; IPSEN H.P., Plangewährleistung. Festschrift Ernst Rudolf Huber, Göttingen 1973, S. 219 ff.; Kaspar C., Generalverkehrsplan als Bestandteil des Regional- und Ortsplans, ZBl 66, 1965, S. 185 ff.; LENDI M., Rechtswissenschaft und Raumplanung, ZBl 72, 1971, S. 161 ff.; LUHMANN N., Politische Planung. Aufsätze zur Soziologie von Politik und Verwaltung, Opladen 1971; MAYNTZ R., Funktionen der Beteiligung bei öffentlicher Planung, in: Demokratie und Verwaltung, Berlin 1972, S. 341 ff.; NASCHOLD F., VÄTH W., (Hrsg.), Politische Planungssysteme. Nachdruck von Abhandlungen verschiedenster deutscher und ausländischer Autoren aus den Jahren 1966—1972, Opladen 1973; OBERMAYER K., Der Plan als verwaltungsrechtliches Institut, VVDStRL 18, 1960, S. 144 ff.; OLDIGES M., Grundlagen eines Plangewährleistungsrechts, Bad Homburg 1970; *Regierungsprogramme und Regierungspläne*. Vorträge und Diskussionsbeiträge der 40. Staatswissenschaftlichen Fortbildungstagung der Hochschule für Verwaltungswissenschaften Speyer 1972, Berlin 1973; RONGE V., SCHMIEG G. (Hrsg.), Politische Planung in Theorie und Praxis, München 1971; SCHARPF F., Planung als politischer Prozess. Die Verwaltung 1971, S. 1 ff.; DERSELBE, Planung als politischer Prozess. Aufsätze zur planenden Demokratie, Frankfurt a.M. 1973; SCHMIDT V., Finanz- und Aufgabenplanung als Instrumente der Regierungsplanung. Die Verwaltung 1973, S. 1 ff.; SCHRÖDER M., Planung auf staatlicher Ebene. Rechtsstaatliche und demokratische Aspekte, Berlin 1974; SCHÜRMANN L, Planerische Erfordernisse und politische Wirklichkeit. Schweizerisches Jahrbuch für politische Wissenschaft, 12, 1972, S. 78 ff.; STEIGER H., Zur Entscheidung kollidierender öffentlicher Interessen bei politischer Planung als rechtliches Problem. Fortschritte des Verwaltungsrechts, München 1973, S. 157 ff.; STICH R., Die Planungsstufen der Orts-, Regional- und Landesplanung. Hauptprobleme ihrer Rechtsnatur, Bindungswirkung und Wechselbeziehungen sowie des Rechtsschutzes, DVBl 88, 1973, S. 589 ff.; ZEH W., Föderalismus und öffentliche Planung, Verfassung und Verfassungswirklichkeit 9, 1974, S. 57 ff.

1. Begriff

Pläne sind die Vorbereitung und Koordination zukünftiger Handlungen und Entscheidungen zur Verwirklichung eines bestimmten Zieles. Mit dem Zonenplan werden beispielsweise Entscheidungen über spätere Baubewilligungen vorbereitet und koordiniert. Die Behörde weiss, dass sie in einer Villenzone nur Baubewilligungen für Einfamilienhäuser erteilen wird. Der Plan ist vorerst nichts anderes als die Vorbereitung einer Einzelentscheidung, nämlich der Baubewilligung.

Der Fahrplan koordiniert Handlungen und Entscheidungen des Lokomotivführers und des Bahnhofvorstandes. Der Finanzplan bereitet Entscheidungen über Einnahmen und Ausgaben vor. Die Richtlinien der Regierungspolitik sind Entscheidvorbereitungen für die Ausarbeitung und Antragstellung von Gesetzen, für Finanzausgaben und Finanzeinnahmen, für politische Massnahmen und allenfalls für die Vorbereitung von Vertragsverhandlungen.

Mit dem Instrument der Planung werden also verschiedene Arten von Entscheidungen auf verschiedenen Stufen vorbereitet und miteinander koordiniert: Gesetzesvorbereitung, Finanzausgaben, Verfügungen oder ganz einfach Verwaltungshandlungen.

Die Problematik der Pläne im Rahmen des Verwaltungsrechts liegt nun darin, dass mit der Planung für den Betroffenen ein «fait accompli», ein irreversibler Zustand geschaffen wird. Nehmen wir an, eine Gemeinde plane seit langem, in einem gewissen Quartier lediglich Baubewilligungen für Einfamilienhäuser zu erteilen. Sind nun bereits verschiedene Einfamilienhäuser im entsprechenden Quartier bewilligt worden, hat der Betroffene, der Grundeigentümer, der später ein Baugesuch einreicht, keine Chancen, diesen Entscheid umzustossen und zu erreichen, dass der Zonenplan abgeändert und beispielsweise Industriebauten zugelassen werden. Der Plan schafft für ihn ein «fait accompli», das er nicht durchbrechen kann. Der Eigentümer eines Grundstückes, das für den Bau einer Strasse benutzt wird, kann im Enteignungsverfahren nicht mehr geltend machen, die Strasse müsse anders projektiert werden. Der Verkehrsplan hängt schliesslich von der Gesamtplanung ab, der einzelne Grundstückeigentümer kann deshalb vernünftigerweise nicht verlangen, dass der Kanton oder die Gemeinde die Strasse um sein Grundstück herumbauen.

Subventionen sind weitgehend abhängig von den Mitteln, die dem Gemeinwesen zur Verfügung stehen. Hat die Verwaltung in ihrer Finanzplanung eine bestimmte Summe für Subventionen auf einem gewissen Gebiet vorgesehen, kann der Subventionsempfänger nicht die Erhöhung der Subvention verlangen, da sonst die gesamte Finanzplanung des Staates in Frage gestellt wäre. Diese Beispiele zeigen, dass die Pläne für den Betroffenen Auswirkungen haben, gegen die er sich im ordentlichen Rechtsmittelverfahren kaum wehren kann.

2. Aufgaben der Planung

Die Pläne haben die Aufgabe, *Entscheidungen verschiedener Verwaltungsstellen miteinander zu koordinieren.* Das Leitbild CK 73 über die wünschbare Siedlungsentwicklung des Landes soll zum Beispiel dafür sorgen, dass alle Entscheidungen der Bundesverwaltung, die sich auf die Siedlungsentwicklung auswirken, auf Grund dieses Leitbildes gefällt werden.

Das Leitbild baut auf dem Grundsatz der Dekonzentration der Siedlungsgebiete auf. Dies führt dazu, dass grosse Agglomerationen zugunsten mittlerer und kleinerer Zentren entlastet werden. Kein Departement soll also Entscheidungen fällen, die zu einer Vergrösserung und Verstärkung der bereits bestehenden Agglomerationen führen. Das Verkehrs- und Energiewirtschaftsdepartement soll dies in seiner Gesamtverkehrs- und -energiekonzeption berücksichtigen, das Volkswirtschaftsdepartement soll sein Subventionswesen und die Agrarpolitik auf dieses Leitbild abstimmen, das Militärdepartement soll die Planung militärischer Bauten, soweit dies mit den militärischen Zielen vereinbar ist, entsprechend abstimmen, das Justizdepartement soll die Planung im Rahmen der Raumplanung auf das Leitbild abstimmen und beispielsweise auch bei der Frage der Kontingentierung von Gastarbeitern berücksichtigen, das Departement des Innern soll im Rahmen des Forstwesens und im Rahmen des Umwelt- und Gewässerschutzes dieses Leitbild berücksichtigen, das Finanz- und Zolldepartement soll die Finanzpolitik und das Subventionswesen ebenfalls auf dieses Leitbild ausrichten.

Damit soll u.a. das unkoordinierte Wachstum verschiedener Aufgaben gesteuert werden. Früher hat man ohne Rücksicht auf eine harmonische Gesamtentwicklung Eisenbahnlinien durch das Land gezogen und Verkehrsknotenpunkte errichtet. Die Industrie- und Siedlungsentwicklung hat sich dann dieser Planung angepasst. Man hat — vereinfacht gesagt — Bahnhöfe in die Landschaft gestellt. Um diese hat sich allmählich ein Dorf mit einer Kirche entwickelt, Industrieanlagen wurden gebaut, am Bahnhof fanden sich am Sonntag heimatlose Italiener ein, so wurden ein Kiosk, dann ein Bahnhofsrestaurant, ein Kino und der Bahnhofsplatz gebaut.

3. Probleme der Planung

3.1. Verkürzung des Rechtsschutzes

Wie bereits erwähnt, wird durch die Planung der Rechtsschutz des einzelnen wesentlich verkürzt. Wenn ein Grundeigentümer Einsprache gegen die Verweigerung einer Baubewilligung erhebt, weil er auf seinem Grundstück kein Einfamilienhaus, sondern ein Mehrfamilienhaus bauen möchte, wird diese Einsprache nutzlos sein, sofern eine Gemeindeplanung vorliegt und das Grundstück des Betroffenen in der Einfamilienhauszone liegt. Er kann im Zeitpunkt der Baubewilligung nicht mehr mit Aussicht auf Erfolg geltend machen, seine privaten Interessen würden die öffentlichen Interessen einer guten Zonenplanung der Gemeinde überwiegen.

Aber auch eine Einsprache gegen den Zonenplan wird nur soweit Erfolg haben, als er geltend machen kann, die Einfamilienhauszone in diesem Quartier widerspreche den öffentlichen Interessen. Die Planung erfordert eine Koordination auf Grund öffentlicher Interessen und stellt damit notwendigerweise private Interessen in den Hintergrund.

Diese Problematik zeigt sich auch beim Rechtsweg. Kann beispielsweise beim Nationalstrassenbau gegen die Festlegung der *Projektierungszone* eine Einsprache an den Bundesrat erhoben werden (Art. 14 NSG vom 8. März 1960 SR 725.11), steht dem Grundeigentümer gegen die *eigentliche Enteignung* die Verwaltungsgerichtsbeschwerde zu. Das Bundesgericht wird bei der Beurteilung der Enteignung davon ausgehen müssen, dass die angenommene Projektierungszone den öffentlichen Interessen entspricht. Es wird nicht in der Lage sein, eine Beschwerde gegen die Enteignung deshalb gutzuheissen, weil durch die Enteignung wesentliche private Interessen berührt werden. Es kann nicht mitten in einem Nationalstrassenprojekt ein Grundstück herausgenommen werden, weil die privaten Interessen des betroffenen Eigentümers besonders gross sind. Damit wäre das ganze Projekt in Frage gestellt. Eine eigentliche Abwägung zwischen öffentlichen und privaten Interessen ist im Rahmen einer koordinierten Planung eben praktisch kaum mehr möglich (BGE 97 I 583, 98 Ib 216).

3.2. Verschiebung der Zuständigkeiten

Ein weiteres Problem der Planung ist die *Koordination der Zuständigkeit auf verschiedenen Stufen.* Dies zeigt sich sehr deutlich auf dem Gebiet der Hochschulförderung. Gemäss unserer Verfassung haben sowohl der Bund wie auch die Kantone Aufgaben auf dem Gebiet des Hochschulwesens wahrzunehmen. Die Koordination des Ausbaus der Hochschulen lässt sich aber nur durch ein gemeinsames Organ von Bund und Kanton bewerkstelligen. Das neue Hochschulförderungsgesetz sieht vor, dass eine Regierungskonferenz, in der Bund und Hochschulkantone vertreten sind, ein Mehrjahresprogramm für die Entwicklung der einzelnen Hochschulen zu erlassen hat. Dieses Mehrjahresprogramm muss von den einzelnen Regierungen mit Bezug auf ihre Hochschulen genehmigt werden. Verweigert eine Regierung die Genehmigung, muss die Regierungskonferenz das Mehrjahresprogramm den veränderten Verhältnissen anpassen.

Nur über diesen komplizierten Planungsvorgang ist es möglich, ohne Zentralisierung der Zuständigkeiten eine koordinierte Planung zu ermöglichen. Zuständig zum Entscheid über den Ausbau der Hochschulen sind Bund und Kantone. *Diese Zuständigkeit darf durch eine gemeinsame Planung nicht angetastet werden.* Deshalb hat die Regierungskonferenz praktisch nur ein Vorschlagsrecht gegenüber den zuständigen Regierungen des Bundes und der Kantone. Weichen diese vom Vorschlag ab, muss eine neue Gesamtkonzeption erarbeitet werden. Derartige pragmatische Lösungen sind nur möglich, weil in der Regierungskonferenz die Mitglieder der zuständigen kantonalen Regierungen sitzen, die den Entscheid der Konferenz in ihren kantonalen Regierungen vertreten können. Das Beispiel der Hochschulförderung zeigt aber deutlich, dass *die Planung als eigentliches Instrument der Koordination verwendet werden kann, mit dem Entscheidungen verschiedener Instanzen auf ein Gesamtkonzept ausgerichtet werden können, ohne die Zuständigkeitsordnung zu verändern.*

Trotz aller Probleme bleibt die Planung doch notwendig und je länger je mehr unabdingbar. Wer nicht von der Hand in den Mund leben will, muss seine Entscheidungen sowohl in der *zeitlichen Abfolge als auch mit anderen Behörden horizontal und vertikal koordinieren und absprechen.*

Was nützt es, wenn Bundesrat oder Parlament Kredite für den Ankauf neuer Flugzeuge gewähren, und die Armeekonzeption zum Zeitpunkt der Inbetriebnahme dieser Flugzeuge noch gar nicht auf diesen Flugzeugtyp abgestimmt ist. Wenn also beispielsweise die notwendig sich daraus ergebenden Konsequenzen anderer Anschaffungen, der Ausbildung des Fachpersonals usw. nicht gezogen werden? Was nützt es, wenn eine Hochschule eine neue Computeranlage anschafft und die daraus später sich ergebenden Konsequenzen der Anschaffung anderer auf diese Anlage abgestimmter Maschinen nicht erfolgt? Wohin führt es, wenn das Amt für Raumplanung im gleichen Gebiet eine Erholungszone, das Militärdepartement einen Panzerschiessplatz, das Verkehrs- und Ernergiewirtschaftsdepartement einen Schienenweg, das Departement des Innern eine Strassenanlage, das Zolldepartement eine Zollanlage und das Volkswirtschaftsdepartement ein Ausbildungszentrum für die Landwirtschaft planen?

Diese Beispiele zeigen doch sehr deutlich, dass ohne Planungsmassnahmen nicht auszukommen ist. Die Planung *ermöglicht, verschiedene gesetzliche Vorschriften allmählich zu konkretisieren, aufeinander abzustimmen und Gegenläufigkeiten zu verhindern.* Offen bleibt allerdings die Frage, welche Funktion der Planung im Verwaltungsrecht zukommen soll und wie sie in das Rechtsschutzsystem eingebaut werden kann.

3.3. Planung und Demokratie

Schliesslich stellt die Planung die demokratische Mitsprache und Partizipation vor eine harte Probe. *Oft sind Parlament und Volk erst zur Entscheidung aufgerufen, wenn bereits wesentliche planerische Vorentscheidungen gefällt worden sind.* Das Volk kann über einen Kredit für die Bewilligung einer Untergrundbahn erst entscheiden, wenn die gesamte Stadtzonenplanung auf diese U-Bahn abgestimmt ist, Strassen angelegt und Geschäfts- und Industriequartiere entsprechend vorbereitet wurden. Lehnt das Volk die Untergrundbahn ab, sind alle anderen Planungsentscheidungen in Frage gestellt. So bleibt dem demokratischen Entscheidungsträger oft nicht viel anderes übrig als nach dem Motto «Vogel friss oder stirb» die Entscheidung anzunehmen, um das grössere Übel, nämlich den Scherbenhaufen, zu vermeiden.

4. Arten der Pläne

LITERATUR: FORSTHOFF E., BLÜMEL W., Raumordnungsrecht und Fachplanungsrecht. Ein Rechtsgutachten. Planungsstudien 7 hrsg. von J.H. Kaiser, Frankfurt a.M. 1970; FISCHER J., Das Raumplanungsgesetz als Beispiel einer politischen Planung in der Schweiz. Diss. Wirtschafts- und Sozialwiss. Fribourg 1975; HERZOG R., Regierungsprogramme und Regierungspläne im demokratischen und sozialen Rechtsstaat, in: Regierungsprogramm und Regierungspläne, Fortbildungstagung Speyer 1972, Berlin 1973, S. 37 ff.; HETTLAGE K., Zur Rechtsnatur des Haushaltsplans. Im Dienst an Recht und Staat. Festschrift für Werner Weber zum 70. Geburtstag, Berlin 1974, S. 391 ff.; KAISER J., Planung, Bd. I-IV, Baden-Baden 1965-1970; LENDI M, Schweizerisches Planungsrecht. Berichte zur Orts-, Regional- und Landesplanung Nr. 29, Zürich 1974 (ORL — Institut ETH Zürich); DERSELBE, Raumbedeutsame Pläne, ZSR NF 92 I, 1973, S. 105 ff.; DERSELBE, Koordination staatlicher Aufgabenplanungen. Information zur Orts-, Regional- und Landesplanung, 1975, DISP Nr. 37, S.37 ff.; LINDER W., VETTERLI R., Grenzen und Möglichkeiten politischer Planung in der Schweiz. Studienunterlagen zur Orts-, Regional- und Landesplanung Nr.22, Zürich 1974 (ORL — Institut ETH Zürich); MÄDIG H., Zur Analyse und Beurteilung sektoraler staatlicher Planung. Die Verwaltung 8, 1975, S. 313 ff.; MAURER J., Begriff und Funktion der Gesamt- und Teilrichtpläne gemäss dem Entwurf für ein Bundesgesetz über die Raumplanung, WuR 1971, S. 79 ff.; ROSENSTOCK P., Aktuelle Probleme der Fortbildung des schweizerischen Planungsrechts, ZSR NF 90 I, 1971, S. 171 ff.; SCHEUNER U., Zur Entwicklung der politischen Planung in der Bundesrepublik Deutschland. Im Dienst an Recht und Staat. Festschrift für Werner Weber zum 70. Geburtstag, Berlin 1974, S. 369 ff.; SUTER A., Gestaltungsplan des bernischen Baurechts. Beispiel eines raumplanungsrechtlichen Instituts, Diss. Bern 1973; WEGENER G., Raumplanung — Entwicklungsplanung — Aufgabenplanung. Ein Versuch rechtlicher Legitimation räumlicher Planung als Aufgabenplanung. Die Verwaltung 9, 1976, S. 39 ff.; ZUNKER A., Finanzplanung und Bundeshaushalt. Zur Koordinierung und Kontrolle durch den Bundesfinanzminister, Planungsstudien 9, hrsg. von J.H. Kaiser, Frankfurt a.M. 1972.

4.1. Allgemeines

Die Pläne können nach verschiedenen Kriterien eingeteilt werden. WILHELM HILL (Hill W., Staat und Politik, Bern 1965) unterteilt zwischen dem Gesamtplan, dem Teilplan und dem ressortorientierten Plan. Der *Gesamtplan* bezieht sämtliche Aktivitäten des Gemeinwesens in den Planungsprozess ein. Gesamtpläne sind zum Beispiel die Richtlinien der Regierungspolitik.

Teilpläne behandeln jeweils nur einen Teil der staatlichen Aktivität. Bei der Teilplanung ist zu unterscheiden zwischen der *sektoralen* Planung, die unabhängig von der organisatorischen Zuständigkeit einen bestimmten Aufgabenbereich behandelt, wie etwa das Finanz-, Bildungs-, Verkehrswesen oder die Raumplanung, und der *ressortorientierten Planung*, die die verschiedenen Aktivitäten eines gesamten Organisationsbereiches zum Gegenstand hat, zum Beispiel die Planung eines Bau- oder Erziehungsdepartementes.

Nach HILL können die Pläne aber auch nach dem Kriterium der Zeit in die *periodenbezogene Planung* eingeteilt werden, die sich in *kurz-, mittel- und langfristige Planung* gliedert. Die *nicht-periodenbezogene* Planung führt zu Plänen, die *zeitlich nicht beschränkt* sind, wie etwa rechtsverbindliche Pläne auf dem Gebiete der Bauplanung, oder sie führen zur Durchführung eines Projektes, etwa die Planung einer Universitätsgründung.

Schliesslich gibt es auf Grund der *Planungsebene* supranationale, nationale, gliedstaatliche und kommunale Pläne oder Pläne auf mehreren Ebenen, bei der die Körperschaften mehrerer Ebenen gemeinsam ihre Pläne aufeinander abstimmen müssen, wie bei der Hochschulförderung.

Diese Einteilungskriterien mögen zwar für den Politologen oder für den Verwaltungswissenschafter von Bedeutung sein. Für das Verwaltungsrecht müssen als Einteilungskriterien rechtliche Kriterien massgebend sein. Solche Kriterien sind: Die *Verbindlichkeit der Pläne*, die *Zuständigkeit* zur Planung und die *Adressaten* der Pläne.

4.2. Private Pläne

Nach der *Verbindlichkeit* lassen sich die Pläne einteilen in private Pläne und hoheitliche Pläne, die Entscheidungen beeinflussen oder definitiven verbindlichen Charakter haben.

Private Pläne sind Pläne, die zum Beispiel von privaten Regionalplanungsgruppen über die Entwicklungsmöglichkeiten und die Entwicklungschancen einer Region erarbeitet werden. Dazu gehören zum Beispiel alle Pläne, die von Vereinigungen wie der Regio Basilensis aufgestellt werden. Sie haben *für niemanden ver-*

bindlichen Charakter, dienen aber den Behörden und den privaten Entscheidungsorganen als Unterlage für ihre eigene Planung oder für rechtsverbindliche Entscheidungen. Zu diesen informativen Plänen gehören auch wissenschaftliche Prognosen von Wirtschaftswissenschaftern oder Darlegungen von Futurologen über mögliche Entwicklungstrends eines Landes.

Es ist selbstverständlich, dass den informativen Plänen kaum eine andere Bedeutung beizumessen ist als einer *privaten wissenschaftlichen Abhandlung*. Gegen den Plan besteht somit auch keine Rechtsschutzmöglichkeit; der Plan ist nicht anfechtbar, da er keinen verbindlichen Charakter aufweist.

Anfechtbar können dagegen Entscheidungen sein, die auf Grund eines derartigen Planes gefasst worden sind. So unterliegt die Verfügung, die im Hinblick auf eine wissenschaftliche Abhandlung über die Entwicklung einer Region getroffen wurde, der Beschwerde. Wenn beispielsweise eine Regionalplanungsgruppe in ihrem Planungsprogramm vorschlägt, ein Atomkraftwerk an einem bestimmten Ort zu bauen, kann selbstverständlich gegen die Standortbewilligung eines Atomkraftwerkes eine Beschwerde eingereicht werden, wobei die Behörden in aller Freiheit die Ergebnisse der privaten Planung überprüfen müssen.

4.3. Hoheitliche, beeinflussende Pläne

Die beeinflussende Planung geht einen Schritt weiter als die private Planung. Zur beeinflussenden Planung gehören zum Beispiel die Leitbilder und Gesamtkonzeptionen, die von öffentlichen Behörden verabschiedet werden. Die beeinflussende Planung erfolgt auf öffentlich-rechtlicher Basis, sie wird *von den zuständigen Behörden in Anwendung gesetzlicher Bestimmungen erarbeitet*.

Die beeinflussende Planung dient den untergeordneten Planungsbehörden nicht nur als unverbindliche wissenschaftliche Grundlage, die je nach Belieben herangezogen werden kann; die *untergeordneten Behörden sind vielmehr verpflichtet, auf der Grundlage der beeinflussenden Planung ihre eigenen Planungsentscheidungen zu treffen*. Leitbilder und Gesamtkonzeptionen müssen von den Planungsbehörden berücksichtigt werden. Sie enthalten zwar keine absolut verbindlichen Richtlinien, da sie in der Regel viel zu generell formuliert sind und weite Ermessensspielräume enthalten, sie dürfen aber nicht unbegründet abgeändert werden, sondern sind in den Planungsentscheid einzubeziehen. Sie sind wesentliche Kriterien für die Wertmassstäbe der Verwaltung.

Wenn beispielsweise die Gesamtverkehrskonzeption nach einem Leitbild der dekonzentrierten Schweiz aufgebaut ist, soll die Bundesverwaltung eine Agglomeration wie beispielsweise Luzern nicht nach dem Konzept einer Grossstadt fördern. Dies würde der Gesamtkonzeption zuwiderlaufen und hätte auf die übrigen Regionen störende Auswirkungen.

Dieses Beispiel zeigt, dass die beeinflussende Planung bereits einen gewissen Grad von Verbindlichkeit hat. Sie muss berücksichtigt werden, gibt aber den Planungsbehörden einen weiten Ermessensspielraum und lässt sich wie etwa die Anwendung eines Gesetzes kaum in ihrer konkreten Verwirklichung rational überprüfen.

Trotzdem kann sie für betroffene Gebiete weitreichende Folgen haben. Dies hat das Leitbild der Chefbeamtenkonferenz vom Jahre 1973 gezeigt. Dieses Leitbild hätte beispielsweise den Kanton Freiburg in seiner Entwicklung wesentlich gehemmt, da für diesen Kanton keine industrielle Entwicklung geplant war.

Kann man sich gegen derartige Entscheide wehren? Derartige Gesamtkonzeptionen und Grossplanungen sind *politische Wertentscheidungen, die sich der rechtlichen Beurteilung entziehen. Aus diesem Grunde sollten derartige beeinflussende Planungen von den untergeordneten Behörden nur beachtet werden, wenn sie von Organen erlassen wurden, die faktisch und rechtlich die politische Autorität zum Erlass derartiger Pläne haben. Planungen, die auf Verwaltungsebene erlassen oder vorbereitet werden, können kaum diesen Grad an Verbindlichkeit aufweisen, da die Verwaltung keine politische Integrationskraft und Autorität hat.*

4.4. Verbindliche Pläne

4.4.1 Richtpläne mit interner Wirkung

Bei den verbindlichen Plänen ist zu unterscheiden zwischen Plänen, die sich lediglich an die Behörden wenden und deshalb nur intern verbindlich sind, sowie Plänen, die eine verbindliche Aussenwirkung haben und an die jedermann gebunden ist.

Zu den Plänen, die nur für die Behörden verbindlich sind, gehören die Richtpläne der Bau- und Planungsgesetze. *Richtpläne* sind Pläne, die die Planungsorgane bei der konkreten Sach-, zum Beispiel Wohnungsplanung binden. Sie sind die Vorstufe der eigentlichen nach aussen hin verbindlichen Bau- und Zonenpläne. Zu diesen, nur interne Wirkungen auslösenden Plänen gehören auch die *Finanzpläne*. Sie binden die Verwaltungsorgane bei der Budgetierung. Auch das *Budget* hat eine interne Planungswirkung. Es bindet die Verwaltungsorgane an die vom Parlament beschlossene Ausgabenhöhe. Diese darf nicht überschritten werden. Der Budgetentscheid des Parlamentes begründet aber für den einzelnen keine unmittelbaren Ansprüche zum Beispiel auf Subventionen, noch können daraus unmittelbar andere Rechte oder Pflichten abgeleitet werden.

Diese interne Planung hat aber keine unmittelbare Aussenwirkung. Dies hat zur Folge, dass der Betroffene gegen die Planung keine unmittelbare Beschwerde einreichen kann. Er ist vom Richtplan noch nicht unmittelbar berührt. Die Planung richtet sich an die Behörde und ist oft nach aussen hin nicht einmal bekannt. *Wenn die interne Wirkung aber faktisch zu einer Aussenwirkung führt, muss den allfällig Betroffenen die Möglichkeit gegeben werden, sich bereits gegen die Richtpläne zu wehren, da sonst die Rechtsschutzmöglichkeiten gegen die Ausführungen der Richtpläne verkürzt werden.* Dies gilt für Richtpläne, die nicht von politischen, sondern von ausführenden Verwaltungsorganen verabschiedet werden.

Andererseits wäre es unsinnig, wollte man beispielsweise den Stipendiaten oder anderen möglichen Empfängern von Subventionen die Befugnis erteilen, gegen den Voranschlag des Parlamentes eine Beschwerde einzureichen, obwohl der parlamentarische Budgetentscheid letztlich zu einer Verkürzung von Subventionen oder Stipendien führen kann.

4.4.2. Für jedermann verbindliche Pläne

Von entscheidender Bedeutung sind schliesslich diejenigen Pläne, die sowohl nach innen wie nach aussen unmittelbar verbindlich sind. Dazu zählen grundsätzlich nur die *Nutzungspläne, die die Nutzungsmöglichkeiten der Grundstücke verbindlich festlegen*. Sie binden Behörden und Grundstückeigentümer sowie andere Personen, die durch die Planung berührt werden können, zum Beispiel die Mieter eines Hauses, die sich an die Lärm- und andere Umweltschutzvorschriften einer Zonenplanung zu halten haben.

C. Die Bedeutung des Nutzungsplanes

1. Rechtsnatur

Müssen die Pläne den Gesetzen und Verordnungen oder müssen sie den Verfügungen gleichgestellt werden? Die Frage nach der Rechtsnatur ist deshalb von Bedeutung, weil davon der Verwaltungsrechtsschutz des einzelnen, der Vertrauensschutz und die demokratischen Mitspracherechte der Bürger abhängig sind. Sicher handelt es sich beim Plan mit unmittelbarer Verbindlichkeit um ein *Zwischengebilde von Gesetz und Verfügung* (BGE 90 I 350, 94 I 341). Er hat wie das Gesetz generellen Charakter, da er sich an jedermann richtet. Andererseits regelt er einen konkreten Tatbestand, nämlich die Zonenplanung eines bestimmten Quartiers oder einer Gemeinde (BGE 90 I 350), also eines klar begrenzten Gebietes.

Die Pläne richten sich an die Allgemeinheit. Jedermann ist verpflichtet die Nutzungsvorschriften zu beachten. Im Gegensatz zu den Gesetzen regeln sie aber einen konkreten Tatbestand: Die Nutzungsordnung für ein bestimmtes Gebiet. Derartige Vorschriften bezeichnet man in der Regel als *Allgemeinverfügungen*, wie etwa die Signalisation einer bestimmten Strasse. Das Bundesgericht neigt denn auch eher dazu, den Plänen eine ähnliche Rechtsnatur zuzuweisen wie den Baubewilligungen (BGE 98 Ia 393).

Pläne müssen wie Verfügungen eine *gesetzliche Grundlage* haben. Das Gesetz umschreibt die Voraussetzungen, die Grenzen, den Inhalt und die Wirkung der Pläne. Wenn zum Beispiel ein kantonales Baugesetz keine Ferienhauszone vorsieht, kann sie nicht durch eine Gemeinde eingeführt werden, sofern sie sich nicht auf ihre Befugnisse im Rahmen der Gemeindeautonomie abstützen kann.

Pläne können auch nicht ohne weiteres wie Gesetze abgeändert werden. Massgebend für die *Abänderung der Pläne sind die Grundsätze, die für den Widerruf von Verfügungen gelten*.

Andererseits verkennt das Bundesgericht nicht, dass sehr viele Pläne, zum Beispiel Strassen- und Baulinien, zwar territorial begrenzt sind, aber doch sehr allgemeine Tatbestände regeln. Deshalb gelten für *derart allgemeine Pläne wiederum eher die Grundsätze der Gesetzgebung.* So sind Vorwirkungen bei Plänen nur im Rahmen der für die Gesetzgebung geltenden Grundsätze für die Rückwirkung möglich (BGE 100 Ia 229). Vor allem grössere Zonenpläne müssen leichter abänderbar sein als Verfügungen, da den veränderten Verhältnissen Rechnung zu tragen ist.

Die Baugesetze schreiben vor, dass sich Bauten in das Landschafts- und Ortsbild einfügen müssen. Es ist Aufgabe der Gemeindebehörden, dafür zu sorgen, dass sich in der gesamten Bauentwicklung einer Gemeinde das Landschafts- und Ortsbild harmonisch entwickelt. Dies erfordert eine *Konkretisierung* der allgemeinen Gesetzesvorschrift durch eine sachbezogene, d.h. auf das Gesetz und auf die konkreten Gegebenheiten der Gemeinde bezogene Planung in verschiedene Zonen. Im Gegensatz zur Verordnung, die sich an alle Gemeinden des Kantons richten würde, ist die Planung eine Konkretisierung auf ein *bestimmtes Gebiet.* Sie erfolgt in der Regel durch eine andere Behörde als die Behörde, die zur Verordnungsgebung zuständig ist. Zu beachten ist auch, dass *die Gemeindebehörden ohne Planungen unmittelbar auf Grund der Gesetzes- oder einer entsprechenden Verordnungsbestimmung verfügen könnten.*

Die Planung dient u.a. dazu, den Ermessensspielraum, der der Behörde bei der Verfügung zusteht, auszufüllen und zu rationalisieren. Die Planung ist also eine unmittelbare Vorbereitungsmassnahme zum Erlass von Verfügungen. Es kann im Grunde genommen von einem zweistufigen Erlass von Verfügungen gesprochen werden. Auf der ersten Stufe werden die Verfügungen, d.h. die Baubewilligungen, auf ein bestimmtes Gebiet hin koordiniert und in der zweiten Stufe wird die konkrete Baugenehmigung einem Grundeigentümer erteilt. Es ist nun selbstverständlich, dass der Grundeigentümer bereits gegenüber der ersten Stufe der Verfügung, nämlich der Planung, eine Beschwerdemöglichkeit haben muss, damit er alle rechtserheblichen Einwände gegen eine Planung vorbringen kann und nicht hinnehmen muss, dass seine Einwände zwar stichhaltig seien, aber wegen der bereits erfolgten allgemeinen Planung nicht mehr berücksichtigt werden können.

Aber auch die *Auswirkungen der Pläne erfordern eine analoge Behandlung zu den Verfügungen.* Gesetze und Verordnungen können je nach Belieben im Rahmen der Verfassung oder der Gesetze abgeändert werden. *Verfügungen sind an den Vertrauensschutz der Verwaltung gebunden und können nicht ohne weiteres abgeändert werden.* Dieser Vertrauensschutz ist nun gerade auf dem Gebiete der Raumplanung von grosser Bedeutung. Ein Grundeigentümer, dessen Grundstück einem besonderen Zonengebiet zugewiesen wurde, muss davon ausgehen können, dass die Zonenplanung vorbehältlich wesentlicher neu hinzutretender, äusserer Umstände beibehalten wird. Es wird seine eigenen Bauprojekte und Entscheidungen hinsichtlich der Nutzung seines Grundstückes von der Zonenplanung abhängig machen. Auch andere Grundstückeigentümer werden auf Grund dieser Zonenplanung darauf bauen können, dass beispielsweise die Einfamilienhauszone beibehalten oder eine Industriezone einem bestimmten Quartier vorbehalten bleibt.

2. Partizipation beim Erlass von Nutzungsplänen

LITERATUR: BLANK J.TH., Die staatliche Aufgabenplanung im Spannungsfeld von Regierung und Parlament, Diss. Köln 1974; BLÜMEL W., «Demokratisierung der Planung» oder rechtsstaatliche Planung? Festschrift Ernst Forsthoff zum 70. Geburtstag, München 1972, S. 9 ff.; DIENEL P., Partizipation an Planungsprozessen. Demokratisierung in Staat und Gesellschaft, Hrsg. Greiffenhagen M., München 1973, S. 307 ff.; DANIEL P., Partizipation an Planungsprozessen als Aufgabe der Verwaltung. Die Verwaltung 1971, S. 151 ff.; LAURITZEN L., Mehr Planung im Städtebau. Beiträge zur Beteiligung der Bürger an Planungsentscheidungen, Hannover 1972; MOOR P., La participation des administrés dans la procédure d'aménagement du territoire, ZSR NF 95 I, 1976, S. 149 ff.; OFFE C., Demokratische Legitimation der Planung. Demokratisierung in Staat und Gesellschaft, hrsg. v. Greiffenhagen M., München 1973, S. 285 ff.; OSSENBÜHL F., Welche normativen Anforderungen stellt der Verfassungsgrundsatz des demokratischen Rechtsstaates an die planende staatliche Tätigkeit, dargestellt am Beispiel der Entwicklungsplanung. Gutachten B zum 50. Deutschen Juristentag München 1974; ROSENSTOCK P., Mitbestimmung in der Planung, ZBl 74, 1973, S. 99 ff.; STICH R., Die Mitwirkung des Bürgers und der Öffentlichkeit an der Raumplanung. Demokratie und Verwaltung, 25 Jahre Hochschule für Verwaltungswissenschaften Speyer, Bd. 50 der Schriftenreihe der Hochschule Speyer, 1972, S. 355 ff.; EBENDA, Normative Anforderungen des demokratischen Rechtsstaates an die städtische Entwicklungsplanung. — Zugleich ein Beitrag zur Novellierung des Bundesbaugesetzes, NJW 27, 1974, S. 1673 ff.

Da die Planungen oft nicht nur einen einzelnen Bürger, sondern ganze Gruppen von Personen treffen, stellt sich die Frage, ob nicht versucht werden muss, Gruppen, zum Beispiel Verbänden, die Möglichkeit zu geben, gegen Planungsentscheidungen Beschwerden einzureichen. Bis jetzt hatte die Beschwerde die Aufgabe, private Interessen durch die Gewährleistung einer fairen Abwägung der verschiedenen auf dem Spiele stehenden öffentlichen und privaten Interessen zu schützen.

Bei den Verbandsklagen stehen nicht so sehr die privaten als vielmehr andere öffentliche Interessen im Vordergrund. Ein Naturschutzverband will im Interesse des Landschaftsschutzes gegen die Projektierung einer Nationalstrasse eine Beschwerde einreichen, die Bauern wollen im Interesse der Landwirtschaft die Zerstörung von Kulturland verhindern, die durch die Errichtung eines Atomkraftwerkes erfolgen könnte, die Fremdenindustrie einer Berggemeinde wehrt sich im Interesse des Tourismus gegen das Verbot einer Waldrodung für die Errichtung einer Skipiste usw.

Diese Beispiele zeigen, dass über die Verbandsbeschwerde unterschiedliche öffentliche Interessen vor den Richter getragen werden, um eine unabhängige Bewertung zu ermöglichen. Dies ist aber in erster Linie Aufgabe der politischen Behörden. Der Richter wäre überfordert, müsste auch er an diesem Entscheidungsprozess teilnehmen.

Andererseits kann nicht bestritten werden, dass durch die Verbandsklage möglicherweise gewichtige öffentliche Interessen erst mitberücksichtigt werden. Deshalb sollen den Verbänden gewisse Rechte zuerkannt werden. *Sie sollen eine bestimmte Stellung im politischen Entscheidungsprozess haben, und insbesondere von den zuständigen Instanzen über den Weg der Vernehmlassung angehört werden können.*

Gesetze und Verordnungen werden von politischen Behörden erlassen. Die Verordnungsgebung ist an das Gesetz gebunden. Der Gesetzgeber kann nur im Rahmen der Delegationsbefugnis Verordnungskompetenzen an die Exekutive übertragen. Bei Planungsentscheidungen gibt es keine derart klaren Schranken und Richtlinien. Vielmehr handelt es sich wie bereits gesehen, um Entscheidungen, die im Rahmen weiter Ermessensspielräume der Verwaltung getroffen werden und vor allem auf dem Gebiete der Förderungsverwaltung von Bedeutung sind. Soll deshalb die Verwaltung allein entscheiden können, oder gibt es eine Möglichkeit, den Bürger an der Planungsentscheidung partizipieren zu lassen? Gesamtverkehrskonzeptionen und Grundsätze der Raumplanung werden vom *Parlament* behandelt, besprochen oder sogar genehmigt. Planungsentscheidungen auf dem Gebiete der Raumplanung werden in den meisten Gemeinden von der Gemeindeversammlung verabschiedet. Wenn für die Verwirklichung der Planung der Bürger herangezogen werden muss, soll er durch *Hearings oder Vernehmlassungen an der Planungsentscheidung mitwirken können.* Das heute noch übliche Mittel der Einsprache gegen die Planungsentscheidungen ermöglicht zwar verschiedenen Einzelinteressen Rechnung zu tragen. Eine allseitige Bewertung der verschiedenen öffentlichen Interessen ist aber auf diesem Weg nicht möglich.

Wir haben bereits verschiedentlich festgestellt, dass durch die Planung die Zuständigkeit und Freiheit der Behörden bei der konkreten Entscheidung sehr stark eingeengt werden können. Diese Einengung ist nur dann zulässig, wenn die Interessierten bei der Vorbereitung des Entscheides, d.h. bei der Planung, eine entsprechende Mitsprache haben. *Die Planung setzt also eine Koordination und Mitsprache auf breitester Ebene zwischen Behörden und Privaten voraus. Sie führt damit zur Einsetzung einer neuen politischen Ebene in den Verwaltungsbereich. Die Planung verpolitisiert die Verwaltung. Deshalb muss sie die politisch Interessierten beiziehen, damit ihre Planungsentscheidungen die notwendige Integrationskraft erhalten.*

2. Kapitel: Weitere Grundlagen der Verwaltungstätigkeit

Das Verwaltungshandeln lässt sich aus verschiedenen Gründen oft nicht bis in die letzte Einzelheit regeln. Einmal überträgt der Gesetzgeber selber der Exekutive Ermessensbefugnisse zu selbständigem eigenverantwortlichem Handeln, weil eine Materie so komplex ist, dass sie weder im Gesetz noch in Verordnungen geregelt werden kann oder weil eine Einzelfallentscheidung viel gerechter ist als eine generelle Reglementierung durch ein materielles Gesetz.

Ein umfangreicher Bereich der Verwaltungstätigkeit, der durch den Gesetzgeber nur rudimentär reglementiert ist, betrifft das *besondere Gewaltverhältnis* oder, wie es heute genannt wird, das *besondere Rechtsverhältnis*. Es handelt sich dabei um Rechtsbeziehungen zwischen dem Staat und Personen, die zu ihm aus besonderen Gründen in sehr naher Beziehung stehen, zum Beispiel Beamte, Soldaten, Schüler, Patienten usw. Diese engen Rechtsbeziehungen sind oft komplex und vielfältig. Sie können deshalb unmöglich durch den Gesetzgeber ein für allemal reglementiert werden. Er kann kaum alle einzelnen Pflichten der Beamten in einem Beamtengesetz oder auch nur in einer Verordnung für die Beamten aufstellen. Es wäre unmöglich, das gesamte Verhalten des Soldaten bereits auf Gesetzesstufe festzulegen. Aus diesen Gründen finden wir auch auf diesem Gebiete viele **allgemeine Blankettnormen**.

Schliesslich gibt es aus verschiedenen Gründen sogenannte gesetzesfreie Verfügungen der Verwaltung, die zulässig sind, wenn sie sich auf die *polizeiliche Generalklausel* abstützen können oder andere *unmittelbar in der Verfassung liegende Rechtsgrundlagen* haben.

Im folgenden werden wir uns nun mit diesen weiteren Grundlagen der Verwaltungstägigkeit zu befassen haben.

I. Das Ermessen

LITERATUR: BACHOF O., Beurteilungsspielraum, Ermessen und unbestimmter Rechtsbegriff im Verwaltungsrecht, JZ 10, 1955, S. 97 ff.; BADURA P., Das Planungsermessen und die rechtsstaatliche Funktion des Allgemeinen Verwaltungsrechts. Verfassung und Verfassungsrechtsprechung, München 1972, S. 157 ff.; BAUMANN M., Der Begriff von Treu und Glauben im öffentlichen Recht, Diss. Zürich 1952; BULLINGER M., Unbestimmte Gesetzesbegriffe in der neueren deutschen und französischen Verwaltungsrechtsprechung. Festschrift für Hermann Jahrreis, Köln u.a. 1974, S. 19 ff.; DERSELBE, Ermessen und Beurteilungsspielraum, NJW 27, 1974, S. 769 ff.; EHMKE H., «Ermessen» und «unbestimmter Rechtsbegriff» im Verwaltungsrecht. Recht und Staat, H. 230/31, Tübingen 1960; FROMONT M., Le pouvoir discrétionnaire et le juge administratif français. Festschrift für Hermann Jahrreis zum 80. Geburtstag, Köln 1974, S. 67 ff.; GERMANN O.A., Zur Problematik der Ermessensentscheide. Festgabe Erwin Ruck, Basel 1952, S. 173 ff.; HUBER H., Ermessen und unbestimmter Rechtsbegriff. Verwaltungsrechtliches Kolloquium Sigriswil 1968, S. 4 ff.; DERSELBE, Treu und Glauben im Verwaltungsrecht. Verwaltungsrechtliches Kolloquium Sigriswil 1968, S. 28 ff.; IMBODEN M., Grundsätze des administrativen Ermessens, dargestellt am schweizerischen Abgaberecht. Festschrift Irene Blumenstein, ASA Beilage zu Bd. 34, 1965/66, S. 66 ff.; JAROSCH R., Die Fiktion des unbestimmten Rechtsbegriffs, DöV 27, 1974, S. 123 ff.; JESCH D., Unbestimmter Rechstsbegriff und Ermessen in rechtstheoretischer und verfassungsrechtlicher Sicht, AöR 82, 1957, S. 163 ff.; LENDI M., Legalität und Ermessensfreiheit, Diss. Zürich 1959; LOHMANN H.H., Die Zweckmässigkeit der Ermessensausübung als verwaltungsrechtliches Rechtsprinzip, Diss. Marburg 1972; OBERMAYER K., Das Verwaltungsermessen der Verwaltungsbehörde, NJW 16, 1963, S. 1177 ff.; SCHMIDT-EICHSTAEDT G., Ermessen, Beurteilungsspielraum und eigenverantwortliches Handeln der Verwaltung. Zum Umfang der Bindung des Ermessens an die Begriffe und an den Tatbestand der Ermessensermächtigung, AöR 98, 1973 ff.; SCHMIDT-SALZER J., Beurteilungsspielraum der Verwaltungsbehörden, Berlin 1968; SOELL H., Das Ermessen der Eingriffsverwaltung. Zugleich eine Studie zur richterlichen Ermessenskontrolle ..., Heidelberg 1973, STERN K., Ermessen und unzulässige Ermessensausübung, Berlin 1964; ULE C., Unbestimmte Begriffe und Ermessen im Umweltschutzrecht, DVBl 88, 1973, S. 756 ff.; WEIGEL H.J., Beurteilungsspielraum oder Delegationsbegriff, Bern, Frankfurt a.M. 1971.

A. Begriff und Arten des Ermessens

1. Begriff des Ermessens

Ein Leutnant gibt seinem Korporal den Auftrag, eine Aufklärungspatrouille mit den besten Soldaten aus dem Zug zusammenzustellen, um einen wichtigen Auftrag auszuführen. Der Korporal bestimmt seine Leute und will sich beim Leutnant abmelden. Der Leutnant ist mit der Wahl des Korporals nicht zufrieden. Vor allem Soldat Meier hätte durch den Soldaten Müller ersetzt werden müssen.

Der Korporal kann dem Vorwurf seines Leutnants folgendermassen begegnen: Er kann ihm erklären, das gehe ihn nichts an, es sei seine Sache, zu entscheiden, wer der beste Soldat sei. Er kann dem Leutnant aber auch sagen, er hätte ja nicht wissen können, dass der Leutnant den Meier für einen schlechteren Soldaten halte als den Müller. Seiner Ansicht nach sei Meier ebensogut wie Müller. Schliesslich kann er anführen, es sei so schwierig festzustellen, wer der beste Soldat sei, deshalb könne man ganz verschiedene Entscheidungen treffen, jede Entscheidung sei aber genau gleich richtig, weil sie objektiv nicht überprüfbar sei.

Der Korporal beruft sich auf *drei verschiedene Arten* von Ermessensbegriffen. Ermessen als *Abgrenzung verschiedener Zuständigkeiten,* Ermessen als *Bereich wertfreier Entscheidungen* und Ermessen als *Bereich mangelnder Kalkulierbarkeit, d.h. als Bereich mangelnder Voraussehbarkeit der Entscheidungsinhalte.*

1.1. Das Ermessen als Abgrenzung von Zuständigkeiten

Wenn der Korporal antwortet, die Auswahl der Leute gehe seinen Leutnant nichts an, das sei seine Sache, beruft er sich auf das Ermessen als Abgrenzung von Zuständigkeiten. Er ist der Meinung, durch die Übertragung dieser Aufgabe habe ihm der Leutnant die Zuständigkeit zum selbständigen Entscheid über die Zusammensetzung Aufklärungspatrouille überlassen.

Ermessen führt immer zur Übertragung und damit zur Abgrenzung von Zuständigkeiten. Dabei geht es in der Regel um die *Abgrenzung der Zuständigkeit Verwaltungsgericht — Verwaltung.* Bekanntlich ist das Verwaltungsgericht (Art. 104 OG) nur in Ausnahmefällen zuständig, Ermessensentscheide der Verwaltung zu überprüfen.

Das Ermessen grenzt aber nicht nur die Zuständigkeit zwischen Gericht und Verwaltung ab, es grenzt auch die Zuständigkeit im *internen Verwaltungsbereich* ab. Zwar hat der Bundesrat im Rahmen des Verwaltungsverfahrens keine beschränkte Kognitionsbefugnis. Er kann Entscheidungen der Verwaltung auf ihre Zweckmässigkeit hin überprüfen. Allerdings wird auch der Bundesrat bei der Wahrnehmung seiner Befugnisse *Zurückhaltung* üben. Er wird, soweit das richtig und zweckmässig ist, der Verwaltung den eigenen Ermessensbereich belassen. Der Bundesrat als Prüfungsorgan ist auch gar nicht in der Lage, bis ins Detail alle Einzelheiten eines Problemes selber neu aufzurollen. Er ist darauf angewiesen, dass die unteren Instanzen ihr Ermessen richtig und zweckmässig ausüben.

In den Entscheidungen des Bundesrates wird diese bewusste Zurückhaltung allerdings nicht immer ausdrücklich erwähnt. In einem Entscheid über die Überprüfung der eidg. Maturitätsprüfung vertritt der Bundesrat den Standpunkt, die Bewertung von Prüfungsarbeiten sei eine Ermessensentscheidung. Ermessensmissbrauch liege vor, wenn eine Behörde im Bereich des ihr eingeräumten Ermessens willkürlich oder rechtsungleich handle (vgl. VPB 1973 Nr. 68). Der Bundesrat will also, obwohl er dazu befugt wäre, Prüfungsentscheidungen nicht auf ihre Zweckmässigkeit hin überprüfen. Eine versteckte Kognitionsbegrenzung finden wir auch in einem Entscheid des Bundesrates über die Erteilung einer Bewilligung für die Rodung eines Schutzwaldes. In drei Sätzen beurteilt der Bundesrat das Vorliegen eines öffentlichen Interesses folgendermassen:

«Ein öffentliches Interesse an der Erstellung von 27 Ferienhäusern in X muss verneint werden; auf jeden Fall ist dieses Interesse nicht dermassen gewichtig, dass es das Interesse an der Walderhaltung überwiegen würde. Der Beschwerdeführer kann ein das Interesse an der Walderhaltung überwiegendes Bedürfnis nicht nachweisen. Die Voraussetzungen für eine Rodung im Sinne von Art. 26 Abs. 1 FPolV ist damit nicht erfüllt» (VPB 1974 Nr. 107 S. 88).

Wer so kurz argumentiert, muss davon ausgehen, dass die untere Instanz ihr Ermessen unter sorgfältiger Prüfung wahrgenommen hat, sonst wäre eine derartige kurze Begründung nicht zulässig. Denn, wie das Beispiel zeigt, geht der Bundesrat gar nicht auf das Problem ein, sondern behauptet lediglich, es liege kein öffentliches Interesse vor. Dies ist eine selbständige Beschränkung der Kognition durch die überprüfende Behörde.

1.2. Das Ermessen als Raum wertfreier Entscheidungen?

Oft wird fälschlicherweise behauptet, das Ermessen sei ein Raum wertfreier Entscheidungen. Ein Gemeinderat, der im Rahmen der Kulturförderung beschliesst, ein Denkmal auf dem Gemeindeplatz zu errichten, kann in vollständig freier Wertentscheidung bestimmen, ob er eine kulturelle und historische Persönlichkeit wie Beethoven oder Goethe auf den Sockel stellen oder ob er patriotischen Gefühlen Nachdruck verschaffen und einen schweizerischen General oder bekannten Bundesrat auf dem Gemeindeplatz verewigen will.

Der Entscheid ist vollkommen offen. Es gibt kein Kriterium, um die Richtigkeit des Entscheides zu überprüfen. Dieses Beispiel übersieht aber, dass der Gemeinderat nicht im Auftrag eines Gesetzes oder eines Gesetzgebers entscheidet, sondern in freier Entscheidung eine Wahl zu treffen hat.

Das Ermessen setzt aber immer voraus, dass im Rahmen eines vorgegebenen Spielraums entschieden werden muss. Ermessen ist ohne gesetzlichen Rahmen nicht möglich. Hätte aber der Gesetzgeber, zum Beispiel die Gemeindeversammlung, beschlossen, dass der Gemeinderat Personen ehren solle, die mit der Gemeinde oder mit unserem schweizerischen Denken besonders verbunden sind, so hätte ein derartiges Kriterium die Entscheidungsfreiheit des Gemeinderates weitgehend eingeengt. Selbst wenn der Behörde vermeintlich ein grosser Ermessensspielraum zusteht, muss sie *auf Grund von einsichtigen, vertretbaren Wertungen entscheiden*, die freilich sehr subjektiv sein können. Letzlich müssen sie aber doch intersubjektiv, d.h. nach aussen, vertretbar sein. Spätestens bei der Einweihungsfeier wird der Gemeindepräsident den Entscheid des Gemeinderates vor der Bevölkerung begründen müssen. Es kann deshalb keine Rede davon sein, dass der Entscheid des Gemeinderates wertfrei ist.

Im Rahmen des Ermessens ist der Inhalt der Entscheidungen *in der Regel nicht voraussehbar. Ob sie aber richtig oder falsch sind, lässt sich nicht mit letzter Objektivität beantworten.*

1.3. Ermessen als Bereich mangelnder Voraussehbarkeit der Verwaltung

Der Korporal kann seinem Leutnant auch antworten, er hätte nicht wissen können, an was für Soldaten der Leutnant bei der Erteilung des Auftrages gedacht habe. Seiner Ansicht nach sei der Meier ebensogut wie der Müller. Für den Leutnant war somit nicht voraussehbar, welche Soldaten der Korporal auswählen würde, der Korporal hat seinerseits nicht gewusst, welche Leute wohl der Leutnant ausgewählt hätte.

Das Ermessen des Korporals war somit der *Bereich nicht voraussehbaren, vorhersehbaren Handelns.* Wenn etwa Art. 8 der Verordnung über das Filmwesen festlegt, «die Bewilligung von Qualitätsprämien setzt einen hervorragenden Film voraus, dessen Wert eine Auszeichnung rechtfertigt ...», ist nicht abzusehen, was für Filme der Bundesrat oder das Departement mit einer Prämie auszeichnen will. Natürlich werden der Bundesrat und das zuständige Departement versuchen, nach möglichst objektiven Kriterien vorzugehen, so etwa in einem Entscheid aus dem Jahre 1974 (VPB 38 Nr. 94), wo der Bundesrat solche Kriterien aufzustellen versucht hat:

> «Den beteiligten Filmschaffenden ist es nicht gelungen, das Problem der Luftverschmutzung — ein Thema, das angesichts seiner brennenden Aktualität besonderes Interesse beansprucht — mit filmischen Gestaltungsmitteln überzeugend und klar zur Darstellung zu bringen. Eine filmische Auseinandersetzung mit dem Stoff, die überhaupt erst das für eine Rezeption der beabsichtigten Aussage durch das Publikum unerlässliche Problembewusstsein zu schaffen vermocht hätte, ist unterblieben. Vielmehr beschränkte sich die eigentliche

Filmarbeit auf eine blosse Illustration des Begleitkommentars, die, wenn sie auch für den Betrachter interessant sein mag, dessen Aufnahmefähigkeit durch den schlagwortartig und pausenlos vermittelten Informationsfluss doch offensichtlich überfordert. Zu beanstanden ist auch die konfektionell und stereotyp wirkende Gestaltung des Films, deren erwünschtes Gegenteil entgegen der Ansicht der Rekurrentin nicht falsch verstandene Originalität und modernistische Experimentierfreudigkeit bedeutet hätte, sondern eine individuelle Gestaltung, die am gewählten Stoff Mass nimmt, was im vorliegenden Fall nicht zutrifft.»

Der Bundesrat wird hier als Beschwerdeinstanz zu einer höheren Kunst- und Kulturbehörde. Offensichtlich versucht er aber auch in diesem Rahmen nach objektiven Kriterien zu suchen, um ein Grundlage für eine möglichst überzeugende Entscheidung zu finden.

Zum Zeitpunkt des Erlasses der Verordnung war aber unmöglich voraussehbar, wie der Bundesrat von seinem Ermessen Gebrauch machen würde. Die einmal eingeführte Praxis wird es nun allerdings den weiteren Gesuchstellern erleichtern, auf Grund der vorliegenden Kriterien entsprechende Anträge und Gesuche einzureichen. *Das Ermessen wird somit durch eine einmal eingeschlagene Praxis ganz wesentlich eingeengt.* Diese Tatsache hindert aber die zuständige Behörde nicht daran, eine einmal eingeschlagene Praxis zu ändern, wenn sich dies als notwendig erweisen sollte. Der Ermessensbereich ist, wie gesagt, kein Bereich wertfreier Entscheidungen, sondern ein Bereich nicht voraussehbarer, kalkulierbarer Entscheidungen. Deshalb ist es stets möglich, eine einmal getroffene Entscheidung auf Grund neuerer Wertüberprüfungen zu verbessern und die Praxis abzuändern. Solche Praxisänderungen dürfen allerdings nicht willkürlich vorgenommen werden, sie müssen begründet sein und setzen in der Regel eine bessere Begründung als die vorhergehende Praxis voraus (vgl. dazu FLEINER TH., Kritische Bemerkungen zum Ermessensbegriff des Rechtspositivismus, insbesondere der reinen Rechtslehre, Natur und Naturrecht, Fribourg 1972, S. 118 ff.).

2. Arten des Ermessens

In Art. 28 der Verordnung über die Eidgenössische Kunstpflege finden wir folgende Bestimmung;

«[1] Der schweizerische Bundesrat kann auf Antrag der Eidgenössischen Kunstkommission und des Eidgenössischen Departementes des Innern die Erstellung eines öffentlichen monumentalen Kunstwerkes auf eigene Kosten, oder die Gewährung eines Bundesbeitrages an eine Behörde oder ein Initiativkomitee für ein solches Unternehmen beschliessen.

[2] In beiden Fällen müssen die in Aussicht genommenen Werke einen nationalen oder historischen Charakter im Sinne des Bundesbeschlusses und allgemeines Interesse besitzen.»

In dieser Bestimmung sind alle drei Arten des Ermessens enthalten, die wir kennen: Das *Rechtsfolgeermessen,* das *Auswahlermessen* und das *sogenannte Tatbestandsermessen.*

Beim *Rechtsfolgeermessen kann die Behörde entscheiden, ob sie einer bestimmten im Gesetz vorgesehenen Rechtsfolge stattgeben will.* Beim vorliegenden Beispiel entscheidet der Bundesrat, ob er beispielsweise ein öffentliches monumentales Kunstwerk erstellen lassen will. Ob er also die im Gesetze vorgesehene Rechtsfolge — nämlich die Erstellung des Kunstwerkes — vornehmen lassen will.

Ein Sonderfall des Rechtsfolgeermessens ist das sogenannte *Auswahlermessen. Beim Auswahlermessen kann die Behörde verschiedene Arten von gesetzlich festgelegten Rechtsfolgen wählen.* Im vorliegenden Fall kann sie entweder das öffentliche Kunstwerk selber erstellen lassen oder einer Behörde oder einem Initiativkomitee einen Bundesbeitrag zukommen lassen.

Das Rechtsfolgeermessen wird oft mit dem Wörtchen «kann» eingeleitet. Der Bundesrat kann etwas tun oder nicht tun. Die Bewilligungsbehörde kann einem Gesuch stattgeben oder nicht stattgeben. Kontingente können bewilligt oder nicht bewilligt werden. Sehr oft wird der Behörde aber lediglich die Befugnis zur Vornahme irgendeines Entscheides übertragen.

«Der Bundesrat entscheidet über die Annahme eines Gesuches.»

Alle diese Kompetenzübertragungen geben aber keineswegs der zuständigen Behörde die Freiheit, willkürlich zu entscheiden. Das Wörtchen «kann» bedeutet nicht: kann oder kann nicht nach freier Willkür. Es handelt sich lediglich um die Übertragung einer Befugnis, die von der entsprechenden Behörde nach bestem Wissen und Gewissen pflichtgemäss genutzt werden muss. Mit der Delegation wird der zuständigen Behörde auch die *Verantwortung* übertragen, zum Beispiel ohne Überprüfungsmöglichkeit des Verwaltungsgerichts über die Annahme oder Ablehnung von Gesuchen zu entscheiden.

Die Behörde muss ihre Verantwortung selber tragen und für die Einhaltung des Willens des Gesetzgebers sorgen. Das Ermessen ist hier ganz eindeutig als Abgrenzung von Zuständigkeiten zu verstehen. Diejenige Behörde, die gemäss Gesetzgeber zur Entscheidung zuständig ist, soll auch letztinstanzlich darüber entscheiden können.

Umstrittener als das Rechtsfolgeermessen ist das Tatbestandsermessen. *Beim Tatbestandsermessen geht es immer um die Auslegung von «unbestimmten» Rechtsbegriffen.* In Art. 28 Abs. 2 der Verordnung über die Eidgenössische Kunstpflege heisst es:

«In beiden Fällen müssen die in Aussicht genommenen Werke einen nationalen oder historischen Charakter im Sinne des Bundesbeschlusses und allgemeines Interesse besitzen.»

Sowohl die Begriffe «nationaler» wie «historischer Charakter» wie auch das sogenannte «allgemeine Interesse» sind unbestimmte Rechtsbegriffe. Wer die schweizerische Gesetzgebung kennt, weiss, was für eine ungeheure Vielzahl von unbestimmten

Rechtsbegriffen in unseren Gesetzen anzutreffen sind. Da finden sich *Wertbegriffe* wie: angemessen, zweckmässig, wertvoll, öffentliches Interesse, Interesse der schweizerischen Exportindustrie, fahrlässig usw.; *Begriffe der Sittlichkeit und der Ästhetik* wie: gute Sitten, guter Leumund, nicht anstössig, Treu und Glauben im Geschäftsverkehr, unlauterer Wettbewerb, Orts- und Landschaftsbild usw.; *Fähigkeitsbegriffe* wie: geeignet für die Ausübung eines bestimmten Berufes; *technische Begriffe* wie: gute Fahrweise; *Polizeibegriffe* wie: Gefährdung des Verkehrs, Sicherheit für die Bewohner usw.

Das *Tatbestandermessen besteht nun darin, dass nicht eindeutig klar ist, wann der Tatbestand des unbestimmten Rechtsbegriffes eigentlich erfüllt ist.* Es ist Aufgabe der zuständigen Behörden, den Rechtsbegriff auszulegen und auf die konkrete Situation anzuwenden. Es ist zum Beispiel nicht genau vorhersehbar, welche Häuser ins Orts- und Landschaftsbild passen. Das Tatbestandsermessen gibt den Behörden nicht die Befugnis, wie beim Rechtsfolgeermessen, über eine Rechtsfolge zu entscheiden, es lässt ihr vielmehr einen Beurteilungsspielraum bei der Interpretation des gesetzlichen Tatbestandes.

Umstritten ist, ob die Behörde beim Tatbestandsermessen tatsächlich einen Ermessensspielraum habe oder ob dieser Spielraum nicht vielmehr eine Fiktion sei. Um diese Frage zu klären, müssen wir uns auf den Ermessensbegriff zurückbesinnen. Ermessen bedeutet unter anderem: Abgrenzung von Zuständigkeiten. Beim Tatbestandsermessen kann das Verwaltungsgericht eine volle *Überprüfungsbefugnis des unbestimmten Rechtsbegriffes* vornehmen. In vielen Fällen hat das Bundesgericht entschieden, es überprüfe in freier Kognition, ob beispielsweise der Tatbestand der «vorschriftsgemässen Zufahrt» erfüllt sei (BGE 96 I 378, 98 Ib 216). Gleichzeitig lässt es aber den unteren Instanzen eine gewisse Freiheit der Auslegung. In vielen Fällen ist deshalb unklar, wie weit das Bundesgericht die Auslegung eines unbestimmten Rechtsbegriffes durch die untere Instanz überprüft.

Das Tatbestandsermessen führt also nicht zu einer abschliessenden Übertragung der Zuständigkeit an untere Instanzen. Andererseits prüfen die Verwaltungsgerichte nicht jede Frage bis in jedes Detail. Oft lassen sie den Entscheidungsinstanzen einen sogenannten *Beurteilungsspielraum.* Diesem Beurteilungsspielraum liegt folgende Überlegung zugrunde: Jeder unbestimmte Rechtsbegriff hat einen Kernbereich, der klar abgrenzbar ist.

In einer ländlichen Bauerngemeinde passt ein violettes, mit Gold verziertes Grosshaus und rosarotem Betondachgarten wie die Faust aufs Auge. Das Projekt passt nicht ins Orts- und Landschaftsbild. Es wäre deshalb gesetzeswidrig, würde die Behörde einem entsprechendem Projektgesuch die Bewilligung erteilen. Andererseits gibt es aber viele Projekte, bei denen es Ermessenssache ist, zu entscheiden, ob sie ins Orts- und Landschaftsbild passen. In diesen Fällen lässt sich nicht voraussehen, wie die Behörde entscheiden wird. Sie hat einen gewissen Beurteilungsspielraum, weil sich der Grenzbereich des Begriffes «Orts- und Landschaftsbild» nicht eindeutig abstecken lässt. Die Überprüfungsbehörde, zum Beispiel das Verwaltungsgericht, kann nun nach freiem Ermessen entscheiden, wie weit sie den Beurteilungsspielraum der untergeordneten Behörde bei der Auslegung des Begriffes «Orts- und Landschaftsbild» einschränken will oder nicht.

Damit erweist sich das Tatbestandsermessen als ein überaus komplexes Gebilde. Die gemachten Ausführungen haben folgendes gezeigt: Unbestimmte Rechtsbegriffe sind allgemeine Begriffe, die einen klaren Kernbereich haben, deren Grenzbereich aber nicht zum voraus bestimmbar ist. Hier besteht also Ermessen im Sinne der mangelnden Vorhersehbarkeit. Zuständig zur Festlegung dieses Grenzbereiches kann die Verwaltung, kann aber auch das überprüfende Verwaltungsgericht sein. Es ist dem Ermessen des Verwaltungsgerichts anheimgestellt zu entscheiden, wie weit der Bereich des Beurteilungsspielraums der unteren Behörde gehen soll.

B. Sinn und Funktion des Ermessens

Wann soll der Gesetzgeber der Behörde Ermessensbefugnisse übertragen? Das Ermessen wurde oft als trojanisches Pferd des Rechtsstaates bezeichnet, weil ohne gesetzliche Grundlage durch die Hintertüre des Ermessens Eingriffe in Rechte und Pflichten des Bürgers vorgenommen werden können. Diese Sicht des Ermessens ist allerdings zu dogmatisch. Das Ermessen höhlt den Rechtsstaat nicht aus. *Es ist vielmehr notwendige Ergänzung, notwendiges Korrelat zum Grundsatz der Gesetzmässigkeit der Verwaltung.* Könnte der Gesetzgeber der Behörde kein Ermessen übertragen, müsste er selber derart viele Regelungen vornehmen, so dass das Gesetz nicht mehr brauchbar wäre, weil man die Übersicht über die detaillierten Regelungen verlieren würde. Überdies müsste der Gesetzgeber seine eigenen Gesetze den veränderten Verhältnissen *ständig anpassen*. Erst das Ermessen ermöglicht eine effiziente Verwaltungstätigkeit, die den Bedürfnissen einer dynamischen Gesellschaft Rechnung trägt.

Das Ermessen erfüllt noch weitere Funktionen. Der Gesetzgeber eines Baugesetzes könnte allen Eigentümern von Grund und Boden vorschreiben, ihr Grundstück mit Einheitshäusern nach seinen Vorstellungen zu bebauen. Es gäbe zwei Arten von Einheitshäusern: Häuser für die Ebene und Hanghäuser. Damit hätte die Behörde keine Möglichkeit mehr, im Rahmen des Ermessens zu beurteilen, ob ein Haus in das Orts- und Landschaftsbild passt. Es ist aber klar, dass keine andere Regelung besser geeignet wäre, das Orts- und Landschaftsbild zu zerstören als eine derartige einheitliche zentralistische Regelung durch den Gesetzgeber.

Ermessen erfüllt somit auch die Funkion der *Einzelfallgerechtigkeit*. Wenn nicht alles über einen Leisten geschlagen werden kann, muss die Behörde die Möglichkeit haben, einzelfallweise auf Grund der gegebenen Umstände zu entscheiden. Ermessen braucht es also vor allem dann, wenn absolute Gleichheit zur Ungerechtigkeit führt und sich die Gerechtigkeit nur verwirklichen lässt, wenn Ungleichheiten im Einzelfall berücksichtigt werden können (zum Beispiel Entscheidungen über die Annahme von Prüfungen, die Erteilung von Seilbahnkonzessionen, das Vorliegen besonderer Härtefälle usw.). Das sprechendste Beispiel für diese Einzelfallgerechtigkeit ist die Befugnis des Strafrichters zur Festlegung des Umfanges der Strafe eines Verurteilten.

Schliesslich gibt das Ermessen dem Gesetzgeber auch die Möglichkeit, einer Behörde Entscheidungsbefugnisse zu übertragen, wenn entsprechende Entscheidungen nur auf Grund bestimmter Sachkenntnisse gefällt werden können.

C. Grenzen der Ermessensdelegation

Gibt es aber auch Grenzen der Ermessenübertragung? Das Bundesgericht hat in konstanter Praxis immer wieder festgehalten, für bestimmte Fragen bedürfe es einer klaren gesetzlichen Grundlage. Gewisse Gebiete können dem Ermessen einer Behörde nicht anheimgestellt werden. Dies gilt insbesondere auf dem Gebiete der Enteignung (BGE 98 Ia 32 E. 3, 531 E. 3 b., vgl. aber 98 Ia 194, wonach die gesetzliche Grundlage auch durch eine extensive Interpretation gefunden werden kann).

Wenn die Behörde in Rechte und Freiheiten des Bürgers eingreifen will, bedarf sie einer klaren gesetzlichen Grundlage. *Die Befugnis des Gesetzgebers, der Behörde Ermessen zu übertragen, wird also enger, je nachdem, ob es sich um einen Entscheid im Bereich der gewährenden Verwaltung oder im Bereich der Eingriffsverwaltung handelt.* Stehen Eingriffe in Grundrechte des Bürgers auf dem Spiel, ist der Ermessensbereich der Behörde sehr stark eingeschränkt. Handelt es sich aber um die gewährende Verwaltung, wie etwa die Erteilung von Subventionen, kann er der Behörde grössere Ermessensbefugnisse übertragen.

Ermessen kann der Behörde also nur dann übertragen werden, wenn *der Spielraum der Ungewissheit dem Bürger zugemutet werden kann.* Im Bereich von Eingriffen in die Grundrechte des Bürgers kann ihm sehr wenig zugemutet werden. Dort aber, wo es um Organisationsfragen oder um Subventionen geht, kann ihm eher ein gewisser Spielraum von Ungewissheit zugemutet werden. Einem Forscher, der ein sicheres Einkommen hat, kann man zumuten, nicht zu wissen, ob er einen Staatsbeitrag an sein Projekt erhalten wird, ein Arbeitnehmer mit niedrigem Einkommen soll dagegen zum voraus wissen, wie hoch die Steuern sein werden, die er bezahlen muss.

Allerdings darf nicht übersehen werden, dass der Ausbau der Wohlfahrts- und Leistungsverwaltung zu einer immer grösser werdenden Abhängigkeit des einzelnen vom Gemeinwesen führt. Der Student ist auf sein Stipendium, der Landwirt auf seine Subvention angewiesen. Bei derartigen Bereichen muss der Gesetzgeber ausführlichere Regelungen treffen, um den Ermessensbereich der Verwaltung zu verringern.

D. Wahrnehmung des pflichtgemässen Ermessens

Gibt es Regeln für die Handhabung des Ermessens? Der Direktor eines Museums erteilt seinem Stellvertreter den Auftrag, auf Grund eines Sonderkredites vier verschiedene Bilder von Picasso zu kaufen. Der Direktor kann das Ermessen seines Stellvertreters auf zwei Arten einschränken. Er kann verlangen, dass der Stellvertreter auf Grund eines *bestimmten Kriteriums* auswählen muss. Er kann ihm aber auch *Verfahrensvorschriften* auferlegen, die ihn verpflichten, die Auswahl nach einem festgelegten Verfahren vorzunehmen. Er kann ihm beispielsweise vorschreiben, zuerst drei oder vier Fachleute zu konsultieren. Das Verfahren hilft dem Stellvertreter, die Informationen zu erhalten, mit denen er einen guten Entscheid fällen kann.

Der Direktor kann den Ermessensspielraum des Stellvertreters, wie gesagt, aber auch mit einem Kriterium beschränken, zum Beispiel Picasso-Bilder, die vor allem jugendliche Leute interessieren, oder Picasso-Bilder, die die verschiedenen Entwicklungsphasen der Malerei von Picasso am deutlichsten aufzeigen, oder die bekanntesten Picasso-Bilder oder vor allem extreme Picasso-Bilder oder die schönsten Bilder aus der blauen Periode. Muss der Stellvertreter auf Grund eines Kriteriums entscheiden, muss er sich bei der Anschaffung eines jeden Bildes fragen, ob es dem vom Direktor festgelegten Kriterium entsprechen wird. Er muss seinen Entscheid begründen können. Natürlich lassen sich beide Wege der Einschränkung des Ermessensspielraums, *das Verfahren und das Kriterium miteinander kombinieren.*

1. Verfahrensvorschriften

Das Beispiel zeigt, dass die Behörde bei der Wahrnehmung ihres Ermessens verpflichtet ist, ihren Entscheid im Rahmen des Kriteriums des Gesetzgebers zu begründen. Überdies ist sie gehalten, ihr Ermessen im Rahmen eines Verfahrens auszuüben. Dazu gehört vor allem die Verpflichtung der Behörde, allfällige Betroffene anzuhören. *Die Gewährung des rechtlichen Gehörs ist eine entscheidende Verfahrensvorschrift,* an die die Behörde gebunden ist. Sie sichert nicht nur dem Betroffenen ein faires Verfahren, sondern ist die Voraussetzung für eine notwendige und umfassende Informationsbasis der Behörde.

Die Behörde ist im Rahmen ihrer Ermessensausübung vor allem verpflichtet, *die Sach- und Interessenlage* eingehend abzuklären. Dazu gehören möglicherweise Expertisen, Anhörung der Betroffenen und Interessierten, Augenschein usw. Nur im Rahmen einer eingehenden Sachabklärung wird es möglich sein, eine richtige, der Interessenlage angemessene Entscheidung zu fällen.

2. Grundsatz der Verhältnismässigkeit

Überdies ist die Behörde verpflichtet, sich im Rahmen der Ermessensausübung an den Grundsatz der Verhältnismässigkeit zu halten. Gemäss Art. 9 Abs. 1 VAG, (SR 961.01) «trifft der Bundesrat jederzeit die ihm durch das *allgemeine Interesse* und *dasjenige der Versicherten* gebotenen Verfügungen.»

Der Grundsatz der Verhältnismässigkeit setzt voraus, dass zwischen dem angestrebten Zweck und den Mitteln ein angemessenes Verhältnis besteht. In jedem Verwaltungsrechtslehrbuch findet sich an dieser Stelle das berühmte Beispiel, wonach nicht mit Kanonen auf Spatzen zu schiessen ist. Das Mittel darf nicht über das Ziel hinausschiessen. Um den übermässigen Alkoholgenuss zu steuern, darf die Behörde den Alkoholgenuss nicht kurzerhand verbieten, sondern muss Massnahmen treffen, um diesen in vernünftigem Rahmen zu halten. Ähnliches gilt auch auf dem Gebiet der Unfallverhütung. Die beste Unfallverhütung wäre das allgemeine Verbot, in der Schweiz mit Motorfahrzeugen herumzufahren. Dieses Mittel wäre unverhältnismässig. Es würde weit über das Ziel hinausschiessen. Die Behörde ist hingegen verpflichtet, durch Strassenverkehrsregelungen, Aufsicht und Vorschriften über die technische Qualität der Fahrzeuge sowie den sachgerechten Bau der Strassen möglichst viele Unfälle zu verhindern.

Mit der Verhältnismässigkeit wird aber nicht nur das Verhältnis von Ziel und Mittel angesprochen, die Verhältnismässigkeit verlangt auch eine *gerechte und sachgemässe Abwägung der auf dem Spiele stehenden Interessen*. Bei der Beachtung dieser Verhältnismässigkeit ist die Behörde verpflichtet, alle ins Gewicht fallenden Interessen gegeneinander abzuwägen. Die Behörde muss über die Sachlage informiert sein. Sie darf die verschiedenen Interessen nicht willkürlich gewichten. Vor der Erteilung einer Rodungsbewilligung für die Errichtung einer Kiesgrube müssen beispielsweise die persönlichen und wirtschaftlichen Interessen dieses Kiesgrubenbesitzers dem Interesse an der Walderhaltung gegenübergestellt und verhältnismässig gewichtet werden.

3. Treu und Glauben

Das Gebot von Treu und Glauben verlangt, dass der *Bürger darauf bauen kann, dass sich die Behörde im Rahmen ihrer Zuständigkeit an abgegebene Versprechungen und Auskünfte halten wird*. Wenn eine Behörde eine Bewilligung vorbehaltlos zusichert, diese aber ohne irgendwelche Gründe nachher nicht erteilt, verstösst sie gegen den Grundsatz von Treu und Glauben. Ja, die Behörde ist selbst dann an die Aussage gebunden und kann sie auch begründeterweise nicht wieder abändern, wenn die Betroffenen auf Grund der Aussage der Behörde gutgläubig bereits Massnahmen getroffen haben.

In Art. 8 der Verordnung zum Zollgesetz vom 10. Juli 1926 (SR 631.01) ist beispielsweise genau umschrieben, unter welchen Voraussetzungen und in welchem Rahmen Tarifauskünfte über Zolltarife erteilt werden. Danach ist nur die *zuständige Behörde* zur Auskunft berechtigt; ferner hat die Auskunft *schriftlich* zu erfolgen. In diesem Rahmen werden die Auskünfte wie *Feststellungsverfügungen* behandelt, gegen die eine Beschwerde eingereicht werden kann.

Der Grundsatz von Treu und Glauben verlangt aber auch, dass *sich die Behörde an eine einmal eingeschlagene Praxis* hält. Sie kann nicht willkürlich von der Praxis abweichen. Sie kann beispielsweise nicht eine Demonstration grundlos bewilligen und ähnlichen Demonstrationen grundlos am anderen Tag verweigern. Sie muss eine Praxis erarbeiten und sich an den Rahmen dieser Praxis halten. Von einer eingeschlagenen Praxis kann sie nur abweichen, wenn sich dies durch gute Gründe rechtfertigen lässt. Dem Grundsatz von Treu und Glauben entspricht es, eine mögliche Praxisänderung anzukünden.

Bei befristeten Verfügungen, die immer wieder erneuert werden müssen, zum Beispiel Wiederwahl von Beamten, Bewilligung zum Betrieb eines Taxiunternehmens usw., darf die Behörde nicht willkürlich die Erneuerung der Verfügung verweigern. Solange das Vertrauensverhältnis zwischen Behörde und Beamten oder Gesuchstellern besteht, sollen die Betroffenen damit rechnen können, dass die Verfügung erneuert wird. Dies gilt vor allem bei Verfügungen, die ein besonderes Abhängigkeitsverhältnis schaffen. Der Beamte rechnet damit, wiedergewählt zu werden, der Taxihalter geht davon aus, dass die Bewilligung erneuert wird. Er hat im Hinblick auf den dauernden Betrieb seines Unternehmens wesentliche Investitionen getroffen. Treu und Glauben verpflichten die Behörden, die Erneuerung nur dann zu verweigern, wenn überwiegende Interessen oder eine neue Sachlage dies erfordern.

4. Grundrechte

Das Ermessen setzt voraus, dass sich die Behörde an die Verfassung hält. Dazu gehört vor allem Art. 4 BV. Die Behörde muss im Bereich des Ermessens rechtsgleich vorgehen. Sie darf nicht ohne weiteres pro-amerikanische Demonstrationen bewilligen und anti-amerikanische verbieten. Sie muss gegenüber den Betroffenen eine gewisse *Neutralität* zeigen, sonst verletzt sie den Grundsatz der Rechtsgleichheit.

Neben der Rechtsgleichheit sind aber auch *andere Verfassungsgrundsätze* zu berücksichtigen, wie etwa der Grundsatz der Meinungsäusserungsfreiheit, der Handels- und Gewerbefreiheit und andere Grundrechte. Die Handels- und Gewerbefreiheit wird zum Beispiel beachtet werden müssen, wenn eine Gemeindebehörde Bewilligungen für die Benutzung der Trottoirs durch die Restaurants zu erteilen hat. Geht es um die Abgrenzung der Interessen der Fussgänger und der Verkaufsinteressen der Restaurants, müssen die Interessen der Restaurants auch im Lichte der Handels- und Gewerbefreiheit geprüft werden. Sie dürfen nicht als untergeordnete Privatinteressen übersehen werden (vgl. BGE 102 Ia 50).

5. Interne Weisungen

Oft wird das Ermessen der Behörden durch interne Weisungen ausgefüllt. Der Gesetzgeber, ja auch der Verordnungsgeber übertragen zwar der Behörde ein gewisses Ermessen. Dieses Ermessen wird aber der untergeordneten Amtsstelle nicht belassen, sondern durch möglichst viele Weisungen ausgefüllt werden.

Solche Weisungen sind sicher dann *berechtigt*, wenn sie dazu dienen, eine rechtsgleiche Anwendung des Gesetzes sicherzustellen. Art. 11 der Zollverordnung vom 10. Juli 1926 legt zum Beispiel in Abs. 3 (SR 631.01) fest, dass Nahrungs- und Genussmittel, die dem Tagesbedarf einer Person entsprechen, in der Menge zollfrei zugelassen seien. Es ist richtig, dass in den Weisungen für die einzelnen Zollorgane umschrieben wird, wie gross diese Menge zu sein habe. Sonst könnte der Zollbeamte in Kreuzlingen mehr zulassen als sein Kollege in Basel oder der Zollbeamte könnte am Abend das Gesetz enger auslegen als sein Kollege, der den Dienst am Morgen versieht. Der persönliche Tagesbedarf der einzelnen Zollbeamten ist eben auch unterschiedlich.

Um dies zu verhindern, müssen Weisungen erlassen werden, die eine rechtsgleiche Behandlung der Grenzgänger gewährleisten. *Das Erfordernis der rechtsgleichen Behandlung ist meines Erachtens der einzige Grund, der zum Erlass von*

Weisungen ermächtigt, die den Ermessensspielraum einengen. Aus anderen Gründen darf der Ermessensspielraum nicht eingeengt werden. Der Gesetzgeber will ja, dass diejenige Behörde entscheidet, die der Sache am nächsten ist. Er will, dass auf Grund der *Einzelfallgerechtigkeit* entschieden wird und dass nicht generelle Regelungen getroffen werden.

Mit der Weisung wird die Funktion des Ermessens grundsätzlich in Frage gestellt. Überdies ist die Weisung der Öffentlichkeit nicht bekannt. Niemand kann sich auf sie berufen, niemand kennt sie. Weisungen können, da sie oft sehr zahlreich sind und sinnlose Widersprüchlichkeiten enthalten, manchmal nicht befolgt werden. Dies hat den ehemaligen deutschen Innenminister Genscher zum berühmten Ausspruch verleitet: «Wer Dienstvorschriften befolgt, verletzt die Dienstpflicht.» Er wollte verhindern, dass die Fluglotsen durch zu strenge und genaue Beachtung aller Weisungen den gesamten Flugverkehr lähmten. Der Bummelstreik, die einzige Waffe der Beamten, wäre nicht möglich, hätten wir nicht derart viele und unsinnige, den Verwaltungsablauf lähmende Weisungen.

Wie kann sich der Bürger gegen eine Weisung zur Wehr setzen? Die Weisungen werden nicht veröffentlicht. Erlässt die Behörde auf Grund einer Weisung im Rahmen der Ermessensausübung eine Verfügung, so kann der Betroffene diese Verfügung anfechten. *Sein Rechtsweg ist aber faktisch verkürzt, da die oberste Instanz durch die Erteilung der Weisungen bereits entschieden hat.* Er hat also höchstens auf dem Wege der Verwaltungsgerichtsbeschwerde Chancen durchzukommen. Da aber das Verwaltungsgericht das Ermessen nicht überprüft, ist er gegenüber der Weisung praktisch machtlos. Nur wenn er nachweisen kann, dass die Weisung offensichtlich rechtswidrig ist, also den Ermessensspielraum der Behörde überschreitet, hat er Aussicht auf Erfolg.

Gegen die generell-abstrakten Weisungen einer Behörde kann sich der einzelne ebenfalls nicht wehren, da sie keine Verfügungen sind und sich nur an die Verwaltung richten. De lege ferenda muss deshalb versucht werden, den *Rechtsschutz* wenigstens gegen jene Weisungen *sicherzustellen*, die sich mittelbar oder unmittelbar an den Bürger richten, soweit ihnen nicht schon heute der Charakter einer Rechtsverordnung zukommt.

E. Einreden gegen Ermessensentscheidungen

Das Ermessen kann im Rahmen des verwaltungsinternen Beschwerdeverfahrens gerügt werden. Im Rahmen des verwaltungsexternen Verfahrens, also im Rahmen der verwaltungsgerichtlichen Überprüfung, ist die Ermessenseinrede nur möglich bei Abgabeverfügungen, bei Disziplinarentscheidungen und bei Entscheidungen, bei denen im Rahmen der verwaltungsinternen Überprüfung keine Beschwerde mehr möglich war, soweit es das Bundesrecht vorsieht (Art. 104 lit. c OG).

Welches sind nun die Einreden gegen Ermessensentscheidungen? Im Vordergrund steht vor allem die *Einrede der Unzweckmässigkeit*. Der Beschwerdeführer muss überzeugend darlegen können, dass die Behörde unzweckmässig gehandelt hat.

Diese Einrede setzt in der Regel eine umfassende Kenntnis der Praxis der Behörde voraus. Der Beschwerdeführer muss wissen, wie die Behörde in der Regel entscheidet und auf Grund welcher Sachunterlagen ein Ermessensentscheid gefällt worden ist. Dies zeigt deutlich, dass eine Einrede, die sich nur auf eine unzweckmässige Ermessensausübung abstützen kann, in der Regel recht wenig Aussicht auf Erfolg hat. Der Bundesrat beschränkt sich bei der Beurteilung von Beschwerden gegen Ermessensentscheide der Departemente zu überprüfen, ob diese «vertretbar» sind (VPB 1976 Nr. 10, 11).

In engem Zusammenhang zur Einrede der Unzweckmässigkeit steht die *Einrede der Unangemessenheit*. Mit dieser Einrede wird die Überprüfung des Entscheides unter dem Blickwinkel der Verhältnismässigkeit verlangt. Erforderlich ist eine gerechte und ausgewogene Abwägung der auf dem Spiele stehenden Interessen. Ist die Unverhältnismässigkeit willkürlich, liegt eine Rechtsverletzung vor. Im Gegensatz zur Einrede der Unzweckmässigkeit kann deshalb die Einrede der Unangemessenheit im Verwaltungsgerichtsverfahren gerügt werden.

Bedeutend aussichtsreicher sind Einreden, die sich auf eine *willkürliche Ermessensausübung bzw. auf den Ermessensmissbrauch* abstützen können. Diese Einreden betreffen Rechtsfragen und können im verwaltungsgerichtlichen Beschwerdeverfahren eingebracht werden. Willkürlich ist die Ermessensausübung dann, wenn die Behörde für den Entscheid keine Gründe anführen kann und die Entscheidung jeder sachlichen vernünftigen Begründung entbehrt oder wenn sie, wie bereits erwähnt, willkürlich handelt, ohne dass eine einigermassen klare Praxis und rechtsgleiche Anwendung sichergestellt wird (BGE 97 I 583). Ermessensentscheide sind aber auch dann willkürlich, wenn sie gegen Treu und Glauben verstossen.

Neben der willkürlichen Handhabung des Ermessens, die in erster Linie als Ermessensmissbrauch zu qualifizieren ist, ist auch die *Ermessensüberschreitung als Rechtsverletzung* zu bezeichnen. Diese Ermessensüberschreitung liegt vor allem dann vor, wenn die Behörde die ihr übertragenen Befugnisse überschritten hat. Solche Ermessensüberschreitungen liegen zum Beispiel vor, wenn eine Prüfungskommission einer juristischen Fakultät von den Kandidaten neben den juristischen Kenntnissen auch Kochkünste oder einen Flugschein verlangen würde. Ebenfalls läge eine Ermessensüberschreitung vor, wenn bei Erteilung von Seilbahnkonzessionen die zuständige Behörde von den Konzessionären die Zugehörigkeit zu einer bestimmten Partei fordern würde.

Eine Rechtsverletzung im Sinne des Ermessensmissbrauches liegt also vor, wenn sich die Verwaltung von unsachlichen, dem Zweck der massgebenden Vorschriften fremden Erwägungen leiten lässt (BGE 97 I 140, 583) oder wenn sie Ermessen walten lässt, wo das Gesetz ihr keines einräumt oder wo sie statt zweier Lösungen eine dritte wählt (BGE 97 I 583).

Eine weitere Rechtsverletzung ist die *Nichtbeachtung* von *Verfahrensvorschriften*. Die Behörde, die Ermessesnentscheidungen vornimmt, ist ebenso an die Verfahrensvorschriften gebunden wie die Behörde, die unmittelbar Gesetze anzuwenden hat.

II. Besondere Rechtsverhältnisse (besondere Gewaltverhältnisse)

LITERATUR: BÖCKENFÖRDE E.W., GRAWERT R., Sonderverordnungen zur Regelung besonderer Gewaltverhältnisse, AöR 95, 1970, S.1; BROHM W., Verwaltungsvorschriften und besonderes Gewaltverhältnis, DöV 17, 1964, S.238 ff.; DAME R., Das Verhältnis der Grundrechte zu den besonderen Gewaltverhältnissen nach dem deutschen und französischen Staats- und Verwaltungsrecht, Diss. Köln 1965; DONLE H.E., Zur Problematik der besonderen Gewaltverhältnisse unter Berücksichtigung vor allem der Einschränkbarkeit von Grundrechten, Diss. Würzburg 1960; ERICHSEN H.U., Besonderes Gewaltverhältnis und Sonderverordnung. Rückschau und Ausblick. Fortschritte des Verwaltungsrechts, München 1973, S.219 ff.; EVERS H.U., Das besondere Gewaltverhältnis. Gegenwärtige Gestalt und Entwicklungstendenzen, Frankfurt a.M. 1972; FISCHLER W., Besonderes Gewaltverhältnis und verfassungsmässige Rechte nach dem BG v. 30.6.1927 über das Dienstverhältnis der Bundesbeamten, Diss. Zürich 1931; KELLNER H., Zum gerichtlichen Rechtsschutz im besonderen Gewaltverhältnis, DöV 16, 1963, S.418 ff.; KOHL G., Die besonderen Gewaltverhältnisse im öffentlichen Recht, Diss. Zürich 1955; KRUGER H., Die Grundrechte im besonderen Gewaltverhältnis, ZBR 1965, S.309 ff.; KRUGER H., ULE C., Das besondere Gewaltverhältnis, VVDStRL 15, 1957 (2 Referate), S.109 ff., S.133 ff.; LEISNER W., Die schutzwürdigen Rechte im besonderen Gewaltverhältnis, DVBl 75, 1960, S.617 ff.; MALZ H., Das Beamtenverhältnis als besonderes Gewaltverhältnis, ZBR 1964, S.97 ff.; MUNCH I.v, Meinungsäusserung und besonderes Gewaltverhältnis, Diss. Frankfurt a.M. 1957; PAETZOLD H., Der Rechtsschutz im besonderen Gewaltverhältnis, DVBl 89, 1974, S.454 ff.; SELMER P., Der Verwaltungsrechtsschutz in den besonderen Gewaltverhältnissen, DöV 21, 1968, S.342 ff.; THIEME W., Das besondere Gewaltverhältnis, DöV 9, 1956, S.521 ff.; DERSELBE, Der Gesetzesvorbehalt im besonderen Gewaltverhältnis, JZ 19, 1964, S.81 ff.

Als die Parlamente im letzten Jahrhundert ihren grossen Kampf mit der königlichen Gewalt führten, um sicherzustellen, dass der König und seine Beamten nur in die Rechte der Bürger eingriffen, wenn eine gesetzliche Grundlage sie dazu ermächtige, wurde von allem Anfang an der Bereich ausgespart, bei dem der Bürger in einem besonders engen Verhältnis, ja in einem Treueverhältnis zu diesem König stand. Dies galt für Beamte und Soldaten. Es galt aber auch für Schüler, Studenten und Strafgefangene. *Mit der Zeit nahm der König für sich in Anspruch, vom Grundsatz der Gesetzmässigkeit immer dann Umgang zu nehmen, wenn der Bürger durch die Benutzung einer staatlichen Anstalt in ein besonders enges Verhältnis zum Staate trat.* Dies führte dazu, dass verschiedene Anstalten wie Pilze aus dem Boden schossen: Eisenbahnanstalten, Postverkehrsanstalten, Schlachthöfe, Friedhöfe. Wo sie nur konnte, errichtete die Verwaltung Anstalten, um dem Grundsatz der Gesetzmässigkeit der Verwaltung zu entgehen. Diesem Überbleibsel des Untertanenstaates sind die Verwaltungsgerichte nur langsam und unvollkommen zu Leibe gerückt.

A. Wesen und Arten des besonderen Rechtsverhältnisses

1. Arten der besonderen Rechtsverhältnisse

Die besonderen Rechtsverhältnisse sind auf die monarchischer Tradition entsprechenden besonderen Gewaltverhältnisse zurückzuführen. Der Soldat und der Beamte mussten ihrem König treu ergeben sein, wie im Mittelalter der Untertan gegenüber seinem Lehnherrn. Die liberale Entwicklung des letzten Jahrhunderts hat dann den freien Bürger aus dem besonderen Untertanenverhältnis herausgelöst und einem freien «allgemeinen» Gewaltverhältnis unterstellt. Der Soldat und der Beamte blieben aber im besonderen Gewaltverhältnis des Königs. Dieser konnte insbesondere ohne gesetzliche Grundlage in ihre Rechte und Freiheiten eingreifen.

Ein besonderes Rechtsverhältnis liegt überall dort vor, wo der einzelne auf Grund eines Arbeits- oder Pflichtverhältnisses, auf Grund seiner besonderen Stellung als Gefangener oder Schüler oder Benutzer einer Anstalt, zum Beispiel Spital, in ein besonderes Abhängigkeitsverhältnis zum Staat tritt. Im Rahmen dieses Abhängigkeitsverhältnisses untersteht der Pflichtige in der Regel der disziplinarischen Hoheit der Verwaltung.

In diesem Sinne gibt es folgende Arten von besonderen Rechtsverhältnissen: Rechtsverhältnisse der Beamten, des Soldaten, des Schülers, des Benutzers geschlossener Anstalten (Strafgefangener, Psychiatrische Klinik), des Benutzers offener Anstalten (Spital, Post, Eisenbahn, Bibliothek usw.). In einem Abhängigkeitsverhältnis besonderer Natur befindet sich auch der Ausländer, dessen Aufenthalt durch eine Verwaltungsverfügung widerrufen werden kann. Er ist existenziell auf den Aufenthalt in der Schweiz angewiesen. Diese Existenz kann durch einfache Verwaltungsmassnahme gefährdet werden. Dies kommt einer disziplinarischen Befugnis gleich.

So umstritten das besondere Gewaltverhältnis ist, so umstritten ist auch der Begriff (vgl. dazu HUG-BEELI G., Persönliche Freiheit und besondere Gewaltverhältnisse, Zürich 1976). Der Begriff lässt sich in der Tat nur als Ausfluss eines monarchischen Rechtsempfindens verstehen. Deshalb empfiehlt es sich, den vom Bundesgericht verwendeten Ausdruck der besonderen Rechtsverhältnisse zu verwenden.

Entscheidend ist aber weniger der Begriff als vielmehr der Inhalt der besonderen Rechtsverhältnisse. Demzufolge ist zu untersuchen, unter welchen Voraussetzungen ein besonderes Rechtsverhältnis genügende Grundlage für Eingriffe der Verwaltung sein kann.

Was zeichnet dieses besondere Rechtsverhältnis aus? Beim besonderen *Rechtsverhältnis* finden wir immer allgemeine *Generalklauseln, die das Verhältnis der Gewaltunterworfenen zu ihrem Vorgesetzten regeln.* Auf Grund dieser Generalklauseln können einschneidende disziplinarische Massnahmen gefällt werden. Dies gilt für die klassischen Gewaltverhältnisse wie etwa das Beamtenrecht und das Soldatenrecht. Art. 72 MStG (SR 321.0) sagt beispielsweise ganz generell,

> «[1] Wer ein Reglement oder eine andere allgemeine Dienstvorschrift nicht befolgt, wird mit Gefängnis bis zu 6 Monaten bestraft. ...»

Zuständig zum Erlass dieser Reglemente ist gemäss Art. 147 Abs. 2 MStG (SR 510.10) der Bundesrat. In Ziff. 50 des Dienstreglementes hat dieser festgelegt:

> «Jeder Untergebene ist dem Vorgesetzten zu Gehorsam verpflichtet. Er hat jeden erhaltenen Befehl in Dienstsachen so gut und rasch als möglich auszuführen. Die persönliche Meinung des Untergebenen fällt hierbei nicht in Betracht. Die Verweigerung des Gehorsams ist strafbar.»

Vorbehalten bleibt lediglich der Befehl, ein Verbrechen oder ein Vergehen auszuführen.

Eine ähnlich weitgefasste Generalklausel finden wir im bereits erwähnten Beamtenrecht. Art. 22 BtG (SR 172.221.10) hält fest:

> «Der Beamte hat seine dienstrechtlichen Obliegenheiten treu und gewissenhaft zu erfüllen und dabei alles zu tun, was die Interessen des Bundes fördert, und alles zu unterlassen, was sie beeinträchtigt.»

Diese Vorschrift ist neben Art. 24 BtG weitgehend die einzige Rechtsgrundlage für die Massnahmen, die im Rahmen des Disziplinarrechts ergriffen werden.

Ein besonderes Merkmal des Gewaltverhältnisses ist die *Befehls- und Disziplinargewalt* der Vorgesetzten. Diese Gewalt ist aber, wie das ganze Verhältnis, an den *Zweck gebunden*. Über den Zweck hinaus dürfen die Beschränkungen des Gewaltverhältnisses nicht gehen.

So hat das Bundesgericht entschieden, Zweck der Untersuchungshaft sei es, die Voraussetzungen für eine gute Durchführung des Strafprozesses sicherzustellen. Eine Untersuchungsgefangene, die in der Untersuchungshaft malen wolle, könne dies durchaus tun, ohne dass der Zweck der Untersuchungshaft in Frage gestellt werde. Sie könne dies auf ihrem Zimmer tun. Dadurch werde die Anstaltsordnung in keiner Weise beeinträchtigt. Deshalb sei ihr dies zu gestatten.

Andererseits war das Bundesgericht der Meinung, Gefangene dürften keine Zeitungen und Radioempfangsgeräte besitzen, da dadurch die Kontrolle über die eingehende Post bzw. über den technischen Stand der Radioempfangsgeräte nicht sichergestellt würde. Durch Zeitungen könnten ohne weiteres Nachrichten in die Anstalt eingeschmuggelt und Radioempfangsgeräte könnten zu Radiosendern umgebaut werden. Dies entspricht einer kleinlichen Betrachtungsweise. Sie zeigt, dass vor allem auf dem Gebiete des Strafvollzuges das Bundesgericht im Grunde genommen der Ausgestaltung des Gewaltverhältnisses noch weitgehende Freiheit belässt. Mit BGE 102 Ia 279 scheint es allerdings wieder eine liberalere Praxis aufzunehmen und die strenge Praxis vor allem im Lichte der Europäischen Menschenrechtskonvention zu überprüfen.

B. Zulässigkeit und Grenzen der besonderen Rechtsverhältnisse

1. Zulässigkeit

Sind diese besonderen Gewaltverhältnisse zulässig? *Wenn der einzelne in einem besonders engen Verhältnis zum Staate steht, kann der Gesetzgeber unmöglich alle Details regeln.* Der Bürger muss sich gewisse Eingriffe gefallen lassen, die nicht durch eine konkrete, sondern höchstens durch sehr allgemeine und abstrakte Generalklauseln des Gesetzes abgedeckt sind.

Trotzdem müssen wir uns fragen, ob es zulässig ist, beispielsweise einen Beamten auf Grund einer sehr allgemein gefassten Generalklausel aus dem Dienst zu entlassen oder einen Soldaten mit Arrest zu bestrafen, weil er einen Dienstbefehl nicht befolgt hat, der ihn möglicherweise in der Ausübung seiner Grundrechte beschränkte. Das Bundesgericht hat in langjähriger Praxis immer wieder festgehalten, dass *das besondere Gewaltverhältnis nur so weit zu Eingriffen ermächtigt, als dadurch die Verwirklichung des Anstaltsziels, d.h. des Anstaltszweckes, sichergestellt wird.* Der Zweck der Soldatenausbildung ist die Sicherstellung der Kriegstüchtigkeit der Armee, der Zweck des Beamtenrechts ist die Verwirklichung einer funktionstüchtigen Verwaltung und die Sicherstellung einer Staatsverwaltung, die das Vertrauen ihrer Bürger hat. Im Rahmen dieses Zweckes muss der Gewaltunterworfene gewisse Eingriffe in seine Rechte und Freiheiten hinnehmen.

2. Grenzen der besonderen Rechtsverhältnisse

2.1. Zweck

Das Bundesgericht hat im Fall Minelli (BGE 99 Ia 262) festgehalten, der *Gesetzgeber* müsse bei Strafgefangenen die *wesentlichen Voraussetzungen* für *Eingriffe in ihre Freiheit* selber festlegen. Die Strafbehörde ist in der Behandlung ihrer Gefangenen nicht frei, sondern an den Zweck des Gesetzes gebunden. Der Zweck der Strafgefangenschaft ist gemäss Art. 37 StGB die Wiedereingliederung in das bürgerliche Leben, nach moderner Terminologie die *sogenannte Resozialisierung.* Massnahmen, die diesem Zwecke dienen und auch damit begründet werden können, sind im Rahmen des Gewaltverhältnisses zulässig, andere Massnahmen sind im Rahmen des Gewaltverhältnisses nicht zulässig. Derartige Eingriffe dürfen sich aber nur unmittelbar auf das besondere Abhängigkeitsverhältnis beziehen und sich nicht auf die private Tätigkeit des einzelnen ausweiten.

Im Rahmen dieser Schranken ist die Begründung besonderer Rechtsverhältnisse zulässig. Es wäre unverhältnismässig, wollte man vom Gesetzgeber die detaillierte Ausgestaltung aller besonderen Abhängigkeitsverhältnisse verlangen. Ja, die Führung der Anstalt im Interesse der Benutzer könnte dadurch in Frage gestellt werden. Abhängigkeitsverhältnisse im Energie-, Schul-, Gesundheits-, Militär-, Verkehrs- und Entsorgungsbereich müssen flexibel gestaltet werden können. Ein zu grosser Freiheitsbereich des einen könnte sich zu Lasten der anderen auswirken. Die Anstaltsleitung muss der gegenseitigen solidarischen Abhängigkeit aller Benutzer, zum Beispiel im Versicherungswesen (SUVA) Rechnung tragen können. Die Verwirklichung gewisser Staatsaufgaben ist nur möglich, wenn ein *dauerhaftes Verhältnis* zum Bürger geschaffen werden kann, der dem privatrechtlichen Dauervertrag entspricht. Diese Zielsetzung ist unbestritten. Umstritten ist lediglich, mit welchen Mitteln dieses Ziel erreicht werden kann.

Auf dem Gebiete des Militärwesens ist das besondere Gewaltverhältnis an den Zweck, die *Verwirklichung der Kriegstüchtigkeit* der Armee gebunden. Über diesen Zweck hinaus sind Eingriffe in Rechte und Freiheiten der Betroffenen unzulässig. Soldaten können sich zum Beispiel ausserhalb des Dienstes durchaus politisch betätigen. Sie dürfen aber nicht während des Dienstes politisch tätig sein, da dadurch das Verhältnis unter den Soldaten sowie der Dienstbetrieb in Frage gestellt werden kann. Diese klare Abgrenzung entspricht den Weisungen des Ausbildungschefs. Ähnlich wird auch etwa die neue Haartracht der Armee begründet. Wenn zu lange Haare zugelassen werden, kann der Soldat in der Ausübung seiner Pflichten, etwa bei der Waffe, behindert werden. Die Haartracht darf nicht zu Behinderungen führen; aus diesem Grunde ist nicht jede Länge zugelassen. Inwieweit diese Begründung allerdings stichhaltig ist, muss offen bleiben.

Der Zweck des besonderen Gewaltverhältnisses ist eng auszulegen. Wie bereits gesehen, ist es *der Zweck* des Gewaltverhältnisses, der die Behörden dazu ermächtigt, auf Grund einer Generalklausel in Rechte und Freiheiten der Betroffenen einzugreifen. Mussten sich die Studenten früher im Rahmen des studentischen Disziplinarrechts standesgemäss verhalten, hat sich das Disziplinarrecht in der heutigen Zeit im Rahmen der Hochschulreform wesentlich gewandelt. Zweck des besonderen Rechtsverhältnisses ist nicht mehr, das standesgemässe Verhalten von Studenten durchzusetzen, sondern die *Sicherstellung der Ordnung und den ungestörten Betrieb von Lehre und Forschung.* Dadurch werden die Disziplinarbefugnis und die Generalklausel wesentlich eingeschränkt.

Auch das Beamtenrecht unterstellt das Privatleben des Beamten nicht mehr dem besonderen Rechtsverhältnis. **Der Beamte soll im Privatleben möglichst frei sein, er muss auch** seine politische Meinung, soweit dadurch nicht seine Berufstätigkeit beeinträchtigt wird, frei äussern können.

«Die ... getroffene Umschreibung der Vertrauenswürdigkeit als Gewissheit, dass der Dienstpflichtige alles tut, was die Interessen des Bundes fördert, und alles unterlässt, was sie beeinträchtigt, darf nicht so verstanden werden, dass jede politische Betätigung in einer oppositionellen, gesellschaftskritischen Bewegung bereits als verdächtig und die für eine Anstellung notwendige Vertrauenswürdigkeit ausschliessend zu qualifizieren ist» (BGE 99 Ib 138).

In letzter Zeit hat vor allem die Frage, ob Lehrer, die den Militärdienst verweigern, auf disziplinarischem Wege entlassen werden können, Anlass zu grossen Diskussionen gegeben. Auch hier dürfen die Rechte des Beamten *nur soweit eingeschränkt werden, als dies für die Verwirklichung der Aufgaben der Schule unbedingt notwendig ist.* Der Lehrer darf den Schulunterricht nicht für politische Zwecke missbrauchen. Andererseits dürfen ihm von seiten der Schule nicht unnötige Fesseln für seine eigene Meinungsäusserungsfreiheit auferlegt werden. Macht er sich auf irgendeinem Gebiete strafbar, muss, unabhängig vom Urteil des Strafrichters, geprüft werden, ob die Strafmassnahmen auch disziplinarische Folgen nach sich ziehen müssen. Dabei ist zu beachten, dass nach Verbüssung der Strafe der Bestrafte seine Schuld gebüsst und abgetragen hat.

Bei der disziplinarischen Bestrafung ist auf das persönliche Verschulden Rücksicht zu nehmen. Disziplinarische Bestrafungen können für den Betroffenen oft viel schwerwiegendere Konsequenzen haben als strafrechtliche Massnahmen. Ein bedingtes Strafurteil hat in der Regel für den Betroffenen weniger unmittelbare Folgen als eine disziplinarische Entlassung aus dem Amt, die seine ganze Existenz in Frage stellen kann. *Aus diesem Grunde müssen disziplinarische Entscheidungen in einem ähnlichen sorgfältigen Verfahren erlassen werden wie strafrechtliche Urteile.* Zu berücksichtigen ist nicht nur der *Disziplinarfehler*, sondern auch das *Verschulden* des Betroffenen, seine *persönlichen Verhältnisse und sein Charakter.* Deshalb hat das Verwaltungsgericht die Befugnis, bei schweren Disziplinarstrafen gegen Beamte das Ermessen der Verwaltung zu überprüfen (Art. 104 lit. c Ziff. 2 OG). Überdies sollten die Soldaten auf Grund von Entscheidungen der Europäischen Menschenrechtskommission gegen Arreststrafen bei einem unabhängigen Gericht Beschwerde einreichen können.

2.2. Grundrechte

Die Tatsache, dass der Staat im Rahmen des besonderen Gewaltverhältnisses weniger an den Grundsatz der Gesetzmässigkeit der Verwaltung gebunden ist, hat dazu geführt, dass bereits im letzten Jahrhundert die Anstalten, deren Benutzer einem besonderen Rechtsverhältnis unterstehen, wie Pilze aus dem Boden schossen. Überall hat der Staat Anstalten geschaffen, um dem Erfordernis einer klaren gesetzlichen Grundlage bei der Beschränkung der Rechte von Bürgern zu entgehen.

Deshalb müssen die Verfassungs- und Verwaltungsgerichte durch *Zurückweisung zu allgemeiner Blankettvorschriften oder durch ihre einschränkende verfassungskonforme Auslegung* den Gesetzgeber zwingen, Schranken der Rechte der dem besonderen Rechtsverhältnis unterstellten Personen soweit möglich zu umschreiben.

Im Rahmen des besonderen Rechtsverhältnisses kommen den folgenden verfassungsrechtlichen Grundrechten entscheidende Bedeutung zu: Der Grundsatz der Rechtsgleichheit, das rechtliche Gehör bei allen Disziplinarverfahren, der Grundsatz der Meinungsäusserungs- und der persönlichen Freiheit. Die Grundrechte dürfen nur im Notfall, unter Beachtung des Grundsatzes der Verhältnismässigkeit, wenn es zur Verwirklichung der Zwecke des besonderen Gewaltverhältnisses unabdingbar ist, auf Grund einer gesetzlichen Generalklausel beschränkt werden.

Das besondere Gewaltverhältnis kann zu einer einschneidenden Beeinträchtigung der persönlichen Freiheit, ja sogar der verfassungsrechtlichen Grundrechte führen. Der Soldat, der nicht immer und überall seinen politischen Willen zum Ausdruck bringen kann, wird in seiner Meinungsäusserungsfreiheit beschränkt. Die Kleidung und Haartracht des Menschen ist ein Element seiner persönlichen Entfaltung, sie kann aber im Rahmen des besonderen Gewaltverhältnisses eingeschränkt werden. Ist dies ohne ausdrückliche gesetzliche Ermächtigung zulässig?

Das Bundesgericht hält in seiner neueren Praxis fest, dass *zumindest die wesentlichen Schranken des Gewaltverhältnisses im Gesetz umschrieben sein müssen.* Aber in diesem Rahmen kann die Behörde im besonderen Rechtsverhältnis auf Grund sehr weitgefasster Generalklauseln handeln. Dies muss umsomehr zu Bedenken Anlass geben, als in der heutigen Zeit je länger je mehr Menschen in irgendeiner Weise dem besonderen Gewaltverhältnis unterstellt sind. Die Ausdehnung der staatlichen Aktivitäten auf die Wohlfahrt des Bürgers führt dazu, dass immer mehr Personen in immer grösseren Bereichen vom Staat abhängig werden und somit dem besonderen Gewaltverhältnis unterworfen sind.

C. Ein Gewaltverhältnis besonderer Natur

In einem Gewaltverhältnis besonderer Natur befinden sich die *Ausländer*. Grundsätzlich spricht man bei den Ausländern nicht von einem Gewaltverhältnis. Faktisch sind sie aber dennoch auf Grund des ANAG (Bundesgesetz über den Aufenthalt und die Niederlassung von Ausländern, SR 142.20) in einem besonderen Abhängigkeitsverhältnis von der Fremdenpolizei.

Gemäss Art. 9 Abs. 2 ANAG kann für Ausländer auf administrativem Weg die Aufenthaltsbewilligung widerrufen werden. Das Bundesgericht *hat* die Stellung bei Beschwerden gegen den Widerruf von Aufenthaltsbewilligungen des Ausländers allmählich verbessert (BGE 102 Ia 97). Die *Erteilung und insbesondere die Erneuerung* von Aufenthaltsbewilligungen sind aber dem *freien Ermessen* der Behörden anheimgestellt (BGE 100 Ib 228). Da die Aufenthaltsbewilligungen nach einem Jahr erneuert werden, sind die Ausländer weitgehend dem Ermessen der Verwaltung überantwortet.

Die Nichterneuerung einer Aufenthaltsbewilligung kann für Arbeitnehmer und ihre Familien existenzielle Folgen haben. Das Bundesgericht kann deshalb eine Beschwerde eines Ausländers gegen die Nichterneuerung der Aufenthaltsbewilligung nicht einmal überprüfen, wenn elementare Verfahrensvorschriften missachtet werden. Dies führt dazu, dass die Verwaltung, ohne Überprüfung irgendwelcher Informationen auf Grund von unsicheren Anschuldigungen, die Ausländer ihrem Schicksal überlassen kann. Da kein Anspruch auf Aufenthaltsbewilligung besteht, kann das Bundesgericht nicht überprüfen, ob die Behörden im Rahmen von Art. 4 BV gehandelt, geschweige denn andere Grundrechte unserer Staatsordnung beachtet haben.

Die Ausländer kommen nur für eine Zeit — und während dieser Zeit bedingt — in den Genuss unserer rechtsstaatlichen Ordnung. *Der Rechtsstaat auf Zeit ist kein Rechtsstaat*, da der Ausländer befürchten muss, nach kurzer Zeit wieder dem nicht überprüfbaren Ermessen ausgesetzt zu sein. Er ist damit während der ganzen Zeit seines Aufenthaltes der Verwaltung ausgeliefert. Über ihm hängt das Damoklesschwert der Nichterneuerung der Aufenthaltsbewilligung.

III. Die polizeiliche Generalklausel

LITERATUR: DENNINGER E., Polizei und demokratische Politik, JZ 25 1970, S. 145 ff.; DÜRIG G., Art. 2 des GG und die Generalermächtigung zu allgemeinen polizeilichen Massnahmen, AöR 79, 1953/54, S. 57 ff.; DÜRR R.R., Die polizeiliche Generalklausel, Diss. Zürich 1967; GRISEL E.T., La définition de la police. Stabilité et dynamisme du droit dans la jurisprudence du Tribunal fédéral suisse, Basel 1975, S. 91 ff.; HEDEMANN J.W., Die Flucht in die Generalklauseln, Tübingen 1933; HUBER H., Grundrechte und Polizeigewalt, ZBl 53, 1952, S. 233 ff.; JELLINEK W., Gesetz, Gesetzesanwendung und Zweckmässigkeitserwägungen. Zugleich ein System der Ungültigkeitsgründe von Polizeiverordnungen und Verfügungen, Tübingen 1913; JOST A., Die neueste Entwicklung des Polizeibegriffs im schweizerischen Recht, Diss. iur. Bern 1975, Abhandlungen zum schweizerischen Recht, NF 438; KAUFMANN E., Der polizeiliche Eingriff in Freiheiten und Rechte, Frankfurt a.M. 1951; KIRSCHBAUM E., Bürger, Unruhen, Polizei, Bonn u.a. 1969; MARTENS W., Zum Rechtsanspruch auf polizeiliches Handeln, JuS 1961, S. 245 ff.; MATHYS H., Zum Begriff des Störers im Polizeirecht, Diss. Zürich 1974; SCHMALZ H.P., Die Grenzen des Opportunitätsprinzips im heutigen deutschen Polizeirecht, Berlin 1966, Schriften zum öffentlichen Recht, Bd. 40.

A. Wesen der polizeilichen Generalklausel

In bestimmten Fällen kann eine Kantonsregierung oder Gemeindebehörde zur Wiederherstellung von Ruhe und Ordnung, ohne besondere gesetzliche Ermächtigung, einschreiten und in die Grundrechte der Bürger eingreifen. Diese Befugnis steht den Behörden auf Grund der sogenannten polizeilichen Generalklausel zu. Was ist darunter zu verstehen? *Wenn ein Polizeigut konkret und aktuell gefährdet ist, kann die Behörde zur Abwehr der Gefahr bzw. zum Schutze des Polizeigutes die notwendigen und verhältnismässigen Massnahmen ergreifen.*
Welches sind die Voraussetzungen für das Handeln nach der allgemeinen polizeilichen Generalklausel?

1. Schutz des Polizeigutes

Es muss sich um die Gefährdung eines *Polizeigutes* handeln: Polizeigüter sind u.a. öffentliche Ordnung, Ruhe, Treu und Glauben im Geschäftsverkehr, Sittlichkeit, Ehre, Leib und Leben, Gesundheit und Eigentum. Im Rahmen der Baupolizei werden sogar die Ästhetik, im Rahmen des Natur- und Heimatschutzes die Naturschönheiten zu Polizeigütern. *Nur zum Schutze derartiger Güter* darf die Polizei ohne gesetzliche Grundlagen Massnahmen ergreifen. Dabei darf sie den Rechtsbegriff dieser Polizeigüter *nicht willkürlich extensiv auslegen.* Die Ordnung beispielsweise ist als die *verfassungsrechtlich gewährleistete Entfaltungsmöglichkeit und Freiheit jedes einzelnen Bürgers* zu verstehen. Ordnung und Ruhe ist keine Grabesstille. Die Ordnung steht nicht im Gegensatz zum Recht. Ordnung gibt es nur durch das Recht und im Recht. Ordnung ist die Voraussetzung für die Verwirklichung der verfassungsmässigen Rechte der Bürger. Eine Ordnung gegen die Verfassung, die zur Vernichtung der Freiheitsrechte der Bürger führt, ist kein Polizeigut. Ordnung dient der Verwirklichung einer Friedensordnung in der Gesellschaft, die nur auf einem gerechten Ausgleich aller gesellschaftlicher Interessen beruhen kann und nicht zur Unterdrückung einer Minderheit führen darf.

Ähnliches ist von den anderen Polizeigütern zu sagen. *Sie müssen immer im Lichte der verfassungsmässigen Rechte und Grundwerte betrachtet werden.* Die Sittlichkeit beispielsweise ist kein absoluter Begriff, der, losgelöst von der Meinungsäusserungsfreiheit, existieren kann.

2. Gefährdung des Polizeigutes

Das Polizeigut muss aktuell und konkret gefährdet sein. Eine *abstrakte Gefahr* genügt nicht. So ist beispielsweise eine kantonale Regierung nicht befugt, auf Grund einer möglichen Gefährdung der Gesundheit der Menschen, im gesamten Kanton das Rauchen zu verbieten. Rauchen kann zwar der Gesundheit schaden. Dies ist aber eine abstrakte Gefahr, die nicht ein sofortiges Eingreifen der Behörden erforderlich macht.

Ähnliches gilt auf dem Gebiete des Umweltschutzes. Motorenlärm und Abgase der Fahrzeuge sind unbestrittenermassen schädlich. Die Gefahr ist aber nicht so konkret und aktuell, als dass nicht der Gesetzgeber selber eingreifen könnte. Aus diesem Grunde kann die Regierung nicht ohne gesetzliche Ermächtigung handeln.

Nicht jede Beeinträchtigung des öffentlichen Interesses kann zu einem polizeilichen Eingreifen ermächtigen. Es muss sich um eine *aktuelle Gefahr* handeln. Was unter einer aktuellen Gefahr zu verstehen ist, hat das Bundesgericht verschiedentlich in seinen Urteilen festgelegt, wobei allerdings eine konstante und klare Praxis aus den Entscheiden des Bundesgerichtes nicht ersichtlich ist. Es muss aber mit einer *an Sicherheit grenzenden Wahrscheinlichkeit angenommen werden, dass ohne sofortiges Eingreifen der Behörden Polizeigüter ganz wesentlich und ernsthaft verletzt werden.* Nach der Praxis des Bundesgerichts steht den Behörden in der Regel ein Ermessensspielraum zu, in dessen Rahmen sie selber beurteilen müssen, wann eine solche konkrete und aktuelle Gefährdung vorliegt. Das Bundesgericht beschränkt sich darauf, bei dieser «Tatfrage» lediglich zu prüfen, ob sie den Sachverhalt der Wahrscheinlichkeit der Gefährdung mit aller Umsicht abgeklärt haben.

Neben der zeitlichen Aktualität muss die *Gefährdung konkret sein, d.h. es muss festliegen, welches Polizeigut bzw. welche Person oder Personenmehrheit gefährdet ist.* Es muss klar sein, welches Polizeigut *in welcher Weise gefährdet* ist.

B. Grenzen der polizeilichen Massnahmen

1. Verhältnismässigkeit

Die polizeilichen Massnahmen müssen verhältnismässig sein. *Zwischen der Bewertung des zu schützenden Polizeigutes und den Eingriffen in die Grundrechte muss ein ausgewogenes Verhältnis bestehen.* Zum Schutz der Ästhetik im Baurecht darf nicht ein staatliches Baumonopol begründet werden. Mit anderen Worten muss auch das Mittel verhältnismässig sein, mit dem ein bestimmtes Ziel erreicht werden soll. Die Polizei, die auf Autobahnen Geschwindigkeitskontrollen durchführt, darf beispielsweise zur Durchsetzung der Geschwindigkeitsbeschränkung nicht auf die Pneus jener Autofahrer schiessen, die die Geschwindigkeit übertreten. Da würde das Mittel weit über das Ziel, nämlich die Durchsetzung der Geschwindigkeitsbegrenzung, hinausschiessen. Wenn zwischen verschiedenen Mitteln ausgewählt werden kann, muss vielmehr das für den Bürger mildere verwendet werden.

Der Grundsatz der Verhältnismässigkeit verlangt aber auch eine sachliche, räumliche und zeitliche Einschränkung der Massnahmen. Um eine Demonstration in Moutier zu verhindern, muss nicht der ganze Verkehr im Kanton Bern für eine Woche gesperrt werden. Der Grundsatz der Verhältnismässigkeit verlangt von der Polizei, mit viel Psychologie und Einfühlungsvermögen die Massnahmen zu ergreifen, die zum allmählichen Abbau der Gewalt führen und nicht die Gemüter aufheizen.

2. Störerprinzip

Ein weiterer Grundsatz des Polizeirechts ist die Beschränkung polizeilicher Massnahmen auf den Störer. *Nur derjenige, der die polizeiliche Ordnung stört, darf in seinen Rechten ohne gesetzliche Grundlage beschränkt werden.* Schon in seinen frühen Urteilen hat das Bundesgericht das Verbot von Veranstaltungen der Heilsarmee auf öffentlichen Plätzen geschützt, weil sie Anlass zu Auseinandersetzungen mit den Passanten gaben, obwohl die Störung der Ordnung von den Passanten ausging, die die Heilsarmee vom Platze weisen wollten (BGE 12, 93). Damit hat es den Begriff des Störers auf den Veranlasser ausgedehnt.

Zu unterscheiden ist neuerdings zwischen demjenigen, der durch sein unmittelbares Verhalten die Ordnung stört oder durch Dritte, zum Beispiel Kinder stören lässt, für die er verantwortlich ist, und dem «Zustandsstörer», d.h. demjenigen, der verpflichtet ist, eine Gefährdung oder Störung zu verhindern (BGE 101 Ib 414). Diese Klärung führt das Bundesgericht wieder zurück zu einem begrenzten Begriff des Störers. Störer ist eben nur, wer letztlich eine Rechtspflicht verletzt, nur ihn darf eine polizeiliche Massnahme treffen. So wird im Strassenverkehr nicht nur der Zustandsstörer, sondern auch der Verhaltensstörer polizeilich erfasst. Das Verbot übermässiger Reklamen ist ein Beispiel dafür. Übermässige Reklamen sind verboten, weil sie den Fahrzeuglenker vom Verkehr ablenken könnten. Unmittelbare Störer der Verkehrsordnung sind nicht die Reklamen, sondern die Fahrzeuglenker, die nicht auf den Verkehr achten. Allerdings besteht ein so starker Zusammenhang zwischen Reklame und Verkehrsstörung, dass auch hier zulässigerweise ein Grundstückeigentümer in seinen Rechten beschränkt werden kann (vgl. Art. 6 SVG), weil er keinen gefährlichen Zustand schaffen darf. So hat auch das Bundesgericht entschieden, es sei zulässig, das Anbringen eines Warenautomaten an einer Strassenmündung zu verbieten, wenn dadurch der Verkehr gefährdet werde (BGE 87 I 112).

3. Subsidiarität

Eine weitere Schranke dieser polizeilichen Generalklausel ist die Subsidiarität. Wenn nämlich *der Gesetzgeber bereits generelle Regelungen zur Gefahrenabwehr erlassen hat, darf die Polizei nicht noch zusätzlich in die Rechte der Bürger eingreifen.* Wenn bereits ein Baugesetz besteht, darf der Gemeinderat nicht auf Grund der Generalklausel zusätzliche Beschränkungen und Bauvorschriften erlassen.

Unzulässig ist beispielsweise, ohne ausdrückliche gesetzliche Ermächtigung auf Grund der polizeilichen Generalklausel einen Grundeigentümer zu verpflichten, beim Bau seines Hauses Parkplätze für die Besucher vorzusehen (ZBl 61, 1960, S. 11). Bei diesem Entscheid stellt sich allerdings die Frage, ob die Vorschrift überhaupt als Beschränkung des Eigentums gewertet werden kann. Berechtigt das Eigentum den Eigentümer, eine öffentliche Sache, zum Beispiel die Strasse, unmittelbar zu belasten? Das Eigentum ist territorial begrenzt, es darf Nachbargrundstücke nicht belasten. Ganz generell ist zu sagen, dass bei Vorliegen besonderer gesetzlicher Vorschriften nicht auf die Polizeiklausel gegriffen werden kann.

Im Rahmen dieser Schranken kann aber die Behörde in die Grundrechte der Bürger eingreifen, zum Beispiel in ihre persönliche Freiheit, wenn es darum geht, einen Terrorangriff abzuwenden. In diesem Fall sind die Privaten auch zur Erteilung der notwendigen Auskünfte an die Polizei verpflichtet. Zulässig sind aber auch Beschränkungen der Eigentumsrechte, zum Beispiel des Grundeigentums, Beschränkungen der Freiheitsrechte wie etwa der Meinungsäusserungsfreiheit bei Demonstationen oder Beschränkungen der Vereinsfreiheit.

4. Behebung des Notstandes

Es entspricht dem Wesen der polizeilichen Generalklausel, dass sei *nur so lange zu ausserordentlichen Massnahmen berechtigt wie der Notstand andauert.* Ist der Notstand einmal behoben, darf die Verwaltung nur auf Grund ausdrücklicher gesetzlicher Ermächtigung handeln. Dauert der Notstand längere Zeit an, ist die Regierung verpflichtet, *dem Parlament zu beantragen, den ausserordentlichen Zustand durch ein ordentliches Gesetz zu regeln.* Die Verwaltung darf nur dann ohne gesetzliche Grundlagen handeln, wenn ohne weiteres klar ist, dass der Gesetzgeber ohnehin keine Zeit hätte, die notwendigen Massnahmen auf dem ordentlichen Gesetzgebungsweg zu regeln.

Von der polizeilichen Generalklausel muss der *Notstand unterschieden* werden. *Ein staatlicher Notstand liegt vor, wenn mit den Mitteln der normalen Rechtsordnung ein Notstand, zum Beispiel Katastrophe, Krieg, Landesversorgung usw., nicht behoben werden kann und für eine gewisse Zeit bestehende Gesetze ausser Kraft gesetzt werden müssen.* Die polizeiliche Generalklausel hingegen ermächtigt die Regierung nur im Rahmen der bestehenden Rechtsordnung zu handeln. Der Grundsatz der Subsidiarität stellt sicher, dass sie keine Massnahmen ergreifen darf, die sich gegen bestehendes Recht richten oder bereits durch bestehende Gesetze abschliessend geregelt sind.

Umgekehrt kann aus dem Grundsatz der Subsidiarität geschlossen werden, dass der Gesetzgeber beim Erlass von Polizeigesetzen eine grössere Befugnis hat als die Regierung, die unmittelbar auf Grund der polizeilichen Generalklausel handelt. Der Gesetzgeber kann beispielsweise zum Schutze gegen abstraktere Gefahren (Umweltschutz) Polizeigesetze erlassen, nicht aber die Regierung.

5. Zusammenfassung

Zusammenfassend kann folgendes festgehalten werden: Der Polizeibegriff hat verschiedene Funktionen: Einmal ermächtigt er die Regierung, ohne gesetzliche Grundlage durch Verordnung oder Einzelverfügung in die Rechte der Bürger einzugreifen. In diesem Falle muss der Polizeibegriff sehr eng ausgelegt werden. Verordnungen und Verfügungen ohne gesetzliche Grundlage sind nur zulässig, wenn ein elementares Polizeigut geschützt werden muss, das aktuell und konkret gefährdet ist, die Massnahmen verhältnismässig sind und sich an das Störerprinzip halten. Die Regierung ist aber verpflichtet, bei langfristigen Massnahmen dem Parlament sobald als möglich den Erlass eines besonderen Gesetzes vorzuschlagen.

Des weiteren ermächtigt das Polizeirecht den Gesetzgeber durch Polizeigesetze, zum Beispiel Baurecht, in die Freiheit des einzelnen (Eigentumsgarantie) einzugreifen. In diesem Falle steht dem Gesetzgeber eine umfassendere Befugnis zu. Er kann bereits präventiv tätig werden, wie zum Beispiel im Umweltschutz. Das Bundesgericht ermächtigt den Gesetzgeber in diesem Rahmen aber auch, *sozialpolitische* Massnahmen zur Beschränkung der HGF und der Eigentumsgarantie zu treffen, die sich rein polizeilich nicht mehr als Gefahrenabwehr rechtfertigen lassen. Der Polizeibegriff dient auch dazu, festzustellen, ob Beschränkungen des Eigentums zu einer Entschädigung verpflichten.

Schliesslich wird der Polizeibegriff für die Abgrenzung von Kompetenzen des Bundes und der Kantone verwendet. In diesem Fall muss die Abgrenzung unter Würdigung des Polizeirechts, zum Beispiel Gewerbepolizei, durch eine sorgfältige, ganzheitliche Interpretation der Verfassung erfolgen. Diese verschiedenen Verwendungsmöglichkeiten des Polizeibegriffs müssen den Bürger natürlich notwendigerweise verwirren, zumal er je nach seiner Funktion einen anderen Inhalt hat.

C. Anspruch auf Polizeischutz

Dem Recht der Polizei auf Eingriff steht die *Pflicht der Polizei, zum Schutze des Bürgers einzuschreiten, gegenüber.* Zwar hat die Polizei ein gewisses *Ermessen* zu beurteilen, wann und wie sie zum Schutze des Bürgers eingreifen will. Sie kann aber auf ihre Schutzpflicht nicht willkürlich verzichten. Erfüllt sie ihre Schutzpflicht willkürlich nicht und führt dies zu einer Schädigung des Betroffenen, kann allenfalls, sofern die Gesetze dies vorsehen, der Staat haftbar werden. Wenn sich eine Gemeinde grundlos weigert, an einer gefährlichen Stelle eine Verkehrssignalisation zu errichten, um Verkehrsunfälle zu verhindern, kann sie für den Schaden, der durch derartige Unfälle entsteht, haftbar gemacht werden.

Die Polizei ist also verpflichtet, zum Schutze des Bürgers einzuschreiten. Natürlich muss sie weitgehend selber beurteilen, welche Mittel sie zum Schutz des Bürgers einsetzen will. Sie muss abwägen, ob tatsächlich eine konkrete Gefährdung vorliegt, die ein sofortiges Eingreifen ihrerseits notwendig macht. *Der Bürger kann von der Polizei nicht Unmögliches verlangen.* Wenn sie nicht genügend personelle Mittel zur Verfügung hat, kann sie nicht tausende von Schutzaufgaben übernehmen. Neben den personellen sind auch die finanziellen Mittel in Betracht zu ziehen. Ein Quartier kann nicht verlangen, dass anstatt einer Verkehrssignalisation eine Fussgänger-Unter- oder Überführung gebaut wird, wenn dies für die Gemeinde zu teuer ist.

D. Hilfsmassnahmen des Staates

Ähnlich wie bei der polizeilichen Generalklausel ist das Gemeinwesen befugt, *zugunsten von Privaten Hilfsmassnahmen zu ergreifen, wenn eine Notlage vorliegt und gesetzliche Grundlagen und Richtlinien für die Behebung der Notlage fehlen.* Das Gemeinwesen kann zugunsten Katastrophengeschädigter auch ohne gesetzliche Grundlage eingreifen und ihnen entsprechende staatliche Hilfe in Geld oder Sach- oder auch personellen Mitteln zukommen lassen. Dabei ist es selbstverständlich an ähnliche Grundsätze wie bei der polizeilichen Generalklausel gebunden. Es kann nicht ausgleichende Sozialmassnahmen treffen, wenn es dazu nicht durch Gesetze ermächtigt ist.

Das Gemeinwesen ist aber befugt, lawinengeschädigten Gebieten Sofortmassnahmen zukommen zu lassen, um ihnen die Möglichkeit zu geben, so schnell als möglich die Voraussetzungen zu einer neuen, eigenständigen wirtschaftlichen Existenz zu schaffen. Aber auch hier gilt der *Grundsatz der Subsidiarität und der Verhältnismässigkeit.* Das Gemeinwesen darf beispielsweise nicht verpflichtet werden, über seine Möglichkeiten hinaus entsprechende Aktionen zu verwirklichen.

Das Gemeinwesen schüttet oft Subventionen ohne gesetzliche Grundlage aus. Handelt es sich um Massnahmen im Rahmen staatlicher Hilfsaktionen, ist dagegen nichts einzuwenden. Im Gegenteil, der Sozialstaat ist zur Hilfeleistung verpflichtet. Sind die Subventionen aber nicht zur *unmittelbaren Behebung einer Notlage bestimmt,* bedarf die Subvention einer gesetzlichen Grundlage.

Neben dem Gesetz sind Subventionen nur über den Weg von öffentlich-rechtlichen Verträgen zulässig. Diese Verträge dürfen aber nicht gegen Grundsätze der Rechtsordnung verstossen. Vor allem dürfen über diesen Weg *keine strukturpolitischen Massnahmen* vorgenommen werden. Dies würde letztlich zu einer Aushöhlung des Grundsatzes der Gesetzmässigkeit und damit auch der Verfassungsmässigkeit der Verwaltung auf dem Wege der Wohlfahrts- und Leistungsverwaltung führen. Gerade in der heutigen Zeit, wo die Abhängigkeit des Bürgers vom Staat weiter zunimmt, muss das *Verwaltungsrecht dafür sorgen, dass die Freiheit des Bürgers weiterhin gewährleistet bleibt. Die Abhängigkeit vom Wohlfahrtsstaat darf nicht zu einer Beeinträchtigung der Freiheit des Bürgers führen.*

IV. Vertragliche Vereinbarungen

LITERATUR: BEIHHARDT G., Der öffentlich-rechtliche Vertrag als Regelungsbefugnis der öffentlichen Verwaltung im deutschen, französischen und spanischen Recht, Diss. München 1960; BLECKMANN A., Subordinationsrechtlicher Verwaltungsvertrag und Gesetzmässigkeit der Verwaltung, VA 63, 1972, S. 404 ff.; BULLINGER M., Vertrag und Verwaltungsakt, Stuttgart 1962; GÖLDNER D., Gesetzmässigkeit und Vertragsfreiheit im Verwaltungsrecht, JZ 31, 1976, S. 352 ff.; GRUND H., Die Konkurrenz zwischen subordinationsrechtlichem Verwaltungsvertrag und Verwaltungsakt, DVBl 87, 1972, S. 884 ff.; GÖTZ V., Der rechtswidrige verwaltungsrechtliche Vertrag, DöV 26, 1973, S. 298 ff.; DERSELBE, Hauptprobleme des verwaltungsrechtlichen Vertrags, JuS 1970, S. 1 ff.; IMBODEN M., Der verwaltungsrechtliche Vertrag, Basel 1958 (auch ZSR NF 77 II, 1958, S. 1a ff.); MARTENS J., Normenvollzug durch Verwaltungsakt und Verwaltungsvertrag, AöR 89, 1964, S. 429 ff.; MAYER O., Der verwaltungsrechtliche Vertrag, AöR 40, 1921, S. 244 ff.; OEHLINGER TH., Das Problem des verwaltungsrechtlichen Vertrags, Salzburg 1974; SALZWEDEL J., Die Grenzen der Zulässigkeit des öffentlich-rechtlichen Vertrags. Neue Kölner Rechtswissenschaftliche Abhandlungen, Heft II, Köln 1958; SCHMIDT-SALZER J., Tatsächlich ausgehandelter Verwaltungsakt, zweiseitiger Verwaltungakt und verwaltungsrechtlicher Vertrag, VA 62, 1972, S. 135 ff.; STEIN E., Der Verwaltungsvertrag und die Gesetzmässigkeit der Verwaltung, AöR 86, 1961, S. 320 ff.; THIEME W., Der verfassungswidrige Verwaltungsvertrag, NJW 27, 1974, S. 2201 ff.; TOBLER, Die «clausula rebus sic stantibus» bei verwaltungsrechtlichen Verträgen, Diss. München 1970; WEIL P., Le renouveau de la théorie du contrat administratif et ses difficultés. Mélanges en l'honneur du Professeur Michel Stassinopoulos, Paris 1974, S. 217 ff.; DERSELBE, Le critère du contrat administratif en crise. Mélanges offerts à Marcel Waline, Paris 1974, S. 831 ff.; WENZEL J., Der Begriff des verwaltungsrechtlichen Vertrags. Staats- und Kommunalverwaltung 20, 1974, S. 57 ff.; ZWAHLEN H., Le contrat de droit administratif, ZSR NF 77 II, 1958, S. 461a ff.

Es liegt im Wesen der modernen Verwaltung, dass sie vor allem auf der unteren Stufe der Gemeinde oder der Anstaltstätigkeit sehr *informelle Beziehungen zum einzelnen Bürger pflegt und über den Weg von gegenseitigen Abmachungen und Zusicherungen ihre Aufgaben zu verwirklichen sucht.* Damit stellt sich die Frage, welchen Stellenwert derartige Abmachungen haben, inwieweit sie zulässig sind und was für Rechtswirkungen ihnen zukommen sollen.

Es liegt im Wesen der modernen Verwaltung, dass sie vor allem auf der unteren Stufe der Gemeinde oder der Anstaltstätigkeit sehr *informelle Beziehungen zum einzelnen Bürger pflegt und über den Weg von gegenseitigen Abmachungen und Zusicherungen ihre Aufgaben zu verwirklichen sucht.* Damit stellt sich die Frage, welchen Stellenwert derartige Abmachungen haben, inwieweit sie zulässig sind und was für Rechtswirkungen ihnen zukommen sollen.

A. Rechtsnatur der Vereinbarungen

Die klassische Verwaltungslehre hat Abmachungen zwischen der Verwaltung und dem Bürger soweit als möglich den Verfügungen zugeordnet. Verfügungen, die der Zustimmung des betroffenen Bürgers bedurften, wurden schlechthin als zustimmungsbedürftige Verfügungen qualifiziert. «Vertrag gedeiht nur auf dem Boden der Gleichheit» (OTTO MAYER). Deshalb kann es im Obrigkeitsverhältnis zwischen Staat und Bürger gar keine vertragliche Vereinbarung geben.

Die moderne Verwaltungslehre und insbesondere die Praxis der Gerichte hat sich aber nicht an diesen dogmatischen Grundsatz gehalten und dem *Vertrag einen eigenständigen Stellenwert im Verwaltungsrecht eingeräumt.* Dabei ist grundsätzlich zu unterscheiden zwischen dem privatrechtlichen und dem öffentlich-rechtlichen Vertrag. Der *privatrechtliche* Vertrag zwischen Bürger und Verwaltung regelt Angelegenheiten, die nicht dem öffentlichen Recht, sondern dem Privatrecht unterstellt sind wie Kauf, Verkauf, Erstellung eines Gebäudes (Werkvertrag) usw. Er wird *grundsätzlich von gleichgestellten Partnern abgeschlossen und ist zulässig, soweit keine ausdrücklichen öffentlich-rechtlichen Normen entgegenstehen.* Als privatrechtlich sind vor allem alle jene Vereinbarungen zu bezeichnen, die sinnvollerweise dem Privatrecht zugeordnet werden können. Dort, wo wir bereits im Privatrecht *typische Formen* des Vertrages haben (Kauf- oder Werkvertrag), soll das öffentliche Recht nicht neue Formen schaffen.

Dem Abschluss eines privatrechtlichen Vertrages kann eine *Verfügung* (etwa der Entscheid, mit wem der Staat einen Vertrag abschliessen will) *vorgehen.* Dieser Entscheid untersteht vor allem dann den Grundsätzen des öffentlichen Rechts (*Zweistufentheorie*) wenn er in Anwendung öffentlich-rechtlicher Vorschriften, zum Beispiel einer Submissionsordnung oder in unmittelbarer Anwendung von Art. 4 BV, zu erfolgen hat. Während Streitigkeiten über den Inhalt und die Anwendung eines privatrechtlichen Vertrages von einem Zivilgericht zu beurteilen sind, untersteht die Verfügung den öffentlich-rechtlichen Vorschriften über das Verwaltungsverfahren. Die schweizerische Praxis steht dieser Zweistufentheorie allerdings sehr skeptisch gegenüber, obwohl dadurch der Doppelnatur der Vereinbarung besser Rechnung getragen werden könnte.

Der *öffentlich-rechtliche Vertrag* regelt demgegenüber *Gegenstände,* die tpyischerweise dem öffentlichen Recht zuzuordnen sind wie: die Enteignung, das Abgaberecht, das Baurecht, das Anstaltsrecht, staatliche Subventionen usw. Der öffentlich-rechtliche Vertrag *untersteht den Grundsätzen des öffentlichen Rechts,* was nicht ausschliesst, dass privatrechtliche Grundprinzipien, zum Beispiel Treu und Glauben, Willensmängel, Verjährung usw. im öffentlichen Recht analog angewendet werden. Entscheidend ist aber, dass über die Gültigkeit des Vertrages im *öffentlich-rechtlichen* und nicht im *zivilrechtlichen Verfahren* entschieden wird.

Die Anwendung des öffentlichen Rechts führt auch dazu, dass die *Kantone* im Rahmen ihrer öffentlich-rechtlichen Befugnisse frei sind, Regeln über Rechtsnatur, Abschluss, Inhalt und Rechtswirkungen der öffentlich-rechtlichen Verträge aufzustellen.

Öffentlich-rechtliche Verträge können zwischen dem *Gemeinwesen und dem Privaten* (BGE 92 I 423) abgeschlossen werden. Viele öffentlich-rechtliche Verträge werden aber *zwischen den Körperschaften des öffentlichen Rechts,* zum Beispiel den Gemeinden oder den Anstalten abgeschlossen. Auch diese Verträge unterstehen den Grundsätzen des öffentlichen Rechts. Wenn die *Privaten* Gegenstände des öffentlichen Rechts regeln, zum Beispiel Eliminierung gewisser Tiere im Landwirtschaftsrecht, unterstehen diese Vereinbarungen ebenfalls dem öffentlichen Recht (BGE 99 Ib 120).

B. Zulässigkeit des öffentlich-rechtlichen Vertrages

Unzulässig sind öffentlich-rechtliche Verträge, die *gegen klare Vorschriften des Gesetzes gerichtet sind.* Dazu gehören Abmachungen auf dem Gebiete des Abgaberechts, mit denen Vorschriften des Steuerrechts umgangen werden (zum Beispiel BGE 87 I 383) (vgl. auch das Konkordat zwischen den Kantonen über den Abschluss von Steuerabkommen vom 10. Dezember 1948).

Zulässig sind andererseits alle jene Verträge, *die in den Gesetzen ausdrücklich vorgesehen sind,* wie etwa der Enteignungs- oder der Pflichtlagervertrag (BGE 92 I 423, 99 Ib 272).

Wie steht es *mit Verträgen, die nicht gegen gesetzliche Vorschriften verstossen, aber im Gesetz nicht ausdrücklich vorgesehen sind?* Die Zulässigkeit dieser Verträge kann nicht generell bejaht, aber auch nicht allgemein verneint werden. Die Beurteilung der Zulässigkeit derartiger Verträge hängt von folgenden Kriterien ab: *Wenn durch derartige Verträge eine vernünftige, dem Sinn der Rechtsordnung entsprechende Regelung getroffen wird und sie grundsätzlich von gleichberechtigten Partnern abgeschlossen wurden, ist dagegen nichts einzuwenden. Sofern aber die Verwaltung versucht, rechtlichen Bindungen durch die Flucht ins Vertragsrecht zu entgehen oder ihre stärkere Position gegenüber dem schwächeren Bürger auszunutzen, müssen die Verträge als nichtig bezeichnet oder wie Verfügungen behandelt werden, die dann einer gesetzlichen Grundlage bedürfen. Soweit die Dynamik und Flexibilität der Verwaltung, die dem Bürger zugute kommt, vertragliche Vereinbarung erfordert, ist dagegen nichts einzuwenden.*

C. Gültigkeit und Wirkungen der Verträge

Soweit keine besonderen öffentlich-rechtlichen Vorschriften bestehen, sind die *Grundsätze* über die Willensmängel des *Privatrechts* im öffentlichen Recht analog anzuwenden. Die Verwaltung ist allerdings nicht befugt, gegen das Gesetz zu handeln. Verträge sind somit unter *Beachtung des Grundsatzes von Treu und Glauben und der Gesetzmässigkeit der Verwaltung auszulegen.*

Viele öffentlich-rechtliche Verträge sind hinsichtlich ihrer *Vollstreckungsmöglichkeit* den Verfügungen gleichgestellt. Einsprachen gegen die Verträge sind im Rahmen des *Beschwerdeverfahrens* wie auch über den Weg der *verwaltungsrechtlichen Klage* (Art. 116 OG) möglich.

V. Zusammenfassung

Die Darstellung der weiteren Grundlagen der Verwaltungstätigkeit, die die Verwaltung ermächtigen, ohne ausdrückliche gesetzliche Grundlage zu handeln, haben folgendes gezeigt:

1. Die Verwaltung ist nur im Rahmen *verfassungsrechtlich vorgesehener Grundlagen* befugt, ohne ausdrückliche gesetzliche Grundlage zu handeln.

2. Der Gesetzgeber ist verpflichtet, keine Blankettnormen zu erlassen und der Verwaltung nicht zu umfassende generelle Ermächtigungen zu erteilen. *Er muss sich an das für den Bürger Zumutbare halten.*

3. Handelt die Verwaltung ohne klare gesetzliche Grundlage, gilt uneingeschränkt der Grundsatz der *Verfassungsmässigkeit der Verwaltung.* Die Verwaltung ist im Bereich der Auslegung ihres Ermessens, der polizeilichen Generalklausel, des besonderen Gewaltverhältnisses und vertraglicher Vereinbarungen an die Verfassung gebunden und darf diese nicht verletzen.

4. Der Verwaltungsrichter muss dafür sorgen, dass auch bei einer zunehmenden grösseren Abhängigkeit des Bürgers von der Verwaltung sein Freiheitsraum erhalten bleibt. Die grössere Beeinträchtigung der Freiheit im Wohlfahrtsstaat, die im Sozialstaat unabdingbar ist, muss durch einen *verbesserten Rechtsschutz und durch eine verbesserte verwaltungsgerichtliche Kontrolle* durch den Richter aufgefangen werden.

3. Teil: Die Begründung von Rechtsverhältnissen zwischen Gemeinwesen und Privaten durch Verfügungen

1. Kapitel: Begriff der Verfügung

I. Allgemeines

LITERATUR: BETTERMANN K.A., Rechtsetzungsakt, Rechtssatz und Verwaltungsakt, in: Festschrift für H.C. Nipperdey zum 70. Geburtstag, Bd. II, München, Berlin 1965, S. 723 ff.; BULLINGER M., Vertrag und Verwaltungsakt. Zu den Handlungsformen und Handlungsprinzipien der öffentlichen Verwaltung nach deutschem und englischem Recht, Suttgart 1962; DEGRANDI B., Die automatisierte Verwaltungsverfügung, Diss. Zürich 1977; EHLERS H., Der stillschweigende Verwaltungsakt, Diss. Kiel 1970; FUNK B., CHR., Der verfahrensfreie Verwaltungsakt, Wien 1975; GOERLITZ A., Politische Funktionen der Lehre vom Verwaltungsakt, Politische Vierteljahreszeitschrift, 1971, S. 71 ff.; GYGI F., Beiträge zur Lehre vom Verwaltungsakt, ZSR NF 78 I, 1959, S. 379 ff.; HAUEISEN F., Der Verwaltungsakt im Lichte neuerer Überlegungen, DöV 14, 1961, S. 121 ff.; HUBER H.R., Verwaltungsrechtliche Auflagen und Bedingungen und ihr Zusammenhang mit dem Hauptinhalt von günstigen Verwaltungsakten, Diss. Zürich 1955; JAGMETTI R., L'acte administratif, Verwaltungsrechtliches Kolloquium Sigriswil 1968, S. 122 ff.; KLOEPFER M., Kettenverwaltungsakte und Widerrufsvorbehalt, DVBl 87, 1972, S. 371 ff.; KRAUSE P., Rechtsformen des Verwaltungshandelns. Überlegungen zu einem System der Handlungsformen der Verwaltung mit Ausnahme der Rechtsetzung, Berlin, München 1974; LAUBINGER H.W., Der Verwaltungsakt mit Doppelwirkung, Göttingen 1967; MARTENS J., Zur Begriffsbestimmung des Verwaltungsaktes, DVBl 83, 1968, S. 322 ff.; MUTINS A. VON, Rechtsnorm und Verwaltungsakt. Zu Möglichkeiten und Grenzen rechtsdogmatischer Differenzierung im Bereich des Verwaltungshandelns, in: Fortschritte des Verwaltungsrechts, Festschrift für H.J. Wolff zum 75. Geburtstag, München 1973, S. 167 ff.; NIEHEUS N., Dinglicher Verwaltungsakt, DöV 18, 1965, S. 319 ff.; PANCHAUD A., La décision administrative, Etude comparative, 1962, S. 678 ff.; OBERMAYER K., Verwaltungsakt und innerdienstlicher Rechtsakt, Stuttgart 1956; PIETZNER R., System der Staatsakte. Fliessende Grenzen im System der Staatsakte, in: Juristische Arbeitsblätter, 1973, S. 187-190, Berlin 1974; ROELLECKE G., Gesetzmässigkeitsprinzip und verwaltungsrechtliche Auflagen und Bedingungen, DöV 21, 1968, S. 333 ff.; ROSENAU R., Verwaltungsakte. Arten, Nebenbestimmungen sowie Form und Inhalt von Verwaltungsakten, in: Staats- und Kommunalverwaltung 19, 1973, S. 151 ff.; SCHMIDT-SALZER J., Tatsächlich ausgehandelter Verwaltungsakt, zweiseitiger Verwaltungsakt und verwaltungsrechtlicher Vertrag, VA 62, 1971, S. 135 ff.; SCHWEICKHARDT R., Der Verwaltungsakt als Anknüpfungspunkt im Verwaltungsprozess, DöV 18, 1965, S. 795 ff.; WINKLER G., Der Bescheid, Wien 1956.

A. Die Tätigkeit der Verwaltung

Die Verwaltung wird durch eine Vielfalt verschiedener Handlungsformen tätig. Militärflugzeuge fliegen mit Überschallknall über die Alpen und lösen gefährliche Lawinen aus, die Steuerverwaltung zieht die Steuern ein, die Strassenverwaltung baut und unterhält die öffentlichen Strassen, in den Munitionsfabriken wird Munition für die Landesverteidigung hergestellt, die Post befördert Personen und Pakete und stellt ihr Telephonnetz für die allgemeine Kommunikation zur Verfügung, der Gemeinderat erteilt Baubewilligungen, plant neue Gemeindezonen, schlägt den Abschluss eines Zweckverbandes mit anderen Gemeinden vor und wählt seine unterstellten Beamten, der Lehrer gibt seinen Schülern Hausaufgaben, der Arzt des Kantonsspitals führt eine Operation durch, die Sekretärin nimmt von ihrem Chef ein Diktat auf, eine Arbeitsgruppe bereitet sich auf Verhandlungen über einen Wirtschaftsvertrag vor, der Bundesrat erteilt einer Expertenkommission den Auftrag, eine Gesetzesvorlage auszuarbeiten, der Direktor einer Abteilung zerbricht sich den Kopf, wie er das Budget noch besser kürzen könnte, ein Beamter schreibt einen Bericht an die parlamentarische Geschäftsprüfungskommission usw.

Diese Tätigkeiten lassen sich letztlich auf *zwei verschiedene Grundformen* zurückführen. *Entweder handelt die Verwaltung unmittelbar, ohne dass irgendeine Verfügung der Handlung, zum Beispiel dem Eingriff, der Begünstigung oder der Schädigung* des Bürgers, *vorgeschaltet* wird. Der Lehrer erteilt den Schülern Unterricht, die Verwaltung baut Strassen, Polizisten setzen Tränengas ein, um eine Demonstration aufzulösen.

Bei der anderen Handlungsform gehen Verfügungen über Rechte und Pflichten des Bürgers den Handlungen der Verwaltung voraus. Der Steuerbeamte zieht die Steuern beim Steuerpflichtigen, nicht ohne verbindliche Festlegung der Steuerpflicht, ein. Die Steuerverwaltung erlässt eine Steuerveranlagung, gegen die der Bürger eine Beschwerde einreichen kann, und zieht das Geld erst ein, nachdem die Steuerveranlagung rechtskräftig geworden ist und der Steuerpflichtige trotz Mahnung seiner Steuerpflicht nicht nachkommt.

Ähnliches gilt für Enteignungen. Der Staat besetzt nicht von heute auf morgen mit Polizeigewalt fremde Grundstücke. Zuerst veröffentlicht er einen Strassenplan, dem zu entnehmen ist, welche Grundstücke einbezogen werden. Dann erlässt er — wenn das Land nicht freiwillig abgetreten wird — eine Enteignungsverfügung, die angefochten werden kann. Die Schulverwaltung lässt die Kinder nicht ohne Vorankündigung mit Polizeigewalt in die Schule bringen, sondern erlässt eine Verfügung, wonach die Eltern verpflichtet sind, ihre Kinder in die Schule zu schicken.

Der Bürger ist nicht dem Risiko willkürlicher Polizeigewalt ausgesetzt, wenn er mit staatlichen Bewilligungen, d.h. Verfügungen, Handlungen (zum Beispiel die Errichtung eines Gebäudes) vornimmt, die nur mit staatlicher Erlaubnis durchgeführt werden dürfen. Er kann sich auf die Bewilligung verlassen. Solche Bewilligungen sind oft notwendige Voraussetzung für eine rechtsstaatliche Kontrolle. Man stelle sich vor, was geschehen würde, wenn die Baugesetze lediglich vorschrieben, Häuser müssten ästhetisch schön sein und sich ins Landschaftsbild einfügen. Die Baupolizei hätte dann den Auftrag, nachträglich alle Häuser abbrechen zu lassen, die den gesetzlichen Erfordernissen nicht entsprechen. Niemand könnte ein derartiges Risiko übernehmen. *Die Verwaltung muss deshalb vorgängig entscheiden, ob das Projekt den gesetzlichen Erfordernissen entspricht.*

Wenn sich die einfachen Handlungen der Verwaltung auch nicht mit formeller Beschwerde anfechten lassen, liegen sie doch nicht im rechtsleeren Raum. Die Verwaltung ist verpflichtet, die Aufgaben von Verfassung und Gesetz nach rechtsstaatlichen Grundsätzen zu erfüllen. Tut sie dies nicht, kann der Bürger über den Weg der Aufsichtsbeschwerde das fehlerhafte Verhalten der Aufsichtsbehörde anzeigen. Fehlerhaftes Verhalten kann auch zur disziplinarischen oder vermögensrechtlichen Verantwortung führen.

B. Wesen und Funktion der Verfügung

«Der Verwaltungsakt bzw. die Verwaltungsverfügung ist ... ein individueller, an den einzelnen gerichteter Hoheitsakt, durch den eine konkrete verwaltungsrechtliche Rechtsbeziehung rechtsgestaltend oder feststellend in verbindlicher und erzwingbarer Weise geregelt wird» (BGE 101 Ia 74).

Verfügungen sind Einschnitte, *Zäsuren im Handlungsablauf der Verwaltung.* Sie begründen die Rechte und Pflichten des Bürgers gegenüber dem Gemeinwesen und legen die Pflichten und Rechte des Gemeinwesens gegenüber dem Bürger fest.

Worin liegt der Sinn dieser Zäsur? Die primäre Aufgabe der Verfügung besteht darin, *dem einzelnen Klarheit über seine konkreten Rechte und Pflichten* zu geben. Des weiteren soll der Bürger die *Handlungen des Gemeinwesens, die möglicherweise rechtswidrig sind, durch Beschwerde anfechten können, bevor er durch sie geschädigt wird.* Der Staat soll Steuern nicht rechtswidrig einziehen und die Steuerpflichtigen auf den beschwerlichen Weg einer Entschädigungsforderung gegen den Staat wegen ungerechtfertigter Bereicherung verweisen. Die Privaten sollen sich gegen Eingriffe des Gemeinwesens wehren können, bevor sie sie erdulden müssen. Damit tritt eine zentrale Funktion der Verfügung in den Vordergrund: *der Rechtsschutz.* Die Verfügung soll den Betroffenen ermöglichen, Entscheidungen der Verwaltung vor ihrer Durchsetzung auf ihre Rechtmässigkeit überprüfen zu lassen.

Die Verfügung trägt ebenfalls zur *Rechtssicherheit* gegenüber der Verwaltung bei. Sie schafft Klarheit über die Rechte und Pflichten des einzelnen und über die Rechte und Pflichten der Verwaltung.

Beim Vertrag werden die Rechte und Pflichten durch die Willensübereinstimmung der Vertragspartner begründet. Die Verfügung ist demgegenüber eine *einseitige Festlegung von Rechten und Pflichten gegenüber bestimmten Personen durch Träger hoheitlicher Gewalt.* Sonst lässt sich die Verfügung weitgehend mit Verträgen vergleichen. Wie der Vertrag setzt eine Verfügung eine konkrete Umschreibung der Rechte und Pflichten der Betroffenen voraus. Gültig ist die Verfügung nur, wenn der Adressat feststeht, der Rechte und Pflichten zu übernehmen hat.

Die Verfügung unterscheidet sich jedoch vom Vertrag ganz wesentlich durch ihre Einseitigkeit. Das Privatrecht umschreibt die Schranken der Autonomie, innerhalb derer Privatpersonen die Übernahme von Rechten und Pflichten gegenseitig vereinbaren können. Das Verwaltungsrecht muss gewährleisten, dass die Verwaltung *ihre einseitigen Verfügungen im Rahmen der Gesetze* erlässt. Diese einseitige Festlegung von Rechten und Pflichten ist nur zulässig, wenn sie sich auf ein Gesetz zurückführen lässt, in dem der demokratische Wille des Volkes zum Ausdruck kommt. Verträge haben ihre Legitimität in der Willensübereinstimmung des Vertragspartners, Verfügungen stützen ihre Legitimität auf Gesetze und Verfassung, die durch die Willensübereinstimmung des Volkes zustande gekommen sind.

Aus diesem Grunde kommt der Frage nach der Recht- und Gesetzmässigkeit der Verfügung entscheidende Bedeutung zu. Der Bürger, der, im Gegensatz zur vertraglichen Vereinbarung, keinen unmittelbaren Einfluss auf seine Rechte und Pflichten hat, soll *bereits aus dem Gesetz den Umfang seiner Verpflichtungen erkennen* können. Verfügungen sollen deshalb nicht im rechtsfreien Raum erlassen werden, sie müssen sich auf eine gesetzliche Grundlage abstützen.

Art. 5 Abs. 1 und 2 VwVG umschreibt die Verfügung wie folgt:

«¹ Als Verfügungen gelten Anordnungen der Behörden im Einzelfall, die sich auf öffentliches Recht des Bundes stützen und zum Gegenstand haben:

    a) Begründung, Änderung oder Aufhebung von Rechten und Pflichten;
    b) Feststellung des Bestehens, Nichtbestehens oder Umfanges von Rechten oder Pflichten;
    c) Abweisung von Begehren auf Begründung, Änderung, Aufhebung oder Feststellung von Rechten und Pflichten, oder Nichteintreten auf solche Begehren.

² Als Verfügungen gelten auch Vollstreckungsverfügungen, Zwischenverfügungen, Einspracheentscheide, Beschwerdeentscheide, Entscheide im Rahmen einer Revision und die Erläuterung. ...»

Die Verfügung ist also eine *Anordnung*, d.h. eine *hoheitliche, einseitige* Festlegung von Rechten und Pflichten. Befugt zum Erlass von Verfügungen sind *Behörden*, die mit staatlicher *Macht*, d.h. mit *Hoheitsbefugnissen*, ausgerüstet sind. Die Verfügung muss sich auf *öffentliches Recht* abstützen können. Sie regelt keinen allgemeinen Sachverhalt wie das Gesetz, sondern den konkreten *Einzelfall* für bestimmte *Adressaten*.

Der Kondukteur eines Eisenbahnzuges, der am Bahnhofskiosk eine Zeitung kauft, erlässt keine Verfügung. Er schliesst mit dem Kiosk einen Vertrag über den Kauf der Zeitung ab. Die Bewilligung der Bahnverwaltung, dass X auf diesem Bahnhofsareal einen Kiosk errichten darf, ist eine Verfügung in Anwendung des Bundesgesetzes über die Eisenbahnen. *Hoheitlich* sind also Anordnungen nur dann, wenn das Gemeinwesen mit dem Anspruch des Gewaltmonopols auftritt und dem Bürger einseitig Rechte und Pflichten auferlegt. Dieser Anspruch auf das Gewaltmonopol kann gerechtfertigt, er kann aber auch ungerechtfertigt sein. Gerechtfertigt ist er nur, wenn er sich auf Gesetz und Verfassung abstützen kann.

Beschränkte hoheitliche Befugnisse können auch auf Private übertragen werden, wenn diese, wie zum Beispiel ein Konzessionär, mit staatlichen Befugnissen ausgerüstet sind. So hat das Bundesgericht entschieden, dass zum Beispiel die SRG eine hoheitliche Verfügung erlässt, wenn sie einer politischen Partei verweigert, vor den Wahlen am Fernsehen aufzutreten (BGE 97 I 733).

Behörden im Sinne des Bundesgesetzes über das Verwaltungsverfahren sind gemäss der Aufzählung von Art. 1 lit. e deshalb auch Organisationen ausserhalb der Bundesverwaltung, soweit sie in Erfüllung ihnen *übertragener öffentlich-rechtlicher Aufgaben* des Bundes verfügen. Wesentlich ist, dass sie nur im Rahmen ihnen übertragener Aufgaben handeln und hoheitlich, also einseitig, auf Grund entsprechender Gesetzesvorschriften, zu entscheiden befugt sind.

Merkmal der Verfügung ist die *Anordnung im Einzelfall*. Damit wird die Verfügung von der allgemeinen Anordnung, beispielsweise vom Gesetz und von der Verwaltungsverordnung, abgegrenzt. Die Personen, für die verfügt wird, müssen, ebenso wie der Umfang ihrer konkreten Rechte und Pflichten, bestimmt sein. Das Strassenverkehrsgesetz schreibt das Verhalten im Strassenverkehr vor. Es richtet sich an jeden Verkehrsteilnehmer und regelt einen allgemeinen Sachverhalt, nämlich den Strassenverkehr in der Schweiz. Der Polizist, der an der Kreuzung den Verkehr aufhält, regelt zwar einen konkreten Sachverhalt, seine Anordnungen richten sich aber an eine unbestimmte Anzahl von Personen. Derartige Anordnungen nennt man *Allgemeinverfügungen*. Eine Verfügung im eigentlichen Sinne liegt erst vor, wenn der Polizist einen Strassensünder wegen Verletzung der Verkehrsvorschriften büsst. Die Person, die die Busse bezahlen muss, ist bestimmt, ebenso der Umfang ihrer Pflichten, nämlich die Höhe der Busse.

II. Arten von Verfügungen

Die Verfügungen können nach verschiedenen Gesichtspunkten gegliedert werden:

    a) nach den Rechten, die der einzelne ausüben kann (Bewilligungen),
    b) nach den Pflichten, die der einzelne zu übernehmen hat,
    c) nach den Leistungen, die das Gemeinwesen gewährt,
    d) nach dem Verfahren.

A. Bewilligungen

LITERATUR: BINDSCHEDLER U., Die Dispensation, Diss. iur. Zürich 1958; ENGELI H.P., Die Einfuhrbewilligung im schweizerischen Recht, Diss. rer.pol. St.Gallen 1962; FRIAUF K.H., Das Verbot mit Erlaubnisvorbehalt, Ins 1962, S.422 ff.; GREBER E., Die Polizeierlaubnis, ihre Erteilung und ihr Entzug nach luzernischem Recht, Diss. Fribourg 1955; GYGI F., Rechtsgrundsätze der Einfuhrkontingentierung. Blätter für Agrarrecht, 1974, S.77 ff.; HEINZE CHR., Allgemeine Zulassung von Fabrikaten. Das öffentliche Recht der allgemeinen Erlaubnis zur Herstellung oder Verwendung von Typen, Stoffen, Bauteilen und Bauarten, Stuttgart 1971; KERN TH., Die Bewilligungspflicht für Betriebe der Filmvorführung, in: SJZ 59, 1963, S.17 ff., 33 ff.; KORRODI N., Die Konzession im schweizerischen Verwaltungsrecht, Diss. iur., Zürich 1973; LIVET P., L'autorisation administrative préalable et les libertés publiques, Paris 1974; LYK R.A., Wirtschaftspolitisch motivierte Bewilligungspflichten im schweizerischen Recht, Diss. iur. Zürich 1970; MAISL H., Les concessions d'autoroutes, RDP 1973, S.909 ff.; MOSSU C., Les concessions dans le domaine des transports et des télécommunications en droit suisse, Diss. Fribourg 1968; MUSSGNUG R., Der Dispens von gesetzlichen Vorschriften, 1964; PFENNIGER P., Die Erteilung von Konzessionen und Bewilligungen bei Fremdenverkehrsbahnen und Skiliften, Diss. Zürich 1968; SCHMID H., Die Unterscheidung zwischen wirtschaftspolizeilichen und wirtschaftspolitischen Massnahmen im schweizerischen

Recht, Diss. Verw.wiss. St.Gallen 1974; SCHWEIZER H., Die Voraussetzungen für die Bewilligung zum Grundstückerwerb durch Personen im Ausland gemäss BB vom 23.3.1961, ZBl 63, 1962, S. 33 ff.; WIPFLI P., Die Genehmigungspflicht beim Grundstückerwerb im Lichte des Postulats einer persönlichkeitsbezogenen Eigentumsordnung, Diss. iur. Zürich 1966.

Es gibt **Verfügungen, die feststellen, ob der Betroffene die gesetzlichen Voraussetzungen erfüllt, um ein Recht auszuüben**, zum Beispiel, ob er befugt ist, mit dem Auto zu fahren, und es gibt **Verfügungen, die dem einzelnen ein staatliches Recht übertragen, das ihm grundsätzlich nicht zusteht.**

Beschränkt sich die Aufgabe der Verwaltung darauf, festzustellen, ob der Betroffene die gesetzlichen Vorschriften erfüllt, um ein ihm zustehendes Recht auszuüben, sprechen wir von der sogenannten *Polizeibewilligung*. Verfügungen, die dem einzelnen staatliche Rechte übertragen, nennt man *Konzessionen*. Bei der Polizeibewilligung ist der *Ermessensspielraum* der Verwaltung *sehr stark eingeschränkt*, während sie bei der Erteilung von Konzessionen in der Regel über eine bedeutend grössere Ermessensfreiheit verfügt.

1. Polizeibewilligung

Polizeibewilligungen sind Verfügungen der Eingriffsverwaltung, die im Rahmen der Polizeiverwaltung erlassen werden. Es handelt sich um Verfügungen, bei denen die Behörde lediglich feststellen kann, ob die vom Gesuchsteller begehrte Ausübung eines Rechts den Voraussetzungen des Gesetzes entspricht.
Eine typische Polizeibewilligung ist die Erteilung des Führerausweises. Die Verwaltung stellt fest, dass der Private die gesetzlichen Erfordernisse, ein Auto zu führen, erfüllt hat. Sind die Voraussetzungen erfüllt, hat er *Anspruch* auf Erteilung des Führerausweises. Bei der Polizeibewilligung überträgt die Verwaltung dem Privaten keine neuen Rechte. Jedermann hat das Recht, mit einem Fahrzeug auf der Strasse zu fahren, wenn er die gesetzlichen Erfordernisse erfüllt. Die Verwaltung stellt lediglich fest, ob der Gesuchsteller die gesetzlichen Bedingungen erfüllt. Polizeibewilligungen sind also *Feststellungsverfügungen*. Der Gesetzgeber verbietet die Ausübung eines Rechts, sofern die Verwaltung nicht die Erlaubnis erteilt hat (Verbot mit Erlaubnisvorbehalt).

Typische Polizeibewilligungen sind etwa: die Bewilligung, Abwässer in ein Gewässer einzuleiten, die Bewilligung, gewisse Lebensmittel oder Tabletten zu verkaufen, die feuerpolizeiliche Bewilligung, Führerausweis, Baubewilligung für Grundstücke im Baugebiet.

2. Ausnahmebewilligung

Einen grösseren Ermessensspielraum bei der Erteilung der Bewilligung hat die Verwaltung im Rahmen der Ausnahmebewilligung. Ausnahmebewilligungen liegen dann vor, wenn *der einzelne grundsätzlich keinen Anspruch auf die Bewilligung hat*, zum Beispiel die Handlung, die er vornehmen will, grundsätzlich verboten ist, hingegen *aus ganz bestimmten Gründen eine Ausnahme zugelassen werden muss*. Der Anspruch auf Ausübung der Tätigkeit besteht nicht von Gesetzes wegen. Er muss vielmehr von der Bewilligungsbehörde konkretisiert werden. Bei dieser Konkretisierung hat die Verwaltung einen sich aus Verfassung und Gesetz ergebenden unterschiedlichen Ermessensspielraum.

Ausnahmebewilligungen werden vom Gesetzgeber ermöglicht, um Härtefälle zu verhindern. Baugesetze sehen beispielsweise vor, dass die Bewilligungsbehörde aus bestimmten Gründen eine Ausnahme machen kann. Die Gesetze über die Kreditbeschränkung und die Mindestreserven der Nationalbank sehen ebenfalls sogenannte Härteklauseln für Fälle vor, bei denen durch die Einführung der Mindestreserven oder der Kreditbeschränkung Personen bzw. allgemeine Interessen besonders hart getroffen werden (zum Beispiel Bundesbeschluss über Massnahmen auf dem Gebiet des Kreditwesens vom 20.12.1972, SR 951.90, Art. 2 Abs. 6, Art. 3 Abs. 2).

Die Bewilligung für den Verkauf von Grundstücken an Personen im Ausland ist ebenfalls eine Ausnahmebewilligung. In Art. 6 des Bundesbeschlusses über den Erwerb von Grundstücken durch Personen im Ausland werden die Kriterien aufgeführt, gemäss welchen Personen im Ausland der Erwerb eines Grundstückes in der Schweiz zu bewilligen ist. Dadurch wird das Ermessen der Verwaltung stark eingeschränkt. Wesentlich ist aber, dass für die Erteilung der Bewilligung nicht allein die subjektiven Fähigkeiten des Gesuchstellers, sondern auch objektive Kriterien wie die wirtschaftliche Entwicklung einer Gegend massgebend sind. Als Kriterien kommen dabei in Frage: Das persönliche Interesse des Käufers und seiner Familie, seine enge Beziehung zum Ort des zu erwerbenden Grundstückes, der dauernde Aufenthalt in der Schweiz oder die Entwicklungsmöglichkeit des Kurortes, dessen Wirtschaft vom Fremdenverkehr abhängt bzw. die Chance, preisgünstige Wohnungen in Gemeinden erstellen zu lassen, die unter Wohnungsnot leiden.

Der Bürger erhält *das Recht, von einer gesetzlich vorgesehenen Ausnahme Gebrauch zu machen*. Die Ausnahmebewilligung hat also bereits einen gestaltenden Charakter. Dem Bürger wird ein Recht verliehen, das grundsätzlich nicht jedermann zusteht: Er kann am Sonntag mit dem Auto fahren, obwohl ein allgemeines Sonntagsfahrverbot besteht. Er kann ein Grundstück in der Schweiz kaufen, obwohl Personen im Ausland in der Regel keine Grundstücke in der Schweiz kaufen dürfen. Er kann die Strasse für Demonstrationszwecke benützen, obwohl diese grundsätzlich nur für den Strassenverkehr offensteht. Er kann den Wald roden, obwohl der Waldbestand erhalten bleiben soll.

Der Ermessensspielraum der Verwaltung ist aber nicht unbeschränkt. Selbstverständlich ist die Behörde auch für die Erteilung von Ausnahmebewilligungen an die *gesetzlichen Kriterien* gebunden. Darüber hinaus gibt es *verfassungsrechtliche Grundsätze*, die beachtet werden müssen. Art. 4 BV verpflichtet die Behörden zur rechtsgleichen Behandlung der verschiedenen Gesuchsteller. Die Behörde darf nicht willkürlich Ausnahmebewilligungen verweigern. Dies kann dazu führen, dass auf gewissen Gebieten die Ausnahmebewilligungen den Polizeibewilligungen sehr nahekommen, wenn zum Beispiel viele Ausnahmebewilligungen erteilt werden.

Anders ist es aber bei den Ausnahmebewilligungen auf dem Gebiete des Baurechts, die bei Vorliegen von Härtefällen erteilt werden. Würde die Ausnahmebewilligung, zum Beispiel zum Bauen ausserhalb der Bauzone, grosszügig gehandhabt, könnte dies zur Aushöhlung der Bauvorschriften führen. Art. 4 BV würde ein Hebelarm zur Aufhebung verschiedener einschneidender Bauvorschriften.

Die Bewilligungsbehörde darf sich jedenfalls nicht an das Sprichwort «einmal ist keinmal» halten. Wenn auf einem Gebiet eine Ausnahme gewährt wird, hat dies immer präjudizielle Wirkungen. Jeder will von der Ausnahme profitieren können. Aus diesem Grunde sind die Behörden verpflichtet, von der Möglichkeit der Ausnahmebewilligung nur in seltenen, wirklich einmaligen Ausnahmefällen Gebrauch zu machen. Dies ist sicher der Fall, wenn die normale Anwendung des Baurechts zu ungerechtfertigten Härten gegenüber dem Betroffenen führt und die Erteilung der Ausnahmebewilligung letztlich auch im öffentlichen Interesse ist. So bestimmt zum Beispiel Art. 27 Abs. 1 der Allgemeinen Gewässerschutzverordnung vom 19. Juni 1972 (SR 814.201), dass Ausnahmebewilligungen für die Errichtung von Bauten ausserhalb der Bauzonen erteilt werden können, wenn der Zweckbestimmung des Bauvorhabens keine überwiegend öffentlichen Interessen entgegenstehen und der Zweck der Baute einen Standort ausserhalb der Bauzone voraussetzt, zum Beispiel die Errichtung einer Kläranlage (objektive Gründe).

Neben Art. 4 BV sind auch andere verfassungsmässige Rechte der Bürger zu beachten. Beispielsweise hätte der Bundesrat die Handels- und Gewerbefreiheit verletzt, wenn er das Sonntagsfahrverbot auch auf Betriebe ausgedehnt hätte, die auf die Sonntagsfahrten angewiesen sind. Für die Erteilung von Demonstrationsbewilligungen ist die Meinungsäusserungsfreiheit zu berücksichtigen.

Die Erteilung von Ausnahmebewilligungen auf dem Gebiete der Ausfuhr von Kriegsmaterialien ist von weiteren, aussenpolitischen Interessen abhängig: Unser Staat hat die Aufgabe, die Neutralität nach aussen glaubhaft zu machen und sich für den Frieden einzusetzen. Alle diese verschiedenen Interessen müssen bei der Erteilung von Ausnahmebewilligungen sorgfältig abgewogen werden.

Ausnahmebewilligungen begünstigen immer gewisse Personen oder Betriebe auf Grund besonderer Umstände. Das zunehmende Netz von Verbotsnormen in unserem Staat führt dazu, dass Ausnahmebewilligungen je länger je stärker die klassische Polizeibewilligung abzulösen beginnen. Am augenfälligsten ist dies wohl auf dem Gebiete des Baurechts. Nicht jedermann hat heute grundsätzlich einen Anspruch, sein Grundstück für bauliche Zwecke zu nutzen. Dies lässt sich nicht aus der allgemeinen Eigentumsgarantie ableiten. Ein Anspruch besteht erst, wenn das Grundstück für die bauliche Nutzung geeignet ist, wenn es also an die Kanalisation angeschlossen werden kann, in der Bauzone liegt und erschlossen ist.

Ein weiteres Gebiet, das zu grösseren politischen Auseinandersetzungen Anlass gibt, ist die Erteilung der Standortbewilligung für Atomkraftwerke. Die Expertenkommission schlägt vor, die Errichtung von **Atomkraftwerken** aus polizeilichen Gründen, ähnlich wie die Bewilligung zum Betrieb einer Alkoholwirtschaft, vom *Bedürfnis* abhängig zu machen. Mit der Einführung einer **Bedürfnisklausel** unterstellt man eine private Tätigkeit der Ausnahmebewilligung.

Zusammenfassend lässt sich folgendes festhalten: **Ausnahmebewilligungen sind immer nur zulässig, wenn eine gesetzliche Grundlage vorliegt.** Der Gesetzgeber kann sich bei der Regelung von Ausnahmebewilligungen von zwei verschiedenen Grundpositionen leiten lassen. Er kann Ausnahmebewilligungen vorsehen, um einem objektiven Bedürfnis, zum Beispiel wirtschaftliche Entwicklung eines Kurortes, Energiebedürfnisse, Rechnung zu tragen. Er kann aber auch Ausnahmebewilligungen vorsehen, um subjektive Härtefälle zu vermeiden.

3. Wirtschaftspolitische Bewilligung

Für die Erteilung der Polizeibewilligung sind objektive gesetzliche Kriterien massgebend, die von den subjektiven Leistungen oder Fähigkeiten des Gesuchstellers abhängen. Bei der Ausnahmebewilligung ist auf Kriterien abzustellen, die der Bewerber erfüllen muss, die aber auch unabhängig von seinen Fähigkeiten gegeben sein müssen. *Bei der wirtschaftspolitischen Bewilligung stehen Kriterien im Vordergrund, die nicht auf das Interesse des Gesuchstellers, sondern allein auf das gesetzlich festgelegte öffentliche Interesse abstellen.*

Eine typische wirtschaftspolitische Bewilligung ist zum Beispiel die **Kontingentbewilligung**. Jede Schweizer Hausfrau weiss, dass sie im April und Mai gute und billige ausländische Erdbeeren auf dem Markt kaufen kann. Mitte Mai sind fast nur noch inländische Erdbeeren zu haben. Was ist geschehen? Der Bundesrat hat die Erdbeereinfuhr kontingentiert, um den Absatz der schweizerischen Erdbeerproduzenten zu fördern. Die Einfuhr von Erdbeeren wird soweit beschränkt, d.h. kontingentiert, dass der Absatz schweizerischer Erdbeeren nicht gefährdet wird.

Welches sind nun die Hauptmerkmale der wirtschaftspolitischen Bewilligung? Die wirtschaftspolitische Bewilligung verfolgt einen *anderen Zweck* als die Ausnahmebewilligung oder die Polizeibewilligung. Sie soll nicht die Allgemeinheit vor Gefahren schützen, noch soll sie andere Interessen der Allgemeinheit, zum Beispiel die Energieversorgung, sicherstellen. **Mit wirtschaftspolitischen Eingriffen soll vielmehr ein Wirtschaftszweig vor der zerstörerischen Konkurrenz geschützt werden.** Geschützt wird also nicht die Allgemeinheit, sondern eine Gruppe von Personen, zum Beispiel Produzenten (vgl. BV Art. 31 Abs. 3).

Im Gegensatz zu den bisher behandelten Bewilligungen lassen sich *wirtschaftspolitische Bewilligungen im Beschwerdeverfahren kaum mehr korrigieren.* Der Bundesrat legt das Kontingent, d.h. die Einfuhrmenge, fest und gibt der Verwaltung die Befugnis, den Importeuren entsprechende Importkontingente zuzuteilen. In der Verordnung (Art. 30 Allgemeine Landwirtschaftsverordnung) bestimmt er, dass die Kontingente nach Massgabe der bisherigen Einfuhren zuzuteilen sind. Ist ein Importeur mit seinem Kontingent nicht zufrieden, können weder das Bundesgericht noch der Bundesrat im Beschwerdeverfahren die Bewilligung ausdehnen, ohne entweder die Kontingente der anderen Importeure zu beschränken oder den Gesamtumfang des Importgutes auszudehnen. Die Verteilung des Kuchens lässt sich nicht mehr ändern, ohne entweder den ganzen Kuchen zu vergrössern oder die einzelnen Stücke zu verkleinern. Dies führt dazu, dass eine einmal getroffene Entscheidung zumindest hinsichtlich des Umfanges der Kontingentbewilligung kaum mehr reversibel ist. Damit der Entscheidungsspielraum der Behörden nicht allzu stark eingeengt ist, verpflichtet die Allgemeine Landwirtschaftsverordnung in Art. 30 die zuständige Behörde, eine Kontingentreserve vorzusehen.

Die Bewirtschaftung der Einfuhren erfolgt also *weitgehend unabhängig von den Interessen des einzelnen Gesuchstellers*. Massgebend ist vielmehr das *Interesse des zu schützenden Wirtschaftszweiges*. Der Gesuchsteller erhält sein Kontingent nur, wenn dieser Wirtschaftszweig in seinen Interessen nicht gefährdet ist.

Bei der Erteilung von wirtschaftspolitischen Bewilligungen ist der *Ermessensbereich der Behörden bedeutend grösser* als bei der Erteilung von Ausnahmebewilligungen. Es gibt kaum objektive Kriterien, mit denen sich der Umfang des gesamten Importkontingentes abschliessend bestimmen lässt. Für die Zuteilung der einzelnen Kontingente lassen sich die Behörden in der Regel von den Vorjahresleistungen (Art. 30 Allgemeine Landwirtschaftsverordnung) der Importeure leiten, sie könnten sich aber auch — ohne ihr Ermessen zu überschreiten — an ganz andere Kriterien halten.

Die wirtschaftspolitischen Bewilligungen und insbesondere die Kontingentbewilligungen erhalten je länger je *grössere Bedeutung*. Zur Behebung von Krisen, zur Durchsetzung von Sparmassnahmen, zur Beschränkung von Rohstoffen und Umweltgütern ist das Instrument der wirtschaftspolitischen Bewilligung unerlässlich. Denn nur durch dieses Instrument kann die Verwaltung korrigierend in die Wirtschaft eingreifen. Da wirtschaftliche Massnahmen des Staates zu schweren Eingriffen in den freien Ablauf der Wirtschaft führen, wurden derartige wirtschaftspolitische Bewilligungen bisher sehr zurückhaltend gehandhabt. Deshalb stehen der Verwaltung für die Erteilung derartiger Bewilligungen heute noch kaum genügend Erfahrungsunterlagen zur Verfügung. Der Gesetzgeber muss auch stets an die Nebenwirkungen denken. Der Schwarzmarkt kann sich bestens in der kontingentierten oder rationierten Wirtschaft entfalten.

4. Konzession

Im Gegensatz zu den eben behandelten Bewilligungen wird bei den Konzessionen dem Konzessionär vom Gemeinwesen ein Recht übertragen, über das der Staat verfügt. Konzessionen sind Verfügungen, mit denen Rechte des Staates Dritten verliehen werden. Mit dem Recht wird aber auch gleichzeitig eine *Aufgabe überantwortet*.

Der Konzessionär ist verpflichtet, die staatliche Aufgabe wahrzunehmen. Er führt einen staatlichen Auftrag aus, der sonst durch die Verwaltung durchgeführt werden müsste.

Somit entsteht bei der Erteilung derartiger Konzessionen ein enges Verhältnis zwischen Gemeinwesen und Konzessionär. *Die Konzessionsbehörde muss sicherstellen, dass die Aufgabe durch den Konzessionär erfüllt wird.* Sie muss den Konzessionär beaufsichtigen, muss Auflagen machen können und gewährleisten, dass er sich bei der Durchführung hoheitlicher Aufgaben an die Grenze der staatlichen Zuständigkeit hält.

Der Konzessionär muss sich andererseits darauf verlassen können, dass er das Recht, das ihm übertragen wird, auch tatsächlich nutzen kann. Er erhält ein *wohlerworbenes Recht*, das ihm nur über den Weg der Enteignung gegen eine Entschädigung wieder weggenommen werden darf. Führen die Auflagen, zum Beispiel über die einzuhaltenden Tarife, zu einem Defizit, soll sich das Gemeinwesen daran beteiligen. Dies ist beispielsweise vorgesehen bei den Konzessionen auf dem Gebiet des Personentransportes (vgl. Art. 58 [Bahnunternehmungen] und Art. 95 Abs. 2 [Strassentransportdienste] des Eisenbahngesetzes vom 20. Dezember 1957 [SR 742.101] sowie die Verordnung über den Vollzug des sechsten und siebenten Abschnittes des Eisenbahngesetzes vom 19. Dezember 1958 [SR 742.101] und Art. 4 des Bundesbeschlusses über die Annäherung von Tarifen konzessionierter Bahnunternehmungen an jene der schweizerischen Bundesbahnen vom 5. Juni 1959 [SR 742.402.2].

Konzessionen gibt es nur auf Gebieten, in denen der Staat ein *Monopol*, d.h. das alleinige Recht zur Bewirtschaftung, hat. In derartigen Bereichen darf niemand tätig werden, der keine Konzession besitzt. Dazu gehören die Eisenbahnkonzessionen, die Konzession zur Nutzung der Wasserkräfte, zur Sondernutzung der Strassen durch Schienen oder Leitungen, die Schiffsanlegestelle, die Radiosende- und Empfangskonzession usw.

Bei der Erteilung von Konzessionen verfügen die Behörden in der Regel über einen *grossen Ermessensspielraum*. Sie müssen auf ein *Vertrauensverhältnis zwischen Konzessionsgeber und Konzessionär abstellen können*. Das Gemeinwesen kann keine Konzessionen erteilen, wenn es nicht sicher ist, dass der Konzessionär seine Pflichten erfüllt.

Konzessionen können in der Regel nur ganz wenigen Personen erteilt werden. Der Bund kann nicht gleichzeitig vier Konzessionen zum Bau einer Eisenbahnlinie von Freiburg nach Bulle erteilen. Aus diesem Grunde kann von verschiedenen Bewerbern letztlich nur einer die Konzession erhalten Die Erteilung von Konzessionen ist deshalb immer ein *Politikum* ersten Ranges. Die Eisenbahnpolitik des Bundes stand im letzten Jahrhundert im Zentrum der nationalen politischen Auseinandersetzungen. Dies war der Grund, weshalb sich die Bundesversammlung das Recht vorbehalten wollte, selber über eine derart zentrale politische Frage wie die Erteilung einer Eisenbahnkonzession zu entscheiden.

Konzessionen, zum Beispiel die Konzession zum Bau einer Luftseilbahn in einem Fremdenverkehrsort oder die Erteilung einer Konzession zur Nutzung des Wassers für ein Elektrizitätswerk, haben grosse Auswirkungen auf Wirtschaft und Umwelt (vgl. Greinaprojekt) der betreffenden Region. Bei der Erteilung der Konzession kann deshalb *nicht nur auf das Interesse des Konzessionärs abgestellt werden, es müssen vielmehr die Interessen der Allgemeinheit berücksichtigt werden.*

Eine Konzession, die immer wieder zu grossen Auseinandersetzungen führt, ist die Monopolkonzession an die SRG zur Verbreitung von öffentlichen Radio- und Fernsehprogrammen, weil nur diese Gesellschaft öffentliche Sendungen verbreiten kann, und damit als privater Verein, auf Grund der Konzession, eine Monopolstellung hat. Bei der Erteilung dieser Konzession hat der Bundesrat der Schweizerischen Radio- und Fernsehgesellschaft in Art. 13 der Konzession für die Benützung der elektrischen und radioelektrischen Einrichtungen der Schweizerischen Post-, Telephon- und Telegraphenbetriebe zur öffentlichen Verbreitung von Radio- und Fernsehprogrammen vom 27. Oktober 1964 unter anderem folgende Richtlinien mitgegeben:

«Die von der SRG verbreiteten Programme haben die kulturellen Werte des Landes zu wahren und zu fördern und sollen zur geistigen, sittlichen, religiösen, staatsbürgerlichen und künstlerischen Bildung beitragen. Sie haben eine objektive, umfassende und rasche Information zu vermitteln und das Bedürfnis auf Unterhaltung zu befriedigen. Die Programme sind so zu gestalten, dass sie den Interessen des Landes dienen, die nationale Einheit und Zusammengehörigkeit stärken und die internationale Verständigung fördern. ...»

Diese Konzessionsbestimmung, deren Verfassungsmässigkeit fragwürdig ist, war in ihrem wesentlichen Inhalt Grundlage für die Formulierung eines Verfassungsartikels auf dem Gebiete von Radio und Fernsehen, der allerdings von Volk und Ständen im Herbst 1976 eindeutig verworfen wurde. Sie zeigt auch sehr deutlich, wie weit die Auflagen der Konzessionsbehörde im einzelnen gehen können. Nach Verwerfung des Verfassungsartikels wird unser Radio- und Fernsehrecht weiterhin auf verfassungsrechtlichen Krücken gehen müssen.

Eine Konzession, auf die ausnahmsweise jeder Anspruch hat, ist die Empfangskonzession für Radio- und Fernsehprogramme. Art. 52 der Verordnung zum Telegraphen- und Telephonverkehrsgesetz bestimmt, dass die Radio-Empfangskonzession von jedermann erworben werden kann. Diese Konstruktion der Konzession war notwendig, um von den Empfängern von Radio- und Fernsehprogrammen Gebühren fordern zu können. Während der Benützer des Telephons an die Anstalt der PTT angeschlossen ist und das Telephon im Abonnement bezieht, besteht keine sichtbare Verbindung zwischen Radioempfänger und Radiosender. Aus diesem Grunde liess sich die Konstruktion des Abonnementanschlusses beim Radio nicht durchführen. Andererseits müssen aber vom Bürger Gebühren für den Empfang von Radiosendungen erhoben werden können. Aus diesem Grunde hat das Bundesgesetz über den

Telegraphen- und Telephonverkehr auf Grund von Art. 36 BV in seinem Art. 1 dem Bund das alleinige Monopol für Sende- und Empfangseinrichtungen übertragen, das er Dritten gegen die Bezahlung von Gebühren weitergeben kann.

Ein Anspruch besteht aber auch auf die Konzession zum Betrieb einer Rohrleitungsanlage, wenn die nach Art. 3 RLG vorgesehenen Verweigerungsgründe nicht gegeben sind (vgl. Bundesgesetz über Rohrleitungsanlagen zur Beförderung flüssiger oder gasförmiger Brenn- und Treibstoffe, SR 746.1).

Die gegenseitige Abhängigkeit von Konzessionsgeber und Konzessionsnehmer, das freie Ermessen des Staates bei der Erteilung von Konzessionen und die Notwendigkeit der intensiven Zusammenarbeit zeigen deutlich, dass der *Grundgedanke der Verfügung als eines einseitigen Hoheitsaktes nicht undifferenziert auf das Institut der Konzession übertragen werden kann.* Die Konzession ist nicht nur ein einseitiger Hoheitsakt. Sie ist auch von der Zustimmung des Konzessionärs abhängig. Das Konzessionsverhältnis gleicht eher einer vertraglichen Vereinbarung als einer Verfügung. Die Vertragskonstruktion konnte sich allerdings bis heute nicht durchsetzen. Das Bundesgericht hat, wie immer in derartigen Fällen, einen salomonischen Entscheid gefällt und festgelegt, die Konzession *sei eine Verfügung mit vertragsähnlichem Charakter* (BGE 80 I 246 und 96 I 288). Der Entscheid über die Erteilung der Konzession ist also ein einseitiger, zustimmungsbedürftiger Hoheitsakt, durch den aber ein enges zweiseitiges Verhältnis zwischen der Konzessionsbehörde und dem Konzessionsnehmer begründet wird. Bei der Auslegung dieses Konzessionsverhältnisses wird man sich damit weitgehend an Grundsätze halten können, die auch für die Auslegung der Verträge gelten.

Der Konzessionär verfügt über das Recht, das der Staat ihm überträgt, wie über das Eigentum. Vorbehalten bleiben allerdings die Aufsichtsrechte der Konzessionsbehörden (BGE 96 I 292). Mit Ablauf der Geltungsdauer erlischt die Konzession. Sie kann erneuert werden oder fällt an den Staat zurück (Art. 6 EBG, SR 742.101).

Die Erteilung von Konzessionen ist von Bedeutung, weil sie grosse wirtschafts-, regional- und strukturpolitische sowie raumordnerische Auswirkungen hat. Wichtige Konzessionen sollten auf Grund einer politischen Gesamtkonzeption erteilt werden. Nicht von ungefähr werden deshalb auf verschiedenen Gebieten, auf denen die Behörden Konzessionen erteilen, sogenannte *Gesamtkonzeptionen* gefordert. Eine Gesamtverkehrskonzeption, eine Gesamtenergiekonzeption und eine Gesamtmedienkonzeption stehen derzeit im Brennpunkt der politischen Diskussion. Weshalb? Der Bund muss für die Verwirklichung seiner Aufgaben neben den Problemen des Verkehrs diejenigen der Raumplanung und der Wirtschaftsentwicklung mitberücksichtigen. Soll das Schwergewicht in Zukunft auf dem Strassen- oder Schienenverkehr liegen? Ist es für die wirtschaftliche Entwicklung der Ostschweiz notwendig, einen weiteren Alpendurchstich zu machen? Welche wirtschaftliche Bedeutung hat ein Furkatunnel für das Goms? Ist es richtig, in sämtlichen Berggebieten und Berggemeinden Seilbahn- oder Skiliftkonzessionen zu erteilen? Soll der Verkehr von den Verkehrsteilnehmern allein finanziert oder durch staatliche Beiträge gefördert werden?

Als sich der Bund im letzten Jahrhundert entschied, die Eisenbahnlinie Zürich-Bern-Genf über Freiburg und nicht über Neuenburg zu führen, war dies eine *politische Entscheidung* ersten Ranges. Sie hatte erhebliche Auswirkungen auf die wirtschaftliche Entfaltung der betreffenden Region. Ähnliche Auseinandersetzungen finden wir heute auf dem Sektor des Nationalstrassenbaus. Auch im Energiewesen zeigen sich ähnliche Probleme. Das Gemeinwesen (Bund und Kantone) erteilt Konzessionen zur Nutzung des Wassers sowie zum Bau von elektrischen Leitungen und Rohrleitungsanlagen. Dieses Instrument gibt ihm aber die Möglichkeit, das gesamte Energiewesen zu beeinflussen. Seine Entscheidung hat Auswirkungen auf die Raumordnung, den Umweltschutz und die Standorte bestimmter Industrien.

B. Verfügungen über Leistungspflichten des einzelnen

Die Verfügungen, die den Bürger zur Entrichtung von Geldleistungen verpflichten, sind Verfügungen über Abgaben. Verfügungen, die ihn zur Leistung einer Sache verpflichten, sind Konfiskation oder Enteignung. Es gibt auch Verfügungen, die ihn zu persönlicher Leistung verpflichten.

1. Verfügungen über Geldleistungen

LITERATUR: BELLSTEDT CHR., Verfassungsrechtliche Grenzen der Wirtschaftslenkung durch Steuern, Schwetzingen 1962; BLUMENSTEIN E., System des Steuerrechts, 3. Aufl., Zürich 1971; BÖCKLI P., Indirekte Steuern und Lenkungssteuern, Habil. Basel 1975; BUCHER H., Die Vorteilsbeiträge der Grundeigentümer an die Kosten öffentlicher Strassen, Kanalisationen und Wasserversorgungsanlagen nach basellandschaftlichem Recht, Zürich 1970; BÜHRER A., Der Mehrwertbeitrag an öffentlichrechtliche Erschliessungsbauwerke unter besonderer Berücksichtigung des schaffhauserischen Rechts, Zürich 1970; FRIAUF K.H., Öffentliche Sonderlasten und Gleichheit der Steuerbürger, Festschrift für H. Jahrreis zum 80. Geburtstag, Köln 1974, S. 45 ff.; DERSELBE, Verfassungsrechtliche Grenzen der Wirtschaftslenkung und Sozialgestaltung durch Steuergesetze, Recht und Staat, H. 325/326, Tübingen 1966; HALLER H., Die Steuern, Grundlinien eines rationalen Systems öffentlicher Abgaben, 2. Aufl., Tübingen 1971; HENSEL J., Die Verfassung als Schranke des Steuerrechts, Bern 1973; HIGY C., Le système fiscal suisse, Berne 1973; HÖHN E., Steuerrecht, 2. Aufl., Bern 1975; IM HOF A., Beitrag, Gebühr, Steuer und ihre Unterscheidung, ZBl 52, 1951, S. 393 ff.; KLOEPFER M., Die lenkende Gebühr, AöR 97, 1972, S. 232 ff.; KRUSE H.W., Steuerrecht I, Allgemeiner Teil, 3. Aufl., München 1973; KUTTLER A., ZAUGG A., Rechtliche Grundfragen der Planungsmehrwertabschöpfungen, WuR 1972, S. 251 ff.; MASSHARDT H., Kommentar zur eidgenössischen Wehrsteuer 1965—1974, Zürich 1975; MATHIER G., Mehrwertbeiträge an die Kosten öffentlicher Strassen nach Recht und Praxis der Kantone Bern, Luzern und Wallis ..., Diss. Fribourg 1974; MUSSGNUG R., Die zweckgebundene öffentliche Abgabe, Festschrift für E. Forsthoff zum 70. Geburtstag, München 1972, S. 259 ff.; MUTIUS A. VON, Rechtsprobleme der Wegereinigungsgebühr, VA 66, 1975, S. 75 ff.; PANLICK H., Lehrbuch des allgemeinen Steuerrechts, 2. Aufl., Köln 1972; RAECKE J., Das Kostendeckungsprinzip, Möglichkeiten und Grenzen seiner Anwendung bei Verwaltungsgebühren, Diss. Köln 1971; SCHÄRLI A., Die Gebühren des Bundes, Diss. Zürich 1955; SCHMIDT H., Handbuch des Erschliessungsrechts. Monographische Darstellung des Erschliessungsrechts und des Erschliessungsbeitragsrechts, 3. Aufl., Köln 1972; SPANNER H., Die Steuer als Instrument der Wirtschaftslenkung, Steuer und Wirtschaft, Bd. 47, 1970, S. 377 ff.; WIJNKOOP J. VAN, Beiträge, Abwasser- und Kehrichtgebühren im Kanton Bern, Diss. iur.

Bern 1973; WILKE D., Gebührenrecht und Grundgesetz, Habil. München 1973; WIRTH M., Die Ausgestaltung der Planungsmehrwertabschöpfung, WuR 1972, S. 223 ff.; ZAUGG A., Steuer, Gebühr, Vorzugslast, ZBl 74, 1973, S. 217 ff.; ZINGG P.O., La taxe de séjour et la taxe de tourisme. Etude de droit suisse, Diss. Lausanne 1971.

Im Rahmen des Abgaberechts kennen wir grundsätzlich:

- die Steuer
- die Gebühr und
- die Vorzugslast.

1.1. Allgemeine Steuer

Die allgemeine Steuer ist eine Geldleistung, die der Bürger dem Staat voraussetzungslos schuldet. Mit anderen Worten: Die Entrichtung der Steuer berechtigt den Steuerpflichtigen nicht, vom Gemeinwesen bestimmte Leistungen zu verlangen. Der Steuerzahler hat keinen Anspruch auf Gegenleistungen des Staates. Die Steuer wird voraussetzungslos geschuldet. Die Organe des Gemeinwesens entscheiden allein, für welchen Zweck die Steuereinnahmen verwendet werden sollen. Die Steuern werden für Ausgaben im Rahmen des allgemeinen Finanzhaushaltes des Staates gebraucht.

Die Steuern lassen sich in *direkte und indirekte Steuern* aufgliedern. Diese Unterscheidung stellt darauf ab, wie sich die Steuer beim Steuerpflichtigen auswirkt. Direkte Steuern werden unmittelbar von den Personen erhoben, die wirtschaftlich getroffen werden sollen. Sie sollen das Einkommen oder das Vermögen einer bestimmten juristischen oder Einzelperson treffen. Steuersubjekt und Steuerträger sind identisch. Die indirekten Steuern werden von einem anderen erhoben als demjenigen, den sie wirtschaftlich treffen sollen. Sie treffen die Steuerträger auf dem Umweg über eine andere Person (Steuersubjekt). Indirekte Steuern sind zum Beispiel Zölle, Warenumsatzsteuer, Mehrwertsteuer, Verkehrssteuer und andere Sondersteuern (zum Beispiel die Tabaksteuer).

Die Unterscheidung zwischen der direkten und der indirekten Steuer hat weniger rechtliche als *politische Gründe*. So hat man früher die Steuereinnahmen aus den indirekten Steuern dem Bund und jene aus den direkten den Kantonen zugewiesen. Diese Ausscheidung der Steuerhoheit entsprach aber bald nicht mehr den Finanzbedürfnissen des Bundes. Es hat sich gezeigt, dass diese Beschränkung der Steuerhoheit des Bundes mit den stets zunehmenden neuen Aufgaben nicht zu vereinbaren war. Die Unterscheidung hat aber auch *sozialpolitische Bedeutung*. Bei den indirekten Steuern ist der soziale Ausgleich zwischen hohen und niederen Einkommen bedeutend weniger stark als bei den direkten Steuern. Bei den direkten Steuern erfolgt über die Steuerprogression ein Ausgleich zwischen hohen und niederen Einkommen. Die indirekten Steuern treffen die niederen Einkommen stärker als die hohen. Eine Steuer auf den Verkauf von Konsumgütern, wie etwa die Warenumsatzsteuer, belastet vor allem Konsumenten mit niederen Einkommen mehr, weil diese prozentual einen grösseren Teil ihres Einkommens für den Konsum verwenden als Personen mit hohem Einkommen, die einen grossen Teil ihres Einkommens investieren. Die neueren Tendenzen der Finanzwissenschaft stellen derartige sozialpolitische Unterschiede zwischen der direkten und der indirekten Steuer deshalb in Frage, weil vor allem in Zeiten hoher Konjunktur Steuern teilweise auf den sozial Schwächeren überwälzt werden können.

1.2. Sondersteuern und Lenkungsabgaben

Je länger je mehr werden die Steuern nicht nur als Einnahmequellen des Staates, sondern auch *zu Lenkungszwecken* benutzt. Dazu gehören zum Beispiel die Alkohol- und Tabaksteuer. Diese sollen nicht nur die Einnahmen der Alkoholverwaltung erhöhen, sie sollen vor allem auch eine Herabsetzung des Alkohol- bzw. Tabakkonsums bewirken. Mit derartigen Sondersteuern werden auch besondere staatliche Aufgaben, zum Beispiel die AHV, finanziert. Mit dem Benzinzoll wird u.a. das Nationalstrassenbauprogramm finanziert, die Motorfahrzeugsteuer der Kantone soll ihrerseits zum Strassenbau und -unterhalt beitragen. Von finanzwissenschaftlicher Seite wird hin und wieder gefordert, *die besonderen Aufgaben des Staates sollten noch vermehrt mit Sondersteuern finanziert werden,* damit der Bürger sieht, wofür er seine Steuern entrichtet. Es ist nicht zu bestreiten, dass ein derartiges Postulat vor allem aus erzieherischen Gründen befürwortet werden müsste. Ob dies aber verwaltungstechnisch sinnvoll ist, ob es vor allem nicht zu einer untragbaren Last der Verwaltungsbürokratie führt, bleibe dahingestellt. Entscheidend ist, dass auch die Sondersteuer *voraussetzungslos* geschuldet wird. Wer eine kantonale Motorfahrzeugsteuer entrichtet, hat keinen unmittelbaren Anspruch auf den Bau einer bestimmten Strasse. Der Staat entscheidet im Rahmen der Gesetzgebung (unabhängig vom Steuerzahler) über die Erweiterung seines Strassennetzes.

Eigentliche Lenkungsaufgaben haben die Abgaben auf dem Gebiete des *Wirtschaftsverwaltungsrechts*. So ist in Art. 26 lit. b LwG (SR 910.1) eine Erhebung von Abgaben auf Konsummilch und Konsumrahm sowie auf der Einfuhr von verschiedenen landwirtschaftlichen Milchprodukten vorgesehen. Diese Erträge fliessen nicht in die allgemeine Bundeskasse. Sie sind für besondere landwirtschaftliche Zwecke zu verwenden, wie etwa zur Senkung der Preise von einheimischen Milchprodukten und zur weiteren Förderung des Absatzes im In- und Ausland. Mit diesen Steuern soll also die Produktion von Konsummilch und Konsumrahm sowie die Einfuhr verschiedener Milchprodukte gesteuert werden. Ähnliche Lenkungssteuern wollte man auf dem Gebiete des Umweltschutzes einführen. Der Umweltschutzgesetzesentwurf von 1973 sah verschiedene Arten von Lenkungsabgaben vor. Auf Grund der Einwände, die gegen derartige Abgaben im Rahmen des Vernehmlassungsverfahrens erhoben wurden, will der Bundesrat aber bei der zukünftigen Gesetzgebung auf die Erhebung von Lenkungsabgaben verzichten.

1.3. Gebühren

Eine Abgabe besonderer Art ist die Gebühr. Die Gebühr wird für eine besondere Leistung des Staates entrichtet. Sie wird also nicht *voraussetzungslos geschuldet, sondern steht in Zusammenhang mit einer staatlichen Gegenleistung. Deshalb dürfen Gebühren nicht höher sein als die Kosten, die der Verwaltung durch die Entrichtung der Leistung entstehen.* Gebühren sind zum Beispiel die Abgaben für Leistungen der Post wie Brief-, Paket- und Telephonverkehr, Immatrikulationsgebühren der Universitäten, Stempel- und Kanzleigebühren usw. (vgl. dazu 4. Teil, 4. Kap., II, C., 1.).

1.4. Vorzugslast

Neben den Steuern und Gebühren kennen wir auch die Vorzugslast. Die Vorzugslast wird zwar auch *für eine Leistung des Staates entrichtet, ihr Umfang wird aber nicht auf Grund der Leistung berechnet, sondern auf Grund des Mehrwertes, des Vorzuges, den der Betroffene durch die Entrichtung der staatlichen Leistung erhält.* Typische Vorzugslasten in diesem Sinne sind die Mehrwertbeiträge von Grundstückeigentümern an den Bau von Strassen und Kanalisationen (BGE 100 Ia 438).

Eine Vorzugslast besonderer Art ist die Mehrwertabschöpfung für den Planungsmehrwert eines Grundstückes (Art. 37 Entwurf Raumplanungsgesetz, BBl 1974 II 816). Diese Mehrwertabschöpfung ist nicht für eine produktive Leistung des Staates zu entrichten, sondern für eine Planungsentscheidung. Wenn eine Gemeinde ein Grundstück einer besseren Nutzungszone zuweist, erhält es einen grösseren Wert. Ein Teil dieses Mehrwertes soll vom Gemeinwesen abgeschöpft werden können. Es handelt sich nur zu einem Teil um eine Vorzugslast, da sie nicht für eine eigentliche Leistung des Staates, sondern für eine Entscheidung (Änderung des Planes) entrichtet wird. Ihr Grundsatz, dass der Staat durch die Vorzugslast nicht mehr einnehmen darf als ihn die Leistung kostet, wird damit in Frage gestellt. Deshalb kommt die Mehrwertsteuer der wirtschaftslenkenden Steuer sehr nahe. Diese Mehrwertsteuer war in der politischen Auseinandersetzung allerdings stark umstritten. Es ist deshalb nicht damit zu rechnen, dass sie nach Verwerfung des ersten Entwurfes durch das Volk im neuen Entwurf wieder aufgegriffen wird (vgl. aber Art. 4 des neuen Entwurfes zum Raumplanungsgesetz: «Das kantonale Recht sieht angemessene Abgaben für erhebliche Mehrwerte vor, die durch Planungen entstehen»).

2. Verfügungen über Sachleistungen (Enteignung und Konfiskation)

Muss der Bürger dem Staate eine *Sachleistung* erbringen, liegt dieser Leistungspflicht eine *Enteignungsverfügung* oder eine *Konfiskationsverfügung* zugrunde. Mit der *Konfiskation* eignet sich der Staat bewegliche Sachen an, zum Beispiel pornographische Schriften, auf Grund von Art. 36 Abs. 4 ZG (SR 631.0) bei deren Einfuhr oder im Rahmen des Postverkehrsgesetzes (SR 783.0) bei deren Versendung. Handelt es sich um Grundstücke und damit zusammenhängende dingliche und persönliche Rechte, kann sie sich der Staat nur über den Weg der Enteignungsverfügung aneignen. Diese setzt ein ganz bestimmtes Verfahren voraus.

3. Verfügungen über persönliche Leistungen

Unsere staatlichen Verwaltungen von Bund, Kantonen und Gemeinden kennen eine ganze Reihe von Verfügungen, die den einzelnen zu persönlichen Leistungen verpflichten. Am bekanntesten sind die Verfügungen über die *militärische Dienstpflicht* und die *Schulpflicht*. Zu erwähnen sind aber auch die Pflicht zum Dienst in der Feuerwehr sowie die Pflicht der Einwohner verschiedener Berggemeinden zur Leistung von Frondiensten, zum Beispiel zur Abwehr von Naturkatastrophen. So gibt Art. 157 des freiburgischen Gesetzes über die Gemeinden und Pfarreien dem Gemeinderat die Befugnis, in ausserordentlichen Fällen allgemeine Frondienste anzuordnen.

C. Verfügungen im Bereich des Sozialrechts

Im Bereich der Sozialverwaltung können Verfügungen einerseits *Abgabeverpflichtungen* (Prämie) im Rahmen der Sozialversicherung und andererseits aber auch *Rentenansprüche oder Stipendienansprüche der Betroffenen begründen*. Eine Verfügung ist beispielsweise der Entscheid über den Beginn des Rentenanspruchs, die Höhe und Auszahlung der jeweiligen Renten. Der Rentner soll die Möglichkeit haben, gegen die Verweigerung oder zu niedere Ansetzung einer Rente eine Beschwerde einzureichen.

Typisch für den Rentenanspruch ist, dass sich sowohl die *Anspruchsberechtigung wie auch die Höhe der Rente aus dem Gesetz ergeben muss*. Der Rentenanspruch ist aus dem Gesetz ableitbar.

Anders ist es bei der Subvention. Die *Subvention ist ein Sammelbegriff* für die verschiedensten Arten von staatlichen Leistungen an öffentliche oder private juristische oder Einzelpersonen. Oft lassen sich weder *die Höhe noch ein direkter Anspruch auf Subvention unmittelbar aus dem Gesetz ableiten*. Es steht somit oft im *Ermessen der Behörde*, darüber zu bestimmen, ob eine Subvention auszurichten sei, jedenfalls aber den Umfang, d.h. die Höhe der Subvention, festzulegen. Dies hat verschiedene Gründe. Mit den Suventionen verfolgt der Gesetzgeber eine allgemeine staatliche Förderungspolitik, die sich im Gesetz nicht bis ins letzte determinieren lässt. Subventionen werden aus dem allgemeinen Finanzhaushalt entrichtet, sind also abhängig vom staatlichen Voranschlag, für den politische Prioritäten festgelegt werden müssen. Sozialrenten sind aber vor allem auch abhängig von den Leistungen der Versicherten. Könnte die Behörde über die Höhe der Rente entscheiden, könnte der Rentner um die Leistung betrogen werden, die er als Versicherter entrichtet hat.

Dies hat für die Beurteilung der Subventionsverfügung folgende Konsequenzen: Dort, wo selbst die Frage des Anspruchs auf Subvention in das Ermessen der Behörde gestellt ist, kann die Nichtausschüttung der Subvention *nicht auf dem Wege der Verwaltungsgerichtsbeschwerde angefochten werden*. Dies ist in Art. 99 OG lit. h (SR 173.110) ausdrücklich festgehalten. Selbst wenn der Anspruch feststeht, aber die Höhe dem Ermessen anheimgestellt ist, kann auf dem Wege der Verwaltungsgerichtsbeschwerde die Heraufsetzung der Subvention kaum mit Erfolg verlangt werden. Der Umfang der Subvention wird nämlich im Budget festgelegt und vom Parlament genehmigt. Es wäre verfehlt, wollte man einem Gericht die Befugnis übertragen, auf Budgetentscheidungen des Parlamentes einzuwirken. Das Gericht hat keine Kompetenz, über den Umfang des staatlichen Haushaltes zu befinden. Ebensowenig steht ihm zu, die Höhe der Steuersätze festzulegen.

Der grosse Ermessensspielraum der Verwaltung bei der Ausschüttung gewisser Subventionen hat zur Folge, dass ihre Rechtsnatur, im Gegensatz zur Rente, keineswegs klar geregelt ist. Subventionen können *auf Grund von Verfügungen, öffentlichrechtlichen oder privatrechtlichen Verträgen entrichtet werden*. Massgebend für die Rechtsnatur des Subventionsverhältnisses sind der Ermessensspielraum der Verwaltung, die konkrete Interessenlage und das Verfahren, das der Entrichtung der Subvention vorausgeht (vgl. dazu IMBODEN M., RHINOW R. Nr. 155). Soweit die Subvention *im Rahmen eines privatrechtlichen Vertrages ausgeschüttet wird, ist davon auszugehen, dass ihr eine Verfügung zugrunde liegt*. Wenn beispielsweise eine kantonale Regierung oder eine öffentlich-rechtliche Stiftung des Bundes wie die Pro Helvetia bzw. eine privatrechtliche Stiftung wie der Nationalfonds Subventionen ausschütten, können sie dies über privatrechtliche Verträge tun; der Entscheid über die Ausschüttung ist aber eine beschwerdefähige Verfügung.

Mit den Subventionen verfolgt das Gemeinwesen verschiedene Zwecke: Mit Subventionen kann die *Verwirklichung von Aufgaben im öffentlichen Interesse* gefördert werden, zum Beispiel sozialer Wohnungsbau, Forschung, Gesundheitswesen usw. Subventionen dienen aber auch zur Verwirklichung eigentlicher *wirtschaftspolitischer Ziele* wie zum Beispiel der Strukturverbesserung gewisser Wirtschaftszweige (Landwirtschaft) oder Regionen (Bergregionen). Schliesslich lassen sich durch Subventionen, zum Beispiel Stipendien, *soziale Ausgleiche* benachteiligter Personen, zum Beispiel im Bildungswesen, bewerkstelligen.

D. Verfahrensverfügungen

1. Feststellungsverfügungen

LITERATUR: FENGE H., Die verwaltungsgerichtliche Feststellungsklage bei drohenden Verwaltungsakten, DöV 9, 1956, S. 392 ff.; GUENG U., Zur Tragweite des Feststellungsanspruchs gemäss Art. 25 VwG, SJZ 67, 1971, S. 369 ff.; HOFFMANN-BECKING M., Der feststellende Verwaltungsakt, DöV 25, 1972, S. 196 ff.

Feststellungsverfügungen sind Verfügungen, die im Rahmen des Feststellungsverfahrens, zum Beispiel nach Art. 25 VwVG, erlassen werden. Auf Grund dieses Verfahrens werden Verfügungen erlassen, die *das Bestehen von Rechten und Pflichten einzelner Bürger hoheitlich feststellen,* diese Rechte und Pflichten aber weder begründen noch aufheben oder abändern.

Der Anspruch auf eine Feststellungsverfügung gemäss Art. 25 VwVG ist von grosser Bedeutung. Gemäss dieser Bestimmung hat jedermann einen *Anspruch auf die Feststellung seiner Rechte und Pflichten, sobald er ein schutzwürdiges Interesse geltend machen kann.* Ein Unternehmer möchte beispielsweise wissen, ob er Anspruch auf Rückerstattung eines enteigneten Grundstückes hat, das von der Behörde noch nicht gebraucht wird, hingegen für die Weiterentwicklung seines Betriebes von Bedeutung ist. Der Wirt und Eigentümer eines Restaurants möchte wissen, ob ihm die Bewilligung zur Führung dieses Restaurants entzogen wird, wenn er in eine andere Gemeinde zieht. Ein Student, der sich für das medizinische Studium immatrikulieren will, möchte wissen, ob er damit rechnen kann, sein Studium an der Universität seiner Wohngemeinde aufnehmen zu können. In all diesen Fällen haben die Betroffenen ein schutzwürdiges Interesse am Erlass einer Feststellungsverfügung. *Die eigentliche Begründung der Rechte und Pflichten erfolgt zwar erst später. Die Feststellungsverfügung gibt dem Betroffenen aber bereits vorgängig die Gewissheit über die spätere Begründung der Rechte und Pflichten.*

Mit der Feststellungsverfügung kann der Betroffene eine *beschwerdefähige Verfügung provozieren,* bevor er entsprechende Nachteile auf sich nehmen muss. Ein Importeur von ausländischen Waren muss nicht auf die Zollverfügung warten bis er weiss, wie die zollpflichtige Ware veranlagt wird. Er kann vor dem Import abklären, wie hoch sein Zoll ausfallen wird und kann diese Feststellungsverfügung allenfalls noch rechtzeitig anfechten.

Die Feststellungsverfügung und das Feststellungsverfahren sind somit von erheblicher Bedeutung. Sie geben dem einzelnen überdies die Möglichkeit, *akzessorisch die Richtigkeit einer generell-abstrakten Verordnung überprüfen zu lassen, bevor er durch die Verfügung konkrete Nachteile erfahren hat.* Der Erlass einer Verordnung über die Kontingentierung der Einfuhr bestimmter Waren kann nicht abstrakt angefochten werden. Der Importeur kann lediglich Verfügungen anfechten, die auf Grund dieser Verordnung erlassen werden. Mit der Anfechtung der Verfügung kann die Überprüfung der Verordnung auf ihre Gesetzmässigkeit verlangt werden, auf die sich die Verfügung stützt. Die Feststellungsverfügung gibt den Importeuren die Möglichkeit, ihre Rechte und Pflichten vor dem eigentlichen Import feststellen zu lassen und die Verfügung anzufechten.

2. Gestaltungsverfügungen

Bei der Gestaltungsverfügung werden *durch die Behörde neue Rechte und Pflichten geschaffen.* Typische Gestaltungsverfügungen sind Kontingentszuweisungen, Ausnahmebewilligungen, Konzessionen oder Subventionen. In diesen Fällen wird der Umfang des Anspruches nicht durch das Gesetz allein, sondern durch die zusätzliche Ermessensentscheidung der Behörde festgelegt. Durch die Gestaltungsverfügung werden neue Rechte begründet, abgeändert oder aufgehoben.

Deshalb muss bei der Gestaltungsverfügung der *Vertrauensschutz des Betroffenen bedeutend grösser sein* als bei der Feststellungsverfügung. Kann der Betroffene bei der Feststellungsverfügung aus dem Gesetz ableiten, welche Rechte und Pflichten ihm zustehen, ist dies bei der Gestaltungsverfügung nicht mehr möglich, da die Behörde selber schöpferisch tätig ist und dieser Entscheid auf Grund des Ermessens der Behörde erlassen wurde.

3. Abweisungsentscheide

Auch der Entscheid, das Begehren einer Partei abzuweisen, weil es dem Gesetz bzw. der Auffassung der Behörde (bei der Gestaltungsverfügung) nicht entspricht, ist als *Verfügung zu qualifizieren*. Der Bürger hat gegen einen solchen Abweisungsentscheid ein entsprechendes Beschwerderecht. Es ist ein materieller Entscheid, der das *Nichtbestehen* von Rechten oder Pflichten festlegt oder die *Begründung* solcher Rechte und Pflichten ablehnt.

4. Nichteintretensentscheide

Von den Abweisungsentscheiden zu unterscheiden sind die Nichteintretensentscheide. Wenn die Behörde ein Begehren abweist, hat sie es auf seine Richtigkeit materiell geprüft. *Beim Nichteintretensentscheid wird lediglich festgestellt, dass der Betroffene gar nicht berechtigt ist, ein Begehren zu stellen und demzufolge die Richtigkeit des Begehrens an sich nicht zu prüfen ist.*

Diese Unterscheidung hat vor allem verfahrensrechtliche Konsequenzen. Beim Nichteintretensentscheid kann nur das eigentliche Nichteintreten, nicht aber der Inhalt des Begehrens angefochten werden. Dies ist vor allem bei der Wiedererwägung von grosser Bedeutung. Der einzelne kann die Behörde bitten, auf einen Entscheid, den sie gefällt hat, wieder zurückzukommen. Die Behörde ist u.a. dazu nur verpflichtet, wenn der Bürger nachweisen kann, dass neue Tatsachen vorliegen, die eine Überprüfung der Verfügung erforderlich machen. Kann er diesen Nachweis nicht erbringen, ist die Behörde nicht verpflichtet, auf das Wiedererwägungsbegehren einzutreten. Sie wird das Begehren mit der Begründung ablehnen, dass keine neuen erheblichen Tatsachen vorliegen.

Ein Nichteintretensentscheid liegt auch vor, wenn eine Beschwerdeinstanz auf eine Beschwerde nicht eintritt, weil der Beschwerdeführer zur Beschwerde nicht *legitimiert* ist, die Frist verpasst oder andere *formelle Erfordernisse* nicht eingehalten hat.

Der Nichteintretensentscheid ist vor allem für den rechtsunkundigen Beschwerdeführer unbefriedigend. Er fühlt sich im Recht, die Verwaltung lehnt aber ab zu prüfen, ob er überhaupt im Recht ist. Gerade aus diesen Gründen sollten die formellen Beschwerdeerfordernisse grosszügig gehandhabt werden.

5. Zwischenentscheide

Zwischenverfügungen sind Verfügungen, die auf dem Wege zu einer Endverfügung erlassen werden müssen, zum Beispiel Entscheidungen über Zuständigkeit, Ausstandspflicht, vorsorgliche Massnahmen, die Beweisaufnahme usw. Solche Zwischenverfügungen sind unter Einhaltung kürzerer Fristen unanbhängig *anfechtbar, wenn der Ausschluss der Beschwerdemöglichkeit für den Betreffenden einen nicht wiedergutzumachenden Nachteil zur Folge hätte.*

E. Nebenbestimmungen bei Verfügungen

1. Allgemeines

Der angehende Medizinstudent erhält ein staatliches Stipendium unter der Bedingung, dass er die Matura besteht. Die Erziehungsdirektion macht ihm die Auflage, sich spätestens nach einem Jahr zu einem Zwischenexamen zu melden. Wenn er das Examen nicht besteht oder ein anderes Studium ergreift, fällt das Stipendium dahin. Sehr viele Verfügungen enthalten solche oder ähnliche Nebenbestimmungen. Die Gemeinde erteilt eine Baubewilligung mit der Auflage, einen grossen Kinderspielplatz zu errichten oder die Freiplätze mit Rasen und Bäumen zu bepflanzen. Der Bund gibt den Kantonen Subventionen für ihre Hochschulen, sofern sie sich an den von der Regierungskonferenz verabschiedeten Mehrjahresplan halten. Der Kiesgrubenbesitzer erhält eine Rodungsbewilligung, sofern er nach Ausbeutung der Kiesgrube die gerodete Stelle wieder mit Bäumen bepflanzt, der Konzessionär kann eine Eisenbahnlinie führen, sofern er sich an den Fahrplan und die Tarife der SBB hält.

Derartige Nebenbestimmungen sind sicher problemlos. Was ist aber zu halten von folgenden Nebenbestimmungen: Der Student erhält die Immatrikulationsverfügung mit der Auflage, sich einer bestimmten Partei anzuschliessen, der Bauherr erhält die Baubewilligung, sofern er der Gemeinde ein freies Zimmer für Sitzungen des Gemeinderates zur Verfügung hält, die Kantone erhalten Subventionen, müssen aber eine bestimmte Standesinitiative zurückziehen, der Kiesgrubenbesitzer erhält die Rodungsbewilligung, muss aber der Gemeinde den Kies zum halben Preis verkaufen, der Konzessionär kann die Eisenbahnlinie betreiben, muss aber der SBB die ausgedienten Lokomotiven zu einem überhöhten Preis abkaufen.

Diese Beispiele zeigen, dass *Nebenbestimmungen nicht schrankenlos den Verfügungen beigegeben werden dürfen.* Das ungleiche Stärkeverhältnis zwischen Verwaltung und Bürger darf nicht missbraucht werden. Der Bürger ist auf das Stipendium, die Rodungsbewilligung, die Konzession usw. angewiesen. Die Verwaltung darf diese Abhängigkeit nicht ausnutzen und den Bürger zu Zugeständnissen bringen, die er bei freier Entscheidung niemals machen würde. Eine Gefängnisverwaltung darf den Gefangenen nicht zum Zugeständnis «zwingen», sich für die Erhaltung gewisser Privilegien für gefährliche medizinische Experimente zur Verfügung zu stellen, wie dies vor einigen Jahren in den Vereinigten Staaten geschehen ist.

Damit stellt sich nun aber die Frage, unter welchen Voraussetzungen Nebenbestimmungen erlassen werden können und was die Wirkung derartiger Nebenbestimmungen sein kann. Bevor wir aber auf diese Frage eingehen, müssen wir die verschiedenen Arten von Nebenbestimmungen kennenlernen: Zu unterscheiden sind in erster Linie die Bedingung und die Auflage.

2. Arten von Nebenbestimmungen

2.1. Die Bedingung

Die Bedingung ist eine Nebenbestimmung (der Verfügung), bei deren Verwirklichung die Verfügung wirksam wird (Suspensivbedingung), oder ihre Wirkung verliert (Resolutivbedingung). *Wird die Verfügung erst wirksam, wenn sich die Bedingung erfüllt, sprechen wir von einer Suspensivbedingung.* Diese liegt beispielsweise vor, wenn der Student das Stipendium unter der Bedingung erhält, dass er die Matura besteht.

Eine Resolutivbedingung liegt vor, wenn die Verfügung bei Eintritt der Bedingung ihre Wirkung verliert. Das Stipendium fällt dahin, wenn der Student sein Examen nicht besteht.

Zu Unrecht wird vielfach angenommen, die Bedingung sei Voraussetzung für die *Gültigkeit* der Verfügung. Über ihre Gültigkeit muss beispielsweise bei der Resolutivbedingung schon vor Eintritt der Bedingung, zum Beispiel im Beschwerdeverfahren, entschieden werden.

2.2. Die Auflage

Im Gegensatz zur Bedingung ist die *Auflage keine Voraussetzung für den Bestand der Verfügung. Die Verfügung bleibt in Kraft, selbst wenn die Auflage nicht erfüllt wird. Während aber die Bedingung nicht erzwungen werden kann, lassen sich Auflagen im Vollstreckungsverfahren erzwingen.* Wenn der Bauherr keinen Rasen anpflanzt, kann er dazu gezwungen werden, die Baubewilligung fällt aber nicht dahin.

Oft ist es allerdings nicht leicht, die Auflage von der Bedingung, insbesondere der Resolutivbedingung abzugrenzen. Ist die Nebenbestimmung, im ersten Anlauf das Examen zu bestehen, eine Resolutivbedingung oder eine Auflage? Versucht die Verwaltung auf diesem Weg einen leichten Druck auf den Studenten auszuüben, sich bei der Vorbereitung des Examens Mühe zu geben, will sie aber das Stipendium trotz Nichtbestehens weiter bezahlen, handelt es sich um eine mehr oder weniger erzwingbare Auflage. Fällt aber das Stipendium nach Nichtbestehen des Examens automatisch dahin, handelt es sich um eine Resolutivbedingung.

2.3. Besondere Arten von Nebenbestimmungen

Eine Nebenbestimmung besonderer Art ist der *Revers*, der im Baurecht bekannt ist. Der Hauseigentümer möchte seinem Haus einen kleinen Erker beifügen. Der Erker liegt aber über der Baulinie, die für eine allfällige Erweiterung der Strasse vorgesehen ist. Trotzdem erhält der Bauherr eine Bewilligung. Er muss dafür bei einer späteren Enteignung auf die Entschädigung des durch den Umbau entstandenen Mehrwertes verzichten und sich bereit erklären, diesen *Mehrwertrevers* im Grundbuch einzutragen.

Neben dem Mehrwertrevers kennt das Baurecht auch den *Beseitigungsrevers* oder den *Überbauungsrevers* (vgl. IMBODEN M., RHINOW R. Nr. 39 VI.). Schliesslich werden die *Befristung* oder der *Widerrufsvorbehalt* oft zu den Nebenbestimmungen der Verfügung gerechnet.

3. Voraussetzungen der Nebenbestimmungen

3.1. Verfassungsmässigkeit

Nebenbestimmungen zu Verfügungen müssen sich an klare Schranken halten. *Sie müssen verhältnismässig sein und in einem klaren Zusammenhang zur Verfügung stehen.* Die Gemeindebehörde darf die Baubewilligung nicht mit der Auflage verknüpfen, der Sohn des Bauherrn müsse sich dafür in der Schule anständiger benehmen. Der Bund darf die Subvention für die Restaurierung eines Denkmals nicht mit der Auflage verknüpfen, vor der Barockkirche noch ein Standbild des Bundespräsidenten aufzustellen.

Nebenbestimmungen müssen sich aber auch an *andere Verfassungsgrundsätze halten.* Der Rektor darf die Bewilligung für die Benutzung eines Vorlesungssaales für eine Veranstaltung der Studenten nicht mit der Auflage verknüpfen, eine bestimmte politische Richtung zu unterstützen. Er kann die Studenten aber dazu verpflichten, durch einen eigenen Ordnungsdienst dafür zu sorgen, dass keine Scheiben eingeschlagen werden. *Die Grund- und Freiheitsrechte sind also eine klare Schranke für den Erlass von Nebenbestimmungen.* Zu achten ist dabei vor allem auch auf den Schutz der persönlichen Freiheit. Die Anstellung eines Beamten oder die Immatrikulation eines Studenten dürfen nicht mit Auflagen, zum Beispiel über persönliche Auskünfte für statistische Unterlagen, erzwungen werden, die sonst nicht erhältlich wären.

3.2. Gesetzmässigkeit

Wie steht es aber mit der gesetzlichen Grundlage? *Die Verwaltung darf Nebenbestimmungen nicht dazu benutzen, Zwecke zu erreichen, die sie auf normalem gesetzlichem Weg nicht erreichen könnte.* Andererseits können nicht alle Nebenbestimmungen im Gesetz ausdrücklich erwähnt werden. *Stehen die Nebenbestimmungen in einem inneren Bezug zur Verfügung, halten sie sich an die verfassungsrechtlichen Grundsätze und den gesetzlichen Zweck, ist dagegen nichts einzuwenden.*

4. Die Wirkung von Nebenbestimmungen

4.1. Die Wirkung der Bedingung

Die Suspensivbedingung ist Voraussetzung für die Gültigkeit der Verfügung. Verwirklicht sich die Suspensivbedingung nicht, tritt die Verfügung nicht in Kraft.

Bei der Resolutivbedingung fällt die Verfügung dahin, wenn sich die Bedingung erfüllt.

4.2. Wirkung der Auflage

Anders ist es bei den Auflagen. Werden die Auflagen nicht erfüllt, bleibt die Verfügung in Kraft. Die Auflage kann aber erzwungen werden.

Sind die Nebenbestimmungen rechtswidrig, fällt die Verfügung in der Regel nicht dahin. Sie bleibt ohne Nebenbestimmungen in Kraft.

5. Zustimmung des Betroffenen

Kann die Rechtswidrigkeit einer Nebenbestimmung durch die freiwillige Zustimmung des Betroffenen geheilt werden? Es gibt sicher sehr viele Nebenbestimmungen, denen der Betroffene zustimmt, um endlich einmal Ruhe vor den Behörden zu haben. Diese können seine Abhängigkeit sehr leicht ausnutzen. Schon aus diesem Grunde kann *die freiwillige Zustimmung des Betroffenen die fehlende gesetzliche oder verfassungsrechtliche Grundlage nicht heilen.* Die Verwaltung kann ebensowenig die Nebenbestimmungen über den Weg des öffentlich-rechtlichen Vertrages verwirklichen. Wo kein partnerschaftliches Verhältnis und keine gesetzliche Grundlage vorliegt, gibt es keinen Platz für vertragliche Vereinbarungen.

F. Auskünfte der Verwaltung

1. Arten von Auskünften

Von der Verwaltung erhalten wir die verschiedensten Arten von Mitteilungen. Die Wegweiser an der Strassenkreuzung führen uns in die richtige Ortschaft; der Fahrplan gibt an, wann der Zug fährt; in einem Brief teilt uns die Gemeindeverwaltung mit, wie die Müllabfuhr organisiert wird; das statistische Amt veröffentlicht ein Jahrbuch über die Bevölkerungszahl, die Lebenserwartung, das Prokopfeinkommen usw., der Bundesrat veröffentlicht einen Bericht über die Sicherheitspolitik des Landes.

Neben diesen, an die Allgemeinheit gerichteten Auskünften erhalten wir aber auch eine ganze Reihe *persönlicher Mitteilungen der Verwaltung.* Der Gemeindeschreiber teilt uns mit, wann der Gemeinderat voraussichtlich über das Baugesuch entscheiden wird, der Beamte in der Steuerverwaltung erklärt uns, wie die Steuererklärung ausgefüllt werden muss, die Sekretärin eines Amtes sagt uns am Telephon, wer in einer bestimmten Angelegenheit zuständig ist, die Zollverwaltung schreibt uns, wie hoch verschiedene Waren zu verzollen sind.

2. Vertrauensprinzip bei Auskünften der Verwaltung

Lässt sich dieses informelle, fast partnerschaftliche Verhältnis von Bürger und Staat überhaupt rechtlich erfassen? *Grundsätzlich ist einmal festzuhalten, dass dieses Verhältnis von Bürger und Staat im Lichte des Vertrauensprinzips, d.h. von Treu und Glauben, zu würdigen ist.* Der Bürger soll darauf bauen, dass ihn die Verwaltung nicht an der Nase herumführt. Seine Erwartungen, die er von der Verwaltung hat, sollen nicht enttäuscht werden.

Andererseits darf auch die Verwaltung nicht überfordert werden. Sie soll Irrtümer berichtigen können und darf nicht für offensichtliche Fehler behaftet werden. Ebensowenig soll der Bürger auf Grund von falschen Auskünften Privilegien erhalten, die gesetzwidrig sind und dem öffentlichen Interesse zuwiderlaufen.

Wenn auch zwischen Verwaltung und Bürger kein vertragliches Verhältnis besteht, so untersteht der einzelne doch dem allgemeinen Gewaltverhältnis des Staates. *Der Staat ist verpflichtet, die Verhaltenserwartungen, die der einzelne vernünftigerweise an ihn stellen kann, zu erfüllen.* Schon früh hat denn auch das Bundesgericht entschieden, der Grundsatz von *Treu und Glauben* finde auch im *öffentlichen Recht Anwendung* (BGE 34 I 28). Diese Rechtsprechung wurde in der Folge grundsätzlich bestätigt. Lediglich unmittelbar nach Inkrafttreten des ZGB erklärte es für eine gewisse Zeit, der Grundsatz von Art. 2 ZGB finde im öffentlichen Recht keine Anwendung. *Heute leitet das Bundesgericht den Grundsatz von Treu und Glauben unmittelbar aus Art. 4 BV ab* (BGE 94 I 521).

3. Die Wirkung der Auskünfte

Damit stellt sich nun aber die Frage, welchen Stellenwert Auskünfte der Verwaltung im Lichte von Treu und Glauben haben. Sicher ist einmal zu unterscheiden zwischen Auskünften, die sich an die Allgemeinheit richten, und solchen, die auf ein individuelles Verhältnis zwischen Verwaltung und Bürger zurückzuführen sind. Wenn der Bundesrat in seinem Bericht über die Sicherheitspolitik des Landes auf ein neues

Waffensystem für die Schweizer Armee hinweist, kann daraus eine Waffenfabrik keine Erwartungen über mögliche Aufträge ableiten. Wenn aber die Zollverwaltung verbindlich Auskunft über den Zoll einer bestimmten Ware erteilt, soll der einzelne darauf bauen können. *Auskünfte müssen also individuell bestimmt und genügend konkretisiert sein* (BGE 101 Ia 120).

In bestimmten Fällen haben allerdings auch generelle Anweisungen, etwa über die Ausfüllung einer Steuererklärung, gewisse Wirkungen. Derartige Anweisungen können für die Verwaltung ebenfalls bindend sein (BGE 91 I 133). Dies ist deshalb richtig, weil der Bürger auf Grund der Wegleitung im *Vertrauen auf ihre Richtigkeit* gewisse Handlungen vornimmt.

Der Bürger muss begründen können, dass sein Vertrauen in die Verwaltung gerechtfertigt ist. Die Auskunft darf nicht offensichtlich unrichtig sein. Wenn der Bürger auf Grund der besonderen Umstände erkennen musste, dass die Auskunft falsch war, ist die Verwaltung nicht daran gebunden. Dabei ist allerdings davon auszugehen, dass der Bürger in der Regel ein grosses Vertrauen in die Behörden hat und ihre Auskünfte nicht nochmals auf ihre Richtigkeit überprüft. An die Erkennbarkeit der Unrichtigkeit der Auskunft darf deshalb kein allzu strenger Massstab gelegt werden (BGE 91 I 138).

Die Auskunft muss *schliesslich von der zuständigen Behörde* erfolgen. Es genügt dabei allerdings, dass sich der Adressat *darauf verlassen durfte*, dass die Behörde zuständig sei (BGE 101 Ia 100). Massgebend für die Beurteilung der Zuständigkeit ist also nicht die *objektive*, sondern die vom Bürger unter den *betreffenden Umständen erkennbare Zuständigkeit*.

Die Auskunft muss aber auch *vorbehaltlos erfolgen*. Die Unverbindlichkeit muss sich aber klar aus den Umständen ergeben (BGE 96 I 16).

Die Auskunft der Behörde ist vor allem dann verbindlich, «*wenn der Bürger auf Grund der Auskunft nicht wieder rückgängig zu machende Dispositionen traf, und wenn anzunehmen ist, dass er bei richtiger Auskunft ein für ihn vorteilhaftes Vorgehen gewählt hätte*» (ZBl 69, 1968, S. 418). Die Wirkung der Auskunft wird also von der Frage abhängig gemacht, was der Bürger damit gemacht hat. Hat er auf Grund der Auskunft Handlungen oder Unterlassungen begangen, muss sie verbindlich sein. Dies ist vor allem dann der Fall, wenn er bei Unverbindlichkeit der Auskunft *schwerwiegende Nachteile* in Kauf nehmen müsste. In diesem Fall kann eine Auskunft auch dann verbindlich sein, wenn sie gesetzwidrig erteilt wurde oder gegen das öffentliche Interesse verstösst.

Der Verbindlichkeit von Auskünften sind aber auch Schranken gesetzt. Es ist anzunehmen, dass die Behörde bei der Erteilung der Auskunft stillschweigend davon ausgeht, dass das Recht sich nicht ändern wird. Bei der Änderung des Rechts ist die Behörde nicht daran gebunden. Ist die Auskunft gesetzwidrig, ist sie ebenfalls nicht daran gebunden, sofern der Betroffene keine schwerwiegenden Nachteile in Kauf nehmen muss. Der Grundsatz von Treu und Glauben darf nicht dazu führen, dass der andere verwaltungsrechtliche Grundsatz, nämlich der Grundsatz der Gesetzmässigkeit, durch die Verwaltungsbehörden ausgehöhlt werden darf (BGE 100 V

160). *Ähnlich wie beim Widerruf von Verfügungen soll die Behörde aber auch auf ihre Auskunft zurückkommen können, wenn ein überwiegendes öffentliches Interesse auf dem Spiel steht* (BGE 101 Ia 331).

Der Grundsatz von Treu und Glauben steht also im Rahmen der Rechtsprechung des Bundesgerichts gleichberechtigt neben den anderen allgemeinen Rechtsgrundsätzen für die Verwaltungstätigkeit wie Rechtsgleichheit, Gesetz- und Verfassungsmässigkeit usw.

Neben der Frage der Verbindlichkeit stellt sich aber auch das *Problem der Haftung der Behörden für falsche Auskünfte*. Sofern die Auskunft rechtswidrig ist und die Verbindlichkeit der Auskunft den Schaden, der auf Grund einer falsch erteilten Auskunft erfolgt ist, nicht beheben kann, haftet der Staat nach den Grundsätzen der Staatshaftung (vgl. S. 317 ff.) für unrichtige Auskünfte.

4. Recht auf Auskunft

Zu prüfen ist schliesslich auch die Frage, inwieweit die Behörde verpflichtet ist, dem Bürger eine Auskunft zu erteilen bzw. inwieweit sich der Bürger gegen eine Auskunft, die ihm aus bestimmten Gründen nicht passt, wehren kann. Eine *Pflicht zur Auskunfterteilung besteht nur, wenn die Voraussetzungen für eine Feststellungsverfügung*, zum Beispiel im Sinne von Art. 25 VwVG, gegeben sind, wenn also ein schutzwürdiges Interesse an der Auskunft besteht. Wenn ein Taxiunternehmer in einer Stadt einen Taxibetrieb eröffnen möchte, soll ihm verbindlich mitgeteilt werden, ob er mit einer Taxibewilligung in dieser Stadt rechnen kann.

G. Zusammenfassung

Das Institut der Verfügung ist der verwaltungsrechtliche Versuch, den Schnitt bzw. die Zäsur des Verwaltungshandelns dort zu machen, wo das Gesetz auf den konkreten Einzelfall zugeschnitten und angewendet wird. Dies ist sicher überall dort problemlos, wo sich aus dem Gesetz der konkrete Einzelfall unmittelbar und ohne gestaltende Entscheidung der Verwaltung ableiten lässt. Dort aber, wo das Gesetz der gestaltenden Entscheidung der Verwaltung bedarf, wird insbesondere das Rechtsschutzbedürfnis bzw. die Beschwerdemöglichkeit des Betroffenen wesentlich eingeschränkt. Dies gilt vor allem für Verfügungen, die einen verteilenden Charakter haben, etwa die Kontingentierungen und die Subventionen. Es gilt vor allem aber auch dort, wo die Behörde zur Konkretisierung des Gesetzes im Rahmen ihres Ermessens weitere generelle Anordnungen erlässt, die, wie etwa interne Weisungen oder planende Entscheidungen oder Leitbilder, keine unmittelbare Wirkung nach aussen haben. In diesen Fällen kann erst die konkrete Verfügung angefochten werden. Für den Verwaltungsrichter ist es in der Regel kaum möglich, die generalisierende Ge-

setzeskonkretisierung der Verwaltung eingehend zu überprüfen, da eine derartige Überprüfung Konsequenzen für das gesamte Verwaltungshandeln und damit für die anderen Verfügungen hätte. Die Rechtsgleichheit und die Rechtssicherheit anderer Betroffener erfordern eine Beschränkung der Kognition, der Überprüfung der angefochtenen Einzelentscheidung. Die Einzelentscheidung lässt sich nicht mehr voll überprüfen, die Kognition des Richters ist beschränkt. Diese Feststellung ist deshalb von Bedeutung, weil sich der Gesetzgeber in der heutigen Zeit je länger je weniger darum bemüht, in seinen Gesetzen Detailbestimmungen zu erlassen, sondern vielfach auf Grund der Umstände dazu gezwungen ist, allgemeine Generalklauseln zu erlassen, die der gestaltenden, konkretisierenden und ergänzenden Ausführung durch die Verwaltung bedürfen. Vielleicht wird es möglich sein, über den Weg der Feststellungsverfügung relativ frühzeitig die Überprüfung des Verwaltungshandelns vornehmen zu lassen. Sollte dies nicht möglich sein, wird in Zukunft der Gesetzgeber überprüfen müssen, ob er den Betroffenen allenfalls über Gruppen- oder Verbandsbeschwerden die Möglichkeit geben soll, nicht nur konkrete Verfügungen, sondern bereits allgemeine Erlasse der Verwaltung, insbesondere auf dem Gebiete der Planung, anzufechten.

2. Kapitel: Erlass der Verfügung und Beschwerdeverfahren

I. Verfahren beim Erlass von Verfügungen

LITERATUR: ABELEIN M., Die Abgrenzung Verwaltungsakt — Verordnung. Recht und Staat, Festschrift für G. Küchendhoff II, Berlin 1972, S. 419 ff.; ALDER C., Ausgewählte Fragen zum Verwaltungs- und Verwaltungsrechtspflegeverfahren des Kantons Basel-Stadt und Postulate de lege ferenda, BJM 1975, S. 113 ff.; BACHOF O., Verwaltungsverfahren und Vewaltungsgerichtsbarkeit, DVBl 72, 1957, S. 564 ff.; BECKER F., Das allgemeine Verwaltungsverfahren in Theorie und Gesetzgebung. Eine rechtsvergleichende Untersuchung, Stuttgart, Brüssel 1960; BETTERMANN K.A., MELICHAR E., Das Verwaltungsverfahren, VVDStRL 17, 1959, S. 118 ff.; BLÜMEL W., Masseneinwendungen im Verwaltungsverfahren. Im Dienst an Recht und Staat, Festschrift für W. Weber zum 70. Geburtstag, Berlin 1974, S. 539 ff.; BUCH H., A propos des principes généraux dans l'élaboration jurisprudentielle des actes administratifs. Miscellanea W.J. Ganshof van der Meersch, Studia ad discipulis amicisque in honorem egregii professoris, Bruxelles 1972, Bd. III, S. 417 ff.; FISCHLI E., Die neuen Proceduren des Bundesverwaltungsrechts, BJM 1971, S. 257 ff.; FUNK B. CHR., Der verfahrensfreie Verwaltungsakt, Forschung aus Staat und Recht 28, Wien, New York 1975; GYGI F., Verwaltungsrechtspflege und Verwaltungsverfahren im Bund, 2. Aufl., Bern 1974; HAUEISEN F., Verwaltungsverfahren und Verwaltungsakt. Zur Bedeutung verwaltungsverfahrensrechtlicher Vorschriften für den Bestand von Verwaltungsakten, DöV 26, 1973, S. 653 ff.; HELLBLING E.L., Allgemeines Verwaltungsverfahren und Abgabeverwaltungsverfahren. Ein Vergleich auf Grund des Gleichheitssatzes, Dimensionen des Rechts, Gedächtnisschrift für René Marcic, Berlin 1974, S. 473 ff.; KRAUSE P., Rechtsformen des Verwaltungshandelns, Schriften zum öffentlichen Recht, Bd. 229, Berlin 1974; MUTIUS A.V., Rechtsnorm und Verwaltungsakt, Fortschritte des Verwaltungsrechts, Festschrift für H.J. Wolff, München 1973, S. 167 ff.; OBERMAYER K., Verwaltungsverfahrensgesetz, Einführung und Erläuterung, Darmstadt 1976; RASCH E., PATZIG W., Verwaltungsorganisation und Verwaltungsverfahren, in: Brauchitsch M. v., Ule C., Verwaltungsgesetze des Bundes und der Länder, Bd. I, 1. Halbband, 1962; SALADIN P., Verwaltungsprozessrecht und materielles Verwaltungsrecht. Einwirkungen des Verwaltungsverfahrensrechts im Bund auf das materielle Verwaltungsrecht, ZSR NF 94 II, 1975, S. 307 ff.; SCHWARZI J., Der funktionale Zusammenhang von Verwaltungsverfahrensrecht und verwaltungsgerichtlichem Rechtsschutz, Berlin 1974; SUHR D., Zur Rationalität im Verwaltungsverfahrensrecht am Beispiel der Besetzung von Hochschullehrerstellen, DöV 28, 1975, S. 767 ff.; ULE C., BECKER F., Verwaltungsverfahren im Rechtsstaat. Bemerkungen zu einem Musterentwurf eines Verwaltungsverfahrensgesetzes, Köln 1964; ULE C., Verwaltungsverfahren und Verwaltungsgerichtsbarkeit, DVBl 73, 1958, S. 597 ff.; DERSELBE, Zur Revisibilität des Verwaltungsverfahrensrechts. Verfassung — Verwaltung — Finanzen, Festschrift für Gerhard Wacke, Köln-Marienburg 1972, S. 277 ff.; WANNER E., Verwaltungsverfahrensfehler und verwaltungsgerichtliche Klage, Diss. Würzburg 1968; WINKLER G., Der Bescheid, Wien 1956.

A. Aufgabe des Verfahrens

Wir haben bis jetzt die materiellen Voraussetzungen für den Erlass rechtmässiger Verfügungen behandelt und müssen jetzt die formellen Voraussetzungen, d.h. die Verfahrensvorschriften, darlegen, die für den Erlass von Verfügungen zu beachten sind. Verfahrensvorschriften erfüllen immer verschiedene Funktionen:

Sie verpflichten die Behörden, sich vor Erlass der Verfügung umfassend zu informieren. Informationen sind nur stichhaltig, wenn sie *überprüft* werden können. Deshalb müssen alle am Entscheid beteiligten Personen *angehört* werden.

Verfahrensvorschriften geben den Betroffenen eine *faire Chance*, ihre Interessenlage im Verfahren zu vertreten. Schliesslich soll das Verfahren zu einer grösseren *Glaubhaftigkeit* der Entscheidung beitragen. Entscheidungen, die im geheimen Inquisitionsverfahren erlassen werden, sind unglaubwürdig. Selbst wenn die Behörde tatsächlich objektiv entscheidet, kann sie Dritten nur schwer glaubhaft machen, ihr Entscheid sei gerecht und fair, wenn sie sich nicht an ein rechtsstaatliches Verfahren gehalten hat. *Entscheidungen, Verfügungen und Urteile müssen nicht nur inhaltlich gerecht sein, die Gerechtigkeit muss auch glaubhaft gemacht werden können.* Das rechtsstaatliche Verfahren trägt dazu bei, die *Entscheidungen der Behörden glaubhafter zu machen.*

Die Einhaltung eines rechtsstaatlichen Verfahrens ist allerdings nicht die alleinige Garantie für eine gerechte Entscheidung. Sie trägt jedoch zu einer *inhaltlich besseren Entscheidung* bei. In diesem Sinne besteht ein enger *Zusammenhang zwischen dem formellen Verfahrensrecht und dem inhaltlichen, materiellen Verwaltungsrecht.* Diese enge Verbindung von materiellem Recht und Verfahrensrecht besteht *auch* zwischen Zivil- und Zivilprozessrecht. Im Verwaltungsrecht ist der Konnex aber zweifellos viel enger, da das Verfahrensrecht viele materiell-rechtliche Vorschriften, zum Beispiel über den Begriff der Verfügung, die Abänderung von Verfügungen und das Ermessen, enthält und nicht losgelöst von der inhaltlich zu treffenden Entscheidung betrachtet werden kann (vgl. auch SALADIN P., Verwaltungsprozessrecht und materielles Verwaltungsrecht, ZSR NF 94 II, 1975, S. 307 ff.).

Die *Kodifikation des Verfahrensrechts* geht auf Bestrebungen der jüngsten Zeit zurück. Zwar finden sich seit dem 17. Jh. Postulate für eine Modifizierung der Vorschriften, nach denen die Verwaltungsbehörden ihre öffentlich-rechtliche Tätigkeit auszuüben haben (vgl. R. BAUMANN, Das Verwaltungsverfahrensgesetz des Bundes, DöV 29, 1976, S. 475 ff.). In der Schweiz konnten sich aber noch nicht alle Kantone für den Erlass umfassender Verfahrensvorschriften entschliessen (zum Beispiel Basel-Stadt, Obwalden, Genf, Graubünden, Uri, Thurgau, Appenzell (beider Rhoden), Glarus, Neuenburg, Waadt u.a.). Auf Bundesebene besteht erst seit 1968 ein einheitliches und umfassendes Verwaltungsverfahrensgesetz. — In der Bundesrepublik Deutschland führten die Bestrebungen zum Erlass eines Verfahrensgesetzes, die auf die 50er Jahre zurückzuführen sind, erst 1976 zum Erfolg (Verwaltungsverfahrensgesetz vom 25.5.1976, BGBl 1976 I 1253).

In Kantonen, die noch *keine Verfahrensgesetze* haben, finden sich *einschlägige* Bestimmungen über Beschwerdemöglichkeiten und Fristen in den *Spezialgesetzen.* Zu beachten sind die *kantonale Praxis* sowie die Praxis des Bundesgerichtes über die *nach Art. 4 BV* zu beachtenden Minimalvorschriften für das kantonale Verwaltungsverfahren.

Ein Hauptgrund für die zögernde Kodifizierung des Verfahrensrechts liegt in der Frage des Geltungsbereiches und der scheinbaren Unvereinbarkeit einer rationellen Verwaltungstätigkeit mit der Verwirklichung eines umfassenden Verfahrensschutzes.

Was für Vorschriften enthalten die Verfahrensgesetze? Verfahrensgesetze enthalten Vorschriften über den Geltungsbereich, den Begriff der Verfügung, die zuständige Behörde, das Beweisaufnahmeverfahren, das rechtliche Gehör, die Vollstreckung der Verfügung, Beschwerdemöglichkeiten, Beschwerdefristen, Kognitionsbefugnis der Beschwerdeinstanzen, Beschwerdeverfahren usw. Ich beschränke mich im folgenden auf die Darlegung der grundsätzlichen Vorschriften des Verwaltungsverfahrensgesetzes des Bundes, die zum Teil auch für die Kantone Geltung haben.

B. Verfahrensvorschriften des Bundes

LITERATUR: BERG W., Zur Untersuchungsmaxime im Verwaltungsverfahren. Die Verwaltung, 9, 1976, S. 161; BITTER G., Inhalt und Grenze der Dispositionsmaxime im Verwaltungsprozess, Bayrisches Verwaltungsblatt 1948, S. 41 ff.; BLUMENSTEIN E., Offizialmaxime und Prozessfristen in der Verwaltungsrechtspflege, MBVR 42, 1944, S. 321 ff.; BLUMENSTEIN M., Die Bedeutung der Offizialmaxime in der bernischen Verwaltungs- und Zivilrechtspflege, Diss. Bern 1935; BOMSDORF F., Prozessmaximen und Rechtswirklichkeit, Diss. Kiel 1971; BUSCHBECK K., Beweiserhebung und Beweislast, Gerichtsschutz gegen die Exekutive, Bd. 3, Hrsg. Max-Planck-Institut für ausländisches öffentliches Recht, Köln 1971, S. 157 ff.; DARBELLAY J.-J., Le droit d'être entendu, ZSR NF 83 II, 1964, S. 419 ff.; ECKHOLD-SCHMIDT F., Legitimation durch Begründung, Eine erkenntniskritische Analyse der Drittwirkungs-Kontroverse, Diss. iur. Konstanz 1974; FISCHLI E., Rechtsmittelkonkurrenz in der Verwaltungsjustiz, Festgabe zum Schweizerischen Juristentag 1963, Basel 1963, S. 25 ff.; HORAK F., Zur rechtstheoretischen Problematik der juristischen Begründung von Entscheidungen, Wien 1974; HUBER H.R., Verwaltungsrechtliche Auflagen und Bedingungen und ihr Zusammenhang mit dem Hauptinhalt von günstigen Verwaltungsakten, unter besonderer Berücksichtigung der schweizerischen Verwaltungspraxis, Diss. Zürich 1955; KIMMEL J., Österreichisches Verwaltungsverfahrensrecht, Wien 1961; KÖLZ A., Prozessmaximen im schweizerischen Verwaltungsrecht, Diss. Zürich 1973, Zürcher Schriften zum Verfahrensrecht 4; KÖNIG H.G., Der Grundsatz des rechtlichen Gehörs im Verwaltungsverfahren, DVBl 74, 1959, S. 189 ff.; MERKEL W., Das Recht auf Akteneinsicht bei Verwaltungsbehörden, Diss. Heidelberg 1972; MEYLAN J., La motivation des actes administratifs à la lumière de la jurisprudence récente du Tribunal fédéral, RDAF 29, 1973, S. 369 ff.; NOVAK R., Rechtsfragen der Akteneinsicht im Verwaltungsverfahrens, Österreichische Juristen-Zeitung 28, 1973, S. 253 ff.; ODERMATT O., Das rechtliche Gehör im Verwaltungsverfahren. Festschrift Max Obrecht, hrsg. vom Solothurnischen Juristenverein, Solothurn 1961, S. 184 ff.; REINHARDT K., Das rechtliche Gehör in Verwaltungssachen, Diss. Zürich 1968; SAND M., Partei- und Prozessfähigkeit im bernischen Verwaltungs- und Verwaltungsgerichtsverfahren, Diss. Bern 1966; SKOURIS W., Die amtliche Bekanntgabe als Wirksamkeitsvoraussetzung empfangsbedürftiger Verwaltungsakte, VA 65, 1974, S. 264 ff.

1. Geltungsbereich

Das Verwaltungsverfahren findet nur Anwendung auf Verfügungen (Art. 5, 25 und 44 VwVG). *Gewisse Verfügungen,* die von der *Natur der Sache* her nicht in einem formellen Verfahren nach diesem Gesetz erlassen werden können, sind *ausgenommen.*

Dazu gehört u.a. die erstmalige Begründung des Dienstverhältnisses von Beamten. Wollte man Bewerbern, die in den Bundesdienst eintreten möchten, alle Verfahrensrechte zusprechen, hätten sie Einsicht in alle Akten und vollumfängliches rechtliches Gehör. Sie müssten auch in die Akten möglicher Konkurrenten Einblick nehmen können. Damit wäre eine freie Entscheidung der Behörde gegenüber den Bewerbern nicht mehr möglich. Ausgeschlossen sind ebenfalls Verfahrensregelungen für Dienstbefehle an Bundespersonal oder Verfahrensregelungen für die Zollabfertigung.

Ganz generell legt Art. 3 VwVG fest, das Gesetz finde keine Anwendung auf erstinstanzliche Verfahren in Verwaltungssachen, wenn *deren Natur die Erledigung durch sofort vollstreckbare Verfügungen erfordert*. Verfahrensfreie Verwaltungsakte braucht es vor allem im Polizeirecht. Der Polizist muss einen Automobilisten, der mit seinem Wagen die Kreuzung versperrt, ohne schwerfälliges Verfahren wegweisen können (vgl. dazu FUNK B. CHR., Der verfahrensfreie Verwaltungsakt, Wien 1975). Ausgeschlossen sind auch Verfügungen, deren Erlass durch *besondere gesetzliche Verfahrensregelungen* geregelt wird. Dazu gehört zum Beispiel die Abnahme von Berufs-, Fach- und anderen Fähigkeitsprüfungen. In diesem Fall wäre die vollumfängliche Gewährleistung des rechtlichen Gehörs ebenfalls widersinnig. Sie hätte zu bedeuten, dass der Kandidat in Anwendung des rechtlichen Gehörs und der Akteneinsicht vor Ablegung der Prüfung über die Prüfungsfragen Kenntnis hätte. Ausgenommen sind auch das Steuerveranlagungsverfahren, das besonders geregelt ist, und das Verfahren der Schätzungskommission für die Enteignung.

Ein Problem von besonderer Bedeutung ist die Ausdehnung des Verwaltungsverfahrens auf die *Feststellungsverfügung*. Gemäss Art. 5 Abs. 1 lit. c VwVG gilt als Verfügung auch die Feststellung von Rechten und Pflichten. Art. 25 Abs. 2 VwVG räumt demjenigen, der ein schutzwürdiges Interesse nachweisen kann, einen Anspruch auf den Erlass einer Feststellungsverfügung ein (vgl. BGE 100 Ib 432, 99 Ib 166, 98 Ib 459).

Dadurch wird der Rechtsschutz ganz wesentlich ausgedehnt. Der Bürger muss jetzt nicht mehr auf den Erlass eines Hoheitsaktes des Staates warten, gegen den er sich mit mehr oder weniger Chancen wehren kann. Er hat vielmehr die Möglichkeit, von der Verwaltung vorgängig einer Verfügung (zum Beispiel Steuerverfügung) zu verlangen, verbindlich über seine Rechte und Pflichten Auskunft zu erhalten. Wer somit ein schutzwürdiges Interesse nachweisen kann, hat einen verbindlichen Anspruch auf die Erteilung von Auskünften. Diese werden, soweit es sich um Feststellungsverfügungen handelt, dem Verwaltungsverfahren und insbesondere dem Beschwerdeverfahren unterstellt.

Dies führt dazu, dass in *gewissen Fällen ein zweistufiges Verfahren* für den Erlass der Verfügung möglich ist: Das Feststellungsverfahren und der Erlass der konkreten Verfügung.

Ausgeklammert sind schliesslich nach Art. 4 VwVG alle Verfahren von Spezialgesetzen, die eingehendere Verfahrensvorschriften enthalten als das VwVG. Diese generelle Regelung gegenüber den Spezialgesetzen war vielleicht notwendig, ist aber wenig glücklich. Offen ist aber vor allem der Begriff des «eingehenderen Verfahrens». Der Gesetzgeber hat sich grosse Mühe gegeben, in den Art. 1—3 den Geltungsbereich klar zu umschreiben. Er hätte deshalb darauf verzichten sollen, in Art. 4 zur Sicherheit noch eine generelle Ausnahme zu machen.

2. Zuständige Behörde

2.1. Allgemeines

LITERATUR: Vgl. auch 5. Teil, 1. Kap., I, D., S. 403.

Behörden im Sinne des Verwaltungsverfahrensgesetzes sind der Bundesrat, die unterstellten Departemente, die Dienstabteilungen, Betriebe, Anstalten und andere Amtsstellen der Bundesverwaltung (Art. 1 VwVG). Grundsätzlich muss als Behörde jede Instanz bezeichnet werden, die in Anwendung des Bundesrechts hoheitliche Anordnungen erlässt.

Behörden sind auch die Gerichte und Kommissionen sowie die autonomen und selbständigen Anstalten oder Betriebe. Zu den Behörden zählen schliesslich auch private Instanzen oder Organisationen, die in Erfüllung ihrer Aufgaben eine öffentlich-rechtliche Tätigkeit ausüben und denen dementsprechend hoheitliche Gewalt zukommt. Dazu gehört beispielsweise die SRG (BGE 97 I 733), dazu gehören im kantonalen Bereich private Elektrizitätsgesellschaften, Schulen oder Spitäler, die öffentlich-rechtliche Aufgaben erfüllen und hoheitliche Befugnisse wahrnehmen können. Wesentlich ist, dass *gegenüber einem Aussenstehenden in der Ausübung hoheitlicher Befugnisse Verfügungen einseitig erlassen werden*. Das entscheidende Kriterium ist die Hoheitlichkeit. Diese liegt vor, wenn gegenüber den Bürgern auf Grund eines Gesetzes einseitig Rechte und Pflichten festgelegt, begründet, abgeändert oder aufgehoben werden können.

Umstritten ist, ob Instanzen wie die öffentlich-rechtliche Stiftung Pro Helvetia oder die privatrechtliche Stiftung Nationalfonds als Behörden im Sinne von Art. 1 lit. e VwVG zu bezeichnen sind. Von seiten des Nationalfonds wird beispielsweise angeführt, er erfülle keine ihm vom Bunde übertragene, öffentliche Aufgabe. Seine Aufgabe sei in der privatrechtlichen Stiftungsurkunde autonom festgelegt. Der Bund habe gemäss Art. 27 sexies BV keine Befugnis, in die Forschungsfreiheit einzugreifen. Er könne deshalb dem Nationalfonds gar keine Aufgaben im Sinne von Art. 1 lit. e übertragen. Der Entwurf zum neuen Hochschulförderungs- und Forschungsgesetz hat zu einer Klärung dieses Streits geführt.

Bevor die Behörde Verfügungen erlässt, muss sie *von Amtes wegen ihre Zuständigkeit abklären*. Ist sie nicht zuständig, muss sie die Angelegenheit gemäss Art. 8 Abs. 1 VwVG der zuständigen Behörde weiterleiten. Gelangt der Bürger an die unzuständige Behörde, soll ihm daraus kein Nachteil, insbesondere hinsichtlich der

Fristen, erwachsen. Art. 8 Abs. 1 VwVG trägt auf diese Weise der für den einzelnen nicht mehr überblickbaren Bürokratie des Staates Rechnung, seine Anliegen sollen sich nicht im Wirrwar der Behörden verstricken, wie sich das seinerzeit KAFKA vorgestellt hat.

Die fehlende Zuständigkeit kann auch *nicht durch das Einvernehmen mit den Parteien behoben werden*. Eine Ehe kann vor einem Steuerbeamten auch dann nicht abgeschlossen werden, wenn die Ehepartner damit einverstanden sind. Mit einer **einheitlichen und klaren Regelung der Zuständigkeit** soll eine *effiziente Organisation der Verwaltung* sichergestellt werden. Angelegenheiten sollen nicht im Kompetenzstreit verschiedener Verwaltungsbehörden untergehen. Die Erfahrung der Behörden und Ämter soll ausgenutzt werden. Die Abgrenzung der Zuständigkeit führt so zu einer sinnvollen Arbeitsteilung der Verwaltung. Die Regelung der **Zuständigkeit ist auch im Lichte des Rechtsgleichheitsgebotes zu sehen**. *Nur die gleiche Behörde kann auf Grund ihrer Erfahrung und Praxis sicherstellen, dass Gleiches gleich und Ungleiches ungleich behandelt wird.*

Die Zuständigkeit ist die erste Voraussetzung einer legitimen und legalen Entscheidung. Die Legitimität zum Erlass einseitiger Verfügungen beruht letztlich auf der Überzeugung der Zuständigkeit des Volkes. Das Volk hat gewisse Zuständigkeiten zur einseitigen Auferlegung von Rechten und Pflichten bestimmten Behörden übertragen. Ihre Autorität besteht aber nur im Rahmen des Gesetzes und leitet sich vom Volke ab.

In beschränktem Rahmen sind auch die **kantonalen Behörden** nach Art. 1 Abs. 3 VwVG an das Bundesverwaltungsverfahrensgesetz gebunden, wenn sie im Kanton letztinstanzlich öffentliches Recht des Bundes anwenden. Anwendung finden insbesondere die Bestimmungen über die Eröffnung der Verfügung.

Zuständig ist eine Behörde nur, wenn sie *richtig zusammengesetzt ist*. Die Personen, die fachlich kompetent und unabhängig sind, müssen am Entscheid beteiligt sein. Wer an der Sache ein persönliches Interesse hat, darf an der Entscheidung nicht teilnehmen.

Gemäss Art. 10 VwVG müssen deshalb **Personen in den *Ausstand* treten, die an der Sache ein persönliches Interesse haben** oder mit einer Partei auf Grund der Verwandtschaft, aus persönlichen oder geschäftlichen Gründen besonders verbunden sind oder aus anderen Gründen in der Sache befangen sein können. Die Einhaltung dieser Vorschrift gewährleistet nicht nur inhaltlich unabhängige Entscheidungen, sie trägt vor allem zur *Glaubhaftigkeit* der Entscheidung bei. Selbst wenn die Beamten, die ein persönliches Interesse am Ausgang des Entscheides haben könnten, von diesen Interessen abstrahieren würden, wären ihre Entscheidungen nicht glaubhaft (BGE 97 I 93).

Wird Art. 10 VwVG (Ausstandspflicht) verletzt, muss *der Entscheid auch nach Ablauf der Beschwerdefrist revidiert werden* (Art. 66 Abs. 2 lit. c VwVG, ZBl 68, 1967, S. 53).

Ein Baukonsortium erhält eine Baubewilligung. Einige Mitglieder dieses Baukonsortiums sind gleichzeitig Gemeinderäte. Der Gemeinderat hat über das Gesuch in Anwesenheit dieser Mitglieder des Baukonsortiums entschieden. Während der Ausführung des Bauprojektes erheben die Nachbarn Einwände und machen geltend, die Baubewilligung sei aufzuheben, da die Mitglieder des Baukonsortiums nicht in den Ausstand getreten seien. Das Bundesgericht hob die Baubewilligung nach Ablauf der Beschwerdefrist auf. Der Bewilligungsentscheid musste von der richtig zusammengesetzten Behörde nochmals überprüft, d.h. revidiert werden (ZBl 68, 1967, S. 53).

Eine sehr strikte Regelung hinsichtlich der Ausstandspflicht finden wir auch bei der *Behandlung der Beschwerden*. Nach der alten Ordnung war es oft so, dass mit der Behandlung der Beschwerden die gleichen Beamten betraut wurden, die sich schon früher mit der Angelegenheit befasst hatten. So musste der Jurist einer Sektion zuerst die Verfügungen behandeln und begründen, als Berater der übergeordneten Abteilung musste er dann die Beschwerden gegen die Sektion beurteilen und den Beschwerdeentscheid begründen. Auf der Ebene des Departementes hatte er schliesslich als Rechtskundiger des Departementes in gleicher Sache den Departementschef zu beraten.

Gemäss Art. 59 VwVG dürfen mit der Behandlung der Beschwerdesachen weder Personen im Dienste der Vorinstanz noch andere Personen betraut werden, die sich an der Vorbereitung der angefochtenen Verfügung beteiligt haben. Die Verletzung von Art. 59 VwVG berechtigt ebenfalls zur Revision gemäss Art. 66 Abs. 2 lit. c VwVG. Auf diese Weise soll dem Vorwurf gegen das verwaltungsinterne Beschwerdeverfahren begegnet werden, wonach die Chancen einer derartigen Beschwerde ohnehin gering seien, da alle Beamten «unter einer Decke» stecken. Trotzdem kommt der verwaltungsinternen Beschwerde leider de facto nicht die gleiche Glaubhaftigkeit zu wie der verwaltungsgerichtlichen Beschwerde. Denn es wird der Verwaltung immer schwer fallen, glaubhaft darzustellen, dass die Beschwerde unabhängig von Prestigebedürfnissen und ohne Rücksicht auf die Stellung einer untergeordneten Sektion behandelt worden sei.

Eine Ausnahme in der Frage des Ausstandes bei der Behandlung von Beschwerden macht Art. 76 VwVG, der die Ausstandspflicht beim *Beschwerdeverfahren vor dem Bundesrat* regelt. Gemäss Art. 76 ist der Bundesrat, gegen dessen Departement sich die Beschwerde richtet, im Kollegium anwesend, er hat aber nur beratende und nicht entscheidende Stimme. Wesentlich für die Glaubhaftigkeit der Beschwerde vor dem Bundesrat ist aber die Tatsache, dass ein anderes Departement den Beschwerdeentscheid für den Bundesrat vorbereitet als dasjenige, gegen das sich die Beschwerde richtet. Grundsätzlich werden Beschwerden gegen ein Departement vom Justizdepartement behandelt. Die Beurteilung von Beschwerden gegen das Justizdepartement kommt einem anderen Departement, in der Regel dem Finanz- und Zolldepartement, zu (Art. 75 VwVG).

Bei *Streitigkeiten über die Zuständigkeit* entscheidet die Aufsichtsbehörde (Art. 9 Abs. 3 VwVG). Kompetenzkonflikte zwischen Bundesgericht und Bundesrat entscheidet die Bundesversammlung. Derartige Entscheidungen der Bundesversammlung sind aber äusserst selten, meines Wissens ist erst ein Mal, Ende des letzten Jahrhunderts, durch die Bundesversammung eine solche Kompetenzstreitigkeit entschieden worden. In der Regel einigen sich Bundesrat und Bundesgericht durch gemeinsame Absprachen. Kompetenzkonflikte mit den Kantonen werden durch das Bundesgericht entschieden (Art. 83 OG). *Staabrecht. Klage*

Der Entscheid über die Zuständigkeit ist eine Zwischenverfügung und als solche im Rahmen von Art. 45 Abs. 2 lit. a VwVG selbständig anfechtbar. Erachtet sich die Behörde als unzuständig, so muss sie auf die Sache nicht eintreten (Art. 9 Abs. 2 VwVG). Der Nichteintretensentscheid ist eine Verfügung im Sinne von Art. 5 Abs. 1 lit. c VwVG.

2.2. Bindung der Verwaltung an Entscheidungen des Zivil- und Strafrichters

Angenommen ein Automobilist wird bestraft, weil er mit übersetzter Geschwindigkeit (150 km statt 100 km) gefahren ist. Ist die Verwaltung, die über den Entzug des Führerausweises zu entscheiden hat, befugt, von der Sachverhaltsfeststellung des Strafrichters abzuweichen oder ist sie an das Urteil des Strafrichters gebunden? Zwei Interessen geraten bei dieser Fragestellung miteinander in Konflikt: Das Interesse an der Unabhängigkeit der Behörden, das Interesse an der Einheit des Rechts.

Das Interesse an der Einheit des Rechts verlangt sicher, dass die Verwaltung nicht willkürlich vom Urteil des Strafrichters abweichen darf. Andererseits darf die Verwaltung nicht sklavisch an das Urteil des Strafrichters gebunden sein. Stellt sie fest, dass der Strafrichter gewisse Gegebenheiten übersehen hat, muss sie den Sachverhalt eigenständig beurteilen. Nur so kann sie dem gesetzlichen Erfordernis einer unabhängigen Beurteilung des Sachverhaltes genügen.

Sehr oft unterscheiden sich aber die gesetzlichen Straftatbestände von den Massnahmentatbeständen der Verwaltung. Nach Art. 90 Abs. 1 SVG wird bestraft, wer die gesetzlichen Verkehrsregeln verletzt. Nach Art. 16 Abs. 2 SVG kann der Führerausweis entzogen werden, wenn die Verkehrsregeln verletzt und dadurch der Verkehr gefährdet oder andere belästigt wurden. Der Entzug des Führerausweises wird also nur möglich, wenn neben der Verkehrsverletzung eine Gefährdung oder Belästigung vorliegt. *Dieses zusätzliche Erfordernis muss von der Verwaltung unabhängig vom Strafrichter geprüft werden.* Grundsätzlich sollen die Gewalten aber nicht ohne Not voneinander abweichen. Es ist ihnen aber unbenommen, neue Tatsachen festzustellen, die der anderen Instanz nicht bekannt waren. Sie können deshalb unabhängig von der anderen Instanz Beweise erheben und diese frei würdigen. Sie sollen auch unabhängig voneinander entscheiden können, wenn sie feststellen, dass die andere Instanz nicht alle Rechtsfragen abgeklärt hat. Verzichtet die Verwaltung aber auf eine eigene Beweiserhebung, sollte sie die von der anderen Instanz gemachte Beweiswürdigung anerkennen, wenn sie nicht feststehenden Tatsachen klar widerspricht (vgl. BGE 101 Ib 274).

Unter Beachtung dieser Kriterien wird *sowohl dem Interesse unabhängiger Gewalten und jenem der Einheit des Rechts Genüge getan.*

3. Erlass von Verfügungen

Voraussetzung einer guten und rechtmässigen Verfügung ist die richtige Interpretation des Gesetzes und die vollumfängliche Feststellung des Sachverhaltes sowie — im Rahmen des Ermessens — die gerechte Abwägung der Interessenverhältnisse. *Aufgabe des Verfahrens ist es sicherzustellen, dass die Behörden den Sachverhalt nach allen Regeln der Kunst feststellen und die Interessenabwägung entsprechend vornehmen können. Gleichzeitig soll den betroffenen Bürgern die Möglichkeit gegeben werden, bereits bei der Feststellung des Sachverhaltes und bei den Entscheidungsvorbereitungen der Behörden mitzuwirken und allenfalls auf die Entscheidung einen Einfluss auszuüben.*

3.1. Der Untersuchungsgrundsatz (Inquisitionsmaxime)

Gemäss Art. 12 VwVG *stellt die Behörde den Sachverhalt von Amtes wegen fest.* Im Zivilprozess müssen die Parteien die Beweismittel für den behaupteten Sachverhalt selber erbringen. Im Verwaltungsverfahren muss sich die Behörde von Amtes wegen möglichst umfassend über den Sachverhalt orientieren. Könnten die Parteien über den Sachverhalt verfügen, hätten sie naturgemäss einen entscheidenden Einfluss auf den Ausgang des Verfahrens. Da das Gemeinwesen im Verwaltungverfahren gleichzeitig Partei und Wahrer der *öffentlichen Interessen ist,* muss der Sachverhalt von Amtes wegen geprüft werden. Während der Richter bei der Beurteilung einer zivilen Streitigkeit die Interessen der Parteien gegenseitig abwägen muss und viele Bestimmungen des OR und ZGB durch das gegenseitige Einvernehmen der Parteien abgeändert werden können, müssen die Behörden im Verwaltungsverfahren öffentliche und private Interessen abwägen. Darüber hinaus können sie Bestimmungen des öffentlichen Rechts nicht im Einvernehmen mit den Parteien abändern. Deshalb muss der Sachverhalt, der zu einem Entscheid führt, von Amtes wegen abgeklärt werden.

Dieser Umstand darf die Parteien nicht dazu verleiten, die Feststellung des Sachverhaltes ganz den Behörden zu überlassen. Die Behörden sind zur Abklärung des Sachverhaltes verpflichtet, es wäre aber eine Überforderung der Behörden, wollte man sie zwingen, auf Grund von Art. 12 VwVG wirklich alle Teilumstände und Details eines Sachverhaltes, insbesondere der privaten Interessenlage, genau abzuklären. *De facto haben die Parteien zumindest die Behauptungslast, wenn sie ihre persönlichen Interessen mit ins Spiel bringen wollen.* Wenn eine Partei genügend Phantasie und Einfühlungsvermögen hat, wird sie den Sachverhalt so darlegen, dass ihre

Interessenlage besser zur Geltung kommt. Dadurch kann sie den weiteren Verlauf des Verfahrens erheblich beeinflussen.

Zu unterscheiden von der Inquisitionsmaxime ist die Offizialmaxime. Die Inquisitions- oder Untersuchungsmaxime verpflichtet die Behörde, den Sachverhalt von Amtes wegen festzustellen. *Die Offizialmaxime dagegen verpflichtet die Behörde, von Amtes wegen eine Handlung oder eine Entscheidung vorzunehmen.* Welche Massnahmen die Behörden treffen müssen, regelt nicht das Verfahrensrecht, sondern das *materielle Recht*. Ausnahmsweise sind die Behörden nicht zum Erlass von Verfügungen verpflichtet. Gemäss Art. 120 des Bundesstrafprozesses kann beispielsweise der Bundesanwalt im Laufe oder nach Schluss einer Voruntersuchung von der Verfolgung des Strafdeliktes Abstand nehmen (zum Beispiel politische Delikte).

3.2. Beweismittel

Mit welchen Mitteln können die Behörden den Sachverhalt abklären? Sie können sich gemäss Art. 12 VwVG folgender Beweismittel bedienen: Urkunden, Auskünfte der Parteien, Auskünfte oder Zeugnis von Drittpersonen, Augenschein und Gutachten von Sachverständigen. Es würde zu weit führen, wollten wir auf alle Beweismittel im Detail eintreten. Wichtig ist die Darlegung dieser Beweismittel insoweit, als sie von der gewöhnlichen zivilprozessrechtlichen Ordnung abweichen.

3.2.1. Auskünfte der Parteien

Im Vordergrund stehen die *Auskünfte der Parteien*. Gemäss Art. 13 VwVG sind die *Parteien verpflichtet, an der Feststellung des Sachverhaltes mitzuwirken*, wenn sie das Verfahren durch ihre Begehren eingeleitet haben, wenn sie in einem Verfahren selbständige Begehren stellen oder wenn sie auf Grund eines besonderen Bundesgesetzes auskunftspflichtig sind (zum Beispiel Pflicht zur Einreichung der Steuererklärung). Widersetzen sich die Parteien dieser Pflicht, kann die Behörde gemäss Art. 13 Abs. 2 VwVG beschliessen, auf das Begehren nicht einzutreten oder unabhängig von der Auskunft zu entscheiden (Einschätzung im Steuerveranlagungsverfahren).

Versicherungsgesellschaften, die ein Begehren um Genehmigung der Motorfahrzeughaftpflichtprämie stellen, sind verpflichtet, an der Feststellung des Sachverhaltes mitzuwirken. Sie müssen die verfügende Behörde über ihre Gewinne, Verwaltungskosten und die Berechnung der Risiken vollständig informieren. Tun sie dies nicht, kann die Behörde verzichten, auf ihre Begehren einzutreten und die Genehmigung der Prämie verweigern. Dies hätte für die Versicherung selbstverständlich gravierende Folgen (vgl. Art. 39 des Entwurfes des Bundesrates zum Versicherungsaufsichtsgesetz, BBl 1976 II 926). Ähnliches gilt für Banken und Anlagefonds im Rahmen der Bankenaufsicht und der Aufsicht über die Anlagefonds.

Dieser Grundsatz gilt selbstverständlich nicht nur für das Bundesrecht, er gilt auch *für das Verfahren in den Kantonen*. Kürzlich musste ein Student während eines

Examens für eine längere Zeit austreten. Die Vermutung stand nahe, dass er sich während dieser Zeit von einem Kommilitonen orientieren liess. Auf die Frage des Dekans, ob dies zutreffe, gab er keine Antwort. Er war nicht bereit, an der Feststellung des Sachverhaltes mitzuwirken, deshalb konnte auf sein Begehren, ihm das Lizentiat zu erteilen, nicht eingetreten werden.

3.2.2. Zeugen

Gemäss Art. 15 VwVG ist jedermann zur Ablegung des Zeugnisses verpflichtet. Berechtigt zur Einvernahme von Zeugen ist aber nicht jede Verwaltungsstelle. Der Zeuge hat gemäss Art. 307 StGB einen *besonderen Status.* Das falsche Zeugnis kann mit Zuchthaus bis zu fünf Jahren bestraft werden. Die Zeugeneinvernahme setzt somit Erfahrung und Rechtskenntnisse voraus. Deshalb dürfen nur der Bundesrat, seine Departemente, die Justizabteilung und die Eidg. Rekurs- und Schiedskommissionen die Einvernahme von Zeugen anordnen. Andere Amtsstellen dürfen Drittpersonen nur *als Auskunftspersonen, nicht aber als Zeugen einvernehmen* (Art. 14 VwVG).

Interessant ist die besondere *Privilegierung der Presse* bei der Zeugnisverweigerung. Abgesehen von den im Strafprozess und im Zivilprozess vorgesehenen Zeugnisverweigerungsgründen schafft das Verwaltungsverfahren ein Presseprivileg. Presseleute können Zeugenaussagen über Vorgänge verweigern, die in ihre Berufstätigkeit fallen. Bekanntlich hat das Bundesgericht bisher in konstanter Praxis die Befugnis von Presseleuten, Zeugenaussagen aus Gründen der Pressefreiheit zu verweigern, abgelehnt (zuletzt im Falle Dannuger [BGE 98 Ia 418]).

Da die Presse oft nur zu Informationen kommt, wenn die Informanten wissen, dass die Informationsquelle nicht preisgegeben wird, verlangt sie aus Gründen der Presse- und Informationsfreiheit ein Presseprivileg für die Verweigerung von Zeugenaussagen. Dieses Presseprivileg wurde nun erstmals in das Verwaltungsverfahrensgesetz in Art. 16 übernommen. Gemäss Art. 16 Abs. 3 können Redaktoren, Mitarbeiter, Verleger und Drucker periodischer Druckschriften sowie ihre Hilfspersonen und die Redaktoren, Mitarbeiter und Programmverantwortlichen von Radio und Fernsehen sowie ihre Hilfspersonen Zeugnis über Inhalt und Quelle einer Information verweigern. Wenn also ein Redaktor Informationen von einem Beamten erhält, muss er die Quelle in einem Disziplinarverfahren nicht preisgeben.

Dass auf diese Weise die Informationsmöglichkeiten der Presse über die Verwaltung wesentlich erweitert werden, liegt auf der Hand. Das Presseprivileg wird allerdings dadurch wieder eingeschränkt, dass es nur für Angelegenheiten gilt, die die Landesinteressen oder die innere oder äussere Sicherheit nicht berühren. Wir sind also noch weit von der rechtlichen Privilegierung entfernt, die der Presse etwa in den Vereinigten Staaten zukommt (vgl. Watergate-Affäre).

Die übrigen Zeugnisverweigerungsgründe richten sich gemäss Art. 16 Abs. 1 VwVG nach der *Bundeszivilprozessordnung* (Art. 42).

3.2.3. Augenschein und Gutachten von Sachverständigen

Der *Augenschein* führt den Juristen aus seiner engen Amtsstube an die frische Luft. Er ist ein wichtiges Beweismittel, um den Sachverhalt möglichst gut und umfassend festzustellen. In vielen Fällen kommt dem Augenschein eine massgebliche Bedeutung zu. Da gerade in Verwaltungsangelegenheiten oft Nuancen ausschlaggebend sein können, muss sich die Behörde an Ort und Stelle ein Bild von den Umständen machen können.

Auch den *Gutachten von Sachverständigen* kommt eine sehr wichtige Bedeutung zu. Allerdings hängt viel davon ab, ob den Sachverständigen die *richtigen Fragen* unterbreitet werden. Die Behörde darf ihnen keine Rechtsfragen, sondern lediglich Sachfragen unterbreiten, die aber rechtlich relevant sind. Der Sachverständige soll zum Beispiel nicht über die Zulässigkeit einer Waldrodung entscheiden. Er soll nur die Bedeutung der Erhaltung des Waldes für eine bestimmte Gegend abklären. Die Behörde wird dann selber entscheiden müssen, wie bedeutsam die Erhaltung des Waldes sein muss, damit das öffentliche Interesse gegenüber dem privaten Interesse überwiegt.

3.3. Die Rechte der Parteien

3.3.1. Rechtliches Gehör

3.3.1.1. Das rechtliche Gehör auf Bundesebene

Das Verwaltungsverfahrensgesetz hat die Rechte der Parteien wesentlich gestärkt. Auf einen Nenner gebracht, handelt es sich um das rechtliche Gehör, das in Art. 29 VwVG mit dem lapidaren Satz umschrieben wird:

«Die Parteien haben Anspruch auf rechtliches Gehör.»

Das rechtliche Gehör gewährt den Parteien folgende Verfahrensrechte: Sie haben *Anspruch, dem Verfahren, insbesondere den Zeugeneinvernahmen,* beizuwohnen, *Einsicht in die Akten* zu nehmen, *eigene Beweisanträge* zu stellen und das Recht, sich durch einen anderen *vertreten* zu lassen. Diese Rechte sind in den Artikeln 18, 26, 29, 31 und 32 VwVG geregelt.

Zu beachten sind aber auch die *Schranken des rechtlichen Gehörs*. Die Behörde kann die *Einsichtnahme in die Akten verweigern*, wenn wesentliche öffentliche Interessen, d.h. die *innere* und *äussere Sicherheit* der Eidgenossenschaft, wesentliche *private Interessen*, insbesondere von Gegenparteien, oder das Interesse an einer noch nicht abgeschlossenen *amtlichen Untersuchung,* die Geheimhaltung erfordern.

Auf Grund von Akten, die der Partei nicht zur Einsicht gegeben wurden, darf die Behörde *nur entscheiden, wenn sie der betroffenen Partei von deren Inhalt mündlich oder schriftlich Kenntnis gegeben hat.* Ein ausländischer Elektroingenieur wollte in der Nähe einer geheimen militärischen Anlage ein Haus kaufen. Die Bewilligung wurde ihm verweigert, ebenso das Recht auf die Akteneinsicht mit Hinweis auf Art. 27 Abs. 1 lit. a VwVG. Hingegen wurde ihm der Grund der Verweigerung mitgeteilt (vgl. VPB 1975 Nr. 91).

Die Einsicht in die Akten kann auch zum Schutze allfällig betroffener Drittpersonen verweigert werden. Konkurrenten sollen über den Weg des Verwaltungsverfahrens keinen Einblick in die Akten ihrer Geschäftsgegner erhalten. Parteien könnten anderenfalls bei Kontingentsverfügungen oder im Rahmen der Bankenaufsicht wesentliche Einblicke in geheime Akten ihrer Geschäftsgegner erhalten.

3.3.1.2. Rechtliches Gehör im kantonalen Verwaltungsrecht

Das rechtliche Gehör, das durch die Inkraftsetzung des Verwaltungsverfahrensgesetzes auf Bundesebene eine wesentliche Erweiterung erfahren hat, ist auf kantonaler Ebene noch nicht voll verwirklicht. *Das Bundesgericht hat den Kantonen auf Grund von Art. 4 BV nur gewisse Mindestanforderungen gestellt.* Die Kantone müssen nicht den gleich hohen Standard einhalten wie die Bundesbehörden gemäss Verwaltungsverfahrensgesetz. Massgebend sind primär die kantonalen Verfahrensvorschriften. Fehlen solche, greifen die aus Art. 4 BV ableitbaren Grundsätze über das rechtliche Gehör Platz. So ist dem Bürger in allen Streitsachen ein *Mindestmass an Verteidigungsrechten* zu gewährleisten (BGE 99 Ia 23). Nach Art. 4 BV ist der Bürger vor dem Erlass einer ihn belastenden Verwaltungsverfügung zumindest dann anzuhören, wenn das öffentliche Interesse keine sofortige Entscheidung verlangt und die einmal getroffene Massnahme weder mit einem ordentlichen, eine freie Überprüfung gestattenden Rechtsmittel angefochten, noch von der verfügenden Behörde selber uneingeschränkt in Wiedererwägung gezogen werden kann (BGE 87 I 340, 155, 98 Ia 8). Der Anspruch auf rechtliches Gehör geht im Verwaltungsverfahren nicht unbedingt so weit wie im Zivil- und Strafprozess. Diese Einschränkung gilt allerdings dann nicht, wenn das Verwaltungsverfahren eine *Strafe oder einen schweren Eingriff in die persönliche Rechtssphäre zum Gegenstand hat*, wie zum Beispiel *Disziplinarmassnahmen* (vgl. auch BGE 100 Ia 9, 102 Ia 437, 101 Ia 309). Es ist zu hoffen, dass sich das Bundesgericht in Zukunft zu einer klareren Praxis durchringen kann und eindeutig erklärt, dass die Vorschriften des Bundesverwaltungsverfahrens einem von den Kantonen einzuhaltenden Mindeststandard entsprechen.

3.3.1.3. Probleme des rechtlichen Gehörs

Die umfassende Regelung des rechtlichen Gehörs in Verwaltungsangelegenheiten hat zu einer grundlegenden Wende geführt. Verwaltungsstellen fühlten sich anfänglich überfordert und wehrten sich gegen diese Besserstellung der Parteien. Sie hielten diese Regelung für ein Misstrauensvotum gegenüber der Verwaltung und waren der Meinung, das rechtliche Gehör verhindere eine effiziente Verwaltungstägigkeit. Überdies könnten sich die Behörden nicht mehr umfassend informieren, da Informanten damit rechnen müssten, der Betroffene erhalte bei der Wahrnehmung seines Akteneinsichtsrechts davon Kenntnis.

Diese Argumente mögen teilweise berechtigt sein. Die Gewährung des rechtlichen Gehörs ist aber eine *unerlässliche Voraussetzung für die Glaubhaftigkeit der Verwaltungsentscheidung.* Das «Geheimverfahren», das Kabinettsystem und die anonyme Verwaltung hätten zur weiteren Entfremdung von Bürger und Verwaltung führen können. Der Betroffene ist jetzt in ein transparentes Verfahren eingeschaltet. Er kann sich jederzeit gegen Verfahrensfehler wehren.

Die Einführung der Vorschriften über das rechtliche Gehör führten auch zu Widerständen bei Organisationen ausserhalb der Bundesverwaltung. Diese wehrten sich dagegen, dem Verwaltungsverfahrensgesetz unterstellt zu werden. Die Pro Helvetia und der Nationalfonds, die Subventionen und Darlehen für künstlerische Werke oder wissenschaftliche Forschungsprojekte gewähren, wollten verhindern, dass die Betroffenen in ihre Akten Einsicht nehmen und feststellen konnten, welche Sachverständige aus welchen Gründen ihre Projekte ablehnten. Dies könnte dazu führen, dass die betreffenden Organisationen keine Sachverständigen mehr finden, da sich diese nicht vor den Gesuchstellern exponieren wollen.

Die Betroffenen sollten aber wissen, weshalb ihre Begehren nicht berücksichtigt wurden. Gerade im Rahmen der wissenschaftlichen Forschung könnten sie ihre Projekte entsprechend umarbeiten und verbessern, was sich ausserordentlich vorteilhaft auswirken könnte. Deshalb ist zu fordern, dass *den Betroffenen vielleicht nicht die Namen der Sachverständigen, aber doch der wesentliche Inhalt der Gutachten mitgeteilt wird* (vgl. jetzt auch Art. 58 des Entwurfes des Bundesrates für ein neues Hochschulförderungs- und Forschungsgesetz, BBl 1976 III 885).

Auch bei der *Einbürgerung* stellt sich das Problem der Akteneinsicht. Soll den Betroffenen das Recht gewährt werden, in alle Akten Einsicht zu nehmen und Kenntnis zu haben über Informationen von Nachbarn, Vorgesetzten oder Freunden, die die Polizei im Verlaufe ihres Aufenthaltes in der Schweiz gesammelt hat? Die Polizei ist der Auffassung, dass sie notwendige Informationen über Ausländer nicht mehr erhalten würde, wenn die Informanten wissen, dass ihre Informationen weiterverbreitet werden.

Diesem Argument ist allerdings entgegenzuhalten, dass Informationen, die rechtlich relevant sind, nur dann Beachtung verdienen, wenn sie überprüft und gegenüber den Betroffenen vertreten werden können. *Das Übel der mangelhaften Information ist sicher kleiner als jenes der Verleumdung.* Ausländer, die sich in der Schweiz einbürgern möchten, sind auf die Einbürgerung angewiesen. Wenn Informanten ihre Einbürgerung mit verleumderischen Angaben, gegen die sie sich nicht wehren können, verhindern können, fühlen sie sich jedermann ausgeliefert.

3.3.2. Beweisanträge der Parteien

Das Recht der Parteien, Beweise anzubieten, gilt nicht absolut. Die Behörden müssen bestimmen, ob sie die Beweisanträge der Parteien entgegennehmen. Gemäss Art. 33 VwVG sollen Beweisanträge nur entgegengenommen werden, *wenn die Beweismittel zur Abklärung des Sachverhaltes tauglich sind.* Die Behörde entscheidet im Rahmen eines gewissen Ermessens, sie darf aber Beweisanerbieten von Parteien nicht willkürlich ablehnen. Um zu verhindern, dass dem Staate durch das Verwaltungsverfahren allzu hohe Kosten bei der Abklärung eines Sachverhaltes erwachsen können, ermächtigt Art. 33 Abs. 2 VwVG *die Behörden, den Parteien für ausserordentlich kostspielige Beweisanerbieten die Kosten aufzuerlegen.* Von dieser Pflicht sind selbstverständlich bedürftige Parteien befreit.

4. Die Eröffnung der Verfügung

Verfügungen müssen in der Regel *schriftlich* eröffnet werden. Art. 34 Abs. 1 VwVG verlangt, dass die Behörde den Parteien Verfügungen schriftlich eröffnet. Die Schriftlichkeit fördert die Klarheit über die gegenseitigen Rechtsbeziehungen und die Pflichten der Betroffenen. Die Verfügungen sind auch *als Verfügungen zu bezeichnen* (Art. 35 VwVG). Sie müssen *begründet werden* und eine *Rechtsmittelbelehrung* enthalten.

Der Betroffene muss wissen, dass es sich um eine Verfügung handelt und weshalb sie erlassen wurde. Er muss auch über seine Beschwerdemöglichkeiten Kenntnis haben. Klare Regelungen über die Eröffnung der Verfügung sind unmittelbarer Ausfluss des *Vertrauensprinzips.* Der Betroffene muss absehen können, welche Tragweite eine Entscheidung der Verwaltung hat. Deshalb soll ihm die Verfügung auch in seiner eigenen Sprache eröffnet und deren Bedeutung erklärt werden (vgl. VPB 1975 Nr. 79).

Die *Rechtsmittelbelehrung* hat vor allem bei Nichtjuristen der Verwaltung zu grossen Widerständen geführt. Viele sind der Meinung, die Rechtsmittelbelehrung und die umfassende Begründung der Verfügung erschwere die Verwaltungstätigkeit unnötig, ja sie lade den Betroffenen geradezu ein, gegen eine Verfügung Beschwerde einzureichen. Dies kann in gewissen Fällen zutreffen. Dieser Nachteil muss zugunsten all jener rechtsunkundigen Personen in Kauf genommen werden, deren Interessen durch eine Verfügung tatsächlich verletzt wurden. Das Mitglied einer Verwaltungskommission hat sich bei mir nach einer abweisenden Formulierung einer Rechtsmittelbelehrung erkundigt. Es wollte die Rechtsmittelbelehrung so abfassen, dass sie dem Betroffenen von allem Anfang an die notwendige Angst vor deren Benutzung einflösst. Derartige Rechtsmittelbelehrungen wären rechtsmissbräuchlich und unzulässig.

Die Verfügung muss begründet sein. Vernünftige Beschwerden sind nur gegen begründete Verfügungen möglich. Begründungen können den Betroffenen entweder von der Richtigkeit der Verfügung überzeugen oder Mängel aufzeigen, gegen die er sich im Beschwerdeverfahren wehren kann. Der Beschwerdeführer muss die Argumente der verfügenden Behörde kennen, wenn er sich dagegen wehren will (BGE 98 Ib 196, vgl. auch Urteil vom 26. Januar 1977 in EuGRZ 1977, S. 107).

Eine Begründung oder Rechtsmittelbelehrung oder auch die Gewährung des rechtlichen Gehörs sind dann *nicht nötig,* wenn die Behörde in der Verfügung dem

Begehren der Betroffenen vollständig entspricht. Die Gewährung etwa einer Lohnerhöhung oder einer Beförderung oder ein Examensentscheid mit der höchsten Auszeichnung bedürfen keiner Rechtsmittelbelehrung und Begründung.

Die *Sanktion für die mangelhafte Eröffnung* ist nicht etwa die Nichtigkeit oder die Beschwerdemöglichkeit gegen die Verfügung. Beides würde dem Betroffenen in der Regel nicht viel nützen. Art. 38 VwVG bestimmt vielmehr, dass dem Betroffenen aus der mangelhaften Eröffnung *kein Nachteil* erwachsen soll. Die Verfügung bleibt also in Kraft. Sie kann vollstreckt werden. Allein, der Betroffene hat nach Massgabe von Treu und Glauben jederzeit die Möglichkeit, auch nach Ablauf der Beschwerdefrist, Beschwerde gegen eine mangelhaft eröffnete Verfügung einzureichen, wenn ihm daraus ein Nachteil erwachsen ist (BGE 97 V 187, 99 V 182 E. 3, 102 Ia 88).

5. Die Kosten

Gemäss der Verordnung über Kosten und Entschädigungen im Verwaltungsverfahren dürfen *für Verfügungen im ordentlichen Verfahren nur kleine Beiträge erhoben werden,* so etwa eine Schreibgebühr von Fr. 3.— für jede Seite jeder notwendigen Ausfertigung, eine Spruchgebühr bis zu Fr. 25.—, allfällige Honorare für Experten, die von den Parteien gefordert worden sind, der Kostenvorschuss für das Verfahren und andere in den Spezialgesetzen vorgesehene Kosten sowie die Kanzleigebühren. Gemäss Art. 20 der Verordnung über die Kosten und Entschädigungen können Bedürftige ein Gesuch um Gebührenerlass erheben. Diese Kostenregelung zeigt, dass sich der Bundesrat die Mühe nimmt, die Kosten für den Rechtsuchenden klein zu halten.

C. Zusammenfassung

Das Verwaltungsverfahren soll sicherstellen, dass die Behörden überzeugende und optimale Entscheidungen treffen, ihre Glaubhaftigkeit gegenüber Aussenstehenden fördern und den Betroffenen umfassende Rechte zur Vertretung ihrer persönlichen Interessenlage einräumen.

II. Die Beschwerde gegen die Verfügung

LITERATUR: BECKER E., Verwaltung und Verwaltungsrechtsprechung, VVDStRL 14, 1956, S. 96 ff.; BIRCHMEIER W., Handbuch des Bundesgesetzes über die Organisation der Bundesrechtspflege vom 16. Dez. 1943, Zürich 1950; BRIDEL M., Droit et opportunité dans la procédure du contentieux administratif, Recueil de travaux, Lausanne 1958, S. 123 ff.; EICHENBERGER K., Der gerichtliche Rechtsschutz des Einzelnen gegenüber der vollziehenden Gewalt in der Schweiz. Gerichtsschutz gegen die Exekutive, Mosler H. (Hrsg.), Bd. 2, S. 943 ff., Köln 1970; FROMONT M., Rechtsschutz gegenüber der Verwaltung in Deutschland, Frankreich und der Europäischen Gemeinschaft, Köln 1967; GABOLDE CHR., Traité partique de la procédure administrative contentieuse, Paris 1960; GOOSE E.P., Die Normenkontrolle durch den französischen Conseil Constitutionel, Berlin 1973, Schriften zum öffentlichen Recht, Bd. 212; GYGI F., Das System der Verwaltungsrechtspflege in Bundesverwaltungssachen. Erhaltung und Entfaltung des Rechts in der Rechtsprechung des Schweizerischen Bundesgerichts, Basel 1975, S. 197 ff; DERSELBE, Verwaltungsrechtspflege und Verwaltungsverfahren im Bund, 2. Aufl., Bern 1974; HANGARTNER Y., Der Ausbau der Verwaltungsrechtspflege im Bund, VP 20, 1966, S. 2 ff.; DERSELBE, Die Neuordnung der Verwaltungsrechtspflege im Kanton St. Gallen, ZBl 66, 1965, S. 44 ff.; HANHART D., Die Erweiterung des Rechtswegs, besonders im Bund und Kanton Luzern, Diss. Zürich 1968; MACHERET A., La recevabilité du recours de droit administratif au Tribunal fédéral, RDAF 30, 1974, S. 1 ff.; MÜLLER P.A., Die Verwaltungsrechtspflege im Kanton Wallis, Winterthur 1969; DERSELBE, Kernfragen eines Ausbaus der Verwaltungsrechtspflege im Kanton Wallis, Zeitschrift für Walliser Rechtsprechung, 4, 1970, S. 129 ff.; DERSELBE, Vorbeugender Verwaltungsrechtsschutz. Ein Beitrag zum Ausbau der Verwaltungsrechtspflege im Kanton Wallis. Zeitschrift für Walliser Rechtsprechung, 5, 1971, S. 342 ff.; SCHEFOLD D., Zum deutschen Verwaltungsrechtsschutz. Gerichtsverfassung und Gerichtsverfahren in der neueren Gesetzgebung, im Hinblick auf das schweizerische Recht untersucht, 1969; SCHWAGER K., Die Verwaltungsrechtspflege im Kanton Thurgau, Diss. Zürich 1967, Zürcher Beiträge zur Rechtswissenschaft, NF 282; UNRUH G.CHR., Die Einrichtung der Verwaltungsrechtspflege als rechtsstaatliches Problem, DöV 28, 1975, S. 725 ff.

A. Die Entwicklung des Rechtsschutzes in der Verwaltung

Wer die historische Entwicklung des Beschwerdeverfahrens kennt, versteht die Grundlagen des Verwaltungsrechts des betreffenden Staates. Aus diesem Grunde sollen im Sinne einer Einleitung die verschiedenen Entwicklungen der Beschwerdeverfahren in einigen Ländern kurz dargestellt werden. Die Unterschiede lassen die verschiedenen Ausgestaltungen des Verwaltungsrechts anderer Staaten und damit dasjenige des eigenen Staates besser erkennen. Im Vordergrund stehen drei verschiedene Systeme: das englische, das französische und das deutsche System.

1. Die englische Entwicklung

In England galt seit jeher der Grundsatz «*the king can do no wrong*» (Der König kann kein Unrecht tun). Folglich konnte kein Gericht Entscheide oder Handlungen des Königs auf ihre Rechtmässigkeit überprüfen. Handlungen des Königs waren immer rechtmässig.

Im 17. Jh. gingen die Gerichte dazu über, Handlungen der Beamten des Königs auf ihre Gesetzmässigkeit zu überprüfen. Sie stützten sich dabei auf folgende Überlegungen: Solange die Beamten die Gesetze und Aufträge des Königs befolgten, konnten sie keine Fehler begehen. *Gingen sie aber über den gesetzlichen Auftrag hinaus, handelten sie nicht mehr im Namen des Königs und konnten deshalb zur Verantwortung gezogen werden.* Deshalb hielten sich die Gerichte für berechtigt, Handlungen der Verwaltung auf ihre Rechtmässigkeit, d.h. Gesetzmässigkeit, zu überprüfen. Handelten die Beamten ausserhalb des gesetzlichen Auftrags, konnten sie sich nicht auf die Immunität des Königs berufen. Sie konnten vielmehr wie private Bürger verurteilt werden.

Dies führte dazu, dass die *ordentlichen Gerichte*, die über private Streitigkeiten zwischen den Bürgern zu entscheiden hatten, allmählich *auch Streitigkeiten zwischen Privaten und Beamten beurteilten*. Auf diese Weise entwickelte sich die Verwaltungsgerichtsbarkeit, mit der rechtswidrige Handlungen der Verwaltung überprüft werden konnten. Aus diesen Gründen kennt England *im Verwaltungsrecht keine Trennung zwischen öffentlichem Recht und Privatrecht*. Die gleichen Gerichte mussten sowohl die privatrechtlichen wie auch die öffentlich-rechtlichen Streitigkeiten beurteilen. Sie entwickelten eine Rechtsprechung, die auf Rechtsgrundsätzen aufbaute, welche sowohl für die Beurteilung ziviler wie auch öffentlicher Streitigkeiten massgebend waren.

2. Die Entwicklung in Frankreich

Anders verlief die Entwicklung in *Frankreich*. Auch in Frankreich galt von alters her der Grundsatz, dass der *König durch ein Gericht nicht zurechtgewiesen werden durfte*. Um aber vor allem seine Handlungen und Entscheidungen gegenüber dem Volk besser zu legitimieren und auch der Verwaltung das notwendige Gewicht zu geben, schuf Napoleon die berühmte französische Einrichtung, den *Conseil d'Etat*.

Der Conseil d'Etat war eine der Regierung untergeordnete oder nachgeordnete Behörde, die Beschwerden gegen die Verwaltung zu beurteilen hatte. Der Conseil d'Etat sollte vor allem *die Regierungsentscheidungen gegenüber den Bürgern rechtfertigen und ihre Glaubhaftigkeit fördern*. Im Lauf der Zeit, vor allem im 19. Jh., entwickelte der Conseil d'Etat aber eine eigenständige, unabhängige Praxis, die sich dem Einfluss der Regierung immer mehr entzog. Er wurde faktisch *zu einem unabhängigen Verwaltungsgericht*, das über Entscheidungen und Beschwerden gegen die Verwaltung zu urteilen hatte. Gegen alle Verwaltungsangelegenheiten konnte man sich beim Conseil d'Etat beschweren.

Dies führte zu einer *vollständigen Trennung zwischen dem öffentlichen und dem privaten Recht*, die viel ausgeprägter ist als in der Schweiz. Der Conseil d'Etat überprüft alle Verwaltungsentscheidungen und -handlungen. Wer mit der Verwaltung zu tun hat, untersteht der Rechtsprechung des Conseil d'Etat. Verwaltungsentscheidungen sind der Rechtsprechung der Zivilgerichte entzogen. Deshalb kennt das französische Recht keine schwierigen Abgrenzungsprobleme zwischen dem öffentlichen und privaten Recht. Verträge mit der Verwaltung unterstehen dem öffentlichen Recht. Die Sachherrschaft des Gemeinwesens ist öffentlich-rechtlich geregelt. Das Privatrecht beeinflusst nicht wie bei uns auch das öffentliche Sachenrecht.

3. Die Entwicklung in Deutschland und der Schweiz

3.1. Fiskustheorie

Bedeutend komplizierter verlief die Entwicklung in *Deutschland und in der Schweiz*. In Deutschland war es dem Gericht lange Zeit verwehrt, Handlungen und Entscheidungen des Kaisers zu beurteilen.

Im Gegensatz zu den englischen Gerichten, die Handlungen der Beamten auf die Gesetzmässigkeit überprüften, beschränkten sich die Zivilgerichte Deutschlands darauf, lediglich *jene Handlungen des Kaisers und seiner Beamten zu überprüfen, die in die privaten Rechte, insbesondere in die Eigentumsrechte der Bürger eingriffen*. Wenn der Kaiser Eigentum wegnahm, handelte er nicht wie ein Kaiser, sondern wie ein Privater zur Verwirklichung seiner persönlichen Interessen. Aus diesem Grunde unterstand er für Enteignungen und schädigende Handlungen der zivilen Gerichtsbarkeit. Dies führte allmählich zu einer *Zweiteilung der Verwaltung*. Der eine Teil, der dem öffentlichen staatlichen Interesse diente, unterstand keiner Gerichtsbarkeit, der andere Teil (das Vermögen des Königs) hingegen, der den «privaten Interessen», zum Beispiel den staatlichen Einnahmen, diente, unterstand der zivilen Gerichtsbarkeit. Diesen Teil nannte man den *«Fiskus» im Gegensatz zum Verwaltungsvermögen*, über das die zivilen Gerichte nicht verfügen konnten. Solange sich nun der Rechtsschutz des Bürgers nur über den Fiskus verwirklichen liess, versuchten die Gerichte diesen privatrechtlichen Teil des Staates möglichst weit auszudehnen. Dies führte vorerst zu einer Zweiteilung des Verwaltungsrechts, d.h. zu einem *öffentlich-rechtlichen und einem privatrechtlichen Teil*.

Wir haben noch heute mehrere Gesetzesbestimmungen, die an diese Zeit erinnern. So haften die Kantone nach Art. 61 OR für gewerbliche Verrichtungen auf Grund des Privatrechts. Wenn die Kantone durch ein Gewerbe eine gewinnbringende Tätigkeit ausüben, sollen sie nicht bessergestellt sein als die privaten Konkurrenten. Aus ähnlichen Gründen untersteht das Gemeinwesen der Werkeigentümerhaftung (Art. 58 OR). Auch die teilweise Anwendung des privaten Sachenrechts auf die öffentlichen Sachen stammt aus dieser Zeit.

Reminiszenzen aus dieser Zeit sind auch die Befugnisse vieler kantonaler Zivilgerichte, Enteignungen und vermögensrechtliche Ansprüche gegen den Staat zu beurteilen, wie auch die zivilrechtliche Klage gegen die Kantone gemäss Art. 42 OG und die zivilrechtlichen Ansprüche gegen den Bund gemäss Art. 41 OG.

Solange es im öffentlichen Recht keinen ausgebauten Rechtsschutz gab, haben die Gerichte verständlicherweise versucht, den Fiskus (d.h. das privatrechtliche Handeln des Staates) soweit als möglich auszudehnen. Nur so konnten sie den Rechtsschutz des einzelnen wenigstens teilweise verbessern. *Mit dem zunehmenden Ausbau des Rechtsschutzes im Rahmen des öffentlichen Rechts verlor die Fiskustheorie an Bedeutung.*

3.2. Rekurskommissionen

Im Laufe der Entwicklung hat der liberale Gesetzgeber versucht, durch die Errichtung besonderer *Rekurskommissionen* den *Rechtsschutz des Betroffenen auch im Rahmen des öffentlichen Rechts zu erweitern*. Schrittmacher für den Ausbau des öffentlich-rechtlichen Rechtsschutzes war das *Steuerrecht*. Die Steuerrekurskommission des Kantons Zürich beispielsweise war für die Entwicklung des modernen Steuerrechts wegleitend. Sie hat auch viel zur Entwicklung eines eigenständigen schweizerischen Verwaltungsrechts beigetragen.

Die *Rekurskommissionen* hatten aber gesetzlich beschränkte Kognitionsbefugnisse. Als Sachkommissionen mussten sie sich an den Rahmen ihres Fachgebietes halten. Im Gegensatz zu den Gerichten wurden sie nicht von der politischen Legislative gewählt, sondern in der Regel von der Regierung eingesetzt. Trotzdem waren sie in ihrer Entscheidungsbefugnis von der Regierung unabhängig. Es handelte sich also nicht um einen Ableger des französischen Conseil d'Etat. Sie entschieden vielmehr ähnlich wie ein Gericht auf Grund eines eigenen Verfahrens.

Mit dem Ausbau der Rekurskommissionen wuchs das Bedürfnis nach einem einheitlichen Verwaltungsgericht, das zur Behandlung sämtlicher Beschwerden gegen die Verwaltung zuständig ist. Die Einsetzung von verschiedenen Einzelrekurskommissionen mit unterschiedlichen Kognitionsbefugnissen führte zu einem unübersehbaren Wildwuchs. In einzelnen Kantonen gibt es heute noch Mitglieder von Rekurskommissionen, die von ihrer Zugehörigkeit zur betreffenden Rekurskommission keine Ahnung haben, ja es gibt Rekurskommissionen, die zwar im Gesetz vorgesehen sind, von deren Existenz aber niemand mehr etwas weiss. So hat man schon früh die Errichtung eines einheitlichen und unabhängigen Verwaltungsgerichts verlangt.

3.3. Verwaltungsgericht

Das Verwaltungsgericht sollte eine ähnliche Stellung haben wie die Zivilgerichte und in allen Angelegenheiten des öffentlichen Rechts entscheiden können. Während in der Bundesrepublik Deutschland schon recht früh Verwaltungsgerichte mit umfassenden Befugnissen eingesetzt wurden, verlief die Entwicklung in der Schweiz sehr zögernd. Einige Kantone kennen das Verwaltungsgericht heute noch nicht. Andere Kantone wie etwa Basel-Stadt sind dem Bund vorangegangen. Sie übertrugen dem Verwaltungsgericht umfassende Befugnisse. Auf Bundesebene hatte das Verwaltungsgericht — neben den Rekurskommissionen — zunächst nur beschränkte Befugnisse. Erst 1968 erhielt das Vewaltungsgericht auf Grund einer Generalklausel umfassende Kompetenzen. Dadurch wurde die Bedeutung der Rekurskommissionen weitgehend zurückgedrängt.

3.4. Verwaltungsinterne Beschwerde

Neben dieser Entwicklung zur Errichtung einer umfassenden, unabhängigen Verwaltungsgerichtsbarkeit förderte der Staat den *Ausbau des verwaltungsinternen Rechtsschutzes*. Politische Entscheidungen wollte man der Verwaltungsgerichtsbarkeit ohnehin nicht unterstellen. Trotzdem sollte der Bürger die Möglichkeit haben, sich gegen Entscheidungen der Verwaltung, die der Verwaltungsgerichtsbarkeit entzogen sind, zur Wehr zu setzen. Dies war nur möglich durch den Ausbau der verwaltungsinternen Beschwerdemöglichkeit. Diese verwaltungsinterne Beschwerdemöglichkeit entsprach aber nicht dem Modell des fanzösischen Conseil d'Etat. Es wurde keine Verwaltungsinstanz geschaffen, die zur Beurteilung aller Beschwerden zuständig war. Vielmehr *oblag es der jeweiligen Aufsichtsinstanz, über Beschwerden gegen Verfügungen der unteren Instanz zu entscheiden.* Es liegt auf der Hand, dass die Glaubhaftigkeit einer unabhängigen Entscheidung von seiten der Aufsichtsinstanz beim Bürger nicht sehr gross ist. Aus diesem Grunde bemüht sich das neue Verwaltungsverfahrensgesetz, zumindest im Rahmen dieser Schranken alles zu tun, um trotzdem eine möglichst gute und glaubwürdige Entscheidung der Aufsichtsinstanzen zu erreichen.

Um diesen Einwänden besser zu begegnen, hat neuerdings die Justizabteilung, die die Beschwerden gegen andere Departemente für den Bundesrat vorzubereiten hat, eine interne Arbeitsgruppe als kollegiale *Beschwerdevorbereitungsinstanz* eingesetzt, die ähnlich wie ein Verwaltungsgericht in einem *offenen Verfahren durch kollegialen Mehrheitsentscheid die Beschwerdeentscheidung für den Bundesrat vorbereitet*. Die Entwicklung zur Errichtung eines kleinen Conseil d'Etat ist unverkennbar.

4. Zusammenfassung

Dieser kurze Überblick zeigt uns folgendes: Sowohl in England wie in Frankreich haben wir ein einheitliches Verwaltungsrecht, das entweder durch die Rechtsprechung der Zivilgerichte entwickelt worden ist oder im Rahmen der Rechtsprechung eines einheitlichen Conseil d'Etat seine Lösung gefunden hat. England kennt keine Trennung von öffentlichem und privatem Recht. In Frankreich sorgt der Conseil d'Etat für eine scharfe Trennungslinie zwischen öffentlichem und privatem Recht.

Viel komplexer ist die Entwicklung im deutschen, aber auch im schweizerischen Recht verlaufen. Wir haben drei Ansatzpunkte für die Entwicklung dieser Rechtsprechung: 1. die Rechtsprechung über die Fiskustheorie, 2. die Rechtsprechung der Rekurskommissionen, später der Verwaltungsgerichte und 3. die Rechtsprechung der verwaltungsinternen Beschwerdeinstanzen. *Diese Teilung der Zuständigkeit führt zu einer überaus komplizierten und schwerverständlichen Verwaltungsrechtsprechung, aber gleichzeitig zu einem sehr differenzierten und komplexen materiellen Verwaltungsrecht.* Je nachdem, nach welchem Verfahren verwaltungsrechtliche Materien zu beurteilen sind, finden sich andere Nuancen der Beurteilung. Das materielle Recht folgt eben gerade im Verwaltungsrecht weitgehend dem Verfahrensrecht.

Überdies wird die Abgrenzung zwischen den verschiedenen Verfahrensarten je länger je schwieriger. Je mehr nämlich der Rechtsschutz durch das Verwaltungsgericht ausgebaut wird, desto geringer wird die Bedeutung der privatrechtlichen Rechtsprechung über den Fiskus. Es wird deshalb der zukünftigen Gesetzgebung vorbehalten bleiben müssen, *durch den Ausbau einer klaren und umfassenden Kompetenz der Verwaltungsgerichte endlich Ordnung und Klarheit zu schaffen.*

Neben der Abgrenzung der Befugnisse öffentlich-rechtlicher Beschwerdeinstanzen und zivilrechtlicher Gerichte spielen fälschlicherweise *ideologische Auseinandersetzungen* zwischen dem liberalen und dem sozialistischen Staatsverständnis über die Abgrenzung von öffentlichem und privatem Recht eine nicht unmassgebliche Rolle, was einer einfachen und pragmatischen Lösung der Probleme den Weg versperrt.

B. Die verwaltungsinterne Beschwerde

LITERATUR: Vgl. auch 3. Teil, 2. Kap. I, S. 171.

BETTERMANN K.A., Über die Legitimation zur Anfechtung von Verwaltungsakten. Der Staat als Aufgabe. Gedenkschrift für Max Imboden, Basel 1972, S. 37 ff.; BLUMENSTEIN E., Die Revision der Steuerveranlagung, ASA 19, 1950/51, S. 145 ff., 193 ff.; BLUMENSTEIN M., Die Bedeutung der Offizialmaxime in der bernischen Verwaltungs- und Zivilrechtspflege, Diss. Bern 1935; BONNARD A., L'effet suspensif des recours au Conseil d'Etat...... RDAF 15, 1959, S. 258 ff.; DUBS H., Stand und Ausbaumöglichkeiten der verwaltungsinternen Rechtspflege. Aargauische Rechtspflege im Gang der Zeit, Aarau 1969, S. 271 ff.; FABER H., Die Verbandsklage im Verwaltungsprozess, Baden-Baden 1972; GRAF A., Die Revision rechtskräftiger Steuerentscheide zugunsten des Steuerpflichtigen, Winterthur 1953; GRISEL A., Pouvoir de surveillance et recours de droit administratif, ZBl 74, 1973, S. 49 ff.; GYGI F., Verwaltungskontrolle, Verwaltungsrechtspflege, Verwaltungsschutz, ZBJV 105, 1969, S. 293 ff.; HUBER H., Das Beschwerderecht der Natur- und Heimatschutzverbände in der schweizerischen Verwaltungsgerichtsbarkeit, DöV 29, 1976, S. 157 ff.; KÖLZ A., Prozessmaximen im schweizerischen Verwaltungsprozess, Diss. Zürich 1973; KRATZ D., Der Antrag im Verwaltungsprozess, Diss. Würzburg 1970; KUMMER P., Das Rechtsmittel im solothurnischen Verwaltungsverfahren. Festgabe Max Obrecht, hrsg. vom Solothurnischen Juristenverein, Solothurn 1961, S. 221 ff.; LALIGNANT M., La notion d'intérêt pour agir et le juge administratif. Revue de Droit administratif et de science politique 1971, S. 43 ff.; LIATOWITSCH F., Die Legitimation von Verbänden zur Anfechtung von Verfügungen und Rechtssätzen im Interesse ihrer Mitglieder, Diss. Basel 1970; MEYLAN J., De l'effet suspensif en procédure vaudoise de recours administratif, RDAF 26, 1970, S. 49 ff.; MÜLLER-VOLBERG J., Rechtsschutz gegen verwaltungsinterne Weisungen mit Drittwirkungen, DVBl 91, 1976, S. 57 ff.; POCHON D., Procédure de corapport et recours au Conseil fédéral. Justitia apropos, 1975, H. 1, S. 33 ff.; ROHR F., Der Instanzenzug im Verwaltungsrechtspflegegesetz. Aargauische Rechtspflege im Gang der Zeit, Aarau 1969, S. 349 ff.; SALADIN P., Die Befugnis der Verwaltungsbehörden zur akzessorischen Überprüfung von Verordnungen, ZBl 67, 1966, S. 193 ff.; SCHOLZ R., Die öffentlich-rechtliche Konkurrentenklage in der Rechtsprechung der Verwaltungs- und Zivilgerichte, Wirtschaftsrecht I, 1972, S. 35 ff.; STELKENS PAUL, Einige verwaltungsprozessuale Fragen zur Verbandsklage, DVBl 90, 1975, S. 137 ff.; STEPHAN B., Das Rechtsschutzbedürfnis, Berlin 1967; ULE C., Vorbeugender Rechtsschutz im Verwaltungsprozess, VA 65, 1974, S. 29 ff.; VOLKEN A., GILLIOZ V., Des actes et recours adressés à une instance non compétente, RJV 4, 1970, S. 345 ff.; WEBER R., Verwaltungsrechtspflege des Bundesrats, Diss. Bern 1951.

Der Gesetzgeber, der das verwaltungsinterne Beschwerdeverfahren regelt, muss folgende Fragen abklären: Wer ist zur Einreichung der Beschwerde befugt? Was für Beschwerdegründe können angeführt werden? Wie ist die Beschwerde zu formulieren? An wen richtet sich die Beschwerde? Welches sind die Wirkungen der Beschwerde? Welches ist die Stellung der beschwerten Instanz? Welches sind die Befugnisse der Beschwerdeinstanz? Welche weiteren internen Rechtsmittel sollen neben der Beschwerde vorgesehen werden? Diese Fragen werden in den Art. 44 ff. VwVG beantwortet.

1. Gegenstand der Beschwerde

Gegenstand der Beschwerde ist gemäss Art. 44 VwVG die Verfügung. Die Verfügung verfolgt zu einem wesentlichen Teil den Zweck, Verwaltungsentscheidungen oder -handlungen beschwerdefähig zu machen. Aus diesem Grunde baut das gesamte Beschwerdeverfahren auf dem Begriff der Verfügung auf. Als selbständig anfechtbare Verfügungen gelten auch *Zwischenverfügungen*, die einen nicht wiedergutzumachenden Nachteil bewirken könnten, wenn sie nicht selbständig durch Beschwerde angefochten werden können. Zwischenverfügungen sind nach Art. 45 VwVG u.a. der Entscheid über die Zuständigkeit, die Ausstandspflicht, die Sistierung des Verfahrens, Entscheidungen im Rahmen der Beweiserhebung, vorsorgliche Massnahmen und die Verweigerung der unentgeltlichen Rechtspflege. Alle übrigen Zwischenverfügungen sind erst durch Beschwerde gegen den Entscheid anfechtbar, soweit sie keinen nicht wiedergutzumachenden Nachteil bewirken.

2. Die Legitimation

LITERATUR: Vgl. auch 1. Teil, 2. Kap. II. B., S. 192.

2.1. Funktion der Legitimation

In einem berühmten schweizerischen Kurort wird ein Bauprojekt für eine Riesenüberbauung mit mehreren grossen «Wohncontainern» genehmigt. Wer soll gegen die Bewilligung eines derartigen Projektes Beschwerde einreichen können? Sicher sollen sich die Grundeigentümer, deren Projekte allenfalls nicht genehmigt wurden, gegen die Verfügung wehren können. Wie steht es aber mit den *Nachbarn*, der *Bevölkerung* des Kurortes, ja, der *gesamten Schweiz?* Jeder Schweizer hat ein grosses Interesse daran, dass ein Kurort nicht durch hässliche Überbauungen zerstört wird. Soll also jeder Schweizer gegen eine solche Verfügung eine Beschwerde einreichen können? Eine derart weitgefasste Legitimationsbefugnis würde der Popularklage gleichkommen, d.h. jedermann könnte Beschwerde gegen jede Verfügung einreichen.

Die *Popularklage* ist aus verschiedenen Gründen abzulehnen: Mit einer umfassenden Erweiterung des Beschwerderechts würde das Beschwerdeverfahren durch unnötige oder querulatorische Beschwerden in Frage gestellt. Die eigentlich Betroffenen hätten keine besonders privilegierte Stellung im Beschwerdeverfahren mehr. Sie wären allen jenen gleichgestellt, die an der Verfügung kein besonderes Interesse haben. Das Volk soll, wenn es mit der Führung der Verwaltung nicht einverstanden ist, seine Interessen mit politischen Mitteln und nicht auf dem Rechtsweg geltend machen. Überdies kann eine Beschwerde, an deren Ausgang jemand kein besonderes Interesse hat, auch deshalb problematisch werden, weil sich der Beschwerdeführer wegen seines mangelhaften Interesses gar nicht besonders für einen guten Ausgang des Beschwerdeverfahrens einsetzt. Ein negativer Ausgang kann aber für viele andere Verfahren präjudizielle Wirkung haben. Gerichtliche Verfahren sollen deshalb nur von denjenigen eingeleitet werden können, die ein wesentliches Interesse am Ausgang des Entscheides haben. Die Popularklage ist somit aus Gründen der *Gewaltenteilung, der Gerechtigkeit und der Prozessökonomie* abzulehnen.

Abzulehnen ist aber auch das andere Extrem, wonach nur *der in seinen Rechten unmittelbar Betroffene zur Beschwerde berechtigt ist.* Um abzuklären, ob jemand in seinen Rechten betroffen ist, muss das Gericht den Prozess zuerst durchführen. Am Anfang eines Verfahrens lässt sich nicht mit Sicherheit feststellen, ob jemand in seinen Rechten verletzt ist. Dies ist eine Frage, die erst im Laufe des Verfahrens auf Grund von materiellen Überlegungen festgestellt werden kann. Aus diesem Grunde muss für die Beurteilung der Legitimation nach einem formellen Kriterium gesucht werden, das den Betroffenen die Möglichkeit gibt, unabhängig vom Ausgang des Verfahrens, durch die Beschwerdeinstanz die Zulässigkeit der Beschwerde beurteilen zu lassen.

2.2. Individualbeschwerde

Das Verwaltungsverfahrensgesetz hat dieses Kriterium im sogenannten *schutzwürdigen Interesse* gefunden; beschwerdeberechtigt ist somit gemäss Art. 48 VwVG nicht jeder Interessierte, sondern nur derjenige, der von der Verfügung berührt ist und am Ausgang des Prozesses ein schutzwürdiges, d.h. im Vergleich zur Allgemeinheit *besonderes Interesse* hat. Das Verwaltungsverfahrensgesetz versucht mit dieser Umschreibung der Legitimation einen Mittelweg zu finden zwischen der Popularklage und der Beschränkung der Legitimation auf denjenigen, der unmittelbar in seinen Rechten betroffen wird (BGE 100 Ib 336 2 b).

Damit löst das Verwaltungsverfahrensgesetz den alten dogmatischen Streit über die *subjektiven Rechte.* Sehr lange vertraten die Gerichte, beeinflusst von der Lehre, die Auffassung, nur wer ein subjektives Recht habe, könne gegen die Beeinträchtigung seines subjektiven Rechts Beschwerde einlegen. Damit stellte sich immer wieder die schwierige materielle Frage, ob ein Gesetz dem einzelnen ein subjektives oder nur ein objektives Recht gebe. Subjektive Rechte gaben den Berechtigten einen materiellen Anspruch und das formelle Beschwerderecht. Ob aber das Recht eines Betroffenen verletzt ist, kann erst entschieden werden, wenn das Verfahren beendet ist. fahren beendet ist.

Heute hat das Verwaltungsgericht nicht nur die Aufgabe, den einzelnen in seinen subjektiven Rechten gegenüber dem Staat zu schützen, es soll ganz generell für die Recht- und damit auch Gesetzmässigkeit der Verwaltung Gewähr bieten können. Deshalb sollen die mittelbar oder unmittelbar Betroffenen vom Verwaltungsgericht grundsätzlich die Überprüfung von Verwaltungsentscheidungen auf ihre Gesetzmässigkeit verlangen können. Wer in seinen schutzwürdigen Interessen berührt ist, hat, *unabhängig von einem subjektiven Recht, Anspruch auf eine Überprüfung* der Rechtmässigkeit einer Verwaltungsentscheidung.

Das neue Verwaltungsverfahrensgesetz und Art. 103 OG haben auf diese Weise den dogmatischen Streit über die subjektiven Rechte pragmatisch gelöst: Zuerst muss abgeklärt werden, ob ein schutzwürdiges Interesse vorliegt, dann wird die Beschwerdeinstanz beurteilen müssen, ob die Verwaltung richtig entschieden hat. Sie wird die *objektive Richtigkeit* der Verwaltungsentscheidung, unabhängig von der Frage, ob dem Betroffenen ein subjektives Recht zusteht, überprüfen müssen.

Das schutzwürdige Interesse lässt sich entweder *unmittelbar aus der Verfassung oder dem Gesetz* ableiten, es kann sich aber auch aus den *äusseren besonderen Umständen ergeben*. Wenn das Gesetz dem einzelnen einen unmittelbaren Anspruch einräumt, ist die Beschwerdeinstanz selbstverständlich verpflichtet, auf die Beschwerde einzutreten. Wenn der Gesetzgeber der Verwaltung aber weites Ermessen überträgt, hat der einzelne, der ein schutzwürdiges Interesse hat, Anspruch auf die richterliche Überprüfung allfälliger Ermessensüberschreitungen.

Im Gegensatz zur früheren Legitimationsvoraussetzung muss der Beschwerdeführer von der Verfügung nicht *betroffen,* sondern *berührt* sein. Damit wird zum Ausdruck gebracht, dass auch jemand eine Beschwerde gegen eine Verfügung einreichen kann, an den sich die Verfügung nicht unmittelbar richtet, der aber von ihr mittelbar berührt ist, wie etwa der Konkurrent bei Kontingentsbewilligungen, der Nachbar bei Baubewilligungen usw.

Wenn es nun darum geht, die konkrete Vorschrift von Art. 48 VwVG zu interpretieren, muss die Frage nach der *Funktion der Legitimationsvorschrift gestellt werden*. Weshalb will der Gesetzgeber die Legitimationsberechtigung auf wenige Personen einschränken? Im Vordergrund steht zunächst die *individualrechtliche Funktion* des Beschwerdeverfahrens. Der einzelne, der durch eine Handlung der Verwaltung geschädigt wird, kann nicht über den politischen Weg einer Mehrheitsentscheidung sein Recht gegenüber der Verwaltung durchsetzen. Er ist zu schwach gegenüber der Mehrheit und gegenüber dem gesamten Verwaltungsapparat, der verpflichtet ist, das objektive Recht gerecht zu konkretisieren und objektiv durchzusetzen. Um dem schwachen Bürger die Möglichkeit zu geben, sicherzustellen, dass das Recht ihm gegenüber richtig angewendet wird, soll er durch eine besondere rechtliche Verfahrenssicherung Entscheidungen der Verwaltung überprüfen lassen können.

Neben diesem Individualschutz des einzelnen soll das Beschwerdeverfahren aber auch sicherstellen, dass die *Verwaltung das objektive Recht richtig anwendet und durchsetzt.* Entscheidungen der Verwaltung sollen auf diese Weise glaubhafter gemacht werden.

Gemäss Art. 48 VwVG und 103 lit. a OG sind für die Legitimation die folgenden zwei Voraussetzungen zu erfüllen: Jemand muss *1. durch die angefochtene Verfügung berührt sein und 2. ein schutzwürdiges Interesse an deren Aufhebung haben.* Das Erfordernis des «Berührtseins» ist gemäss der Rechtsprechung nur dann erfüllt, wenn der *Betroffene in einer besonderen Weise berührt wird.* Es genügt nicht, wenn er wie die Allgemeinheit durch eine Entscheidung oder Handlung der Verwaltung betroffen ist.

Durch die Errichtung eines Hochhauses in einem kleinen Bergdorf wird zwar die ganze Bevölkerung der Gemeinde oder gar des Kantons berührt. In einem besonders grossen Ausmass betroffen sind aber die unmittelbaren Nachbarn, die demnach an der Abänderung der Baubewilligung ein besonders schutzwürdiges Interesse haben. Sie müssen das Hochhaus, im Gegensatz zur übrigen Bevölkerung des Kantons oder der Gemeinde, jeden Tag in unmittelbarer Nähe ertragen, sie sind deshalb direkt betroffen, zum Beispiel durch Schatteneinwirkungen oder die Aussicht, die ihnen der Neubau verdirbt. Sie haben also ein schutzwürdiges Interesse an der richtigen Beurteilung der Baubewilligung.

Berührt ist auch die ganze Bevölkerung eines Kantons bei der Zulassung eines Kernkraftwerkes. In einem viel direkteren Ausmass berührt ist aber die Nachbarschaft des Kernkraftwerkes. Sie soll sich über den Weg des Individualschutzes gegen die Bewilligung wehren, die Allgemeinheit aber soll sich über den politischen Weg Gehör verschaffen können.

Neben dem Erfordernis des Berührtseins nennen Art. 48 VwVG und 103 lit. a OG auch das *schutzwürdige Interesse an der Aufhebung oder Abänderung der Verfügung.* Ganz allgemein ist zu sagen, dass die bundesgerichtliche Rechtsprechung sich zu dieser Frage noch nicht gefestigt hat. Legitimiert sind etwa Konkurrenten bei Kontingentierungsverfügungen (BGE 97 I 293 und 99 Ib 105), nicht aber die Milchproduzenten bei der Nichtzulassung eines Konkurrenzproduktes (BGE 100 Ib 337), der Berufsverband zum Schutze seiner Mitglieder (BGE 97 I 592, 98 Ib 229, 99 Ib 54), wenn sie durch das Recht besonders geschützt werden. Legitimiert ist auch der Private, wenn er im Rahmen einer Strafklage *besondere* Interessen geltend machen kann (BGE 99 Ia 104). Nicht legitimiert ist aber, wer nur ein *allgemeines* Interesse geltend machen kann (BGE 101 Ib 108).

2.3. Verbandsbeschwerde

Von besonderer Bedeutung ist die *Legitimation juristischer Personen und anderer Organisationen, die das Bundesrecht zur Beschwerde ermächtigt.* Diese Beschwerdeermächtigung ist aus folgenden Gründen von besonderer Bedeutung: Sehr oft wollen

Einzelpersonen nicht das Risiko auf sich nehmen, allein gegen eine Entscheidung der Behörde in einem Beschwerdeverfahren anzutreten. Sie verfügen auch nicht über die notwendigen juristischen Kenntnisse und finanziellen Mittel. Überdies sind die einzelnen durch einen Erlass in ihren persönlichen Interessen viel weniger getroffen als die Allgemeinheit oder ein Verband, der nicht private, sondern allgemeine, ideelle Interessen vertritt, die mit bestimmten öffentlichen Interessen oft identisch sind. Ich habe bereits darauf hingewiesen, dass vor allem bei Nutzungsplänen, bei denen zwischen dem öffentlichen Interesse des Umweltschutzes und dem Interesse der wirtschaftlichen Entfaltung einer Gemeinde abzuwägen ist, einzelne Private ihre Interessen nicht mit genügendem Gewicht vertreten können, während Organisationen mit ideellen Zwecken die Verletzung wesentlicher Interessen der Allgemeinheit viel glaubhafter geltend machen können. Aus diesem Grunde kann in vielen Fällen nur über den Weg der Gruppenbeschwerde ein Verfahren vor der Verwaltung oder vor dem Verwaltungsgericht mit Aussicht auf Erfolg eingeleitet werden.

Die richterliche Rechtsprechung und die gesetzgeberische Praxis zur Verbandsbeschwerde ist allerdings sehr *restriktiv*. Gemäss Art. 48 lit. b VwVG sind die Gruppen nur dann legitimiert, wenn sie durch das Bundesrecht dazu ausdrücklich ermächtigt sind, soweit sie nicht schon auf Grund von Art. 48 lit. a legitimiert sind. Dies ist in Art. 12 NHG (SR 451) vorgesehen. Beim abgelehnten Raumplanungsgesetz hat man aber eine solche Ausdehnung der Beschwerdelegitimation auf Bundesebene abgelehnt. Neben dem Bund können auch die Kantone den Verbänden für Verfügungen, die sich auf kantonales Recht oder auf Bundesrecht (Art. 61 lit. e RPG.) stützen, Beschwerdebefugnisse erteilen. In einigen kantonalen Baugesetzen, wie etwa im Baugesetz des Kantons Bern, wird zum Beispiel interessierten Organisationen und Gruppen die Möglichkeit gegeben, eine Beschwerde gegen die Erteilung einer Baubewilligung zu erheben (vgl. Baugesetz des Kantons Bern, Art. 54 Abs. 3).

Mit der Ausdehnung der Beschwerdelegitimation auf Gruppen und Organisationen wird die *Funktion des öffentlichen Interesses an einem guten Verwaltungsentscheid betont und die individualistische Bedeutung der Verwaltungsbeschwerde in den Hintergrund gedrängt*. Dies ist vor allem dort von Bedeutung, wo der einzelne im Beschwerdeverfahren auf Grund der konkreten Interessenlage zu schwach ist, um ein legitimes Interesse im Beschwerdeverfahren durchzusetzen. Wichtig ist, dass die Verwaltungsbehörde auf Grund des Beschwerdeverfahrens verpflichtet ist, möglichst gut und richtig zu entscheiden. Dies setzt aber voraus, dass sie *nicht nur zwischen öffentlichen und privaten Interessen abwägt, sondern vor allem auch die verschiedenen auf dem Spiele stehenden öffentlichen Interessen in ein richtiges und gerechtes Gleichgewicht bringen kann.*

Es wäre weltfremd, wollte man solche legitimen öffentlichen Interessen nur auf den Weg der Politik verweisen, vor allem dann, wenn es sich um klare gesetzliche Anweisungen handelt, die eine Behörde zu vollziehen hat. Wie kann sich der einzelne beispielsweise wehren, wenn eine Behörde in konstanter Praxis Bauten ausserhalb der Bauzone zulässt (Art. 20 GSchG)? Niemand ist hier unmittelbarer Nachbar und niemand kann ein besonderes privates Interesse an der Verweigerung einer derartigen Baute anmelden. Trotzdem sollte wenigstens eine Organisation oder Gruppe berechtigt sein, gegen eine derartige Verletzung des Gesetzes den Rechtsweg gegenüber der Behörde zu ergreifen.

Der Verbandsbeschwerde müssen allerdings Grenzen gesteckt werden. So ist vor allem zu *verhindern, dass über diesen Weg politische Streitigkeiten an das Verwaltungsgericht weitergezogen* werden, die es letztlich überfordern würden. Wenn Organisationen ein Beschwerderecht erhalten sollen, müssen die Beschwerderechte *gesetzlich klar umschrieben* werden. Schliesslich darf das Beschwerderecht nur Organisationen gegeben werden, die Gewähr für eine seriöse Handhabung des Beschwerderechts bieten und keine querulatorischen Beschwerden einreichen. Zu prüfen ist aber vor allem auch, ob nicht die im amerikanischen Recht bekannte Institution des «Amicus Curiae» übernommen werden könnte, die es dem Gericht bei der Behandlung einer Beschwerde ermöglicht, Organisationen oder Einzelpersonen einzuladen, um sich an der Beschwerde zu beteiligen, wenn besondere öffentliche Interessen auf dem Spiel stehen, die von diesen Organisationen vertreten werden. Zu bedenken ist schliesslich, ob die Vertretung eigentlicher öffentlicher Interessen nicht besonderen staatlichen Ämtern, zum Beispiel den Umweltschutzämtern, anvertraut werden sollte. Diese könnten dann aus eigener Initiative oder auf Anzeige aus der Bevölkerung die Angelegenheit überprüfen und allenfalls Beschwerde bei der Aufsichtsinstanz einreichen.

Nach der bisherigen Praxis des Bundesgerichts zu Art. 88 OG sind juristische Personen dann zur staatsrechtlichen Beschwerde legitimiert, wenn mit der Beschwerde ein Zweck verfolgt wird, der mit den in den Statuten festgelegten Zielen der juristischen Person identisch ist. Viel einschränkender ist die Praxis des Bundesgerichts bei öffentlich-rechtlichen Körperschaften und Anstalten. Abgesehen von den Gemeinden können andere öffentlich-rechtliche Körperschaften nicht auf Grund ihrer Autonomie Beschwerde einreichen. Sie sind deshalb nicht befugt, eine Verfügung, die ihre Autonomie verletzt, erfolgreich anzufechten. Diese Praxis des Bundesgerichtes entbehrt sicherlich jeder Logik. Unser verfassungsrechtliches System geht schliesslich davon aus, dass ein allmählicher Übergang von der rein privaten Organisation bis zum öffentlichen, zentralisierten Verwaltungsapparat stattfindet. Jedes Zwischenglied, wie etwa die Universität, eine öffentlich-rechtliche Genossenschaft oder eine Körperschaft (zum Beispiel die Studentenschaft), sollte sich nun aber auch auf die ihnen vom Gesetz gewährleisteten Autonomierechte berufen können.

2.4. Behördenbeschwerde

Im Gegensatz zu den Beschwerden von Organisationen kommt den Beschwerden der Behörden eine je länger je grössere Bedeutung zu. Hier hat der Gesetzgeber sowohl im Gesetz über die Bewilligung von Grundstückkäufen an Personen im Ausland wie auch im Gewässerschutzgesetz einen entscheidenden Schritt vorwärts getan. Gemäss

Art. 48 lit. b VwVG und Art. 103 lit. b OG können nämlich auch Behörden nach Massgabe der Bundesgesetzgebung berechtigt sein, Beschwerden zu erheben. Diese Ermächtigung erlaubt es vor allem den Behörden des Bundes, gegenüber kantonalen Behörden einzuschreiten, die ihrer Bundespflicht nicht nachkommen. Dadurch wird die Bundesaufsicht entpolitisiert. Einem Departement fällt es viel leichter, Beschwerde gegen Entscheide kantonaler Regierungen beim Bundesgericht einzureichen, als über den Weg der direkten Aufsicht kantonale Regierungen zurechtzuweisen.

Gemäss BGE 101 Ib 352 hat ein Bundesdepartement grundsätzlich dann ein Beschwerderecht gegenüber kantonalen Entscheidungen, *wenn es den Kantonen gegenüber Aufsichtsbefugnisse wahrzunehmen hat*. Grundsätzlich sollten aber auch die kantonalen Regierungen ein Rekursrecht gegen die Entscheidungen ihrer Verwaltungsgerichte ans Bundesgericht haben, wenn durch das Gericht Verfügungen der kantonalen Verwaltungen aufgehoben worden sind. Der Grundsatz der Gleichstellung der Parteien im verwaltungsgerichtlichen Verfahren sollte konsequent durchgeführt werden.

Eine weitere Lücke der Behördenbeschwerde im Bundesrecht besteht darin, dass der Bund nur gegen letztinstanzliche kantonale Entscheide Beschwerde erheben kann. Wenn also eine untere kantonale Instanz, zum Beispiel eine Gemeinde, Bundesrecht verletzt, kann der Bund dagegen keine Beschwerde einreichen, da das Verwaltungsverfahren nur auf letzte kantonale Entscheidungen Anwendung findet.

2.5. Offene Fragen der Legitimation

Die Darstellung des Problems der Beschwerdelegitimation hat gezeigt, dass es sich hier um ein zentrales Problem des Verwaltungsrechts handelt. Einerseits wird damit die *dogmatische Frage nach dem subjektiven und objektiven Recht angeschnitten.* Die Praxis und die Gesetzgebung haben allerdings diesen gordischen Knoten pragmatisch durchschnitten, indem sie von der Frage des subjektiven Rechts Abstand genommen haben und allein auf die Schutzwürdigkeit des Interesses des Betroffenen abstellen.

Das Legitimationsproblem ist aber auch aus einem anderen Grunde von zentraler Bedeutung. Durch die Ausdehnung der Legitimation auf den Nachbarn, auf den Konkurrenten oder auf andere Personen, die durch die öffentlich-rechtliche Aufsicht des Staates besonders zu schützen sind, wird nämlich oft ein *zweiter Rechtsweg eröffnet*. Bekanntlich könnte der Nachbar sein Nachbarrecht über die privatrechtliche Klage geltend machen, der Anleger könnte sich über den Weg des Privatrechts auf Grund der vertraglichen Verpflichtungen gegen den Anlagefonds wehren, und der Konkurrent hätte ebenfalls die Möglichkeit, über den Weg einer Haftpflichtklage seine Rechte geltend zu machen. Da aber der privatrechtliche Weg oft zu beschwerlich, zu riskant und zu kostspielig ist, wird der öffentlich-rechtliche Weg bevorzugt. Er gibt, wie wir bereits gesehen haben, den Betroffenen zwar nicht die gleichen Parteirechte wie das private Prozessrecht, dennoch wird die Chance auf einen nicht mit allzugrossem Risiko belasteten Prozessausgang erhöht. Mit der Ausdehnung der Legitimation im öffentlichen Recht wird somit die *Bedeutung der privatrechtlichen Klage in gewissen Bereichen je länger je mehr eingeschränkt.* Es ist dies ein Zeichen des fortschreitenden Wohlfahrtsstaates, der sich gewisser Mängel des privatrechtlichen Rechtsschutzes bewusst ist und versucht, auch den weniger Privilegierten im Rahmen des öffentlich-rechtlichen Beschwerdeverfahrens eine Chance zur Durchsetzung ihrer Interessen einzuräumen.

Mit BGE 101 Ib 212 hat das Bundesgericht diese Legitimationsbefugnis allerdings *wieder etwas eingeschränkt,* indem es festlegt, dass derjenige *kein «schutzwürdiges Interesse» hat, der seine Interessen auf dem Wege des Zivilprozesses wahrnehmen kann.* Wie weit durch diesen Entscheid eine Tendenzwende bei der Beurteilung der Legitimationsbefugnis eingeleitet wurde, wird die Zukunft erst noch zeigen müssen.

Ein ungelöstes Problem ist die *Legitimation gegen begünstigende Entscheidungen der Verwaltung.* Wenn ein Steuerpflichtiger zu Unrecht durch eine Veranlagung bevorteilt wird, kann kein anderer Steuerpflichtiger die Heraufsetzung der Steuerveranlagung des unrechtmässig Privilegierten verlangen. Auf diese Weise bleiben Privilegierungen von seiten der Verwaltung ungeahndet. Ähnliche Probleme stellen sich im Rahmen der Submissionen. Wenn die Verwaltung eine öffentliche Arbeit vergibt, kann der Konkurrent in der Regel nur im beschränkten Ausmasse eine Beschwerde dagegen einreichen. Nach der alten Lehre vom subjektiven öffentlichen Recht geht das Bundesgericht davon aus, dass der Benachteiligte keinen Anspruch auf einen Vertrag mit dem Staate hat, weshalb auch keine Beschwerdemöglichkeit besteht. Im Rahmen der neueren Praxis stellt sich aber gleichwohl die Frage, ob sich nicht gerade bei Submissionen, wo nämlich die Interessen auf einige wenige Konkurrenten beschränkt sind, die Möglichkeit aufdrängen sollte, den Konkurrenten eine Beschwerdelegitimation einzuräumen.

Der Bundesrat widersetzt sich aber gegen derartige Tendenzen, da für ihn Submissionen dem Privatrecht unterstellt sind und die sogenannte Zweistufentheorie nicht angewendet wird. Dem Betroffenen steht nur die *Aufsichtsbeschwerde zu, die ihm keine Parteirechte einräumt* (VPB 1976 Nr. 55).

3. Die Beschwerdeinstanz

Die Beschwerde ist gemäss Art. 47 Abs. 1 lit. c VwVG an die *Aufsichtsbehörde* zu richten, wenn das Bundesrecht keine Beschwerdeinstanz bezeichnet. Das Typische der Beschwerde liegt gerade darin, dass sie an die Aufsichtsinstanz zu richten und nicht etwa bei der verfügenden Instanz einzureichen ist. Im Gegensatz zur Beschwerde ist nämlich die *Einsprache* bei der *verfügenden Instanz* einzureichen. Beschwerdeinstanzen als Aufsichtsbehörden können alle Verwaltungsinstanzen bis zur Regierungsinstanz sein. Wenn die Aufsichtsbehörde der unteren Instanz bereits Weisungen für den Erlass der Entscheidung gegeben hat, kann sie übersprungen und die Beschwerde bei der nächsthöheren Instanz eingereicht werden. Dieser sogenannte *Sprungrekurs* ist in Art. 47 Abs. 2 VwVG vorgesehen.

Auch die Beschwerdeinstanz muss richtig zusammengesetzt sein. Art. 59 VwVG bestimmt kategorisch, die Beschwerdeinstanz dürfe mit der Behandlung der Beschwerdesache weder Personen im Dienste der Vorinstanz noch andere Personen betrauen, die sich an der Vorbereitung der angefochtenen Verfügung beteiligt haben. Eine Verletzung dieser Pflicht berechtigt die betroffene Partei zur *Revision* auf Grund von Art. 66 Abs. 2 lit. c VwVG. Auf diese Weise soll die Verknüpfung von Beschwerdeinstanz und verfügender Behörde etwas gelockert werden. Trotzdem wird es der Beschwerdeinstanz schwerfallen, die untere Instanz im Rahmen einer Beschwerde zu desavouieren. Dem verwaltungsinternen Beschwerdeverfahren kommt eine wesentlich geringere Glaubhaftigkeit zu als dem verwaltungsexternen Verfahren.

4. Beschwerdegründe und Abfassung der Beschwerde

Beschwerdegründe gemäss Art. 49 VwVG können sein: die *Verletzung von Bundesrecht* einschliesslich *Überschreitung oder Missbrauch des Ermessens, die unrichtige oder unvollständige Feststellung des rechtserheblichen Sachverhaltes sowie Unangemessenheit*. Im verwaltungsinternen Beschwerdeverfahren kann im Gegensatz zum verwaltungsexternen Beschwerdeverfahren auch die *Rüge der Unangemessenheit* eingebracht werden. Auf diese Weise wird die verwaltungsinterne Beschwerde zu einem in jeder Beziehung umfassenden Rechtsmittel. Sie ermöglicht der Beschwerdeinstanz, die Verfügung und Entscheidung in umfassender Weise zu überprüfen. Allerdings wird sich die Beschwerdeinstanz, je weiter sie von der verfügenden Instanz entfernt ist und über je weniger Sachkenntnisse sie verfügt, davor hüten, ohne Not in das Ermessen der verfügenden Fachbehörde einzugreifen. Sie wird es der der Sache am nächsten stehenden Behörde in der Regel überlassen müssen, einen selbständigen Ermessensentscheid zu fällen.

Der Bundesrat beschränkt sich beispielsweise bei der Beurteilung von Beschwerden gegen seine Departemente auf die Überprüfung unter dem *Gesichtspunkt der Vertretbarkeit*. Ist der Entscheid des Departementes vertretbar, wird er vom Bundesrat aufrechterhalten. Auf diese Weise wird die Ermessensüberprüfung stark eingeschränkt (VPB 1976 Nr. 79).

Man stelle sich aber vor, der Bundesrat würde Entscheidungen der Pro Helvetia (zum Beispiel über die Erteilung von Kunststipendien) oder der Filmkommission im Rahmen seiner unbeschränkten Ermessensbefugnis neu begutachten. Der Bundesrat verfügt weder über die sachlichen noch über die personellen Mittel, um derartige Ermessensentscheide uneingeschränkt zu überprüfen. Ein derartiges Vorgehen wäre aber auch aus anderen Gründen problematisch: Bekanntlich müssen die Beschwerdeentscheide des Bundesrates durch die Juristen der Justizabteilung vorbereitet werden. Hätten diese die Aufgabe, das Ermessen einer Jury der Pro Helvetia zu überprüfen, müssten sie ihrerseits eigene Experten zuziehen. Im Gegensatz zu diesen Experten werden aber die Mitglieder des Stiftungsrates der Pro Helvetia durch den Bundesrat in einem sorgfältigen Verfahren ausgewählt. Die volle Ermessensüberprüfung durch den Bundesrat hätte somit zur Folge, dass der Entscheid durch Fachleute vorbereitet würde, die nicht die gleiche Autorität haben wie jene der Pro Helvetia. Dieses Beispiel zeigt, dass der Ermessensprüfung im internen Beschwerdeverfahren enge Grenzen gesetzt sind. Der Bundesrat wird deshalb nur prüfen können, ob die untere Instanz ihr *Ermessen pflichtgemäss* wahrgenommen hat. Den Ermessens- oder politischen Entscheid muss er in der Regel der unteren Instanz lassen.

Anders liegen die Probleme auf dem Gebiete von Seilbahnkonzessionen. Der Entscheid über die Erteilung derartiger Konzessionen kann vor allem für Bergregionen von höchster politischer Tragweite sein. Deshalb muss der Bundesrat den letzten wichtigen politischen Entscheid fällen können. Wir sehen anhand dieser Beispiele, dass die Beschwerdemöglichkeiten gemäss Art. 49 VwVG zwar *ausserordentlich umfangreich sind, dass aber die Behörden ihre Kognition in der Praxis von Fall zu Fall verschieden begrenzen können.*

Die Beschwerde ist innert 30 Tagen und gegen eine Zwischenverfügung innert 10 Tagen im Doppel einzureichen (Art. 50/51 VwVG)., Die Beschwerdeschrift muss die Begehren, ihre Begründung mit Angabe der Beweismittel und die Unterschrift des Beschwerdeführers oder seines Vertreters enthalten. Genügt die Beschwerde diesen Anforderungen nicht oder ist die Beschwerdeschrift nicht genügend klar abgefasst, so räumt die Beschwerdeinstanz dem Beschwerdeführer eine kurze Nachfrist zur Verbesserung ein, wenn die Beschwerde nicht offensichtlich unzulässig ist (Art. 52 VwVG). Überdies sieht Art. 53 VwVG vor, dass bei einem aussergewöhnlichen Umfang der Beschwerdeangelegenheit die Beschwerdeinstanz auf Ersuchen des Beschwerdeführers ausnahmsweise eine angemessene *Nachfrist* gewähren kann.

Dies ist von besonderer Bedeutung, wenn wir bedenken, dass die Beschwerdeinstanzen oft mehrere Monate brauchen, bis ihre Beschwerdeentscheide begründet sind, während vom Beschwerdeführer verlangt wird, innert 30 Tagen eine gutbegründete Beschwerde einzureichen. Insbesondere auf dem Gebiete der Kontingentierungen, d.h. ganz allgemein auf dem Gebiete des Wirtschaftsverwaltungsrechts, zeigt sich, wie notwendig es ist, die Beschwerde eingehend und sorgfältig zu begründen. Aus diesem Grunde muss die Beschwerdeinstanz Art. 53 VwVG grosszügig handhaben.

5. Die Wirkung der Beschwerde

5.1. Zuständigkeit

Mit der Einreichung der Beschwerde geht die Zuständigkeit zur Behandlung der Angelegenheit, die Gegenstand der mit Beschwerde angefochtenen Verfügung bildet, *auf die Beschwerdeinstanz über.* Zwar kann die Vorinstanz bis zu ihrer Vernehmlassung die angefochtene Verfügung noch in Wiedererwägung ziehen (Art. 58 VwVG). Die Beschwerdeinstanz muss aber dennoch die Beschwerde weiterbehandeln, falls die in Wiedererwägung gezogene neue Verfügung der Vorinstanz diese nicht gegenstandslos macht.

5.2. Aufschiebende Wirkung

Die Beschwerde hat *grundsätzlich aufschiebende Wirkung*. Nur wenn die Verfügung *keine Geldleistung* zum Gegenstand hat, kann die Beschwerdeinstanz oder die untere Vorinstanz der Beschwerde die *aufschiebende Wirkung entziehen*. Auf dieses Problem werden wir bei der Behandlung der Wirkung der Verfügung näher eingehen.

Wird die *aufschiebende Wirkung willkürlich entzogen, so haftet der Bund oder die Anstalt*, in deren Namen die Behörde die aufschiebende Wirkung entzogen hat (Art. 55 Abs. 4 VwVG). Durch diese Vorschrift wird der Entzug der aufschiebenden Wirkung entschärft. Ein Beamter kann beispielsweise auf der Stelle entlassen werden, obwohl er gegen die Entlassungsverfügung eine Beschwerde einreicht. Wird der Beschwerde die aufschiebende Wirkung willkürlich entzogen, kann er für den Schaden, der ihm aus der sofortigen Entlassung erwachsen ist, Entschädigung verlangen.

Allerdings hat die Behörde beim Entscheid über den Entzug der aufschiebenden Wirkung einen weiten Ermessensspielraum. Der Bund haftet nicht, wenn der Entzug der aufschiebenden Wirkung nur unzweckmässig war. Nur wenn das Ermessen offensichtlich überschritten wurde oder wenn Willkür vorliegt, besteht ein Entschädigungsanspruch.

5.3. Vorsorgliche Massnahmen

Nach Art. 56 VwVG kann die Beschwerdeinstanz nach Einreichung der Beschwerde von Amtes wegen oder auf Begehren einer Partei *andere vorsorgliche Massnahmen* ergreifen, um einen tatsächlichen oder rechtlichen Zustand einstweilen unverändert zu erhalten. Beschwerden gegen Verfügungen von Geldleistungen haben von Gesetzes wegen aufschiebende Wirkung. Die Beschwerdeinstanz kann aber vorsorgliche Massnahmen (zum Beispiel die Hinterlegung des strittigen Betrages) anordnen, wenn Gefahr im Verzuge ist.

6. Verfahren und Befugnis der Beschwerdeinstanz

6.1. Verfahren

Auf das Beschwerdeverfahren finden die Verfahrensgrundsätze des Verwaltungsverfahrensgesetzes entsprechend Anwendung. Die Grundsätze über das rechtliche Gehör, Beweismittel usw. finden also auch im Beschwerdeverfahren vor der Beschwerdeinstanz Anwendung. Die Beschwerde hat grundsätzlich eine *devolutive Wirkung*, d.h. die Beschwerdeinstanz tritt in die Rechte und Pflichten der unteren

Instanz ein und erlässt anstelle der alten Verfügung eine neue. Sie entscheidet in der Sache selbst und weist die Angelegenheit nur ausnahmsweise mit einer verbindlichen Weisung an die Vorinstanz zurück.

Da die Beschwerdeinstanz auch das Ermessen der Vorinstanz überprüfen kann, ist dies die richtige Konsequenz der Beschwerde. Sie soll in der Regel den Entscheid der unteren Instanz nicht kassieren und der Vorinstanz zur neuen Entscheidung zurückweisen. *Der Grundsatz der Prozessökonomie erfordert vielmehr, dass die Beschwerdeinstanz in der Sache neu entscheidet.* Zudem wäre der Sache kaum gedient, wenn die Vorinstanz, die möglicherweise gegenüber der betroffenen Partei mit Vorurteilen belastet ist, nochmals in der gleichen Angelegenheit neu zu entscheiden hätte.

6.2. Reformatio in peius vel melius

Von grosser Bedeutung ist die Frage, ob die Beschwerdeinstanz über den Antrag des Beschwerdeführers hinausgehen und beispielsweise die Verfügung zugunsten der Partei oder auch zu ihren Ungunsten abändern kann. Mit anderen Worten, sie ist zur sogenannten *reformatio in melius oder reformatio in peius* zuständig. Auch hier finden wir einen wesentlichen Unterschied zur Verwaltungsgerichtsbeschwerde.

Bei der verwaltungsinternen Beschwerde kann die Beschwerdeinstanz die Beschwerde zugunsten der Partei in melius abändern (Art. 62 Abs. 1 VwVG).

Zuungunsten der Partei kann sie die Sache nur unter bestimmten Voraussetzungen abändern. *Die reformatio in peius ist immer im Rahmen der Rechts- oder Sachverhaltsüberprüfung möglich.* Einen *Ermessensentscheid* kann die Beschwerdeinstanz nur zuungunsten der Partei abändern, *wenn diese Entscheidung gleichzeitig zugunsten der Gegenpartei ausfällt.*

Damit hat der Gesetzgeber versucht, für das Problem der reformatio in peius eine salomonische Lösung zu finden. Zwei Interessen stehen einander nämlich gegenüber: Einerseits soll der Rechtsschutzsuchende durch die Möglichkeit der reformatio in peius nicht vor der Beschwerde abgeschreckt werden. Die unbeschränkte Möglichkeit der reformatio in peius könnte sonst den *Rechtsschutzgedanken* wesentlich einschränken. Andererseits muss das Beschwerdeverfahren für die Verbesserung der Verwaltungsentscheidungen und die *Durchsetzung des Grundsatzes der Gesetzmässigkeit* der Verwaltung Gewähr bieten. Deshalb muss die Beschwerdeinstanz ungesetzliche Entscheide der unteren Instanz selbst gegen das Interesse des Beschwerdeführers aufheben können.

Will die Beschwerdeinstanz den Entscheid zuungunsten des Beschwerdeführers abändern, ist sie entsprechend dem Grundsatz des rechtlichen Gehörs verpflichtet, die reformatio in peius anzuzeigen und ihm Gelegenheit zu geben, sich dazu zu äussern.

C. Das Beschwerdeverfahren vor dem Bundesrat

Das Verwaltungsverfahrensgesetz regelt auch das Beschwerdeverfahren vor dem Bundesrat. Es enthält namentlich in Art. 74 Bestimmungen über die Zulässigkeit der Beschwerde, die Vorbereitung des Beschwerdeentscheides und die Ausstandspflicht.

1. Zulässigkeit der Beschwerde an den Bundesrat

Die Beschwerde an den Bundesrat ist nur zulässig, wenn nicht die Verwaltungsgerichtsbeschwerde oder die Beschwerde an das Versicherungsgericht bzw. an eine andere Bundesbehörde oder die Einsprache möglich ist. In diesem Rahmen entscheidet der Bundesrat über Beschwerden gegen Verfügungen der Departemente und der Bundeskanzlei sowie gegen andere Bundesbehörden, deren unmittelbare Aufsichtsbehörde er ist.

Verfügungen der Departemente oder der Bundeskanzlei können also immer entweder an das Verwaltungsgericht oder den Bundesrat weitergezogen werden. Verfügungen autonomer Anstalten oder Betriebe können nicht mehr angefochten werden, wenn nicht die Verwaltungsgerichtsbeschwerde möglich ist oder das Bundesrecht die Beschwerde an den Bundesrat vorsieht.

So sind etwa die Entscheidungen des schweizerischen Schulrates zwar im Rahmen der Verwaltungsgerichtsbeschwerde beim Bundesgericht anfechtbar, sie können aber nicht, wenn die Verwaltungsgerichtsbeschwerde ausgeschlossen ist, an den Bundesrat weitergezogen werden. Dies führt zu erhöhter Autonomie dieser Anstalten und Betriebe. Faktisch ist damit der Bundesrat gegenüber diesen Betrieben auch in seinen Weisungsbefugnissen eingeengt (VPB 1975 Nr. 85).

Unzulässig ist ebenfalls der Weiterzug an den Bundesrat von Entscheidungen der Eidgenössischen Rekurs- und Schiedskommissionen, des Militärdepartementes, das in Ausübung seiner militärischen Kommandogewalt verfügt, sowie von Verfügungen, die nach anderen Bundesgesetzen endgültig sind (Art. 74 VwVG).

Die Zuständigkeit des Bundesrates zur Beurteilung von Beschwerden in *kantonalen Angelegenheiten* hat sich im Laufe der Geschichte stark gewandelt. Zu Beginn des Bundesstaates war er fast ausschliesslich zuständig, Beschwerden wegen Verletzung der Freiheitsrechte der Verfassung durch die Kantone zu behandeln. Mit der Zeit wurden aber die Beschwerdemöglichkeiten an den Bundesrat stark zugunsten einer umfassenden Befugnis des Bundesgerichts im Rahmen der staatsrechtlichen Beschwerde eingeschränkt. Der Bundesrat blieb aber noch *in einigen wenigen Ausnahmefällen letzte Instanz, bei denen nach Auffassung des Gesetzgebers nur eine politische Behörde einen ausgewogenen Entscheid fällen kann.* Es handelt sich um kantonale Verfügungen, die Art. 27 Abs. 2 und 3 BV über das kantonale Schulwesen, insbesondere über die Religionsfreiheit, Art. 53 Abs. 2 BV über die Begräbnisplätze und Art. 18 Abs. 3 BV über die unentgeltliche Ausrüstung der Wehrmänner verletzen. Überdies entscheidet der Bundesrat über *Verletzungen von Bundesrecht durch kantonale Instanzen, sofern es sich nicht um privat- oder strafrechtliche Erlasse des Bundes handelt.* Mit dieser Generalklausel wird festgelegt, dass, sofern die Beschwerde nicht an das Bundesgericht möglich ist, bei Verletzung von Bundesrecht wenigstens immer der Bundesrat als letzte Instanz gegenüber kantonalen Instanzen zu entscheiden hat.

2. Verfahren

Das Verfahren vor dem Bundesrat ist folgendermassen geregelt (Art. 75 VwVG): Handelt es sich um eine Beschwerde, die sich nicht gegen das *Eidg. Justiz- und Polizeidepartement* richtet, so ist dieses Departement zur Bearbeitung der Beschwerde, d.h. zur Instruktion an den Bundesrat, zuständig. Wie bereits erwähnt, hat das Justiz- und Polizeidepartement seit kürzerer Zeit dafür ein besonderes Beschwerdeverfahren nach dem Kollegialprinzip vorgesehen, um eine möglichst ausgewogene Behandlung der Beschwerde zu gewährleisten. Beschwerden gegen das Justiz- und Polizeidepartement werden von einem anderen Departement, in der Regel vom *Finanz- und Zolldepartement*, instruiert. Der Bundesrat, gegen dessen Departement sich die Beschwerde richtet, nimmt an den Beratungen über die Beschwerde nur mit *beratender Stimme* teil. Er muss aber nicht in den Ausstand treten wie dies etwa im Rahmen von Art. 10 oder 59 VwVG vorgesehen ist.

3. Probleme der Beschwerde an den Bundesrat

Die Beschwerde an den Bundesrat ist in verschiedener Hinsicht unbefriedigend. Einmal ist der Bundesrat als Regierungsorgan *kaum in der Lage, alle Beschwerden, die an ihn gerichtet werden, umfassend zu beurteilen.* 1974 wurden ihm insgesamt 654 Beschwerden eingereicht. In diesem Jahr konnte er total 214 Beschwerden erledigen. Davon wurden 11 gutgeheissen, 94 abgewiesen, 17 wurden zurückgezogen, 83 waren gegenstandslos und auf 9 ist er nicht eingetreten. Lagen zu Beginn des Jahres 1975 noch 183 unerledigte Beschwerden vor dem Bundesrat, waren es Ende des Jahres bereits deren 618 (vgl. Geschäftsbericht des Bundesrates über seine Geschäftsführung im Jahre 1974, S. 133). 1976 betrug die durchschnittliche Dauer für die Behandlung 12 Monate.

Der Bundesrat ist in erster Linie ein Regierungsorgan, das auf Grund eines politischen Mandats die Geschicke des Landes steuern muss und sich nicht mit individuellen Beschwerden einzelner Bürger abmühen soll. Früher kam es sogar vor, dass über Beschwerden nicht der Bundesrat als Kollegialbehörde, sondern der Bundespräsident durch eine Präsidialverfügung entschieden hat. So konnte der verblüffte Beschwerdeführer dem Datum des Beschwerdeentscheides entnehmen, dass zu dieser Zeit die meisten Bundesräte ferienabwesend waren.

Auch heute beurteilt der Bundesrat in der Praxis Beschwerden nicht in langwierigen Beratungen, sondern überlässt es den betroffenen Departementen, sich in der Angelegenheit zu einigen. Sind sich die Departemente einig, fällt der Entscheid nicht schwer. In ganz wenigen Fällen, in denen sich die Departemente nicht einigen, muss der Bundesrat beraten. Dieses Procedere zeigt aber sehr deutlich, *wie notwendig es wäre*, wenn gemäss eines Postulats von Nationalrat Schürman ein «*Conseil d'Etat*» *geschaffen würde*, der dem Bundesrat unterstellt ist und mit der notwendigen politischen und rechtlichen Legitimation und Unabhängigkeit über Beschwerden an den Bundesrat entscheiden könnte. Auf diese Weise würde das Ermessen des Bundesrates und seine Aufsichtsbefugnis kaum wesentlich eingeschränkt, da er jederzeit dem Conseil d'Etat generelle Weisungen erteilen könnte. Der Conseil d'Etat wäre als Kollegialbehörde aber in der Lage, nicht nur als Instruktionsinstanz, sondern auch als Entscheidungsinstanz die Beschwerde in aller Sorgfalt zu beurteilen. So könnte eine einheitliche Praxis im Rahmen des gesamten Bundesverwaltungsrechts entwickelt werden.

D. Weitere Beschwerdemöglichkeiten

Weitere *Rechtsmittel* sind die Revision, die Erläuterung sowie die Beschwerde wegen Rechtsverweigerung und Rechtsverzögerung.

1. Revision

Mit der *Revision* kann eine formell rechtskräftige Verfügung, d.h. eine Verfügung, die nicht mehr anfechtbar ist, weil die Beschwerdefrist abgelaufen ist oder weil sie von letzter Instanz entschieden wurde, angefochten werden. Revisionsgründe sind gemäss Art. 66 VwVG das Aufdecken neuer erheblicher Tatsachen, der Nachweis, dass die Beschwerdeinstanz aktenkundige erhebliche Tatsachen oder bestimmte Begehren übersehen hat, sowie die Verletzung von wesentlichen Verfahrensvorschriften wie Ausstandspflicht, Akteneinsicht und rechtliches Gehör. Nach Art. 66 Abs. 1 VwVG ist die Beschwerdeinstanz verpflichtet, den Beschwerdeentscheid in Revision zu ziehen, wenn der Entscheid durch ein Vergehen oder Verbrechen beeinflusst wurde. Das Verwaltungsverfahren kennt also mehr Revisionsgründe als die klassischen Prozessordnungen (vgl. Art. 136 ff. OG). Dies ist verständlich, weil die Rechtskraft einer Verfügung nicht mit der Rechtskraft eines richterlichen Urteils verglichen werden darf. Im Gegensatz zu den Anwälten, die gewohnt sind, für die peinliche Einhaltung der Prozessvorschriften zu sorgen, ist der rechtsunkundige Laie im Verwaltungsverfahren oft nicht in der Lage, rechtzeitig die Verletzung von Verfahrensvorschriften zu erkennen. Es ist deshalb gerechtfertigt, auch die Verletzung der wesentlichen Verfahrensvorschriften betreffend das rechtliche Gehör als Revisionsgrund ins Gesetz aufzunehmen. Auch das Revisionsbegehren ist an eine Frist gebunden. Es muss spätestens 90 Tage nach Entdeckung des Revisionsgrundes eingereicht werden. 10 Jahre nach Eröffnung des Beschwerdeentscheides erlischt das Revisionsrecht.

2. Wiedererwägung

In engem Zusammenhang mit der Revision steht die *Wiedererwägung*. Die Bestimmungen für die Revision gelten nur für Beschwerdeentscheide. Selbstverständlich können aber auch Verfügungen, die nicht angefochten wurden, später abgeändert werden. Dies ist möglich über die Wiedererwägung. Das Verwaltungsverfahrensgesetz erwähnt die Wiedererwägung lediglich in Art. 58 Abs. 1. Danach kann die Vorinstanz ihren Entscheid in Wiedererwägung ziehen, wenn sie von der Beschwerdeinstanz noch nicht zur Vernehmlassung eingeladen worden ist. Selbstverständlich gelten aber für den Anspruch auf Wiedererwägung die gleichen Gründe wie für die Revision. So ist die verfügende Behörde verpflichtet, nach Ablauf der Beschwerdefrist, den Entscheid in Wiedererwägung zu ziehen, wenn ein Revisionsgrund vorliegt. Der Entwurf des Bundesrates zum Verwaltungsverfahren sah eine Bestimmung für die Wiedererwägung vor, die dann vom Parlament gestrichen wurde. Dadurch wollte man aber die Wiedererwägung nicht ausschliessen. Man ging vielmehr von der Tatsache aus, dass a fortiori für die Wiedererwägung die gleichen Gründe massgebend sind wie für die Revision, dass aber die verfügende Behörde auch aus anderen Gründen einen Entscheid in Wiedererwägung ziehen kann.

3. Erläuterung

Die *Erläuterung* ermöglicht es einer Partei, von der Beschwerdeinstanz eine eingehendere Begründung und die Behebung von Unklarheiten und Widersprüchen zu verlangen. Wesentlich ist, dass die *Rechtsmittelfrist* mit der Erläuterung wieder neu zu laufen beginnt (Art. 69 VwVG).

4. Rechtsverweigerung und Rechtsverzögerung

Von besonderer Bedeutung ist die *Beschwerde wegen Rechtsverweigerung* (Art. 70 VwVG, Art. 97 Abs. 2 OG). Eine Partei kann jederzeit gegen die Behörde, die eine Verfügung unrechtmässig verweigert oder verzögert, Beschwerde an die *Aufsichtsbehörde* führen. Dieses Rechtsmittel wird ergriffen, wenn Verwaltungsangelegenheiten verschleppt oder nachlässig geführt werden. Die Partei soll deshalb die Möglichkeit haben, wegen Rechtsverweigerung eine Beschwerde an die obere Instanz zu erheben, um zu erreichen, dass die obere Instanz die untere Instanz anweist, eine Verfügung zu erlassen. Allerdings hat dieses Rechtsmittel in der Praxis nicht jene Bedeutung erlangt, die man von ihm hätte erwarten dürfen. Bis nämlich eine Beschwerdeinstanz feststellt, dass eine Rechtsverzögerung vorliegt, die unrechtmässig ist, verstreicht kostbare Zeit. Die Beschwerdeinstanz wird ihrerseits für den Entscheid, den sie zu treffen hat, selber Zeit brauchen. Deshalb kann dem Gesuchsteller mit Rechtsverzögerungsbeschwerde selten geholfen werden. Es wäre viel wirksamer, wenn anstelle der Beschwerde wegen *unrechtmässiger Rechtsverzögerung* eine *Entschädigung* verlangt werden könnte. Damit wäre dem Betroffenen weitmehr gedient. Dies hätte auch eine heilsame, präventive Wirkung auf die Verwaltungsbehörden, die Verfügungen verschleppen.

Von grösserer Bedeutung als die Rechtsverzögerungsbeschwerde ist die *Rechtsverweigerungsbeschwerde*. Wenn die Verwaltung beispielsweise den Erlass einer Feststellungsverfügung verweigert, kann der Gesuchsteller mit der Rechtsverweigerungsbeschwerde an die Aufsichtsbehörde rekurrieren und verlangen, dass diese abklärt, ob beispielsweise ein schutzwürdiges Interesse im Sinne von Art. 25 VwVG vorliegt. Ohne Rechtsverweigerungsbeschwerde könnte sonst die untere Instanz allein über das Vorliegen eines schutzwürdigen Interesses an einer Feststellungsverfügung entscheiden.

5. Aufsichtsbeschwerde

Eine Beschwerdemöglichkeit besonderer Natur ist die sogenannte *Aufsichtsbeschwerde* gemäss Art. 71 VwVG. Nach Art. 71 VwVG kann jedermann jederzeit Tatsachen, die im öffentlichen Interesse ein Einschreiten gegen eine Behörde von Amtes wegen erfordern, der Aufsichtsbehörde anzeigen. Die Aufsichtsbeschwerde gibt aber dem Beschwerdeführer *keine Parteirechte*. Diese Beschwerde ist die Konkretisierung des allgemeinen Petitionsrechts und im Polizeirecht als Anzeige ebenfalls bekannt. Der Anzeiger hat keinen Anspruch darauf, dass die Behörde auf seine Anzeige eintritt. Er kann lediglich verlangen, dass seine Anzeige zur Kenntnis genommen wird. Dafür kann der Anzeiger jede Verwaltungstätigkeit der Behörde zur Kenntnis bringen, insbesondere muss keine Verfügung vorliegen. Wenn es sich um eine Angelegenheit handelt, die wirklich *im öffentlichen Interesse* ist, wird die Behörde die notwendigen Vorkehren treffen, um dem Gesuchsteller zu entsprechen. In der Praxis, dies gilt zumindest für die Bundesbehörden, behandeln die Behörden die *Anzeige sehr sorgfältig*. Die Seriosität, mit der etwa Aufsichtsbeschwerden auf dem Gebiete von Radio und Fernsehen beurteilt werden, beweist, dass die Bundesbehörden diese Anzeigemöglichkeit ernst nehmen (VPB 1976 Nr. 65). Der Betroffene erhält, wenn die Anzeige nicht wirklich sinnlos ist, einen eingehend begründeten Entscheid. Auf diese Weise haben die Bundesbehörden in der Praxis im Rahmen von Art. 71 VwVG die Beschwerdemöglichkeiten und den Rechtsschutz des Betroffenen ganz wesentlich ausgedehnt.

6. Beschwerde an die Bundesversammlung

Zu erwähnen ist schliesslich auch die *Beschwerde an die Bundesversammlung*. Diese ist im Rahmen von Art. 79 VwVG sowie in anderen Angelegenheiten, in denen ein

Bundesgesetz die Beschwerde an die Bundesversammlung vorsieht, möglich. Es handelt sich um einen «alten Zopf» aus den Zeiten, da die staatsrechtlichen Streitigkeiten noch von den politischen Behörden beurteilt wurden und die Bundesversammlung gleichsam als «Schiedsrichter» in Angelegenheiten wie der Glaubens- und Gewissensfreiheit und der Meinungsäusserungsfreiheit zwischen Kantonen und einzelnen Bürgern auftrat. Es wäre zu wünschen, dass diese Arten von Beschwerden der Bundesversammlung allmählich entzogen würden und die Bundesversammlung lediglich noch die Entscheidungen über die Kompetenzstreitigkeiten zwischen Bundesrat und Bundesgericht zu beurteilen hätte.

In den Kantonen, die keine ausgebaute Verwaltungsgerichtsbarkeit kennen, kommt der *Beschwerde an das Kantonsparlament* noch eine gewisse Bedeutung zu. Die Parlamente waren vor allem im letzten Jahrhundert oberste Beschwerdeinstanzen. Gewisse Befugnisse sind ihnen bis heute geblieben.

7. Kosten

Abschliessend ist festzuhalten, dass das neue Verwaltungsverfahrensgesetz eine besondere *Kostenregelung* kennt, um trotz Ausdehnung der Beschwerdemöglichkeiten und des Rechtsschutzes zu verhindern, dass von diesem Rechtsmittel ohne Not und irgendwelchen Anlass Gebrauch gemacht wird. Gleichzeitig ist aber auch die Möglichkeit der *unentgeltlichen Rechtspflege* (Art. 65 VwVG) sowie die *Entschädigung* einer Parteivertretung vorgesehen. Die Kosten sind aber gering. Sie können die Betroffenen vor der Ergreifung des Rechtsmittels der Verwaltungsbeschwerde nicht wirklich abschrecken.

8. Die Bedeutung der Verwaltungsbeschwerde für den Rechtsschutz des Bürgers

Trotzdem darf nicht übersehen werden, dass sich viele rechtsunkundige Bürger scheuen, eine Verfügung auf dem Beschwerdeweg anzufechten. Ihre Staatsgläubigkeit, die Angst vor anderen Massnahmen der Behörden, die Scheu, einen Anwalt aufzusuchen, das Risiko, die Beschwerde zu verlieren, sind psychologische Barrieren, die auch mit dem ausgebautesten Rechtsschutzsystem nicht voll überbrückt werden können. Der Rechtsunkundige, der Bedürftige, der Staatsgläubige werden immer vor einem Streit mit der Verwaltung zurückschrecken. Der Rechtsschutz darf also für die Verwaltung nicht zu einem Alibi werden, unsorgfältige Verfügungen zu erlassen, weil ja immer noch die Beschwerdemöglichkeit gegeben ist.

E. Die Verwaltungsgerichtsbeschwerde an das Bundesgericht

LITERATUR: Vgl. auch 3. Teil, 2. Kap., I, S. 171.
ACKERMANN J., Die solothurnische Verwaltungsgerichtsbarkeit, Diss. Fribourg 1968; BETTERMANN K.A., Vorbeugender Rechtsschutz in der Verwaltungsgerichtsbarkeit. Zehn Jahre Verwaltungsgerichtsordnung, Berlin 1970, S. 185 ff.; BRUNNER H., Die Überprüfung der Rechtsverordnungen des Bundes auf ihre Verfassungs- und Gesetzmässigkeit, Diss. Bern 1953: BRUNSCHWILER C.H., Inzidente und prinzipale Normenkontrolle nach dem aargauischen Gesetz über die Verwaltungsrechtspflege, in: Aargauische Rechtspflege im Gang der Zeit, FS des Aargauischen Juristenvereins, Aarau 1969, S. 391 ff.; EGGENSCHWILER E., Grenzen der Verwaltungsgerichtsbarkeit, ZBJV 102, 1966, S. 180 ff.; EICHENBERGER K., Der gerichtliche Rechtsschutz des Einzelnen gegen die Exekutive. Gerichtsschutz gegen die Exekutive, hrsg. vom Max-Planck-Institut für ausländisches öffentliches Recht, Köln 1969, S. 943 ff.; DERSELBE, Die aargauische Verwaltungsgerichtsbarkeit im System der schweizerischen Verwaltungsrechtspflege. Aargauische Rechtspflege im Gang der Zeit, FS des Aargauischen Juristenvereins, Aarau 1969, S. 293 ff.; DERSELBE, Richterstaat und schweizerische Demokratie, ZSR NF 82 I, 1963, S. 1 ff., 30 ff.; ENGELHARDT O.-R. BARON V., Der Rechtsschutz gegen Rechtsnormen, Berlin 1971,Schriften zum öffentlichen Recht 166; GOERLITZ A., Verwaltungsgerichtsbarkeit in Deutschland, Habil. Neuweid 1970; GRISEL A., Le contrôle des ordonnances fédérales en Suisse. Etudes et documents du Conseil d'Etat, Paris 1962, S. 187 ff.; DERSELBE, L'extension de la juridiction administrative du Tribunal fédéral, SJZ 53, 1957, S. 33 ff.; HAHN G., Die Reform der Verwaltungsgerichtsbarkeit in Schweden, VA 64, 1973, S. 335 ff.; HINDERLING A., Die reformatorische Verwaltungsgerichtsbarkeit, Diss. Zürich 1957; HOBY G., Regierung und Verwaltungsgericht. Stillstand und Fortentwicklung im schweizerischen Recht. St. Galler Festgabe für den Schweizerischen Juristentag 1965, S. 151 ff., Bern 1965; HOPPE W., Verwaltungsverantwortung und Verwaltungsgerichtsbarkeit, DVBl 90, 1975, S. 684 ff.; HUBER H., Ausbau der Verwaltungsgerichtsbarkeit in Bund und Kantonen 1950; DERSELBE, Der Schutz der Grundrechte unter der Generalklausel der Verwaltungsgerichtsbarkeit. Mélanges Marcel Bridel, Lausanne 1968, S. 237 ff.; IMBODEN M., Ideal und Wirklichkeit der schweizerischen Administrativjustiz, SJZ 53, 1957, S. 49 ff.; KOTTUSCH P., Zum Verhältnis zwischen Verfassungs- und Verwaltungsgerichtsbarkeit, Diss. Zürich 1973; LAMMICH S., Die gerichtliche Kontrolle der Verwaltung in den sozialistischen Verfassungssystemen, VA 64, 1973, S. 246 ff.; LETOURNEUR M., L'étendue du contrôle du juge de l'excès du pouvoir. Etudes et documents du Conseil d'Etat, Paris 1962, S. 51 ff.; DERSELBE, Le Conseil d'Etat et les tribunaux administratifs, Paris 1970, S. 158 ff.; MAJER D., Verwaltungsgerichtsbarkeit und Öffentlichkeit. Zeitschrift für Rechtspolitik, 1973, S. 145 ff.; MAYER K., Die verwaltungsgerichtliche Normenkontrolle. Die Normenkontrolle in der Praxis und in rechtspolitischer Sicht. Zehn Jahre VwGO, Berlin 1971, S. 161 ff.; NEIS K., Zur Funktion der Vertreter des öffentlichen Interesses bei den Verwaltungsgerichten, DöV 25, 1972, S. 626 ff.; OBERMAYER K., Die verwaltungsgerichtliche Normenkontrolle. Zehn Jahre VwGO, Berlin 1970, S. 142 ff.; SALADIN P., Die Erweiterung der Verwaltungsgerichtsbarkeit im Bund, ZBl 67, 1966, S. 41 ff., 65 ff.; SCHAUMANN W., Verwaltungsgerichtsbarkeit in deutscher und schweizerischer Sicht, ZBl 65, 1964, S. 361 ff.; SCHILLING M., Die Unterstellung von Regierungsentscheiden unter die Verwaltungsgerichtsbarkeit, Diss. Zürich 1973, Zürcher Beiträge zur Rechtswissenschaft, NF 432; SCHMID A., Gedanken über das Wesen der Verwaltungsgerichtsbarkeit, ZSR NF 72, 1953, S. 373 ff.; SCHÜRMANN L., Rechtsfragen der Verwaltungsgerichtsbarkeit im Kanton Solothurn. Festgabe Max Obrecht, hrsg. vom Solothurnischen Juristenverein, Solothurn 1961, S. 164 ff.; DERSELBE, Zur neueren Entwicklung der Verwaltungsgerichtsbarkeit. Festgabe Franz Josef Jäger, Solothurn, Staatskanzlei des Kantons, 1973, S. 91 ff.; SIEMER H., Normenkontrolle durch Feststellungsklage? Diss. Berlin 1971, Schriften zum Prozessrecht 20; STEINBERGER H., Fundamentale Verfahrensgarantie im Rahmen des gerichtlichen Rechtsschutzes des einzelnen gegenüber der vollziehenden Gewalt. Gerichtsschutz gegen die Exekutive, hrsg. vom Max-Planck-Institut, Bd. 3, Köln 1971, S. 133 ff.; THILLMANN W., Verfahren und Kompetenzen der kantonalen Verwaltungsgerichte, Diss. Basel 1963; ULE C., Demokratisierung der Verwaltungsgerichtsbarkeit? Demokratie und Verwaltung, Berlin 1972, S. 663 ff.; DERSELBE, Der Verwaltungsrechtsschutz in den europäischen Staaten und die deutsche Verwaltungsgerichtsbarkeit, DVBl 85, 1970, S. 225 ff.; DERSELBE, Die Bedeutung der Verwaltungsgerichtsbarkeit in der rechtsstaatlichen Demokratie. Zehn Jahre Verwaltungsgerichtsordnung, Berlin 1970, S. 20 ff.; UNRUH G.CHR., Vom Gesetzesstaat zum Rechts-

staat. Zur verfassungsrechtlichen Bedeutung der Einführung der Verwaltungsgerichtsbarkeit im Jahre 1875, DVBl 90, 1975, S. 838 ff.; VOGEL CHR., Einschränkung der Verwaltungsgerichtsbeschwerde an das Bundesgericht, Diss. Zürich 1973; ZWAHLEN H., Le fonctionnement de la justice administrative en droit fédéral et dans les cantons, ZSR NF 66, 1947, S. 95a ff. Literatur zu speziellen Fragen: Vgl. entsprechende Untertitel.

1. Allgemeines

Die Verwaltungsgerichtsbarkeit hat sich in der Schweiz nur sehr langsam durchsetzen können. Unterschiede zwischen der Bundes- und der kantonalen Verwaltungsgerichtsbarkeit ergeben sich vor allem in folgender Hinsicht: Enumerationsprinzip, Generalklausel, Überprüfung von Entscheidungen der Regierung, Überprüfung von Entscheidungen der Departemente, abstrakte Überprüfung von Verordnungen.

1.1. Die Bedeutung der umfassenden Verwaltungsgerichtsbarkeit

Bis zur Novelle von 1968 galt auf Bundesebene der *Grundsatz der Enumeration, d.h. die Beschwerde an das Verwaltungsgericht war nur zulässig, wenn sie ausdrücklich im Gesetz vorgesehen war*. Sah das Gesetz die Verwaltungsgerichtsbarkeit nicht ausdrücklich vor, blieb nur die Beschwerde an den Bundesrat oder eine im Gesetz ausdrücklich vorgesehene Rekurskommission offen. Im Zweifel war also die Verwaltungsgerichtsbarkeit ausgeschlossen, die Vermutung sprach zugunsten der Kompetenz des Bundesrates. Überdies führte die Enumeration zu einer ungeheuren *Verzettelung der Zuständigkeiten* zwischen Verwaltungsgericht, Rekurskommissionen und Bundesrat. Sie diente der Rechtssicherheit wenig und musste den Rechtsschutz suchenden Bürger verwirren.

Schliesslich wurde durch die Enumeration *die Befugnis des Bundesgerichts in Verwaltungsangelegenheiten sehr stark eingeschränkt*. Der Hauptanteil von Verwaltungsangelegenheiten blieb der Exekutive überlassen. Dadurch litt natürlich die Glaubhaftigkeit der Entscheidungen. Das unabhängige Verwaltungsgericht kann viel glaubhafter überprüfen, ob sich die Verwaltung an den ihr vom Gesetzgeber vorgeschriebenen Rahmen hält oder nicht. Der Grundsatz der Rechtsstaatlichkeit und der Rechtssicherheit verlangen gebieterisch nach einer unabhängigen Instanz, vor deren Prüfung die Entscheidungen der Verwaltung standhalten müssen. Das Verwaltungsgericht ist andererseits auch gegenüber der Verwaltung eine wesentliche Rückendeckung. Wenn es nämlich zugunsten der Verwaltung entschieden hat, kann sich die Verwaltung auf das Gericht berufen und muss sich nicht ständig vorhalten lassen, sie sei aus falschverstandenem Prestige unbelehrbar.

Der Grundsatz der Gesetzmässigkeit der Verwaltung erfordert, dass eine unabhängige Instanz beurteilt, ob sich die Verwaltung an das Gesetz hält. Die Verwaltung kann nicht als Richter in eigener Sache entscheiden.

Ein heissgeliebtes Streitthema der Theoretiker bleibt die Frage, ob das *Verwaltungsgericht der Verwaltung oder der dritten, richterlichen Gewalt zuzuordnen sei*.

Wird das Verwaltungsgericht der dritten Gewalt zugeordnet, muss man sich fragen, ob dies mit dem Grundsatz der Gewaltenteilung vereinbar sei. Ich halte dies für eine aus einem falschverstandenen Dogma der Gewaltentrennung heraus entwickelte Fragestellung, die von keiner praktischen Bedeutung ist.

Wesentlich ist vielmehr, dass der Bürger weiss, dass die Anwendung der Gesetze durch eine unabhängige Instanz überprüft wird, er sich vor willkürlichen Übergriffen der Verwaltung schützen und seine ihm vom Gesetzgeber zuerkannten Ansprüche gegenüber der Verwaltung durchsetzen kann. Die Unabhängigkeit des Verwaltungsgerichts liegt dann vor, wenn die Richter nicht von der Regierung gewählt werden, keine Weisungen von Parlament oder Regierung entgegennehmen müssen und ihre Entscheidungen nicht durch Parlament oder Regierung aufgehoben werden können.

Diese Argumente konnten sich aber nur allmählich durchsetzen. So hat der Bund erst 1968 das *Prinzip der Enumeration durch die Generalklausel ersetzt*. Die in Art. 97 OG vorgesehene Generalklausel gestattet es nun dem Bundesgericht, über alle Beschwerden, die nicht ausdrücklich durch eine andere Behörde letztinstanzlich zu entscheiden sind, zu befinden. Auch wenn der Gesetzgeber eine ganze Reihe Ausnahmen von dieser Generalklausel vorsieht, hat die Einführung der Generalklausel den *Rechtsschutz des Bürgers wesentlich verbessert*.

Nicht von ungefähr ist die Arbeitsbelastung des Bundesgerichts mit Einführung der Generalklausel wesentlich gewachsen. Mit Inkrafttreten der neuen Generalklausel hat sich die Zahl der Eingänge beim Verwaltungsgericht verdreifacht. 1976 verzeichnete das Gericht total 540 Eingänge. Von total 829 hängigen Fällen konnten 526 erledigt werden. 1974 ist das Gericht auf 37 Beschwerden nicht eingetreten, 116 wurden abgeschrieben, 92 gutgeheissen und 214 abgewiesen. Die Zahl der gutgeheissenen Beschwerden ist also im Vergleich zu den vom Bundesrat gutgeheissenen bedeutend höher. Allerdings haben nicht nur die Beschwerden, sondern vor allem hat auch die Schwierigkeit der Fälle zugenommen (Geschäftsbericht des Bundesrates über seine Geschäftsführung 1974, S. 301 ff. und 1976, S. 307).

In einigen Kantonen, die dem Bund zum Teil im Ausbau der Verwaltungsgerichtsbarkeit vorangegangen sind, galt der Grundsatz der Generalklausel schon seit längerer Zeit, so im Kanton Basel-Stadt seit 1928 eine Teilgeneralklausel, im Kanton Graubünden seit 1967, im Kanton St. Gallen seit 1963. Des weiteren wurde die Generalklausel in den Kantonen Basel-Land 1972, Schwyz 1974, Obwalden 1973, Schaffhausen 1971, Luzern 1972 und Wallis 1977 eingeführt. Das Enumerationsprinzip findet noch in folgenden Kantonen Anwendung: Solothurn, Bern, Genf, Zürich, Aargau und Uri.

1.2. Unterstellung der Regierung unter die Verwaltungsgerichtsbarkeit

Uneinig ist man sich auch über die Frage, *ob das Verwaltungsgericht ermächtigt werden soll, Entscheidungen der Regierung zu überprüfen oder ob ihm lediglich die Befugnis erteilt werden darf, Entscheidungen der Departemente zu beurteilen*. Die

Frage ist für die Regierung in mancher Hinsicht von entscheidender Bedeutung. Werden nämlich die Entscheidungen der Regierung vom Verwaltungsgericht überprüft, kann die Regierung gegenüber ihren untergeordneten Verwaltungsstellen in allen Angelegenheiten ihren Willen vorbehältlich der Entscheidungen des Verwaltungsgerichts durchsetzen. Die gesamte Verwaltungsrechtsprechung wird zentralisiert und erst von der Regierung an das Verwaltungsgericht weitergeleitet.

Erhält jedoch das Verwaltungsgericht die Befugnis, Entscheidungen der Departemente zu überprüfen, sind *alle jene Angelegenheiten, in denen das Verwaltungsgericht letztinstanzlich zuständig ist, praktisch von der Regierungskontrolle ausgeschaltet.* Die Regierung kann beispielsweise gegenüber der Steuerverwaltung Verfügungen kaum mehr beeinflussen, da das Verwaltungsgericht in diesen Angelegenheiten letztinstanzlich entscheidet.

In den meisten Fällen kann das Verwaltungsgericht das Ermessen der Verwaltung nicht überprüfen. Der Beschwerdeführer kann aber nicht gleichzeitig die Rechtmässigkeit der Verfügung beim Verwaltungsgericht und die Zweckmässigkeit bei der Exekutive anfechten (keine Gabelung des Rechtsweges). Das Departement erhält somit in Ermessensangelegenheiten faktisch eine letztinstanzliche Entscheidungsbefugnis.

Diesem Nachteil steht allerdings der Vorteil gegenüber, dass die Entscheidungen der obersten Regierungsbehörde nicht durch ein Verwaltungsgericht überprüft werden. *Die Regierung bleibt die oberste politische Instanz*, die keiner weiteren Kontrolle als derjenigen des Parlamentes unterstellt ist. Natürlich führt dies dazu, dass die Überprüfungsbefugnis des Verwaltungsgerichts in allen jenen Fragen *eingeschränkt werden muss, in denen sich die Regierung vor allem ihre politische Entscheidungsfreiheit vorbehalten muss.* Verfügungen mit politischem Inhalt werden der Verwaltungsgerichtsbarkeit entzogen. Obwohl es auch auf diesem Gebiet trotz der grossen politischen Entscheidungsfreiheit der Regierung schwierige Rechtsprobleme gibt, werden diese nicht durch das Verwaltungsgericht, sondern in letzter Instanz durch die Regierung entschieden.

Dies führt zu einer *Zweiteilung der verwaltungsrechtlichen Kompetenz.* Einerseits entwickelt die Regierung eine Rechtsprechung in verwaltungsinternen Angelegenheiten, andererseits erarbeitet das Verwaltungsgericht eine von der Regierung unabhängige Verwaltungsrechtsprechung.

Auf Bundesebene enthält ein Grossteil der Angelegenheiten, die der Verwaltungsgerichtsbarkeit entzogen sind, politische Fragen. Die Regierung muss ihre politische Entscheidungsfreiheit und Verantwortung bewahren können. Sie darf nicht zulassen, dass die Departemente im Rahmen des Ermessens letztinstanzlich entscheiden.

In der Schweiz haben sich Bund und Kantone nicht zu einem einheitlichen System durchringen können. Im Bund sind fast durchwegs Entscheidungen des Bundesrates nicht mehr an das Verwaltungsgericht weiterziehbar. Grundsätzlich können nur Entscheidungen der Departemente an das Bundesgericht weitergezogen werden. Lediglich auf dem Gebiete des *Dienstverhältnisses* hat der Gesetzgeber eine Ausnahme gemacht. Verfügungen auf dem Gebiet des Dienstverhältnisses, die der Bundesrat erlässt, können an das Bundesgericht weitergezogen werden. Grosse Unterschiede zeigen sich aber auf der kantonalen Ebene. So kennen nur die Kantone Basel-Land, St. Gallen, Basel-Stadt, Bern, Obwalden, Schaffhausen, Genf, Zürich, Luzern, Graubünden und Aargau eine beschränkte Befugnis des Verwaltungsgerichts, Entscheidungen der Regierung zu überprüfen.

1.3. Abstrakte Normenkontrolle

Der dritte Problemkreis, der unterschiedlich geregelt ist, betrifft die abstrakte *Überprüfung von Verordnungen*. Grundsätzlich sind die Verwaltungsgerichte zuständig, im Rahmen der Überprüfung der Gesetzmässigkeit von Verfügungen *akzessorisch* die Gesetzmässigkeit der Verordnung zu überprüfen. Ausgeschlossen ist aber die *unmittelbare Anfechtung* einer Verordnung durch die Beschwerde an das Verwaltungsgericht. Im Gegensatz zur *staatsrechtlichen Beschwerde,* die auch gegen einen *generell abstrakten, kantonalen Erlass* möglich ist, kann der einzelne nur eine *konkrete Verfügung* vor dem Verwaltungsgericht anfechten. Eine Ausnahme bildet lediglich die Verwaltungsbeschwerde an den Bundesrat gegen kantonale Erlasse (Art. 73 Abs. 1 VwVG). Die abstrakte Normenkontrolle setzt also voraus, dass ein genereller Erlass, unabhängig von seiner Anwendung, abstrakt angefochten werden kann.

Diese abstrakte Überprüfung eines Erlasses ist aber überaus schwierig. Einmal lässt sich bei einer abstrakten Verordnung kaum absehen, wie sie in konkreten Fällen angewendet werden wird. Die abstrakte Verordnung lässt, auch wenn sie Generalklauseln enthält oft eine gesetzes- oder verfassungskonforme Anwendung zu. Überdies kann der Richter vielfach nur im konkreten Falle erkennen, was für Konsequenzen eine gesetzeswidrige Verordnung in sich bergen kann. Schliesslich stellt sich das Problem der «res iudicata». Ist eine abstrakte Norm der Verordnung, die vom Verwaltungsgericht einmal als gesetzeskonform anerkannt wurde, später überhaupt nicht mehr überprüfbar? Könnte auf diese Weise nicht ein Gerichtsurteil präjudiziert werden, das angesichts der konkreten Anwendung kaum mehr vertretbar ist?
Aus diesen Gründen hat der Gesetzgeber verzichtet, auf Bundesebene die abstrakte Überprüfung von Verordnungen einzuführen. Trotzdem besteht die Möglichkeit, vor der endgültigen Anwendung der Verordnung, ihre Übereinstimmung mit dem Gesetz zu verlangen. Der einzelne Bürger kann nämlich im Rahmen von Art. 25 VwVG eine Feststellungsverfügung auf Grund der Verordnung verlangen. Diese Feststellungsverfügung kann er im Rechtsmittelverfahren anfechten und verlangen, dass akzessorisch überprüft wird, ob die Verordnung, auf die sich die Verfügung stützt, gesetzmässig ist. Er muss also nicht warten, bis die Verordnung ihm gegenüber endgültig angewendet wird; er kann, wenn er ein schutzwürdiges Interesse hat, den Erlass der Feststellungsverfügung verlangen und auf diese Weise die Überprüfung der Verfügung mit der Verordnung und der Verordnung mit dem Gesetz erwirken.

Kantonale Verordnungen können über den Weg der staatsrechtlichen Beschwerde einer abstrakten Prüfung unterzogen werden. Trotzdem sind die Kantone zurückhaltend, die abstrakte Normenkontrolle im Verwaltungsgerichtsverfahren einzuführen. Meines Wissens haben sich lediglich die Kantone Aargau und Luzern dazu entschlossen.

1.4. Zusammenfassung

Zusammenfassend kann folgendes festgehalten werden: Die Entwicklung der Verwaltungsgerichtsbarkeit ist in jeder Beziehung *Prüfstein der rechtsstaatlichen Demokratie* geworden. Sie ist die Gretchenfrage des Rechtsstaates. «Nenne mir die Befugnisse Deines Verwaltungsgerichts, und ich sage Dir, wie rechtsstaatlich Dein Staat ist.»

Je stärker der Staat in die Rechte und Freiheiten des Bürgers eingreifen muss, desto eher muss ein unabhängiges Verwaltungsgericht dafür Gewähr bieten, dass die Verwaltung ihre Befugnisse nicht willkürlich wahrnimmt und sich an den Grundsatz der Gesetzmässigkeit hält. Wenn der Bürger einer Verwaltung ausgesetzt ist, die willkürlich mit ihm umgehen kann, verliert er das Vertrauen in den Staat. Der Beamte, der gegenüber einem schwachen Bürger seine Macht zeigen will, ist trotz der zivilisatorischen Entwicklung heute noch nicht ausgestorben. Es nützt nichts, wenn die Verfassung dem Bürger noch soviele Freiheiten gibt, wenn er nicht sicher ist, dass er in dieser Freiheit, die ihm in Verfassung und Gesetz verliehen wird, von einer unabhängigen Instanz geschützt wird. Ein Verwaltungsgericht kann verhindern, dass der Bürger persönlichen Anfeindungen und Rankünen der Verwaltung ausgesetzt ist, und das Vertrauensverhältnis zwischen Volk und Verwaltung entscheidend fördern.

2. Verwaltungsgerichtsbarkeit auf Bundesebene

Wie bei der Verwaltungsbeschwerde ist auch bei der Verwaltungsgerichtsbeschwerde nur die *Verfügung Gegenstand der Beschwerde*. Dabei verweist das Gesetz (Art. 97 OG) auf den in Art. 5 VwVG festgelegten Begriff der Verfügung.

Wie beim Beschwerdeverfahren muss der Gesetzgeber folgende Fragen überprüfen: Wer kann an wen, über welchen Gegenstand, mit welchen Rügen Verwaltungsgerichtsbeschwerde einreichen, welches sind die Befugnisse des Verwaltungsgerichts, in welchem Verfahren muss das Verwaltungsgericht über die Beschwerde der Bürger entscheiden, bzw. welches sind die Rechte der beschwerten Parteien, also etwa der Verwaltung?

2.1. Beschwerdelegitimation und Gegenstand der Verwaltungsgerichtsbeschwerde

LITERATUR: BECKER R., Die Klagebefugnis der Gemeinden bei Verwaltungsakten mit Drittwirkung, Diss. Bonn 1972; BENDEL F., Gedanken und Vorschläge zur erstinstanzlichen Verwaltungsgerichtsbeschwerde im Bunde, ZBl 76, 1975, S. 225 ff.; BETTERMANN K.A., Die Beschwerde als Klagevoraussetzung, Tübingen 1970, Recht und Staat 386/387; BLECKMANN A., Das Ziel des gerichtlichen Rechtsschutzes: Schutz des Einzelnen oder objektive Kontrolle der vollziehenden Gewalt? Die Rolle der Klagebefugnis. Gerichtsschutz gegen die Exekutive, Hrsg. Max-Planck-Institut für ausländisches öffentliches Recht, Bd. 3, Köln 1971, S. 21 ff.; BOSSHART D., Die Anfechtungsobjekte der allgemeinen Verwaltungsgerichtsbarkeit in Bund und Kantonen, Diss. Zürich 1965; FABER H., Die Verbandsklage im Verwaltungsprozess, Baden-Baden 1972; GYGI F., Die Beschwerdebefugnis im Verwaltungsprozess, ZBl 61, 1962, S. 473 ff.; HEFTI J.C., De la qualité pour recourir dans la juridiction constitutionnelle et administrative du Tribunal fédéral, Lausanne 1958; HUBER H., Das Beschwerderecht der Natur- und Heimatschutzverbände in der schweizerischen Verwaltungsgerichtsbarkeit, DöV 29, 1976, S. 157 ff.; KÖLZ A., Die Beschwerdebefugnis der Gemeinde in der Verwaltungsrechtspflege, ZBl 78, 1977, S. 97 ff; MACHERET A., La recevabilité du recours de droit administratif au Tribunal fédéral, RDAF 30, 1974, S. 1 ff.; S. 68 ff. auch: Lausanne 1974; DERSELBE, La qualité pour recourir: clef de la juridiction constitutionnelle et administrative du Tribunal fédéral, ZSR NF 94 II, 1975, S. 131 ff.; ROCKE G.W., Die Legitimation zur Anfechtung von Verwaltungsakten, Diss. Basel 1966; SIEGMUND-SCHULTZE G., Zum Streitgegenstand bei der verwaltungsgerichtlichen Anfechtungsklage. Studien über Recht und Verwaltung. C.H. Ule zum 60. Geburtstag, Köln 1967, S. 120 ff.; VOGEL CHR., Einschränkungen der Verwaltungsgerichtsbeschwerde an das Bundesgericht. Dargestellt an den Beispielen der Streitigkeiten über Konzessionsverteilung und Bewilligungen öffentlich-rechtlicher Zuwendungen, Diss. Zürich 1973.

Die *Beschwerdelegitimation ist ähnlich geregelt wie bei der verwaltungsinternen Beschwerde. Wer zur Beschwerde im Rahmen des verwaltungsinternen Beschwerdeverfahrens befugt ist, kann auch Beschwerde an das Verwaltungsgericht erheben* (Art. 103 OG). Ein Unterschied besteht lediglich bei der Behördenbeschwerde nach Art. 103 b OG.

Viel schwieriger ist die Frage nach dem Gegenstand der Verwaltungsgerichtsbeschwerde zu beantworten. Grundsätzlich sind *Verwaltungsgerichtsbeschwerden zulässig, wenn sie nicht durch das Gesetz ausgeschlossen werden*. Es gibt also die Generalklausel mit der gesetzlichen Enumeration der Ausnahmen.

Die Ausnahmen sind in den Art. 99-102 OG geregelt. Diese Bestimmungen erwecken den Anschein, der Gesetzgeber hätte den Grundsatz der Generalklausel so ausgiebig durchlöchert, dass die Generalklausel zum Enumerationsprinzip mit negativem Vorzeichen geworden ist. Art. 97 OG enthält die Generalklausel. In den Art. 99-102 OG, ca. 4 Seiten füllende Bestimmungen, zählt der Gesetzgeber auf Grund von verschiedenen, zum Teil sich überschneidenden Kriterien die *Ausnahmen* auf, die den gutwilligen Leser irritieren müssen. Oft ist es für den *Rechtsuchenden unmöglich, sich im Dschungel dieser Bestimmungen* zurechtzufinden und zu wissen, ob jetzt für seine Anliegen das Verwaltungsgericht oder der Bundesrat zuständig ist.

Weshalb ist es soweit gekommen? Der Gesetzgeber musste einmal alle jene Angelegenheiten von der Verwaltungsgerichtsbeschwerde ausschliessen, die *politischer Natur* sind und der *politischen Verantwortung* des Bundesrates nicht entzogen werden dürfen. So finden wir denn überall Ausnahmen, wo der Bundesrat seine eigene politische Verantwortung wahrnehmen muss. Dazu gehören Verfügungen auf dem Gebiete der auswärtigen Angelegenheiten, der militärischen und zivilen Landesverteidigung und des Dienstverhältnisses von Bundespersonal. Ebenfalls ausgeschlossen sind Konzessionen und Subventionen, auf die der Bürger keinen Anspruch hat.

Schliesslich muss man davon ausgehen, dass gewisse *Verwaltungsabteilungen und Departemente versucht haben, ihre Angelegenheiten soweit als möglich der Verwaltungsgerichtsbarkeit zu entziehen,* damit sie unabhängig von Lausanne entscheiden können. So finden wir eine ganze Reihe von Ausnahmen, die die Interessen der Abteilungen sofort erkennen lassen, wie etwa das Gebiet der Fremdenpolizei, die Erteilung des Schweizerbürgerrechts, die Aufsicht über die Vormundschaftsbehörden, das Schulwesen (zum Beispiel die Anerkennung der Maturitätsausweise), die Massnahmen auf dem Gebiete des Strassenverkehrs (zum Beispiel die örtliche Verkehrsregelung) und die Landwirtschaft (zum Beispiel Verfügungen über die Zuteilung, die Klassierung und Taxierung von Käse).

Wie kann sich nun der Jurist in diesem Dschungel schnell und doch zuverlässig zurechtfinden? Die wichtigsten Ausnahmen finden sich in Art. 99 und 100 OG. Diese Bestimmungen *gliedern die Ausnahmen auf Grund verschiedener Kriterien: Art. 99 gliedert die Ausnahmen nach der Art der Verfügung,* während Art. 100 die Ausnahmen nach dem *Inhalt der Verfügungen* aufzählt.

Auf Grund der *Art der Verfügung* werden alle jene Verfügungen von der Verwaltungsgerichtsbeschwerde ausgeschlossen, *die entweder keine unmittelbaren Rechte und Pflichten der einzelnen Personen zum Gegenstand haben oder die auf Grund eines sehr weit gefassten Ermessensentscheides erlassen werden.* Dazu gehören Verfügungen über die Genehmigung von Erlassen, Verfügungen über Tarife, Verfügungen über Pläne. Ermessensverfügungen sind in der Regel aber auch Verfügungen über die Erteilung von Konzessionen, über die Bewilligung oder die Verweigerung von Beiträgen und Krediten, auf die das Bundesrecht keinen Anspruch einräumt und Verfügungen über das Ergebnis von Berufs-, Sach- oder anderen Fähigkeitsprüfungen, über den Erlass oder die Stundung geschuldeter Abgaben oder über die Erteilung oder Verweigerung von Bau- oder Betriebsbewilligungen für technische Anlagen.

Beim *Inhalt der Verfügungen stehen politische Fragen im Vordergrund,* zum Beispiel Verfügungen der inneren oder äusseren Sicherheit des Landes, der Neutralität, des diplomatischen Schutzes und der übrigen auswärtigen Angelegenheiten. Ausgenommen sind Verfügungen auf dem Gebiet der Fremdenpolizei, soweit es sich um Einreiseverweigerung, Einreisebeschränkung und Einreisesperre, das Asylrecht, die Erteilung oder Verweigerung von Bewilligungen, auf die das Bundesrecht keinen Anspruch einräumt, und die Ausweisung, gestützt auf Art. 70 BV, handelt.

Ausgeschlossen werden schliesslich auch Verfügungen auf dem Gebiete des Schweizerbürgerrechts über die Erteilung oder Verweigerung der Bewilligung für die ordentliche Einbürgerung, auf die bekanntlich kein Anspruch besteht. Zu dieser

Gruppe zählen auch Verfügungen auf dem Gebiete der militärischen und zivilen Landesverteidigung, etwa in nicht-vermögensrechtlichen Angelegenheiten des Militärdienstes und des Zivilschutzdienstes, Verfügungen der Schätzungsorgane und Verfügungen über den Schutz militärischer Anlagen. Nicht beschwerdefähig sind schliesslich auch Verfügungen auf dem Gebiete des Dienstverhältnisses von Bundespersonal, soweit es sich um eine erstmalige Begründung des Dienstverhältnisses, die Beförderung, Dienstbefehle, die nicht strafweise Versetzung im Amte, um kleinere Disziplinarstrafen wie Verweis, Busse, Entzug von Fahrbegünstigung und Einstellung im Amte bis zu 5 Jahren handelt, sowie um Verfügungen in allen nicht vermögensrechtlichen Angelegenheiten des Personals des Bundesgerichts und des Eidg. Versicherungsgerichts. Beschwerdefähig sind somit nur grössere Disziplinarstrafmassnahmen sowie Entscheidungen über die Nichtwiederwahl von Beamten.

Schliesslich werden eine Reihe von *Teilgebieten* gemäss Art. 100 OG ausgeschlossen: Verfügungen auf dem Gebiete der Strafverfolgung und der Auslieferung, die Aufsicht über die Vormundschaftsbehörden, die Veranlagung von Zöllen, Verfügungen im Rahmen der amtlichen Vorprüfung bei Erfindungspatenten, die Anerkennung oder Verweigerung der Anerkennung des schweizerischen Maturitätsausweises, Massnahmen der örtlichen Verkehrsregelung, Verfügungen über die Klassifizierung von Fahrzeugen, Verfügungen, die den Bau oder die Ausrüstung von Motorfahrzeugen beanstanden, sowie Verfügungen über die Zuteilung, Klassierung und Taxierung von Käse.

In Art. 101 OG werden auch die Zwischenverfügungen sowie der Widerruf von Verfügungen, gegen welche die Verwaltunsgerichtsbeschwerde unzulässig ist, ausgeschlossen, soweit es sich nicht um den Widerruf begünstigender Verfügungen im Sinne von Art. 99 lit. c-f und h und Art. 100 lit. b, Ziff. 3, lit. c, lit. e, Ziff. 1, lit. k und l OG handelt. Ausgeschlossen von der Verwaltungsgerichtsbarkeit gemäss Art. 101 OG sind schliesslich Verfügungen über Verfahrenskosten und Parteientschädigungen, wenn in der Hauptsache die Verwaltungsgerichtsbeschwerde unzulässig ist sowie Verfügungen über die Vollstreckung von Verfügungen.

Diese kurze Darstellung zeigt, *wie schwierig es ist, sich im Rahmen der Kompetenzabgrenzungen zwischen Bundesrat und Bundesgericht zurechtzufinden*. Die verschiedenen Ausnahmen werden auf Grund von verschiedenen Kriterien aufgezählt, weshalb sie sich gegenseitig überschneiden. So gibt es Verfügungen, auf die wir einen Anspruch haben, zum Beispiel die Erteilung des Maturitätszeugnisses, die aber aus einem anderen Grund ausgeschlossen sind. Andererseits gibt es Verfügungen auf Gebieten, auf denen grundsätzlich die Verwaltungsgerichtsbeschwerde zulässig ist, die aber aus einem anderen Grund ausgeschlossen sind, zum Beispiel weil wir darauf keinen Anspruch haben, wie bei Subventionen auf dem Gebiete der Landwirtschaft. Vollkommen unübersichtlich sind die Kompetenzausscheidungen zwischen Bundesrat und Verwaltungsgericht auf dem Gebiete der Fremdenpolizei. Die Verfügungen auf diesem Gebiet sind zwar von der *Verwaltungsgerichtsbeschwerde* grundsätzlich ausgeschlossen, gewisse Verfügungen hingegen können mit *staatsrechtlicher Beschwerde* an das Bundesgericht weitergezogen werden (BGE 94 I 107, 96 I 310).

Art. 102 OG hält fest, dass die *Verwaltungsgerichtsbeschwerde immer dann unzulässig ist, wenn die verwaltungsrechtliche Klage, die Verwaltungsbeschwerde oder die Verwaltungsgerichtsbeschwerde an das Eidg. Versicherungsgericht oder die Beschwerde an den Bundesrat sowie jede andere vorgängige Beschwerde oder Einsprache möglich ist.* Ein Pendant zu diesem Ausschluss finden wir in Art. 74 VwVG, Art. 117 lit. c OG und Art. 129 Abs. 2 und 3 OG.

Der Gesetzgeber hat doppelt und dreifach genäht und überlässt es der Interpretation, im Zweifel jeweils die Zuständigkeit festzustellen. Diese dreifache Ausschliessung der jeweiligen Beschwerdemöglichkeiten darf aber nicht zu Lasten des Rechtsschutzsuchenden führen. Er soll nicht auf Grund dieser gegenseitigen Ausschliessung plötzlich mit einer Lücke im gesamten Rechtsschutzsystem konfrontiert werden. Der Gesetzgeber wollte über diesen Weg lediglich Doppelspurigkeiten vermeiden, aber in keiner Weise Lücken im gesamten System der Verwaltungsbeschwerde vorsehen.

Der Gesetzgeber bekam offenbar Angst vor seiner eigenen Courage und wollte ein *System entwickeln, das dem Verwaltungsgericht wirklich nur Rechtsfragen überträgt* und diese Instanz nicht überfordert bzw. die politische Behörde, den Bundesrat, nicht zu einer zweitrangigen Behörde herabsetzt. Sicher darf das Verwaltungsgericht nicht überfordert werden. Trotzdem sollten der Rechtsschutz und die Rechtssicherheit des einzelnen erste Priorität haben. Zwar sind alle Behörden verpflichtet, Beschwerden, die bei der falschen Instanz eingereicht wurden, der zuständigen Instanz weiterzuleiten. Dennoch sollte der Bürger bei der Abfassung seiner Beschwerde wissen, ob sie vom Bundesgericht oder vom Bundesrat behandelt werden wird. Je nachdem wird er den Ermessensfragen ein anderes Gewicht beimessen. Der Stein der Weisen wurde bisher offensichtlich nicht gefunden. Dies beweist auch die Tatsache, dass diese Ausnahmeaufzählung zur Zeit revidiert wird.

2.2. Unterschiede zur verwaltungsinternen Beschwerde

2.2.1. Ermessensprüfung nur in Ausnahmefällen

LITERATUR: CORNIOLEY P., Le pouvoir d'appréciation de l'administration et son contrôle selon les critères de l'Etat de droit, RDAF 24, 1968, S. 49 ff.; EGGENSCHWILER E., Die Ermessenskontrolle im verwaltungsgerichtlichen Beschwerdeverfahren vor Bundesgericht, ZSR NF 81 II, 1962, S. 449 ff.; IM HOF A., Rechtskontrolle und Ermessenskontrolle des baselstädtischen Verwaltungsgerichts, ZSR NF 66, 1947, S. 251 ff.; JÖHR E., Die verwaltungsgerichtliche Überpüfung des administrativen Ermessens, Aarau 1931; KNAPP B., Les pouvoirs d'examen des organes du contentieux administratif fédéral et genevois, ZBl 72, 1971, S. 401 ff.; THALMANN CHR., Die Überprüfungsbefugnis der Verwaltungsgerichte, Diss. Basel 1963; WOLFFERS A., Die Unterscheidung von Rechts- und Tatfragen, ZBJV 102, 1966, S. 209 ff.

verwaltungsintern: Ermessen gerügt
verwaltungsextern: Ermessen nur ausnahmsweise gerügt
nur Missbrauch od. Überschreitung

3. Teil/2. Kapitel: II. Die Beschwerde gegen die Verfügung

Im Gegensatz zur verwaltungsinternen Beschwerde kann das Ermessen bei der Verwaltungsgerichtsbeschwerde nur in Ausnahmefällen gerügt werden. *Das Bundesgericht kann Ermessensfragen der Verwaltung grundsätzlich nicht überprüfen.* Dies ist richtig, denn eine Befugnis zur Überprüfung von Ermessensfragen würde faktisch die Verwaltung hierarchisch dem Bundesgericht unterstellen. Das Bundesgericht könnte als politische Behörde anstelle der Verwaltung entscheiden. Dies entspricht aber nicht dem Sinn des Verwaltungsgerichtsbeschwerdeverfahrens. In der Verwaltungsgerichtsbeschwerde soll lediglich überprüft werden, ob sich die Verwaltung an die Gesetze hält. Das Urteil über die Zweckmässigkeit bleibt der Verwaltung anheimgestellt.

Dem Bundesgericht steht aber selbstverständlich das Recht zu zu überprüfen, ob eine *Ermessensüberschreitung oder ein Missbrauch des Ermessens vorliegt.* Die Überprüfung derartiger Fragen gehört grundsätzlich zur Rechtsüberprüfung (Art. 104 lit. u OG).

Dem Bundesgericht steht es somit nicht zu, weder das Rechtsfolgeermessen noch das Auswahlermessen oder das Tatbestandsermessen der Verwaltung zu überprüfen. Beim Tatbestandsermessen muss allerdings folgende Einschränkung gemacht werden: Tatbestandsermessen bedeutet Interpretation *unbestimmter Rechtsbegriffe.* Das Bundesgericht lässt der Verwaltung bei der Auslegung dieser Begriffe einen Beurteilungsspielraum. In diesen Beurteilungsspielraum darf das Bundesgericht nicht eingreifen. Dem Gericht steht es aber frei, diesen Beurteilungsspielraum mit der Begründung einzuschränken, die Auslegung eines bestimmten Begriffes sei eine Rechtsfrage, die es frei überprüfen könne. *Beim Tatbestandsermessen entscheidet also faktisch das Bundesgericht, wie weit das Ermessen der Verwaltung reicht.* Wir haben also bei diesem Tatbestandsermessen ein dreifaches Ermessen:

1. Das Ermessen des Bundesgerichts zu bestimmen, wieweit es im Rahmen seiner Kognitionsbefugnisse die Entscheidungen der Verwaltung überprüfen will.
2. Das Ermessen des Bundesgerichts im Rahmen seiner von ihm festgestellten Kognition bei der Auslegung des unbestimmten Rechtsbegriffes.
3. Das Ermessen der Verwaltung im Rahmen des ihr vom Bundesgericht belassenen Beurteilungsspielraums zur selbständigen Auslegung des unbestimmten Rechtsbegriffes.

Das Bundesgericht kann in folgenden Ausnahmefällen Ermessensüberprüfungen gemäss Art. 104 lit. c OG vornehmen: erstinstanzliche Verfügungen sowie Verfügungen über die Festsetzung von Abgaben oder öffentlich-rechtliche Entschädigungen, Disziplinarstrafen gegen Bundespersonal und andere Verfügungen, soweit das Bundesrecht die Rüge der Unangemessenheit vorsieht. Das Ermessen der Verwaltung wird auch überprüft, wenn auf Grund des Sprungrekurses die übersprungene Instanz das Ermessen hätte überprüfen können (Art. 47 Abs. 3 VwVG). Als *wichtige Ausnahme* sind die Verfügungen auf dem Gebiete des *Abgaberechts* zu bezeichnen. Dies ist darauf zurückzuführen, dass auf dem Gebiete des Abgaberechts die Verwaltung ohnehin kaum weite Ermessensspielräume hat und Abgabeentscheidungen letztlich in die verfassungsmässigen Eigentumsrechte der einzelnen eingreifen können, also wesentliche Eingriffstatbestände zum Gegenstand haben. Allerdings beschränkt das Bundesgericht seine Kognitionsbefugnis. Es wäre auch nicht in der Lage, anstelle der Eidg. Steuerverwaltung eine Konkurrenzverwaltung aufzuziehen, mit der es allein eine detaillierte Überprüfung der Ermessensentscheide wahrnehmen könnte. Es kontrolliert deshalb lediglich, ob die Steuerverwaltung das Ermessen pflichtgemäss wahrnimmt.

2.2.2. Rechtsfragen — Tatfragen

Neben dem Ausschluss der Ermessensüberprüfung hat der Gesetzgeber die Kognitionsbefugnis des Verwaltungsgerichts auch bei der Überprüfung des Sachverhaltes eingeschränkt. Gemäss Art. 105 Abs. 2 OG ist das Bundesgericht an die *Feststellung des Sachverhaltes durch die untere Instanz gebunden, wenn dieser durch Rekurskommissionen oder durch kantonale Gerichte festgestellt wurde* und nicht offensichtlich unrichtig, unvollständig ist oder unter Verletzung wesentlicher Verfahrensvorschriften festgestellt wurde.

Wie für die Verwaltung gilt auch für das Verwaltungsgericht die *Inquisitions- oder Untersuchungsmaxime*. Gemäss Art. 105 Abs. 1 OG stellt das Bundesgericht den Sachverhalt von Amtes wegen fest.

2.2.3. Die Erledigung im Vorprüfungsverfahren

Gemäss Art. 109 OG können drei Richter *offensichtlich unzulässige Beschwerden* summarisch abweisen und begründen, sofern sie einstimmig entscheiden. Damit trägt der Gesetzgeber dem Grundsatz der Prozessökonomie Rechnung.

2.2.4. Reformatio in peius vel melius

Ebenfalls im Gegensatz zum verwaltungsinternen Beschwerdeverfahren darf das Bundesgericht weder zugunsten noch zuungunsten über die *Begehren der Parteien* hinausgehen (Art. 114 OG). Es ist an ihre Begehren gebunden. Nicht gebunden ist es selbstverständlich an die Begründung der Begehren. Es kann auf eine andere Begründung abstellen, wenn nach seiner Auffassung dem Begehren aus einem anderen Grund entsprochen werden muss.

Eine *Ausnahme* finden wir wiederum im *Abgaberecht*. Dort ist die reformatio in peius oder melius ausdrücklich zulässig. Dies vor allem auch deshalb, weil das Bundesgericht auf dem Gebiete des Abgaberechts praktisch die zweite Instanz ist, da gegen Steuerveranlagungen nur die Einsprache an die Steuerverwaltung und nachher die Beschwerde an das Bundesgericht möglich ist. Eine zweite verwaltungsinterne Instanz ist nicht eingeschaltet.

2.2.5. Die aufschiebende Wirkung

Beschwerden haben *nicht grundsätzlich aufschiebende Wirkung*, wenn sie mit Verwaltungsgerichtsbeschwerde an das Bundesgericht weitergezogen werden können. Lediglich *Beschwerden gegen Verfügungen, die eine Geldleistung zum Gegenstand haben,* haben gemäss Art. 111 OG generell aufschiebende Wirkung. Bei allen anderen Verfügungen muss der Präsident der verwaltungsrechtlichen Kammer über ein Begehren betreffend die aufschiebende Wirkung entscheiden.

2.2.6. Das Verfahren

Hinsichtlich des Verfahrens gelten für die Verwaltungsgerichtsbeschwerde *ähnliche Bestimmungen wie für die Beurteilung der staatsrechtlichen Beschwerde* (Art. 113 OG). Grundsätzlich handelt es sich um ein *schriftliches* Verfahren. Allerdings kann der Präsident in der Schlussverhandlung mündliche Parteivorträge anordnen (Art. 112 Abs. 2 OG). Bei Disziplinarstrafen findet gemäss Art. 112 Abs. 1 OG immer eine *mündliche* Schlussverhandlung mit Parteivorträgen statt. Auf die Beweisabnahme finden die Bestimmungen der staatsrechtlichen Beschwerde über das Instruktionsverfahren Anwendung.

Es ist zu begrüssen, dass der Gesetzgeber dem Gericht die Möglichkeit gibt, anstelle des schriftlichen Verfahrens wenigstens eine mündliche Schlussverhandlung anzuordnen. *Wenn schwierige Probleme beurteilt werden müssen, führt nämlich erst eine mündliche Verhandlung zu einer sorgfältigen Abklärung des Sachverhaltes.* Denn sehr oft hängt die Rechtsfrage, über die zu entscheiden ist, von der Beurteilung des Sachverhaltes ab. Die Verfahrensvorschriften müssen deshalb dem Bedürfnis Rechnung tragen, dass gutes und richtiges Recht nur gefunden werden kann, wenn *Sachverhalt und Rechtsfrage gleichzeitig geprüft werden können.* Getrennte Verfahrensabläufe, die zudem schriftlich sind, können unbefriedigende Ergebnisse zeitigen.

Aus diesem Grunde sieht zum Beispiel der Entwurf zu einem neuen ETH-Gesetz für das Verfahren vor der Rekurskommission der ETH grundsätzlich ein mündliches Verfahren vor, zumal für rechtsunkundige Studenten das schriftliche Verfahren zu beschwerlich ist. Sie wissen nicht, welche Sachfragen für die Beurteilung der Rechtsfragen relevant sind. Das Bundesgericht sollte deshalb von der Möglichkeit des mündlichen Verfahrens häufiger Gebrauch machen, als dies zurzeit der Fall ist.

2.3. Entschädigungsforderungen

Entschädigungsforderungen sind über den Weg der verwaltungsrechtlichen Klage nach Art. 116 ff. OG einzureichen. Einzig auf dem Gebiete des *Disziplinarrechts* macht das Bundesgesetz über die Organisation der Bundesrechtspflege von diesem Grundsatz eine Ausnahme. In Disziplinarangelegenheiten ist nämlich eine Entschädigungsforderung im Rahmen der Verwaltungsgerichtsbeschwerde gemäss Art. 114

Abs. 3 OG möglich. Mit dieser Ausnahme will der Gesetzgeber aus Gründen der Prozessökonomie verhindern, dass Disziplinarentscheidungen zuerst im Rahmen der Verwaltungsgerichtsbeschwerde aufgehoben werden müssen und über die Entschädigungsforderung in einem zweiten, späteren Verfahren entschieden werden muss. Es wäre zu wünschen, wenn der Gesetzgeber in Zukunft diese Möglichkeit auch auf *weitere Beschwerden* ausdehnen würde und vor allem auch bei Fragen über den Widerruf von Verfügungen dem Bundesgericht die Möglichkeit gegeben würde, bei der Behandlung der Beschwerde über allfällige Entschädigungsforderungen zu entscheiden, wenn der Widerruf zu einem Vertrauensschaden führt.

2.4. Entscheidungsbefugnisse des Verwaltungsgerichts

Das Bundesgericht kann entweder *in der Sache selbst entscheiden oder diese zu neuer Beurteilung an die Vorinstanz zurückweisen* (Art. 114 Abs. 2 OG). Liegen Verfahrensfehler vor, wird das Bundesgericht den Entscheid zweckmässigerweise kassieren und an die Vorinstanz zurückweisen. Stellt das Bundesgericht klare Rechtsverletzung fest, die durch einen materiellen richterlichen Entscheid behoben werden können, wird es in der Sache selbst entscheiden, wenn aber von der Vorinstanz weitere Fragen abzuklären sind, weist es den Entscheid zur weiteren Beurteilung an die Vorinstanz zurück. Ein Verwaltungsgericht, dem die Überprüfung von Ermessensfragen entzogen ist, wird vor allem dann kassieren, wenn die Verletzung einer Verfahrensvorschrift vorliegt und die Verwaltung bei richtiger Wahrnehmung des Ermessens zu einem anderen Entscheid kommen könnte.

F. Die Beschwerde an das Versicherungsgericht

Das Versicherungsgericht hatte früher eine vom Bundesgericht gesonderte Stellung. Durch die Revision des OG von 1968 wurde es dem Verwaltungsgericht gleichgestellt, obwohl sein Sitz nach wie vor in Luzern ist. Beschwerden vor dem Versicherungsgericht werden somit weitgehend gleichbehandelt wie Beschwerden vor dem Verwaltungsgericht (vgl. Art. 132 OG). Allerdings ist die Kognitionsbefugnis des Versicherungsgerichts bedeutend grösser als jene des Verwaltungsgerichts. Sie gleicht weitgehend der Befugnis der Beschwerdeinstanzen im verwaltungsinternen Beschwerdeverfahren. So kann der Beschwerdeführer die *Unangemessenheit* einer angefochtenen Verfügung rügen. Das Versicherungsgericht hat also freie Ermessensprüfung (Art. 132 lit. a OG). Das Versicherungsgericht ist auch nicht an die *Feststellung* des *Sachverhaltes* gebunden (Art. 132 lit. b OG). Schliesslich kann das Versicherungsgericht sowohl *zugunsten wie auch zuungunsten* über die Begehren der Parteien hinausgehen. Der Gesetzgeber hat bei der reformatio in peius vel melius sogar von der Schranke des Ermessens abgesehen, die er beim verwaltungsinternen Verfahren vorsieht. Dem Versicherungsgericht kommen somit weitgehend die Befugnisse einer unmittelbaren Aufsichtsinstanz zu.

Neben der Befugnis des Versicherungsgerichts kennt das Sozialversicherungsrecht noch eine weitere *Besonderheit*. Während der Bund den Kantonen die Freiheit lässt, das Verfahren für den Vollzug des öffentlichen Rechts des Bundes selbständig zu regeln, schreibt zum Beispiel das AHV-Gesetz den Kantonen vor, nach welchen *Minimalvorschriften der Rechtsschutz auszugestalten ist*. Nach Art. 85 AHV-Gesetz sind die Kantone verpflichtet, eine von der Verwaltung unabhängige kantonale Rekursbehörde zu bestimmen. Das Rekursverfahren hat u.a. folgenden Anforderungen zu genügen: Es muss einfach, rasch und für die Parteien kostenlos sein. Die Rekursbehörde ist an die Inquisitionsmaxime gebunden. Sie kann sowohl zugunsten wie auch zuungunsten über die Begehren der Parteien hinausgehen. Ähnliche Vorschriften finden sich auch in anderen Sozialversicherungsgesetzen wie beispielsweise im Entwurf zum Bundesgesetz über die berufliche Vorsorge.

G. Die verwaltungsrechtliche Klage

Nach Art. 116 OG beurteilt das Bundesgericht als einzige Instanz Klagen in Streitigkeiten aus dem Verwaltungsrecht des Bundes. Mit diesem Rechtsmittel kann der einzelne Bürger vor allem vermögensrechtliche Ansprüche gegenüber dem Bund geltend machen. Während in Kantonen, die noch keine ausgebaute Verwaltungsgerichtsbarkeit kennen, diese Klage beim Zivilgericht erhoben werden muss (Fiskustheorie), ist sie auf Bundesebene beim Verwaltungsgericht einzureichen (Art. 116 OG).

Dies gilt u.a. für Streitigkeiten über vermögensrechtliche Leistungen aus dem Dienstverhältnis einschliesslich der Personalversicherung, Leistungen aus öffentlich-rechtlichen Verträgen des Bundes, ausservertragliche Entschädigungen, ungerechtfertigte Bereicherung, Wettbewerbsbeschränkungen im Sinne von Art. 22 KG usw.

Auf das Verfahren finden weitgehend die Bestimmungen des Bundeszivilprozesses Anwendung (Art. 120 OG). Es handelt sich denn auch weitgehend um eine öffentlich-rechtliche Regelung einer Streitigkeit, die der zivilrechtlichen Streitigkeit sehr nahekommt. Das OG legt lediglich fest, wer den Bund vertreten kann, nämlich das Departement, die Generaldirektionen von SBB und PTT oder eine Dienstabteilung, soweit das Bundesrecht dies vorsieht.

Wichtig zu wissen ist vor allem, dass jemand seinen Anspruch zuerst beim entsprechenden Departement geltend machen muss. Geht er nämlich direkt ans Bundesgericht und anerkennt das Departement seinen Anspruch, findet Art. 156 Abs. 6 OG Anwendung, der lapidar den wichtigen Grundsatz festlegt: «Unnötige Kosten hat zu bezahlen, wer sie verursacht.»

Eine weitere Ausnahme vom Grundsatz der Zivilprozessordnung ist die Untersuchungsmaxime. Das Bundesgericht ist nämlich verpflichtet, wie im Beschwerdeverfahren, den Sachverhalt von Amtes wegen abzuklären (Art. 120 OG). Dies kann für den betroffenen Bürger möglicherweise ausserordentlich vorteilhaft sein. Diese Besserstellung ist auch gerechtfertigt, wenn man bedenkt, dass sich jeder Beamte ihm gegenüber auf das Amtsgeheimnis berufen kann.

3. Kapitel: Die Wirkung der Verfügung

I. Fehlerhafte und nichtige Verfügungen

A. Die fehlerhafte Verfügung

LITERATUR: BENDER B., Der nichtige Verwaltungsakt, ein kritischer Beitrag zum Theorienstreit, DVBl 68, 1953, S. 33 ff.; ERBEL G., Die Unmöglichkeit von Verwaltungsakten. Ein Beitrag zur Lehre vom fehlerhaften Verwaltungsakt mit besonderer Berücksichtigung des Polizei- und Ordnungsrechts, speziell auch des Bau- und Gewerberechts, Frankfurt a.M. 1972; ERICHSEN H.U., Verfassungs- und verwaltungsgeschichtliche Grundlagen der Lehre vom fehlerhaften belastenden Verwaltungsakt und seiner Aufhebung im Prozess, Frankfurt a.M. 1972; GUGGENHEIM D., L'invalidité des actes iuridiques en droit suisse et comparé, Diss. Genève 1970; HEIKE H., Der gegenwärtige Stand der Lehre vom nichtigen Verwaltungsakt, Diss. Göttingen 1959; HENGST P., Der nichtige Verwaltungsakt im Verwaltungsverfahren und im Prozess, Diss. Münster 1960; HIPPEL E. v., Untersuchungen zum Problem des fehlerhaften Staatsaktes. Beitrag zur Methode einer teleologischen Gesetzesauslegung, 2. Aufl., Berlin 1960; HÖNIG W., Zulässigkeit von Nebenbestimmungen bei Verwaltungsakten, Diss. München 1968; IMBODEN M., Der nichtige Staatsakt, Habil. Zürich 1944; JELLINEK W., Der fehlerhafte Staatsakt und seine Wirkungen. Eine verwaltungsrechtliche Studie, Tübingen 1908; KARL D., Der Rechtsschutz gegenüber rechtswidrigen Nebenbestimmungen begünstigender Verwaltungsakte, Diss. Würzburg 1973; KIENAPFEL D., Die Fehlerhaftigkeit mehrstufiger Verwaltungsakte nach dem Bundesbaugesetz und Bundesfernstrassengesetz, DöV 16, 1963, S. 96 ff.; JAGMETTI R., L'acte administratif. Verwaltungsrechtliches Kolloquium Sigriswil 1968, S. 122 ff.; ULRICH K., Der Begriff des Rechtsgeschäfts im Verwaltungsakt unter besonderer Berücksichtigung der Lehre vom fehlerhaften Verwaltungsakt, Diss. Würzburg 1971; WANNER E., Verwaltungsverfahrensfehler und verwaltungsgerichtliche Klage, Diss. Würzburg 1968; WINKLER G., Die absolute Nichtigkeit von Verwaltungsakten. Eine rechtstheoretische Grundlegung, Tübingen 1960; WOLFF H.J., Die Nichtigkeit von Verwaltungsakten, MDR 1951, S. 523 ff.

1. Die Wirksamkeit fehlerhafter Verfügungen

Verfügungen können, obschon sie fehlerhaft sind, dennoch ihre volle Wirkung entfalten. Dies gilt während der Zeit der Anfechtbarkeit, wenn der Verfügung die aufschiebende Wirkung entzogen wird. Ist die Verfügung nicht mehr anfechtbar, weil die Beschwerdefrist abgelaufen ist, wird der Fehler der Verfügung geheilt, sofern kein Revisionsgrund vorliegt oder die Verfügung nicht nichtig ist. Verfügungen des Staates können also unabhängig von ihrer Fehlerhaftigkeit wirksam sein und ihre Wirksamkeit erst verlieren, wenn sie im Rahmen eines Beschwerdeverfahrens abgeändert oder aufgehoben werden.

Jede staatliche Verfügung hat überdies immer die Vermutung der Richtigkeit für sich. Wer ihre Rechtmässigkeit bestreiten will, trägt die Behauptungslast. Zudem muss er selber gegen die Verfügung eine Beschwerde einreichen.

Andere Wirkungen haben private vertragliche Verpflichtungen. Sie sind nicht durchsetzbar, wenn ihnen ein Mangel anhaftet. Ein mangelhafter Vertrag ist nichtig oder unverbindlich, er kann somit gegen den Willen des Betroffenen nicht durchgesetzt werden. Eine mangelhafte Verfügung kann, unabhängig von ihrer Mangelhaftigkeit, wirksam sein und sogar vollstreckt werden, wenn ihr die aufschiebende Wirkung entzogen wird oder die Beschwerdefrist abgelaufen ist. Der Mangel wird durch Ablauf der Beschwerdefrist geheilt. Dies erfordert schon die *Rechtssicherheit*.

Was würde beispielsweise geschehen, wenn jeder Verkehrspolizist zuerst durch richterliches Urteil die Richtigkeit seiner Verkehrsanordnungen bestätigen lassen müsste, damit sich die Automobilisten an seine Verkehrsanweisungen halten. Das Chaos auf unseren Strassen wäre perfekt. Der Polizist muss, um seine Verfügung durchzusetzen, nicht zuerst vom Richter ein vollstreckbares Urteil erlangen, wie der Private, der gegen den Willen des Privatpartners einen privatrechtlichen Vertrag vollstrecken lassen will. Die Automobilisten müssen die Entscheidungen des Polizisten befolgen, selbst wenn sie fehlerhaft sind. Sie können sie erst nachträglich anfechten. Dieses Beispiel zeigt sehr deutlich, dass gerade aus Gründen der Rechtssicherheit die Richtigkeit der Verfügung vermutet werden muss.

Zu unterscheiden ist somit zwischen der *Wirksamkeit der Verfügung einerseits* und *ihrer Fehlerhaftigkeit andererseits*. Es gibt fehlerhafte Verfügungen, die wirksam sind, weil ihnen die aufschiebende Wirkung entzogen werden kann oder die Beschwerdefrist abgelaufen ist.

2. Begriff der fehlerhaften Verfügung

Verfügungen können aus folgenden Gründen fehlerhaft sein: Sie können einen inhaltlichen Fehler aufweisen, sie können von der unzuständigen Behörde erlassen worden sein, es kann ihnen ein Verfahrensfehler anhaften und schliesslich können sie falsch eröffnet sein.

2.1. Inhaltliche Fehler der Verfügung

2.1.1. Gesetzwidrigkeit, falsche Sachverhaltsfeststellung

Eine Verfügung ist ihrem Inhalt nach fehlerhaft, wenn sie *gesetzwidrig* ist, wenn ihr eine *falsche Sachverhaltsfeststellung* zugrundeliegt oder wenn sie *unzweckmässig* ist.

Zu unterscheiden ist vor allem zwischen der gesetzwidrigen Verfügung und der Verfügung, die fehlerhaft ist, weil sie auf Grund einer falschen Beurteilung des Sachverhaltes erfolgte. *Gesetzwidrig* ist eine Verfügung, *wenn das Gesetz falsch angewendet* wurde, wenn zum Beispiel eine Schulbehörde das Obligatorium für die Primarschule auf das 6. Altersjahr herabsetzt, obwohl es das Gesetz auf das 7. Altersjahr ansetzt. Eine *falsche Sachverhaltsbeurteilung* liegt aber vor, wenn die Behörde einem Kind, das erst 6 Jahre alt ist, die Schulpflicht auferlegt, weil sie irrtümlich annimmt, es sei bereits im 7. Altersjahr. In diesem Falle hat die Behörde auf Grund eines falschen Sachverhaltes gehandelt.

Die Unterscheidung von Tatfrage, d.h. Feststellung des Sachverhaltes, und Rechtsfrage, d.h. Gesetzesanwendung, ist vor allem deshalb von Bedeutung, weil die Feststellung des Sachverhaltes im Verfahren vor Verwaltungsgericht nur in besonderen Fällen nochmals angefochten werden kann. An die Sachverhaltsfeststellung ist das Bundesgericht definitiv gebunden, wenn es über Beschwerden gegen Rekurskommissionen oder kantonale Gerichte als Vorinstanz entscheiden muss, sofern der *Sachverhalt nicht offensichtlich unrichtig oder unvollständig* ist (vgl. Art. 105 OG) bzw. unter Verletzung *wesentlicher Verfahrensbestimmungen* festgestellt wurde.

Bei der Gesetzesauslegung ist oft unklar, *ob die Feststellung des Sachverhaltes oder die eigentliche Auslegung des Gesetzes angefochten werden soll.* Rechtsfrage und Tatfrage greifen ineinander über (vgl. dazu FLEINER TH., Probleme der Anwendung von Verfassungsrecht im Rahmen der staatsrechtlichen Beschwerde bei der unmittelbaren Verfassungsverletzung, ZBJV 107, 1971, S. 249 ff.). Diese Vermengung von Tatfrage und Rechtsfrage zeigt sich vor allem bei *Generalklauseln*. Wenn eine Gemeindebehörde beispielsweise die Baubewilligung verweigert, weil das Projekt nicht ins Orts- und Landschaftsbild passt, kann dieser Entscheid auf eine falsche Interpretation des Begriffes «Orts- und Landschaftsbild» oder auf eine falsche Beurteilung des Projektes, d.h. des Sachverhaltes, zurückzuführen sein.

2.1.2. Die unzweckmässige Verfügung

Unzweckmässige Verfügungen sind fehlerhafte Verfügungen im Rahmen der *Ermessensausübung* der Behörden. Die Einrede der Unzweckmässigkeit kann nur in beschränktem Rahmen erhoben werden, auf Bundesebene in der Regel nur im verwaltungsinternen Beschwerdeverfahren, vor Verwaltungsgericht lediglich in Angelegenheiten, die der Beschwerde an das Versicherungsgericht unterliegen (Art. 122 ff. OG), auf dem Gebiete des Abgaberechts, in Angelegenheiten des Disziplinarrechts und bei Fällen, bei denen gegen einen erstinstanzlichen Verwaltungsentscheid Beschwerde beim Verwaltungsgericht erhoben wird.

Ermessensfehler sind unzweckmässige Interessenabwägung, unbegründete Abweichung von der Praxis, sofern keine Willkür vorliegt, ungeeignete Koordination (zum Beispiel von Planungsentscheidungen), *falsche Beurteilung künstlerischer oder wissenschaftlicher Werke* usw. Selbstverständlich darf die Behörde bei der Wahrnehmung des Ermessens auch subjektive, zum Beispiel politische Werturteile einfliessen lassen. Soweit eine Beschwerde im Rahmen des Ermessens möglich ist, steht es aber der vorgesetzten Beschwerdeinstanz frei, ihr eigenes politisches Werturteil in den Beschwerdeentscheid einfliessen zu lassen. Dies kann vom Gesetzgeber sogar gewollt sein. Soweit allerdings die Behörde im Rahmen des Ermessens willkürlich handelt und eine unverhältnismässige Interessenabwägung vorliegt oder willkürlich von ihrer Praxis abweicht, liegt eine Rechtsverletzung vor, d.h. eine Verletzung von Art. 4 BV.

2.2. Formelle Fehler

2.2.1. Unzuständigkeit

Damit eine Verfügung richtig erlassen wird, muss sie von der zuständigen Behörde entschieden werden. Verfügt die unzuständige Behörde, ist die Verfügung fehlerhaft. Zur Zuständigkeit gehört auch die richtige Zusammensetzung. Ist die Behörde nicht richtig zusammengesetzt, ist sie ebenfalls unzuständig. Bei Verletzung der Ausstandspflicht liegt sogar ein Revisionsgrund im Sinne von Art. 55 VwVG vor. Zur Zuständigkeit gehört sowohl die örtliche wie auch die sachliche Zuständigkeit. Die Behörde eines Kantons darf nur im Rahmen der kantonalen Hoheit Verfügungen erlassen.

2.2.2. Verfahrensmängel

Verfahrensmängel führen ebenso zur Fehlerhaftigkeit von Verfügungen. Wenn das rechtliche Gehör verletzt wird, besteht sogar ein Revisionsgrund. Verfahrensmängel können allerdings bei *Durchführung des richtigen Verfahrens von der oberen Beschwerdeinstanz geheilt werden*. Wenn beispielsweise eine untere Instanz die Grundsätze des rechtlichen Gehörs nicht befolgt, kann die Beschwerdeinstanz das Versäumte nachholen, ohne dass das Verfahren vor der unteren Instanz noch einmal wiederholt werden muss (BGE 97 I 885 E 1 b). Dies ist allerdings bei der *staatsrechtlichen Beschwerde* nicht möglich, da das Bundesgericht in der Regel nur kassatorisch entscheidet und in seiner Überprüfungsbefugnis beschränkt ist (BGE 94 I 188).

2.2.3. Mangelhafte Eröffnung

Eine Verfügung, die mangelhaft eröffnet ist, ist ebenfalls fehlerhaft. Zur richtigen Eröffnung gehört die Schriftlichkeit, die Abfassung in der richtigen Sprache, die Bezeichnung der verfügenden Behörde und des Adressaten sowie die richtige Zustellung und die Rechtsmittelbelehrung. Allerdings führt der Fehler der mangelhaften Eröffnung nicht ohne weiteres zu einem langwierigen Beschwerdeverfahren. Art. 38 VwVG bestimmt lediglich, dass aus mangelhafter Eröffnung dem *Betroffenen keine Nachteile erwachsen dürfen*. Die Eröffnung kann also ohne weiteres nachgeholt werden. Fehlt die Angabe über die Beschwerdefrist, läuft diese erst vom Zeitpunkt der richtigen Eröffnung an. Erhält der Adressat einen einfachen Brief, der inhaltlich aber einer Verfügung gleichkommt, kann er dagegen wie gegen eine Verfügung Beschwerde einreichen.

Das Verfahren und die richtige Eröffnung führen vor allem bei Verfügungen zu Problemen, die durch den Computer ausgestellt werden, wie zum Beispiel Rentenverfügungen, Verfügungen auf dem Gebiet des Steuerrechts, Telephonrechnungen usw. Solche Computerrechnungen enthalten keine Unterschrift und oft keine Rechtsmittelbelehrung. In der Praxis muss deshalb die Rechnung, soll sie rechtskräftig werden, in einem späteren Verfahren als formelle Verfügung eröffnet werden.

Die Behörden erlassen, wenn der Betroffene seiner Zahlungspflicht nicht nachkommt, eine formelle Verfügung mit Rechtsmittelbelehrung, die nach Ablauf der Beschwerdefrist vollstreckt werden kann. Es würde aber zu weit führen, wollte man jede Computerrechnung in einem so komplizierten Verfahren eröffnen. Zumal diese Rechnungen in der Regel ohne weiteres bezahlt werden.

B. Die nichtige Verfügung

Die nichtige Verfügung ist keine Verfügung. Umstritten waren lange Zeit die folgenden Fragen: Kann gegen eine nichtige Verfügung eine Beschwerde eingereicht werden, welches sind die Folgen der Nichtigkeit, wann ist eine Verfügung nichtig, wann ist sie fehlerhaft?
Im Gegensatz zur fehlerhaften Verfügung, deren Mangel nach Ablauf der Beschwerdefrist behoben wird, unterliegt die *nichtige Verfügung ebenfalls nach Ablauf der Beschwerdefrist einer Einrede.* Welches ist nun der wesentliche Unterschied zwischen der fehlerhaften und der nichtigen Verfügung? *Die Rechtswidrigkeit der nichtigen Verfügung muss so eklatant sein, dass sie ohne weiteres durch einen Dritten erkannt werden kann.* Fast jeder Fehler kann also, wenn er genügend gross und von Dritten erkennbar ist, zur Nichtigkeit der Verfügung führen. Die Quantität schlägt hier in Qualität um.

Der häufigste Nichtigkeitsgrund ist die fehlende *Zuständigkeit.* Eine Eheverfügung, die von einem Steuerbeamten erlassen wird, oder die Steuerveranlagung, die vom Zivilstandsbeamten unterschrieben wird, sind nichtig. Jedermann, d.h. jeder Dritte, weiss, dass ein Steuerbeamter keine Ehe schliessen kann.

Das Erfordernis der allgemeinen Erkenntnis des Fehlers ist vor allem deshalb von Bedeutung, weil der *Vollstreckungsbeamte,* zum Beispiel der Polizist oder der Betreibungsbeamte, *den Fehler erkennen können, so dass sie die nichtige Verfügung nicht vollstrecken.* Die Einrede der Nichtigkeit kann nämlich noch im Vollstreckungsverfahren eingebracht werden.

Ein *inhaltlicher Mangel* der Nichtigkeit liegt etwa vor, wenn einem Angehörigen der jüdischen Religion der Befehl erteilt wird, den katholischen Gottesdienst zu befolgen. Dies ist eine so grobe Verletzung der Verfassung, dass sie überhaupt nicht mehr geheilt werden kann. Die Verfügung ist deshalb nichtig und kann auch noch nach Ablauf der Beschwerdefrist angefochten werden.

In diesem Zusammenhang ist die bekannte Praxis des Bundesgerichts zu erwähnen, nach der bei schwerwiegenden Eingriffen in die Persönlichkeit eine staatsrechtliche Beschwerde noch nach Ablauf der Beschwerdefrist eingereicht werden kann, Eingriffe in unverjährbare und unverzichtbare Rechte müssen immer angefochten werden können (BGE 69 I 166, 88 I 26).

Ist *nicht klar,* ob eine Verfügung fehlerhaft oder nichtig ist, wird in der Regel zugunsten der Fehlerhaftigkeit und zu Lasten der Nichtigkeit vermutet. Dies lässt sich anhand des folgenden Beispieles erklären: Ein junger Student absolviert sein

Examen an einer juristischen Fakultät, an der sein Vater lehrt. Der Vater ist bei der Examensbesprechung anwesend, sein Sohn erhält eine gute Examensnote. Niemand bemerkt die Verletzung der Ausstandspflicht. Es liegt offensichtlich eine fehlerhafte Verfügung vor. Während Jahren übt der Sohn seinen Beruf aus, ohne dass der Fehler erkannt wird. Plötzlich stösst ein Klient auf diese fehlerhafte Verfügung und verlangt, dass sie nichtig erklärt wird. Obwohl die Beschwerdefrist längst abgelaufen ist, erhebt er Einrede der Nichtigkeit und verlangt Schadenersatz, weil er von einem Nichtjuristen oder Nichtmediziner falsch beraten wurde.

Ist das Examen nichtig? Das Beispiel zeigt sehr deutlich, dass bei solchen Angelegenheiten zwischen den verschiedenen im Spiele stehenden Interessen abzuwägen ist. Im Interesse der Rechtssicherheit müsste der Fehler der Verfügung nach so langer Zeit geheilt sein. Jedermann hat bis jetzt auf den Entscheid der Examensjury vertraut. Soll er nun plötzlich in Frage gestellt werden? Die *Rechtsunsicherheit* wäre unerträglich, wenn jedermann nachprüfen müsste, ob das Examen eines Juristen oder Mediziners von der richtig zusammengesetzten Examensjury beurteilt wurde.

Zu beachten ist aber auch das Interesse an einem *rechtmässigen Verfahren*. Die Universitäten müssen verhindern, dass persönliche Angehörige ihrer Hochschullehrer bevorzugt werden; die Glaubhaftigkeit gerechter Examensentscheidungen ist eine wesentliche Voraussetzung für eine gute Hochschule. Dieses Interesse muss aber nach so langer Zeit dem Interesse der Rechtssicherheit weichen.

Die Bank von England irrt sich nicht, auch der Staat darf sich nicht irren, er hat die Vermutung der Richtigkeit zu Lasten der Nichtigkeit für sich. Aus diesem Grunde sieht das neue Verwaltungsverfahrensgesetz für die Ausstandspflichtverletzung nicht die Nichtigkeit der Verfügung, sondern die *Revisionsmöglichkeit* vor. Selbstverständlich könnte unter diesen Umständen nachträglich eine Behörde die Verfügung revidieren, wenn sie feststellen müsste, dass das Dabeisein des Vaters tatsächlich zu einem ungerechten, den Sohn privilegierenden Examensentscheid geführt hat. Ist dies aber nicht der Fall, so wird ihm das Diplom zu belassen sein.

Gerade weil das Verwaltungsverfahrensgesetz eine differenziertere Lösung für Mängel, die auch noch nachträglich zu beurteilen sind, vorsieht, kommt dem Problem der Nichtigkeit je länger je mehr eine geringere Bedeutung zu. Die Nichtigkeit wird nur noch in Fällen von Bedeutung sein, in denen eine Revision nicht möglich ist, die Verfügung aber derart gravierende Mängel hat, dass sie auch noch nach Ablauf der Beschwerdefrist oder im Vollstreckungsverfahren angefochten werden können muss.

II. Die Wirkungen der Verfügungen gegenüber Behörden und Privaten

Eine Examensjury stellt fest, dass sie einem falschen Kandidaten das Diplom verliehen hat, weil sie sich im Namen irrte. Darf sie nachträglich das Diplom wieder entziehen? Der Computer berechnet die AHV-Renten zu hoch. Muss der Rentner nach Auszahlung der Rente das Geld zurückzahlen? Der Inhaber eines Führerausweises erblindet, darf ihm nachträglich der Ausweis entzogen werden? Eine Gemeinde erlässt einen Quartierplan für eine Grossüberbauung; aus finanziellen Gründen kann die Überbauung nicht sofort durchgeführt werden. In der Zwischenzeit hat sich die Gemeinde nicht entsprechend der vorgesehenen Planung entwickelt. Darf der Quartierplan nachträglich abgeändert werden? Ein Steuerpflichtiger bemerkt nach Ablauf der Beschwerdefrist, dass die Steuerveranlagung einen Fehler hat, kann er nachträglich noch mit Aussicht auf Erfolg Beschwerde führen?

Diese Fragen wollen wir im Kapitel über die Wirkungen der Verfügungen näher untersuchen. Dabei ist zu unterscheiden *zwischen den Wirkungen, die die Verfügungen gegenüber den Behörden haben, und den Wirkungen, die sie gegenüber den Betroffenen zeitigen.*

A. Die Wirkung der Verfügung gegenüber den Behörden (Widerruf von Verfügungen)

LITERATUR: BECKER H., Rücknahme fehlerhafter begünstigender Verwaltungsakte und Rückforderung ohne Rechtsgrund gewährter Leistungen. Entwicklungen und Probleme in der neueren Rechtsprechung des Bundesverwaltungsgerichts, DöV 26, 1973, S. 379 ff.; BECKER, LUHMANN N., Verwaltungsfehler und Vertrauensschutz, Berlin 1963; BLUMENSTEIN E., Wiedererwägung und neues Recht in der Verwaltung, MBVR 46, 1948/49, S. 1 ff.; GRÜN G., Die Rücknahme des von Anfang an fehlerhaften begünstigenden leistungsgewährenden Verwaltungsakts im Rahmen der Reichsversicherungsordnung, Diss. Saarbrücken 1969; HANGARTNER Y., Widerruf und Änderung von Verwaltungsakten aus nachträglich eingetretenen Gründen, Diss. St. Gallen 1959; DERSELBE, Widerruf von Verwaltungsakten bei Meinungswandel der Behörde und bei Änderung der tatsächlichen Verhältnisse, ZBl 62, 1961, S. 169 ff.; HAUEISEN F., Zum Problem des Vertrauensschutzes im Verwaltungsrecht, DVBl 79, 1964, S. 710 ff.; HERMANN H.P., Der begünstigende Verwaltungsakt unter besonderer Berücksichtigung des Widerrufs, Diss. Würzburg 1965; IPSEN H.P., Widerruf gültiger Verwaltungsakte, 1932; KROUG B., La demande en reconsidération des décisions administratives, Diss. Fribourg 1974; LENZ K.H., Das Vertrauensschutzprinzip, Berlin 1968; MAINKA J., Vertrauensschutz im öffentlichen Recht, Bonn 1963; MANTEUFFEL H., Die Rücknahme von Verwaltungsakten. Staats- und Kommunalverwaltung 21, 1975, S. 199 ff.; MULERT M., Die Rücknahme unanfechtbarer belastender Verwaltungsakte, Diss. Münster 1970; OSSENBÜHL F., Die Rücknahme fehlerhafter begünstigender Verwaltungsakte, 2. Aufl., 1965; DERSELBE, Vertrauensschutz im sozialen Rechtsstaat, DöV 25, 1972, S. 25 ff.; PANCHAUD A., Légalité et révocabilité de la décision administrative, JdT 1963, I, S. 66 ff.; PUTTNER G., Der Schutz wohlerworbener Rechte im Gemeinschaftsrecht — insbesondere bei der Rücknahme rechtswidriger Verwaltungsakte. Europarecht 10, 1975, S. 218 ff.; PUTTNER G., KISKER G., Vertrauensschutz im Verwaltungsrecht, VVDStRL, 32, 1974, S. 277 ff.; SAUER H., Die Bestandskraft von Verwaltungsakten. Zugleich ein Beitrag zur Problematik der Rücknahme rechtswidriger belastender Verwaltungsakte, DöV 24, 1971, S. 150 ff.; SALADIN P.,

Der Widerruf von Verwaltungsakten, Basel 1960; SCHACHTSCHNEIDER K.A., Neubescheidung nach Rechtskraft im Sozialversicherungsrecht und im allgemeinen Verwaltungsrecht, VA 63, 1972, S. 112 ff.; SCHWARZENBACH H.R., Die Änderung von Verwaltungsakten der Gemeindeversammlung nach zürcherischem Recht, ZBl 57, 1956, S. 456 ff.; VINCENT J.-Y., Le retrait des actes administratifs unilatéraux. Examen comparatif des solutions adoptées en droit européen et en droit français. Revue trimestrielle de droit européen 10, 1974, S. 31 ff.; WELLAS M., Der Widerrufsvorbehalt von Verwaltungsakten, Diss. Tübingen 1973.

Inwieweit sind die Behörden an ihre einmal erlassenen Verfügungen gebunden? Bei der Beantwortung dieser Frage sind die verschiedenen auf dem Spiele stehenden Interessen zu prüfen. *Der Grundsatz der Gesetzmässigkeit der Verwaltung erfordert die rechtsgleiche Anwendung der Gesetze gegenüber jedermann.* Niemand darf ohne gesetzliche Grundlage begünstigt werden. Kann oder muss die Behörde auf eine Verfügung zurückkommen, wenn sie nachträglich feststellt, dass sie den Sachverhalt falsch beurteilt oder das Gesetz falsch ausgelegt hat? Wie steht es bei den vielen Verfügungen, die im Rahmen des Ermessens der Behörden erlassen werden?

Sind die Behörden aus Gründen der Rechtsgleichheit verpflichtet oder berechtigt, einmal erlassene Verfügungen zurückzuziehen, wenn sie feststellen, dass sie einen Fehler begangen haben? Der Grundsatz der Rechtsgleichheit und des öffentlichen Interesses an gerechten Verfügungen lassen sich nur verwirklichen, wenn die Behörden auf ihre einmal getroffene Verfügung zurückkommen können.

Dem Grundsatz des öffentlichen Interesses an der Gleichbehandlung und der Gesetzmässigkeit der Verwaltung steht aber das *Interesse des Betroffenen* gegenüber. Die Verfügung dient auch dem Rechtsschutz- und Rechtssicherheitsinteresse des Betroffenen. Aus Gründen der Rechtssicherheit sollte sich der durch eine Verfügung betroffene Bürger auf die Behörde verlassen können und nicht damit rechnen müssen, dass Verfügungen nachträglich abgeändert oder ständig neu erlassen werden können. Nach dem Grundsatz von Treu und Glauben muss sich die Verwaltung an einmal erlassene Verfügungen halten.

Wie soll nun dieser Interessengegensatz entschieden werden? Lehre und Praxis des Verwaltungsrechts befassen sich seit längerer Zeit mit diesem Problem. Die nachträgliche Aufhebung oder Abänderung einer Verfügung nennt man *Widerruf*. Unter welchen Voraussetzungen ist der Widerruf einer Verfügung möglich? Die erste Frage, die sich stellt, ist das Problem der gesetzlichen Grundlage. *Braucht es für den Widerruf eine gesetzliche Grundlage?* In bestimmten Fällen kann sich überdies der Betroffene *nicht auf den Vertrauensschutz* oder die Rechtssicherheit berufen. In diesen Fällen geht das Interesse am richtigen Recht vor. Wann kann sich der Betroffene nicht auf den Vertrauensschutz berufen? Schliesslich stellt sich die Frage, unter welchen Voraussetzungen Verfügungen widerrufen werden können, wenn der Betroffene den *Vertrauensschutz für sich in Anspruch nehmen kann*. Wie ist das Interesse am richtigen Recht einerseits gegenüber dem Interesse der Rechtssicherheit andererseits abzuwägen? Vorerst ist aber entsprechend der bundesgerichtlichen Praxis zwischen *Verfügungen* zu unterscheiden, die *widerrufbar* sind, und solchen, die *nicht widerrufen werden können*.

1. Nicht-widerrufbare Verfügungen

Eine Verfügung kann, selbst wenn sie dem öffentlichen Interesse und der richtigen Rechtsanwendung nicht oder nicht mehr entspricht, in der Regel nicht widerrufen werden,

— wenn der Bewilligungsempfänger durch die Bewilligung ein subjektives Recht erworben hat,
— wenn der frühere Entscheid in einem Verfahren ergangen ist, in dem die öffentlichen Interessen allseits zu prüfen und gegen die privaten Interessen abzuwägen waren,
— wenn der Empfänger von der Bewilligung bereits Gebrauch gemacht hat (BGE 98 250 E.4 a mit Hinweisen, BGE 100 Ib 97, vgl. auch VPB 1974 Nr.91),
— wenn ein letztinstanzliches, nicht mehr anfechtbares Urteil eines Verwaltungsgerichts vorliegt.

Wir wollen nun versuchen, die bereits bestehende Praxis zu dieser Frage vermehrt unter dem Gesichtspunkt des Vertrauensschutzes zu betrachten. Insbesondere ergibt die These des Bundesgerichts, wonach ein Widerruf dann nicht möglich ist, wenn der Entscheid in einem Verfahren gefällt wurde, in dem die öffentlichen Interessen abgewogen wurden, recht wenig her, da in jedem Verfahren die Interessen abzuwägen sind. Massgebend, ob ein Entscheid widerrufen werden kann, ist die Frage, inwieweit das Vertrauen des Betroffenen zu schützen ist. Das Bundesgericht gibt im bereits angeführten Entscheid auch zu, dass «ein besonders gewichtiges öffentliches Interesse zum Widerruf der Verfügung führen» könne. Überdies berechtige die nachträgliche Änderung eines Gesetzes unter Umständen zum Widerruf (BGE 100 Ib 97).

Bewusst wird auch auf den Begriff der *Rechtskraft* verzichtet, da diese Übernahme eines Begriffes aus dem Prozessrecht in das Verwaltungsrecht nur Verwirrung stiften kann. Auszugehen ist vielmehr von der Frage, inwieweit eine Behörde an einen erlassenen Entscheid, d.h. an eine Verfügung, gebunden ist. Der Begriff der Rechtskraft soll dem streitigen Verfahren vor dem Verwaltungsgericht vorbehalten bleiben.

2. Widerrufbare Verfügungen

2.1. Widerruf ohne gesetzliche Grundlage

Im Gegensatz zur These GIACOMETTIS (GIACOMETTI Z., Allgemeine Lehren, Zürich 1960, S.409) ist die Praxis nicht dem Postulat gefolgt, der Widerruf einer Verfügung sei nur möglich, wenn das Gesetz ihn ausdrücklich vorsieht.

Eine Verfügung ist auch widerrufbar, wenn keine gesetzliche Grundlage vorliegt. Jede andere Lösung wäre unpraktikabel. Auf Grund der Gesetze müssen derart viele verschiedene Verfügungen erlassen werden, dass ein detaillierter Widerrufsvorbehalt jeder behördlichen Zuständigkeit mit allen ihren konkreten Ausgestaltungen unmöglich ins Gesetz aufgenommen werden könnte. Abzustellen ist vielmehr auf die in der Praxis entwickelten *Grundsätze* für den Widerruf von Verfügungen. Der Widerruf ist aber auch eine notwendige Folge des Grundsatzes der Rechtmässigkeit der Verwaltung. Rechtswidrige Verfügungen, d.h. solche, die Gesetzesvorschriften verletzen oder gegen überwiegende öffentliche Interessen verstossen, müssen auch nachträglich abgeändert werden können. Offen bleibt lediglich, wieweit der Vertrauensschutz des Betroffenen einem Widerruf entgegensteht.

2.2. Widerruf ohne Vertrauensschutz

2.2.1. Widerrufsvorbehalt

Der Widerruf ist möglich, wenn *bereits das Gesetz einen Widerrufsvorbehalt* macht. Die Baugesetze sehen vor, dass Baubewilligungen vor dem Baubeginn leichter revidiert werden können als Baubewilligungen nach dem Baubeginn. Das Gesetz nimmt eine Abwägung der Interessen in der Weise vor, dass das Vertrauen des Betroffenen deshalb nicht besonders zu schützen sei, weil er noch keine besonderen Dispositionen getroffen hat. Der Vertrauensschutz ist deshalb geringer, weil der Betroffene bereits *auf Grund des Gesetzes weiss, dass die Verfügungen nicht vorbehaltlos, sondern unter den gesetzlichen Voraussetzungen erteilt wurden.* Sobald er aber Dispositionen getroffen hat, geniesst er gegenüber der verfügenden Behörde den Vertrauensschutz. Dann sind Verfügungen kaum mehr abänderbar.

Ähnliches gilt auch für Verfügungen, die mit einem Widerrufsvorbehalt versehen sind. In diesem Falle kann die Verfügung bei Beachtung der im Widerrufsvorbehalt angegebenen Voraussetzungen widerrufen werden. Die Behörde darf ihre Befugnis, einen Widerrufsvorbehalt anzubringen, allerdings nicht missbrauchen. Ein Widerrufsvorbehalt ist nur dann zulässig, wenn er auf Grund der Umstände geboten und nicht unverhältnismässig ist.

2.2.2. Begünstigung des Betroffenen

Vertrauen ist auch nicht zu schützen, wenn *der Widerruf den Betroffenen begünstigt.* Wenn eine Behörde einen Studenten irrtümlicherweise durch das Examen fallen lässt und dies nachträglich feststellt, kann sie die Verfügung selbstverständlich widerrufen, d.h. sein Examen anerkennen. Lohnaufbesserungen sind ebenfalls ohne weiteres möglich, da sie die Betroffenen begünstigen. Verfügungen, deren Revision den Betroffenen zugute kommt, können ohne weiteres widerrufen werden, soweit dadurch keine Dritten zu Schaden kommen.

2.2.3. Pflichtverletzung des Betroffenen

Verfügungen können auch widerrufen werden, wenn eine Pflichtverletzung des Betroffenen vorliegt. Wenn sich der Betroffene einer Pflichtverletzung schuldig gemacht hat, kann die Verfügung unter Beachtung des Grundsatzes der Verhältnismässigkeit widerrufen werden. Ein typischer Fall ist der Entzug des Führerausweises.

Der Führerausweis kann dann teilweise entzogen werden, wenn sich der Betroffene einer groben Pflichtverletzung schuldig gemacht hat (Art. 16 SVG, SR 741.01, VPB 1976 Nr. 45, 62, 83, BGE 102 Ib 187, 193). Allerdings muss sich die Behörde beim Widerruf wegen Pflichtverletzung an den Grundsatz der Verhältnismässigkeit halten. Eine kleine Pflichtverletzung, zum Beispiel die Missachtung eines Parkverbotes, darf nicht zum vollständigen Entzug des Führerausweises führen. Es versteht sich von selbst, dass da, wo das Gesetz den Widerruf wegen Pflichtverletzung regelt, nur im Rahmen des Gesetzes widerrufen werden darf.

Die Grundsätze, die auch auf *Disziplinarstrafen* Anwendung finden, können fast unbesehen auf den Widerruf von Verfügungen wegen Pflichtverletzung übernommen werden. Die disziplinarische Entlassung ist im Grunde genommen nichts anderes als der Widerruf einer Verfügung bei Vorliegen einer Pflichtverletzung. Die disziplinarische Entlassung eines Beamten entspricht dem Widerruf der Anstellungsverfügung, die disziplinarische Entlassung eines Studenten dem Widerruf einer Immatrikulationsverfügung.

Bei Vorliegen einer Pflichtverletzung ist die Behörde *verpflichtet*, die Verfügung von Amtes wegen zu überprüfen. Dies ergibt sich schon aus Gründen des Grundsatzes der Gesetzmässigkeit der Verwaltung. Wäre die Behörde frei, könnte sie willkürlich den einen durch den Widerruf benachteiligen und den anderen durch Verzicht auf Widerruf begünstigen.

Eine Pflichtverletzung liegt auch vor, wenn sich der Betroffene die Verfügung erschlichen hat. Wenn jemand seine Doktordissertation abschreibt, muss er damit rechnen, dass die Verfügung unter Beachtung des Grundsatzes der Verhältnismässigkeit nach Jahren widerrufen werden kann. Ja, gemäss Art. 66 VwVG ist die Beschwerdeinstanz *verpflichtet*, die Verfügung dann in Revision zu ziehen, wenn sie durch ein Vergehen oder Verbrechen beeinflusst worden ist.

Zu beachten ist aber auch hier der Grundsatz der Verhältnismässigkeit. Wenn ein Lokomotivführer beispielsweise bei der Anstellung einige falsche Angaben über seinen Gesundheitszustand macht, kann dies nicht ohne weiteres Grund für eine sofortige Entlassung sein. Die Verhältnismässigkeit erfordert vielleicht die Versetzung im Amt. Hat er aber tiefgreifende gesundheitliche Mängel bewusst verschwiegen, erlaubt der Grundsatz der Verhältnismässigkeit den vollen Widerruf der Verfügung. Ähnliches gilt für Schüler, die im Examen betrogen haben.

2.2.4. Wegfall oder Änderung der Voraussetzungen

Verfügungen können auch nachträglich widerrufen werden, wenn, insbesondere bei Dauerverfügungen, die *Voraussetzungen zum Erlass der Verfügungen weggefallen sind*. Wenn ein Autofahrer nachträglich erblindet oder aus Gründen der körperlichen oder geistigen Gesundheit nicht in der Lage ist, sein Fahrzeug zu führen, kann ihm nachträglich der Führerausweis entzogen werden (Art. 6 Abs. 1 SVG). Der Betroffene hat keinen Anspruch auf Vertrauensschutz, weil die Voraussetzungen für die Verwirklichung der Verfügung weggefallen sind.

Zu den Voraussetzungen zählen aber *nur die tatsächlichen Umstände*, nicht die rechtlichen Voraussetzungen. Wenn sich die rechtlichen Voraussetzungen ändern, müssen andere Grundsätze angewendet werden. So kann nicht verlangt werden, dass der Eigentümer einer Liegenschaft sein Haus abbricht, weil sein Grundstück nicht mehr in der Bauzone liegt. Wenn aber sein Grundstück plötzlich, zum Beispiel wegen eines Waldbrandes, in die Lawinenzone gerät, darf ihm die Baubewilligung ohne weiteres entzogen werden. In diesem Fall haben sich die gesetzlichen Voraussetzungen (Lawinenzone) auf Grund der tatsächlichen Umstände (Waldbrand) geändert. Der Widerruf ist aber nur im Rahmen der *Verhältnismässigkeit* möglich.

Ein weiterer Fall des Widerrufes von Verfügungen wegen Wegfalls der tatsächlichen Voraussetzungen ist die *administrative Entlassung* von Beamten, die ihre Aufgaben aus gesundheitlichen Gründen nicht mehr erfüllen können. Das Beamtenrecht ermächtigt die Behörden, Beamte auch während der Amtszeit aus administrativen Gründen aus ihrem Amt zu entlassen, wenn festgestellt werden muss, dass sie den Anforderungen nicht mehr genügen. Ähnliches gilt auch für die administrative Versetzung in eine niedrigere Lohnklasse (Art. 55 BtG, SR 172.221.10).

Wie steht es mit der Widerrufsmöglichkeit, wenn das Gesetz oder eine Rechtspraxis sich nachträglich geändert haben? Nach gängiger Praxis des Bundesgerichts ist in Ausnahmefällen ein Widerruf auch aus Gründen der Änderung des Rechts nachträglich möglich, sofern dies keiner unzulässigen Rückwirkung des Gesetzes gleichkommt. Praxisänderungen berechtigen allerdings nicht zum Widerruf.

So haben beispielsweise Beamte keinen Anspruch auf Ausrichtung einer Teuerungszulage, wenn das Gesetz während der Amtsdauer geändert wird. Rechte, die durch die Gesetze verliehen werden, sind in der Regel keine wohlerworbenen subjektiven Rechte, sie können demnach nachträglich wieder abgeändert werden.

> «Im übrigen wäre es mit der in der Schweiz geltenden Auffassung nicht vereinbar, wenn es dem Gemeinwesen verwehrt wäre, sich im öffentlichen Interesse veränderten Verhältnissen anzupassen und etwa die Besoldungsausgaben mit seinen finanziellen Leistungsmöglichkeiten in Einklang zu bringen» (BGE 101 Ia 446).

Dies gilt vor allem für Dauerverfügungen, die den neuen Verhältnissen angepasst werden müssen. Der Gesetzgeber darf aber nicht *rückwirkend* wohlerworbene Rechte beschneiden (vgl. auch BGE 79 I 7).

Der Betroffene, der nachträglich durch ein Gesetz oder eine Änderung der Praxis des Bundesgerichts besser gestellt wäre als vorher, hat keinen Anspruch auf Wiedererwägung seiner Verfügung. Angenommen, eine Firma rekurriert gegen eine Steuerveranlagung, während sich ihre Konkurrentinnen mit der Veranlagung abfinden, weil sie die herrschende Praxis des Bundesgerichts anerkennen, kann die Firma das Bundesgericht zu einer Änderung der Praxis veranlassen. Die Konkurrentinnen sind demgegenüber nicht berechtigt, ihre Veranlagung revidieren zu lassen. Diese Praxis wird unter anderem damit begründet, dass nur belohnt werden soll, wer das Risiko einer Beschwerde eingeht.

2.3. Widerruf trotz Vertrauensschutz

Eine Gemeinde bewilligt mit der Genehmigung des Quartierplanes für ein bestimmtes Gebiet, das sich in der Wohnzone befindet, eine grössere Ausnutzungsziffer. Während zwei Jahren wird dieses Gebiet nicht überbaut, weil dem Bauherrn die notwendigen finanziellen Mittel fehlen. Inzwischen entwickelt sich die Gemeinde anders als vorgesehen. Um das Gebiet des Quartierplanes entsteht ein Villenviertel. Nach einigen Jahren möchte der Grundstückeigentümer mit der Grossüberbauung beginnen. Jetzt wehren sich die Villenbesitzer gegen die Überbauung und Zerstörung ihres Quartiers. Sie beantragen der Gemeindeversammlung die Abänderung des Quartierplanes. Kann die Gemeindeversammlung diesen Quartierplan nachträglich abändern? Worin unterscheidet sich der vorliegende Fall von den bereits behandelten Beispielen? Niemand hat eine Pflichtverletzung begangen. Der Quartierplan wurde auch nicht mit einem Widerrufsvorbehalt erstellt. Trotzdem verlangen die Villenbesitzer die Abänderung des Quartierplanes. Sie berufen sich vor allem darauf, dass sich die *äusseren tatsächlichen Umstände* geändert haben. Darf aber eine Verfügung bei Änderung der äusseren Umstände nachträglich widerrufen werden?

Das Bundesgericht (BGE 94 I 336) hat im vorliegenden Fall einen nachträglichen Widerruf der Verfügung abgelehnt. Weshalb? Es ging davon aus, dass die Gemeinde im damaligen Quartierplanverfahren eine umfassende Abwägung der Interessenlage vorgenommen hat. Architekten, Planer und andere Experten hatten sich zu einer Überbauung geäussert und festgestellt, dass sie dem Gemeindebild nicht schade und deshalb unter ästhetischen, planerischen und anderen Gesichtspunkten zuzulassen sei. Nachträglich stellt sich die Frage, ob infolge der veränderten Umstände dieser Entscheid aufrechterhalten werden muss und das Vertrauen des Betroffenen zu schützen ist.

Die nachträgliche Veränderung der Verhältnisse erlaubt einen Widerruf von Verfügungen nur dann, wenn die Abwägung der Interessen des Gemeinwohls und des privaten Interesses überwiegend zugunsten des öffentlichen Interesses ausfällt. Wenn also nachträglich ein überwiegendes öffentliches Interesse (zum Beispiel ein polizeiliches Interesse) in schwerwiegender Weise verletzt oder erheblich gefährdet wird, ist eine Abänderung der Verfügung zulässig.

Der Schutz einer Einfamilienhauszone entspricht nicht ohne weiteres einem überwiegenden öffentlichen Interesse; der Vertrauensschutz des Privaten hat deshalb Vorrang. Aus diesem Grunde hat das Bundesgericht den Widerruf durch die Gemeindeversammlung nachträglich aufgehoben. Das Vertrauen des Betroffenen muss also nur dann zurückstehen, wenn infolge der veränderten tatsächlichen Umstände, bei Abwägung des öffentlichen und des privaten Interesses, das öffentliche Interesse derart überwiegt, dass das private zurückstehen muss.

Ein typischer Fall ist der Widerruf von Verfügungen bei Atomkraftwerken. Wenn nachträglich festgestellt werden muss, dass das Atomkraftwerk tatsächlich ein wesentliches Sicherheitsrisiko für die betroffene Gegend darstellt, kann bzw. muss die erteilte Bewilligung widerrufen werden. Im Gegensatz zu vielen anderen Fällen sieht nun aber das Atomgesetz in Art. 9 Abs. 5 vor, dass solche *Widerrufe zu entschädigen seien.* Der Betroffene wird in seinem Vertrauen geschädigt und soll dafür entschädigt werden.

Leider besteht diese Möglichkeit nur in *gesetzlich besonders geregelten Ausnahmefällen* bzw. bei jenen Fällen, wo das Bundesgericht in ständiger Praxis von sogenannten *wohlerworbenen* oder *subjektiven* Rechten spricht. Wenn Konzessionsverfügungen, zum Beispiel eine Wassernutzungsverfügung, nachträglich widerrufen werden, weil eine Gegend Wasser nötig hat und bei Weiterbetrieb des Kraftwerkes der Wasserhaushalt gestört sein würde, muss der Betroffene für den Entzug der Konzession entschädigt werden. Er muss auf ein wohlerworbenes Recht verzichten, das ihm nur auf dem Weg der Enteignung weggenommen werden kann. Bei vielen anderen Verfügungen ist diese Entschädigung des Vertrauensschadens nicht möglich. Dies führt dazu, dass das *öffentliche Interesse bei der Abwägung mit dem privaten Interesse sehr oft zurückstehen muss*, weil es für den Privaten nicht zumutbar ist, nachträglich auf eine Verfügung zu verzichten. Aus diesem Grunde wird der Vertrauensschutz häufig zu Lasten des öffentlichen Interesses überbewertet. Bestände die Möglichkeit, nachträglich den Vertrauensschaden zu entschädigen, könnte viel leichter widerrufen und das öffentliche Interesse berücksichtigt werden.

3. Kriterien für die Beurteilung des Vertrauensschutzes

Wie steht es mit Verfügungen, bei denen sich die Verwaltung geirrt hat? Wenn die Steuerverwaltung einen offensichtlichen Rechnungsfehler begangen hat, ist das Vertrauen des Betroffenen nicht zu schützen. Die Veranlagung kann widerrufen werden. Der Steuerpflichtige wäre in der Lage, diesen Rechnungsfehler zu erkennen. Hat aber die Steuerverwaltung bei der Veranlagung der Steuer einen Fehler gemacht, der nicht ohne weiteres ersichtlich ist, ist das Vertrauen des Betroffenen zu schützen. *Massgebend ist also, ob der Fehler, der Irrtum der Verwaltung für den Betroffenen erkennbar ist oder ob er ihn nicht erkennen konnte.* Kann er ihn erkennen, ist sein Vertrauen nicht zu schützen, kann er ihn aber nicht erkennen, muss er in seinem Vertrauen geschützt werden.

Bei der Abwägung der Interessen ist des weiteren darauf abzustellen, *ob der Betroffene auf Grund der Verfügung bereits Dispositionen getroffen hat.* Der Computer, der den Rentnern zu hohe Renten ausbezahlt, kann die Renten nicht zurückverlangen, wenn die Rentner auf Grund der hohen Renten bereits ihre entsprechenden Dispositionen getroffen und Ausgaben vorgenommen haben. Das Vertrauen ist zu schützen. Ein Widerruf wird aber eher möglich sein, wenn unmittelbar nach der Verfügung die Betroffenen auf den Irrtum aufmerksam gemacht werden.

Wie ist aber vorzugehen, wenn sich eine Examenskommission im Kandidaten irrt und nachträglich feststellt, dass sie dem falschen Kandidaten das Lizentiat gegeben hat. Auch in diesem Fall ist auf die Interessenlage abzustellen. Hat der Betroffene bereits Dispositionen vorgenommen, ist sein Vertrauensschutz grösser. Andererseits ist aber auch auf den Fehler abzustellen. Ein Arztdiplom darf sicher keinem

Kandidaten gegeben werden, der die Patienten gefährden könnte, weil er sein Fachgebiet überhaupt nicht beherrscht. Wenn der Betroffene eine 1 oder eine 2 gehabt hätte, darf er das Diplom nicht behalten, das öffentliche Interesse geht vor Vertrauensschutz. Handelt es sich aber um einen Pechvogel, der anstatt der erforderlichen 4 eine 3.9 hat, geht der Vertrauensschutz sicher vor.

Ähnlich wie derartige Verfügungen sind *Auskünfte der Verwaltung* zu behandeln. Der Betroffene kann sich dann auf eine Auskunft stützen, wenn diese von der *zuständigen Behörde vorbehaltlos erfolgt ist und er auf Grund der Auskunft nicht wieder rückgängig zu machende Dispositionen getroffen hat* (vgl. auch Art. 8 Abs. 7 Verordnung zum Zollgesetz [SR 631.01] und BGE 76 I 190, 98 Ia 462 E. 2, 96 I 15 E. 2, ZBl 69, 1968, S. 417). In diesem Fall kann er sich auf die Verwaltung verlassen. Die Verwaltung ist verpflichtet, auf Grund der Auskunft die spätere Verfügung zu erlassen. Die Auskunft berechtigt allerdings nicht zu einem gesetzwidrigen Handeln der Verwaltung. Die falsche Auskunft eines PTT-Beamten über die Gebühren von Paketsendungen berechtigt den Betroffenen nicht ohne weiteres, gemäss der Auskunft seine Pakete zu senden. Er hätte die Auskunft überprüfen können. Wenn sie offensichtlich unrichtig war, hätte er wissen müssen, dass sich der PTT-Beamte geirrt hat. Das Vertrauen ist also nur soweit zu schützen, als der Betroffene *auf Grund der Umstände annehmen konnte, die Auskunft der Verwaltung sei richtig. Dies gilt auch für die Beurteilung der Zuständigkeit* (BGE 96 I 15 E.2). Ein rechtsunkundiger Ausländer kann sich auch dann auf die Auskunft einer Behörde verlassen, wenn diese unzuständig ist, sofern er annehmen konnte, die Behörde sei zur Auskunftserteilung zuständig.

4. Zusammenfassung

Die Darlegung der verschiedenen Möglichkeiten der Verwaltung, eine Verfügung zu widerrufen, haben gezeigt, dass *die Verfügung des Verwaltungsrechts nicht ohne weiteres einem richterlichen Urteil gleichgesetzt werden kann. Es kommt ihr nicht die Rechtskraft zu, die ein richterliches Urteil hat.* Funktion und Aufgabe des richterlichen Urteils ist es, eine Rechtsstreitigkeit zwischen zwei Parteien endgültig zu schlichten. Die Verfügung ist eine Zäsur im Ablauf der Verwaltungstätigkeit, bei der die Rechtspflichten des einzelnen konkret festgelegt werden. Sie gibt dem einzelnen die Möglichkeit der Beschwerde und dient im Rahmen des öffentlichen Interesses der Rechtssicherheit. Beim Erlass von Verfügungen wird primär kein Streit zwischen Verwaltung und Bürger geschlichtet, sondern es werden vielmehr seine Rechte und Pflichten gegenüber der Verwaltung festgelegt.

Damit untersteht auch die *Abänderbarkeit der Verfügung anderen Gesetzen als die Abänderbarkeit von Urteilen*. Wenn ein Urteil in einer privatrechtlichen Streitigkeit abgeändert wird, begünstigt dies in der Regel die Partei zum Schaden der Gegenpartei. Wird eine Verfügung abgeändert, entspricht dies dem öffentlichen Interesse und der gesetzlichen Pflicht der Verwaltung. Die Abänderung kann den

Bürger sowohl begünstigen wie auch benachteiligen. Massgebend ist, dass, im Gegensatz zur privatrechtlichen Streitigkeit, das öffentliche Interesse der Gemeinschaft dem privaten Interesse des einzelnen Bürgers gegenübersteht.

Das öffentliche Interesse ist aber nichts anderes als das Interesse an der Verwirklichung und Konkretisierung der Normen der Verfassung und des Gesetzes. Dieses Interesse, das alle Bürger einer Gemeinschaft umschliesst, soll nicht ohne weiteres dem privaten Interesse weichen müssen. Nur wenn das Vertrauen des Privaten zu schützen ist und dadurch das öffentliche Interesse nicht wesentlich beeinträchtigt wird, muss der Vertrauensschutz dem öffentlichen Interesse vorgehen. In Grenzfällen sollte es aber möglich sein, anstatt die Verfügung aufrechtzuerhalten, den durch die Abänderung der Verfügung herbeigeführten Vertrauensschaden zu decken. Auf diese Weise könnte einerseits dem öffentlichen Interesse Rechnung getragen und andererseits das berechtigte Interesse des Privaten berücksichtigt werden. Es ist also falsch, wenn die klassische Lehre des Verwaltungsrechts bisher die Entschädigung auf die Enteignung wohlerworbener Rechte beschränkt und nicht beachtet hat, dass nicht nur bei wohlerworbenen Rechten, sondern auch bei anderen Verfügungen das Vertrauen des Bürgers zu schützen und ein allfälliger Vertrauensschaden zu entschädigen ist. Anders steht es selbstverständlich bei Verfügungen, die durch ein Verwaltungsgericht entschieden wurden und nicht mehr angefochten werden können. Ein verwaltungsgerichtliches Urteil bindet sowohl die Behörden wie auch den Betroffenen. Es lässt sich lediglich unter den im Prozessgesetz vorgesehenen Voraussetzungen revidieren.

B. Die Wirkung der Verfügung gegenüber den Betroffenen

LITERATUR: BAUMANN F., Die Rechtskraft im Verwaltungsrecht, SJZ 52, 1956, S. 337 ff.; BEETSCHEN B., Die materielle Rechtskraft der Verwaltungsverfügung, Diss. Zürich 1923; BEGUIN J.-C., L'effet suspensif des recours en annulation en droit administratif allmand. Revue internationale des sciences administratives 39, 1973, S. 389 ff.; BETTERMANN K.A., Über die Wiederaufnahme abgeschlossener Verwaltungsverfahren. Bemerkungen aus der Sicht des Prozessrechts. Fortschritte des Verwaltungsrechts, München 1973, S. 465 ff.; DE CLERCK H.; Aufschiebende Wirkung der Anfechtung von Verwaltungsakten, NJW 14, 1961, S. 2233 ff.; DECOPPET H., Die Rechtskraft im Verwaltungsrecht im allgemeinen und unter besonderer Berücksichtigung der Bewilligung und der Konzession, Diss. Basel 1953; EICHHORN E., Die einstweilige Anordnung im Verwaltungsprozess, Diss. Würzburg 1960; GYGI F., Aufschiebende Wirkung und vorsorgliche Massnahmen in der Verwaltungsrechtspflege, ZBl 77, 1976, S. 1 ff.; JELLINEK G., Der fehlerhafte Staatsakt und seine Wirkungen, 1908; KOPP F., Nochmals: Die sofortige Vollziehbarkeit von Verwaltungsakten. Eine Erwiderung zu Renk, in: DöV 25, 1972, S. 343, DöV 26, 1973, S. 86 ff.; DERSELBE, Rechtsfragen der aufschiebenden Wirkung im Verwaltungsverfahren (§ 64 AVG) und im Verfahren vor den Gerichtshöfen des öffentlichen Rechts (§ 30 VwGG und 86 VfGG), Juristische Blätter 95, 1973, S. 57 ff.; LANGEN J., Die verwaltungsgerichtliche Geltendmachung materieller Einwendungen gegen die Vollstreckung von Verwaltungsakten unter besonderer Berücksichtigung der Vollstreckungsgegenklage (...). Diss. Mainz 1970; MATILE J., Essai sur l'autorité des décisions administratives, Diss. Lausanne 1952; MEYLAN J., De l'effet suspensif en procédure vaudoise de recours administratif, RDAF 26, 1970, S. 49 ff.;

RENK L., Die sofortige Vollziehung von Verwaltungsakten und die aufschiebende Wirkung von Rechtsbehelfen, DöV 25, 1972, S. 343 ff.; RÖHL E.A., Suspensiveffekt von Rechtsmitteln im Verwaltungsrechtsstreit, Diss. Hamburg 1966; WIESELER W., Der vorläufige Rechtsschutz gegen Verwaltungsakte. Schriften zum öffentlichen Recht, H. 54, Berlin 1967; WINKLER H., Das Schicksal der einstweiligen Verfügung bis zur Rechtskraft des sie aufhebenden Urteils, MDR 1962, S. 88 ff.

Wir haben gesehen, inwieweit die Behörde an eine von ihr erlassene Verfügung gebunden ist. Jetzt müssen wir die Frage prüfen, welche Wirkungen die Verfügung gegenüber dem Betroffenen zeitigt. Hier ist zu unterscheiden zwischen Verfügungen, die noch anfechtbar sind, und Verfügungen, deren Rechtsmittelfrist abgelaufen ist.

1. Anfechtbare Verfügungen

Während der Zeit ihrer Anfechtbarkeit bleiben Verfügungen *nicht ohne weiteres wirkungslos*. Es gibt Verfügungen, die trotz ihrer Anfechtbarkeit oder trotz Einlegung des Rechtsmittels sofort vollstreckt werden können. Nach Art. 55 VwVG handelt es sich hierbei um Verfügungen, die *keine abgabenrechtlichen Tatbestände zum Gegenstand haben.* Diese Verfügungen können von der unteren Instanz oder der Beschwerdeinstanz *sofort vollstreckt* werden (vgl. dazu BGE 98 I 220, 99 Ib 219).

Überdies hat die Beschwerdeinstanz gemäss Art. 56 VwVG die Möglichkeit, unabhängig von der Art der Verfügung, *vorsorgliche Massnahmen zu treffen* (VPB 1976 Nr. 21).

Der Entscheid über den Entzug der aufschiebenden Wirkung wie auch über allfällig zu treffende vorsorgliche Massnahmen kann ausserordentlich schwerwiegend sein. Es stellt sich deshalb die Frage, auf Grund welcher Kriterien die Behörde entscheiden soll. Hier zeigt sich eine grosse Unsicherheit der schweizerischen Praxis.

Die aufschiebende Wirkung gegenüber einer Verfügung ist vor allem dann nicht zu gewähren, wenn Gefahr im Verzuge ist oder das öffentliche Interesse eine sofortige Entscheidung erfordert. Dies lässt sich an folgendem Beispiel etwas näher erläutern: Nach einem Lawinenwinter wollte die Gemeinde, die durch eine Lawine geschädigt wurde, im Sommer Lawinenverbauungen errichten. Um die Lawinen wirksam zu verhindern, mussten diese Verbauungen auf dem Territorium der Nachbargemeinde erstellt werden. Die Gemeinde beantragte deshalb dem Staatsrat des Kantons das Enteignungsrecht. Dieses wurde ihr gewährt. Gegen diesen Entscheid erhob die Nachbargemeinde staatsrechtliche Beschwerde beim Bundesgericht.

Es stellt sich die Frage, ob im August, dem Zeitpunkt, da die Beschwerde beim Bundesgericht eingereicht wurde, aufschiebende Wirkung gewährt werden musste oder ob die Verfügung sofort vollstreckbar war. Das Bundesgericht hat sich verständlicherweise gegen die aufschiebende Wirkung ausgesprochen. Hätte die Enteignungsverfügung aufschiebende Wirkung gehabt, hätten keine Verbauungen errichtet werden können, da das Bundesgericht nicht vor Winterbeginn materiell entschieden hätte. Die aufschiebende Wirkung hätte die Gemeinde den Lawinen des nächsten Winters ausgeliefert. Auf Grund einer Interessenabwägung musste die aufschiebende

Wirkung verweigert werden. Der Schaden der enteigneten Gemeinde ist wesentlich geringer als die Bedrohung der gefährdeten Gemeinde.

Welche Überlegungen führen zu einem derartigen Entscheid? Wenn eine Beschwerde offensichtlich unberechtigt ist, muss die aufschiebende Wirkung verweigert werden. Im übrigen ist aber auf Grund einer Interessenabwägung zu entscheiden. Massgebend sind also zwei Kriterien: die Erfolgsaussichten des Beschwerdeführers oder das öffentliche Interesse. Im Zweifel sollte die aufschiebende Wirkung jedenfalls erteilt werden (VPB 1975 Nr. 111).

In vielen Fällen beurteilt das Bundesgericht die Frage der aufschiebenden Wirkung lediglich auf Grund der Erfolgsaussichten des Beschwerdeführers. Hat die Beschwerde Chancen durchzukommen, wird die aufschiebende Wirkung erteilt, hat sie keine Chancen, muss die aufschiebende Wirkung verweigert werden. Dieses Kriterium ist meines Erachtens nur dann sinnvoll, wenn es sich um *offensichtlich unbegründete Beschwerden* handelt oder wenn die Verfügung, gegen die sich die Beschwerde richtet, *offensichtlich falsch* ist. In allen anderen Fällen muss der Entscheid über die aufschiebende Wirkung auf Grund eines anderen Kriteriums gefällt werden. Massgebend ist das öffentliche Interesse. Der Richter oder die Beschwerdeinstanz müssen abwägen, ob das *öffentliche Interesse eine sofortige Vollstreckung* der Verfügung verlangt oder ob das öffentliche Interesse nicht gefährdet wird, wenn die Verfügung nicht sofort vollstreckt wird.

Verfügungen auf eine *Geldleistung* müssen unter dem Gesichtspunkt des öffentlichen Interesses nicht sofort vollstreckt werden. Das Gemeinwesen kann auf den letztinstanzlichen Entscheid warten, da es durch einzelne Beschwerden gegen Abgabeverfügungen nicht in finanzielle Not gerät. Das Interesse des Beschwerdeführers an einem richtigen Entscheid geht hier offensichtlich vor. Der einzelne wird durch eine rechtswidrige Steuerveranlagung in seinen Interessen zu stark belastet. Besteht aber eine grosse Lawinengefahr, kann die aufschiebende Wirkung nicht gewährt werden. Hier spricht das öffentliche Interesse zugunsten der Gemeinde, die ihre Lawinenverbauungen noch vor dem Winter fertigstellen möchte.

Die Praxis des Bundesgerichts, auf die Erfolgsaussichten des Beschwerdeführers abzustellen, hat sich in einem konkreten Fall des Kantons Freiburg als überaus nachteilig erwiesen. Im Rahmen einer staatsrechtlichen Beschwerde hat ein Beschwerdeführer gegen die Nichtunterstellung eines Finanzentscheides zur Gewährung eines Strassenkredites unter das fakultative Referendum Beschwerde an das Bundesgericht eingereicht. Das Bundesgericht gewährte die aufschiebende Wirkung nicht. In der Folge wurden ¾ des Krediets für die Strassenbauten ausgegeben. Nach langer Zeit hat das Bundesgericht die Beschwerde gutgeheissen und den Entscheid des Grossrates aufgehoben. Inzwischen hatte der Kanton die Kredite bereits ausgeschöpft. Hätte das Bundesgericht eine Abwägung der Interessen vorgenommen, hätte sich wohl ergeben, dass es aus Gründen des öffentlichen Interesses nicht ohne weiteres notwendig ist, die Strassen sofort zu bauen. Mit dem Strassenbau hätte man ohne weiteres warten können.

Wird die *aufschiebende Wirkung willkürlich entzogen, muss der Betroffene entschädigt werden* (Art. 55 Abs. 4 VwVG, BGE 100 Ib 494). Der Bund würde zwar bereits nach Art. 3 VG für unrechtmässigen Schaden haften. Eine Klage nach Verantwortlichkeitsgesetz ist aber ausgeschlossen, wenn eine beschwerdefähige Verfügung vorliegt. Die Verweigerung der aufschiebenden Wirkung ist eine Zwischenverfügung. Wird die aufschiebende Wirkung willkürlich verweigert, soll der Betroffene wenigstens im ordentlichen Beschwerdeverfahren die Möglichkeit haben, sich schadlos zu halten.

Die *vorsorglichen Massnahmen* unterliegen ähnlichen Kriterien wie die aufschiebende Wirkung. Die Befugnis, vorsorgliche Massnahmen zu ergreifen (Art. 56 VwVG), gibt der Beschwerdeinstanz die Möglichkeit, unbeachtet des zu erlassenden Beschwerdeentscheides die *Massnahmen zu treffen, die zur Sicherung des Rechtszustandes notwendig sind*. Richter oder Beschwerdeinstanz dürfen aber nur diejenigen Massnahmen anordnen, die für eine normale Durchführung des Verfahrens unerlässlich sind. Sie dürfen keine Situation eintreten lassen, die einen Entscheid hinfällig macht, ihn verhindert oder das Interesse einer Partei am Entscheid vermindern könnte. Vorsorgliche Massnahmen sind also dann zu ergreifen, wenn aus irgendeinem Grund das Verfahren infolge besonderer Umstände gestört werden könnte. Dabei ist auf die Interessenlage der Parteien Rücksicht zu nehmen, da der Entscheid über die vorsorglichen Massnahmen für die Betroffenen ausserordentlich gravierend sein kann. Richter und Beschwerdeinstanz sind bei der Anordnung vorsorglicher Massnahmen an den Grundsatz der Verhältnismässigkeit gebunden.

2. Die vollstreckbaren Verfügungen

Nach Ablauf der Beschwerdefrist oder nach Entscheid der obersten Beschwerdeinstanz kann eine Verfügung vollstreckt werden. Die Verfügung ist formell rechtskräftig, weil sie durch ein ordentliches Rechtsmittel nicht mehr angefochten werden kann. Kann der Betroffene nichts mehr gegen die Verfügung unternehmen? Nach Ablauf der Beschwerdefrist kann der Betroffene die *Wiedererwägung* verlangen, wenn die Verfügung nicht durch die Beschwerdeinstanz behandelt wurde. Liegt ein Beschwerdeentscheid vor, kann er ein *Revisionsbegehren* einreichen.

2.1. Die Wiedererwägung

Bis jetzt haben wir uns die Frage gestellt, inwieweit die *Behörde* berechtigt ist, eine Verfügung zu widerrufen. Nun stellt sich die Frage, inwieweit vom *Betroffenen* ein Widerruf, d.h. eine Wiedererwägung, verlangt werden kann. Dieser Anspruch gegenüber der Behörde von seiten des Betroffenen ist *naturgemäss beschränkt*. Soweit den Betroffenen ein Beschwerderecht zusteht, können sie über den Weg des ordentlichen Rechtsmittels die Bereinigung der fehlerhaften Verfügung verlangen. Wie steht es aber, wenn sie erst nach Ablauf der Beschwerdefrist den Fehler entdecken? Können sie auch nach Ablauf dieser Frist ein Wiedererwägungsgesuch einreichen?

Der Entwurf des Bundesrates zum Erlass eines neuen Gesetzes über ein Bundesverwaltungsverfahren sah vor, dass der Betroffene ein Wiedererwägungsgesuch an die Verwaltung stellen konnte (vgl. BBl 1965 II 1392, Art. 63 Entw. VwVG.). Der Nationalrat hat diesen Vorschlag des Bundesrates aus der Gesetzesvorlage gestrichen. Es stellt sich somit die Frage, inwieweit die Betroffenen gegenüber der Behörde einen Anspruch auf Wiedererwägung haben, wenn sie nachweisen können, dass die Behörde irrtümlich gehandelt hat. Konnte beispielsweise der Medizinstudent, der irrtümlicherweise durch die Prüfung gefallen ist, nach Ablauf der Beschwerdefrist ein Wiedererwägungsgesuch einreichen und von der Behörde die Abänderung der Verfügung verlangen, wenn er erst nachträglich vom Irrtum erfahren hat? Das Bundesverwaltungsverfahren regelt in Art. 66 das Recht des Betroffenen, bei der Beschwerdeinstanz die Revision einer Verfügung zu verlangen, wenn er neue erhebliche Tatsachen oder Beweismittel vorbringen oder nachweisen kann, dass die Beschwerdeinstanz aktenkundige erhebliche Tatsachen oder bestimmte Begehren übersehen bzw. die Bestimmungen über die Ausstandspflicht und das rechtliche Gehör nicht beachtet hat. Wenn sich erst nach Ablauf der Beschwerdefrist herausstellt, dass sich die Examensbehörde geirrt hat, ist offenkundig, dass sie erhebliche Tatsachen übersehen hat. Das Revisionsbegehren ist also berechtigt.

Bei Vorliegen eines Irrtums von seiten der Behörden können die Parteien über Art. 66 VwVG ein Revisionsbegehren stellen. A fortiori sind die Parteien berechtigt, bei Vorliegen eines Revisionsgrundes gegenüber der verfügenden Behörde ein Wiedererwägungsgesuch einzureichen. Gibt die verfügende Behörde dem Wiedererwägungsgesuch nicht statt, kann der Nichteintretensentscheid bei der Rechtsmittelbehörde angefochten werden.

Können die Parteien einen Revisionsgrund im Sinne von Art. 66 Abs. 2 VwVG nicht nachweisen, haben sie keinen Anspruch auf Wiedererwägung. Sofern kein Urteil eines Verwaltungsgerichts vorliegt, können *die Behörden zwar auf das Wiedererwägungsbegehren eintreten, sie sind dazu aber nicht verpflichtet*. Treten sie auf das Wiedererwägungsbegehren materiell ein, leben die Beschwerdefrist und die Beschwerdemöglichkeit der Parteien wieder auf. Treten sie aber auf das Begehren nicht ein, bleibt die alte Verfügung ohne Wiederaufleben der Beschwerdefrist in Kraft. Dies kann vor allem dann für eine Partei recht schmerzlich sein, wenn sie auf Grund einer Praxisänderung der Gerichte feststellen kann, dass sie eigentlich mit ihrem Begehren hätte durchkommen müssen, wenn sie es zur rechten Zeit eingereicht hätte (BGE 98 Ia 568 mit Hinweisen).

Eine *Praxisänderung begründet* gemäss ständiger Rechtsprechung des Bundesgerichts keinen Anspruch auf ein Revisionsbegehren. Somit ist die Partei auf das Wohlwollen der Behörde angewiesen, wenn sie auf Grund der Änderung der Praxis ein Wiedererwägungsbegehren stellt. Kein Recht auf ein Wiedererwägungsgesuch oder Revisionsbegehren gibt auch die Änderung des Rechts. Wenn ein Gesetz nachträglich abgeändert wird, ist niemand berechtigt, die Wiedererwägung einer auf Grund des alten Rechts erlassenen Verfügung zu verlangen. Wenn also beispielsweise der Europäische Gerichtshof für Menschenrechte das schweizerische Verfahren für die Arreststrafen in Frage stellt, kann nicht verlangt werden, dass alle bereits erlassenen Arreststrafen auf Grund des europäischen Urteils in Wiedererwägung gezogen werden.

2.2. Die Revision

Liegt ein Beschwerdeentscheid vor, der durch ein ordentliches Rechtsmittel nicht mehr angefochten werden kann, kann der Betroffene ein Revisionsbegehren stellen, wenn er *neue und erhebliche Tatsachen oder Beweise vorbringen oder nachweisen kann, dass die Beschwerdeinstanz aktenkundige erhebliche Tatsachen oder bestimmte Begehren übersehen hat* (Art. 66 VwVG). Wichtigster Revisionsgrund sind Verletzungen von Art. 10, 59, 76 bzw. 26—28 und 29—33 VwVG. Es handelt sich um Revisionsgründe wegen Verweigerung des rechtlichen Gehörs oder wegen Verletzung der Ausstandspflicht. In diesen Fällen soll der Beschwerdeführer auch nach Ablauf der Beschwerdefrist die Verfügung überprüfen lassen können. Der Gesetzgeber stellt strenge Anforderungen an das rechtmässige Verfahren. Wird das Revisionsbegehren wegen Verletzung einer Verfahrensvorschrift gutgeheissen, kann die verfügende Instanz nach Durchführung eines geordneten Verfahrens materiell möglicherweise trotzdem zum gleichen Ergebnis kommen und eine neue, aber inhaltlich gleichlautende Verfügung erlassen.

Ein weiterer Revisionsgrund liegt vor, wenn gemäss Art. 66 Abs. 1 VwVG ein *Verbrechen oder Vergehen den Entscheid beeinflusst* hat. Dieser Revisionsgrund wird kaum von den durch die Verfügung Betroffenen als vielmehr von der Behörde in Anspruch genommen (vgl. dazu auch S. 233 ff.).

2.3. Einrede der mangelhaften Eröffnung

Neben der Revision kann der Beschwerdeführer gemäss Art. 38 VwVG *Einrede wegen mangelhafter Eröffnung der Verfügung* erheben. Aus mangelhafter Eröffnung darf nämlich dem Betroffenen kein Nachteil erwachsen (BGE 99 V 181). Fehlt die Rechtsmittelbelehrung, kann auch nach Ablauf der Beschwerdefrist das ordentliche Rechtsmittel der Beschwerde eingereicht werden.

2.4. Einrede der Nichtigkeit

Schliesslich können die betroffenen Parteien auch noch im Vollstreckungsverfahren die Einrede der *Nichtigkeit erheben.* Nichtige Verfügungen sind nämlich keine Verfügungen, sie können somit nicht vollstreckt werden.

4. Kapitel: Durchsetzung der Verfügung

LITERATUR: ARNDT G., Der Verwaltungsakt als Grundlage der Verwaltungsvollstreckung, Köln 1967; BAUMANN A., Der Verwaltungszwang im Aargau, Diss. Zürich 1932; BENDEL F., Probleme des Gewässerschutzes in der Schweiz. Grundbegriffe, Verwaltungszwang, Rechtsmittel, Bern 1970, Abhandlungen zum schweizerischen Recht, H. 396; DERSELBE, Der Verwaltungszwang nach Bundesrecht, ZBJV 104, 1968, S. 281 ff.; BRUNNER K., Die Lehre vom Verwaltungszwang, Diss. Zürich 1923; KRÖLLER H.R., Vollstreckungsschutz im Verwaltungszwangsverfahren, Köln 1970; LÜCKE G., Die öffentlich-rechtliche Theorie der Zwangsvollstreckung, Diss. Frankfurt 1952; MÜLLER H.A., Der Verwaltungszwang, Diss. Zürich 1975; PÜNDER T., Der Verwaltungszwang zur Durchsetzung von gemeindlichen Verwaltungsakten nach dem Verwaltungsvollstreckungsgesetz für das Land Nordrhein-Westfalen, Diss. Köln 1961; ROOS G., Die Vollstreckung im bernischen Verwaltungsrecht, MBVR 1947, S. 113 ff.; SCHENKE W.-R., Vollstreckungsschutz gegen Verwaltungsakte bei nach Bestandskraft entstandenen Einwendungen gegen den zu vollstreckenden Anspruch, VA 61, 1970, S. 260 ff., 342 ff.; TSCHUDIN H., Der Verwaltungszwang im Kanton Baselland, Diss. Basel 1944; TRAULSEN H.-D., Die Rechtsbehelfe im Verwaltungsvollstreckungsverfahren, Berlin 1971, UMBAU G., Das Verhältnis von Anordnung und Vollstreckung im Verwaltungsverfahren, Diss. Würzburg 1967; WINTERSTETTER A., Der Verwaltungsakt als Vollstreckungstitel, Diss. München 1967.

I. Die Vollstreckung

A. Einleitung

Formell rechtskräftige Verwaltungsverfügungen und solche, denen die aufschiebende Wirkung entzogen wurde, können vollstreckt werden. Die *Vollstreckung ist die ultima ratio staatlichen Handelns*. Grundsätzlich muss unser demokratisches Staatswesen erreichen, dass *möglichst viele sich möglichst freiwillig den Anordnungen der Verwaltung unterziehen*. Unser Staat hätte nicht die genügenden Vollstreckungs- und Polizeiorgane, mit denen er Massen widerspenstiger Bürger zur Staatstreue verpflichten könnte. Staat und Verwaltung müssen dafür sorgen, mit gerechten und überzeugenden Massnahmen den *inneren sozialen Frieden* zu fördern, der die Wurzel für ein geordnetes Staatswesen bildet.

Aus diesem Grunde trägt das gesamte Verwaltungsverfahren dazu bei, dass sich die Bürger aus eigener Überzeugung freiwillig den Anordnungen der Verwaltung unterziehen. Je glaubhafter die Verwaltung ist, desto weniger muss sie auf die Vollstreckung von Verwaltungsentscheidungen abstellen und desto eher kann sie damit rechnen, dass sich die Bürger freiwillig ihren Anordnungen unterziehen.

Bei einem verschwindend kleinen Teil von Verfügungen ist der Staat gezwungen, zu Vollstreckungsmassnahmen zu greifen. Dieser Umstand steht sicher in Zusammenhang mit dem Volkscharakter, der guten und überzeugenden Verwaltungstätigkeit, aber auch mit der Tatsache, dass der Bürger weiss, dass Verwaltungsverfügungen letztlich vollstreckt werden. Würde der Staat auf seinen *Vollstreckungsapparat verzichten, müsste dies notwendigerweise zu einer Verwilderung des Gemeinwesens führen.*

Die Verwaltung kann Verfügungen auf zwei Arten durchsetzen: Mit dem *Mittel der eigentlichen Vollstreckung und über den Weg der Androhung von Strafmassnahmen im Falle der Widersetzung gegen Verfügungen.* Zuerst wollen wir uns mit der eigentlichen Vollstreckung des Verwaltungsrechts auseinandersetzen und in einem zweiten Teil die strafrechtlichen Massnahmen behandeln, die der Verwaltung zur Vollstreckung zur Verfügung stehen.

B. Die Funktion der Vollstreckung

1. Allgemeines

LITERATUR: BLUMENSTEIN E., Die Zwangsvollstreckung für öffentlich-rechtliche Geldforderungen. Festgabe der juristischen Fakultät der Universität Bern an das Bundesgericht, Bern 1924, S. 179 ff.; BRAND., Zur Frage der Zulässigkeit der Fortsetzung einer Betreibung für öffentlich-rechtliche Forderungen, gestützt auf Verwaltungsentscheide von Bundesorganen, BlSchKG 1960, S. 133 ff.; HEER B., Die Ersatzvornahme als verwaltungsrechtliche Sanktion, Diss. Zürich 1975; HOEHN E., Tendenzen im schweizerischen Steuerstrafrecht, ASA 41, 1972/73, S. 273 ff.; HOFFMANN W., Der Begriff der Ersatzvornahme im neueren Polizeirecht, DVBl 82, 1967, S. 296 ff.; KÖLZ A., Vollzug des Bundesverwaltungsrechts und Behördenbeschwerde, ZBl 76, 1975, S. 361 ff.; LÖWENBERG B., Die Geltendmachung von Geldforderungen im Verwaltungsrecht, Berlin 1967; LÜCHINGER L., Ungehorsam gegen amtliche Verfügungen, Diss. Zürich 1924; NOLL P., Nebenstrafrecht und Rechtsgleichheit, ZStrR 74, 1959, S. 29 ff.; PETER M., Das neue Bundesgesetz über das Verwaltungsstrafrecht. ZStR 90, 1974, S. 337 ff.; PFEIFER H., Die Ersatzvornahme als polizeiliches Vollzugsmittel, DöV 10, 1957, S. 1 ff.; PFUND W.R., Das neue Verwaltungsstrafrecht des Bundes, unter besonderer Berücksichtigung des Steuerrechts, ASA 42, 1973, S. 161 ff.; DERSELBE, Der Entwurf eines Bundesgesetzes über das Verwaltungsstrafrecht, ZBl 74, 1973, S. 58; DERSELBE, Verwaltungsrecht — Strafrecht (Verwaltungsstrafrecht), ZSR NF 90 II, 1971, S. 107 ff.; ROOS G., Die verwaltungsrechtliche Seite der Ungehorsamsstrafe des Art. 292 StGB, ZBJV 79, 1943, S. 481 ff. WALTHER B., Administrative Rechtsnachteile, Diss. Basel 1977.

Die Verwaltung kann Verfügungen mit folgenden Mitteln vollstrecken:
1. Die Schuldbetreibung,
2. Die Ersatzvornahme,
3. Der unmittelbare Zwang,
4. Die Strafverfolgung wegen Ungehorsams nach Art. 292 StGB (vgl. auch Art. 40 und 41 VwVG).

2. Grundsätze der Vollstreckung

Ersatzvornahme und unmittelbarer Zwang sind ohne gesetzliche Anordnung zulässig. Die Schuldbetreibung und die Strafverfolgung wegen Ungehorsams bedürfen der gesetzlichen Grundlage (BGE 100 Ia 344).

Alle Vollstreckungsmassnahmen sind aber an den Grundsatz der *Verhältnismässigkeit* gebunden (BGE 100 Ia 347). Dieser Grundsatz ist in Art. 42 VwVG ausdrücklich erwähnt. Die Behörde darf sich keines schärferen Zwangsmittels bedienen, als es die Verhältnisse zur Durchsetzung des Verwaltungsrechts unbedingt erfordern.

Die Vollstreckungsmassnahmen sind schliesslich an den Grundsatz des *rechtlichen Gehörs* gebunden. Sie setzen eine *Mahnung* voraus und dürfen nur ergriffen werden, wenn sie dem Betroffenen in Aussicht gestellt wurden. Dieser muss seinen Standpunkt darlegen und die zulässigen Einreden gegen die Vollstreckung geltend machen oder die Zwangsmassnahmen durch die Beachtung seiner Verpflichtungen abwenden können. Nach Art. 41 Abs. 3 VwVG kann die Behörde allerdings *ohne Mahnung* eine Zwangsmassnahme, zum Beispiel die Ersatzvornahme oder unmittelbaren Zwang, anordnen, *wenn Gefahr im Verzuge* ist. Bei Lawinengefahr kann die Behörde zum Beispiel ohne ausdrückliche Mahnung die Zwangsevakuierung vornehmen. Auch ein baufälliges Haus, das im Falle des Einsturzes die Bewohner und Passanten verletzen könnte, kann, wenn Gefahr im Verzuge ist, ohne vorherige Mahnung über den Weg der Ersatzvornahme durch die Verwaltung selber abgerissen werden (BGE 91 I 300).

3. Einreden gegen die Vollstreckung

Welche *Einreden* stehen den Betroffenen zur Verfügung? Der Betroffene kann im Vollstreckungsverfahren nicht mehr alle Rügen geltend machen, die er im Rahmen des ordentlichen Rechtsmittelverfahrens erheben kann. Wie wir bereits erwähnt haben, ist nach Ablauf der Rechtsmittelfrist der Fehler einer Verfügung irrelevant. Sie ist vollstreckbar, deshalb kann der Fehler im Vollstreckungsverfahren nicht mehr geltend gemacht werden. Dem Betroffenen stehen im *Vollstreckungsverfahren nur noch die typisch auf die Vollstreckung bezogenen Einreden zu.* Dies sind: die Einreden der Stundung oder des Erlasses, der Verjährung, der Unverhältnismässigkeit der Vollstreckungsmassnahme, der mangelnden gesetzlichen Grundlage der Vollstreckungsmassnahmen und der Verletzung des rechtlichen Gehörs im Vollstreckungsverfahren. Einreden gegen Vollstreckungsverfügungen sind nicht an das Bundesgericht, sondern an den Bundesrat weiterzuleiten (Art. 101 lit. c OG). Neben den Einreden gegen die Vollstreckungsverfügung kann der Betroffene auch gewisse Einreden gegen die Verfügung geltend machen. Dazu gehört vor allem die Einrede der *Nichtigkeit*. Richtigerweise muss der Betroffene aber auch die Einrede der *mangelhaften Eröffnung* noch im Vollstreckungsverfahren geltend machen können.

C. Mittel der Vollstreckung

1. Die Schuldbetreibung

Verfügungen auf Geldzahlung oder Sicherheitsleistung sind *vollstreckbare Titel*. Sie werden auf Grund von Art. 80 Abs. 2 SchKG und Art. 40 VwVG den *Urteilen gleichgestellt*. Dies kann für den Betroffenen einschneidende Folgen haben, zumal er von seiten der verschiedenen kantonalen Gemeinde- und Bundesbehörden oft mit Rechnungen der Leistungsverwaltung konfrontiert wird, die möglicherweise einem richterlichen Urteil gleichgestellt werden und damit unmittelbar durch den Betreibungsbeamten vollstreckt werden können. Aus diesem Grunde halte ich es für *verfehlt, wenn insbesondere die Rechnungen der Leistungsverwaltung ohne weiteres den Verfügungen gleichgestellt werden.* Diese Rechnungen werden in der Regel von untergeordneten Verwaltungsbeamten oder durch den Computer ausgestellt, sie werden nicht in einem ordentlichen Verwaltungsverfahren erlassen. Vielfach werden sie nicht formell eröffnet. Sie werden nicht als Verfügungen bezeichnet, überdies fehlt ihnen die Rechtsmittelbelehrung (zum Beispiel Telephonrechnung). Aus diesem Grunde können einfache Rechnungen den vollstreckbaren Verfügungen nicht gleichgestellt werden.

Es handelt sich um eine *Mitteilung* der Verwaltung über die Schuldverpflichtung des Bürgers gegenüber dem Staat. Erfüllt dieser seine Schuldverpflichtung nicht, kann die Verwaltung eine *ordentliche Verfügung* erlassen und dem Betroffenen mit der richtigen Eröffnung zustellen. Diese Rechnung ist eine Verfügung und kann vollstreckt werden. Da die meisten Rechnungen ohne besondere Aufforderung oder spätestens nach der ersten oder zweiten Mahnung beglichen werden, ist es in der Praxis nicht nötig, sie einer Verfügung gleichzustellen. Erst wenn der Bürger seine Verpflichtungen nicht erfüllt, kann die Verwaltung nachträglich eine formelle Verfügung erlassen, die vollstreckbar ist.

Auf diese Weise wird gleichzeitig dem *Erfordernis der Praxis* Rechnung getragen, solche Rechnungen der Leistungsverwaltung ohne besondere Formalitäten zu erstellen. Der *Rechtsschutz* des einzelnen wird nicht eingeschränkt. Der Bürger kann auf Grund der ordentlichen Eröffnung von seinen ihm zustehenden Rechtsmitteln Gebrauch machen und sich gegen eine angeblich unrechtmässige Rechnung wehren. Dies gilt vor allem für Rechnungen der Leistungsverwaltung, etwa von Wasser- und Elektrizitätswerken, der PTT (zum Beispiel Telephongebühren), der Spitäler usw. Die Verwaltung kann ihrerseits auf diese Art und Weise allfällige Fehler überprüfen oder einen Computerfehler verbessern. Steuerveranlagungen dagegen sind formelle Verfügungen, die grundsätzlich richtig eröffnet wurden und nach unbenütztem Ablauf der Beschwerdefrist vollstreckt werden können.

2. Die Ersatzvornahme

Mit der Ersatzvornahme kann die Verwaltung *anstelle des Betroffenen und auf seine Kosten die vorgeschriebene Handlung* selber vornehmen oder durch Dritte vornehmen lassen. Wenn sich der Halter eines Fahrzeuges nicht an die Parkvorschriften hält, muss die Verwaltung an seiner Stelle die Strasse freihalten und den Wagen abschleppen. Wenn ein Grundstückeigentümer die Bauvorschriften verletzt und ohne Baubewilligung baut oder sonst gegen die Vorschriften verstösst, muss die Verwaltung an seiner Stelle das Haus wegräumen oder wenigstens die zu hoch gebauten Stockwerke abreissen lassen.

Die Ersatzvornahme ist ein sehr *einschneidendes, aber wirksames* Mittel zur Vollstreckung von Verwaltungsverfügungen. Mit der Ersatzvornahme wird der Wille des Gesetzgebers unmittelbar verwirklicht. Wenn der Betroffene bestraft oder mit Strafe bedroht wird, hat die Verwaltung ihr Ziel noch nicht erreicht. Wesentlich ist, dass der Wille des Gesetzgebers beachtet wird. Dies ist aber nur möglich, wenn die Massnahmen, die der Gesetzgeber angeordnet hat, auch tatsächlich verwirklicht werden. Wenn das Gesetz aus Gründen der Sicherheit an unübersichtlichen Stellen das Parkieren von Autos verbietet, ist die Gefahr nicht beseitigt, wenn sich die Verwaltung darauf beschränkt, die Halter zu büssen. Sie muss, um die Gefahr zu beseitigen, die Fahrzeuge abschleppen. Die Verwaltung ist verpflichtet, den gesetzlichen Vorschriften Nachachtung zu verschaffen. Die Ersatzvornahme gibt ihr die Möglichkeit, den Willen des Gesetzgebers unmittelbar zu verwirklichen.

Die Ersatzvornahme ist vor allem auch deswegen ein einschneidendes Vollstreckungsmittel, weil die *Verwaltungsmassnahmen auf Kosten des Betroffenen gehen*. Allerdings ist die Ersatzvornahme auch für die Verwaltung beschwerlich. Sie kann sich nicht mit Schreibtischarbeit begnügen. Die Behörden müssen vielmehr selber die erforderlichen Handlungen anordnen, was Phantasie und Initiative braucht. Aus diesem Grunde scheuen sie sich, die Ersatzvornahme anzuordnen. Oft lassen sich aber einfallsreiche Bürger durch die Androhung einfacher Bussen nicht zur Einhaltung der gesetzlichen Vorschriften bewegen. Das Baugesetz des Kantons Wallis verpflichtet beispielsweise die Bauherren, bei Verletzung von Gesetzesvorschriften eine Busse bis höchstens Fr. 10000.— zu entrichten. Dennoch haben Bauherren in grösseren Kurorten höher als zulässig gebaut. Die Busse haben sie einfach auf den Käufer oder Mieter überwälzt.

3. Der unmittelbare Zwang

Der unmittelbare staatliche Zwang ist die ultima ratio, das letzte Mittel, zu dem der Staat Zuflucht nimmt, wenn wirklich alle anderen Mittel nicht zum Ziele führen. Da die Ersatzvornahme nur angeordnet werden kann, wenn der Betroffene keine persönliche Leistung erbringen muss, kann der Staat nur über den Weg des unmittelbaren Zwanges persönliche Leistungen erzwingen. Die Behörde kann beispielsweise über die Ersatzvornahme nicht anstelle eines schweizerischen schulpflichtigen Kindes

253

ein Kind eines Entwicklungslandes auf Kosten der widerspenstigen Schweizerfamilie ausbilden lassen. Der Schweizer kann sich seiner Wehrpflicht nicht entledigen, indem er einen Söldner auf seine Kosten ausbilden lässt. In beiden Fällen handelt es sich um persönliche Verpflichtungen der Betroffenen, die nur sie erfüllen können. Persönliche Verpflichtungen lassen sich lediglich durch unmittelbare Zwangsmassnahmen durchsetzen.

Der unmittelbare Zwang ist nur zulässig, wenn wirklich alle anderen Mittel nicht zum Ziele führen. Für die Wahl der Mittel und die Anordnung von Zwangsmassnahmen kommt dem Grundsatz der *Verhältnismässigkeit* erstrangige Bedeutung zu. Zwangsmassnahmen sind zum Beispiel die Auflösung einer Demonstration, die Abführung eines Störers, die Versiegelung eines Hauses, die Schliessung eines Betriebes usw.

Die Anwendung von unmittelbaren Zwangsmassnahmen kann möglicherweise zu einer *Eskalation der Gewalt* führen. Die Polizei muss deshalb dafür sorgen, Gewalttätigkeiten möglichst abzubauen und nicht unnötigerweise zu provozieren. Der Entscheid über die Anwendung von Zwangsmassnahmen ist in das Ermessen der Behörden gestellt. Sie erfordert Erfahrung, Menschenkenntnis und Fingerspitzengefühl. Die Polizei muss die konkreten Gegebenheiten abwägen und entscheiden, welches das zweckmässigste Mittel zur Sicherstellung der Verwaltungsordnung ist. Der unmittelbare Zwang ist nur ein Hilfsmittel, um die Verwaltungsordnung wieder herzustellen. Die Rechtsordnung ist letztlich eine Friedensordnung. Sie fusst vor allem auf der Freiwilligkeit der Betroffenen und ist nur dann wirklich durchsetzbar, wenn sie die legitimen Interessen aller Kreise berücksichtigt.

4. Art. 292 StGB

Nach Art. 292 StGB kann *die Behörde jede Verfügung mit Androhung einer Busse für den Fall der Widerhandlung versehen.* Art. 292 StGB ist nicht eine Generalklausel für die Durchsetzung aller Verfügungen von Behörden mit Busse oder mit Haft. Art. 292 StGB setzt eine ausdrückliche *Strafandrohung,* die die Verfügung begleiten muss, voraus. Voraussetzung einer Strafmassnahme nach Art. 292 StGB ist selbstverständlich, dass die Verfügung von der *zuständigen* Behörde erlassen wurde. Die Einrede der Unzuständigkeit der Behörde kann allerdings im Strafverfahren nicht mehr erhoben werden. Die Strafbehörde ist in der Regel an die Entscheidung der Verwaltung gebunden.

Art. 292 StGB gibt jeder Verwaltungsbehörde die Möglichkeit, eine Verfügung mit Strafandrohung zu verstärken. Dies ist vor allem für *Verfügungen von Bedeutung, die mit den gewöhnlichen Mitteln der Vollstreckung,* der Schuldbetreibung, der Ersatzvornahme oder allenfalls dem polizeilichen Zwang *nicht durchsetzbar* sind. Ein klassisches Beispiel ist die Verweigerung einer Zeugenaussage. Die Verwaltungsbehörde, die Zeugen einvernehmen kann, kann diese Personen unter Strafandrohung zu einer Aussage verpflichten.

Art. 292 StGB ist also *keine repressive Strafmassnahme, sondern ein unmittelbares Vollstreckungsmittel.* Mit der Strafandrohung soll die Behörde den betroffenen Bürger zu einem vorgeschriebenen Verhalten zwingen können. Deshalb kann die Strafe nach Art. 292 StGB mehrmals angedroht werden. Art. 292 StGB ist auch keine strafrechtliche Generalklausel, da sie immer die Strafandrohung im konkreten Fall voraussetzt. Er ist eine Ermächtigung an die Verwaltungsbehörde, ihren Verfügungen mittels Strafandrohung Nachachtung zu verschaffen.

Art. 292 StGB ist überdies lediglich ein *Übertretungstatbestand.* Wer dagegen verstösst, begeht weder ein Verbrechen noch ein Vergehen im Sinne von Art. 9 StGB, da die Strafe lediglich Busse oder Haft sein kann (Art. 39 StGB).

II. Weitere Massnahmen zur Durchsetzung des Verwaltungsrechts

LITERATUR: AEPPLI H., Die Filmzensur in der Schweiz, Diss. Zürich 1949; BURKHARD H., Die Bewilligungspflicht für öffentliche Sammlungen zu wohltätigen und gemeinnützigen Zwecken, Diss. Zürich 1959; DECOPPET H., Die Rechtskraft im Verwaltungsrecht im allgemeinen und unter besonderer Berücksichtigung der Bewilligung und der Konzession, Diss. Basel 1953; GAUTHIER J., La loi fédérale sur le droit pénal administratif. Quatorzième Journée juridique, Genève 1975, S. 23 ff.; DERSELBE, Droit pénal administratif, Staats- und verwaltungsrechtliches Kolloquium, Interlaken 1974, Bern 1974, S. 1—14; GREBER E., Die Polizeierlaubnis, ihre Erteilung und ihr Entzug nach luzernischem Recht, Diss. Fribourg 1955; HURTER E., Die Bewilligungspflicht als Mittel der Wirtschaftspolitik, Diss. rer.pol. Zürich 1946; KERN TH., Die Bewilligungspflicht für Betriebe der Filmvorführung, SJZ 59, 1963, S. 17 ff., 33 ff.; KORRODI N., Die Konzession im schweizerischen Verwaltungsrecht, Diss. Zürich 1973; KRÜGER, «Verbot mit Erlaubnisvorbehalt» und «Gewährung mit Auslesevorbehalt», DöV 11 1958, S. 673 ff.; LARGIER J., Der Fähigkeitsausweis im schweizerischen Wirtschaftsrecht, Diss. Zürich 1951; LYK R., Wirtschaftspolitisch motivierte Bewilligungspflichten im schweizerischen Recht, Diss. Bern 1970; PFENNIGER P., Die Erteilung von Konzessionen und Bewilligungen bei Fremdenverkehrsbahnen und Skiliften, Diss. Zürich 1968; TSCHARNER R.M. v., Filmgewerbe und Gewerbefreiheit, Diss. Zürich 1952; WALTHER B., Administrative Rechtsnachteile, Diss. Basel 1977; WIPFLI P., Die Genehmigungspflicht beim Grundstückerwerb im Lichte des Postulats einer persönlichkeitsbezogenen Eigentumsordnung, Diss. Zürich 1966.

A. Allgemeines

In totalitären Staaten werden Verwaltungsvorschriften mit grossem Polizeiaufwand und mit Einschüchterungsmethoden durchgesetzt. Der demokratische Rechtsstaat muss davon ausgehen, dass die Bevölkerung die Anordnungen *freiwillig und ohne Druckmittel* befolgt. Die beste Voraussetzung für eine effiziente Durchsetzung des Verwaltungsrechts ist deshalb seine Überzeugungskraft, die ihre Wurzeln einerseits in der Gerechtigkeit und andererseits in der Glaubhaftigkeit findet. Wer ohne grösseren Aufwand Verwaltungsvorschriften durchsetzen will, muss also in erster Linie *gutes Recht* schaffen.

Trotzdem ist der Staat in Einzelfällen auf die Anwendung seines *Gewaltmonopols angewiesen*. Im Extremfall muss er mit polizeilichen Mitteln seinen Vorschriften Nachachtung verschaffen. Dazu ist er schon aus Gründen der *Rechtsgleichheit* verpflichtet. Niemand soll sich ungestraft seinen Verpflichtungen entziehen können. Der Steuerpflichtige muss wissen, dass die Steuerforderung nicht nur ihm gegenüber, sondern auch allen anderen Steuerpflichtigen gegenüber durchgesetzt werden kann. Wer weiss, dass die Verwaltung ihren Vorschriften Nachachtung verschaffen wird, wird sich ihnen auch viel eher freiwillig beugen als wenn er annehmen könnte, die Verwaltung werde es ohnehin darauf ankommen lassen. Die Vorschriften über die Durchsetzung des Verwaltungsrechts haben also einen sehr starken *präventiven Charakter*.

B. Präventive Massnahmen

Wie muss die Verwaltung aber vorgehen, wenn sie ihre Vorschriften durchsetzen will? Der Verwaltung stehen zwei Möglichkeiten zur Durchsetzung des Verwaltungsrechts zur Verfügung: *präventive Massnahmen, repressive Massnahmen*. Die repressiven Massnahmen erfolgen erst nach Verletzung der Verwaltungsvorschriften. *Die Verwaltung kann also erst eingreifen, wenn eine Widerhandlung vorliegt.* Mit den präventiven Massnahmen kann die Verwaltung bereits vorgängig prüfen, ob die Absichten, Projekte oder Handlungen einer Person mit den Verwaltungsvorschriften übereinstimmen. Es liegt auf der Hand, dass die *präventive Kontrolle* im Gegensatz zur repressiven Kontrolle viel *wirksamer* ist. Anderseits führt die präventive Kontrolle zu *wesentlich stärkeren Eingriffen* in die Freiheitsrechte des Betroffenen. Eine typische präventive Kontrolle, die gleichzeitig auch ihre Problematik zeigt, ist die Zensurmassnahme.

Die präventive Kontrollmöglichkeit setzt voraus, dass der Gesetzgeber eine *Handlung oder Unterlassung unter dem Vorbehalt einer verwaltungsrechtlichen Erlaubnis grundsätzlich verbietet.* Es ist zum Beispiel grundsätzlich verboten, ohne Bewilligung ein Haus zu bauen. Wer die gesetzlichen Voraussetzungen erfüllt, kann aber im Rahmen der Gemeindeplanung auf seinem Grundstück ein Gebäude errichten. Es ist nach Gewässerschutzgesetz grundsätzlich verboten, Abwässer in die Gewässer einzulassen, es sei denn, die Firma halte sich hinsichtlich der Reinigung der Abwässer an die vom Gesetzgeber aufgestellten Erfordernisse. In einigen wenigen Kantonen ist es grundsätzlich verboten, Filme vorzuführen, ausser die Filmzensur-Kommission gebe die Erlaubnis zur Vorführung des Films.

Diese Beispiele bringen Vor- und Nachteile der präventiven Kontrolle gut zum Ausdruck. Das Bewilligungsverfahren ermöglicht der Verwaltung (beispielsweise im Rahmen des Gewässerschutzes) *vorgängig* alle notwendigen Abklärungen, technischen Untersuchungen, Überprüfungen des Sachverhaltes usw. vorzunehmen, bevor auf Grund der Bewilligung Abwässer in ein Gewässer eingelassen werden. Könnte die

Verwaltung nur repressiv eingreifen, hätte jeder das Recht, Abwässer in die ordentlichen Gewässer einzulassen. Er müsste auf Grund von entsprechenden Vorschriften des Gesetzes selber für die Reinhaltung seiner Abwässer sorgen. Die Gewässerpolizei hätte dann die schwierige Aufgabe, ständig zu kontrollieren, ob sich alle an die Vorschriften des Gesetzes halten. Diese repressive Kontrolle wäre viel zu schwerfällig und wenig erfolgversprechend.

Demgegenüber zeigen Presse- und Filmzensur, wie stark die Freiheitsbeschränkung der präventiven Massnahme sein kann. Die präventive Kontrolle ist gewissermassen ein *Misstrauensvotum des Gemeinwesens gegenüber dem einzelnen Bürger*. Der Staat zweifelt, ob sich der Bürger gesetzmässig verhalten wird, und verpflichtet ihn, den Beweis zu erbringen, dass er gewillt ist, die staatlichen Vorschriften einzuhalten und den gesetzlichen Bestimmungen nachzukommen. Der Filmverleiher muss nachweisen, dass sein Film den Erfordernissen der Zensurbestimmungen entspricht. Er trägt die *Behauptungslast*, wenn auch die Behörden verpflichtet sind, den Sachverhalt von Amtes wegen abzuklären. Gleichzeitig kommt ihm auch *die Last zu, gegen einen ablehnenden Bescheid Beschwerde zu erheben*.

Wird die Behörde nicht präventiv, sondern nur repressiv tätig, hat sie die gesamte Behauptungs- und Beweislast. Sie muss im Verfahren vor einem unabhängigen Richter als Ankläger gegenüber dem Betroffenen auftreten. Der Betroffene hat dafür in der Regel alle Vorteile des Angeklagten, in dubio pro reo!

Präventive Kontrollen beruhen überdies sehr oft auf allgemeinen Generalklauseln. Mit derartigen *Generalklauseln kann der Freiheitsraum des einzelnen bedeutend stärker eingeschränkt werden als über das repressive Strafrecht, das sich an den Grundsatz «nulla poena sine lege» zu halten hat*. Die Strafbehörde wird dadurch weitgehend überspielt. Der Richter kann nicht mehr beurteilen, ob ein Film unzüchtig ist, weil die Zensurbehörde seine Anstössigkeit bereits vorgängig geprüft hat. Diese Generalklauseln geben den Zensurbehörden einen weiten Beurteilungsspielraum. Andererseits hat der Zensurentscheid natürlich den Vorteil, dass ein Filmverleiher keine Strafsanktionen befürchten muss, wenn er den Film vorführen lässt. Bei der repressiven Kontrolle muss er in Grenzfällen immer mit einer strafrechtlichen Verfolgung rechnen.

Die präventive Kontrolle ermöglicht somit eine *lückenlose Durchsetzung des Willens des Gesetzgebers*. Bei der repressiven Kontrolle muss mit Gesetzesübertretungen gerechnet werden, da die Behörden unmöglich das Verhalten jedes einzelnen kontrollieren können. Trotzdem müssen der Einführung der präventiven Kontrolle klare Grenzen gesetzt werden. Sie ist *nur zulässig, wenn der Eingriff in die Rechte und Freiheiten nicht übermässig tiefgreifend ist,* darf nur im Rahmen der *Verhältnismässigkeit* vom Gesetzgeber angeordnet werden und setzt selbstverständlich immer eine *gesetzliche Grundlage* voraus. Zur Beschränkung der Meinungsäusserungsfreiheit, zum Beispiel der Pressefreiheit, ist die präventive Kontrolle nicht zulässig. Die Übertretung von Strafvorschriften muss der demokratische Rechtsstaat als das kleinere Übel in Kauf nehmen. Er darf dem Bürger nicht mit einem grundsätzlichen Misstrauen begegnen. Die absolute Perfektion zerstört die Freiheit. Der demokratische Rechtsstaat nimmt Lücken der Gesetzesdurchsetzung als das kleinere Übel in Kauf. Wer sich im Staat als freier Bürger bewegen will, muss nicht vorerst einen staatlichen Zulassungsschein erhalten.

C. Repressive Massnahmen

1. Die strafrechtlichen Massnahmen

1.1. Wesen und Bedeutung des Verwaltungsstrafrechts

Das Verwaltungsstrafrecht unterscheidet sich vom ordentlichen Strafrecht schon auf Grund seiner Zielsetzung. Während das ordentliche Strafrecht die grundlegenden Rechtsgüter und Werte einer Gesellschaft schützen soll, kommt dem *Verwaltungsstrafrecht die Aufgabe zu, die Verwirklichung verwaltungsrechtlicher Massnahmen und Entscheidungen des Staates, d.h. das ordnungsgemässe Funktionieren der Verwaltung, sicherzustellen.*

Das Strafrecht schützt Leib und Leben, Sittlichkeit, Vermögen und Eigentum, persönliche Ehre, die Sicherheit des Staates usw. Im Vordergrund des strafrechtlichen Schutzes stehen die ethischen Werte einer Gesellschaft, die von der grossen Mehrheit als grundlegende Werte für den Schutz der Menschenwürde sowie für die Erhaltung der Staats- und Gesellschaftsordnung anerkannt werden. Das Verwaltungsstrafrecht seinerseits hat zur Aufgabe, die Verwaltung bei der Durchsetzung und Vollstreckung von Verfügungen zu unterstützen. Trotz der unterschiedlichen Konzeption gibt es sowohl in der Theorie wie auch in der Praxis zwischen dem Verwaltungsstrafrecht und dem eigentlichen Strafrecht mehrere Berührungspunkte. Dazu gehören vor allem die Delikte auf dem Gebiete des Fiskalrechts. Während Bund und Kantone die Steuerhinterziehungsdelikte noch weitgehend als «Gentlemen's Delikte» behandeln, die lediglich mit Bussen, nicht aber mit Gefängnisstrafen betraft werden, stellt das Ausland die Fiskaldelikte den kriminellen Delikten gleich. Schliesslich zeichnet sich vor allem in der neueren Gesetzgebung unverkennbar die Tendenz ab, in den neueren Gesetzen, insbesondere in Polizeigesetzen, aber auch in Sozialhilfegesetzen (zum Beispiel im Entwurf über die zweite Säule) eine ganze Reihe von eigentlichen Straftatbeständen aufzunehmen, um die Durchsetzung des Willens des Gesetzgebers besser zu gewährleisten.

Der Übergang vom Verwaltungsstrafrecht zum gemeinen Strafrecht macht es ausserordentlich schwierig, das Verwaltungsstrafrecht vom ordentlichen Strafrecht abzugrenzen und für die Normen des Verwaltungsstrafrechts allgemeine, vom ordentlichen Strafrecht zu unterscheidende Grundsätze zu erarbeiten. Dass aber in vielen Fällen ein klarer Unterschied besteht, steht ausser Zweifel. Die Parkbusse beispielsweise schützt ein qualitativ anderes Rechtsgut als die Zuchthausstrafe. Die Strafe eines Schwerverbrechers soll dazu führen, ihn wieder in die bürgerliche Gesellschaft einzugliedern (Art. 37 StGB). Die Parkbusse soll die vom Staate vorgesehene Parkordnung und einen regelmässigen Turnus der parkenden Fahrzeuge sicherstellen sowie den Parksünder davon abhalten, ein nächstes Mal gegen die Vorschriften zu verstossen. Mit den aus den Parkbussen fliessenden Einnahmen kann der Staat zudem das für die Freihaltung der Parkplätze notwendige Kontrollpersonal finanzieren.

Der verwaltungsrechtliche Übertretungstatbestand wird deshalb zum *Formaldelikt*, für dessen Auferlegung weniger strenge Vorschriften gelten als im gemeinen Strafrecht. So ist zum Beispiel im Verwaltungsstrafrecht die *Fahrlässigkeit auch ohne ausdrückliche Erwähnung* im Straftatbestand strafbar. Wer fahrlässig seinen Wagen auf dem Parkplatz stehen lässt, wird ebenso gebüsst wie derjenige, der vorsätzlich handelt.

Im Gegensatz zum gemeinen Strafrecht wird im Verwaltungsstrafrecht für mehrere Straftatbestände keine einheitliche Strafe ausgefällt. Die Strafen können vielmehr *kumuliert* werden. Als sich die Firma Denner nicht an die Rabattvorschriften für Zigaretten hielt, wurde sie pro Tag mit Fr. 1000.— bestraft. Da sie es während 10 Tagen tat, musste sie Fr. 10000.— bezahlen (BGE 92 I 427).

Früher bestand in den Fiskalgesetzen des Bundes eine Schuldvermutung zu Lasten des Betroffenen. Dieser musste der Behörde nachweisen, dass ihn keine Schuld traf (vgl. Art. 75 Abs. 3 und 77 Abs. 4 ZG). Diese Bestimmungen widersprechen der Konvention zum Schutze der Menschenrechte, die verlangt, dass jemand nur bestraft werden darf, wenn ihm ein Verschulden nachgewiesen werden kann. Diese konventionswidrigen Bestimmungen wurden durch das neue Bundesverwaltungsstrafrecht ausser Kraft gesetzt (Art. 2 VStrR, BBl 1971 I 1001).

1.2. Das Verwaltungsstrafrecht des Bundes (SR 313.0)

Um der allgemeinen Unsicherheit auf dem Gebiete des Verwaltungsstrafrechts zu begegnen, hat der Bundesgesetzgeber ein allgemeines Gesetz über das Verwaltungsstrafrecht erlassen, das auf Bundesebene Anwendung findet. Diesem Gesetz unterstehen gemäss Art. 1 VStrR alle Beurteilungen von Widerhandlungen, die einer *Verwaltungsbehörde des Bundes* übertragen werden. Gemäss Art. 2 VStrR gelten überdies die allgemeinen Bestimmungen des Schweizerischen Strafgesetzbuchs, soweit das Verwaltungsstrafrechtsgesetz nicht ausdrücklich etwas anderes bestimmt.

Neben den normalen *Widerhandlungen* nennt das Gesetz in Art. 3 VStrR die *Ordnungswidrigkeiten*, die als solche bezeichnet werden, sowie die *Übertretungen*, die mit einer Ordnungsbusse bedroht werden.

Von besonderer Bedeutung sind die Bestimmungen über die Strafbarkeit juristischer Personen sowie ihrer Organe. Grundsätzlich sind die *Strafbestimmungen auf diejenigen natürlichen Personen* anwendbar, welche eine strafbare Handlung in dienstlicher Verrichtung für eine juristische Person verübt haben (Art. 6 Abs. 1 VStrR). Haben die Vorgesetzten, zum Beispiel Geschäftsherr oder Auftraggeber, vorsätzlich oder fahrlässig unterlassen, die Widerhandlung des Untergebenen abzuwenden, unterstehen sie den gleichen Strafbestimmungen wie der Täter. Bei juristischen Personen gilt dies ebenfalls für die Organe, Organmitglieder oder tatsächlich leitenden Personen (Art. 6 Abs. 2 und 3 VStrR). Wären die für die Untersuchung notwendigen Ermittlungsmassnahmen der eigentlich strafbaren Person unverhältnismässig, so kann bei einer Strafe bis zu höchstens Fr. 5000.— von der Verfolgung der eigentlichen Täter Umgang genommen und direkt die juristische Person bestraft werden (Art. 7 VStrR).

Damit wird erstmals auf gesetzlicher Grundlage der Grundsatz der *Straffähigkeit einer juristischen Person* aufgestellt. Tatsächlich wäre es vor allem bei fiskalischen Delikten unverhältnismässig, innerhalb einer Gesellschaft die Person zu finden, die die Tat begangen hat. Aus diesem Grunde können auch diejenigen Personen zur Rechenschaft gezogen werden, die ihrer Sorgfaltspflicht nicht nachgekommen sind. Unverhältnismässig wäre es aber auch zu verlangen, dass bei Übertretungen entweder die Person, die die Widerhandlung begangen hat, gefunden werden muss oder nachgewiesen werden müsste, dass die Organe einer juristischen Person ihrer Sorgfaltspflicht nicht nachgekommen sind. Deshalb erlaubt der Gesetzgeber nach Art. 7 VStrR, bei derartigen Widerhandlungen die juristische Person unmittelbar zur Rechenschaft zu ziehen, wenn eine eingehende Untersuchung angesichts der Strafe *unverhältnismässig wäre.*

In Art. 8 VStrR kommt die Tendenz zum Ausdruck, das Verwaltungsstrafrecht dem normalen Strafrecht anzugleichen. Bisher wurde bei kleineren Ordnungswidrigkeiten lediglich auf die *Schwere der Tat,* nicht aber auf die Schwere des Verschuldens bei der Zumessung der Strafe abgestellt. Deshalb schlug der Bundesrat im Entwurf vor, dass Bussen bis zu Fr. 5000.— nur nach der Schwere der Widerhandlungen, nicht aber auf Grund von anderen Strafzumessungsgründen zu bemessen seien. Der Gesetzgeber war mit dieser weitgehenden Norm nicht einverstanden und verlangte in Art. 8, dass die Strafe auf Grund des Verschuldens, aber nicht auf Grund anderer Strafzumessungsgründe zu bemessen sei, selbst wenn sie eine Busse von Fr. 5000.— nicht übersteigt.

Eine generelle Regelung findet sich auch hinsichtlich der *Umwandlung der Bussen.* Ordnungsbussen können nicht in Haft umgewandelt werden (Art. 10 Abs. 1 VStrR).

Andere Bussen können in Haft umgewandelt werden. Früher konnte der Richter keine bedingten Haftstrafen ausfällen, wenn der Betroffene aus unentschuldbaren Gründen die Busse nicht bezahlen konnte. Heute kann der Richter in diesen Fällen auf Grund von Art. 10 Abs. 2 VStrR die *bedingte* Strafe ausfällen.

Zu begrüssen ist die klare Regelung für die *Selbstanzeige.* Gemäss Art. 13 VStrR ist ein Täter straflos, wenn er die Widerhandlungen aus eigenem Antrieb anzeigt, zur Abklärung des Sachverhaltes beiträgt, seiner Pflicht nachträglich nachkommt und bisher noch nicht wegen einer vorsätzlichen Widerhandlung der gleichen Art Selbstanzeige geübt hat.

Bisher bestand über das Verhältnis gewisser Normen des Strafgesetzbuches und den Strafbestimmungen der einzelnen Verwaltungsgesetze hinsichtlich ihrer Abgrenzung wenig Klarheit. Aus diesem Grunde hat der Gesetzgeber *einige beson-*

dere Bestimmungen über betrugsähnliche Delikte und Urkundendelikte, die gegenüber dem Gemeinwesen begangen werden, in das Gesetz aufgenommen. Es handelt sich um den Leistungs- und Abgabebetrug, die Urkundenfälschung und die Erschleichung einer falschen Beurkundung, die Unterdrückung von Urkunden und die Begünstigung. Dies führt dazu, dass insbesondere Steuer- und Wirtschaftsstraftaten nicht mehr ohne weiteres als Übertretungstatbestände mit Busse bedroht werden. *Die Auffassung, wonach solche Widerhandlungen gegen Verwaltungsgesetze geringfügige Rechtsverletzungen sind, ist längst überholt.* Die Schweiz ist noch eines der wenigen Länder, die derartige Strafdelikte als Gentlemen's Delikte behandelt. Offensichtlich stören diese Widerhandlungen gegen die Verwaltungsgesetze nicht allein den Gang der Verwaltung, sie verletzen vielmehr *«neben den Rechtsgütern des Gemeinwesens namentlich solche des einzelnen Bürgers»*, der in die vom modernen Verwaltungsrecht normierte Ordnung als Empfänger von Sozialleistungen, Beiträgen und Bewilligungen oder als Steuerzahler eingegliedert ist oder als «Wettbewerber» von ihr betroffen wird. Derartige Verstösse gegen Verwaltungsnormen sind demgemäss auch unter individual- und sozialethischen Gesichtspunkten verwerflich. «Der in der Wertung des Verwaltungsunrechts durch den Gesetzgeber eingetretene Wandel offenbart sich in den schärferen Höchststrafen in jüngeren Verwaltungsgesetzen» (BBl 1971 I 999). Solche Höchststrafen sind nun vor allem auch in den neueren Umweltschutz-, Gewässerschutz-, Bau- und Planungsgesetzen vorgesehen.

Der Gesetzgeber hätte allerdings entscheiden können, dass alle Delikte nach dem ordentlichen Strafrecht abgeurteilt werden. Eine derartige Konsequenz erachtete er aber wiederum als zu gravierend.

«Diese Straftaten weisen nämlich gegenüber den vergleichbaren, zum Nachteil Privater begangenen Delikten zwei Besonderheiten auf. Zum einen handelt der Täter oft in einer besonderen Pflichtlage; der Bürger ist beispielsweise verpflichtet, eine Steuererklärung abzuliefern, und in diesem Zwangsverhältnis bedarf es einer gewissen Anstrengung, damit die Gewissenhaftigkeit nicht dem Eigennutz erliege. Zum anderen verfügt die Verwaltung, die einen Entscheid über die vom Bürger geschuldete Abgabe oder über eine anbegehrte Subvention oder Bewilligung zu treffen hat, zur Abklärung des Sachverhaltes über Untersuchungskompetenzen, die einem Privaten nicht zustehen» (BBl 1971 I 1000).

Deshalb sieht der Gesetzgeber bei diesen Delikten nicht die Höchststrafe vor, wie sie in den entsprechenden Bestimmungen des Strafgesetzbuches über Betrug und Urkundendelikte vorgesehen sind. Ob diese Argumente allerdings grundsätzlich für mildernde Umstände sprechen, bleibe dahingestellt. Der Richter könnte ja nach ordentlichem Strafrecht auf Grund des individuellen Verschuldens entscheiden und diesen Argumenten im Einzelfall Rechnung tragen. Bei gravierenden Fehlern könnte er aber dem groben Verschulden Rechnung tragen.

Neben den allgemeinen Bestimmungen über die Strafbarkeit des Verwaltungsstrafrechts sind aber vor allem die *verfahrensrechtlichen Vorschriften generell* geregelt worden. Dabei gelten die folgenden Grundsätze:

«Untersuchung durch die Verwaltung, erste Beurteilung von Bussen ebenfalls durch die Verwaltung in Form von Strafverfügungen; auf Begehren des Gebüssten neue Beurteilung durch die ordentlichen Strafgerichte, die ausserdem ausschliesslich zuständig sind, wenn eine Freiheitsstrafe in Betracht kommt» (BBl 1971 I 1001, Hervorhebung nicht im Original).

Zuständig zur Einleitung der Untersuchung ist also die Verwaltung. Kommt sie zum Schluss, dass für ein Delikt eine Freiheitsstrafe ausgefällt werden kann, überweist sie die Angelegenheit dem Richter zur Beurteilung. Bei Bussen erlässt sie selbst eine Strafverfügung. Gegen diese Strafverfügung kann der Betroffene Einsprache erheben. Nach der Einsprache oder, wenn beide Parteien einverstanden sind, vor der Einsprache kann die Angelegenheit auf Begehren des Betroffenen dem Strafrichter zur Beurteilung überwiesen werden. Mit diesem einfachen Verfahren können *Bagatelldelikte*, um die es sich hier vielfach handelt, *schnell und ohne kompliziertes Verfahren erledigt werden*. Das Einspracheverfahren gibt der Verwaltung die Möglichkeit, im ersten Entscheid schnell zu handeln. Wenn der Betroffene mit dem Entscheid nicht einverstanden ist, kann sie selber nochmals eine *gründliche Überprüfung* ihrer Verfügung vornehmen. Ausgeschaltet ist dadurch die Beschwerde an das Verwaltungsgericht oder die Weiterziehung der Strafverfügung an den Bundesrat. Der Bundesrat wird dadurch entlastet.

1.3. Zusammenfassung

Diese Darlegungen zeigen, dass durch die neue Gesetzgebung eine Klärung in folgender Hinsicht erfolgt ist: 1. Klare Trennung von Ordnungswidrigkeiten und anderen Widerhandlungen. 2. Vereinfachteres Verfahren bei Ordnungswidrigkeiten und weniger strenge Massstäbe bei der Beurteilung durch den Richter oder die Verwaltung. 3. Bei anderen Widerhandlungen grössere Annäherung an das Strafrecht. 4. Eigenständiges Verfahren, bei dem die Verwaltung die Untersuchung führt und die Straftat gemäss den allgemeinen Bestimmungen des Verwaltungsstrafrechts eigenständig beurteilt. Damit bringt der Gesetzgeber deutlich zum Ausdruck, dass er lediglich bei den *Ordnungswidrigkeiten an die klassische Funktion des Verwaltungsstrafrechts dachte*. Danach diente das Verwaltungsstrafrecht nur der Aufrechterhaltung des normalen Verwaltungsablaufes. Alle *anderen Delikte* nähern sich dem *gemeinen Strafrecht* und werden weitgehend nach dessen Grundsätzen behandelt. Für die fiskalischen Straftatbestände hat der Gesetzgeber eine *mittlere Lösung* zwischen dem Strafdelikt nach StGB und den Ordnungswidrigkeiten im Sinne der «Gentlemen's Delikte» zu finden gesucht.

2. Weitere Massnahmen

2.1. Disziplinarmassnahmen

LITERATUR: ARNDT H., Der disziplinarrechtliche Grundtatbestand, DöV 21, 1968, S. 39 ff.; DERSELBE, Der Zweck der Disziplinarstrafe, DöV 19, 1966, S. 809 ff.; AUERBACH R., Bundesdisziplinarrecht, Hamburg 1969; BAUMANN J., Disziplinarrecht — autoritäres Instrument oder notwendiges Element der Hochschulautonomie? DöV 23, 1970, S. 257 ff.; DERSELBE, Reform des studentischen Disziplinarrechts, Tübingen 1968; BEHNKE H., Neuorientierung des Beamtendisziplinarrechts, Die Verwaltung 5, 1972, S. 403 ff.; DERSELBE, Strafe und Massnahme im Disziplinarrecht. Ein Beitrag zur Neuorientierung des Beamtendisziplinarrechts unter besonderer Berücksichtigung des Problems der Doppelbestrafung, München 1972; DAU K., Das Opportunitätsprinzip im Disziplinarrecht, Köln 1963; DERSELBE, Der Begriff des Dienstvergehens und sein Verhältnis zum Straftatbestand, DVBl 83, 1968, S. 62 ff.; FINGER H., Gedanken zur Reform des Disziplinarrechts, ZBR 1966, S. 44 ff.; FLIEDNER O., Die Zumessung der Disziplinarmassnahmen, Berlin 1972; DERSELBE, Neuordnung des Beamtendisziplinarrechts, DöV 26, 1973, S. 664 ff.; HANGARTNER Y., Reform des Beamtendisziplinarrechts, ZBl 71, 1970, S. 425 ff.; KRIEGER M., Das Verhältnis des allgemeinen Strafrechts zum Wehrdisziplinar- und Wehrstrafrecht, Diss. München 1968; LINDEGEN E., Handbuch des Disziplinarrechts, 2 Bd., Berlin 1966, 1968; LOCHBRUNNER F.X., Quo vadis Disziplinarrecht? DVBl 80, 1965, S. 308 ff.; REUSS H., Vom Standort des Disziplinarrechts im Rechtssystem, ZBR 1966, S. 174 ff.; SCHMITZ K.B., Die Disziplinargewalt der militärischen Vorgesetzten in ihrem Verhältnis zur Strafgewalt der staatlichen Gerichte, Diss. Bonn 1963; SCHÜTZE E., Der disziplinare Übergang im Beamtendisziplinarrecht, DVBl 86, 1971, S. 374; SELLMANN M., Grundsätzliches zur Disziplinargerichtsbarkeit, DVBl 72, 1957, S. 227 ff.; THIEME W., Vom Wesen des Disziplinarrechts, DVBl 72, 1957, S. 769 ff.; WARTMANN C., Das Disziplinarwesen. Veröffentlichungen der schweizerischen Verwaltungskurse an der Handelshochschule St. Gallen, Bd. 19, 1958, S. 68 ff.; WENZEL A., Der Tatbestand des Dienstvergehens, Herford 1973; WIESE W., Der Verfassungssatz ne bis in idem — ... — und das Verhältnis von Kriminalrecht und Disziplinarstrafrecht, VA 56, 1965, S. 203 ff., 354 ff.

Das Disziplinarrecht ist kein Teil des Strafrechts, es gehört auch nicht zum Sonderstrafrecht oder zum Verwaltungsstrafrecht. Das Disziplinarrecht ist ein besonderer Zweig des Verwaltungsrechts. Die Aufgabe des Disziplinarrechts liegt demzufolge nicht darin, eine Schuld sühnen zu lassen oder die Wiedereingliederung in das bürgerliche Leben zu ermöglichen. Aufgabe des Disziplinarrechts ist vielmehr, die *Verwirklichung der Zwecke der Verwaltung* sicherzustellen. Es handelt sich somit um ein Rechtsgebiet, das den Ordnungswidrigkeiten im Verwaltungsstrafrecht nahekommt. Wird zum Beispiel ein Beamter disziplinarisch entlassen, findet er oft keine gleichwertige oder überhaupt keine angemessene Anstellung mehr. Die disziplinarische Entlassung kann ihn in seiner Existenz bedrohen.

Disziplinarmassnahmen können gerade in der heutigen Zeit bedeutend gravierender sein als ein Strafentscheid, der zu einer bedingten Gefängnisstrafe führt. Die disziplinarische Entlassung eines Studenten hat zur Folge, dass dieser aus der Universität ausgeschlossen wird und sich möglicherweise nicht mehr in anderen Universitäten immatrikulieren kann. Der Europäische Gerichtshof für Menschenrechte hat entschieden, dass disziplinarische Arreststrafen im Militärdienst einem strafrechtlichen Freiheitsentzug gleichkommen, und deshalb nur durch den Richter entschieden werden dürfen (BBl 1977 I 1129).

Auch finanziell können die Folgen gravierend sein. Ein Beamter, der disziplinarisch entlassen wird, verliert die Ansprüche auf die vom Staat bezahlten Pensionskassenbeiträge (vgl. Art. 56 BtG).

Während früher das Disziplinarrecht weitgehend vom Gedanken des *Opportunitätsprinzips* getragen war, rückt — aus den bereits genannten Gründen — das Verschuldensprinzip immer mehr in den Vordergrund. Disziplinarbefugnisse waren früher Rechte, mit denen ein Vorgesetzter seine Befehlsgewalt verstärken konnte. Die Vorgesetzten konnten ihre disziplinarischen Befugnisse nach freiem Ermessen wahrnehmen und zum Beispiel exemplarisch strafen, um weiteren Vorkommnissen entgegenzutreten. Exemplarische Bestrafungen von Untergebenen sind aber heute nicht mehr zulässig. Verpönt sind auch disziplinarische Vorschriften, die zur Durchsetzung eines Standesbewusstseins und einer Standesverpflichtung dienen, wie zum Beispiel frühere Disziplinarrechte der Universitäten, die von den Studenten verlangten, sich standesgemäss wie «Akademiker» aufzuführen.

Eingreifende disziplinarische Massnahmen sind nur zulässig, wenn folgende Voraussetzungen gegeben sind: *gesetzliche Grundlage, Verhältnismässigkeit, Verfahren mit rechtlichem Gehör* sowie *Beschwerdebefugnis* an ein unabhängiges Gericht. Noch nicht sichergestellt ist die disziplinarische Entscheidung durch eine unabhängige, nicht unmittelbar vorgesetzte Behörde. Sie ist zum Beispiel vorgesehen für schwere Disziplinarentscheidungen im Rahmen des Reglementes über die Rekurskommissionen der Universität Freiburg vom 17. November 1971 und wird vom Europäischen Gerichtshof für Menschenrechte für Arreststrafen verlangt. Auf Bundesebene können die Beamten in disziplinarischen Angelegenheiten bis an das Bundesgericht Beschwerde einreichen, wobei dieses das *Ermessen überprüfen kann*.

Das Erfordernis der gesetzlichen Grundlage gilt sowohl für die Verhaltenspflicht, zu deren Durchsetzung die Disziplinarmassnahme dient, wie für die Disziplinarstrafe. In Art. 31 BtG sind die einzelnen Disziplinarstrafen wie Verweis, Busse, Entzug von Fahrbegünstigungen, vorübergehende Einstellung im Amt mit Kürzung oder Entzug der Besoldung, strafweise Versetzung im Dienste oder Rückversetzung im Amte mit gleicher oder geringerer Besoldung, Herabsetzung der Besoldung im Rahmen der für das Amt massgebenden Ansätze, Kürzung oder Einstellung der ordentlichen Besoldungserhöhung, Versetzung in das provisorische Dienstverhältnis und die disziplinarische Entlassung ausdrücklich erwähnt. Abs. 2 hält fest, es sei unzulässig, andere als die ausdrücklich genannten Disziplinarstrafen zu verhängen.

Weniger streng ist das Erfordernis der *gesetzlichen Grundlage für die Verhaltenspflicht*. Art. 30 Abs. 1 BtG legt lediglich fest, dass der Beamte, der seine Dienstpflichten absichtlich oder fahrlässig verletzt, disziplinarisch bestraft werden kann. In Art. 22 und 24 BtG werden die Verpflichtungen der Beamten in sehr allgemeiner Weise dargelegt. Hier müsste der Gesetzgeber im Sinne der Förderung der Rechtssicherheit und Klarheit eine *bessere und für den Betroffenen detailliertere gesetzliche Regelung vorsehen*. Dies wird beispielsweise beim studentischen Disziplinarrecht versucht, indem die einzelnen Disziplinartatbestände entweder im Gesetz oder in den Reglementen der Universitäten ausdrücklich aufgeführt sind. Auch der Entwurf zum neuen Gesetz über die ETHs verpflichtet diese Anstalten, in ihren Statuten die jeweiligen Disziplinartatbestände ausdrücklich zu erwähnen.

Wesentlich ist schliesslich der Grundsatz der *Verhältnismässigkeit*. Bei der Ausfällung der Disziplinarstrafe ist auf die Schwere des Verschuldens abzustellen. Art. 31 Abs. 4 BtG bestimmt ausdrücklich, dass schwerwiegende Disziplinarstrafen nur zulässig sind, wenn sich der Beamte schwerer oder fortgesetzter Dienstverletzungen schuldig gemacht hat. Bei diesen Disziplinarstrafen ist somit auf das Verschulden des Beamten abzustellen. Nach wie vor soll aber der Vorgesetzte bei kleineren Disziplinarmassnahmen über ein gewisses Ermessen verfügen und neben dem Grundsatz der Verhältnismässigkeit auch den Grundsatz der Zweckmässigkeit zur Aufrechterhaltung einer gutgeführten Verwaltung beachten. Kleine Disziplinarmassnahmen sind ein unmittelbares Führungsinstrument für Vorgesetzte, die sich auf andere Weise nicht durchsetzen können.

Ausserdem setzt das Disziplinarrecht eine *rechtsstaatliche Verfahrensordnung* voraus, die den Betroffenen ein umfassendes rechtliches Gehör einräumt. Bei Disziplinarverfahren auf Bundesebene ist selbstverständlich auf Grund des Bundesverwaltungsverfahrens vorzugehen. Überdies regelt Art. 32 BtG einige wesentliche verfahrensrechtliche Grundsätze. So dürfen Disziplinarstrafen nur nach vorausgegangener Untersuchung ausgesprochen werden. Nach Abs. 2 soll dem Beamten Kenntnis von allen Akten gegeben werden, auf die sich die Disziplinarverfügung stützen könnte. Er soll in ausreichendem Masse Gelegenheit zur Äusserung, Ergänzung der Untersuchung und Verteidigung erhalten. Alte Disziplinarstrafen sind nur zu berücksichtigen, wenn sie innerhalb von 5 Jahren vor der Disziplinarentscheidung ausgefällt worden sind. Gegen *schwere Disziplinarstrafen ist die Beschwerde an das Verwaltungsgericht offen*. Dies betrifft auch Disziplinarentscheide des Bundesrates.

Bei *kleineren Disziplinarmassnahmen* kann der *Bundesrat* Beschwerdeentscheide ihm nachgeordneter Amtsstellen endgültig beurteilen (Art. 100 lit. e 4. OG). In diesem Falle muss er aber zur Begutachtung der Beschwerde eine oder mehrere *Disziplinarkommissionen* anfragen. Die Befugnis dieser Kommissionen ist in der Verordnung über die Disziplinarkommissionen geregelt. Diese setzen sich aus dem vom Bundesrat gewählten Präsidenten sowie je einem vom Bundesrat und einem von der paritätischen Kommission für Personalangelegenheiten zu wählenden Mitglied sowie aus je zwei paritätisch zu wählenden Ersatzmännern zusammen. Diese Kommissionen begutachten die Beschwerden gegen Disziplinarmassnahmen für den Bundesrat. Auch diese Beispiele zeigen, dass sich das Verfahren für Disziplinarstrafen weitgehend dem ordentlichen Strafrecht annähert.

Nicht einfach zu beantworten ist die Frage, inwieweit eine bereits *ausgefällte Strafe zu einer Disziplinarmassnahme berechtigt*. Wäre das Disziplinarrecht Teil des Strafrechts, müsste nach dem Grundsatz «ne bis in idem» entschieden werden. Grundsätzlich berechtigen strafrechtliche Entscheidungen nur dann zu disziplinarischen Nebenentscheidungen, wenn auf Grund des *strafrechtlichen Verhaltens des*

Betroffenen die Ausübung seiner Funktionen im Amt gefährdet ist, zum Beispiel die vertrauensvolle Zusammenarbeit zwischen ihm und seinem Vorgesetzten gestört ist. Nur in diesem Rahmen sollten grundsätzlich zusätzlich zu den Strafentscheidungen disziplinarische Entscheidungen ausgefällt werden. Zu beachten ist aber auch, dass nach Verbüssung der Strafe nur durch verständnisvolle Wiedereingliederung in die Gesellschaft ein Rückfall abzuwenden ist. Dem Betroffenen dürfen nicht alle Fäden seiner beruflichen Existenz abgeschnitten werden.

2.2. Die Verweigerung einer Leistung

Der Verwaltung steht auf Grund der Abhängigkeit des Bürgers vom Staat im Rahmen der Leistungsverwaltung ein weiteres, sehr *einschneidendes* Zwangsmittel zur Verfügung. Sie kann dem Bürger androhen, die *weiteren Leistungen zu verweigern,* wenn dieser zum Beispiel einer Zahlungsaufforderung nicht nachkommt oder sich einer anderen Pflichtverletzung (zum Beispiel der missbräuchlichen Verwendung des Telephonapparates) schuldig macht. Die PTT stellt das Telephon und die Elektrizitätswerke stellen den Strom ab, wenn der Abonnent seine Rechnung nicht rechtzeitig begleicht. Gleiches kann auf dem Gebiete der Wasserversorgung oder anderen Gebieten der Leistungsverwaltung geschehen.

In welchem Rahmen sind solche Massnahmen zulässig? Zu beachten ist vorerst, dass *der Bürger bei der Leistungsverwaltung in einem besonderen Abhängigkeitsverhältnis zur Verwaltung steht.* Die Leistungen des Staates werden vor allem für die existenznotwendige Daseinsvorsorge erbracht. Es handelt sich fast durchwegs um Güter, die für den Betroffenen von lebenswichtiger Bedeutung sind. Überdies hat die Verwaltung oft eine faktische oder rechtliche Monopolstellung. Der Bürger kann nicht ohne weiteres auf ein Konkurrenzunternehmen ausweichen, wenn Strom oder Wasser abgestellt werden. Er ist auf die Leistung der Verwaltung angewiesen. Deshalb dürfen solche Leistungen nur unter bestimmten Voraussetzungen verweigert werden. Die Leistungsverweigerung ist nichts anderes als ein *Widerruf* oder eine Abänderung von Verfügungen, die *nach den Grundsätzen des Widerrufes zu behandeln ist.*

Auch bei der Betreibung darf der Bürger nicht bis auf das Hemd ausgezogen werden. Existenznotwendige Güter dürfen ihm nicht abgenommen werden (vgl. die unpfändbaren Sachen nach Art. 92 SchKG). *Die Verweigerung von Leistungen, die für den einzelnen lebenswichtig sind, ist somit unzulässig.* Die Leistungsverwaltung soll gegenüber dem Schuldner keine bessere Stellung haben als der private Gläubiger, der im Betreibungsverfahren nicht alle Sachen, die im Besitze des Schuldners sind, pfänden lassen kann.

Deshalb gelten für die Verweigerung von Leistungen die folgenden Grundsätze: *Gesetzmässigkeit, Verhältnismässigkeit, rechtliches Gehör.* Für die Verweigerung von Leistungen gelten somit die gleichen rechtsstaatlichen Grundsätze wie für die übrigen Vollstreckungsmassnahmen. Ein Elektrizitätswerk soll nicht ohne gesetzliche Grundlage den Strom abstellen können. Die PTT soll das Telephon nicht ohne

Vorwarnung, d.h. nicht ohne Einräumung des rechtlichen Gehörs, unterbrechen dürfen, und die Wasserwerke müssen bei Sanktionen gegenüber ihren Benützern verhältnismässig vorgehen. Sie dürfen bei Zahlungsunfähigkeit einer Grossfamilie mit Kleinkindern selbst mit gesetzlicher Grundlage nicht einfach das Wasser abstellen. Dies wäre eine grobe Verletzung des Grundsatzes der Verhältnismässigkeit.

2.3. Der Widerruf von Bewilligungen

Neben der Verweigerung von Leistungen kann die Verwaltung in bestimmten Fällen Bewilligungen widerrufen, zum Beispiel Entzug des Führerausweises, Widerruf einer Baubewilligung vor der Errichtung eines Gebäudes, Entzug eines Patentes. Werden derartige Bewilligungen auf Grund einer Pflichtverletzung widerrufen, finden die Grundsätze des Widerrufes und der Disziplinarmassnahmen weitgehend Anwendung. In der Tat kann der Entzug des Führerausweises für einen Taxichauffeur existenzielle Folgen haben. Gleiches gilt für den Lehrer oder Anwalt, der sein Patent verliert, oder für den Ausländer, dessen Aufenthaltsbewilligung widerrufen wird. Wie bei Disziplinarmassnahmen sollen die Betroffenen deshalb gegen eine derartige Massnahme beim unabhängigen Verwaltungsgericht Beschwerde einreichen können. Dies ist jetzt sowohl beim Entzug des Führerausweises wie auch beim Widerruf der Aufenthaltsbewilligung möglich. Zu beachten sind schliesslich die Grundsätze der Verhältnismässigkeit, des rechtlichen Gehörs und der gesetzlichen Grundlage.

4. Teil: Eigentum und Sachherrschaft im öffentlichen Recht

1. Kapitel: Die Eigentumsgarantie

LITERATUR: BAGI L., La garantie constitutionelle de la propriété, Diss. Lausanne 1956; BÜHLER TH., Zur Geschichte des Eigentumsbegriffs, SJZ 70, 1974, S. 289 ff, 305 ff.; FORSTHOFF E., Zur Lage des verfassungsmässigen Eigentumsschutzes. Festgabe für Theodor Maunz zum 70. Geburtstag, 1971, S. 89 ff.; FRIEDRICH H.P., Eigentumsgarantie und Bodenrecht, ZBl 69, 1968, S. 57 ff.; GIESECK P., Sozialbindung des Eigentums im Wasserrecht. Festschrift für Heinrich Lehmann, Berlin-Tübingen 1956, S. 308 ff.; GUTHAUSER P., Die Eigentumsgarantie und das neue aargauische Baugesetz, ZBl 73, 1972, S. 470 ff.; HUBER H., Der Schutz wohlerworbener Rechte in der Schweiz. Gedächtnisschrift für W. Jellinek, München 1955, S. 457 ff.; HUG W., Die Bedeutung der Eigentumsverhältnisse für die Erfüllung sozialer Aufgaben, Zürich 1962; IMBODEN M., Die Tragweite der verfassungsrechtlichen Garantie des Privateigentums, SJZ 40, 1944, S. 269 ff., 292 ff.; KÜNG E., Eigentum und Eigentumspolitik, Tübingen, Zürich 1964; LEISNER W., Freiheit und Eigentum — die selbständige Bedeutung des Eigentums gegenüber der Freiheit. Festschrift Hermann Jahrreis zum 80. Geburtstag, Köln 1974, S. 135 ff.; DERSELBE, Die Sozialbindung des Eigentums, Berlin, München 1972, Schriften zum öffentlichen Recht, Bd. 196; LENDI M., Funktionswandel des Eigentums. Informationen zur Orts-, Regional- und Landesplanung, 1976, DISP Nr. 40, S. 10 ff.; DERSELBE, Planungsrecht und Eigentum. Referate und Mitteilungen des Schweizerischen Juristenvereins, 110, 1976, S. 224 ff.; LIVER P., Eigentumsbegriff und Eigentumsordnung (1969), in: Liver Peter, Privatrechtliche Abhandlungen. Festgabe zum 70. Geburtstag des Verfassers am 21. August 1972, Bern 1972, S. 149 ff.; MEIER-HAYOZ A., Das Sachenrecht, Abt. 1: Das Eigentum, Teilbd. 1: Systematischer Teil und allgemeine Bestimmungen, 4. Aufl., Bern 1966; MOOR P., Aménagement du territoire et propriété privé, ZSR NF 95 II, 1976, S. 365 ff.; MÜLLER P.H., Die Eigentumsgarantie und die Enteignung, Diss. Zürich 1966; PAPIER H.-J., Eigentumsgarantie und Geldentwertung, AöR 98, 1973, S. 528 ff.; RITTSTIEG H., Eigentum als Verfassungsproblem, Darmstadt 1975; RÖMER P., Funktions- oder Formwandel des Eigentums. Demokratie und Recht. 1, 1973, S. 48 ff.; RUDOLF K., Die Bindungen des Eigentums, Tübingen 1960; SALADIN P., Unternehmer und Unternehmen in der verfassungsrechtlichen Ordnung der Wirtschaft, VVDStRL 34, 1977, S. 7 ff.; SCHLEZ G., Die Entwicklung des Baurechts und die Eigentumsordnung, VA 65, 1974, S. 360 ff.; SENDLER H., Zum Wandel der Auffassung vom Eigentum, DöV 27, 1974, S. 73 ff.; WIPFELDER J.-J., Die grundrechtliche Eigentumsgarantie im sozialen Wandel. Recht und Staat, Berlin 1972, S. 747 ff.

I. Funktion des Eigentums

Das Eigentum erfüllt verschiedene Funktionen. *Es ermöglicht die persönliche und wirtschaftliche Entfaltung des Menschen und schützt ihn vor Übergriffen privater Dritter oder des Staates.*

Die *wirtschaftliche Funktion* des Eigentums steht in engem Zusammenhang zum Menschenbild des liberalen Staates. Auf Grund dieses Menschenbildes lässt sich der *Leistungswille des Menschen vor allem verbessern, wenn er auf Grund seiner Leistungen sein Vermögen vergrössern kann.* Der liberale Nachtwächterstaat wollte auf eine Eigentums- und Vermögensverteilung verzichten, da es für eine gerechte Verteilung keine Kriterien gibt. Das einzige Kriterium ist die Leistung des einzelnen, die in der freien Marktwirtschaft mit der Garantie des Eigentums honoriert wird.

Diese Grundwerte sind zwar heute noch zum grossen Teil unbestritten. Die Entwicklungen der letzten Jahrzehnte haben aber gezeigt, dass allzugrosse Freiheit missbraucht und damit die Freiheit selbst zerstört werden kann. Überdies lässt sich eine echte Leistungssteigerung nur dort nachweisen, wo die Konkurrenten gleiche Startchancen haben. Schliesslich muss für alle jene gesorgt werden, die unverschuldet in Not geraten sind, schlechte Startchancen oder geringe Aufstiegsmöglichkeiten haben.

Der Staat und sein Wirtschaftssystem sind keine isolierten Inseln, sondern in eine internationale Abhängigkeit gestellt, die insbesondere die Währung, die Exportwirtschaft und die Versorgung mit Rohstoffen beeinflussen kann. Das Gemeinwesen ist gezwungen, schädlichen internationalen Entwicklungen entgegenzutreten. Als Unternehmer staatlicher Betriebe und Anstalten, als Bauherr von Strassen und Gebäuden, als Leistungsstaat für die Daseinsvorsorge wie Bildung und Gesundheit nimmt der Staat aber auch selbst teil am Wirtschaftsleben und hat erhebliche Vermögenswerte zu verwalten. *Diese Entwicklungen haben zu einem Wandel des Eigentumsdenkens und zu einer Verwesentlichung der Eigentumsgarantie geführt, die je länger je mehr in den Zusammenhang mit dem Grundwert der persönlichen Entfaltung gebracht wird. Wenn auch die Voraussetzung des Eigentums für das gemischt marktwirtschaftliche System unerlässlich ist, hat doch der Staat in letzter Zeit wesentliche Einbrüche in die traditionellen Vorstellungen der Eigentumsgarantie gemacht. Diese Einbrüche müssen jedenfalls dort abgewehrt werden, wo der Wesenskern der Eigentumsgarantie, nämlich die Grundlage für die persönliche Entfaltung, angetastet wird.*

Dieser Aspekt der Eigentumsgarantie ist heute von zentraler Bedeutung. Er hat in letzter Zeit zu einem grundlegenden Wandel des Eigentumsbegriffes geführt. Während in früheren Zeiten das *Grundeigentum* lediglich als Schutzobjekt der Eigentumsgarantie betrachtet worden war, hat sich diesbezüglich ein wesentlicher Wandel abgezeichnet. Zur Zeit der reinen Agrarwirtschaft stand selbstverständlich das Eigentum an Grund und Boden im Vordergrund. Grund und Boden waren die wesentliche Voraussetzung für die persönliche und wirtschaftliche Entfaltung des einzelnen. Es war deshalb selbstverständlich, dass sich die Eigentumsgarantie vor allem auf diesen Gegenstand konzentrierte. Im Laufe der wirtschaftlichen und industriellen Entwicklung hat sich aber gezeigt, *dass neben diesen Rechten an Grund und Boden ganz andere Rechtsansprüche von ebensolcher Bedeutung* für die persönliche Entfaltung und den Existenzschutz des einzelnen Menschen sind. Dazu gehören neben dem *Recht an den beweglichen Sachen vor allem das Vermögen und die Ansprüche auf Beiträge der Sozialversicherung und der Pensionskassen, die Lohnansprüche, Guthaben auf Banken usw.* Die Gewährleistung dieser Rechte ist für die persönliche Entfaltung des einzelnen ebenso grundlegend wie der Schutz des eigentlichen Grundeigentums. Der moderne Mensch erwirbt sich seine Rechte nicht nur durch die Bewirtschaftung des Bodens, sondern auch überwiegend durch die Leistung von Arbeit in einem Unternehmen. Die Rechte, die ihm für diese Leistungen zustehen, sollen, ebenso wie etwa die Rechte eines Grundeigentümers, geschützt werden.

In vielen Fällen *dient das Eigentum nicht nur der persönlichen Entfaltung des einzelnen, sondern, durch die Vergesellschaftung in Kapitalgesellschaften, der Entfaltung der an diesen Gesellschaften beteiligten Aktionäre und Arbeitnehmer.* Diese Entpersönlichung des Eigentums führte zu den bekannten Postulaten der Mitbestimmung und der Vermögensbildung der Arbeitnehmer. Noch in stärkerem Masse zeichnet sich diese Vergesellschaftung des Eigentums im Sozialversicherungsrecht ab. Während die Sozialversicherung nach dem Umlageverfahren über ein beschränktes Kapital verfügt, steht ihr über das Kapitaldeckungsverfahren bei der beruflichen Vorsorge unermessliches Kapital zur Verfügung, das verwaltet werden muss. Es ist Aufgabe des Staates, dafür zu sorgen, dass die Verwaltung dieses Eigentums nach anerkannten Grundsätzen besorgt und dessen Sicherheit gewährleistet wird.

Neben dem Schutz des Arbeitnehmers muss aber auch in vermehrtem Masse an den *Schutz des Mieters* gedacht werden, zumal in der heutigen Zeit je länger je mehr Personen nicht mehr in ihrem eigenen Heim wohnen, sondern von einem fremden Eigentümer als Mieter abhängig sind. Die Gesetzgebung über den Mieterschutz ist denn auch unter diesem Gesichtspunkt zu betrachten.

Ein grundlegender Wandel zeichnet sich aber nicht nur hinsichtlich des Gegenstandes der Eigentumsgarantie, sondern auch hinsichtlich der sogenannten *Sozialpflichtigkeit* des Eigentums ab. *Der Eigentümer darf sein Eigentum nicht zu Lasten der Allgemeinheit nutzen. Er muss bei seiner Nutzung die Interessen der Gemeinschaft berücksichtigen.* Diese Sozialpflichtigkeit des Eigentums führt dazu, dass dem Eigentum, insbesondere von Grundstücken, neue Schranken auferlegt werden. Das ehemals rein private Nachbarrecht hat sich zu einem öffentlichen Nachbarrecht ausgeweitet. Die Allgemeinheit ist zum Nachbarn des privaten Grundstückeigentümers geworden. Ihre Interessen dürfen ebensowenig beeinträchtigt werden wie diejenigen des unmittelbaren Nachbarn. So darf der Eigentümer nurmehr im Rahmen der anerkannten ästhetischen Grundsätze bauen, er muss sich an die Zonenordnung halten, muss Erschliessungsbeiträge entrichten, muss die für die Zonenordnung geltenden Immissionsvorschriften für Luftverunreinigungen und Lärm beachten, hat die Ausnützungsziffern einzuhalten usw. Vor allem aber darf er das Grundstück nur baulich nutzen, wenn es baureif, d.h. erschlossen ist.

Das Eigentum hat aber nicht nur die Funktion, die persönliche Entfaltung des einzelnen zu ermöglichen, es dient auch seiner *wirtschaftlichen Entfaltung*. In diesem Zusammenhang muss die Eigentumsgarantie im Verhältnis zur Handels- und Gewerbefreiheit betrachtet werden. Beide verfassungsmässigen Rechte sind dazu da, den einzelnen vor ungerechtfertigten staatlichen Eingriffen zu schützen, ihm die Möglichkeit der wirtschaftlichen Entwicklung im Rahmen der staatlichen Wettbewerbsordnung zu geben und auf diese Weise ein System der freien Konkurrenz zu gewährleisten. *In diesem Sinne wurde die Eigentumsgarantie die Grundlage für ein staatliches Wirtschaftssystem,* das nach dem Grundsatz der Subsidiarität zwischen den Aufgaben der Gesellschaft und denjenigen des Gemeinwesens aufteilt. Der Staat soll nur tätig werden, wenn die Gesellschaft ohne seine Hilfe nicht mehr zurechtkommt. Insbesondere soll der Staat nicht gestaltend in die Vermögensverteilung der Gesellschaft eingreifen.

Wir wissen, dass dieses Nachtwächterdenken allerdings längst überholt ist. Der Staat hat zuerst im Zeichen der totalen Kriegswirtschaft, dann der wirtschaftlichen Rezession und schliesslich unter dem Druck der Überkonjunktur in die Wirtschaft eingreifen müssen. Krasse Ungerechtigkeiten, Verteilung des Risikos der Krankheit, Schutz der Armen und älteren Leute haben ihn dazu verpflichtet, *umverteilend in die sonst ungerechte Vermögensverteilung des freien Marktes einzugreifen.* Der Schutz lebenswichtiger Industriezweige und unterentwickelter Regionen zwingen das Gemeinwesen auch heute noch, beispielsweise zum Schutze der Landwirtschaft, ganze Wirtschaftssektoren aus dem System des freien Marktes herauszunehmen. Die Interdependenz im Zeichen der wirtschaftlichen Abhängigkeit von der globalen Wirtschaftsentwicklung zwingt das Gemeinwesen immer wieder dazu, zum Schutze der staatlichen Währung und Wirtschaft Massnahmen zu ergreifen, die die Gewerbefreiheit wesentlich beschränken.

Der Staat ist schliesslich selbst im eigentlichen Sinne wirtschaftlich tätig. Er ist der weitaus grösste Arbeitgeber, nimmt mit seinem Budget einen grossen Einfluss auf die wirtschaftliche Entwicklung und beeinflusst als Träger der Geldhoheit die Kaufkraft des Geldes und damit die Substanz von Vermögenswerten.

Dies sind alles Gründe, weshalb in der heutigen Zeit die *Eigentumsgarantie nicht mehr nur rein negativ verstanden werden darf. Vielmehr muss sie den Staat positiv dazu verpflichten, die notwendigen Massnahmen zu treffen, um das Institut des Eigentums zu schützen und insbesondere die Vermögensrechte des einzelnen zu wahren, um zu verhindern, dass diese durch eine allzu inflationäre Politik des Staates in ihrer Substanz in Frage gestellt werden könnten.* Denn heute wie früher im Zeitalter der Agrarwirtschaft erfüllt das Eigentum die gleiche Funktion, es soll dem einzelnen die Möglichkeit geben, sich in seiner Existenz in der Gesellschaft sicherzufühlen und damit Grundlage zu sein für seine persönliche und wirtschaftliche Entfaltungsmöglichkeit.

II. Inhalt der Eigentumsgarantie

Die Eigentumsgrantie schützt die Verfügungs- und Nutzungsrechte sowie den Bestand des Eigentums. Sie stellt sicher, dass der Staat nur im Rahmen der verfassungsmässigen Aufgaben diese Rechte beschränken darf. In diesem Sinne ist die Eigentumsgarantie primär ein sogenanntes Abwehrrecht gegen Eingriffe des Staates. Zum Abwehrrecht gehört auch die sogenannte *Bestandesgarantie, d.h. der Staat darf das Wesen des Eigentums nicht in Frage stellen.* Eine Initiative, die den Staat beauftragt, das gesamte Land eines Kantons käuflich zu erwerben und den Weiterverkauf von Grundstücken verbietet, ist verfassungswidrig, selbst wenn sie ein öffentliches

Interesse, nämlich die Verhinderung der Bodenspekulation, verfolgt. Dies ist unvereinbar mit dem Geiste des Bundeszivilrechts, das auf dem Institut des Privateigentums aufbaut, und deshalb verfassungswidrig (ZBl 61, 1960, S. 281, BGE 96 I 126), weil das Institut des Eigentums ausgehöhlt werden kann. Beschränkt sich aber das Vorkaufsrecht auf ein ganz bestimmtes Gebiet und hat es eine klare soziale Zielrichtung, wird die Bestandesgarantie nicht verletzt (BGE 88 I 248).

Gegenstand der Eigentumsgarantie sind die *dinglichen Rechte*, aber auch andere Ansprüche, wie wohlerworbene Rechte, die der einzelne durch Konzessionen oder gesetzlich gewährleistete Pensionskassenansprüche erworben hat. Schliesslich gehören zur Eigentumsgarantie auch die *Vermögensrechte*, insbesondere die obligatorischen Rechte. Allerdings unterliegen diese Rechte nicht einer derart weitgehenden Garantie wie das Grundeigentum.

Bei den Vermögensrechten gewährleistet der Staat eine beschränkte Wertgarantie. Es soll vor allem der Bestand des Vermögens, die Substanz, erhalten bleiben. Der Staat kann aber ohne weiteres über den Weg von Steuern oder anderen Beschränkungen Vermögenserträge oder Einkommensansprüche abschöpfen. Solange dadurch nicht die Substanz getroffen wird bzw. die Steuern keinen prohibitiven oder konfiskatorischen Charakter haben, wird die Eigentumsgarantie nicht verletzt (BGE 94 I 116).

Der Vermögenswertgarantie kommt in Zeiten der Inflation und der Wirtschaftskrisen je länger je grössere Bedeutung zu. Der Staat ist auf Grund der Eigentumsgarantie verpflichtet, das in seinen Kräften Stehende zu tun, *um die Kaufkraft des Geldes in einem vernünftigen Umfang zu erhalten.* Selbst wenn er versucht, die Rentenansprüche der Sozialversicherung durch eine automatische Indexierung zu gewährleisten, muss er das Übel an der Wurzel packen, da er dafür einstehen muss, dass das staatliche Zahlungsmittel, das Geld, die Kaufkraft beibehält.

Anders steht es mit dem *Grundeigentum.* Die Eigentumsgarantie ist hier nicht nur Wert-, sondern auch *Sach- und Bestandesgarantie.* Gewährleistet ist auch das Eigentum am Bestand einer bestimmten Sache, d.h. eines bestimmten Grundstückes. Der Staat kann also nicht ohne weiteres ein Grundstück enteignen und dafür eine Entschädigung bezahlen bzw. Realersatz durch Gewährleistung eines anderen Grundstückes bieten. Derartige Massnahmen können von seiten des Staates nur dann angeordnet werden, wenn die Voraussetzungen für die Enteignung gegeben sind.

III. Die Schranken der Eigentumsgarantie im Bodenrecht

LITERATUR: BAR G., Die Verkehrswertbesteuerung der Liegenschaften als Mittel der Bodenpolitik, Bern, Stuttgart 1970; BLOCHER CHR., Die Funktion der Landwirtschaftszone und ihre Vereinbarkeit mit der schweizerischen Eigentumsgarantie, Diss. Zürich 1972; BLÖTZER G., MUNZ R., Walderhaltungsgebot und Rodungsbewilligung, ZBl 73, 1972, S. 428 ff.; BOSSHART R., Notwendigkeit und Möglichkeit einer Raumordnung in der Schweiz, Diss. St. Gallen 1968; CONRADI P., u.a., Für ein soziales Bodenrecht, Notwendigkeiten und Möglichkeiten, Frankfurt a.M. 1972; ESTERMANN A., Die Baufreiheit und ihre Schranken, Diss. St. Gallen 1965; EVERS H.-U., Das Recht der Raumordnung. Eine Einführung in das Bundesraumordnungsgesetz, das Planungsrecht der Länder und die Rechtsfragen der Gebietsreform, München 1973; FRIAUF K.H., Baurecht und Raumordnung, in: Münch I.v. (Hrsg.), Besonderes Verwaltungsrecht, Frankfurt a.M., 3. Aufl., 1972, S. 385 ff.; FRÖHLER L., OBERNDORFER P., Bodenordnung und Eigentumsgarantie, Linz 1975; GERMANN W., Die Bebauungspläne im Spiegel der Rechtsprechung. Entscheidungen höherer Gerichte 1963-1972, Düsseldorf 1973; GYGI F., Eigentumsfreiheit und Landesplanung, WuR 1964, S. 273 ff.; HAFNER R., Erholungsgebiete im schweizerischen und zürcherischen Recht, Diss. Zürich 1972; HESS W.A., Bibliographie zum Bau-, Boden- und Planungsrecht der Schweiz, 1900-1967, Zürich 1968; HINTERMANN A., Die Freihaltezonen im Rahmen der Bauzonenplanung, Diss. Zürich 1963; HÖSLE E., Das öffentliche Baurecht nach der bundesgerichtlichen Rechtsprechung, Diss. Fribourg 1972; HOFMANN M., Die Pflicht zur Nutzung des Bodens, Diss. Zürich 1974; KNIRSCH H.P., (Hrsg.), Bodenrecht. Beiträge zur Reform des Grundeigentums, Berlin 1972; KUTTLER A., Vom Bauplanungsrecht zum Raumordnungsrecht, WuR 1974, S. 145 ff.; DERSELBE, Erschliessungsrecht und Erschliessungshilfe im Dienste der Raumordnung, ZBl 75, 1974, S. 69 ff.; DERSELBE, Raumordnung als Aufgabe des Rechtsstaates. Der Staat als Aufgabe, Gedenkschrift für Max Imboden, Basel, Stuttgart 1972, S. 211 ff.; KUTTLER A., ZAUGG A., Rechtliche Grundfragen der Planungswertabschöpfung, WuR 1972, S. 251 ff.; LENDI M., Planungsrecht und Eigentum. Referat und Mitteilungen des Schweizerischen Juristenvereins 110, 1976, H. 1; MEIER-HAYOZ A., ROSENSTOCK P., Zum Problem der Grünzonen. Abhandlungen zum schweizerischen Recht, H. 375, Bern 1967; MEYER P., Planungsmehrwertabschöpfung gemäss Art. 45 des Entwurfs zum Raumplanungsgesetz, ZBl 75, 1974, S. 1 ff.; MEYLAN J., La jurisprudence récente en matière de plans d'aménagement, ZBl 72, 1971, S. 345 ff.; MOOR P., Aménagement du territoire et propriété privée, ZSR NF 95 II, 1976, S. 365 ff.; NEIL-BRENNING O., v., Die Funktion des Grundeigentums in der Sozialordnung unserer Zeit. Wirtschaft und Gesellschaft, Bd. I Grundfragen, Freiburg 1956; Raumplanung Schweiz: Aufgaben der Raumplanung und Raumplanungsorganisation des Bundes, Hauptbericht, Bern 1970; ROHR R., Der Boden, ein Problem und seine Lösung, Zürich, Genf 1965; SALADIN P., Raumplanung ohne materielle Enteignung? Plan 33, 1976; SCHAUMANN W., Die Landesplanung im schweizerischen, englischen und französischen Recht. Eine rechtsvergleichende und rechtspolitische Studie, Diss. Zürich 1950; SCHÜRMANN L., Bodenrechtsdiskussion und -gesetzgebung: Der Stand 1974. Schweizerische Monatshefte 1974, S. 547 ff.; DERSELBE, Raumplanung und Agrarrecht, ZBl 73, 1972, S. 297 ff.; STICH R., Grundbegriffe des Raumplanungs- und Baurechts, Stuttgart 1973; SPIESS W., Die Bodenplanung nach zugerischem Recht, Diss. Zürich 1969; SURBER, AMIET, KOBERT, Das Brachlandproblem in der Schweiz, Birmensdorf 1973; WEHINGER U., Raumplanung und Regionen unter dem Aspekt des Subsidiaritätsprinzips, Diss. Zürich 1975; WERNER D., Probleme der Grundsatzgesetzgebung des Bundes auf dem Gebiet der Raumplanung, Diss. Zürich 1975; WIRTH M., Die Ausgestaltung der Planungswertabschöpfung, WuR 1972, S. 223 ff.; ZUPPINGER F., Möglichkeiten der Mehrwertabschöpfung im Rahmen der Raumplanung, ZBl 75, 1974, S. 196 ff.

Hinsichtlich der Schranken der Eigentumsgarantie hat sich in den letzten Jahrzehnten ebensosehr ein Wandel abgezeichnet wie hinsichtlich der Funktion dieser Garantie. Früher galt die Eigentumsgarantie in erster Linie gegenüber der Exekutive.

A. Knappheit des Bodens

Während sich die Luft einer eigentlichen Hoheitsausübung entzieht, da sie kaum fassbar ist, und die Gewässer nur dann einer Hoheit unterstellt werden können, wenn sie in einem Gefäss gefasst werden, lassen sich *beim Boden die Hoheitsrechte durchaus einfach abgrenzen*. Deshalb wird die Hoheit über dieses unvermehrbae Gut auf verschiedene private Rechtsträger nach den Grundsätzen des Privatrechts und der privatwirtschaftlichen Freiheit aufgeteilt. Der Staat hat nur Eigentum an jenen Gebieten, die zur Verwirklichung seiner hoheitlichen Aufgabe notwendig sind. Als Eigentümer von Strassen, Gebäuden, Plätzen und öffentlichen Gewässern nimmt er an der Aufteilung des Eigentums am Boden teil.

Dessen ungeachtet stellen sich aber heute auch beim Boden ähnliche *Probleme* wie bei den anderen Naturgütern, dem Wasser und der Luft. Der Boden ist ein Gut, das nicht *vermehrt werden kann. Die Erhaltung des Bodens ist für Leben und Gesundheit eines Volkes von eminenter Bedeutung.* Aus diesem Grunde kann der Grundeigentümer nur in beschränktem Rahmen über dieses Gut 'Boden' verfügen. Die Verknappung des Bodens darf er nicht für persönliche Spekulationen missbrauchen, eine geordnete Siedlungsentwicklung, die den wirtschaftlichen, sozialen und persönlichen Bedürfnissen der Menschen dient, ist unerlässlich. Diese harmonische Einordnung der Bodenpolitik ist nur im Rahmen *einer Eigentumsgarantie möglich, die der Sozialbindung des Bodens Rechnung trägt.* Diese Sozialbindung ist je nach Art und Ausbeutungsmöglichkeit des Bodens verschieden ausgestaltet.

Der Landwirt kann seine Wiese beispielsweise nicht ohne weiteres verkommen lassen. Art. 87 LwG (SR 910.1) verpflichtet die Eigentümer, brachliegende Grundstücke, die sich ausserhalb der Bauzone befinden, der landwirtschaftlichen Bewirtschaftung wieder zuzuführen, sofern dies technisch möglich ist und ihnen die Kosten zugemutet werden können. Kommen sie dieser Aufforderung innert der gesetzten Frist nicht nach, kann die Behörde die Instandstellung des Landes auf Kosten des Eigentümers verlangen.

Eine ähnliche Regelung im Sinne einer *positiven Nutzungspflicht* des Bodens kennen wir im Forstgesetz. Die Eigentümer von Waldgrundstücken dürfen ihre Waldgrundstücke nicht nach freiem Belieben roden. Sie sind zusätzlich verpflichtet, alles zu tun, um eine vernünftige Pflege und Bewirtschaftung (bzw. allfällige Aufforstung) des Waldes sicherzustellen. Kommen sie dieser Pflicht nicht nach, kann die Behörde über den Weg der Ersatzvornahme auf Kosten des Pflichtigen die entsprechenden Massnahmen selber vornehmen lassen.

B. Planung der Siedlungsentwicklung

Von grösster Bedeutung für die Erhaltung des Bodens als Grundlage der wirtschaftlichen und persönlichen Entfaltung des Menschen sind auch die *planerischen Massnahmen des Staates.* Das Gewässerschutzgesetz, der Bundesbeschluss über die Raumplanung und einige kantonale Baugesetze trennen zwischen *Siedlungsgebiet* und *Nicht-Siedlungsgebiet.* Für das Siedlungsgebiet soll lediglich Land ausgeschieden werden, das bereits überbaut ist oder auf Grund der voraussehbaren Entwicklung in den nächsten 15-25 Jahren der Überbauung zugeführt werden muss (vgl. Art. 15 Allgemeine Gewässerschutzverordnung, Art. 21 und 47 zürcherisches Bau- und Planungsgesetz). Auf diese Weise soll die *Streubauweise verhindert und sichergestellt* werden, dass *möglichst viel Land für Landwirtschaft und Erholungsmöglichkeit* erhalten bleiben kann.

Um zu verhindern, dass die Entwicklung in den nächsten 15-25 Jahren vollkommen ungeordnet verläuft, soll die gesamte Richtplanung von Bund und Kantonen auf Gestaltungsgrundsätze (Leitbilder) abgestimmt sein (vgl. § 18 Bau- und Planungsgesetz des Kantons Zürich). Mit diesen Grundsätzen soll die Planung dem politisch Wünschbaren und Möglichen Rechnung tragen. Denn diese Leitbilder sind auf Grund der heute erkennbaren Trends und Wirklichkeiten zu erarbeiten, sollen aber anderseits den politischen Instanzen die Möglichkeit geben, unerwünschten Entwicklungen entgegenzuwirken.

Neben der grossangelegten Planung muss das kantonale *Baurecht* die Grundlagen für die Wohnhygiene in der Bauzone schaffen.

Der Grundstückeigentümer hat somit keinen Anspruch auf freie Nutzung des Bodens. Eigentum an Grund und Boden berechtigt nicht ohne weiteres zur baulichen oder landwirtschaftlichen Nutzung. Wer Wald besitzt, kann sein Grundstück nur für die forstwirtschaftliche Bewirtschaftung nutzen. Wer über landwirtschaftliches Gut verfügt, kann dieses nur landwirtschaftlich nutzen. Nur wer baureifes Land besitzt, soll es baulich nutzen können. Dabei kann die Nutzung des bebauten Gebietes wie in § 50 Abs. 4 des zürcherischen Bau- und Planungsgesetzes vorgeschrieben werden:

«Die Bau- und Zonenordnung kann für die ganze Zone, gebietsweise oder für bestimmte Geschosse die Nutzung zu Wohnzwecken vorschreiben oder beschränken und für geeignete Lagen bestimmen, dass im Erdgeschoss nur Läden und Gaststätten zulässig sind.»

Der Rahmen des Nutzungsrechts an Grund und Boden wird selbstverständlich unter Belassung grösstmöglicher Freiheit vom *Staat bestimmt*. Das Gemeinwesen darf allerdings die Nutzung nicht willkürlich zuteilen. Es muss zum Beispiel Land für das Landwirtschaftsgebiet ausscheiden, das sich für diese Nutzung eignet. Über eine willkürliche Zoneneinteilung muss sich der Eigentümer beschweren können.

Dieser Betrachtungsweise entsprechen auch die Grundsätze, die für die *Entschädigungspflicht des Staates bei der Auferlegung von Nutzungsbeschränkungen* gelten. Grundsätzlich berechtigt die Zuteilung zur Landwirtschaftszone nicht zum Anspruch auf eine Entschädigung wegen materieller Enteignung. *Entschädigt wird ein enteignungsähnlicher Eingriff dann, wenn eine voraussehbare mögliche Nutzung des Bodens beschränkt wird.* Land, das nicht erschlossen und nicht baureif ist und in der Landwirtschaftszone liegt, lässt sich aber in voraussehbarer Zukunft nicht baulich nutzen. Deshalb verpflichtet die Zuteilung von nicht baureifem Land zur Landwirtschaftszone nicht zur Entschädigung, sofern es in naher Zunkunft wahrscheinlich nicht als Bauland genutzt werden kann (vgl. BGE 98 Ia 381).

C. Erschliessungsrecht

1. Allgemeines

Von grundlegender Bedeutung für das Bodenrecht ist das *Erschliessungsrecht*. Grundstücke, die durch die Infrastruktur erschlossen werden, erfahren einen erheblichen Mehrwert, weil sie in Zukunft überbaut werden können. Es kann nicht Aufgabe des Staates sein, zum Vorteil der Grundstückeigentümer diese Erschliessungskosten selber zu tragen. Der Grundeigentümer darf sich nicht am Staat und an der Allgemeinheit bereichern. *Die Leistungen, die der Staat einem Grundstück entgegenbringt, sind vom Grundstückeigentümer zu honorieren.* Allerdings haben bis heute noch nicht alle kantonalen Baugesetze diesem Gedanken Rechnung getragen.

2. Versorgung

2.1. Wasser- und Energieversorgung

Ein Grundstück ist erschlossen, wenn die Versorgung und die Entsorgung sichergestellt sind. Wesentliche Voraussetzung der Erschliessung ist die Wasserversorgung. In der Regel entscheiden die Gemeinden, inwieweit der Grundeigentümer berechtigt ist, sich an die Wasserversorgungsanlage anzuschliessen. Die Gemeinde ist nicht verpflichtet, jedes Grundstück an die Wasserversorgung anzuschliessen. *Den Gemeinden steht vielmehr das Recht zu, die Wasserversorgung auf eine bestimmte Zone zu beschränken.* Aus der Eigentumsgarantie kann also kein Anspruch auf Wasserversorgung abgeleitet werden. Dies hat das Bundesgericht schon in früherer Rechtsprechung entschieden (BGE 79 I 232 und 92 I 509).

Ähnliches gilt nun auch für die Versorgung mit elektrischer Energie (BGE 42 I 180).

Der Verteilung des Wassers kommt heute erhöhte Bedeutung zu. Die Grundlage für eine Gesamtkonzeption der Wasserbewirtschaftung ist in Art. 24bis BV vorgesehen. Danach beabsichtigt der Bund, die Wasserbewirtschaftung auf Grund einer Gesamtkonzeption zu regeln. Diese Gesamtkonzeption wird sowohl den kantonalen wie regionalen wirtschaftlichen Bedürfnissen Rechnung tragen müssen. Dabei wird auch auf ein ausgewogenes Verhältnis zwischen Kernkraftwerken und Wasserenergie zu achten sein.

Für die Verteilung und die intensive Nutzung von öffentlichen Sachen liegen bis jetzt keine allgemeinen Grundsätze des Verwaltungsrechts vor. Das Gemeinwesen kann die Nutzung der Gewässer durch Erteilung von Sondernutzungsrechten grundsätzlich nach *freiem Ermessen* regeln. Es ist lediglich verpflichtet, die allgemeinen Grundsätze von Art. 4 BV zu beachten und nicht willkürlich Sondernutzungsrechte, also Konzessionen, für die Nutzung der Wasserkräfte zu verweigern. Diese Regelung entspricht der Zeit der unbegrenzten Wasservorkommen. Heute muss das Wasser sparsam verwendet werden. Bei uneingeschränkter Zulassung der Nutzung werden Mangelerscheinungen unumgänglich sein. Deshalb müssen auf Grund einer guten Planung Vorkehren für die Erhaltung des Wassers getroffen werden.

Diese Planung wird auf der einen Seite den bestehenden Bedürfnissen Rechnung tragen müssen und auf der anderen Seite abzuklären haben, welche Möglichkeiten auf dem Gebiete der Wasserversorgung zur Verfügung stehen. Sind diese Möglichkeiten beschränkt, werden *Prioritäten festgelegt* werden müssen, andererseits werden Regelungen zur sparsamen Verwendung (zum Beispiel der Energie) unumgänglich sein.

Schon heute ist bekanntlich ein dringlicher Bundesbeschluss in Kraft, welcher dem Bund die Möglichkeit gibt, im Falle von Energieengpässen den Energieverbauch der privaten Haushalte zu kontingentieren. Das Verwaltungsrecht wird also mit dem neuen Problem des kontingentierten Gemeingebrauchs konfrontiert. Diese Kontingentierung ist notwendig, weil bei einer unbeschränkten Gebrauchsmöglichkeit einer Sache die Nutzung durch den einen immer zu Lasten des anderen geht.

2.2. Strassenerschliessung

Zur Versorgung gehört auch der Anschluss eines Grundstückes an das Strassennetz. Es ist Aufgabe der Gemeinde zu entscheiden, welche Grundstücke an das Strassennetz angeschlossen werden. Von grosser Bedeutung ist dabei die Frage, wer die Kosten für die Errichtung der Strassen übernehmen soll. Viele ältere kantonale Baugesetze verpflichten die Gemeinden, die Kosten in der Bauzone selber zu übernehmen. Nur ausserhalb der Bauzone dürfen diese Gemeinden die Kosten über den Weg von Mehrwertbeiträgen den Grundstückeigentümern überbürden. Dies führte dazu, dass die Gemeinden ihre Bauzonen aus fiskalischen Gründen möglichst klein hielten, das Gebiet ausserhalb der Bauzone aber als Bauerwartungsland bestimmten, in dem die Erschliessungskosten von den Grundstückeigentümern zu tragen waren. Das Bauerwartungsland war damit fast unbeschränkt gross. Wer die Erschliessungskosten bezahlen konnte, konnte nun auch ausserhalb der Bauzone bauen. Dies ist ein wesentlicher Grund für die Zersiedlung unseres Landes.

Gewisse Regelungen über die Erschliessungskosten finden sich für Bauzonen, die für Wohnungsbauten bestimmt sind, im Bundesrecht, nämlich in Art. 4 ff. des Wohnbau- und Eigentumsförderungsgesetzes (SR 843.0). Nach Art. 6 dieses Gesetzes sind die Grundeigentümer verpflichtet, auch in den Bauzonen die Kosten für die Feinerschliessung zu übernehmen.

3. Entsorgung

Hauptprobleme der Entsorgung sind die Regelung der Abwässer und des Abfalls. Für beide Probleme finden sich die einschlägigen Bestimmungen im Gewässerschutzgesetz des Bundes.

Was im Raumplanungsgesetz und in den kantonalen Baugesetzen nicht gelungen ist, hat das Gewässerschutzgesetz fertiggebracht. Nach Art. 20 dieses Gesetzes kann nämlich der Eigentümer eines Grundstückes ausserhalb der Bauzone auch dann nicht an die Abwasseranlage anschliessen, wenn er die erforderlichen Kosten selber übernimmt. Art. 20 GSchG verfolgt damit neben der eigentlichen Polizeiaufgabe (Schutz der Gewässer) auch eine Planungsaufgabe: Trennung von Baugebiet und Nicht-Baugebiet. Selbst wenn die Gewässer durch eine Baute nicht gefährdet sind, weil der Eigentümer für die Kanalisation aufkommt, darf grundsätzlich ausserhalb der Bauzone nicht gebaut werden. Hat die Gemeinde keine Bauzone, gilt das generelle Kanalisationsprojekt (GKP). Nach Art. 15 (SR 814.201) der allgemeinen Gewässerschutzverordnung ist für den Umfang des GKP das im Zonenplan ausgeschiedene Baugebiet massgebend. Sofern keine Zonenplanung besteht, ist das GKP für das überbaute und für das innerhalb 10 bis höchstens 15 Jahre zur Erschliessung vorgesehene Baugebiet anzulegen. Dabei darf höchstens eine Verdoppelung der Bevölkerungszahl und eine den örtlichen Verhältnissen angemessene Entwicklung von Industrie, Gewerbe und Fremdenverkehr berücksichtigt werden. Das Planungsziel der Gewässerschutzverordnung wird damit offensichtlich. Besteht kein GKP, gilt als Bauzone das bereits überbaute Gebiet.

Die einzige Lücke des Gewässerschutzgesetzes besteht darin, dass keine Vorschrift über den Umfang der Bauzone einer Gemeinde besteht. Vergrössert die Gemeinde die Bauzone über die für 15 Jahre zu erwartende Vergrösserung der Gemeinde hinaus, hat der Eigentümer, dessen Grundstück in der Bauzone liegt, trotzdem Anspruch auf bauliche Nutzung im Rahmen des Zonenplanes.

Das Gewässerschutzgesetz regelt aber auch das Problem der festen Abfälle. Nach Art. 27 Abs. 2 sind nämlich die Kantone verpflichtet, dafür zu sorgen, dass die festen Abfälle aus Haushalt, Gewerbe und Industrie gesammelt und durch geordnetes Deponieren, Kompostieren, Verbrennen oder auf andere Weise schadlos beseitigt werden.

D. Zusammenfassung

1. Abhängigkeit des Eigentums

Die Tendenzen des neueren Rechts zeigen sehr deutlich, dass die Eigentumsgarantie an die vom Staate zugewiesene Nutzungsmöglichkeit gebunden ist. Die Nutzung des Grundeigentums ist nur im Rahmen der vom Staate zugewiesenen Nutzungsordnung möglich. Der Rahmen der Nutzungsrechte wird vom Staate bestimmt. Unvermehrbares Gut, das einer stets wachsenden Bevölkerungszahl und stets steigenden Bedürfnissen der Menschen Rechnung zu tragen hat, wird so von Staat und Gesellschaft gemeinsam in partnerschaftlicher Weise gestaltet.

2. Schutz des Eigentums

Das Grundeigentum war *gegen den Eingriff der Exekutive* in das Eigentum des einzelnen *durch einen Einzelakt* geschützt. Der Gesetzgeber konnte aber ohne weiteres durch den Erlass generell-abstrakter Normen, die jedermann trafen, das Eigentum beschränken. Heute gilt die Eigentumsgarantie aber *auch gegenüber generell-abstrakten Regelungen durch Planung oder Gesetzgebung*. Solche Regelungen sind nur möglich, wenn sie im Rahmen der verfassungsrechtlichen Befugnisse des Staates vorgenommen werden.

2. Kapitel: Enteignung und Eigentumsbeschränkung

LITERATUR: BIRNBAUM L., Die Entschädigung für Planungsschäden nach dem Bundesbaugesetz und Art. 14 Grundgesetz, Diss. Kiel 1972; BLANC J.P., Das öffentliche Interesse als Voraussetzung der Enteignung, Diss. Zürich 1967; BONNARD A., Expropriation des droits de voisinage et routes nationales, RDAF 25, 1969, S. 57 ff.; BOSSHARDT O., Der Grundsatz der Verhältnismässigkeit im Enteignungsrecht, ZBl 65, 1964, S. 393 ff.; BÜHLER - REIMANN TH., Zur Geschichte der Eigentumsgarantie und der Enteignung, ZBl 75, 1974, S. 378 ff.; GELZER K., Der Umfang des Entschädigungsanspruchs aus Enteignung und enteignungsgleichen Eingriffen, München 1969; GERMANN R., Enteignung zugunsten Privater nach den kantonalen Enteignungsgesetzen, Diss. Bern, Winterthur 1974; GYGI F., Die Berücksichtigung der Grundstückgewinnsteuer bei der Bemessung der Enteignungsentschädigung, Festschrift für Irene Blumenstein, ASA Beilage, 34, 1965/66, S. 9 ff.; GRONEFELD V., Preisgabe und Ersatz des enteignungsrechtlichen Finalitätsmerkmals, Berlin 1972; GYGI F., Expropriation, materielle Enteignung und Lastenausgleich, in: Rechtliche Probleme des Bauens, Bern 1969, S. 81 ff.; HESS H., Probleme des enteignungsrechtlichen Einspracheverfahrens aus der Sicht des Eidgenössischen Verkehrs- und Energiewirtschaftsdepartements, ZBl 74, 1973, S. 385 ff.; HUBER H., Das Gemeinwohl als Voraussetzung der Enteignung, ZSR NF 84 I, 1965, S. 39 ff., auch in: Rechtstheorie, Verfassungsrecht, Völkerrecht. Ausgewählte Aufsätze 1950-1970, Bern 1971, S. 492 ff.; IPSEN H.P., RIDDER H., Enteignung und Sozialisierung, VVDStRL 10, 1952, S. 74 ff.; KULENKAMP E., Vorwirkung der Enteignung, Diss. München 1972; KÜTTEL M., Beanspruchung öffentlicher Sachen durch öffentliche Unternehmen und die Enteignung öffentlicher Sachen, Diss. Zürich 1972; LAFONT A., Die Subjekte der Enteignung, Diss. Bern 1931; MERKER R., Der Grundsatz der «vollen Entschädigung» im Enteignungsrecht, Diss. Zürich 1975; MÜLLER S., Die formelle Enteignung im Kanton Solothurn, Diss. Fribourg 1959; POUSSIERE M., FONT-REAUX DE P., Expropriation pour cause d'utilité publique. Jurisclasseur administratif, Paris 1960, Fasc. 402; RÜFNER W., Die Berücksichtigung der Interessen der Allgemeinheit bei der Bemessung der Enteignungsentschädigung. Festschrift Ulrich Scheuner zum 70. Geburtstag, Berlin 1973, S. 511 ff.; SCHAUMANN W., Enteignung und Enteignungsentschädigung unter besonderer Berücksichtigung der Rechtsprechung des Schweizerischen Bundesgerichts, JZ 15, 1960, S. 142 ff.; SCHIEDERMAIR R., Der enteignungsrechtliche Rückgewährungsanspruch nach bayrischem Recht. Recht und Staat, Festschrift für Günther Küchenhoff, Berlin 1972, S. 663 ff.; SCHMIDT-ASSMANN E., Zur Dogmengeschichte und jüngeren Entwicklung der Enteignungsentschädigung. Im Dienst an Staat und Recht. Festschrift Werner Weber zum 70. Geburtstag, Berlin 1974, S. 589 ff.; THALMANN U., Der Vertrag im Enteignungsverfahren nach zürcherischem und eidgenössischem Recht, Diss. Zürich 1970; WIEDERKEHR P., Die Expropriationsentschädigung, dargestellt nach schweizerischem und zürcherischem Recht, Diss. Zürich 1966; DERSELBE, Die vorzeitige Benutzung des Abtretungsobjektes nach eidgenössischem und zürcherischem Enteignungsrecht, ZBl 68, 1967, S. 57 ff.; ZIMMERLI U., Die Rechtsprechung des Bundesgerichts zur materiellen Enteignung, ZBl 75, 1974, S. 137 ff.; ZUCK R., Gewerbebetrieb und Enteignungsentschädigung, München 1971.

I. Formelle Enteignung

A. Möglichkeiten des Gemeinwesens zur Aneignung von Sachen im Privatbesitz

1. Die Enteignung

Dem Staat stehen verschiedene Möglichkeiten zur Verfügung, sich die notwendigen Mittel zur Erfüllung seiner Aufgaben zu beschaffen. Durch die Erhebung staatlicher

Abgaben, durch staatliche Anleihen sowie Einnahmen aus staatlichen Betrieben und Vermögenszinsen kann sich der Staat die notwendigen finanziellen Mittel zur Erfüllung seiner Aufgaben beschaffen. Neben diesen Geldmitteln braucht das Gemeinwesen aber auch Sachen, insbesondere Grundstücke, ohne die es seine gesetzlichen und verfassungsmässigen Aufgaben nicht erfüllen kann. Solche Grundstücke kann es sich über den *Weg des Kaufs, des Tausches, der Landumlegung, der Miete, der Pacht, des Baurechts und der Enteignung anschaffen*. Während sich das Gemeinwesen über den Weg des Kaufs, des Tausches und der Miete an die im freien Markt angebotenen und zur Verfügung stehenden Grundstücke hält, kann es ausserdem über den Weg der Enteignung und Landumlegung Grundstücke gegen den Willen des Eigentümers erwerben.

Diesen *zwangsmässigen Erwerb von Grundstücken* nennt man Enteignung. Er ist für die Erfüllung besonderer staatlicher Aufgaben unumgänglich. Könnte der Staat beispielsweise keine Grundstücke enteignen, müsste er zur Verwirklichung eines Strassenprojektes *übersetzte Preise* für den freihändigen Erwerb der Grundstücke bezahlen. Die Eigentümer könnten die Preise herauftreiben und den Staat übervorteilen. Niemand soll aber am Staat verdienen und ohne Leistungen am Staat reich werden. Mit der Enteignung können sich die staatlichen Behörden die für die Verwirklichung der staatlichen Aufgaben notwendigen Grundstücke durch Zwangsmassnahmen aneignen.

Mit dem Enteignungsrecht soll der Staat ohne wirtschaftliche Schädigung der betroffenen Eigentümer, aber auch ohne deren Bevorteilung die ihm vom Gesetze übertragenen staatlichen Aufgaben verwirklichen können. *Die Enteignung ist die formelle, durch ein Verfahren geregelte, hoheitliche und damit einseitige Aneignung von dinglichen oder persönlichen Rechten an beweglichen oder unbeweglichen Sachen auf Grund einer vom Staate festgesetzten Entschädigung*. Dabei ist die Enteignung vom normalen Kauf, von der Konfiskation, der widerrechtlichen Schädigung und der staatlichen Abgabe abzugrenzen.

2. Kauf, Tausch, Miete, Pacht

Beim *Kauf und Tausch* eignet sich der Staat Sachen durch ein *zweiseitiges Rechtsgeschäft* an, bei dem jeder Partner — der Staat und der Private — in freier Entscheidung über Inhalt und Umfang der zu vereinbarenden rechtsgeschäftlichen Verpflichtungen entscheiden kann. Der Kauf untersteht den Grundsätzen des Privatrechts und setzt keine öffentlich-rechtliche Regelung voraus.

Neben dem Kauf und dem Tausch kann sich der Staat aber auch durch *Miete, Baurecht oder Beteiligung an Immobiliengesellschaften* den Besitz der Sache vorübergehend oder teilweise aneignen. Diese Möglichkeit drängt sich vor allem dann auf, wenn dem Staate die notwendigen Finanz- und Investitionskredite fehlen, um die Entschädigungen für den Eigentumserwerb von Sachen zu leisten.

3. Konfiskation und Verstaatlichung

Die *Konfiskation* unterscheidet sich von der Enteignung dadurch, dass sie grundsätzlich *ohne Entschädigung* erfolgt. Die Konfiskation ist eine Massnahme, die im Strafrecht und im Zollrecht zum Schutze bestimmter Polizeigüter wie etwa der Sittlichkeit vorgesehen ist. Dazu gehört die Einziehung von Falschgeld (Art. 249 StGB), von unzüchtigen Veröffentlichungen (Art. 204 StGB), von gesundheitsschädigendem Futter (Art. 235 StGB) sowie die Vernichtung von Waren, deren Einfuhr verboten ist (Art. 60 ZG).

Neben der Konfiskation ist die *Verstaatlichung* zu erwähnen. Die Verstaatlichung ist die Übernahme eines grösseren Industriebetriebes oder Industriezweiges durch den Staat auf Grund einer besonderen gesetzlichen Regelung. Sie würde in der Schweiz eine verfassungsrechtliche Grundlage voraussetzen, da die Bundesverfassung im Gegensatz zum Bonner Grundgesetz keine Bestimmung kennt, die die allgemeine Vergesellschaftung der Produktionsmittel zulassen würde. Art. 15 des Bonner Grundgesetzes gibt dem Staat die Kompetenz, sich Grund und Boden, Naturschätze und Produktionsmittel zum Zwecke der Vergesellschaftung durch ein Gesetz (das Ausmass und Art der Entschädigung regelt) anzueignen.

Zu erwähnen ist auch die *Requisition.* Nach Art. 200 MO ist im Falle aktiven Dienstes und zur Vorbereitung der Verteidigung im Frieden jedermann verpflichtet, den militärischen Behörden oder der Truppe für militärische Zwecke bewegliches und unbewegliches Eigentum zur Verfügung zu stellen. Der Bund ist verpflichtet, angemessene Entschädigung zu leisten.

Demgegenüber ist die *eigentliche staatliche Enteignung auf eine beschränkte Zielsetzung gerichtet, nämlich die Errichtung eines besonderen staatlichen Werkes oder die Verwirklichung eines gesetzlichen Auftrages.* Art. 1 Abs. 1 EntG des Bundes legt fest:

«Das Enteignungsrecht kann geltend gemacht werden für Werke, die im Interesse der Eidgenossenschaft oder eines grossen Teils des Landes liegen, sowie für andere im öffentlichen Interesse liegenden Zwecke, sofern sie durch ein Bundesgesetz anerkannt sind.»

Damit ist das Enteignungsrecht des Bundes auf die in Art. 1 EntG umschriebenen Ziele beschränkt, nämlich auf die öffentlichen Werke bzw. auf Zwecke, die im öffentlichen Interesse liegen und durch ein Bundesgesetz anerkannt sind.

4. Schädigende Handlung von Beamten

Die Enteignung muss von *schädigenden Handlungen des Staates* abgegrenzt werden. Im Unterschied zur schädigenden Handlung von seiten staatlicher Organe erfolgt die *Enteignung nicht widerrechtlich, sondern grundsätzlich rechtmässig.* Auf Grund der staatlichen Verantwortlichkeitsgesetze (SR 170.32) haftet der Staat für widerrechtliche Handlungen, die Private schädigen und von Beamten in Ausübung ihrer dienstlichen Aufgabe durchgeführt wurden (Art. 3 VG). Den Schaden, den die Beamten widerrechtlich verursacht haben, muss der Staat, sofern ihn eine gesetzliche Grundlage dazu verpflichtet, entschädigen. Auch die Enteignung setzt eine Entschädigung voraus, da sonst der Grundeigentümer durch die Wegnahme des Grundstückes geschädigt wäre.

Im Gegensatz zur Entschädigung auf Grund staatlicher Verantwortlichkeit beruht die *Entschädigung auf Grund der Enteignung grundsätzlich auf einer rechtmässigen Entscheidung oder Handlung des Staates.* Der Staat ist zur Enteignung berechtigt, zur widerrechtlichen Schädigung eines einzelnen ist er nicht berechtigt. Deshalb werden *die rechtmässigen Beschränkungen des Grundeigentums auf Grund des Enteignungsgesetzes* entschädigt, während die *Voraussetzungen für die Haftung des Staates bei widerrechtlichen Handlungen in den Verantwortlichkeitsgesetzen geregelt sind.* Das Enteignungsgesetz beschränkt sich auf die Entschädigung von dinglichen oder obligatorischen Rechten an Grundstücken. Werden andere, insbesondere persönliche Rechte, ausser den Rechten von Mietern und Pächtern, rechtmässig beschränkt, findet sich im Enteignungsrecht keine Rechtsgrundlage für eine Entschädigung (vgl. aber Art. 23 MO).

5. Abgaberecht

Schliesslich ist die Enteignung vom *Abgaberecht* zu unterscheiden. Auch die Abgaben setzen eine ausdrückliche, formelle gesetzliche Grundlage voraus. Im Rahmen des Abgaberechts eignet sich der Staat aber nicht Sachen, sondern *Vermögenswerte* an. Ziel der Aneignung dieser Vermögenswerte ist die Durchführung staatlicher Aufgaben. Die meisten Abgaben, abgesehen von den Kausalabgaben, werden aber voraussetzungslos geschuldet; das Gesetz regelt also nicht, was für Aufgaben der Staat mit bestimmten Abgaben erfüllen muss, die ihm auf Grund eines Steuergesetzes oder Zollgesetzes zukommen. Im Rahmen des Enteignungsrechts ist der Staat an den in der Enteignung vorgesehenen *Zweck gebunden. Er darf die enteigneten Rechte nur für den im Gesetz vorgesehenen Zweck gebrauchen.*

6. Landumlegung

LITERATUR: ALDER C., Rechtliche Voraussetzungen und Grundsätze der Baulandumlegung. Schriftenreihe des ORL — Instituts zur Orts-, Regional- und Landesplanung, Nr. 9, 1972, S. 9 ff., 12 ff.; ANTOGNISI F., Le respect de la garantie de la propriété dans les remaniments parcellaires, Blätter für Agrarrecht, 1970, S. 26 ff.; BACHMANN E., Die Baulandumlegung, Plan, 1949, S. 183 ff.; BONCEK W., Baulandumlegung aus städtebaulicher Sicht, DVBl 87, 1972, S. 663 ff.; ENGELKEN K., Zur Sozialbindung und Wertgarantie des Bodeneigentums, auch zur sog. «Vorteilsausgleichung» in Umlegung und Erschliessung, DöV 29, 1976, S. 8 ff.; KNAPP B., Remaniment parcellaire et expropriation, ZBl 76, 1975, S. 241 ff.; MEYER J., Die Rechtsnatur der Baulandumlegung, Diss. Köln 1961; STEINER H.R., Die Baulandumlegung dargestellt nach schweizerischem Recht, Diss. Zürich 1968; VOGEL E., Die rechtliche Struktur der Güterzusammenlegung in der Schweiz, Diss. Zürich 1937; ZWAHLEN H., Gutachten über die Baulandumlegung vom 8. März 1961 (nicht veröffentlicht).

Der Enteignung am nächsten kommt *die Landumlegung.* Die Landumlegung ist eine bereits in Art. 702 ZGB vorgesehene Möglichkeit der Kantone, *Eigentumsbeschränkungen für die Zusammenlegung von ländlichen Fluren und Baugebieten durch Baulandumlegung vorzusehen.* Die Landumlegung gibt dem Gemeinwesen das Recht, die Privaten zur Zusammenlegung oder zum Austausch von Grundstücken zum Zwecke der besseren Bewirtschaftung oder der Ausscheidung von Land für die Erfüllung einer öffentlichen Aufgabe zu zwingen.

§ 172 des aargauischen Baugesetzes bestimmt beispielsweise:

«[1] Die Landumlegung besteht im Zusammenlegen und Neuverteilen von Grundstücken in Baugebieten. Sie hat zum Ziel:

a) Die Schaffung guter Voraussetzungen für die Ortsplanung;
b) die zweckmässige Gestaltung, Erschliessung, Überbauung, Neuüberbauung, oder Bewirtschaftung des Landes;
c) die Landzuteilung für öffentliche oder im öffentlichen Interesse liegende Werke.

[2] ...

[3] ....»

Praktisch alle Kantone haben denn auch in ihren *Baugesetzen* von den Befugnissen des Art. 702 ZGB Gebrauch gemacht. Auch das Bundesgesetz über die Nationalstrassen (SR 725.11) sieht vor, dass das für den Bau der *Nationalstrassen* erforderliche Land im Landumlegungs- oder Enteignungsverfahren zu erwerben ist. Dabei muss sich der Staat an das Landumlegungsverfahren nach Art. 31 NSG halten, wenn dies im Interesse des Strassenbaus liegt oder für die bestimmungsgemässe Verwendung und Bewirtschaftung des durch den Strassenbau beeinträchtigten Bodens notwendig ist. Das *Enteignungsverfahren kommt erst subsidiär* zur Anwendung, wenn die Bemühungen für einen freihändigen Erwerb oder für eine Landumlegung nicht zum Ziele führen (Art. 30 NSG). Dadurch bringt der Gesetzgeber zum Ausdruck, dass er auf Grund der Eigentumsgarantie die Erhaltung der Sachwerte durch das Landumlegungsverfahren gegenüber der im Enteignungsverfahren allein gewährleisteten Wertgarantie vorzieht. Während das Enteignungsverfahren dazu dient, beschränkte staatliche Aufgaben zu erfüllen oder Werke zu errichten, dient das *Landumlegungsverfahren dazu, vor allem grössere Projekte im Rahmen der Planung zu verwirklichen.* Sanierungs- und Erschliessungsumlegungen stehen dabei im Vordergrund.

Des weiteren unterscheidet sich die Landumlegung von der Enteignung dadurch, dass im *Landumlegungsverfahren grundsätzlich Realersatz geboten und der Eigentümer nur für den allfälligen Minderwert entschädigt wird, während bei der Enteignung eine Geldentschädigung die Regel, der Realersatz die Ausnahme ist.* Art. 17 EntG (SR 711) bestimmt, dass die Entschädigung grundsätzlich in Geld zu entrichten ist. Nur in Ausnahmefällen, wenn infolge der Enteignung ein landwirtschaftliches Gewerbe nicht mehr fortgeführt werden kann sowie bei der Enteignung von Wasser und Wasserkraft, kann eine Sachleistung in Form eines Realersatzes geboten werden (Art. 18 EntG). Die *Landumlegung* hat den schwerwiegenden Nachteil, dass das Verfahren in der Regel äusserst *langwierig und kompliziert ist. Sie führt aber sehr oft viel eher zur Verwirklichung der staatlichen Ziele und verhindert private Spekulationen im Gegensatz zur eigentlichen Enteignung* (vgl. STEINER H.R., Die Baulandumlegung dargestellt nach schweizerischem Recht, Diss. Zürich 1968).

B. Grundsätze des Enteignungsrechts

Die Grundsätze des Enteignungsrechts sind *von der verfassungsrechtlich gewährleisteten Eigentumsgarantie geprägt*. Das Enteignungsrecht konkretisiert den Grundsatz der Verhältnismässigkeit, des öffentlichen Interesses, der gesetzlichen Grundlage und der vollen Entschädigung.

1. Gegenstand der Enteignung

Gegenstand des Enteignungsrechts können nach Art. 5 EntG *dingliche Rechte an Grundstücken* sein sowie die *aus dem Grundeigentum hervorgehenden Nachbarrechte* und die *persönlichen Rechte von Mietern und Pächtern* des von der Enteignung betroffenen Grundstückes. Nach Art. 4 EntG kann das Enteignungsrecht für die *Erstellung, die Veränderung, den Unterhalt, den Betrieb* sowie für die *künftige Erweiterung eines Werkes* in Anspruch genommen werden.

Der Staat kann die Enteignung aber auch für die *Herbeischaffung und die Ablagerung* der erforderlichen Baustoffe sowie für den Bezug dieser Baustoffe verlangen, wenn diese sonst nur zu schweren Bedingungen erhältlich sind. Schliesslich kann das Enteignungsrecht für Vorkehren, die zum *Ersatz enteigneter Rechte* oder zur Wahrung der öffentlichen Interessen erforderlich sind, in Anspruch genommen werden.

Enteignet werden können somit alle Mittel, die für die Verwirklichung und Durchführung der staatlichen Zwecke erforderlich sind. Das Gemeinwesen kann auf Grund des Bundesenteignungsgesetzes alle für die Verwirklichung seiner gesetzlichen Pflichten notwendigen Mittel enteignen. Ähnliche Regelungen finden sich auch in den kantonalen Enteignungsgesetzen (vgl. zum Beispiel § 181 aargauisches Baugesetz).

Wer kann enteignen? *Enteigner kann sein der Staat oder ein Dritter, dem das Enteignungsrecht vom Staat für die Erfüllung besonderer öffentlicher Aufgaben übertragen wurde* (zum Beispiel ein gemischtwirtschaftliches Unternehmen [Elektrizitätswerk] oder ein privates Spital mit öffentlichen Aufgaben). Dabei richtet sich das *Bundesenteignungsgesetz* auf die Verwirklichung von Bundesaufgaben. Es regelt die Enteignungsbefugnisse des Bundes.

Die *kantonalen Enteignungsgesetze* begründen Enteignungsrechte für die Enteignungen zur Erfüllung kantonaler Aufgaben. Dabei muss die Enteignung der Kantone für die Verwirklichung des Nationalstrassenbaus auf Grund von Art. 39 NSG nach dem Bundesgesetz über die Enteignung und nicht nach kantonalem Recht erfolgen. Wesentlich ist aber, dass dem *Bunde kraft Enteignungsgesetzes das Enteignungsrecht für die Verwirklichung von Bundesaufgaben, den Kantonen kraft kantonalen Enteignungsrechts das Enteignungsrecht zur Verwirklichung kantonaler öffentlicher Aufgaben und den Gemeinden zur Verwirklichung von Gemeindeaufgaben zusteht.*

Oft werden aber öffentliche Aufgaben von *privaten* oder *gemischtwirtschaftlichen Unternehmen* durchgeführt. Für diese Fälle kann das Enteignungsrecht auf Private übertragen werden. Wenn beispielsweise ein privates Spital grössere Ruhe oder eine Parkzone braucht, kann ihm vom Staate das Enteignungsrecht zur Verwirklichung dieser Aufgabe übertragen werden.

2. Der Grundsatz der Verhältnismässigkeit

Art. 1 Abs. 2 EntG (SR 711) formuliert diesen Grundsatz der Verhältnismässigkeit folgendermassen:

«Das Enteignungsrecht kann nur geltend gemacht werden, wenn und soweit es zur Erreichung des Zweckes notwendig ist.»

Das Enteignungsrecht ist also immer auf die *Verwirklichung des gesetzlichen Zweckes beschränkt*. Es darf nicht über den im Gesetz vorgesehenen Zweck hinausgehen.

Neben der aus dem Verhältnismässigkeitsprinzip abzuleitenden Verpflichtung nach verhältnismässiger Abwägung der auf dem Spiele stehenden Werte verpflichtet der Grundsatz der Verhältnismässigkeit den Enteigner das *Enteignungsrecht auf das für die Verwirklichung des Zweckes unmittelbar Notwendige zu beschränken.* Der Enteignete hat demzufolge gegenüber dem Enteigner grundsätzlich ein Rückforderungsrecht, wenn dieser das enteignete Grundstück nicht zu dem Zwecke verwendet, zu dem es enteignet wurde. Dieses Rückforderungsrecht ist in Art. 102 ff. EntG geregelt.

Das Gemeinwesen darf *zur Verwirklichung seiner Aufgaben keine Werte enteignen, deren Bedeutung im Vergleich zur staatlichen Aufgabe wesentlich höher ist.* Art. 8 EntG verpflichtet den Bund beispielsweise, alles zu tun, um Kulturland zu erhalten. Gehen durch die Errichtung eines Werkes grössere Flächen Kulturlandes verloren, kann das Enteignungsrecht unter der Bedingung gewährt werden, dass der Enteigner vollen oder teilweisen Ersatz durch Umwandlung von Ödland oder minderwertigem Land in Kulturland beschafft. Art. 9 EntG verpflichtet den Enteigner, Naturschönheiten soweit als möglich zu erhalten. Die Werke sind so auszuführen, dass sie das landschaftliche Bild möglichst wenig stören. Der Enteigner ist also verpflichtet, den Wert der Ästhetik soweit als möglich zu berücksichtigen.

Art. 7 EntG verpflichtet den Enteigner, Vorkehren zu treffen, um benachbarte Grundstücke gegen Gefahren und Nachteile zu schützen, die mit der Erstellung und dem Betrieb des Unternehmens notwendig verbunden und nach Nachbarrecht nicht zu dulden sind (Art. 7 Abs. 3 EntG). Diesem Grundsatz der Verhältnismässigkeit lässt sich ohne weiteres entnehmen, dass das Gemeinwesen bei der Errichtung von Strassen Massnahmen treffen muss, um Schädigungen aus Immissionen durch die Errichtung von Lärmschutzmauern oder Bodenwellen, durch Tunnelierung oder, falls nötig, durch die Ausdehnung der Enteignung auf entsprechend belastete Grundstücke zu vermindern.

Das Verhältnismässigkeitsprinzip verpflichtet das Gemeinwesen, *bei der Enteignung zwischen den ins Gewicht fallenden Werten abzuwägen*. Sind die betroffenen Sachwerte besonders hoch zu veranschlagen, soll dies der Enteigner soweit als möglich berücksichtigen. Naturschönheiten sind zu erhalten, die Zerstörung von Kulturland ist angemessen zu ersetzen. Dem Grundsatz der Verhältnismässigkeit entspricht auch die Verpflichtung des Staates, gemäss Art. 18 EntG ganz oder teilweise eine *Sachleistung zu erbringen*, wenn infolge der Enteignung ein landwirtschaftliches Gewerbe nicht mehr fortgeführt werden kann oder wenn wichtige Güter wie Wasser und Wasserkraft oder wesentliche Wegverbindungen und -leitungen enteignet werden müssen.

In einem gewissen Sinne ist auch Art. 12 EntG Ausfluss des Grundsatzes der Verhältnismässigkeit. Diese Bestimmung gibt dem Enteigneten das Recht, vom Enteigner *die Ausdehnung der Enteignung auf das ganze Grundstück zu verlangen, wenn durch die Teilenteignung die bestimmungsgemässe Verwendung des verbleibenden Teils verunmöglicht oder unverhältnismässig erschwert wird.* Es wäre unverhältnismässig, wenn das Gemeinwesen bei der Enteignung nur den Teil entschädigen müsste, den es für den Zweck und die Zweckerfüllung notwendigerweise braucht und wenn dadurch der Enteignete in der Nutzung des gesamten Grundstückes entschädigungslos beeinträchtigt würde. Treffen diese Voraussetzungen zu, kann er die Ausdehnung der Enteignung fordern.

Andererseits wäre es unverhältnismässig, wenn der Enteigner nur den Teil eines Grundstückes enteignen könnte, sofern die Entschädigung für die Wertverminderung des Restes einen erheblichen Teil des ursprünglichen Wertes beträgt (Art. 13 EntG). In diesem Falle müsste der Enteigner den grossen Teil der Entschädigung bezahlen, ohne dass er dafür den entsprechenden Umfang an Sachwerten erhält. Die Verhältnismässigkeit verlangt, dass der Enteigner in diesem Fall das gesamte Grundstück enteignen kann.

3. Das öffentliche Interesse

Eng mit dem Grundsatz der Verhältnismässigkeit ist der Grundsatz des öffentlichen Interesses verbunden. Schon der Verfassungsartikel (Art. 22ter BV) setzt voraus, dass Enteignungen nur im öffentlichen Interesse zulässig sind. Das Gemeinwesen darf das Enteignungsrecht *nicht für fiskalische Zwecke beanspruchen*. Eine Gemeinde darf ebensowenig zum vorläufigen Landerwerb Grundstücke enteignen, die als Austauschwert für den Kauf anderer Grundstücke dienen (zum Beispiel Grundstücke in nicht-erschlossenem Gemeindegebiet billig enteignen, um sie nach Erschliessung des Gebietes als Wertgrundlage für die Verwirklichung von Gemeindeaufgaben zu verkaufen).

Notwendig ist auch eine *Abwägung der öffentlichen Interessen mit dem auf dem Spiele stehenden privaten Interesse.* Wenn der Staat Land enteignet, das nur möglicherweise, aber nicht sicher für die Verwirklichung eines Werkes oder für dessen Erweiterung zu dienen bestimmt ist, darf er nicht in wesentliche private Interessen eingreifen (BGE 94 I 127).

Im öffentlichen Interesse für Eigentumsbeschränkungen oder Enteignungen sind beispielsweise: ein Bauverbot für die Schaffung von Freihaltezonen, zum Beispiel Grünzonen (BGE 93 I 704) und die Erhaltung einer noch unberührten Umgebung eines Naturschutzreservates (BGE 94 I 59); der Waldabstand von 20 m (BGE 96 I 559), die Erschliessung von Bauland (BGE 98 Ia 47), die Bekämpfung der Wohnungsnot (BGE 98 Ia 201, 99 Ia 614, 99 Ia 37) das Bauverbot zum Schutz von Grundwasserfassungen (BGE 98 Ia 32) die Bodenverbesserungsmassnahmen für die Wasserversorgung (BGE 99 Ib 333) sowie die Errichtung eines Schulhauses (BGE 99 Ia 475).

Grundsätzlich ist eine Aufgabe dann im öffentlichen Interesse, wenn diese verfassungsrechtlich verankert und durch den Gesetzgeber konkretisiert ist, sofern die Mittel, mit denen sie durchgeführt werden soll, nicht den Grundwerten der Verfassung widersprechen.

Ob ein öffentliches Interesse vorliegt, *prüft das Bundesgericht* in Abänderung der früheren Praxis *weitgehend frei*. Das öffentliche Interesse ist ein *unbestimmter Rechtsbegriff*, der den lokalen Behörden einen gewissen *Beurteilungsspielraum* bei der Beurteilung, insbesondere der lokalen Verhältnisse, belässt (BGE 94 I 127). Früher verzichtete das Bundesgericht auf die Prüfung des öffentlichen Interesses, weil es sich hierbei um eine Tatfrage handle (BGE 84 I 167). Auf Grund der in der Lehre vehement geäusserten Kritik hat das Bundesgericht seine Praxis geändert. Es ist selbstverständlich, dass die Überprüfung des öffentlichen Interesses in vielen Fällen eine soziologische Erforschung der Gegebenheiten von seiten des Bundesgerichts erfordert.

Wenn eine Stadt beispielsweise Grünzonen anlegen will, um öffentliche Parkanlagen zu schaffen, muss das Bundesgericht prüfen, ob die Ausscheidung von Grünzonen in Städten tatsächlich im öffentlichen Interesse ist. Zur Abklärung dieser Frage muss es sich auf wissenschaftliche, zum Beispiel soziologische Gutachten abstützen, die untersuchen, inwieweit solche Grünzonen für die Bewohner von Städten unentbehrlich sind (BGE 93 I 703). Angesichts von Art. 24septies BV (Umweltschutzartikel) ist allerdings heute unbestritten, dass die Verwirklichung von Umweltschutzaufgaben, zum Beispiel die Verbesserung der Lebensqualität, grundsätzlich im öffentlichen Interesse steht.

Das Bundesgericht hat bei der Prüfung des öffentlichen Interesses erkannt, *wie schwer Rechtsfragen von politischen Wertungen des Gesetzgebers abzugrenzen sind. Aus diesem Grunde lässt es den örtlichen Behörden je länger je mehr einen grösseren Spielraum zur Beurteilung der lokalen Verhältnisse.* Deshalb ist es zurückhaltend, wenn es bei abstrakten kantonalen Erlassen beurteilen muss und zu überprüfen hat, ob sich ein kantonaler Gesetzgeber an das Erfordernis des öffentlichen Interesses gehalten hat. Eingehender überprüft es das Vorliegen des öffentlichen Interesses bei einer Enteignungsverfügung der Verwaltung, die sich nur auf eine allgemeine gesetzliche Generalklausel stützen kann.

4. Die gesetzliche Grundlage

Die Enteignung setzt nicht nur Verhältnismässigkeit und öffentliches Interesse, sie setzt auch eine *klare materielle gesetzliche Grundlage voraus*. Der Gesetzgeber muss den Zweck der Enteignung umschreiben, damit erkennbar ist, wie weit das Enteignungsrecht überhaupt gehen kann. Gemäss Art. 22ter BV können Enteignungen nur vorgenommen werden, wenn sie im Gesetz vorgesehen sind. Gemeint ist hier ein Gesetz im materiellen Sinne (BGE 100 Ia 161).

Das Gesetz im materiellen Sinne muss sich aber auf ein formelles Gesetz abstützen. *Der Delegation des formellen Gesetzgebers sind dabei Grenzen gesetzt.* Das formelle Gesetz muss den Gegenstand, den Zweck und die Schranken der Enteignung umschreiben und festlegen, auf welche Weise die Exekutive von der ihr übertragenen Delegationsbefugnis Gebrauch machen darf (BGE 100 Ia 161). *Je tiefgreifender der Eingriff ist, desto strengere Anforderungen sind an die formelle und materielle gesetzliche Grundlage zu stellen.*

Eine Kantonsregierung kann beispielsweise nicht ohne ausdrückliche gesetzliche Grundlage durch planerische Massnahmen in den Gemeindegebieten Bauverbote für die spätere Errichtung öffentlicher Werke aufstellen (zum Beispiel die Errichtung einer kantonalen Universität, einer Kantonsschule oder eines kantonalen Verwaltungsgebäudes).

Für die Verwirklichung von Bundesaufgaben müssen sich die gesetzlichen Grundlagen, abgesehen vom Enteignungsgesetz, in den *Spezialgesetzen* finden (Art. 1 Abs. 2 EntG). So sieht beispielsweise das Eisenbahngesetz (SR 742.101) vor, dass dem Bund das Enteignungsrecht nicht nur für den unmittelbaren Bau der Eisenbahnen, sondern auch für die zur Sicherheit notwendigen Vorkehren zusteht.

5. Die volle Entschädigung

5.1. Grundsätze für die Berechnung

Art. 22ter BV verpflichtet den Enteigner, auf Grund der Eigentumsgarantie für die Enteignung volle Entschädigung zu leisten. Demgegenüber sieht Art. 14 Abs. 3 Satz 3 des Bonner Grundgesetzes vor:

«Die Entschädigung ist unter gerechter Abwägung der Interessen der Allgemeinheit und der Beteiligten zu bestimmen.»

Wie ist die *Entschädigung bei der Enteignung* zu berechnen? Für die Berechnung der Entschädigung gilt folgender Grundsatz: *Der Enteignete muss vor und nach der Enteignung wirtschaftlich gleichgestellt sein.* Er darf durch die Enteignung weder einen wirtschaftlichen Vor- noch Nachteil erfahren. Entschädigt wird nach Art. 19 EntG der volle Verkehrswert des enteigneten Rechts, wenn nur ein Teil des Grundstückes enteignet wird, müssen auch der Betrag, um den sich der Verkehrswert des Restteils vermindert sowie alle weiteren dem Enteigneten verursachten Nachteile, die sich nach dem gewöhnlichen Lauf der Dinge als Folge der Enteignung voraussehen lassen, entschädigt werden.

Bei der Berechnung der Entschädigung ist der wirtschaftliche Wert, den ein Grundstück nach *objektiven Kriterien* für den Enteigneten darstellt, zu berechnen. Massgebend ist nicht der subjektive Wert des Grundstückes, zum Beispiel ein subjektiver, emotionaler Wert (Familiensitz) des Enteigneten. Wenn jemand ein Grundstück aus ganz besonderen Gründen einem wohlmeinenden Freund günstig verkaufen kann, darf dieser Wert nicht veranschlagt werden, sondern derjenige, den das Grundstück auf Grund eines normalen Verkaufs haben würde.

Neben diesem Verkehrswert sind aber auch diejenigen *Nachteile, d.h. Inkonvenienzen, zu entschädigen, die mit der Enteignung verbunden sind.* Wenn der Enteignete beispielsweise einem Architekten die Ausarbeitung eines Bauprojektes übertragen hat, muss der Enteigner diesen Auftrag an den Architekten entschädigen. Der mit der Enteignung verbundene *damnum emergens* ist also zu entschädigen. Dazu gehören zum Beispiel auch die Kosten für den Umzug.

Entschädigt werden muss aber nicht der Verlust, den der Grundstückeigentümer dadurch erleidet, dass er kein anderes Grundstück findet, das ihm in ähnlicher Lage eine gleich günstige Gewinnchance bietet. Hier handelt es sich um den subjektiven, nicht aber um den objektiven Wert, da der Enteignete das Kapital, das ihm gegeben wird, nach den jeweils geltenden Zinsgrundsätzen entweder in Grundeigentum oder in anderen Werten anlegen kann.

Entschädigt werden muss aber auch der *lucrum cessans, der entgangene Gewinn.* Es muss sich aber um einen Gewinn handeln, der objektiverweise auf Grund der Umstände hätte verwirklicht werden können. Wenn der Enteignete auf Grund der Enteignung während einiger Zeit sein Kapital nicht zinsbringend anlegen kann, muss ihm dieser entgangene Gewinn entschädigt werden. Die Pflicht zur Verzinsung der Entschädigung beginnt aber erst mit dem Zeitpunkt, an dem der Entschädigungsanspruch gegenüber dem Gemeinwesen in unverkennbarer Weise geltend gemacht wird (BGE 97 I 818).

5.2. Berechnungsmethoden

5.2.1. Vergleichsmethode

Die Berechnung der Entschädigungshöhe erfolgt dabei nach zwei Methoden: Vergleichsmethode und Rückwärtsmethode. Bei der *Vergleichsmethode werden Kaufpreise, die für ähnliche Grundstücke in gleicher Lage in der nämlichen Periode entrichtet wurden, zum Vergleich herangezogen.* Sie dienen als Grundlage für die Berechnung des allgemeinen Verkehrswertes. Verkaufspreise, die aus Spekulationsgründen offensichtlich übersetzt wurden, um den Wert des zu enteignenden Grundstückes heraufzutreiben, dürfen nicht veranschlagt werden. Um derartige Missbräuche zu verhindern, verlangt das Enteignungsgesetz (Art. 19bis Abs. 1), dass für die Berechnung der Kaufpreise *der Zeitpunkt des Beginns der Einigungsverhandlungen massgebend ist.* Auf diese Weise wird verhindert, dass der Enteignete durch Beschwerdemassnahmen den Zeitpunkt der Enteignung hinausschiebt, nur um die Grundstückpreise heraufzutreiben.

5.2.2. Rückwärtsmethode

Neben der Vergleichsmethode kennt die Praxis auch die sogenannte Rückwärtsmethode. *Die Rückwärtsmethode geht von der Nutzungsmöglichkeit aus.* Berechnet wird der *Ertragswert* eines Grundstückes. Handelt es sich um landwirtschaftliche Grundstücke, richtet sich der Ertragswert nach dem landwirtschaftlichen Ertrag. Handelt es sich um Grundstücke in erschlossenem Baugebiet, gilt als Berechnungsgrundlage die auf Grund der Zonenordnung vorgesehene grösstmögliche Nutzung des Grundstückes. Bei einem Grundstück, das in einer Wohnzone liegt, kann dies folgendermassen berechnet werden: Auf Grund der Ausnützungsziffer und der zulässigen Geschosszahl lässt sich berechnen, wieviel Wohnraum auf diesem Grundstück erstellt werden kann. Der Zins, den dieser Wohnraum einbringt, wird *kapitalisiert.* Von diesem Betrag müssen die Baukosten abgezogen werden. Der verbleibende Rest ergibt die Höhe der Entschädigungssumme.

5.2.3. Differenzmethode

Etwas schwieriger ist die Berechnung der Entschädigung bei der *Teilenteignung,* weil sich hierbei der Wert des verbleibenden Grundstückes verändert, d.h. vermindert, oder auf Grund vorgesehener Massnahmen (zum Beispiel Bau einer Strasse des Gemeinwesens) vergrössert. *Aus diesem Grunde wird die* Entschädigung bei der Teilenteignung nach der Differenzmethode berechnet. Zuerst wird der Wert des gesamten Grundstückes vor der Teilenteignung veranschlagt. Dann wird der Wert des verbleibenden Restgrundstückes berechnet, wobei beide Werte sowohl nach Rückwärts- oder Vergleichsmethode errechnet werden können. Der Betrag, der sich nach Abzug des verbleibenden Teilwertes des Grundstückes vom Gesamtwert ergibt, wird entschädigt.

Wenn das Gemeinwesen für die Erschliessung einer Strasse einen Teil eines Grundstückes enteignen muss, erfährt dieses durch die Erschliessung möglicherweise einen Mehrwert, der bei der Berechnung der Entschädigung entsprechend zu veranschlagen ist.

C. Das Enteignungsverfahren

1. Grundsatz

Mit dem Enteignungsverfahren sollen folgende Ziele verwirklicht werden: Einerseits muss das Verfahren sicherstellen, dass der Enteigner *die für die Verwirklichung seiner Aufgabe notwendigen Grundstücke in angemessener Frist erhält,* und andererseits muss es den betroffenen Grundstückeigentümern die Möglichkeit geben, *Einreden und Beschwerden zu erheben, die ihnen zur Vertretung ihrer rechtlichen Interessen zustehen.* Der Eigentümer soll sich sowohl gegen die Enteignung als solche wie auch gegen den Umfang der Enteignung wehren können. Er muss im Enteignungsverfahren alle Argumente einbringen können, deren Kenntnis für eine gerechte Festlegung der Entschädigungssumme unerlässlich ist.

Diese Ziele lassen sich nur durch ein eigenständiges Verfahren verwirklichen. Deshalb sehen Bund und Kantone für die Enteignung ein besonderes Verfahren vor. *In vielen Kantonen*, die kein Verwaltungsgericht haben, ist zur Durchführung dieses Verfahrens, in Übernahme und Weiterführung der alten Fiskustheorie, das traditionelle *Kantonsgericht zuständig*. Eigentum war lange eine im Zivilrecht abschliessend geregelte Einrichtung. Deshalb ist dort, wo das Verwaltungsgericht noch nicht besteht, das traditionelle Zivilgericht auch für die Enteignung zuständig. In Bund und Kantonen wird die Durchführung des Enteignungsverfahrens meistens besonderen *Schätzungskommissionen* anvertraut, die auf Grund ihrer Erfahrung sowie der Kenntnisse der örtlichen Gegebenheiten möglichst sachgerechte Entscheidungen treffen sollen.

2. Planauflage

Das Enteignungsverfahren wird mit der *Planauflage* eingeleitet. Der Enteigner muss auf einem Plan Art, Umfang und Lage des zu enteignenden Werkes sowie alle weiteren für die Erstellung und die Sicherheit des Werkes zu berücksichtigenden Zonen eintragen. Auf dem Plan müssen in der Regel die durch das zu erstellende Werk bedingten Veränderungen im Gelände (durch Aussteckungen) bezeichnet werden. Der Plan ist dem Gemeinderat und, soweit sie bekannt sind, den *betroffenen Grundeigentümern* sowie den durch die Enteignung betroffenen, persönlich berechtigten *Mietern und Pächtern* mitzuteilen.

Während der Planauflage sind die betroffenen Eigentümer *verpflichtet, bereits alle Einsprachen gegen die Enteignung sowie die Begehren auf Enteignung* nachbarlicher Rechte, auf Erhaltung von Kulturland und Naturschönheiten sowie auf Schutz von Brunnen und Quellen einzureichen. Die Einsprachen gegen die Enteignung können sich auf Grund der Eigentumsgarantie vor allem auf folgende Gründe stützen:

— mangelnde gesetzliche Grundlage,
— mangelndes öffentliches Interesse,
— Verletzung des Grundsatzes der Verhältnismässigkeit.

Neben der eigentlichen Einsprache gegen die Enteignung sind während der Planauflage die *Schadenersatzforderungen, die Begehren um Ausdehnung der Enteignung und um Realersatz einzureichen.*

Nach Ablauf der Einsprachefrist können unter Umständen gewisse Begehren nachträglich geltend gemacht werden, wenn der Enteignete unverschuldet erst später Kenntnis von seinen Rechten oder seinem Schaden erhalten hat und nicht in der Lage war, die Einsprachen im ordentlichen Verfahren geltend zu machen (Art. 39 und 41 EntG).

Vom Tage der Planauflage an tritt der Enteignungsbann in Kraft. Ohne Zustimmung des Enteigners dürfen ab diesem Zeitpunkt *keine die Enteignung erschwerenden rechtlichen oder tatsächlichen Verfügungen mehr getroffen werden.* Der Schaden, der sich aus dem Enteignungsbann ergibt, muss vom Enteigner voll entschädigt werden.

3. Einigungsverfahren

Nach Ablauf des Planauflageverfahrens beginnt das Einigungsverfahren. *Das Einigungsverfahren hat zum Ziel, die Einsprachen und Einreden soweit als möglich gütlich zu erledigen.* Gegenstand des Einigungsverfahrens sind die Einsprachen gegen die Enteignung, die Begehren zum Schutze besonderer Rechte, die beantragten Planänderungen sowie die Entschädigungsforderungen. Im Einigungsverfahren wird ein Protokoll erstellt, das über die Einigungen Auskunft gibt. *Soweit sich die Parteien geeinigt haben, kommt dem Protokoll die Wirkung eines rechtskräftigen Urteils der Schätzungskommission zu*, d.h. es handelt sich hier um einen Enteignungsvertrag (vgl. THALMANN U., Der Vertrag im Enteignungsverfahren nach zürcherischem und eidgenössischem Recht, Diss. Zürich 1970).

Dieser Enteignungsvertrag ist ein öffentlich-rechtlicher Vertrag. Er setzt eine Willensübereinstimmung der zwei Vertragspartner voraus, ist aber nur im Rahmen des vom Gesetz vorgesehenen Verfahrens möglich und muss sich *an den ihm vom Gesetz vorgeschriebenen Vertragsinhalt halten.* Der Staat kann keinen Enteignungsvertrag über ein Grundstück abschliessen, das er durch eine ordentliche Enteignung nicht enteignen könnte. Der Enteignungsvertrag führt zu einem schnellen und gütlichen Abschluss, ohne langwierige prozessuale Unannehmlichkeiten.

Die Enteigneten haben im Einigungsverfahren die Möglichkeit, durch Zusicherung einer Einigung vom Staate Zugeständnisse zu erhalten, wenn dieser an einer schnellen Erledigung des Enteignungsverfahren interessiert ist. Andererseits stehen *den Enteigneten auch beim Enteignungsvertrag die gleichen Rechte zu wie nach dem Abschluss eines ordentlichen Enteignungsverfahrens.* Sie können das Rückkaufsrecht für sich in Anspruch nehmen, wenn der Staat nicht innert der vom Enteignungsgesetz vorgesehenen Frist das Bauprojekt ausführt.

Der Enteignungsvertrag hat eine viel *stärkere Wirkung* als der zivilrechtliche Vertrag. Er kommt kraft Enteignungsgesetz einem Urteil der Schätzungskommission gleich, d.h. es handelt sich um einen Vertrag, der, *wie eine Verfügung, unmittelbar vollstreckbar ist.* Gegen den Vertrag können nur Vollstreckungseinreden im Vollstreckungsverfahren geltend gemacht werden.

4. Einspracheentscheid

Die nächste Phase des Verfahrens betrifft den *Einspracheentscheid.* Soweit Einsprachen im Einigungsverfahren nicht erledigt werden konnten, müssen *Einreden gegen die Enteignung sowie diejenigen zum Schutze besonderer Güter an das zuständige Departement weitergeleitet werden.* Diesem Departement steht die Entscheidung zu. Der Departementsentscheid kann *mit Beschwerde an das Bundesgericht weitergeleitet werden.* Einsprachen gegen Pläne stehen dem Verwaltungsgericht allerdings zur Beurteilung nur zu, wenn es sich um Einsprachen gegen Enteignungen handelt (Art. 99 lit. c OG, BGE 99 Ib 204, 97 I 579).

5. Schätzungsverfahren

Nach dem rechtskräftigen Entscheid über die Einsprachen müssen die *übrigen Begehren im Schätzungsverfahren* erledigt werden. Führt jedoch der Einspracheentscheid zu einer wesentlichen Änderung der Pläne, müssen alle jene Personen informiert werden, die durch die Änderung der Pläne betroffen sind.

Im Schätzungsverfahren sind die Begehren für die Erhöhung der Entschädigung und die Ausdehnung der Enteignung, Entschädigung aus Nachbarrecht und dem Enteignungsbann zu beurteilen (Art. 64 EntG). Die *Entscheidungen der Schätzungskommission unterliegen der Verwaltungsgerichtsbeschwerde an das Bundesgericht.* Dieses hat gemäss Art. 77 ff. EntG sowie auf Grund des ordentlichen Verwaltungsgerichtsverfahren zu entscheiden.

6. Abgekürztes Verfahren — Vorzeitige Besitzeinweisung

Wie andere Verfahrensgesetze kennt auch das Enteignungsgesetz ein *abgekürztes Verfahren.* Wenn alle Enteigneten bekannt sind, kann der Enteigner auf die *Planauflage in der Gemeinde verzichten* und sich darauf beschränken, die betroffenen Eigentümer über die geplante Enteignung in Kenntnis zu setzen.

Von grösserer Bedeutung ist die *vorzeitige Besitzeinweisung*. Nach Art. 76 EntG kann nämlich der Enteigner jederzeit verlangen, dass er zur Besitzergreifung oder Ausübung des Rechts schon vor der Bezahlung der Entschädigung ermächtigt werde. Dieses Recht kann er nur geltend machen, wenn er nachweist, dass dem Unternehmen sonst bedeutende Nachteile entstünden. Normalerweise erwirbt der Enteigner das Grundstück nämlich erst bei Bezahlung der Entschädigung (Art. 91 EntG). Nach Entrichtung der Entschädigung kann der Enteigner den Eintrag in das Grundbuch verlangen (Art. 93 EntG), die Entschädigung ist die Voraussetzung für den Übergang des Eigentums.

7. Rückforderung

Das Rückforderungsrecht gemäss Art. 102 ff. EntG ist ein unmittelbarer Ausfluss der Eigentumsgarantie. Wenn *der Enteigner das Werk nicht innert einer bestimmten Frist ausführt, muss dem Enteigneten das Recht zustehen, vom Enteigner das Grundstück zu dem Preise zurückzukaufen, zu dem es der Enteigner erworben hat.* Wenn der Enteigner das enteignete Grundstück später für einen anderen als im Enteignungsverfahren angegebenen Zweck verwendet, verstösst er gegen die Eigentumsgarantie. Diese setzt voraus, dass das öffentliche Interesse und die Verhältnismässigkeit im Enteignungsverfahren abgeklärt werden. Diese Abklärung darf durch eine spätere Zweckbestimmung nicht gegenstandslos werden. Das Rückkaufsrecht ist somit notwendige Folge der Eigentumsgarantie.

II. Die Eigentumsbeschränkung

LITERATUR: ACKERMANN H.R., Das materielle Enteignungsrecht des Kantons Aargau, Diss. Zürich 1951; ATTIGER P., Der enteignungsähnliche Tatbestand, dargestellt aufgrund der bundesgerichtlichen Rechtsprechung, Diss. Basel 1959; BASCHUNG M., Die Ordnung der Nutzung von Grund und Boden im Lichte der Grundsätze über die materielle Enteignung, ZBl 75, 1974, S. 159 ff.; BENDER B., Sozialbindung des Eigentums und Enteignung, NJW 18, 1965, S. 1297 ff.; BLOCHER CHR., Die Funktion der Landwirtschaftszone und ihre Vereinbarkeit mit der schweizerischen Eigentumsgarantie, Diss. Zürich 1972; BONNARD C., La jurisprudence du Tribunal fédéral concernant l'expropriation matérielle, JdT 1966, I, S. 66 ff.; BUSER G., Eigentum und öffentlich-rechtliche Eigentumsbeschränkungen, ZBl 57, 1956, S. 225 ff., 257 ff.; DEBELIUS J., Die Strukturen des Anspruchs aus einem enteignungsgleichen Eingriff, Diss. Marburg 1968; GEISSBÜHLER H., STÜDELI R., Was ist unter materieller Enteignung zu verstehen? Bern 1974; GYGI F., Expropriation, materielle Enteignung und Lastenausgleich. Rechtliche Probleme des Bauens, Bern 1969, S. 81 ff.; GUT U., Die materielle Enteignung, Diss. Zürich 1969; HÄBERLE P., Öffentliches Interesse als Rechtsproblem, Bad Homburg 1970; HOLZACH R., Öffentlichrechtliche Eigentumsbeschränkungen und expropriationsähnlicher Tatbestand, Diss. Zürich 1951; HUBER H., Öffentlichrechtliche Gewährleistung, Beschränkung und Inanspruchnahme privaten Eigentums in der Schweiz. Staat und Privateigentum, Hrsg. Max-Planck-Institut für ausländisches öffentliches Recht und Völkerrecht, Köln, Berlin 1960, S. 49 ff.; KNAPP B., Restrictions de droit public à la propriété privée, in: Dixième Journée juridique, Mémoires publiés par la Faculté de droit de Genève, Genève 1970, S. 49 ff.; KUTTLER A., Welcher Zeitpunkt ist für die Beurteilung der Frage, ob eine materielle Enteignung vorliegt, massgebend? ZBl 76, 1975, S. 497 ff.; JÜRGEN K.P., Die Beschränkungen des Grundeigentums im Rahmen der Städteplanung auf Grund der neuesten Gesetzgebung, Diss. Köln 1965; MEYER L., Die materielle Enteignung im neuen bernischen Baugesetz, ZBJV 108, 1972, S. 187 ff.; SALADIN P., Raumplanung ohne materielle Enteignung. Plan 33, 1976, S. 14 ff.; SCHEIBLER F., Die Erstellung von Garagen, Parkplätzen und Kinderspielplätzen als Baubedingung, Diss. Zürich 1958; SCHULTHESS D. V., Gesetzliche Regelung der Gesamtüberbauung. Ein Beitrag zur Lehre der öffentlichen Eigentumsbeschränkungen, erläutert am zürcherischen Baurecht, Diss. Zürich, Bern 1963; STÖCKLING H.-U., Eigentumsgarantie, formelle und materielle Enteignung ..., Schweizerisches Institut für Verwaltungskurse, 1973, S. 83 ff.; ZIMMERLI U., Die Rechtsprechung des Bundesgerichts zur materiellen Enteignung, ZBl 75, 1974, S. 137 ff.

Wird das Eigentum nicht auf den Enteigner übertragen, sondern werden lediglich die Nutzungs- oder Verfügungsrechte beschränkt, spricht man von einer Eigentumsbeschränkung.

Bei den Eigentumsbeschränkungen ist *zwischen den Eigentumsbeschränkungen, die eine Entschädigung auslösen, den sogenannten materiellen Enteignungen, und den entschädigungslosen Beschränkungen zu unterscheiden.*

A. Die materielle Enteignung

1. Begriff

Die materielle Enteignung ist eine Eigentumsbeschränkung, die das Gemeinwesen zu einer Entschädigung verpflichtet (BGE 97 Ia 367). Dabei handelt es sich grundsätzlich um Beschränkungen der *Nutzungsrechte.*

Nach Art. 22ter BV verpflichten Enteignungen und Eigentumsbeschränkungen, die der Enteignung gleichkommen, zu einer Entschädigung. Eine materielle Enteignung liegt also nur vor, wenn *die Eigentumsbeschränkung einer Enteignung gleichkommt.* Dabei kann es sich nach der Rechtsprechung um einen Eingriff handeln, der so tiefgreifend ist, dass die bisherige oder künftige mögliche Verwendung eines Grundstückes beschränkt wird. Überdies liegt eine materielle Enteignung, d.h. eine entschädigungspflichtige Eigentumsbeschränkung, vor, wenn *im Vergleich zu anderen Eigentümern einige wenige Grundstückeigentümer durch eine Beschränkung besonders hart betroffen werden (sogenannte Sonderopfertheorie).*

Der klassische Fall einer entschädigungspflichtigen Eigentumsbeschränkung ist das *Bauverbot.* Wenn die Gemeinde ein erschlossenes Grundstück, das in nächster Zukunft überbaut werden kann, mit einem Bauverbot belegt, muss sie eine Entschädigung entrichten. Eine Herabsetzung der Ausnützungsziffer von 0,6 auf 0,4 ist demgegenüber keine materielle Enteignung, da sie voraussehbar ist, das Eigentum immer noch baulich genutzt werden kann (BGE 97 I 635) und deren Eingriff demzufolge nicht tiefgreifend ist.

Geschützt sind die bestehende und die *voraussehbare Nutzungsmöglichkeit.* Wenn ein Grundstückeigentümer geltend machen will, er könnte sein Grundstück in

20 oder 30 Jahren baulich nutzen, wird diese mögliche, aber nicht wahrscheinliche Nutzung von der Eigentumsgarantie nicht geschützt sein. Ein Bauverbot für ein derartiges Grundstück berechtigt nicht zu einer Entschädigung (BGE 98 Ia 384).

Das Bundesgericht geht davon aus, dass die Nutzungsmöglichkeit mit hoher Wahrscheinlichkeit in Zukunft gegeben sein muss. Diese Wahrscheinlichkeit ist gegeben, wenn innerhalb von 10—15 Jahren mit der baulichen Nutzung gerechnet werden kann. Dies hat dazu geführt, dass die neueren Baugesetze, wie auch das Raumplanungsgesetz, die Bauzone auf die in den nächsten 10—15 Jahren zu erwartende Bevölkerungsentwicklung beschränken. Man geht davon aus, dass Bauverbote, die ausserhalb dieser Zone liegen, nicht zu einer Entschädigung verpflichten. Das grosse Problem besteht allerdings darin, dass sich die Rechtsprechung des Bundesgerichts bisher auf die äusseren Umstände abstützte. Es bleibt abzuwarten, ob es den rechtlichen Entscheid einer Bauzonenbeschränkung auch als Grundlage für die Abgrenzung zwischen entschädigungspflichtigen und nicht-entschädigungspflichtigen Bauverboten anerkennen wird.

So problematisch diese Entscheide sind, sie zeigen doch sehr deutlich, wie stark das Bundesgericht der Eigentumsgarantie nur jene Nutzungsrechte unterstellt, die voraussehbar sind. *Was nicht zur voraussehbaren, normalen, erwartungsgemässen Nutzungsmöglichkeit gehört, wird nicht entschädigt.*

Voraussehbar sind auch *alle polizeilichen Eigentumsbeschränkungen.* Es ist voraussehbar, dass Grundstücke in der Lawinengefahrenzone nicht überbaut werden können, also keiner baulichen Nutzung zuführbar sind. Ein Bauverbot in der Lawinenzone führt deshalb nicht zu einer entschädigungspflichtigen Eigentumsbeschränkung. Das gilt auch für das Verbot, ein Grundstück, das über einem Grundwasservorkommen liegt, für die Kiesausbeutung zu nutzen. Das Grundwasser könnte durch die Kiesausbeutung gefährdet werden, weshalb ein entsprechendes Verbot keine Entschädigungspflicht auslöst.

Gleiches ist zu sagen von Grundstücken, die ausserhalb des generellen Kanalisationsprojektes für die Abwasserreinigung liegen. Diese Grundstücke sind nicht baureif. Wer ohne Anschluss an die Kanalisation baut, wird zur Gewässerverschmutzung beitragen. Deshalb führt das Bauverbot ausserhalb des Kanalisationsprojektes nicht zu einer Entschädigungspflicht. Dabei darf allerdings nicht übersehen werden, dass das Gewässerschutzgesetz nicht nur polizeiliche, sondern auch planerische Zwecke der Siedlungsentwicklung verfolgt.

2. Probleme des Sonderopfers

Im Anschluss an die klassische Einzelaktentschädigung hat das Bundesgericht in seiner Rechtsprechung stets den Gedanken aufrechterhalten, dass *Grundeigentumsbeschränkungen dann zu entschädigen seien, wenn der Eingriff in das Eigentum zwar nicht tiefgreifend sei, aber doch einige wenige Grundstückeigentümer im Vergleich zu anderen wesentlich belaste.* Es handelt sich hier um die typische Anwendung des Härtefalls. Aus Gründen der Rechtsgleichheit muss das Gemeinwesen Eigentumsbeschränkungen, die zu besonderen Härtefällen führen, ausgleichen, d.h. entschädigen. Der typische Fall eines derartigen «Sonderopfers» ist etwa die Herabsetzung der Ausnützungsziffer zum Schutze eines Denkmals, die einige wenige Grundstückeigentümer besonders belastet. Derartige Eingriffe in das Eigentum sind auf Grund der Sonderopfertheorie entschädigungspflichtig.

In Zukunft verdient der Gedanke des Sonderopfers wiederum grundsätzliche Beachtung. Wenn die Nutzungsmöglichkeit von Grund und Boden an die Zonenordnung gebunden ist, wird *lediglich die Eigentumsbeschränkung zu entschädigen sein, die, abgesehen von dieser generellen Zuteilung, für einzelne Grundeigentümer infolge besonderer Zonenbelastungen zu ausserordentlichen Härten führt.*

Der Sonderopfertheorie liegt auch ein allgemeines Grundprinzip unseres Rechtsstaates zugrunde, das sich aus Art. 4 BV ableitet. Staatliche Massnahmen dürfen grundsätzlich nicht auf Kosten einiger weniger Bürger gehen. Werden einige wenige belastet, sollen sie dafür entschädigt werden. Leider findet dieser Grundsatz unmittelbar nur bei Eingriffen in dingliche Rechte Anwendung. Bei Eingriffen in persönliche Rechte gelten die gesetzlichen Bestimmungen für die Entschädigungspflicht des Staates für Handlungen der Beamten. Erst wenige Kantone konnten sich bis jetzt durchringen, diese nicht nur bei Eigentumsbeschränkungen, sondern generell zur Anwendung zu bringen.

B. Die entschädigungslose Eigentumsbeschränkung

Auf Grund des bisher Dargelegten zeigt sich, dass es zwei Arten von entschädigungslosen Beschränkungen des Grundeigentums gibt: die *polizeiliche Beschränkung und der nicht-tiefgreifende Eingriff in das Eigentum,* der keiner Enteignung gleichkommt.

1. Nutzungsbeschränkungen

1.1. Die polizeiliche Eigentumsbeschränkung

Eine polizeiliche Eigentumsbeschränkung liegt vor, wenn *die Nutzung des Eigentums aus Gründen der Gefahrenabwehr beschränkt werden muss.* Das Gemeinwesen ist somit nicht entschädigungspflichtig bei Bauverboten wegen Lawinengefahr, zum Schutze der Gewässer, beim Verbot, unmittelbar am Waldrand (zum Schutze des Waldes), an einer Strasse oder an einer gefährlichen Strassenbiegung ein Haus zu errichten oder beim Verbot, über dem Grundwasser eine Kiesgrube zu errichten. Polizeiliche Eigentumsbeschränkungen sind auch die Gebäudeabstände. (Der Gebäudeabstand im Walliser Baurecht ist so gross, dass wenigstens eine Feuerwehrleiter zwischen den Gebäuden Platz hat.)

Die polizeiliche Eigentumsbeschränkung setzt aber voraus, dass eine *unmittelbare Gefährdung von Polizeigütern vorliegt.*

1.2. Der nicht-tiefgreifende Eingriff in das Eigentum

Eigentumsbeschränkungen, die nicht zu einem tiefgreifenden Eingriff führen, unterliegen *keiner Entschädigungspflicht*. Dazu gehören, wie bereits erwähnt, Abzonungen im kleinen Umfange oder Grenzabstände sowie Beschränkungen des Eigentums zur Gewährleistung staatlicher Dienste, zur Errichtung von Grenzsteinen, zur Durchführung von Vermessungsaufgaben, ästhetische Beschränkungen wie zum Beispiel das Verbot, Antennen aufzustellen, wenn eine Gemeinschaftsantenne vorhanden ist.

1.3. Zeitlich beschränkte Eigentumsbeschränkungen

Nicht entschädigungspflichtig sind schliesslich alle zeitlich beschränkten Eigentumsbeschränkungen. Wenn aus Gründen der Planung oder anderen Gründen die Nutzung oder Verfügung des Eigentums während einer gewissen Zeit eingeschränkt werden muss, kann der betroffene Eigentümer dafür keine Entschädigung verlangen (BGE 93 I 338). Die zeitliche Beschränkung darf allerdings nicht übermässig sein, d.h. mehr als 5—8 Jahre betragen.

2. Verfügungsbeschränkungen

Neben der Nutzungsbeschränkung kann das Gemeinwesen die Verfügungsfreiheit beschränken. Die Regelung auf dem Gebiete des *Mieterschutzes* ist ein typisches Beispiel dafür. Die Verfügungsbeschränkungen können aber wesentlich weiter gehen. Dies ist vor allem bei der Einführung eines Vorkaufrechts zugunsten der öffentlichen Hand der Fall. Solche Beschränkungen sind nur möglich, wenn ein *öffentliches Interesse und eine gesetzliche Grundlage vorliegen*.

Das öffentliche Interesse kann polizeilicher, es kann aber auch sozialpolitischer Natur sein. Im bereits erwähnten Entscheid Dafflon musste das Bundesgericht folgenden Fall beurteilen (BGE 88 I 248): In Genf wurde eine Initiative eingereicht, die dem Staat ein Vorkaufsrecht für ein Gebiet an der Stadtrandzone von Genf einräumte, um den sozialen Wohnungsbau zu fördern. Das Vorkaufsrecht beschränkte sich auf ein bestimmtes Gebiet und wollte den Staat verpflichten, billige Wohnungen zu erstellen. Das Bundesgericht hielt diese Verfügungsbeschränkung des Grundeigentums für zulässig, da es sich um eine soziale Massnahme im öffentlichen Interesse handle. Auch wenn das Gemeinwesen im Interesse einer bestimmten Bevölkerungsschicht mit niedrigem Einkommen Wohnungen bauen müsse, sei dies im öffentlichen Interesse, da auf diese Weise der soziale Frieden gesichert werden könne. Der soziale Friede sei ein Gut im öffentlichen Interesse der Allgemeinheit. In der Tat: Die Verknappung des Wohnungsraums führt zu Missbräuchen im Mietwesen, denen die Schichten mit niederen Einkommen in erster Linie ausgesetzt sind. Im öffentlichen Interesse ist es, Missbräuche, die zur Ausnutzung der schwächeren Schicht führen könnten, zu verhindern. In derartigen Fällen hat der Staat eine Umverteilungsaufgabe.

Ein anderes Beispiel für die Sozialpflichtigkeit des Eigentums ist das Abbruchverbot von alten Wohnungen im Kanton Basel-Stadt. Auch diese Beschränkung hat das Bundesgericht zugelassen, weil sie dem Schutze der Mieter vor Ausbeutung dient. Derartige Beschränkungen sind entschädigungslos zuzulassen (BGE 99 Ia 35).

Eine Beschränkung der Verfügungsmöglichkeit kennt unsere Gesetzgebung auch beim Vorkaufsrecht von Erben und Verwandten für landwirtschaftliche Gewerbe (Art. 66 ff. EGG, SR. 211.412.11). Diese haben ein Einspracherecht gegen Liegenschaftsverkäufe, wenn derartige Grundstücke vom Käufer nicht selber bewirtschaftet werden (Art. 118 ff. EGG).

Verfügungsbeschränkungen sind aber auch alle jene Regelungen, die den Verkauf von Grundbesitz an Personen im Ausland beschränken (Bundesbeschluss über den Erwerb von Grundstücken durch Personen im Ausland von 1977).

3. Kapitel: Die Staats- und Beamtenhaftung

LITERATUR: BAYER H.-W., Der Ausschluss der Staatshaftung. Haftung des Staates für rechtswidriges Verhalten seiner Organe, Köln, Berlin 1967, S. 768 ff.; BEZZOLA C.D., Der Einfluss des Privaten auf die Entwicklung des öffentlichen Schadenersatzrechts in der Schweiz, in Deutschland und in Frankreich, Winterthur 1960; BENDER B., Staatshaftungsrecht. Schadenersatz, Entschädigungs- und Folgenbeseitigungspflichten aus hoheitlichem Unrecht, Karlsruhe 1971; BERLIA G., Essaie sur les fondements de la responsabilité civile de droit public français. Revue de droit public et de la science politique, 1951, S. 685 ff.; BINSWANGER R., Die Haftungsverhältnisse bei Militärschäden, Diss. Zürich 1969; BÖHME R., Die Beschränkung der Amtshaftung auf die Hoheitsverwaltung, Diss. Freiburg i.Br. 1969; BRECHON-MOULENES C., Les régimes législatifs de responsabilité publique, Paris 1974; DAGTOGLOU P., Ersatzpflicht des Staates bei legislativem Unrecht? Tübingen 1963; ECKERT H., Die Haftung des Staates bei nichtigen Gesetzen und Verordnungen, Diss. Frankfurt a.M. 1973; EICHHORN P., Staatshaftung bei der Ausübung öffentlicher Gewalt und Deliktshaftung des Staates im privatrechtlichen Bereich, Diss. Marburg 1956; Empfiehlt es sich, die Folgen rechtswidrigen hoheitlichen Verwaltungshandelns gesetzlich zu regeln? Referate zum 47. Deutschen Juristentag, Verh. des 47. DJT, Bd. II, Teil L, Bender B., S. 7 ff., Haas D., S. 32 ff., München 1969; Empfiehlt es sich, die verschiedenen Pflichten des Staates zur Entschädigungsleistung aus der Wahrnehmung von Hoheitsrechten nach Grund, Inhalt und Geltendmachung gesetzlich neu zu regeln? Gutachten für den 41. Deutschen Juristentag, Verh. des 41. DJT, Bd. I, Schack F., S. 1 ff., Reinhardt R., S. 233 ff., Tübingen 1955; ERICHSEN H.U., Zur Haftung der Bundespost, DöV 18, 1965, S. 158 ff.; Gefährdungshaftung im öffentlichen Recht? VVDStRL 20, 1963, S. 135 ff., mit Referaten von Jaenicke G., Leisner W.; GEHRE H., Die Entwicklung der Amtshaftung in Deutschland seit dem 19. Jahrhundert, Diss. Bonn 1958; GRAFF P., La responsabilité des fonctionnaires et de l'Etat pour le dommage causé à des tiers, en droit fédéral et en droit cantonal, ZSR NF 72, 1953, S. 381 a ff.; GRISEL A., La responsabilité de l'Etat pour l'activité de ses organes. Domokratie und Rechtsstaat. Festgabe für Z. Giacometti, Zürich 1953, S. 35 ff.; GUENG U., Die allgemeine rechtsstaatliche Entschädigungspflicht, Diss. St. Gallen 1967, Rechts- und verwaltungswissenschaftliche Reihe, Bd. 5; DERSELBE, Zum Stand und den Entwicklungstendenzen im öffentlichen Entschädigungsrecht, ZBl 69, 1968, S. 351 ff; GYGI F., Staatshaftung und Verwaltungsrechtspflege. Mélanges Marcel Bridel, Lausanne 1968, S. 221 ff.; HAAS D., System der öffentlichrechtlichen Entschädigungspflichten, Karlsruhe 1955; HANGARTNER Y., Grundsätzliche Probleme der Eigentumsgarantie und der Entschädigungspflicht in der Denkmalpflege. Rechtsfragen der Denkmalpflege, hrsg. vom Schweizerischen Institut für Verwaltungskurse an der Hochschule St. Gallen, St. Gallen 1973, S. 25 ff.; JUNOD P.H., Recherche sur la responsabilité des organes de la tutelle, Diss. Lausanne 1953; KAUFMANN O.K., Die Verantwortlichkeit der Beamten und die Schadenersatzpflicht des Staates in Bund und Kantonen, ZSR NF 72, 1953, S. 201 a ff.; DERSELBE, Haftung des Staates für rechtswidriges Verhalten seiner Organe. Beiträge zum ausländischen öffentlichen Recht und Völkerrecht, hrsg. von Mosler H., Bd. 4, Köln, Berlin 1967, S. 559 ff.; KOLLMEIER D., Die Amtshaftung in Österreich und England, Diss. Marburg 1962; KUHN M., Die vermögensrechtliche Verantwortlichkeit des Bundes sowie seiner Behördenmitglieder und Beamten auf Grund des Verantwortlichkeitsgesetzes vom 14. März 1958, mit besonderer Berücksichtigung von Art. 3 und Art. 12, Diss. Zürich 1971; LANZ H., Die Haftung des Staates als Eigentümer von Werken, Diss. Zürich 1958; LEISNER W., Französisches Staatshaftungsrecht, VA 54, 1963, S. 1 ff., 40 ff., 369 ff.; LOH E., Die Haftung im Postbetrieb, Berlin 1972, Schriften zum öffentlichen Recht, Bd. 195; LUHMANN N., Öffentlich-rechtliche Entschädigung rechtspolitisch betrachtet, Berlin 1965; MICHAELIS K., Der Amtshaftungstatbestand im Gesamt-System des Staatshaftungsrechts. Im Dienst an Recht und Staat, Festschrift für Werner Weber zum 70. Geburtstag, Berlin 1974, S. 567 ff.; MORVAY W., Die Haftung des Staates für rechtswidriges Verhalten seiner Organe, Köln, Berlin 1967, S. 776 ff.; MÜLLER B., Die Haftung der Eidgenossenschaft nach dem Verantwortlichkeitsgesetz, ZBJV 105, 1969, S. 341 ff.; PAPIER H.J., Staatshaftung im Bereich der Leistungsverwaltung, DVBl 87, 1972, S. 601 ff.; RICHTER K., Der Ausschluss der Staatshaftung nach Art. 34 GG, Diss. München 1968; ROSENSTOCK P., Die Haftung des Staates als Unternehmer im Bereich der Hoheitsverwaltung, Diss. Zürich 1966; SAGER A., Die vermögensrechtliche Verantwortlichkeit der eidg. Behörden und Beamten aus rechtswidrigen Amtshandlungen dem Bunde und Dritten gegenüber, Diss. Zürich 1941; SCHOMBURG F., Der gerichtsfreie Hoheitsakt der auswärtigen Gewalt unter besonderer Berücksichtigung des Verwaltungsrechtsschutzes und der Staatshaftung, Diss. Göttingen 1973; SCHWARZENBACH H.R., Die Staats- und Beamtenhaftung in der Schweiz, Zürich 1970; DERSELBE, Soll die Haftung der Kantone und Gemeinden als Verschuldenshaftung oder als Kausalhaftung ausgestaltet werden? ZBl 65, 1964, S. 249 ff.; SPANNER H., Länderbericht Österreich. Haftung des Staates für rechtswidriges Handeln seiner Organe, Köln, Berlin 1967, S. 505 ff.; STEINBERGER H., Die fehlerhafte Amtshandlung als tatbestandliche Grundlage der Haftung des Staates im hoheitlichen Bereich. Haftung des Staates für rechtswidriges Verhalten seiner Organe, Köln, Berlin 1967, S. 253 ff.; WEITNAUER H., Die Haftung aus Amtspflichtverletzung, Düsseldorf 1956; WILKE G., Die Haftung des Staates für rechtswidriges, aber schuldloses Verhalten eines Amtsträgers in der Wahrnehmung von Hoheitsrechten, Frankfurt a.M. 1960; WOLFENSBERGER TH., Die Staatshaftung nach Art. 75, 76 und 77 SVG, Diss. Zürich 1974.

I. Allgemeines

A. Die Staats- und Beamtenhaftung im System des Verwaltungsrechts

Der Private kann sich gegen staatliche, rechtswidrige Eingriffe auf verschiedene Arten schützen: Werden seine Rechte durch *Verfügungen* beschnitten, kann er sich über den Weg der Verwaltungsbeschwerde, der Verwaltungsgerichtsbeschwerde oder der Einsprache dagegen wehren. Sind die Verfügungen rechtswidrig, werden sie im ordentlichen *Rechtsmittelverfahren* aufgehoben. Anfechtbare Verfügungen, die rechtskräftig sind, sind zu vollziehen.

Es gibt aber zahlreiche Fälle, in denen das Gemeinwesen handelt, ohne vorher eine (beschwerdefähige) Verfügung zu erlassen. Solche *faktischen Massnahmen* muss der Bürger erdulden, selbst wenn sie ihn in rechtswidriger Weise schädigen. Erst nachträglich kann er vom Beamten oder, wenn eine vermögensrechtliche Verantwortung des Staates vorliegt, vom Staat eine Entschädigung für erlittenen Schaden verlangen. Der Überschallknall der Militärflugzeuge kann Risse in Häuserwänden verursachen. Die kantonale Behörde lässt eine Lawine auslösen, die einen Privatwald schädigt. Die Zollorgane nehmen einen mutmasslichen Rauschgifthändler in Gewahrsam, der sich aber als gewöhnlicher Geschäftsmann ausweisen kann. Ihm ist durch die Festnahme ein grosses Geschäft entgangen. Der Eisenbahnzug rast über ein Signal und überfährt ein korrekt fahrendes Fahrzeug auf dem offenen Bahnübergang. Das Gemeinwesen lässt eine Strasse reparieren, ohne eine Umfahrung anzuordnen, was zu Unfällen führt. Bei der gewaltsamen Auflösung einer Demonstration durch die Polizei werden unschuldige Personen verletzt. Die Konstruktion einer Seilbahn wird fahrlässig geprüft. Das Seil reisst und verursacht einen Unfall. Soldaten schädigen bei einer militärischen Übung Kulturland. Auf Grund einer falschen Auskunft einer Behörde tätigt ein Privater ein grosses Verlustgeschäft.

Derartige staatliche Handlungen und Unterlassungen muss der einzelne dulden. Er kann sich dagegen nicht wie bei den Verfügungen zur Wehr setzen. Kann er sich aber gegenüber dem Gemeinwesen in irgendeiner Weise *schadlos* halten? Die Lehre über die Staats- und Beamtenhaftung gibt auf diese Frage Auskunft.

Dabei ist vorerst *zu unterscheiden zwischen den rechtmässigen und den rechtswidrigen Handlungen*. Wird der Private durch *rechtmässige Handlungen* in seinen persönlichen Rechten (zum Beispiel durch Körperverletzung) geschädigt, steht ihm auf Grund gewisser kantonaler Verantwortlichkeitsgesetze gegenüber dem Staat ein Anspruch aus Billigkeit zu. Werden durch rechtmässige Handlungen dingliche oder besondere, mit dem Grundeigentum verbundene persönliche Rechte beschränkt, steht ihm ein Entschädigungsanspruch auf Grund des Enteignungsrechts zu.

Wird der Private auf Grund *rechtswidriger Handlungen* durch Beamte des Gemeinwesens geschädigt, haftet entweder der Staat oder der Beamte. Das Gemeinwesen haftet entweder unmittelbar auf Grund des *Privatrechts* oder der gesetzlich geregelten *vermögensrechtlichen Verantwortlichkeit des Staates*.

Der Beamte haftet gegenüber dem geschädigten Bürger entweder unmittelbar aus Art. 41 ff. OR oder subsidiär, wenn der Staat die eigene Verantwortlichkeit ausschliesst. Die Haftung des Beamten gegenüber dem geschädigten Bürger kann aber auch durch das Verantwortlichkeitsgesetz ganz ausgeschlossen sein, wenn der Staat die vermögensrechtliche Verantwortung für den Beamten übernimmt. In diesem Fall kann der Beamte für seine schädigenden Handlungen aber dem Staat gegenüber verantwortlich werden.

Grundsätzlich führen schädigende Handlungen des Gemeinwesens nur dann zur Entschädigungspflicht, wenn sie *rechtswidrig* sind. Das Gemeinwesen ist selbstverständlich berechtigt, im Rahmen von Verfassung und Gesetz, in die Rechte der einzelnen (Vermögensrechte) über die Steuer einzugreifen, ohne dass es entschädigungspflichtig wird. Wenn eine rechtmässige Handlung zu besonderen Härten führt, zum Beispiel Landschaden bei militärischen Übungen, ist der Staat aus Gründen der Billigkeit (Art. 4 BV) ausnahmsweise schadenersatzpflichtig. Da in der Regel nur rechtswidrige Eingriffe zu einer Entschädigungspflicht führen, *kommt dem Begriff der Rechtswidrigkeit für die Staats- und Beamtenhaftung eine entscheidende Bedeutung zu.*

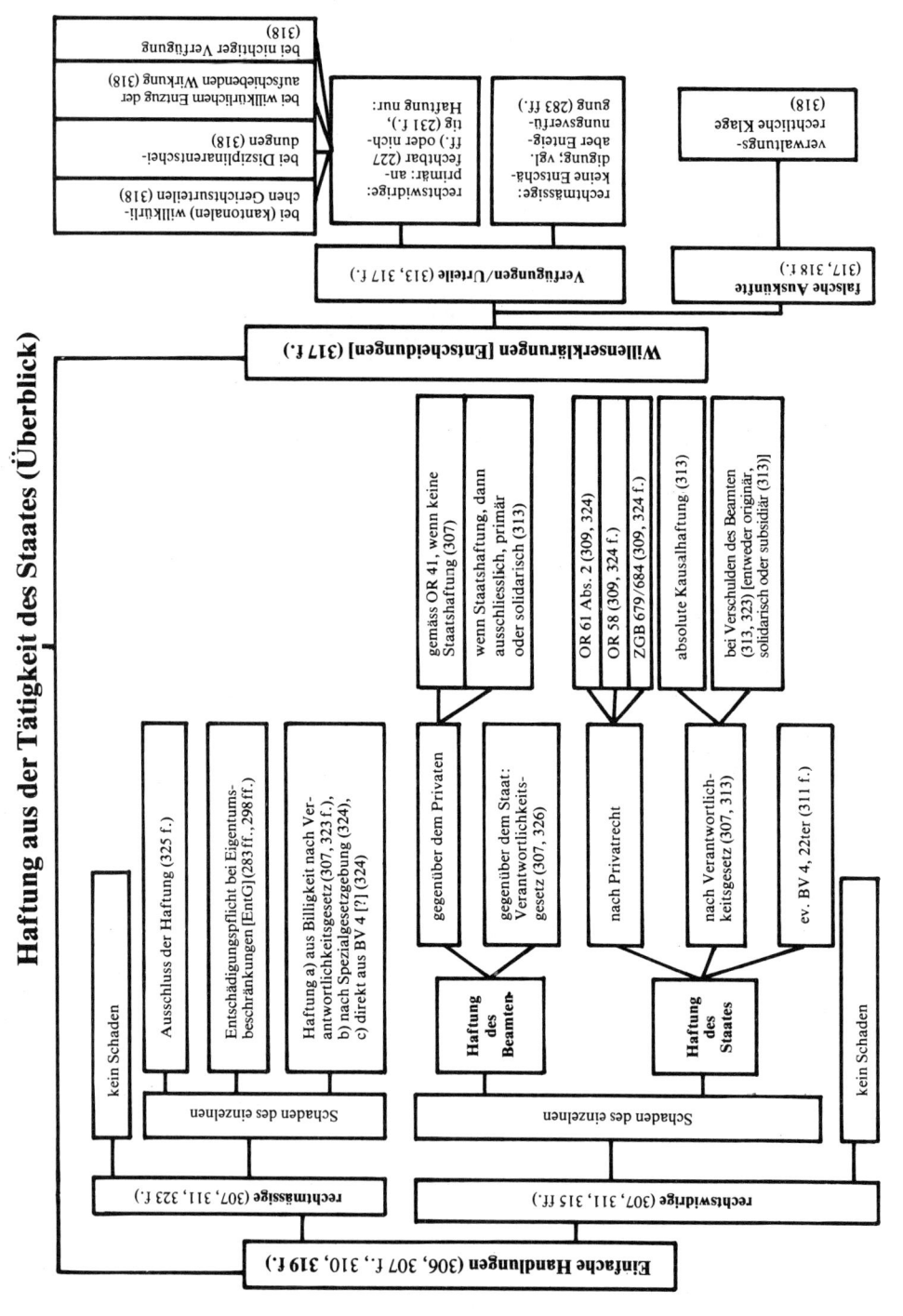

Haftung aus der Tätigkeit des Staates (Überblick)

Einfache Handlungen (306, 307 f., 310, 319 f.)

- **rechtmässige** (307, 311, 323 f.)
  - Schaden des einzelnen
    - Haftung a) aus Billigkeit nach Verantwortlichkeitsgesetz (307, 323 f.), b) nach Spezialgesetzgebung (324), c) direkt aus BV 4 [?] (324)
    - Entschädigungspflicht bei Eigentumsbeschränkungen [EntG] (283 ff., 298 ff.)
    - Ausschluss der Haftung (325 f.)
  - kein Schaden

- **rechtswidrige** (307, 311, 315 ff.)
  - Schaden des einzelnen
    - **Haftung des Beamten**
      - gegenüber dem Privaten: gemäss OR 41, wenn keine Staatshaftung (307); wenn Staatshaftung, dann ausschliesslich, primär oder solidarisch (313)
      - gegenüber dem Staat: Verantwortlichkeitsgesetz (307, 326)
    - **Haftung des Staates**
      - nach Privatrecht: OR 61 Abs. 2 (309, 324); OR 58 (309, 324 f.); ZGB 679/684 (309, 324 f.)
      - absolute Kausalhaftung (313)
      - bei Verschulden des Beamten (313, 323) [entweder originär, solidarisch oder subsidiär (313)]
      - nach Verantwortlichkeitsgesetz (307, 313)
      - ev. BV 4, 22ter (311 f.)
  - kein Schaden

Willenserklärungen [Entscheidungen] (317 f.)

- **falsche Auskünfte** (317, 318 f.)
  - verwaltungsrechtliche Klage (318)

- **Verfügungen/Urteile** (313, 317 f.)
  - rechtmässige: Keine Entschädigung; vgl. aber Enteignung (283 ff.)
  - rechtswidrige: primär: anfechtbar (227 ff.) oder nichtig (231 f.), Haftung nur:
    - bei (kantonalen) willkürlichen Gerichtsurteilen (318)
    - bei Disziplinarentscheidungen (318)
    - bei willkürlichem Entzug der aufschiebenden Wirkung (318)
    - bei nichtiger Verfügung (318)

B. Die Funktion und die Bedeutung des Haftungsrechts des Gemeinwesens

1. Historische Entwicklung

Das Haftungsrecht des Staates hat sich historisch aus dem privatrechtlichen Haftungsrecht entwickelt. Zuerst ging man davon aus, dass die Beamten für widerrechtliche Handlungen gegenüber dem Geschädigten als Private haften. Der Staat konnte nach dieser Auffassung gar nicht rechtswidrig tätig werden. «The king can do no wrong.» Handelte der Beamte rechtswidrig, setzte er sich über seine Befugnisse hinweg und handelte wie ein Privater. Deshalb gab es keine öffentlich-rechtliche vermögensrechtliche Verantwortung des Staates für rechtswidrige Handlungen seiner Beamten.

Lediglich auf Grund von Art. 61 Abs. 2 OR musste das Gemeinwesen bei rechtswidrigen Handlungen im Rahmen von gewerblichen Verrichtungen haften. Der öffentliche Betrieb durfte nicht besser gestellt sein als ein privater Betrieb. Die Wettbewerbsgleichheit musste auch im Haftpflichtrecht gewährleistet sein. Deshalb haftet der Staat nach Art. 61 Abs. 2 OR für *gewerbsmässige Verrichtungen nach den Regeln des Privatrechts*. Demzufolge gilt bei gewerbsmässigen Verrichtungen für den Staat grundsätzlich die Geschäftsherrenhaftung (Art. 55 OR) oder die Organhaftung (Art. 55 ZGB).

Die Zivilgerichte haben aber den Staat nach der Fiskustheorie als *Werkeigentümer* nach Art. 58 OR bzw. im Rahmen des *Nachbarrechts* gemäss Art. 679 ZGB haften lassen. Diese Bestimmungen waren von jeher auch auf das Gemeinwesen anwendbar.

In allen anderen Fällen haftet der Staat kraft Privatrechts nicht unmittelbar für die schädigenden Handlungen, die seine Beamten in Ausübung ihrer Tätigkeiten einem Dritten zufügten. Vielfach waren die Beamten sogar durch den schützenden Mantel der staatlichen Immunität vor Klagen von seiten der Privaten abgeschirmt. Wie heute noch beim Strafrecht musste der Private vom Staate die Erlaubnis erhalten, unmittelbar gegen den Beamten vorzugehen. Der Staat beanspruchte für sich das Recht, allfällige Übertretungen von Beamten im internen Bereich über den Weg seiner disziplinarischen Verantwortlichkeit zu regeln.

Diese Lösung wurde mit der Zeit immer unbefriedigender. Die Entwicklung der Staatsaufgaben *von der reinen Eingriffs- und Polizeiverwaltung zum Leistungs- und Sozialstaat führte zu ständig neuen Eingriffen des Gemeinwesens und damit zu grösseren Risiken der Privaten.* Solange sich das Gemeinwesen darauf beschränkte, im Rahmen der Ordnungsverwaltung die Bürger vor Gefahren zu schützen, war ihr Risiko, Schädigungen durch rechtswidrige Handlungen von Beamten zu erleiden, gering. Dies änderte sich mit der Ausweitung staatlicher Tätigkeit im Rahmen des Leistungs- und Wohlfahrtsstaates.

Das Gemeinwesen, das durch den Bau von Infrastrukturen tätig wird, kann zum Beispiel beim Bau von Strassen sehr leicht andere schädigen. Im Spitalwesen, im Bereich der Post- und Telephonverwaltung, der Eisenbahnen, bei den Gewässerschutzmassnahmen, überall kann der einzelne durch Übergriffe staatlicher Beamter geschädigt werden. Die Ausdehnung der Machtbefugnisse des Staates führt naturgemäss zu einem grösseren Risiko der Privaten. Aber auch die zunehmenden polizeilichen Kontrollaufgaben des Staates erfordern den Ausbau der staatlichen Verantwortlichkeit. Der Bürger soll sich zum Beispiel darauf verlassen können, dass die Gewässerschutzpolizei die Kontrolle der Abwässer sorgfältig durchführt. Werden die Fischer infolge fahrlässiger Kontrolle geschädigt, weil die Abwässer die Fische schädigen, soll der Staat dafür einstehen.

Mit der Entwicklung zum Leistungs- und Wohlfahrtsstaat entwickelte sich das *Bedürfnis nach einem Ausbau des Rechtsschutzes*. Der Ausbau des Verwaltungsverfahrens und der Verwaltungsgerichtsbarkeit führte zu einer intensiveren Kontrolle der Entscheidungen der Verwaltung durch die Verwaltungsgerichte. Diese Kontrolle musste konsequenterweise auch auf die einfachen *Amtshandlungen* ausgedehnt werden. Nicht nur Entscheidungen der Verwaltung sollten rechtmässig sein, der Grundsatz der Gesetzmässigkeit musste auch bei Amtshandlungen gewährleistet werden. Derartige Handlungen liessen sich aber nicht durch den Ausbau des Verwaltungsverfahrens auf ihre Rechtmässigkeit kontrollieren, sondern lediglich durch den *Ausbau der Haftung des Staates für schädigende Handlungen seiner Beamten*.

In diesem Sinne besteht zwischen der Lehre der Verfügung und ihrer Rechtmässigkeit sowie den Amtshandlungen ein enger Zusammenhang. *Wenn der einzelne über das Beschwerdeverfahren seine Rechte nicht geltend machen kann, soll er sich über den Weg der verwaltungsrechtlichen Klage wenigstens schadlos halten können. Soweit die Beschwerde möglich ist, soll der einzelne aber nicht mehr nachträglich durch die verwaltungsrechtliche Klage die abgelaufene Beschwerdefrist wiederherstellen können.*

Wie bei anderen verwaltungsrechtlichen Institutionen zeigt sich die Entwicklung des Verantwortlichkeitsrechts des Staates von der Fiskustheorie zum reinen öffentlich-rechtlichen Verantwortlichkeitsrecht auch im *Verfahrensrecht*. Lange Zeit waren die *Zivilgerichte* allein zuständig, Haftpflichtklagen gegen den Staat zu beurteilen. Mit der Einführung und dem Ausbau der Verwaltungsgerichtsbarkeit gingen die Zuständigkeiten je länger je mehr auf das *Verwaltungsgericht* über. Auf Bundesebene wurde hierfür das Institut der *verwaltungsrechtlichen Klage ausgebaut, das dem einzelnen die Möglichkeit gibt, gegenüber dem Staat vermögensrechtliche Ansprüche geltend zu machen.*

2. Grundsätze des Haftungsrechts

Das entscheidende Problem der Haftung des Staates bildet die Frage, inwieweit das Gemeinwesen für Handlungen seiner Beamten eine vermögensrechtliche Verantwortung gegenüber dem geschädigten Dritten zu übernehmen hat. Diese vermögensrechtliche Verantwortung muss unter folgenden Gesichtspunkten beurteilt werden: Das Haftungsrecht ist zu sehen im Lichte der Eigentumsgarantie, des Grundsatzes der Gesetzmässigkeit der Verwaltung, des Grundsatzes der Gewaltentrennung, von Art. 4 BV sowie im Zusammenhang mit der bestehenden Regelung der disziplinarischen Verantwortlichkeit der Beamten.

Das Haftungsrecht dient in erster Linie, wie übrigens auch das Enteignungsrecht, dazu, dass wenigstens die Vermögenswerte des Privaten erhalten bleiben und der einzelne durch den Eingriff des Staates keinen vermögensrechtlichen Schaden erleidet. Wenn das Gemeinwesen über seine Beamten rechtswidrig in die Rechte des einzelnen eingreift, ist es, auf Grund der Eigentumsgarantie, verpflichtet, den einzelnen zu entschädigen. Die Eigentumsgarantie bildet die Grenze der staatlichen Handlungs- und Eingriffsmöglichkeit. Wird diese Grenze überschritten, muss das Gemeinwesen wie beim Enteignungsrecht für den Vermögenswert einstehen.

Neben der Eigentumsgarantie kommt dem *Grundsatz der Gesetzmässigkeit der Verwaltung* in zweifacher Beziehung eine entscheidende Bedeutung zu: Einmal ist es Aufgabe des Staates, im Rahmen der Gesetzgebung und insbesondere im Rahmen der Wohlfahrts- und der ausgleichenden Verwaltung lenkend zugunsten des einen und zu Lasten des anderen einzugreifen und ausgleichend tätig zu sein. Auf Grund dieser Tätigkeit wird das Gemeinwesen nicht entschädigungspflichtig. Denn die Wohlfahrtsverwaltung führt in vielen Fällen indirekt zu einer Umverteilung. Ungleiches muss ungleich behandelt werden. Ein typisches Beispiel ist der Grundsatz der Progression im Steuerrecht.

Solange die Gesetze die Verwaltung ermächtigen, in die Rechte des einzelnen einzugreifen, kann von Verantwortlichkeit in diesem Sinne keine Rede sein. Eine vermögensrechtliche Verantwortlichkeit besteht erst, wenn das Gemeinwesen ohne gesetzliche Grundlage handelt. In diesem Fall muss es den wirtschaftlichen Zustand, wie er vor dem Eingriff bestanden hat, durch die Entschädigung wiederherstellen. *Ausgangspunkt für die Verantwortlichkeit ist somit die Frage, ob das Gemeinwesen auf Grund eines Gesetzes in die Rechte des einzelnen eingegriffen hat.*

Neben der Frage nach der Rechtmässigkeit des Eingriffes kommt aber dem Grundsatz der Gesetzmässigkeit eine weitere Aufgabe zu. Nach herrschender Praxis des Bundesgerichts (BGE 95 I 288) muss nämlich *das Gemeinwesen für die Handlungen seiner Beamten nur einstehen, wenn es dazu auf Grund eines Gesetzes verpflichtet* ist. Voraussetzung für die vermögensrechtliche Verantwortlichkeit des Staates ist also die gesetzliche Grundlage. Dies ist in der Lehre und zum Teil in der Rechtsprechung *umstritten.*

Wer verlangt, dass der Staat auch ohne besondere gesetzliche Grundlagen haftet, leitet diesen Grundsatz unmittelbar *aus Art. 4 BV sowie aus anderen Grundrechten der Verfassung (zum Beispiel persönliche Freiheit)* ab. Danach ist der Staat verpflichtet, jedermann rechtsgleich zu behandeln. Wenn seine Beamten *ohne gesetzliche Grundlage in die Rechte des einzelnen eingreifen, ist er verpflichtet, alles zu tun, um den Schaden der Betroffenen wieder gutzumachen.*

Dieser Auffassung kann entgegengehalten werden, dass jede Kausalhaftung eine gesetzliche Grundlage voraussetzt. Die Kausalhaftung ist eine besondere Risikohaftung. Sie soll nur dann eintreten, wenn der Handelnde Dritte besonderen Gefahren aussetzt oder wenn sich dies aus sozialpolitischen Gründen (zum Beispiel Produzentenhaftung) als notwendig erweist. Solange der Staat kein besonderes Risiko setzt, soll er deshalb nicht ohne besondere gesetzliche Grundlage haften müssen.

Mit gewissem Recht lässt sich sagen, durch diese Umkehr des Grundsatzes der Gesetzmässigkeit werde das Gesetzmässigkeitsprinzip in sein Gegenteil pervertiert. Die *Einführung der vermögensrechtlichen Verantwortlichkeit des Staates für rechtswidrige Handlungen seiner Beamten ist aber eine höchst politische Aufgabe, die nicht allein dem Richter, sondern letztlich eben doch dem Gesetzgeber zustehen sollte.* Aus diesem Grunde scheint es mir aus politischen Gründen richtiger, wenn das Gericht *auf den Grundsatz der Gesetzmässigkeit abstellt.* Vom Gesetzgeber ist aber zu fordern, dass er umgehend eine umfassende vermögensrechtliche Verantwortlichkeit des Gemeinwesens gesetzlich verankert. Dem Gericht steht es frei, die vermögensrechtliche Verantwortlichkeit des Gemeinwesens für rechtswidrige Handlungen der Beamten dann vorzusehen, wenn eine Lücke im Gesetz vorliegt. Eine derartige Lücke liegt dann vor, wenn anzunehmen ist, der Gesetzgeber hätte den Staat haften lassen, wenn er den vom Gericht zu regelnden Fall selber hätte regeln müssen.

Ähnlich wie dem Ausbau der verwaltungsgerichtlichen Kontrolle kommt auch dem Ausbau des Verantwortlichkeitsrechts eine *Funktion gewaltenhemmender Natur* zu. Über das Verantwortlichkeitsrecht können die *Gerichte Handlungen der Verwaltung kontrollieren.* Wenn eine Verfügung aufgehoben wird, ist die Verwaltung vielleicht weniger getroffen als beim Urteil eines Gerichts, das die Verwaltung zur Leistung umfassender Entschädigungen verpflichtet. Die Beurteilung der Rechtmässigkeit der Amtshandlungen ist aber auch, wie sich zeigen wird, bedeutend schwieriger als die Beurteilung der Rechtmässigkeit von Verfügungen.

Wie bereits erwähnt: Das Entschädigungsrecht des Staates muss *im Lichte von Art. 4 und der weiteren Grundrechte der Verfassung betrachtet werden.* Wir haben beim Enteignungsrecht gesehen, dass der Staat bei Eigentumsbeschränkungen dann zu einer Entschädigung verpflichtet ist, wenn diese Beschränkungen einigen wenigen ein Sonderopfer auferlegen. Dieser Rechtsprechung, die im Vergleich zur deutschen Sonderopfertheorie betrachtet werden muss, kommt im Rahmen des Haftungsrechts eine noch grössere Bedeutung zu. *Der Staat ist verpflichtet, jedermann vor dem Gesetze gleich zu behandeln. Verletzt er die Rechtsgleichheit, muss er selber für den Schaden des Betroffenen aufkommen.* Diese ausgleichende Verpflichtung lässt sich unmittelbar aus Art. 4 BV ableiten.

II. Die verschiedenen Haftungssysteme

A. Das Haftungssubjekt

Bei der Beurteilung der verschiedenen Haftungssysteme muss zuerst *zwischen dem Aussen- und dem Innenverhältnis*, d.h. zwischen dem *Verhältnis des Staates zum geschädigten Dritten und dem Verhältnis des Staates zu seinen Beamten*, unterschieden werden. Im Vordergrund steht die Frage nach dem *Aussenverhältnis*, d.h. dem *Verhältnis des Staates zum geschädigten Dritten*. Dieses Verhältnis ist unterschiedlich geregelt. Nach dem System der *ausschliesslichen Staatshaftung haftet der Staat allein gegenüber Dritten* für die schädigenden Handlungen seiner Beamten. Eine vermögensrechtliche Klage des Geschädigten gegenüber dem Beamten gibt es nicht. Dieses System der *originären Staatshaftung* kennen wir auf Bundesebene und in den Kantonen Zürich, Luzern, Obwalden, Basel-Stadt, Schaffhausen, Appenzell-Ausserrhoden, St. Gallen, Graubünden, Aargau, Waadt und Schwyz.

Verschiedene Kantone kennen die *solidarische Haftung von Staat und Beamten*. Nach diesem System haften Staat und Beamte solidarisch. Diese Haftung finden wir in den Kantonen Bern, Glarus, Basel-Land, Neuenburg und Genf.

Einige wenige Kantone lassen den *Beamten primär haften; der Staat haftet nur subsidiär*. Dazu zählen die Kantone Uri, Appenzell-Innerrhoden, Wallis sowie die Kantone Freiburg und Thurgau. In den Kantonen Freiburg und Thurgau haftet der Staat *akzessorisch*, wenn im Vorverfahren die Ermächtigung zur Verfolgung des Beamten verweigert wird.

Eine *ausschliessliche Beamtenhaftung* kennt der Kanton Tessin.

B. Haftung für rechtswidriges, Haftung für schuldhaftes Handeln

Neben der Frage des Haftungssubjektes unterscheiden sich die Verantwortlichkeitsrechte hinsichtlich der *Voraussetzung der originären Staatshaftung*. Auf Bundesebene gilt grundsätzlich die Verantwortlichkeit des Staates für widerrechtliche Handlungen seiner Beamten ungeachtet des Verschuldens.

In einigen Kantonen haftet das Gemeinwesen *nur bei Verschulden* des Beamten. Dazu gehören die Kantone Bern, Luzern, Uri, Schwyz, Glarus, Zug, Freiburg, Basel-Land, Schaffhausen, Appenzell-Innerrhoden, St. Gallen, Graubünden, Aargau, Thurgau und Tessin.

Eine *allgemeine Haftung für widerrechtliche Handlungen* kennen die Kantone Zürich, Obwalden, Solothurn, Basel-Stadt, Appenzell-Ausserrhoden und Nidwalden.

Verschiedene Kantone *schliessen besondere Entscheidungen und Handlungen des Staates von der Haftung aus*. Dazu gehören vor allem die *rechtskräftigen Verfügungen* sowie die *Urteile* der Gerichte. Es würde zu weit führen, wollten wir alle

Ausschliessungsgründe der verschiedenen Kantone aufzählen (vgl. dazu SCHWARZENBACH H.R., Die Staats- und Beamtenhaftung in der Schweiz, Zürich 1970, S. 94 ff.).

C. Verfahren

Der Verfahrensweg geht in *vielen Kantonen noch über die Zivilgerichte.* Lediglich der Bund sowie der Kanton Solothurn sehen für die Beamtenhaftung ein Verfahren vor dem *Verwaltungsgericht* vor.

Bei der Behandlung der Frage der Staats- und Beamtenhaftung wollen wir im folgenden lediglich diejenigen Voraussetzungen behandeln, die zur Haftung des Staates führen, da sich die primäre Beamtenhaftung ohnehin nach den Regeln des Privatrechts richtet. Bei der Behandlung der Staatshaftung werden wir uns dabei auf diejenigen Probleme beschränken, die das öffentliche vom privaten Recht unterscheiden.

III. Voraussetzung der Haftung

Für die Haftung müssen folgende Voraussetzungen erfüllt sein: Schaden, Widerrechtlichkeit, Handlung oder Unterlassung *eines Beamten in Ausübung seiner dienstlichen Tätigkeit,* adäquate Kausalität *sowie in einigen Fällen* Verschulden.

A. Der Schaden

Die Frage des Schadens richtet sich weitgehend nach den Grundregeln des Zivilrechts. *Der Schaden «ist gleich der Differenz zwischen dem gegenwärtigen, d.h. nach dem schädigenden Ereignis festgestellten Stand des Vermögens des Geschädigten und dem Stand, den das Vermögen ohne das schädigende Ereignis hätte»* (SCHWARZENBACH H.R., Die Staats- und Beamtenhaftung in der Schweiz, Zürich 1970, S.35). Zum Schaden gehört sowohl das *damnum emergens,* d.h. die Vermögenseinbusse, als auch die Minderung der zu erwartenden Erträge (das *lucrum cessans*).

Im Gegensatz zum Enteignungsrecht ist hinsichtlich des Umfanges des Schadens *auf die subjektiven Verhältnisse* des Geschädigten abzustellen. Massgebend ist, was der Geschädigte mit dem Vermögen hätte tun können und nicht der Gewinn, den das Vermögen objektiverweise hergegeben hätte. Der Umfang der Haftung bestimmt sich nach dem adäquaten Kausalzusammenhang. Der Staat muss nur für den Schaden einstehen, der durch die widerrechtliche Handlung des Beamten nach dem gewöhnlichen Lauf der Dinge verursacht wurde. Ebenso wie im Privatrecht sind Herabsetzungsgründe wie Selbstverschulden, Drittverschulden oder höhere Gewalt zu berücksichtigen.

B. Widerrechtlichkeit

LITERATUR: HAUSER A., Über den Ersatzanspruch aus amtspflichtgemässen rechtswidrigen Staatsakten, Diss. Zürich 1934; HAUEISEN F., Die Bedeutung von Zusagen im Verwaltungsrecht, NJW 14, 1961, S. 1901 ff.; HARTZ W., KELLNER H., Referate über das Thema «Empfiehlt es sich, die bestehenden Grundsätze über Auskünfte und Zusagen in der öffentlichen Verwaltung beizubehalten? 44. Deutscher Juristentag 1962, Bd. II, Zweite Abteilung, S.D. 3ff., S. 47 ff.; KELLNER H., Auskünfte und Zusagen über künftige Verwaltungsakte, Diss. Münster 1966; MERZ H., Die Widerrechtlichkeit gemäss Art. 41 OR als Rechtsquellenproblem. Berner Festgabe für den Schweizerischen Juristenverein 1955, ZBJV Bd. 91bis, 1955, S. 301 ff.; MUNZBERG W., Verhalten und Erfolg als Grundlagen der Rechtswidrigkeit und Haftung, Frankfurt 1966; PAWLOWSKI H.M., Rechtliche Folgen nichtiger Willenserklärungen, 1966; PFANDER N., Die Zusage im öffentlichen Recht. Zugleich ein Beitrag zur Lehre von vorbeugendem Rechtsschutz und Vertrag, von Auskunft und Treu und Glauben im öffentlichen Recht ..., Diss. Hamburg 1968; PIPKORN J., Auskunftspflichten der daseinsvorsorgenden Verwaltungsbehörden, Diss. München 1968; REIFENRATH G., Auskünfte und Zusagen im System des Verwaltungshandelns, Diss. Köln 1967; ROHWER-KAHLMANN H., Behördliche Zusage und Vertrauensschutz, DVBl 77, 1962, S. 622 ff.; VIALLE P., Lien de causalité et dommage direct dans la responsabilité administrative. Revue de droit public et de science politique, 80, 1974, S. 1243 ff.

1. Allgemeines

Eine weitere Voraussetzung für die staatliche Haftung ist die Widerrechtlichkeit. Ein Verhalten ist grundsätzlich dann widerrechtlich, wenn es gegen geschriebene oder ungeschriebene Gebote oder Verbote der Rechtsordnung verstösst, die dem Schutz des verletzten Rechtsgutes dienen (BGE 88 II 281).

Dieser Grundsatz gilt für die privatrechtliche wie für die öffentlich-rechtliche Haftung. Ein widerrechtliches Verhalten nach Privatrecht ist allerdings dann gerechtfertigt, wenn der Betroffene aus Notwehr handelt (Art. 52 OR, Art. 701 ZGB).

Das Verhalten des *Gemeinwesens* muss sich aber nicht nur auf diese Notartikel stützen können. Der gesetzliche Zweck erfordert von ihm vielmehr oft einen Eingriff in die Rechte der Persönlichkeit, zum Beispiel beim Strafvollzug. Solange die Beamten im Rahmen ihres *gesetzlichen Auftrages für das Gemeinwesen tätig werden, liegt keine Widerrechtlichkeit vor*. Nun gibt es aber Fälle, bei denen die Beamten zwar im Auftrag des Gemeinwesens handeln, dabei aber vorsätzlich oder fahrlässig oder unwillentlich einen Privaten rechtswidrig schädigen. Letzteres ist der Fall, wenn Beamte eine Lawine auslösen müssen und infolge eines *falschen Vorgehens* die Lawine nicht den gewohnten Weg einschlägt, sondern Wälder und Häuser zerstört.

Um beim Beispiel der Lawine zu bleiben: Widerrechtlichkeit liegt natürlich auch vor, wenn die Beamten den *Auftrag gar nicht hätten ausführen dürfen, weil keine grosse Gefährdung vorlag oder die Rechtsgüterabwägung eine derartige Gefährdung von Siedlungen nicht zulässt* (BGE 100 II 120). In diesem Falle hätten die Beamten ohne gesetzlichen Auftrag gehandelt.

Zu unterscheiden sind also folgende Fälle:

1. Der Beamte greift auf Grund einer klaren Rechtsvorschrift in die Rechte der Privaten ein. Dies ist ein rechtmässiger Eingriff, der zu keiner Entschädigungspflicht führt (Vollstreckung der Steuerpflicht).
2. Der Beamte handelt auf Grund eines gesetzlichen Auftrages, schädigt dabei aber einen Privaten. Er muss, zum Beispiel zum Schutz der Strasse, eine Lawine auslösen. Hier müssen folgende Fälle unterschieden werden:
   — Private werden durch unsorgfältige Handlungen geschädigt. In diesem Fall beurteilt sich die Rechtswidrigkeit wie beim Privatrecht.
   — Der Beamte handelt rechtmässig, dies führt aber zu einer Schädigung der Privaten. Eine Abwägung der Interessen kann zum Ergebnis führen, dass die Handlung nicht hätte ausgeführt werden dürfen, weil das Risiko zu gross war. Diese Rechtsgüterabwägung muss unter Berücksichtigung der auf dem Spiele stehenden Interessen erfolgen. Ist das Ergebnis negativ, liegt eine widerrechtliche Handlung vor.
   — Der Beamte handelt rechtmässig, schädigt dabei einen Dritten. Das Auslösen der Lawine ist rechtmässig. In diesem Falle wird der Staat nur entschädigungspflichtig, wenn das entsprechende Verantwortlichkeitsgesetz eine Entschädigungspflicht für rechtmässige schädigende Handlungen vorsieht.
3. Der Beamte greift ohne gesetzliche Grundlage in die Rechte Dritter ein. In diesem Fall beurteilt sich die Widerrechtlichkeit der Handlung wie die Widerrechtlichkeit der Verfügung. Handlungen des Gemeinwesens müssen gesetzmässig sein und auf Grund einer richtigen Beurteilung des Sachverhaltes erfolgen. Im Rahmen des Ermessens müssen sie verhältnismässig und im öffentlichen Interesse sein. Das Ermessen darf nicht überschritten oder willkürlich gehandhabt werden.

Während wir bei Verfügungen in der Regel klare gesetzliche Vorschriften haben, finden sich bei den *Handlungen sehr oft weitgehende Generalklauseln. In diesen Fällen ist es schwierig festzustellen, ob eine Handlung oder Unterlassung widerrechtlich ist.* Die Polizeibehörde muss für die Sicherheit im Strassenverkehr sorgen. Muss sie auf Grund dieser allgemeinen Schutzpflicht an unübersichtlichen Kreuzungen Verkehrsampeln errichten? Haftet der Staat, wenn wegen mangelnder Verkehrsregelung ein Unfall entsteht? Wenn die Behörden im Rahmen ihres Ermessens handeln, muss das Gemeinwesen nicht haften. Wann aber ist das Ermessen überschritten, d.h. wann liegt eine widerrechtliche Unterlassung vor? Diese Frage lässt sich nur unter sorgfältiger Abwägung aller auf dem Spiele stehenden Interessen beurteilen.

Zu Unrecht wird im öffentlichen Recht die Widerrechtlichkeit allein von der Rechtsgutverletzung abhängig gemacht wie im Privatrecht. In gewissen Fällen ist nämlich die Beschränkung eines verfassungsmässigen Rechtsgutes, zum Beispiel der persönlichen Freiheit des Strafgefangenen, rechtlich vorgeschrieben. Die Widerrechtlichkeit liegt nur vor, wenn der staatliche Beamte eine Rechtsvorschrift verletzt.

2. Voraussetzungen der Widerrechtlichkeit

2.1. Formelle Widerrechtlichkeit

Bei der Beurteilung der Widerrechtlichkeit gelten die gleichen Grundsätze wie bei der Beurteilung der Rechtmässigkeit von Verfügungen. Demzufolge ist zu unterscheiden zwischen formellen und materiellen Mängeln der Rechtmässigkeit. Zu den *formellen Fehlern gehören vor allem Verfahrensfehler und Fehler der Zuständigkeit.* Ein formeller Zuständigkeitsfehler liegt zum Beispiel vor, wenn ein ziviler Verwaltungsbeamter unbefugterweise eine Mirage fliegt und der Überschallknall Risse in einem Haus verursacht. Die Widerrechtlichkeit liegt vor, wenn der zivile Beamte das Flugzeug benutzen kann, dazu aber nicht befugt ist. Entsteht der gleiche Schaden durch ein Militärflugzeug, das im Rahmen eines militärischen Auftrages von einem Militärpiloten geflogen wird, handelt es sich nicht um eine widerrechtliche, sondern um eine rechtmässige Handlung. Der Bund haftet aber nach Art. 23 MO unter Umständen dennoch.

2.2. Materielle Widerrechtlichkeit

Neben den formellen Fehlern kennen wir die *materiellen Fehler der Widerrechtlichkeit: die falsche Anwendung einer Norm, die Anwendung einer rechtswidrigen Norm, die falsche Ausübung des Ermessens.*

Von grösster Bedeutung bei Handlungen des Staates ist vor allem die Beurteilung des Ermessens, da es oft um Handlungen geht, die die Verwaltung im Rahmen ihres ihr übertragenen Ermessens ausführt. In diesem Falle müssen die auf dem Spiele stehenden Interessen sorgfältig abgewogen werden. *Überwiegt das öffentliche Interesse, ist die Handlung oder Unterlassung rechtmässig.*

Selbstverständlich ist eine Handlung oder Unterlassung immer dann widerrechtlich, wenn *gesetzwidrig* oder *ohne gesetzliche Grundlage* in die Rechte der Privaten eingegriffen wird.

2.3. Widerrechtliche Handlungen

Handlungen, die zur Widerrechtlichkeit führen, können sein: *die Abgabe von Willenserklärungen, Tathandlungen oder Unterlassungen.*

2.3.1. Verbale Handlungen (Auskünfte)

Bei Entscheidungen muss zwischen *Verfügungen oder richterlichen Urteilen* und *reinen Auskünften der Verwaltung* unterschieden werden. Verfügungen müssen im

Rahmen des Verwaltungsverfahrens angefochten werden. *Ein vermögensrechtlicher Anspruch ist auf Grund von Art. 117 lit. c OG sowie Art. 12 VG ausgeschlossen.* Nach Ablauf der Beschwerdefrist wird der Fehler der Verfügung geheilt. Sie ist rechtmässig. Niemand kann weder vor noch nach Ablauf der Beschwerdefrist wegen einer fehlerhaften Verfügung vermögensrechtliche Ansprüche an den Staat geltend machen. Auch verfahrensrechtlich ist die vermögensrechtliche Klage ausgeschlossen (GYGI F., Staatshaftung und Verwaltungsrechtspflege, in: Mélanges Marcel Bridel, Lausanne 1968, S. 221 f.).

Zu den falschen Willenserklärungen des Staates können auch *Gerichtsurteile gehören, die offensichtlich rechtswidrig sind.* Ein offensichtlich falsches verwaltungsgerichtliches Urteil kann einen Dritten schädigen. Ein Verwaltungsgericht hat zum Beispiel die Verweigerung einer Baubewilligung als rechtmässig anerkannt. Dieses Urteil wird durch das Bundesgericht über den Weg der staatsrechtlichen Beschwerde aufgehoben. Es stellt sich die Frage, ob der Betroffene dadurch, dass die Baubewilligung hinausgezögert wurde, einen *Schadenersatzanspruch* gegen den Staat erheben kann. Ein solcher Anspruch besteht nur, wenn der Verwaltungsrichter *offensichtlich willkürlich* entschieden hat. Handelt es sich aber um einen Entscheid, der im Rahmen eines nicht voraussehbaren richterlichen Ermessens liegt, liegt keine Widerrechtlichkeit vor. Auf Bundesebene sind derartige Ansprüche allerdings ausgeschlossen, da die vermögensrechtliche Klage nach Art. 117 OG nicht mehr zulässig ist. Ein vermögensrechtlicher Anspruch kann im Beschwerdeverfahren nur bei Disziplinarentscheiden (Art. 114 Abs. 3 OG) sowie bei willkürlichem Entzug der aufschiebenden Wirkung (Art. 55 Abs. 4 VwVG) geltend gemacht werden.

Besonders schwierig ist die Behandlung nichtiger Verfügungen. Die Nichtigkeit kann auch nach Ablauf der Beschwerdefrist geltend gemacht werden. So besteht noch im Rahmen des Vollstreckungsverfahrens die Einredemöglichkeit der Nichtigkeit. Gerade dies scheint mir aber ein Argument dafür zu sein, dass die nichtige Verfügung *zu einer verwaltungsrechtlichen Klage berechtigt, wenn dadurch vermögensrechtliche Ansprüche eines Privaten beeinträchtigt worden sind.* Das Gemeinwesen hat, zum Beispiel durch Amtsanmassung, Willenserklärungen abgegeben, die zur Schädigung eines Privaten führen, aber jeglicher Rechtsgrundlage entbehren und offensichtlich rechtswidrig sind. Die Rechtswidrigkeit der nichtigen Verfügung besteht auch nach Ablauf des Beschwerdeverfahrens. Wird die «nichtige Verfügung» vollstreckt, wird der einzelne *ohne Rechtsgrundlage* durch eine einfache staatliche Handlung, die durch keine Verfügung abgedeckt und deshalb widerrechtlich ist, geschädigt. Deshalb soll dem Geschädigten auch nachträglich ein vermögensrechtlicher Anspruch gegenüber dem Gemeinwesen zustehen.

Zu den Willenserklärungen, die zu einer Haftung des Gemeinwesens führen, gehören die *falschen Auskünfte.* Wenn der Private auf Grund von falschen Auskünften, *deren Unrichtigkeit er nicht erkennen kann, gehandelt hat und wenn er dadurch geschädigt wurde, steht ihm ausnahmsweise ein vermögensrechtlicher Anspruch gegenüber dem Gemeinwesen zu.* Wenn zum Beispiel ein Student infolge einer falschen Auskunft über seine Immatrikulationsmöglichkeit Dispositionen getroffen hat, kann er einen Schadenersatzanspruch gegen den Staat geltend machen, sofern er auf Grund dieser falschen Auskunft geschädigt wurde und ihm die Einhaltung der Verbindlichkeit nichts nützt, zum Beispiel weil ihm erklärt wurde, er hätte ohnehin keine Chancen, da die Universitäten überfüllt seien. In allen Fällen, in denen ein *Abgrenzungsproblem zwischen Verwaltungsverfahren und verwaltungsrechtlicher Klage* besteht, sollte der einzelne berechtigt sein, sich über den Weg der verwaltungsrechtlichen Klage letztlich wenigstens schadlos zu halten. Dabei darf allerdings nicht übersehen werden, dass eine Haftung nur in Ausnahmefällen möglich ist. Wenn sich der Staat durch die Verbindlichkeit der Auskunft an seine Verpflichtungen hält, entsteht keine Schadenersatzpflicht. Überdies dürfen die staatlichen Auskunftsdienste nicht überfordert werden. Nur wenn sich die Auskunft nicht vertreten lässt und der Fehler auf Grund besonderer Umstände nicht erkennbar war, haftet der Staat für den daraus entstandenen Schaden.

2.3.2. Tathandlungen

Das klassische Gebiet der Amtshaftung sind die *Tathandlungen der Verwaltung*. Dies sind Handlungen, die das Gemeinwesen vor allem zur Verwirklichung seiner Leistungsaufgaben vornimmt: Bau von Infrastrukturanlagen wie Strassen und Kanalisationen, Ameliorationen, Planungen, Durchführung von Operationen und anderen Massnahmen gegenüber Kranken in öffentlichen Spitälern, Errichtung militärischer Anlagen und Bauten, Durchführung militärischer Übungen, Massnahmen im Bereich der Forstwirtschaft, Ausbildung usw. Im Gegensatz zu den Verfügungen entbehren diese Tathandlungen in der Regel einer klaren gesetzlichen Grundlage. Es handelt sich hierbei vielmehr um Handlungen, die im Rahmen eines grösseren Ermessens vom Staate durchgeführt werden.

2.3.3. Unterlassungen

Wird der Staat nicht tätig, obwohl der Betroffene einen Anspruch auf Erlass einer Verfügung hat, steht ihm die Beschwerde wegen Rechtsverweigerung offen. Ähnlich ist das Problem der Haftung wegen Unterlassung zu sehen. Ist der *Staat zur Vornahme einer Handlung verpflichtet, haftet er, wenn er diese Handlung unterlässt.*

Solche Haftungen wegen Unterlassungen können sich vor allem im Polizeirecht ergeben. Wenn Kinder eines Aussenquartiers über eine gefährliche Strasse zur Schule gehen müssen, ist die Gemeinde verpflichtet, die notwendigen Vorkehren zu treffen, um die Schüler vor Unfallgefahr zu schützen. Unterlässt sie diesen Schutz, kann daraus eine Haftpflicht entstehen, wenn auf Grund der Güterabwägung eine Rechtspflicht zur Handlung besteht.

Ein anderer Fall der Haftung wegen Unterlassung kann sich ergeben, wenn die Polizei nicht die notwendigen Schutzvorkehren trifft, um Sachgüter und persönliche Güter bei einer Demonstration vor Tumulten zu schützen. Bei der Haftung wegen Unterlassung im Rahmen des Polizeirechts *stellt sich das Problem der Widerrecht-*

lichkeit aber nur, *wenn offensichtlich ist, dass das Gemeinwesen sein pflichtgemässes Ermessen im Rahmen des Polizeirechts überschritten hat.* Selbstverständlich muss der Richter dem Gemeinwesen ein gewisses Ermessen für die Beurteilung der Gefährdung zugestehen. Er darf schliesslich nicht übersehen, dass die Gemeinde nur im Rahmen ihrer finanziellen und personellen Möglichkeiten handeln kann.

Besonders aktuell könnte das Problem der Haftung wegen Unterlassung werden, wenn *Sozialrechte* in unsere Verfassung eingebaut würden. Diese Sozialrechte könnten weitere Rechtspflichten des Staates auf Vornahme von Handlungen begründen.

Beispielsweise könnte sich bei der Einführung des Rechts auf Bildung die Frage stellen, ob das Gemeinwesen nicht verpflichtet ist, die Kosten für Schüler aus abgelegenen Gebieten für die Fahrt zu den regionalen Gymnasien zu übernehmen. Im Falle des Numerus clausus könnte sich die Frage stellen, ob der Staat für den Schaden aufzukommen hat, den ein Student infolge verspäteten Studienbeginns auf sich nehmen müsste. Diese Beispiele zeigen, wie heikel das Problem der Staatshaftung bei der Einführung von Sozialrechten werden könnte, die dem einzelnen subjektive Rechte gewähren.

Ein Problem besonderer Natur ist die Frage der Haftung wegen *legislatorischer Unterlassung*. Haftet der Staat, wenn der Gesetzgeber die zur Lösung verfassungsrechtlicher Aufgaben notwendigen Gesetze nicht erlässt. Derartige Konstruktionen, wie sie zum Teil die BRD kennt, erscheinen mir aber *aus Gründen der Gewaltenteilung problematisch*. Der Richter ist von der Natur der Sache her nicht in der Lage, Anweisungen an den Gesetzgeber zu erteilen oder zu beurteilen, inwieweit der Gesetzgeber widerrechtlich eine legislatorische Aufgabe unterlässt. Das Problem könnte sich aber anders stellen, wenn ein kantonaler Gesetzgeber den Erlass von Vollzugsgesetzen für die Durchsetzung von Bundesrecht unterlässt, obwohl er dazu ausdrücklich verpflichtet ist.

C. Begriff des Beamten

Nach Art. 1 VG des Bundes (SR 170.52) haftet der Bund für Handlungen der Mitglieder des Nationalrates, des Ständerates, des Bundesrates, der Mitglieder und Ersatzmänner des Bundesgerichts, Behörden und Kommissionen des Bundes, der Beamten und übrigen Arbeitskräfte des Bundes *sowie aller anderen Personen, soweit sie unmittelbar mit öffentlich-rechtlichen Aufgaben des Bundes betraut sind.* Ähnlich wie Art. 1 VwVG geht somit das Verantwortlichkeitsgesetz von der Frage aus, *ob jemand mit irgendeiner öffentlichen Aufgabe betraut ist und ob die schädigenden Handlungen dieser Personen dem Staate zuzurechnen sind. Massgebend ist also, ob* jemand mit dem Anspruch auf das Gewaltmonopol des Staates auftritt, um zu beurteilen, ob der Staat für rechtswidrige, schädigende Handlungen dieser Person einzustehen hat. Der Begriff des Beamten ist also *viel weiter* zu fassen als im öffentlichen Dienstrecht.

Ein Problem besonderer Natur ist die Frage, *inwieweit die Kantone als Ausführungsorgane des Bundes im Rahmen der Ausführungsgesetzgebung und des Vollzugs der Bundesgesetze nach Bundesrecht haften.* Bekanntlich kann gegen Kantone, die Bundesrecht ausführen, Verwaltungsgerichtsbeschwerde an das Bundesgericht im Rahmen des Organisationsgesetzes erhoben werden. Dabei haben sich die Kantone an einige Minimalvorschriften des Verwaltungsverfahrensgesetzes zu halten. Es stellt sich die Frage, *ob nun die Kantone auch an das Verantwortlichkeitsgesetz des Bundes gebunden sind* bzw. ob der Bund für falsche Ausführung von Bundesgesetzen durch die Kantone zu haften hat. Ohne besondere gesetzliche Grundlage ist dies zu verneinen. Die Kantone sind demzufolge beim Vollzug des Bundesrechts nicht an das Verantwortlichkeitsgesetz des Bundes gebunden, noch haftet der Bund für den rechtswidrigen Vollzug des Bundesrechts durch die Kantone. Dadurch können sich stossende Rechtsungleichheiten ergeben, da die Staatshaftung in den Kantonen unterschiedlich geregelt ist. Die Einwohner verschiedener Kantone sind also hinsichtlich der Haftungsmöglichkeiten bei der Ausführung von Bundesgesetzen unterschiedlich gestellt.

Trotzdem kommt meines Erachtens eine *Haftung des Bundes für die kantonale Ausführungsgesetzgebung und den Vollzug nicht in Frage.* Einmal sind die Kantone kraft Verfassung zur Ausführung zuständig. Die Ausführung der Bundesgesetze schliesst aber vorbehältlich einer besonderen gesetzlichen Regelung auch deren Kontrolle im Rahmen des Verantwortlichkeitsrechts mit ein. Die Kantone sind weiterhin zuständig, im Rahmen des Disziplinarrechts gegen ihren Beamten vorzugehen. Dieses Recht steht dem Bunde nicht zu. Überdies geht das Bundesrecht davon aus, dass den Kantonen genügende finanzielle Mittel zur Verfügung stehen, um die Ausführung wahrzunehmen. Der Bund gewährt lediglich Beiträge zur Verwirklichung des Finanzausgleichs.

Alle diese Überlegungen zeigen, dass es sich hier um ein *politisches Problem* handelt, das durch die Gerichte allein nicht gelöst werden kann. Die enge Verzahnung von Bund und Kantonen bringt es mit sich, dass die Gesetzgebung *diese Frage neu prüfen sollte.* Um die Rechtsgleichheit zu verwirklichen, müsste der Bundesgesetzgeber jeweils auch entscheiden, wer nach welchem Recht für die Ausführung der Bundesgesetze verantwortlich ist.

D. Die dienstliche Verrichtung

Was ist eine dienstliche Verrichtung im Sinne des Verantwortlichkeitsgesetzes? *Wann ist eine Handlung des Beamten dem Gemeinwesen zuzuordnen?* Bekannt sind folgende Beispiele: Ein Beamter wirft während der Arbeitspause einen brennenden Zigarettenstummel aus dem Fenster, dieser fällt auf den Hut eines Fussgängers und brennt ein Loch in den Hut. Haftet der Staat für diese Handlung des Beamten? Ein Laborant im Dienste des Staates schüttet fahrlässig eine ätzende Flüssigkeit aus dem Fenster und beschädigt damit ein parkierendes Auto. Haftet der Staat für diese Tätigkeit?

Diese beiden Handlungen lassen sich wie folgt unterscheiden: Im ersten Fall *handelt der Beamte als Privater.* Rauchen ist keine dienstliche Verrichtung. Das Wegwerfen des Zigarettenstummels gehört somit nicht zu einer dienstlichen Tätigkeit. Im zweiten Fall *verrichtet der Beamte tatsächlich eine dienstliche Pflicht.* Er muss die ätzende Flüssigkeit wegschütten. Das Wegschütten der Flüssigkeit ist eine dienstliche Verrrichtung. Der Staat als Dienstherr hat dafür zu sorgen, dass der Beamte dies mit aller Sorgfalt tut. Aus diesem Grunde ist seine schädigende Handlung dem Staate zuzuschreiben.

Diese Beispiele zeigen, dass mit der Frage nach der dienstlichen Verrichtung im Grunde genommen *das Problem der Abgrenzung zwischen öffentlich-rechtlicher und privatrechtlicher Tätigkeit des Beamten* zur Diskussion gestellt wird. Im Gegensatz zur ordentlichen Abgrenzung von öffentlichem und privatem Recht können wir uns dabei nicht ohne weiteres an die gesetzliche Grundlage halten, da der Beamte bei der schädigenden Handlung eben nicht auf Grund eines Gesetzes tätig wird. Massgebend für das Problem erscheint meines Erachtens *der Anspruch, mit dem der Beamte gegenüber dem Privaten auftritt, sowie die Glaubwürdigkeit dieses Anspruchs gegenüber dem Privaten.* Muss der Private unter den gegebenen Umständen annehmen, dass der Beamte kraft hoheitlichen Rechts des Staates handelt, ist seine Handlung dem Staate zuzuschreiben. Massgebend ist ebenfalls die Frage, ob der Beamte *im Rahmen eines staatlichen Auftrags gehandelt hat.* Der Staat haftet für den Fahrer, der bei der Verrichtung des Kurierdienstes mit seinem Fahrzeug einen Unfall verursacht. (Nach Art. 73 SVG haften Bund und Kantone grundsätzlich wie private Halter für die Unfälle, die durch ihre Fahrzeuge verursacht werden.) Wenn der gleiche Mann am Sonntag eine private Vergnügungsfahrt mit seinem Wagen unternimmt und einen Unfall verursacht, haftet der Betroffene selber.

Massgebend ist vor allem, ob der Beamte für Dritte glaubhaft mit dem Hoheitsanspruch des Staates auftritt. Der Sinn des Verantwortlichkeitsrechts liegt vor allem darin, dem Staat alle diejenigen Handlungen zuzuordnen, die Beamte auf Grund des staatlichen Machtanspruchs ausüben und denen der Bürger im Gegensatz zur privaten Handlung viel stärker und intensiver ausgesetzt ist.

E. Kausalzusammenhang

Die Frage nach dem Kausalzusammenhang richtet sich nach *den gleichen Grundsätzen wie beim Privatrecht.* Massgebend ist also, ob nach dem gewöhnlichen Lauf der Dinge eine Ursache geeignet war, diesen Erfolg herbeizuführen oder zu begünstigen (BGE 80 II 343).

F. Das Verschulden

Während nach dem Verantwortlichkeitsgesetz des Bundes der Bund unabhängig vom Verschulden des Beamten haftet, machen viele Kantone eine Staatshaftung vom Verschulden des Beamten abhängig.

Massgebend für die Verschuldensfrage ist im Bereich der Amtshaftung ein *objektivierter Verschuldensbegriff*. Auszugehen ist von der Sorgfalt, die normalerweise von einem Beamten unter den gegebenen Umständen erwartet werden kann. Dabei ist zu unterscheiden zwischen *Absicht sowie grober und leichter Fahrlässigkeit*. In verschiedenen Kantonen haftet der Staat nur bei Absicht oder grober Fahrlässigkeit, in anderen Kantonen bei jeglichem Verschulden des Beamten. Grobe Fahrlässigkeit oder Absicht sind in jedem Fall Voraussetzung, wenn der Staat auch für die Genugtuung einstehen muss.

Eine fahrlässige Pflichtverletzung liegt beispielsweise vor, wenn die Polizeiorgane nicht einschreiten, obwohl sie wissen, dass X., der einen Lernfahrausweis besitzt, seinen Wagen öfters ohne verantwortliche Begleitperson führt. Die Polizeibehörden sollten von Amtes wegen einschreiten und dürfen sich nicht mit einer blossen Überwachung begnügen (vgl. BGE 92 I 516).

IV. Besondere Fragen

A. Die Haftung für rechtmässige Schädigungen

Ein Problem besonderer Natur ist die Haftung für rechtmässige Schädigungen. Wenn ein Zollbeamter einen Geschäftsmann an der Grenze aufhält, weil er vermutet, er führe Heroin bei sich, handelt er rechtmässig. Durch eine derartige Handlung kann der Geschäftsmann natürlich geschädigt werden, wenn er infolge des Zeitverlustes eine günstige Gelegenheit verpasst, ein Geschäft abzuschliessen. Haftet das Gemeinwesen für die rechtmässige Handlung des Zollbeamten, wenn sich nachträglich herausstellt, dass die Vermutung unbegründet war? Haftet ein Kanton für die Handlung seiner Polizisten, die im Übereifer bei der Auflösung einer Demonstration Unschuldige mit Tränengas besprühen?

Wir haben bereits gesehen, dass die Verantwortlichkeit des Staates unter anderem auch im Lichte von Art. 4 BV zu betrachten ist. Wenn infolge der Verwirklichung einer staatlichen Aufgabe Dritte *besondere Opfer* erbringen müssen, soll ihnen der Staat eine Entschädigung entrichten. Dieser Grundsatz wurde im Enteignungsrecht konsequent durchgeführt. Wenn das Gemeinwesen für den Bau einer Strasse Land benötigt, muss der Eigentümer für die Abtretung seines Grundstückes an das Gemeinwesen entschädigt werden. Er muss für die Allgemeinheit ein besonderes Opfer bringen. Was für das Grundeigentum recht ist, ist für persönliche Rechte billig. Die Grundsätze des Enteignungsrechts sollten auch für Schädigungen persönlicher Rechte und Vermögensrechte gelten, die nicht über die ordentliche Enteignung abgegolten werden können.

Massgebendes Kriterium für die Leistungspflicht des Gemeinwesens ist dabei Art. 4 BV. Wenn der einzelne für die Allgemeinheit ein Sonderopfer zu erbringen hat, das ihm nicht zumutbar ist, soll er, ähnlich wie bei der materiellen Enteignung, entschädigt werden.

Dieser Weg scheint mir sinnvoller als die Konstruktion einer nachträglichen Widerrechtlichkeit. Natürlich könnte man sagen, da die Vermutung des Zollbeamten nachträglich unbegründet war, war das Anhalten des Geschäftsmannes widerrechtlich, oder da ein Tränengaspartikel auch einen Unschuldigen traf, war das Sprühen von Tränengas, soweit es Unschuldige traf, widerrechtlich. Diese Konstruktionen sind aber arg weltfremd und falsch. Die Widerrechtlichkeit einer Handlung beurteilt sich ex ante, nicht ex post.

Der *Bund* sieht eine Haftung für rechtmässige Schädigungen im Militärorganisationsgesetz vor. Nach Art. 23 *Militärorganisation* haftet der Bund, wenn infolge militärischer Übungen oder dienstlicher Verrichtungen der Truppe eine Zivilperson getötet oder verletzt wird, sofern er nicht beweist, dass der Unfall durch höhere Gewalt oder durch Verschulden des Getöteten oder Verletzten verursacht worden ist. Nach Abs. 2 findet diese Bestimmung auch auf Sachbeschädigungen, zum Beispiel Landschaftsschäden, Anwendung. Eine allgemeine gesetzliche Haftung des Bundes für rechtmässig zugefügte Schädigungen kennen wir aber nicht.

Auch in den *Kantonen* ist die Haftung für rechtmässige Schädigungen noch recht unvollkommen entwickelt. Der Kanton Zürich kennt beispielsweise die *Billigkeitshaftung* für polizeiliche Massnahmen, die der Abwehr eines Notstandes dienen, ähnliche Regelungen finden wir im Kanton Solothurn. Eine Haftung für rechtmässige Schädigungen kennen die Kantone Basel-Land, Schaffhausen, Appenzell-Ausserrhoden und St. Gallen, wobei diese Kantone die besonderen Voraussetzungen für diese Billigkeitshaftung im Gesetz ausdrücklich aufzählen.

B. Die Haftung des Staates nach Privatrecht

Eine allgemeine Haftung des Staates nach Privatrecht ergibt sich auf Grund von Art. 61 Abs. 2 OR für *gewerbsmässige Verrichtungen.* Darüber hinaus haben die Gerichte den Staat auf Grund von Art. 58 OR als *Werkeigentümer* sowie auf Grund von Art. 679 ZGB *als Nachbar* haften lassen.

Bei der *Haftung von Art. 58 OR* ergeben sich folgende Probleme: Nach Art. 58 OR haftet der Staat vor allem für die Mängel im Strassenunterhalt. Inwieweit haftet der Staat, wenn er die Strassen nicht rechtzeitig vom Schnee räumt? Bekanntlich kennt Art. 58 OR eine *Exkulpationsmöglichkeit, wenn der richtige Unterhalt des Werkes für den Werkeigentümer nicht zumutbar ist.* Bei der Beurteilung dieses unbestimmten Rechtsbegriffes müssen die Gerichte der Tatsache Rechnung tragen, dass sich die Frage der Zumutbarkeit nicht nach Privatrecht, sondern *nach öffentlichem Recht richtet*. So regeln viele kantonale Strassengesetze die Verpflichtungen von Kantonen, Gemeinden oder Privaten, Leistungen für den Unterhalt der Strassen zu erbringen und im Winter für die Schneeräumung zu sorgen (vgl. Art. 103 Strassengesetz des Kantons Wallis). Die Pflichten nach Art. 58 OR dürfen aber nicht über diese gesetzlich vorgesehenen Pflichten hinausgehen.

Der Staat muss im Rahmen eines gewissen Ermessens selber beurteilen, wann und unter welchen Voraussetzungen er den Schnee räumen lassen will. Es ist auch in Betracht zu ziehen, dass ein Fahrzeugführer verpflichtet ist, seine Fahrweise den Verhältnissen anzupassen. Er kann nur dann den Schaden auf den Staat überwälzen, wenn er mit einem *unvorhersehbaren Hindernis konfrontiert* wurde, zum Beispiel einem Kieshaufen, der plötzlich mitten auf der Strasse liegt. Wenn er aber morgens 6.00 Uhr bei Schneefall auf der Strasse fährt, muss er sich den Verhältnissen anpassen und kann bei mangelhafter Schneeräumung einen allfälligen Schleuderunfall nicht auf den Staat überwälzen. Die Unterhaltspflichten müssen dem Staate zumutbar sein und in einem angemessenen Verhältnis zu den staatlichen Möglichkeiten stehen (BGE 98 II 42).

Die *Haftung nach Art. 679 ZGB* stellt insbesondere hinsichtlich der Frage Probleme, *ob die nachbarrechtliche Haftung oder ein enteignungsrechtlicher Tatbestand vorliegt.* Liegt die Ausübung der Immission im *öffentlichen Interesse*, muss sich der Private über das Enteignungsrecht schadlos halten. Ist sie *gesetzlich nicht gedeckt, findet Art. 679 ZGB Anwendung.* Wenn der Staat beispielsweise im Rahmen eines grösseren Strassenbaus kleinere, die Strasse durchquerende Bäche kanalisieren muss und dadurch möglicherweise Überschwemmungen entstehen können, stellt sich die Frage, nach welchem Recht sich die betroffenen Eigentümer schadlos halten können. Zweifellos ist der Bau einer Strasse im öffentlichen Interesse. Sind die Kanalisationen offensichtlich zu klein geraten, hat der Staat eine Rechtspflicht verletzt, da er die Schädigung hätte voraussehen müssen. In diesem Falle haftet er nach Art. 679 ZGB. Sind aber die Überschwemmungen notwendigerweise mit dem Bau der Strasse verbunden, müssen sich die betroffenen Grundeigentümer über den Weg des Enteignungsrechts schadlos halten.

C. Der Ausschluss der Haftung in besonderen Fällen

Auf Bundesebene *hat der Bundesgesetzgeber die Haftung für besondere Fälle im Rahmen der Leistungsverwaltung ausgeschlossen.* Beispielsweise haften die Eisenbahnen nicht, wenn sie nicht fahrplanmässig am angegebenen Ort eintreffen. Die PTT haftet nicht, wenn das Telephon nicht funktioniert, auch wenn ein Angestellter daran schuld ist, etwa weil er die Telephonzentrale in Brand gesteckt hat.

Es ist sofort verständlich, weshalb der Staat gerade im Rahmen der Leistungsverwaltung solche besonderen Ausschlussgründe für die Haftung vorgesehen hat.

Die Haftungsfälle könnten ein *ungeheures Ausmass annehmen und dem Staate wesentliche Entschädigungssummen überbürden*. Es wäre nicht abzusehen gewesen, was für Konsequenzen dies für den Staat gehabt hätte. *Die Haftung muss in Zusammenhang mit dem Grundsatz der kostendeckenden Gebühren gesehen werden*. Der Staat darf für seine Leistungen vom Benützer nur diejenigen Gebühren fordern, die zur Erfüllung der Leistung notwendig sind. Damit sind aber nicht notwendigerweise alle jene Fehler gedeckt, die zu mangelhaften Leistungen mit schädigenden Folgen führen können.

Es ist in der Tat eine politische Frage, ob der Gesetzgeber solche schädigenden Handlungen durch Erhöhung der Gebühren auf die Allgemeinheit überwälzen will oder ob er dem einzelnen die Tragung dieser Lasten zumuten will. Die Haftung ist letztlich auch von der Frage abhängig, *ob wir nicht nur einen Anspruch auf Leistung, sondern auch einen Anspruch auf fehlerlose Leistung an den Staat haben*.

D. Haftung des Beamten gegenüber dem Staat

LITERATUR: GRAFF P., La responsabilité des fonctionnaires de l'Etat pour le dommage causé à des tiers, en droit fédéral et en droit cantonal, ZSR NF 72, 1953, S. 381 a ff.; HOTZ R., Die Haftpflicht des Beamten gegenüber dem Staat, Diss. Zürich 1973; RUPP H.H., Der Schadenersatz- und Regressanspruch des Dienstherren im «besonderen Gewaltverhältnis» und seine Durchsetzung, DVBl 78, 1963, S. 577 ff.; SCHNEIDER P., Beamtenverantwortlichkeit und Staatshaftung im schweizerischen Recht, DöV 8, 1955, S. 538 ff.; WALLERATH M., Die öffentlich-rechtliche Innenhaftung von Organwaltern, DVBl 86, 1971, S. 198 ff.; WARTMANN C., Die zivilrechtliche Verantwortlichkeit des Beamten im Staate Bern und im Bund, VP 7, 1953, S. 303 ff.

Wenn der Staat gegenüber Dritten primär haftet, ist in der Regel eine unmittelbare Haftung des Beamten gegenüber diesen Dritten ausgeschlossen. Der Staat hat dafür ein Rückgriffsrecht auf den Beamten. Dabei gilt die Regel, dass *der Beamte dem Staate gegenüber nur für grobe Fahrlässigkeit und Absicht haftet*, nicht aber für leichte Fahrlässigkeit. Damit hat der Staat in all jenen Fällen, in denen er für die leichte Fahrlässigkeit sowie für die Widerrechtlichkeit ohne Verschulden des Beamten einstehen muss, allein für die Entschädigung aufzukommen. Neben der Entschädigungsforderung stehen dem Staat die disziplinarischen Massnahmen zur Verwirklichung einer guten Amtstätigkeit zur Verfügung.

E. Die ungerechtfertigte Bereicherung

Während die Haftung des Staates für widerrechtliche Handlungen seiner Beamten von einer gesetzlichen Grundlage abhängig ist, besteht durch eine analoge Übernahme des allgemeinen, in Art. 62 OR festgelegten Grundsatzes der Rückerstattungspflicht bei ungerechtfertigter Bereicherung ohne besondere gesetzliche Grundlage, ein Anspruch auf Rückerstattung gegenüber dem Staat.

Zu unterscheiden sind folgende Fälle der ungerechtfertigten Bereicherung: Jemand bezahlt eine Nichtschuld ohne gültigen Grund (Steuerschuld, die nicht besteht). Wenn sich die Steuerveranlagung als nichtig erweist, wurde die Steuer ohne Rechtsgrund bezahlt (BGE 78 I 88). Wird aber auf Grund einer fehlerhaften Verfügung, die rechtskräftig geworden ist, eine Schuld geleistet, liegt keine ungerechtfertigte Bereicherung vor.

Der zweite Fall der ungerechtfertigten Bereicherung liegt vor, wenn sich der Leistungsgrund später nicht verwirklicht. Dies kann bei der Leistung von Gebühren eintreffen, wenn die Anstalt ihre Leistung nicht erfüllt. Ein ähnliches Problem liegt vor, wenn der Private eine staatliche Subventionsauflage nicht erfüllt. In diesem Falle wird er ebenfalls rückerstattungspflichtig.

Ungerechtfertigte Bereicherung ist auch möglich, wenn der Leistungsgrund nachträglich wegfällt, wenn zum Beispiel nach der Leistung des Militärpflichtersatzes der Militärdienst geleistet wird (BGE 88 I 213).

4. Kapitel: Das öffentliche Sachenrecht

LITERATUR: AUBERT J.-F., De l'acquisition de terres par la collectivité, ZBl 64, 1963, S. 345 ff., S. 377 ff.; CHARLES H., Accessoire et domaine public en droit administratif français. Mélanges en l'honneur de Professeur Michel Stassinopoulos, Paris 1974, S. 187 ff.; DE BUREN R., La notion de domaine public en droit vaudois, Diss. Lausanne 1951; DEMENTHON H., Traité du domaine de l'Etat, 4. Aufl., Paris 1950; FROTSCHER W., Probleme des öffentlichen Sachenrechts, VA 62, 1971, S. 153 ff.; HAAS D., Die öffentlichen Sachen, DVBl 77, 1962, S. 653 ff.; HARDINGHAUS H., Öffentliche Sachherrschaft und öffentliche Sachwaltung, Berlin 1966, Schriften zum öffentlichen Recht, Bd. 39; IPSEN W., Theorie und Recht des Domaine Public, Das öffentliche Sachenrecht in Frankreich, Diss. Göttingen 1969; KAPPELER R., Rechtsfragen beim Zusammentreffen öffentlicher Werke, ZBl 71, 1972, S. 185 ff., 221 ff.; MAUNZ TH., Hauptprobleme des öffentlichen Sachenrechtes, München und Berlin 1933; MEYLAN J., Le domaine ferroviaire en droit comparé, Diss. Lausanne 1966; NIEHUES N., Verwaltungssachenrecht, Fortschritte des Verwaltungsrechts, Festschrift H.J. Wolff zum 75. Geburtstag, München 1973, S. 247 ff.; Die öffentliche Sache, VVDStRL 21, 1964 mit Referaten von Weber W., Stern K., Berlin 1965; SCHOLZ M., Die Lehre vom öffentlichen Eigentum im geltenden deutschen Recht, Heidelberg 1964; SCHÜRMANN L., Das solothurnische öffentliche Sachenrecht, Diss. Basel 1938; WASER H., Das Recht der öffentlichen Sachen im Kanton Nidwalden, Diss. Zürich 1967; WOLFF H.J., Öffentliche Sachen, Handwörterbuch der Sozialwissenschaften, 38. Lieferung 1961, S. 36 ff.; WOLFF M., RAISER L., Sachenrecht, 10. Bearbeitung, Tübingen 1957; WOYDT J., Das öffentliche Eigentum, Diss. München 1970.

I. Allgemeines

A. Gegenstand des öffentlichen Sachenrechts

Das Sachenrecht im weitesten Sinne regelt die von Staat und Dritten zu achtenden Nutzungs- und Verfügungsmöglichkeiten der privaten Personen und staatlichen Organe über die Sachen. Es umschreibt Freiheit und Schranken dieser Nutzungs- und Verfügungsmöglichkeiten. Es beantwortet die Frage, inwieweit jemand frei, zum Beispiel ohne staatliche oder private Interessen zu berücksichtigen, über eine Sache verfügen kann; inwieweit er berechtigt ist, die Sache zu nutzen und ob oder allenfalls wie andere, durch diese Nutzung beeinträchtigte Dritte sich dagegen wehren können.

Sowohl das private wie auch das *öffentliche Sachenrecht* müssen sich mit dieser Problematik befassen. Allerdings stellen sich die Probleme des Sachenrechts im öffentlichen Bereich anders als im privaten Bereich. Während sich nämlich der Kreis der nutzungs- und verfügungsberechtigten Personen durch das private Eigentums- und Besitzesrecht umschreiben lässt, müssen die Nutzungsmöglichkeiten öffentlicher Sachen, die der Allgemeinheit zur Verfügung stehen, anders umschrieben werden.

Wir wollen dies an einem Beispiel näher erläutern. Die Rechte eines privaten Eigentümers an einer Sache, zum Beispiel an einem kleinen See, welcher nicht zu den öffentlichen Gewässern gehört, sind im privaten Sachenrecht im ZGB geregelt.

Das Sachenrecht umschreibt, inwieweit der Eigentümer oder Besitzer die Sache nutzen oder über sie verfügen kann. Es regelt auch das Verhältnis von Dritten zu dieser Sache. Öffentlich-rechtliche Vorschriften, zum Beispiel des Gewässer-, Umweltschutz- oder Planungsrechts, beschränken allenfalls die Nutzungs- und Verfügungsmöglichkeiten des privaten Eigentümers.

Handelt es sich aber um ein öffentliches Gewässer, das der Verfügungsgewalt des Staates unterstellt ist, sind die Probleme komplexer. Es stellt sich nämlich die Frage, *inwieweit der Staat verpflichtet ist, im Sinne des öffentlichen Interesses jedermann zur Nutzung des Sees zuzulassen* und inwieweit die Sache der Allgemeinheit zur Verfügung steht. Darf jeder im See schwimmen, ein Motorboot halten oder gar einen Anlegeplatz errichten? Darf jeder ungehindert im See fischen, das Wasser, zum Beispiel als Trink-, Kühl- oder Reinigungswasser, nutzen?

Aber auch im Verhältnis zu den anderen Eigentümern, zum Beispiel den Nachbarn, stellen sich besondere Probleme. Das private Nachbarrecht regelt die Rechte und Pflichten der Nachbarn. Können diese Grundsätze unbesehen auf öffentliche Sachen übertragen werden? Öffentliche Sachen müssen öffentlichen Interessen, zum Beispiel dem Verkehr, der Erholung usw., dienen, die privaten Interessen vorzugehen haben. Müssen die Nachbarn öffentlicher Sachen deshalb grössere Immissionen in Kauf nehmen? Werden derartige besondere Bedürfnisse des öffentlichen Rechts im Privatrecht oder im öffentlichen Recht geregelt? Das öffentliche Sachenrecht beantwortet derartige Fragen.

Wie steht es schliesslich mit der *Haftung des Staates für öffentliche Sachen?* Haftet der Staat für Gewässer, die durch ihre Vergiftung Schaden anrichten? Ist der Staat dafür verantwortlich, dass die Luft rein bleibt und den Menschen nicht schädigt? Haftet der Staat für allfällige Schädigungen? Wie steht es bei mangelhaften oder mangelhaft unterhaltenen Strassen (Schneeräumung)?

Ein weiteres grosses und noch kaum gelöstes Problem stellt die Verknappung von Rohstoffgütern dar. Gehören die Rohstoffgüter den Privaten oder gehören sie dem Staat? *Hat der Staat das Recht, die Verknappung der Rohstoffe durch eine Kontingentierung oder Rationierung der Nutzung zu verlangsamen, um Versorgungsengpässe zu vermeiden?* Wie steht es mit den Abfällen jeder Art? Das private Sachenrecht gründet auf der freien Nutzungsmöglichkeit der privaten Sachen. Aus dieser Nutzung ergeben sich Berge von Abfällen, die letztlich auf öffentlichem Boden angelegt oder eben in die Luft abgelassen werden. Hat der Mensch das Recht, die Siedlungsabfälle schrankenlos dem Staate zu überlassen? Oder ist der Staat befugt, im Rahmen einer Abfallbewirtschaftung zum Beispiel die Wiederverwertung zu regeln oder dem Bürger eine besondere Art der Nutzung vorzuschreiben, um die Abfallmenge zu beschränken? Kann er zum Beispiel Vorschriften über den Bleigehalt des Benzins erlassen, um die Luftverunreinigung durch Abgase zu vermindern? Kann er die Wiederverwertung von Altöl regeln, um die Abfallbeseitigung zu verhindern?

Das öffentliche Sachenrecht stellt uns *hinein in die moderne Umweltproblematik.* Die Umwelt des Menschen ist im eigentlichen Sinne eine öffentliche Sache, deren Nutzung der Staat so zu regeln hat, dass sie letztlich dem Wohle des Menschen dient.

Weiterhin gibt es *öffentliche Sachen, die zwar der Allgemeinheit gehören, aber nicht durch jedermann genutzt werden dürfen*: Nicht jedermann darf Kiesgruben ausbeuten. Nicht jeder darf eine Dampfschiffgesellschaft auf dem See unterhalten, nicht jedermann kann ungehindert nach Öl bohren, nicht jedermann kann ein Kraftwerk an jedem beliebigen Fluss errichten. Wenn die Nutzung der öffentlichen Sachen dem allgemeinen Wohl dient, muss der Staat diese Sondernutzung besonders regeln. Er muss entscheiden, welche Private unter welchen Voraussetzungen zu dieser besonderen Art von Nutzung berechtigt sind.

Das private Sachenrecht unterscheidet sich in der Ausgestaltung der Rechtsprobleme weitgehend nach der Art der Sache, die es zu regeln gilt. Eigentum an Grund und Boden wird anders zu behandeln sein als Eigentum an Fahrnis. *Schliesslich gibt es Sachen, die niemand besitzen kann,* wie zum Beispiel Luft, fliessendes Wasser oder das Meer. Je nach der Art einer Sache wird der Gesetzgeber der Natur der Sache entsprechend rechtliche Regelungen zu treffen haben.

B. Anwendbares Recht

Für das öffentliche Sachenrecht steht somit die Frage nach dem *anwendbaren Recht* im Vordergrund. *Untersteht auch das öffentliche Sachenrecht der privatrechtlichen Eigentumsordnung oder gelten für die Regelung des öffentlichen Sachenrechts eigene Bestimmungen? Denkbar sind drei verschiedene Lösungsmodelle:*

1. Öffentlich-rechtliche Lösung

Das Recht an den öffentlichen Sachen untersteht nicht der privatrechtlichen Ordnung, sondern einer *eigenen Ordnung des öffentlichen Rechts. Das Privatrecht ist auf das öffentliche Sachenrecht überhaupt nicht anwendbar.* Eigentumsrechte an öffentlichen Sachen werden auf Grund des öffentlichen Rechts festgelegt, öffentliche Sachen sind nur im Rahmen des öffentlichen Rechts zur Nutzung fähig und verfügbar. Diese extreme Lösung findet sich in der *französischen Rechtsordnung.* Sie hat das öffentliche Sachenrecht, den sogenannten «*domaine public*», ganz dem Privatrecht entzogen und dem öffentlichen Recht unterstellt. Diese konsequente Lösung entspricht der französichen Rechtsauffassung, die, wie wir bei der Darlegung der Verwaltungsgerichtsbarkeit gesehen haben, konsequent zwischen privatrechtlichem und öffentlichem Bereich trennt.

2. Privatrechtliche Lösung

Nach der anderen extremen Lösung ist das öffentliche Sachenrecht ganz der Privatrechtsordnung unterstellt. Eine derartige Extremlösung trägt dem Umstand zu wenig

Rechnung, dass die öffentlichen Sachen öffentlichen Interessen zu dienen haben und ihnen entgegenstehende Privatinteressen manchmal weichen müssen. Überdies ist das private Sachenrecht auf diejenigen Sachen zugeschnitten, an denen Eigentum erworben werden kann. Alle Sachen wie etwa Luft und Wasser, an denen kein Eigentum erworben werden kann, werden vom privatrechtlichen Sachenrecht kaum geregelt. Aus diesen Gründen wäre es unzweckmässig, das öffentliche Sachenrecht ganz der Privatrechtsordnung zu unterstellen.

3. Gemischte Lösung

Sowohl das schweizerische wie auch das deutsche Recht haben den Weg zu einer *Mittellösung gefunden. Demzufolge sind die öffentlichen Sachen sowohl privatrechtlichen wie auch öffentlich-rechtlichen Normen unterstellt.* OTTO MAYER, der Klassiker des deutschen Verwaltungsrechts, hat versucht, das öffentliche Sachenrecht ganz dem öffentlichen Recht zu unterstellen, ähnlich der Regelung des «domaine public» nach französischem Recht. Ihm sind aber nur sehr wenige Gesetzgeber gefolgt (GRISEL A., Droit administratif suisse, Neuchâtel 1967, S. 280; WOLFF H.J., BACHOF O., Verwaltungsrecht I, 9. Aufl., München 1971, S. 421).

4. Schweizerische Lösung

Die schweizerische Lösung sieht folgendermassen aus: *Grundsätzlich gilt für Eigentums-, Verfügungs-, Nutzungs- und Besitzrechte an öffentlichen Sachen die privatrechtliche Ordnung. Diese privatrechtliche Ordnung wird aber überall dort vom öffentlichen Recht überlagert, wo aus Gründen des öffentlichen Interesses zum Wohle der Allgemeinheit besondere Regelungen notwendig sind.*
Wir wollen dies anhand der folgenden Beispiele untersuchen: Grundsätzlich ist auch der Staat als Eigentümer einer Strasse an die Ordnung des Nachbarrechts nach Art. 679 ff. ZGB gebunden. Zwingen ihn aber öffentliche Interessen beispielsweise zur Errichtung einer Autobahn, hat dies übermässige Immissionen von Lärm und Abgasen auf Nachbargrundstücke zur Folge. Der privatrechtliche Kläger hat in der Regel keine Möglichkeit, auf Grund von Art. 679 ZGB die Unterlassung der Immission zu fordern. Er kann lediglich auf Grund des *Enteignungsgesetzes* des Bundes (Art. 5) eine Entschädigung verlangen oder nach Art. 7 Abs. 3 fordern, dass das Gemeinwesen alles tut, um die Immission möglichst herabzusetzen. Selbstverständlich muss sich der Enteigner bei der Beurteilung des Ausmasses der Schädigung an die Grundsätze der nachbarrechtlichen Rechtsprechung nach Art. 679 ff. ZGB halten und Entschädigungen für alle jene Nachbarrechte zusprechen, die dem Nachbarn gegenüber privaten Eigentümern nach Nachbarrecht zustehen. Der Unterschied besteht lediglich darin, dass die *Ansprüche auf Unterlassung* der Immission reduziert, d.h. nur im Rahmen von Art. 7 EntG zulässig sind und für übrige Nachbarrechte nur eine Entschädigung, aber keine Unterlassung verlangt werden kann.

Der Staat haftet nach Art. 58 OR als Werkeigentümer für Sachmängel. Wie weit geht diese Haftung des Staates bei Mängeln einer Strasse, zum Beispiel einer unübersichtlichen Verkehrsregelung oder mangelhaftem Unterhalt oder zu später Räumung der Strasse von Schnee und Eis? Diese Frage wird vom Zivilrichter zu entscheiden sein. Der Richter wird dabei dem Umstand Rechnung tragen müssen, dass dem Staate möglicherweise nicht die gleichen Unterhaltspflichten wie einem privaten Grundeigentümer zugemutet werden können. Er wird auch berücksichtigen müssen, dass der Automobilist nach Strassenverkehrsgesetz die Fahrweise den Verhältnissen anzupassen hat. Nur wenn auf Grund eines unvorhersehbaren Hindernisses ein Unfall entsteht und die Räumung des Hindernisses dem Staate hätte zugemutet werden können, wird das Gemeinwesen haften müssen. Der Staat haftet auf Grund einer privatrechtlichen Norm, der Richter wird aber bei der Auslegung den besonderen öffentlichen Interessen Rechnung tragen müssen. Gibt es öffentlich-rechtliche Vorschriften über den Unterhalt von Strassen, zum Beispiel Schneeräumung, ist der Richter bei der Auslegung der dem Staate zuzumutenden Unterhaltspflicht an diese Normen gebunden. Er kann den Kanton nicht von der Schneeräumungspflicht befreien, wenn dieser dazu von Gesetzes wegen verpflichtet ist (BGE 98 II 42).

Besondere Regelungen des öffentlichen Rechts finden sich über die *Nutzung der öffentlichen Sachen*. Während der private Eigentümer grundsätzlich allein zur Nutzung seiner Sache befugt ist, sind die *Sachen im Gemeingebrauch jedermann* für eine beschränkte (gemeingebräuchliche) Nutzung zugänglich. Aufgabe des öffentlichen Rechts ist es, die Arten der Nutzung, den Zugang zur Nutzung und die Rechte der Allgemeinheit an den öffentlichen Sachen zu regeln.

C. Begriff und Arten der öffentlichen Sachen

LITERATUR: DUHMER, Das öffentliche Vermögen in Deutschland und seine Bewirtschaftung, Göttingen 1952; KNEMEYER F.-L., Öffentlich-rechtliches Hausrecht und Ordnungsgewalt, DöV 23, 1970, S. 596 ff.; KNOKE TH., Betriebliche Ordnungsgewalt in Räumlichkeiten des Verwaltungsvermögens, AöR 91, 1966, S. 388 ff.; LIVER P., Das Eigentum an den Liegenschaften des Nutzungsvermögens der Gemeinden in Graubünden, VP 22, 1968, S. 206 ff.; SCHAUB A., Das öffentliche Vermögen, Diss. Zürich 1951; SCHMIDT G., Zum Begriff des «Zweckvermögens» in Rechts- und Finanzwissenschaft, VA 60, 1969, S. 295 ff., 61, 1970, S. 60 ff.; SCHMITZ B., Die Unterscheidung zwischen Finanz- und Verwaltungsvermögen im Lichte des modernen Rechts- und Wirtschaftsstaates, Berlin u.a. 1966; *Sektion für Finanzrecht des Verbandes der Finanzkontrollbeamten öffentlicher Verwaltungen*, Die Bewertung von Finanzvermögen bei der Übertragung zum Verwaltungsvermögen, ZBl 65, 1964, S. 218 ff.; STUERNER R., Privatrechtliche Gestaltungsform bei der Verwaltung öffentlicher Sachen, Diss. Tübingen 1969.

1. Öffentliche Sachen im weitesten Sinne

Öffentliche Sachen im weitesten Sinne sind Sachen, die in irgendeiner Weise für den Gebrauch der Öffentlichkeit bestimmt sind.

Eigentümer derartiger Sachen müssen nicht unbedingt öffentlich-rechtliche Körperschaften, es können auch private Eigentümer sein. So ist ein Weg, auf dem ein allgemeines Durchgangsservitut steht, der aber einer Privatperson gehört, eine öffentliche Sache. Die Regeln des Strassenverkehrs und der Verkehrssicherheit gelten ebenfalls für diesen privaten Weg, der im Rahmen seiner Zweckbestimmung jedermann zugänglich sein muss.

Eine öffentliche Sache im weitesten Sinne ist zum Beispiel auch ein privates Spital, das jedermann zugänglich ist, oder eine private Schule, die eine öffentliche Aufgabe erfüllt und der staatlichen Aufsicht unterstellt ist.

Private, der Öffentlichkeit zugängliche Sachen müssen sich an bestimmte, ihrer Zweckbestimmung entsprechende, öffentlich-rechtliche Vorschriften halten. So wird verlangt, dass private Spitäler besondere Einrichtungen für Invalide schaffen. Diese tatsächlichen öffentlichen Sachen unterliegen aber ausschliesslich der privaten Verfügungsmacht des Eigentümers. Besonders augenfällig wird die Nutzungsbeschränkung zum Beispiel beim privaten Wald- und Weidegebiet. Gemäss Art. 699 ZGB ist das Betreten von Wald und Weide sowie die Aneignung wildwachsender Beeren, Pilze und dergleichen in ortsüblichem Umfange jedermann gestattet, soweit nicht im Interesse der Kulturen seitens der zuständigen Behörde einzelne, bestimmte, umgrenzte Verbote erlassen werden. Das Bundesgericht erachtet diese Bestimmung als eine sogenannte Doppelnorm, die sowohl öffentlich-rechtlichen wie privatrechtlichen Charakter hat (BGE 96 I 97). Auf Grund kantonaler Vorschriften ist es in unseren Berggemeinden beispielsweise üblich, während einer bestimmten Jahreszeit das Vieh auf allen Weiden, unabhängig von den Eigentümerrechten einzelner Bauern, weiden zu lassen. Will der Bauer sein Weideland eingrenzen, muss er dieses Recht von der Gemeinde abkaufen.

Besondere Nutzungspflichten kennt das Forstgesetz für den Eigentümer von Waldgrundstücken. Dieser ist verpflichtet, den Wald zu nutzen und in geeigneter Weise aufzuforsten. Kommt er dieser Verpflichtung nicht nach, kann er durch Verfügung dazu verhalten werden. Der Staat kann aber auch durch Anordnung der Ersatzvornahme an seiner Stelle die Aufforstung vornehmen und ihm die Kosten übertragen. Wir haben es hier mit einer sehr weitgehenden und für die Zeit des Erlasses des Forstgesetzes (1902) vorausschauenden Regelung des Gesetzgebers zu tun, die früher den Interessen der Holzwirtschaft diente, heute denjenigen des Umweltschutzes dient. In ähnlicher Richtung gehen die Bestrebungen, die für die Landwirtschaftszone zwar keine positive Nutzungspflicht begründen, aber doch negativ verhindern wollen, dass der landwirtschaftliche Boden einer anderen Nutzung zugeführt werden darf.

Es handelt sich aber *bei diesen Sachen nicht um öffentliche Sachen im eigentlichen Sinne. Die Verfügungsrechte über diese Sachen bestimmen sich nach der privatrechtlichen Eigentumsgarantie, lediglich die Nutzungsrechte werden durch öffentlich-rechtliche Vorschriften beschränkt, obwohl auch diese Rechte grundsätzlich dem Privatrecht unterstellt sind.* Die zunehmende gegenseitige Abhängigkeit, insbesondere auf dem Gebiete der Bodennutzung, kann zu einer weiteren Ausdehnung der öffentlich-rechtlich geregelten Sozialpflichtigkeit des Eigentums führen.

Zu den tatsächlichen öffentlichen Sachen im weitesten Sinne zählen ferner gewisse Sachen, die dem Gemeinwesen gehören, nämlich *Gegenstände im sogenannten Finanzvermögen. Dies sind Sachen, «die den Zwecken der öffentlichen Verwaltung nur mittelbar, nämlich durch ihren Gebrauch, sowie durch ihren Vermögenswert oder durch ihre Erträgnisse dienen»* (vgl. WOLFF, H.J., BACHOF O.; Verwaltungsrecht I, 9. Aufl., München 1974, S. 484). Dazu gehören zum Beispiel die bebauten und unbebauten Grundstücke einer Gemeinde, die nicht öffentlichen oder betrieblichen Zwecken gewidmet sind, sondern der Gemeinde lediglich als Einnahmequelle oder Bodenreserve für spätere Güterzusammenlegungen dienen.

Zum Finanzvermögen gehören zudem Kapitalforderungen und andere Vermögensrechte des Staates, die lediglich fiskalische Zwecke erfüllen, also Gewinne erbringen sollen, aber nicht zur unmittelbaren Verwirklichung einer Staatsaufgabe dienen. *Auch diese öffentlichen Sachen des Finanzvermögens sind ganz dem Privatrecht unterstellt.*

Der Staat kann aus diesen Eigentumsrechten gegenüber anderen Privaten keine besonderen, auf Grund des öffentlichen Interesses sich ergebenden Rechte in Anspruch nehmen. Er kann beispielsweise für ein Grundstück, das im Finanzvermögen steht, nicht besondere, öffentlich-rechtliche Nachbarinteressen gegenüber den privaten Nachbarn in Anspruch nehmen. Das fiskalische Interesse berechtigt nicht zu einer Enteignung. Nur wenn der Staat mit seinem Eigentum eine staatliche, d.h. eine öffentliche Aufgabe verwirklichen will, kann er Enteignungen vornehmen (BGE 98 Ib 423, BGE 88 I 293).

Eine Gemeinde kann zum Beispiel, wenn sie sich in einer guten Finanzlage befindet, keine Grundstücke enteignen, damit spekulieren und sie später verkaufen, um sich zusätzliche Einnahmequellen zu beschaffen. Die Enteignungsgesetze von Bund und Kantonen ermächtigen die öffentlich-rechtlichen Körperschaften nur dann, Grund und Boden zu enteignen, wenn diese Fläche in absehbarer Zeit für die Verwirklichung eines öffentlichen Zweckes, etwa für die Errichtung eines Schulgebäudes oder eines Spitals, verwendet wird. Wird das Eigentum später nicht für öffentliche Zwecke verwendet, steht dem Grundeigentümer ein *Rückkaufsrecht* zu.

2. Öffentliche Sachen im weiteren Sinne

Öffentliche Sachen im weiteren Sinne sind Sachen, die *entweder durch ihren Gebrauch unmittelbar dem Gemeinwohl oder den eigenen Bedürfnissen der Verwaltung zur Verwirklichung ihrer öffentlichen Aufgaben dienen. Die öffentlichen Sachen im weiteren Sinne unterstehen im Rahmen dieses Zweckes den besonderen Regelungen des öffentlichen Rechts.*

Dabei ist zu unterscheiden zwischen den *öffentlichen Sachen, die für den unmittelbaren Gebrauch der Verwaltung zur Verwirklichung ihrer Zwecke bestimmt sind,* wie etwa Verwaltungsgebäude oder militärische Anlagen, und *öffentliche*

Sachen, die zur Nutzung durch Zivilpersonen bestimmt sind, wie zum Beispiel öffentliche Anstalten (Eisenbahn, Post, Schule, Spital usw.) und Sachen im *Gemeingebrauch* (öffentliche Gewässer, Strassen und Wälder).

Die öffentlichen Sachen im Verwaltungsgebrauch gehören zum *Verwaltungsvermögen im engeren Sinne.* Sie dienen der Verwaltung zur unmittelbaren Erfüllung ihrer öffentlichen Aufgabe. Dazu gehören die meisten Sachen des *Betriebsvermögens,* wie etwa die beweglichen und unbeweglichen Gegenstände, die den wirtschaftlichen Einrichtungen, insbesondere den Eigenbetrieben, den land- und forstwirtschaftlichen Betrieben und den wirtschaftlichen Unternehmen der Daseinsvorsorge eines Trägers öffentlicher Verwaltung, dienen, zum Beispiel Gas-, Wasser- und Verkehrsbetriebe, Schlachthäuser usw.

Dienen diese Betriebe gleichzeitig der *Gewinnerzielung,* wie gewisse staatliche Elektrizitätswerke, sind sie ebenfalls Teil des Verwaltungsvermögens, sofern die Erfüllung der öffentlichen Aufgabe im Vordergrund steht. Im allgemeinen gilt aber der *Grundsatz der Kostendeckung,* d.h. die Betriebe dürfen nur kostendeckende Gebühren erlassen, da sie eine öffentliche Aufgabe erfüllen müssen und durch diese öffentliche Aufgabe, für deren Wahrnehmung sie in der Regel ein Monopol haben, keine Gewinne erzielen dürfen.

3. Öffentliche Sachen im engsten Sinne

Zu den *öffentlichen Sachen im engsten Sinne* gehören die öffentlichen Sachen im Zivilgebrauch. Es handelt sich dabei um öffentliche Sachen, die von Zivilpersonen benutzt werden. Zu unterscheiden ist zwischen *Sachen in anstaltlicher Nutzung und Sachen im Gemeingebrauch.*

II. Die öffentlichen Sachen in anstaltlicher Nutzung

LITERATUR: ARPAGUS R., Die selbständigen öffentlichen Anstalten des Kantons Aargau, Diss. Zürich 1968; BACHOF O., Die verwaltungsgerichtliche Klage auf Vornahme einer Amtshandlung, 2. Aufl., Tübingen 1968; BECKER E., Anstalten des öffentlichen Rechts, Handwörterbuch der Sozialwissenschaften, Bd. I, S. 208 ff., Stuttgart 1965; BUHREN G.-D., Tragung der Folgekosten bei der Kreuzung öffentlicher Strassen durch Versorgungsleitungen, NJW 24, 1971, S. 2057 ff.; BUSER J., Öffentlich-rechtliche Anstaltsnutzung im Verhältnis zum Zivilrecht und zum neuen Wirtschaftsrecht, Schweizerische Zeitschrift für Sozialversicherung 37, 1940/41, S. 273 ff., 289 ff.; DITTMANN A., Bundeseigene Verwaltung durch Private. Zur Problematik privatrechtlicher Mittlerorganisationen am Beispiel der auswärtigen Kulturpolitik, Die Verwaltung 8, 1975, S. 431 ff.; Die Erfüllung von Verwaltungsaufgaben durch Private, VVDStRL 29, 1970, S. 137 ff., mit Referaten von OSSENBÜHL F., GALLAWAS H.U.; FORSTHOFF E., Die öffentliche Körperschaft im Bundesstaat, Tübingen 1931; FRITZ H., Anschluss- und Benutzungszwang und öffentliche Entschädigung im Rahmen des Gemeinderechts der westdeutschen Länder, Diss. Würzburg 1956; FRÜH R., Die öffentlich-rechtlichen Anstalten des basellandschaftlichen Rechts, Diss. Basel 1952; GEERING W., Zum Rechtsbegriff der «Anstalt», ZSR NF 42, 1923, S. 121 ff.; GOTTLIEB R., Der Begriff der öffentlich-rechtlichen Körperschaft, Diss. Lausanne 1939; Gygi F., Die Rechtsgestalt der Universität, ZBJV 106, 1970, S. 133 ff.; Herbig G., Die öffentlichen Einrichtungen im sozialen Rechtsstaat der Gegenwart, Berlin 1970; Heymann W., Wesen und Notwendigkeit der öffentlichen Anstalt, Berlin 1950; Jauering O., Anstaltsnutzung und Minderjährigenrecht, NJW 25, 1972, S. 1 ff.; Jakobs A. v., Der öffentlich-rechtliche Benutzungszwang in der Verwaltungsordnung, Münster 1963; Jecht H., Die öffentliche Anstalt, Wandlungen und gegenwärtige Struktur, Berlin 1963; Kappeler R., Die Festsetzung der Abwassergebühr, ZBl 69, 1968, S. 463 ff., S. 487 ff.; Knemeyer F.L., Die öffentlichen Einrichtungen der Gemeinde (Materialien zum öffentlichen Recht), Stuttgart 1973; Lang S., Das Schulverhältnis als Anstaltsverhältnis, Diss. München 1969; Metzmacher R., Der Rechtsschutz gegenüber gemeindlichem Verwaltungsprivatrecht, Diss. Münster 1971; Nawiasky H., Das Rechtsverhältnis zwischen den öffentlichen Betrieben und ihren Benützern, SJZ 36, 1939/40, S. 197 ff.; Niederberger H., Die öffentlich-rechtliche Korporation als Organisationsform kommunaler Unternehmungen, Diss. St. Gallen 1955; Ossenbühl F., Öffentliches Recht oder Privatrecht in der Leistungsverwaltung, DVBl 89, 1974, S. 541 ff.; Derselbe, Daseinsvorsorge und Verwaltungsprivatrecht, DöV 24, 1971, S. 513 ff.; Pestalozza Chr., Privatverwaltungsrecht: Verwaltungsrecht unter Privaten, JZ 30, 1975, S. 50 ff.; Pohl U., Der Begriff der öffentlichen Anstalt als dogmengeschichtliches Problem der Funktionsverteilung staatlicher Verwaltung, Diss. Marburg 1970; Puettner G., Die Einwirkungspflicht — Zur Problematik öffentlicher Einrichtungen in Privatrechtsform, DVBl 90, 1975, S. 353 ff.; Rauch E., Geltung und Ausübung der Freiheitsgrundrechte im öffentlich-rechtlichen Anstaltsbenutzungsverhältnis, Diss. Münster 1962; Salzwedel J., Anstaltsbenutzung und Nutzung öffentlicher Sachen, Allgemeines Verwaltungsrecht, hrsg. von Erichsen H.-U., Martens W., Berlin 1975, S. 299 ff.; Schlüter W., Behörde und Anstalt, eine begriffliche Unterscheidung, Diss. Münster 1960; Siebert W., Privatrecht im Bereich öffentlicher Verwaltung. Zur Abgrenzung und Verflechtung von öffentlichem Recht und Privatrecht, Festschrift für H. Niedermeyer, Göttingen 1953, S. 215 ff.; Söhn H., Eigentumsrechtliche Probleme des gemeindlichen Anschluss- und Benutzungszwangs, Diss. München 1965; Stähelin Ph., Die rechtsfähigen öffentlichen Anstalten des Kantons Thurgau, Diss. Fribourg 1972; Ulrich A., Baulanderschliessung und Erschliessungsbeiträge, ZBl 68, 1967, S. 393 ff.; Ulrich W., Die rechtsfähigen öffentlichen Anstalten des Kantons Solothurn, Diss. Zürich 1972; *Das Verwaltungsrecht der öffentlichen Anstalt*, VVDStRL 6, 1929, Referate: Richter L., Köttgen A.; Weber W., Die Körperschaften, Anstalten und Stiftungen des öffentlichen Rechts, 2. Aufl., München, Berlin 1943; Weder M., Die öffentlichen Anstalten des Kantons St. Gallen, Diss. Fribourg 1954; Weinzapf Chr. A., Die öffentlichen Anstalten des kantonalen Rechts in Graubünden, Diss. St. Gallen 1948; Wenger K., Die öffentliche Unternehmung, Forschungen aus Staat und Recht 10, Wien 1969; Wietkamp H., Probleme des Anschluss- und Benutzungszwangs unter besonderer Berücksichtigung des Bestattungswesens, Diss. Münster 1962; Zaugg A., Steuer, Gebühr, Vorzugslast. Begriffe und Abgrenzungen, ZBl 74, 1973, S. 217 ff.

Ein wichtiges und im schweizerischen Verwaltungsrecht *noch kaum durchforschtes Gebiet* sind die Sachen in anstaltlicher Nutzung. Es handelt sich dabei um Spitäler, Friedhöfe, Schulen, Universitäten, Bibliotheken, Museen, staatliche Fürsorgeanstalten, Eisenbahnen, Postautos, Anlagen der Wasserversorgung, der Abwasserentsorgung, der Elektrizitätsversorgung usw. Unklar bei der anstaltlichen Nutzung dieser Sachen sind folgende Fragen: Sind diese teilweise dem öffentlichen Recht oder ganz dem Zivilrecht unterstellt, besteht ein Anspruch auf Nutzung? Welches ist das Rechtsverhältnis zwischen Anstaltsbenützer und Anstalt, wie ist der Rechtsschutz, und nach welcher Ordnung richtet sich die Haftung der Anstalt? Welche Rechtsnatur hat die interne Anstaltsordnung?

A. Öffentliche oder privatrechtliche Nutzung

Für die Nutzungsordnungen öffentlicher Anstalten gelten hinsichtlich der Frage, ob sie auf öffentliches oder privates Recht abstellen, ganz unterschiedliche Regelungen. Es gibt Spitäler, deren Nutzungsordnung nach öffentlichem Recht und Spitäler, deren Nutzungsordnung nach privatem Recht ausgestaltet ist.

Der Gesetzgeber entscheidet oft nach freiem Ermessen, welchem Rechtsbereich er die Nutzungsordnung unterstellen will. Dabei wird er sich von der Frage der *Zweckmässigkeit für die Regelung des Nutzungsverhältnisses* leiten lassen. Soll der Anstalt und den Privaten bei der Ausgestaltung ihres Verhältnisses ein möglichst grosser Spielraum gelassen werden? Ist eine möglichst straffe Regelung des Zulassungsrechts notwendig? Welches sind die Konsequenzen hinsichtlich der Haftung der Anstalt nach öffentlichem oder privatem Recht? Hat die Anstalt eine faktische oder rechtliche Monopolstellung? Will der Staat über die Anstalt neue Einnahmequellen erschliessen? Inwieweit kommt dem Benützer der Anstalt für die Ausübung seiner Rechte ein Grundrecht zu? (Der Schüler in der Primarschule hat z.B. kraft Bundesverfassung [Art. 27] ein Recht auf unentgeltlichen Primarschulunterricht.)

Diese Andeutung der verschiedenen Fragen macht deutlich, um was für komplexe und in der Praxis noch kaum ausgelotete Probleme es sich hier handelt. Es bleibt den zukünftigen gerichtlichen Entscheidungen vorbehalten, auf diesem Gebiet eine klarere und der Rechtssicherheit besser Rechnung tragende Lösung zu finden. Wie immer aber entschieden wird, für die Ausgestaltung des Verhältnisses müssen *sowohl im öffentlichen wie im privaten Recht folgende Grundsätze beachtet werden:* Die Anstalt darf *keine unzulässigen Diskriminierungen* vornehmen. Spitäler dürfen zum Beispiel keinen Patienten aus Gründen der Religion oder des Geschlechts den Zugang verweigern.

Weiter darf die *privatrechtliche Lehre des Willensmangels bei Vertragsabschluss nur im beschränkten Umfange Anwendung finden*. Die Anstalt darf sich bei Massenangeboten nicht nachträglich darauf berufen, sie habe sich in der Person des Vertragnehmers geirrt oder irrtümlicherweise die Tarife falsch angewendet. Massgebend ist vielmehr der *Vertrauensschutz,* der auch auf Verfügungen und Auskünfte der Verwaltung Anwendung findet.

Selbstverständlich gelten im Rahmen des Privatrechts die *üblichen privatrechtlichen Möglichkeiten der Beschränkung der Privatautonomie,* wie etwa Kontrahierungszwang, Beschränkung der Kündigungsmöglichkeiten usw. In Deutschland wurde für diesen Bereich zwischen Verwaltungs- und Privatrecht die Lehre vom *Verwaltungsprivatrecht* entwickelt. Es ist zu hoffen, dass dort, wo im schweizerischem Recht das Privatrecht auf öffentliche Anstalten Anwendung findet, sich die Zivilgerichte ebenfalls an diese besonderen Schranken des Verwaltungsprivatrechts halten. So findet sich neuerdings im Entwurf für die neue Verfassung des Kantons Glarus der schöne Satz: «In der Ausübung privatrechtlicher Befugnisse haben Kanton und Gemeinden Sinn und Geist der Freiheitsrechte zu wahren» (Art. 4 Abs. 5).

B. Die Zulassung zur Anstalt

Die Zulassung zur Anstalt kann verschieden geregelt werden: Der Entscheid über die Zulassung kann eine *Verfügung* sein, es kann sich aber auch um eine sogenannte privatrechtsgestaltende Verfügung handeln, d.h. um eine Verfügung, mit welcher ein Privatrechtsverhältnis im Sinne der Zweistufentheorie begründet wird. Ausserdem kann die Zulassung durch einen *Vertrag* begründet werden.

1. Anspruch auf Zulassung

Wesentlich für die Frage der Zulassung ist das Problem des Anspruchs. Hat der Betroffene Anspruch auf Zulassung? Wenn ein Anspruch besteht, so besteht er sicherlich nur im Rahmen der Möglichkeiten der Anstalt. Nirgends so sehr wie hier findet der Grundsatz Anwendung: «Ultra vires posse nemo obligetur». Ein Spital kann nicht verpflichtet werden, über seine Kapazität hinaus neue Patienten aufzunehmen; eine Wasserversorgungsanstalt muss keine neuen Gebäude anschliessen, wenn die Wasserversorgung der Gemeinde ohnehin prekär ist. Gleiches gilt für Elektrizitätswerke, Universitäten usw.

Über die Zulässigkeit des Numerus clausus hat das deutsche Bundesverfassungsgericht mehrmals entschieden. Demzufolge ist der Numerus clausus nur für einen beschränkten Zeitraum (wie lange?) zulässig. Staat und Universitäten müssen dafür sorgen, dass die notwendigen Kapazitäten geschaffen werden, um den Numerus clausus möglichst schnell zu beheben. Eine ähnliche Regelung finden wir im Vorentwurf der Expertenkommission zum ETH-Gesetz. Gemäss diesem Vorentwurf hat der Bundesrat die Aufgabe, alles zu tun, um den Numerus clausus zu verhindern bzw. bei dessen Einführung die möglichst schnelle Behebung des Numerus clausus zu erwirken. Der Entwurf zum neuen Hochschulförderungs- und Forschungsgesetz verpflichtet den Bundesrat und die Bundesversammlung, Massnahmen zur Verhinderung des Numerus clausus an den Hochschulen zu ergreifen (vgl. Art. 1 lit. c und 14—16 HFFG). Das Bundesgericht hat allerdings entschieden, dass ein kantonaler Gesetzgeber befugt ist, die Regierung zu ermächtigen, den Numerus clausus nach eigenen Kriterien an der Universität einzuführen, wenn keine genügenden Plätze mehr vorhanden sind (noch nicht veröffentlichter Entscheid vom Juni 1977).

Schon früh hat übrigens das Bundesgericht bei der Frage der *Zulassung zur Wasserversorgung* einer Gemeinde entschieden, ein Grundeigentümer sei nicht berechtigt, sich ausserhalb der Bauzone an die Wasserversorgungsanstalt der Gemeinde anzuschliessen. Er kann daraus auch keine Beschränkung seines Eigentums, also eine materielle Enteignung, geltend machen (BGE 92 I 503, vgl. aber auch BGE 99 Ia 68). Nach dem *Gewässerschutzgesetz* sind die Gemeinden nicht nur berechtigt, sondern verpflichtet, den *Anschluss an die Abwasseranlage* ausserhalb der Bauzone zu verbieten. Selbst wenn die Abwasseranlage genügend gross berechnet ist, darf ausserhalb der Bauzone nicht an die Abwasseranlage angeschlossen werden. Dass es sich hierbei nicht nur um eine anstaltliche Regelung, sondern um eine entsprechend dem Willen des Gesetzgebers geltende *planungsrechtliche Regelung* handelt, ergibt sich auch daraus, dass selbst auf Kosten des Grundeigentümers kein Anschluss an die Abwasseranlage erfolgen darf, wenn dieser eine eigene Abwasseranlage bauen würde (Art. 20 GSchG).

2. Kriterien der Zulassungsbeschränkung

Von grösster Bedeutung ist auch die Frage, *nach welchen Kriterien die Zulassungsbeschränkungen vorzunehmen sind:* Das Kriterium der *zeitlichen Priorität* gilt, wenn zum Beispiel das Tram oder der Zug voll sind, dann hat niemand mehr das Recht einzusteigen, man muss auf den nächsten Zug warten. Wenn die Universität besetzt ist, kann sich niemand mehr immatrikulieren, wenn das Spital überbelegt ist, hat niemand mehr das Recht auf Zutritt.

Es ist selbstverständlich, dass dort, wo keine existenziellen Bedürfnisse auf dem Spiele stehen, wie etwa beim Zug oder beim Tram, das Kriterium der zeitlichen Priorität praktikabel, einfach, verhältnismässig und deshalb auch zulässig ist. *Sobald aber existenzielle Bedürfnisse auf dem Spiele stehen, müssen andere Kriterien Platz greifen.* Bei der Universität beispielsweise würde das zeitliche Kriterium alle diejenigen bevorzugen, die es sich leisten können, auf die Zulassung zu warten. Im Spital wäre das zeitliche Kriterium noch katastrophaler, wenn es ohne Rücksicht auf die Schwere des Krankheitsfalles angewendet würde. Bei allen diesen Fällen müssen differenzierte Kriterien verwendet werden.

Der Vorentwurf zum ETH-Gesetz sieht für die Zulassungsbeschränkung zu den ETH's als Kriterium beispielsweise die Eignung und Neigung vor. Das deutsche Bundesverfassungsgericht hat für den Numerus clausus sowohl die Neigung wie die Eignung und zeitliche Priorität angenommen und gleichzeitig auch ein Härtekontingent für soziale Fälle angeordnet. Beim Spital wird man wohl auf die Schwere des Krankheitsfalles und die sozialen Bedürfnisse abstellen müssen. Wie ist etwa zu entscheiden, wenn nur *eine* künstliche Niere zur Verfügung steht, aber zwei Patienten lebensnotwendig auf sie angewiesen sind? Gerade im Gesundheitswesen stellen sich Probleme von weittragender Bedeutung.

Wenn die Zulassung öffentlich-rechtlich geregelt ist, ist die Anstalt an den Grundsatz von Art. 4 BV gebunden. Sie muss sich an die Rechtsgleichheit halten und darf nicht willkürlich jemanden von der Benutzung ausschliessen. In diesem Falle ist der Entscheid über die Zulassung eine Verfügung, gegen die im Rahmen des Verwaltungsbeschwerdeverfahrens Beschwerde eingereicht werden kann. Wird die Zulassung verweigert, besteht die Möglichkeit der ordentlichen oder der Rechtsverweigerungsbeschwerde im Sinne von Art. 70 VwVG.

Die Kriterien der Zulassung werden vom Gesetzgeber zu umschreiben sein. Es ist nicht zulässig, der Anstalt selbst, zum Beispiel der Hochschule, die Möglichkeit zu geben, nach freiem Ermessen über die Zulassung zu entscheiden. Allerdings kann der Gesetzgeber den Regierungsrat ermächtigen, Kriterien für Zulassungsbeschränkungen vorzusehen, wenn diese wegen der Nichtvorhersehbarkeit der Probleme und

Bedürfnisse nicht im Gesetz selber festgelegt werden können. Ich halte diese Praxis des Bundesgerichts für problematisch, zumal sie nicht in Einklang zu den strengen Anforderungen zur Delegation im Abgaberecht steht.

Wird die Zulassung privatrechtlich geregelt, muss sich die Anstalt an die Grundsätze des Kontrahierungszwanges halten. Dies gilt zum Beispiel entsprechend der gesetzlichen Regelung für die Benutzung der Eisenbahnen. So spricht das Bundesgesetz (SR 742.40) über den Transport auf Eisenbahnen und Schiffen grundsätzlich über den Beförderungsvertrag (zum Beispiel Art. 9), verpflichtet aber gemäss Art. 7 die Eisenbahnen und Schiffsgesellschaften, die Reisenden zu befördern und einen Vertrag gemäss den gesetzlichen Bestimmungen abzuschliessen. Die Eisenbahnen müssen sich nach Art. 10 TR an die öffentlich-rechtlich festgelegten Tarife halten.

Wenn also der Gesetzgeber eine privatrechtliche Regelung für das Benutzungsverhältnis vorsehen will, muss er die *Schranken der Anstaltsautonomie beim Abschluss des Zulassungsvertrages genau umschreiben.*

Besteht über die Frage des Rechtsverhältnisses keine eindeutige Klarheit, findet *im Zweifelsfall das öffentliche Recht Anwendung.* Dies aus folgenden Gründen: Einmal ist der öffentlich-rechtliche Rechtsschutz einfacher als der privatrechtliche. Es ist einfacher, gegen die Verweigerung der Zulassung oder gegen unverhältnismässige Auflagen einer Anstalt eine Beschwerde im Rahmen des öffentlichen Rechts einzuleiten, als eine privatrechtliche Klage einzureichen. Der privatrechtliche Prozessweg ist kostspieliger als der öffentlich-rechtliche. Im Rahmen des öffentlichen Rechts lassen sich auf Grund von Art. 4 BV unmittelbare Schranken der Autonomie der Anstalt aus der Verfassung ableiten, während entsprechende Schranken nicht ohne weiteres dem Privatrecht entnommen werden können.

3. Rechtsmittel gegen die Zulassungsverweigerung

Wird die *Zulassung verweigert* oder schweigt sich die Verwaltung einfach über das Begehren, das von seiten des Privaten gestellt wird, aus, stellt sich die Frage nach der *Art der Rechtsmittel, die dem Privaten zur Verfügung stehen.* Er kann seinen Anspruch mit der *Leistungsklage* geltend machen, wenn ein klarer Kontrahierungszwang besteht. Im deutschen Verwaltungsrecht ist ebenfalls eine Leistungsklage vorgesehen.

Im öffentlichen Recht des Bundes kennen wir die Leistungsklage nicht. Deshalb besteht lediglich die Möglichkeit, im Rahmen von Art. 70 VwVG wegen *Rechtsverweigerung* eine Beschwerde auf Erlass einer Verfügung einzureichen. Die Rechtsverweigerungsbeschwerde gegen die Verweigerung zum Erlass einer Feststellungsverfügung steht in Zusammenhang mit der Leistungsklage nach deutschem Verwaltungsrecht (BACHOF O., Die verwaltungsrechtliche Klage auf Vornahme einer Amtshandlung, 2. Aufl., Tübingen 1968).

C. Das Rechtsverhältnis zwischen Anstalt und Anstaltsbenützer

Auch wenn die Zulassung öffentlich-rechtlich geregelt ist, muss daraus nicht notwendigerweise ein öffentlich-rechtliches Benutzungsverhältnis abgeleitet werden. Es ist durchaus möglich, dass im Sinne der Zweistufentheorie der Entscheid über die Zulassung dem öffentlichen Recht und die Ausgestaltung des Nutzungsverhältnisses dem Privatrecht unterstellt ist. Allerdings gelten meines Erachtens sowohl für die öffentlich-rechtlichen wie für die privatrechtlichen Regelungen *besondere Schranken hinsichtlich der Auflösung* des Benutzungsverhältnisses, der Tarife, der Zulassung von Sonderrechten usw.

1. Entgelt oder Gebühr

Ist die Leistung, die der Benützer der Anstalt schuldet, ein *privatrechtliches Entgelt oder eine Gebühr*? Handelt es sich um eine Gebühr, ist die Anstalt an die nach der neueren Rechtsprechung des Bundesgerichts festgelegte Schranke der *Delegationsbefugnis* des Parlamentes gebunden. Abgaben können nur auf Grund einer formellen gesetzlichen Grundlage erhoben werden, soweit es sich nicht um Kanzleigebühren handelt oder der technische Charakter einer Gebühr eine Feststellung im Gesetz nicht zulässt.

Derartige Schranken bestehen natürlich nicht bei *privatrechtlichen* Leistungspflichten. Dies kann grösste Auswirkungen haben. Untersteht beispielsweise der Privatpatient einer öffentlich-rechtlichen oder einer privatrechtlichen Regelung? Wenn der Privatpatient einer öffentlich-rechtlichen Ordnung untersteht, ist das Honorar, das er dem Arzt zu entrichten hat, eine Gebühr. In diesem Falle wären die rechtlichen Ordnungen der Spitäler über die freie Honorarregelung gegenüber den Privatpatienten mangelhaft, da für derartige Honorare keine gesetzliche Grundlage besteht.

Bei der Berechnung der Gebühren sind die Anstalten an die Grundsätze der *Kostendeckung*, der *Verhältnismässigkeit* und der *rechtsgleichen Behandlung* gebunden (BGE 97 I 204, 334).

Der Grundsatz der *kostendeckenden Gebühr* ist eingehalten, wenn der *Gesamtertrag der Gebühren die Gesamtkosten der Anstalt nicht wesentlich übersteigt*. Bei der Berechnung der Gebühr können somit die allgemeinen Unkosten der Anstalt einbezogen werden. Gedeckt werden darf auch der Ausfall für Verrichtungen, für die wegen mangelnden Interessen keine kostendeckende Entschädigung verlangt werden kann. So können die PTT mit den Telephongebühren Ausfälle des Postverkehrs oder mit dem Postverkehr das Defizit der Telephonverwaltung finanzieren.

Die Grundsätze der *Verhältnismässigkeit* und der *Rechtsgleichheit* erfordern, dass die *Verteilung der Gebühren angemessen ist*. Die Gebühr muss in einem vernünftigen Verhältnis zur erbrachten Leistung stehen, der Tarif muss nach sachlich haltbaren Gesichtspunkten ausgestaltet sein und darf keine Unterscheidungen vorsehen, für die ein vernünftiger Grund nicht ersichtlich ist.

Allerdings ist es durchaus angängig, der wirtschaftlichen Leistungsfähigkeit des Pflichtigen und dessen Interessen an der Leistung der Anstalt angemessen Rechnung zu tragen (BGE 97 I 204). Diese Verpflichtungen beruhen u.a. auch auf der Tatsache, dass die Anstalten vor allem dort Aufgaben wahrnehmen, wo für die Daseinsvorsorge existentielle Leistungen zu erbringen sind.

Der Anstalt kommt überdies oft eine *Monopolstellung* zu, die sie nicht missbrauchen darf. Der Benützer ist auf die Anstalt angewiesen. Aus diesem Grunde darf sie höchstens kostendeckende und verhältnismässige Tarife erheben. Leistungspflichten gegenüber öffentlichen Anstalten, die Monopolcharakter haben, müssen deshalb immer öffentlich-rechtlich ausgestaltet sein. Von diesem Grundsatz darf der Gesetzgeber nur abweichen, wenn die Anstalt kein Monopol hat, sich also im Konkurrenzkampf mit der Privatwirtschaft durchsetzen muss, wie zum Beispiel beim Gütertransport durch die Eisenbahnen. Bei derartigen nicht-monopolisierten Betrieben muss aber der Gesetzgeber sicherstellen, dass die Anstalt ihre faktische Vormachtstellung nicht missbrauchen kann und sich an die Grundsätze der Verhältnismässigkeit und der Rechtsgleichheit hält.

2. Das Benutzungsverhältnis

Die Ausgestaltung des Benutzungsverhältnisses bei Anstalten, die eine enge Beziehung zwischen Benützern und Anstaltsbehörden schaffen, ist von grundlegender Bedeutung. Es stellen sich folgende Fragen: Handelt es sich bei den *Anstaltsordnungen um eigentliche Verordnungen oder lediglich um nicht anfechtbare Richtlinien interner Art,* die durch den einzelnen Anstaltsbenützer nicht ohne weiteres angefochten werden können? Ist etwa der Entscheid eines Spitalarztes über die Vornahme einer Untersuchung bei einem Patienten eine Verfügung oder eine rein interne Anordnung auf Grund des besonderen Gewaltverhältnisses? Ist der Entscheid einer Universitätsbehörde über die Festlegung eines Prüfungsdatums eine Allgemeinverfügung oder eine interne Anordnung auf Grund des besonderen Gewaltverhältnisses? Wie sind derartige Probleme überdies bei privatrechtlichen Ausgestaltungen des Benutzungsverhältnisses zu behandeln?

Grundsätzlich ist *jeder Entscheid einer Anstalt, der verfassungsmässige Rechte des Betroffenen berührt, als Verfügung zu qualifizieren.* Demzufolge ist der Entscheid einer Universitätsbehörde über die Entlassung eines Studenten sicher eine Verfügung. Ebenso der Entscheid über Erteilung oder Verweigerung eines Abschlusszeugnisses.

Wie steht es mit den internen Entscheiden? *Wenn die internen Entscheidungen lediglich internen Charakter über die Ausgestaltung des internen Verhältnisses haben, können sie nicht als Verfügungen bezeichnet werden.* Es ist beispielsweise falsch, wenn der eidg. Schulrat in einem Entscheid festhält, die Verlegung der Architekturabteilung auf den Hönggerberg/ZH sei eine anfechtbare Verfügung im Sinne des Verwaltungsverfahrens (VPB 1975 59).

Erst wenn der Entscheid Auswirkungen nach aussen hat, muss er als anfechtbare Verfügung qualifiziert werden. Wenn beispielsweise das Ergebnis einer Zwischenprüfung Auswirkungen auf die Schlussprüfung hat, muss es anfechtbar sein. Wenn beispielsweise ein Lehrer im Rahmen des Schulbetriebes eine interne Kontrollprüfung oder Testprüfung veranstaltet, kann der Entscheid über diese Prüfungen, die keine Auswirkungen auf die Schlussprüfung haben, nicht angefochten werden.

Im Rahmen eines *privatrechtlichen Benutzungsverhältnisses* werden die verfassungsrechtlichen Grundsätze der *Rechtsgleichheit* und der *weiteren Grundrechte als Interpretationshilfen ins Privatrecht, zum Beispiel Persönlichkeitsschutz Art. 28 ZGB, einbrechen, wenn der Anstalt eine faktische Monopolstellung zukommt oder sich der Benutzer (zum Beispiel ein Patient) gegenüber der Anstalt in einem einseitigen Abhängigkeitsverhältnis befindet und nicht mehr frei über die Gestaltung des Rechtsverhältnisses entscheiden kann.*

Das Verhältnis zwischen Anstalt und Benützer ist oft eng und berührt die verschiedensten Lebensbereiche, was zu einem starken Abhängigkeitsverhältnis gegenüber der Anstalt führen kann. Dies gilt zum Beispiel für die Stellung des Patienten im Spital, des Schülers in der Schule oder des Studenten in der Universität. In diesen Fällen kommt einem *ausgebauten Rechtsschutz eine zentrale Bedeutung zu*.

Allerdings lassen sich viele Handlungen und Entscheidungen der Organe der Anstalt nicht leicht mit den Errungenschaften des modernen Rechtsschutzes in den Griff bekommen. Die Führung der Anstalt könnte dadurch wesentlich erschwert werden. Oft sind die Aufgaben der Anstalt derart vielfältig, dass sie unmöglich mit einem abstrakten Rechtsschutzsystem eingefangen werden können. Um dennoch dem Rechtsschutzbedürfnis, zum Beispiel des Patienten im Spital, entgegenzukommen, schlägt JOSEF KELLER in seiner Dissertation über «Die Rechtsstellung des Patienten im öffentlichen Spital als Problem des Verwaltungsrechts» (Fribourg 1976) die Schaffung eines Ombudsmannes vor.

In der Tat könnte diese Einrichtung die Rechtsstellung mancher Benützer verbessern, wenn sie vernünftig und zweckmässig ausgebaut wird. Der eigentliche Beschwerdeweg ist oft zu langwierig und setzt die formelle Verfügung voraus, die im rechtmässigen Verfahren erlassen wird. Der Ombudsmann hat hingegen die Möglichkeit, sich auf informellem Weg gegenüber den entscheidenden Instanzen Gehör zu verschaffen und Missstände in Erfahrung zu bringen, ohne dass die Benützer von seiten der Anstaltsleitung Nachteile befürchten müssen.

3. Sonderrechte

Verschiedene Anstalten sehen die Möglichkeit vor, Sonderrechte zu begründen. Auf Friedhöfen können neben den Normalgräbern Familiengräber gemietet werden, in den Spitälern können die Patienten als Privatpatienten besondere Privilegien erhalten, der Reisende im Zug kann mit der ersten Klasse fahren.

Niemand hat einen Anspruch auf solche Sonderrechte. Das Diskriminierungsverbot beschränkt sich andererseits auf die normale Anstaltsbenutzung. Die Gewährung von Sonderrechten ist in einem bestimmten Rahmen zulässig. *Das Verwaltungsrecht verpflichtet die Anstalten nicht zur klassenlosen Anstaltsordnung.* Allerdings gilt auch hier der Grundsatz, dass Abhängigkeitsverhältnisse nicht missbraucht und ausgenützt werden dürfen.

Bei der Gewährung von Sonderrechten stehen den Anstalten grössere Ermessensspielräume zur Verfügung. Sie sind freier als bei der Ausgestaltung des normalen Benutzungsverhältnisses. Dies gilt zum Beispiel für die Ausgestaltung des Verhältnisses zwischen Privatpatienten und Chefärzten. Hier steht der Verwaltung ein grösseres Ermessen zur Verfügung. Aus diesem Grunde kann für die Tarifordnung nicht die gleich strikte Ordnung wie für die Tarife bei Normalpatienten angewendet werden. Es sind Sondernutzungs- oder Privilegiengebühren zu entrichten. *Trotz allem muss aber sichergestellt werden, dass die Ausgestaltung dieser Sonderrechte einigermassen rechtsgleich ist.* Zu beachten ist ferner der Grundsatz der *Verhältnismässigkeit*. Die Gebühren müssen in einem angemessenen Verhältnis zur Leistung der Verwaltung stehen. Dabei kann auf die wirtschaftliche Leistungsfähigkeit des Benützers abgestellt werden (zum Beispiel besondere Privilegien für ältere Personen bei den Telephongebühren, Halbtaxabonnement für Altersrentner).

D. Die Auflösung des Anstaltsverhältnisses

Bei der Frage nach der Auflösung des Anstaltsverhältnisses stellen sich vor allem folgende Probleme: Kann die Anstalt frei über die Regelung der Auflösung bestimmen? Welche Schranken bestehen, unabhängig von der individuellen Ausgestaltung des Anstaltsverhältnisses, für die Auflösung dieses Verhältnisses? Kann beispielsweise ein Patient, der nicht zahlungsfähig ist, ohne weiteres aus dem Spital entlassen werden, wenn er schwerkrank ist? Kann eine Wasserversorgungsanstalt das Wasser ohne weiteres abstellen? Wir haben bereits bei der Kündigung von Leistungen darauf hingewiesen, dass solche Entscheidungen *an den Grundsatz der Gesetz- und der Verhältnismässigkeit gebunden* sind und eine *Vorwarnung voraussetzen*. Nur in diesem Rahmen ist die Auflösung oder Kündigung möglich. Dies gilt selbstverständlich auch für die privatrechtliche Ausgestaltung des Anstaltsverhältnisses. Selbst wenn das Anstaltsverhältnis privatrechtlich ausgestaltet wird, besteht eine Kündigungsbeschränkung; die Anstalt ist an den Grundsatz der Verhältnismässigkeit gebunden. Der Schaffner darf den Reisenden nicht nach freiem Ermessen an der nächsten Station aus dem Zug weisen.

III. Öffentliche Sachen im Gemeingebrauch

A. Allgemeines

1. Arten der Nutzung

LITERATUR: DESBIOLLES R., Rechtsfragen um den Gemeingebrauch, ZBl 54, 1953, S. 153 ff.; FREUD H., Das Recht auf Gemeingebrauch und seine bürgerlich-rechtliche Bedeutung, Diss. Köln 1958; HUNDERTMARK D., Die Rechtsstellung des Sondernutzungsberechtigten im Wasserrecht, Göttingen 1967; JESCH D., Der Gemeingebrauch, JuS 1963, S. 213 ff.; MAYER F., Der Gemeingebrauch, JuS 1963, S. 205; MEINZOLT G., Der Gemeingebrauch an öffentlichen Sachen, Diss. Münster 1950; MELCHIAR, Die öffentlichen Sachen im Gemeingebrauch, Juristische Blätter 1967, S. 179 ff.; SCHALLENBERG H., Die Widmung, Stuttgart 1955; SCHEUNER U., Die Gemeinverträglichkeit im Rahmen des Gemeingebrauchs und der Nutzung öffentlicher Sachen, Festschrift für Paul Gieske, Karlsruhe 1958, S. 73 ff.; SINTZEL K., Die Sondernutzungsrechte an öffentlichen Sachen im Gemeingebrauch im Kanton Zürich, Diss. Zürich 1962.

Öffentliche Sachen im Gemeingebrauch sind Sachen, die jedermann zur Nutzung offen stehen, wie Strassen, Seen, Flüsse, Quellen, Gletscher, Berge, Wälder usw. Die Ausgestaltung des Rechts auf Gemeingebrauch muss sicherstellen, dass die Sachen im Gemeingebrauch für *jedermann zugänglich sind*, dass jedermann die Möglichkeit hat, die Sache im Rahmen *ihrer Zweckbestimmung zu nutzen* und niemand benachteiligt oder gar an der Gemeingebrauchsnutzung gehindert werden kann.

Die Nutzung der öffentlichen Sachen im Gemeingebrauch ist in drei verschiedenen Formen möglich: *Gemeingebrauch, gesteigerter Gemeingebrauch, Sondernutzung.*

1.1. Gemeingebrauch

Der Gemeingebrauch ist die *normale Nutzung, die jedermann zugänglich ist.* Gemeingebrauch ist aber nur im Rahmen der *Gemeinverträglichkeit* möglich. Wer eine öffentliche Sache, zum Beispiel Gewässer, Wald oder Strasse, im Rahmen des Gemeingebrauches nutzen will, muss sich an die ortsübliche Nutzung sowie an die Zweckbestimmung der Sache halten und darf die Sache nur soweit für sich in Anspruch nehmen, als andere am gleichen Gebrauch der Sache dadurch nicht gehindert werden. Der Gemeingebrauch ist für jedermann *unentgeltlich.*

1.2. Gesteigerter Gemeingebrauch

Werden durch die Nutzung andere am Gebrauch der Sache gehindert, geht diese über die *ortsübliche Nutzung* oder die *Zweckbestimmung* der Sache hinaus, handelt es sich um *gesteigerten Gemeingebrauch.* Dieser Gemeingebrauch bedarf einer *Bewilligung.* Die Bewilligung kann ohne besondere gesetzliche Grundlage vorgesehen werden. Es ist der typische Fall der Ausnahmebewilligung. Bewilligungen können aber nicht ohne Berücksichtigung der Verfassungsgrundsätze, zum Beispiel Art. 4 BV oder Meinungsäusserungsfreiheit bei Demonstrationsbewilligungen usw., erteilt werden.

1.3. Sondernutzung

Ist die gesteigerte Nutzung einer Sache derart intensiv, dass andere dauernd von der gleichen Benutzung ausgeschlossen sind, handelt es sich um eine Sondernutzung. Die Sondernutzung wird vom Gemeinwesen durch eine *Konzession* erworben. Wer ein Sondernutzungsrecht hat, besitzt ein *wohlerworbenes Recht,* das ihm nur auf dem Weg der *Enteignung* entzogen werden kann.

In gewissen Kantonen (zum Beispiel Baugesetz des Kantons Aargau, § 50) sowie auf Grund neuerer Tendenzen des Bundesgerichts geht man dazu über, lediglich zwischen dem bewilligungspflichtigen und nicht-bewilligungspflichtigen Gebrauch der Sache zu unterscheiden. Ob dies zu einer wesentlichen Klärung der Probleme beitragen wird, bleibt abzuwarten. Jedenfalls darf dies nicht dazu führen, dass Bewilligungen für den gesteigerten Gemeingebrauch noch zurückhaltender erteilt werden als bisher (zum Beispiel Demonstrationsbewilligungen).

2. Widmung — Entwidmung

Soll eine Sache dem Gemeingebrauch zur Verfügung gestellt werden, bedarf es grundsätzlich einer *Widmung.* Durch diesen *dinglichen Verwaltungsakt* werden öffentliche Sachen in den Gemeingebrauch gestellt. Dabei kann es sich sowohl um Sachen, die im Eigentum des Staates, wie um Sachen, die im Privateigentum liegen, zum Beispiel private Strassen oder privater Wald, handeln. Steht die Sache im Eigentum des Staates, ist das *Eigentumsrecht die Grundlage* für die Widmung. Sachen, die Privaten gehören, dürfen dem Gemeingebrauch nur auf Grund einer *Eigentumsbeschränkung* oder Zustimmung des Betroffenen gewidmet werden. Sachen, die seit Urzeiten im Gemeingebrauch stehen, wie Berge, Seen, Gletscher usw., bedürfen keiner Widmung.

Der Widmung steht die *Entwidmung* gegenüber. Mit der Entwidmung wird eine Sache dem Gemeingebrauch entzogen. Da der einzelne *keinen subjektiven Anspruch* auf eine Sache im Gemeingebrauch hat, kann der Staat im Rahmen seines Ermessens die Sache entwidmen. Er muss sein Ermessen aber pflichtgemäss wahrnehmen und ist an Art. 4 BV gebunden.

3. Probleme der Nutzung

LITERATUR: BACKES O., Umweltstrafrecht, JZ 28, 1973, S. 337 ff.; BALDINGER F., Umweltschutz — Versuch einer Standortbestimmung und eines Ausblicks, Festschrift für Bundesrat H.P. Tschudi, Bern 1973, S. 11 ff.; BORGGREFE S., Energieversorgung und Umweltschutz, B-B 1975, S. 157 ff.; BÜHLER TH., Der Natur- und Heimatschutz nach schweizerischen Rechten, Zürich 1973; BULLINGER M., Haftungsprobleme des Umweltschutzes aus der Sicht des Verwaltungsrechts. Versicherungsrecht 1972, S. 599 ff.; DIEDERICH-

SEN U., Haftung für Umweltschäden, B-B 1973, S. 485 ff.; FLEINER TH., Die Aufgaben des Rechts auf dem Gebiete des Umweltschutzrechts. Verwaltungsrechtliches Kolloquium für Bundesbeamte, Manuskript 1973, S. 53 ff.; DERSELBE, Rechtsgutachten über die Verfassungsmässigkeit des Vorentwurfs zu einem Bundesgesetz über den Umweltschutz vom 18. Dezember 1973, erstattet dem Eidgenössischen Departement des Innern, WuR 1975, S. 197 ff.; FREITAG D., Umweltschutz und Wettbewerbsordnung, Frankfurt a.M. 1973; FREY B., Umweltökonomie, Göttingen 1972; HANGARTNER Y., Rechtsgrundlagen des Naturschutzes, ZBl 72, 1971, S. 233 ff.; S. 257 ff.; LEIBUNDGUT H. (Hrsg.), Schutz unseres Lebensraumes, Frauenfeld 1971; KIMMINICH O., Das Recht des Umweltschutzes, München 1972; KUNZ R., Die Verletzung des biologischen Lebensraums als strafrechtliche Tatbestände, Diss. Zürich 1973; LENDI M., Landschafts- und Umweltschutz als Rechtsproblem, in: Landschaftsschutz und Umweltpflege, Frauenfeld 1974, S. 221 ff.; MÜLLER-STAHEL H.-U., Deutsches und schweizerisches Umweltschutzrecht: gesetzgeberische Strategien im Vergleich. Referat am 4. Symposium für wirtschaftliche und rechtliche Fragen des Umweltschutzes an der Hochschule St. Gallen, Manuskript 1974; *Raumplanung und Umweltschutz*, Sondernummer der Informationen zur Orts-, Regional- und Landesplanung, DISP Nr. 29/30, Zürich 1973; DERSELBE (Hrsg.), Schweizerisches Umweltschutzrecht, Zürich 1973; REHBINDER E., Grundfragen des Umweltrechts, Zeitschrift für Rechtspolitik, 1970, S. 250 ff.; DERSELBE, Politische und rechtliche Probleme des Verursacherprinzips, Berlin 1974; SCHÜRMANN L., Umweltschutzgesetze — Absichten, Anwendungen und Auswirkungen aus schweizerischer Sicht. Referat am 4. Symposium für wirtschaftliche und rechtliche Fragen des Umweltschutzes an der Hochschule St. Gallen, Manuskript 1974; SOELL H., Rechtsfragen des Umweltschutzes. Wirtschaftsrecht 1973, S. 72 ff.; STRECKEL S., Umweltschutz und sozialer Rechtsstaat. Recht als Instrument zur Bewältigung der Umweltkrise. Recht im sozialen Rechtsstaat, hrsg. von M. Rehbinder, Opladen 1973, S. 329 ff.; STREICHENBERG M., Nachbar- und Enteignungsrecht bei Sachen im Gemeingebrauch, Diss. Zürich 1970; ULE C., Unbestimmte Begriffe und Ermessen im Umweltschutzrecht, DVBl 88, 1973, S. 756 ff.; *Umweltschutz in der Schweiz*, Eine Artikelfolge aus dem Eidgenössischen Amt für Umweltschutz, Solothurn, Bern 1974; *Das Umweltschutzrecht des Bundes*, Gesetzessammlung, zusammengestellt von H.-U. Müller-Stahel u.a., Zürich 1975; WAELDE TH.: Recht und Umweltschutz, AöR 99, 1974, S. 585 ff.; WEGMANN K., Der Umweltschutz als Aufgabe von Verfassung und Gesetz, ZBJV 107 1971, S. 289 ff.; WIETHAUP H., Umweltschutzfibel. Polizei und Umweltschutz. Ein Grundriss mit Rechtsprechungsübersichten, Stuttgart u.a. 1972.

Vor allem im Zeitalter des Umweltschutzes stellen sich für das Verwaltungsrecht bei der Regelung der Nutzung Probleme von eminenter Bedeutung. War früher der Gebrauch von öffentlichen Sachen von geringer Problematik, da jedermann diese Sachen ohne Schaden benutzen konnte, stellt sich heute die Frage, inwieweit der Staat berechtigt ist, angesichts der zunehmenden Verdichtung der Bevölkerung, die Benutzung der öffentlichen Sachen zu kontingentieren.

Die gegenseitige Abhängigkeit bringt das *Problem der Haftung* in eine neue Dimension. Wer kann zum Beispiel für eine schädigende Luftverschmutzung verantwortlich gemacht werden, wenn diese auf verschiedene klimatische, geographische und regionale Ursachen oder gar auf Verfrachtungen aus weit entfernten Gebieten zurückzuführen ist? Haftet der Staat, weil er die Verschmutzung zugelassen hat, oder die Firma, selbst wenn sie nachweisen kann, dass die Emission wegen der ausserordentlichen klimatischen Situation schädliche Auswirkungen hat?

Überdies stellt sich die Frage, *inwieweit der Staat verpflichtet ist, für die zukünftige Generation vorzusorgen*. Müssen wir nur dafür sorgen, dass unsere Generation nicht geschädigt wird, oder sind wir ebenso verpflichtet für zukünftige Generationen vorzusorgen? Wie steht es mit langfristigen Schädigungen? Das klassische

Polizeirecht gestattet nur Eingriffe in Rechte, wenn eine konkrete Gefahr vorliegt. Wie steht es aber, wenn jemand, der langfristig, beispielsweise 10 oder 20 Jahre, an einer grossen Ausfallstrasse lebt, durch die Luftverschmutzung in seiner Gesundheit geschädigt wird?

Ein Problem besonderer Natur ist die sogenannte *Raumschiffökonomie*. Bisher gingen wir in der Regelung des Gemeingebrauches öffentlicher Sachen davon aus, dass im Rahmen des Gemeingebrauches die öffentliche Sache keinen Schaden erleidet und dass jeder zum Gemeingebrauch zuzulassen ist. Wie steht es aber, wenn der Gebrauch einer öffentlichen Sache auf eine *bestimmte Anzahl von Personen zu beschränken ist? Wer regelt dann und nach welchem Kriterium die Zuteilung?*

Wir wollen versuchen, in diesem Kapitel über den Gemeingebrauch der öffentlichen Sachen diesen Fragen etwas nachzugehen. Dabei werden wir vorerst anhand des Strassenrechts die klassische Lehre des Gemeingebrauches behandeln, um dann bei der Behandlung des Wasser- und Luftrechts auf die besondere Problematik, insbesondere des Umweltschutzes, hinzuweisen.

B. Das Strassenrecht

LITERATUR: ADMAMSCHEK B., Verkehrssteuerung und Gemeingebrauch. Möglichkeiten der Bekämpfung des Engpassproblems im Strassenverkehr, Diss. Münster 1972; BARTELSPERGER R., Verkehrssicherungspflicht und öffentliche Sache, Hamburg 1970; BOSSHART J., Demonstrationen auf öffentlichem Grund, Diss. Zürich 1973; DE WELDIGE - CREMER WESSEL, Die Benutzung öffentlicher Verkehrswege nach der neuen Weggesetzgebung, Diss. Münster 1960: EGLI R., Die Strassenfreiheit, Diss. Zürich 1957; FISCHLER MAX., Rechtsbeziehung zwischen Bund und Kantonen im Strassenwesen, Diss. Zürich 1943; FOBBE K., Gemeingebrauch und Kraftverkehr, Stuttgart 1965; KOEHN H.G., Öffentliches und Privatrecht im Strassen- und Wasserrecht, Diss. Freiburg i.Br. 1972; KODAL K., Der «gesteigerte Gemeingebrauch» in den neuen Strassengesetzen, DöV 13, 1960, S. 444 ff.; DERSELBE, Strassenrecht, 2. Aufl., München, Berlin 1964; KRAUSE K.D., Der Gemeingebrauch an öffentlichen Strassen im neueren Verwaltungsrecht, Diss. Köln 1961; KÜTTEL P., Das Strassenrecht des Kantons St. Gallen, Diss. St. Gallen 1969; LEYVRAZ J., Les utilisations normales des voies publiques par les particuliers, Diss. Lausanne 1956; MARTILE J., Le transfert des voies privées au domaine public en droit vaudois, RDAF 12, 1956, S. 289 ff.; MATHIER G., Mehrwertbeiträge an die Kosten öffentlicher Strassen. Europäische Hochschulschriften, Reihe II, Bd. 87, Bern, Frankfurt 1974 (Diss. Fribourg); MAURER H., Gemeingebrauch und Anliegernutzung im Strassenrecht, DöV 28, 1975, S. 217 ff.; MEIER H., Rechte und Pflichten an öffentlichen Strassen, Diss. Fribourg 1942; MEYER R., Du droit de l'Etat sur le domaine public et les utilisations privatives de ce domaine par les particuliers, Diss. Lausanne 1953; MÜLLER W., Die öffentliche Strasse und ihre Benutzung nach aargauischem Verwaltungsrecht unter besonderer Berücksichtigung des neuen Baugesetzes, Diss. Fribourg, Zürich 1973; NAU PH., Der Gemeingebrauch an öffentlichen Wegen, Diss. Mainz 1957; PETERS H., Parkometergebühr durch Verwaltungsanordnung? Gedächtnisschrift für Walter Jellinek, München 1955, S. 583 ff.; RAPS M., Der Anliegergebrauch im Wegrecht unter besonderer Berücksichtigung der Regelung in Bayern, Diss. Würzburg 1971; SALZWEDEL J., Wege- und Verkehrsrecht. Besonderes Verwaltungsrecht, Hrsg. Münch I.v., 3. Aufl., Frankfurt 1972, S. 473 ff.; SAXER P., Das Parkierungsproblem in rechtlicher Sicht, ZBl 63, 1962, S. 1 ff.; SCHAUWECKER D., Verkehrsfreie Innenstädte, Diss. Zürich 1976; STÜDELI R., Die Handels- und Gewerbefreiheit auf dem öffentlichen Grund und Boden, Diss. Bern 1951; VOLKMAR H., Grundzüge des Sondernutzungsrechts nach den geltenden Strassen- und Weggesetzen des Bundes und der Länder, Diss. Münster 1966; WENDRICH K., Zum Verhältnis von Strassenrecht und Strassenverkehrsrecht bei Fussgängerbereichen sowie bei Widmung und Baulastträgerschaft von Gehwegen, DVBl 88, 1973, S. 475 ff.;

WICKI F., Die öffentliche Strasse und ihre Benützung, Diss. Fribourg 1967; WÜTHRICH F., Die öffentliche Strasse und ihr Gebrauch; unter besonderer Berücksichtigung der Anliegerrechte und der öffentlich-rechtlichen Entschädigung, Diss. Basel 1952; ZUMBACH P., Rechtsfragen um öffentliche Strassen, ZBl 61, 1960, S. 33 ff., 65 ff.

Die Strassenhoheit steht den Kantonen zu. Der Bund hat lediglich die Oberaufsicht (Art. 37 BV) und das Recht, über die Nationalstrassen zu befinden (Art. 36bis BV) sowie die Kompetenz zur Strassenverkehrsgesetzgebung (Art. 37bis BV). Es ist somit Sache der Kantone zu bestimmen, in welchem Umfang sie in ihrem kantonalen Bereich Strassen bauen und welche konkrete Regelungen sie für Strassen vorsehen wollen. Die Kantone sind lediglich verpflichtet, im Rahmen von Art. 37 BV den Zugang zu den Strassen unentgeltlich zuzulassen. Sie dürfen *keine Gebühren* erheben, dazu ist nur die Bundesversammlung zuständig. Diese hat erst bei der Gebührenordnung für den St. Bernardino-Tunnel eine entsprechende Entscheidung für Gebühren gefasst, im übrigen aber bis heute konsequent auf die Erhebung von Gebühren (zum Beispiel für die Autobahnen) verzichtet.

1. Der Gemeingebrauch an Strassen

Grundsätzlich hat jedermann im Rahmen des Strassenverkehrsgesetzes unentgeltlich Zugang zu den Strassen. Der Gemeingebrauch berechtigt jedermann, die Strasse als Verkehrsweg zu benützen.

Wie weit geht der Gemeingebrauch? *Der Gemeingebrauch ist im Rahmen der Zweckbestimmung der Strasse soweit zulässig, als dadurch niemand im gleichen Gebrauch beeinträchtigt werden könnte.* Der Gemeingebrauch setzt voraus, dass jeder die Strasse in gleicher Weise benutzen kann. Selbstverständlich ist dies nicht gleichzeitig am gleichen Ort möglich, sondern nur an verschiedenen Orten oder zu verschiedenen Zeiten.

Zum Gemeingebrauch gehört die *Benutzung der Strasse als Verkehrszone für die Fahrzeuge* und für die *Fussgänger.* Damit stellt sich die Frage, ob auch das Parkieren auf den Strassen grundsätzlich zum Gemeingebrauch gehört. *Soweit das Parkieren eine Folge der Verkehrsbenutzung ist, ist es im Gemeingebrauch eingeschlossen.* Der Staat ist also verpflichtet, Parkflächen für Fahrzeuge zur Verfügung zu stellen, die vorübergehend anhalten. Er kann aber für das *Dauerparkieren* (zum Beispiel Laternengarage) eine *Abgabe* verlangen. Aus diesem Grunde ist die Parkingmeterordnung nur in einem beschränkten Rahmen zulässig. Das Bundesgericht hat entschieden, dass Parkingmeter nur dann zulässig sind, wenn in angemessener Entfernung freie Parkmöglichkeiten bestehen. Dabei ist zu beachten, dass erst durch den Parkingmeter, ähnlich wie durch die blaue Zone, der Gemeingebrauch ermöglicht wird, indem dadurch die Fahrzeugbenützer verpflichtet werden, den Parkplatz abwechslungsweise zu benutzen. Inwieweit ist aber im Rahmen von Art. 37 BV die Erhebung einer Gebühr für den Parkplatz zulässig? Soweit es sich um eine Gebühr handelt, die die Kosten für die Kontrolle der Ablösungen deckt, ist sie im Rahmen der Rechtsprechung des Bundesgerichts zulässig (BGE 89 I 53).

Inwieweit sind die Kantone aber verpflichtet, die Strassen für den Gemeingebrauch zu öffnen bzw. inwieweit sind allenfalls private Eigentümer zur Zulassung des Gemeingebrauches verpflichtet? Der Gemeingebrauch setzt per definitionem voraus, dass jedermann die Möglichkeit hat, die öffentliche Sache im Rahmen des Gemeingebrauches zu nutzen. Allerdings hat niemand im Sinne eines *subjektiven öffentlichen Rechts* einen Anspruch auf Zulassung zum Gemeingebrauch (BGE 93 I 645).

Es wäre *gegen Treu und Glauben*, wenn der Staat eine Strasse dem Gemeingebrauch widmen würde und mit anderen Massnahmen gleichzeitig einzelnen Grundeigentümern oder Anstössern die Möglichkeit zur Nutzung verbieten würde. Ein solches Verbot käme einer Beschränkung des Grundeigentums der betroffenen Grundstückeigentümer gleich und müsste allenfalls entschädigt werden. *Der öffentliche Verkehrsweg ist die Voraussetzung sine qua non für die bauliche Nutzung von Grundstücken.* Ohne Strassenzugang lässt sich kein Grundstück für Wohnungszwecke verwenden. Aus diesem Grunde sind auch Eigentümer privater Grundstücke verpflichtet, ihren Nachbarn ein Durchgangsrecht durch ihre Grundstücke zu gewähren, wenn diese keinen eigenen Zugang zu einer öffentlichen Strasse haben.

Grundsätzlich haben aber die Anstösser einer Strasse nicht mehr Nutzungsrechte als sonst irgend jemand. Es stehen ihnen auf Grund von Art. 4 BV die gleichen Rechte zu, die jeder andere zur Nutzung der Strasse im Rahmen des ortsüblichen oder festgelegten Gemeingebrauches hat. Ein Anstösser hat also beispielsweise kein Recht, auf seinem Grundstück ein riesiges Geschäftshaus zu bauen und den Staat zu verpflichten, auf der öffentlichen Strasse die sich daraus ergebenden Lasten hinsichtlich der parkierenden Fahrzeuge zu tragen. Der Staat kann vielmehr den Anstösser verpflichten, die notwendigen Parkierungsmöglichkeiten auf seinem Grundstück zu schaffen.

Der Anstösser hat nicht das Recht, die öffentliche Strasse über den normalen Gebrauch hinaus zu belasten. Allerdings hat das Bundesgericht in einem umstrittenen Entscheid festgehalten, eine Verpflichtung des Grundstückeigentümers, Parkmöglichkeiten zu schaffen, sei eine Beschränkung des Grundeigentums und könne nur mittels einer gesetzlichen Grundlage begründet werden (ZBl 61, 1960, S. 11 ff.).

Diese Betrachtungsweise geht von der irrigen Ansicht aus, das private Grundeigentum beinhalte die Pflicht des Staates, die öffentlichen Strassen so zu bauen, dass ausreichend Parkplätze für die Benutzung von Geschäftshäusern vorhanden sind. Verschiedene neuere Gemeindereglemente verpflichten die Grundeigentümer, die keine Parkierungsmöglichkeiten schaffen können, zu einer Abgabe an die Gemeinde, damit diese, zum Beispiel durch den Bau unterirdischer Garagen, grössere Parkierungsflächen schaffen kann. Dies ist vor allem in städtischen Agglomerationen von Bedeutung, in denen die Grundeigentümer keine ausreichenden Parkflächen errichten können.

Sind die Grundeigentümer berechtigt, von den Gemeinden die Errichtung einer Strasse zu verlangen, damit sie den notwendigen Zugang zu den öffentlichen

Verkehrswegen erhalten? Mit dieser Frage wird ein heikles Gebiet des öffentlichen Sachenrechts angeschnitten. *Inwieweit ist das Gemeinwesen verpflichtet, den Grundstückeigentümern die Nutzung ihrer Grundstücke zu ermöglichen? Muss es ihnen die notwendigen Zugänge zu den öffentlichen Sachen* wie Strassen und Gewässer für die Abwasserentsorgung und die Wasserversorgung ermöglichen?

Weder kantonales noch Bundesrecht verpflichten die Gemeinden, die notwendigen Erschliessungsanlagen für die Grundstückeigentümer zu bauen. Im Gegenteil: Die Grundstückeigentümer sind gemäss Art. 19 und 20 GSchG nicht berechtigt, ihre Grundstücke für bauliche Zwecke zu nutzen, solange diese nicht erschlossen sind. Es besteht also *weder ein subjektives Recht auf den Anschluss an die Infrastruktur der Gemeinde, noch haben die Grundeigentümer das Recht, ihre Grundstücke über die im Rahmen des Gemeindeerschliessungsplanes mögliche Nutzung hinaus zu nutzen.*

Gemäss den neueren kantonalen Bau- und Strassengesetzen sind die Grundeigentümer verpflichtet, *sich durch Beiträge (Mehrwertbeiträge) an der Finanzierung dieser Erschliessungsstrassen zu beteiligen.* Diese Möglichkeit hat Art. 28 des verworfenen Entwurfes zum Raumplanungsgesetz ausdrücklich vorgesehen. Danach konnte das kantonale Recht Beitragsleistungen der Eigentümer für die Erschliessungsarbeit der Gemeinde vorsehen oder die Erschliessung durch die Grundeigentümer selbst finanzieren lassen. Wenn die Gemeinde Land als Bauzone ausscheidet, muss sie die Erschliessung zeitgerecht durchführen. *Ein subjektives Recht auf Erschliessung besteht aber nicht.*

Das Erschliessungsrecht ist in den Baugesetzen der Kantone unterschiedlich geregelt. Vor allem die älteren Baugesetze sehen vor, dass nur die Eigentümer von Grundstücken *ausserhalb der Bauzone* sich an den Erschliessungskosten beteiligen müssen. Dies führt zu unerfreulichen Entwicklungen, da die Gemeinden die Bauzonen klein halten, um möglichst viele Erschliessungsbeiträge zu erhalten. Je nach den finanziellen Möglichkeiten der Grundeigentümer hat dies wiederum zur Folge, dass sich das Siedlungsgebiet ausserhalb der Bauzone ungeordnet entwickeln kann. Diesem Übel helfen neuere Baugesetze ab, indem sie auch die Eigentümer von Grundstücken innerhalb der Bauzone verpflichten, an die Erschliessung beizutragen. In diesen Kantonen können die Planungen unabhängig von den fiskalischen Interessen der Gemeinden erfolgen, während die Planung in den Gemeinden mit älteren Baugesetzen weitgehend von fiskalischen Überlegungen beeinflusst ist.

2. Der gesteigerte Gemeingebrauch

Der gesteigerte Gemeingebrauch der Strasse geht über den Gemeingebrauch hinaus. *Ein gesteigerter Gemeingebrauch liegt vor, wenn die Strasse in einem Ausmass benutzt wird, das nicht mehr gemeinverträglich ist und somit nicht mehr jedermann in gleicher Weise zugestanden werden kann.*

Die *Grenze* zwischen Gemeingebrauch und gesteigertem Gemeingebrauch lässt sich nicht leicht feststellen. Einerseits soll niemand durch den Gemeingebrauch am

Gebrauch der gleichen Sache behindert werden, andererseits ist auf den üblichen Gebrauch abzustellen. Ein gesteigerter Gemeingebrauch liegt vor, wenn eine Sache über den üblichen Gebrauch hinaus benutzt wird bzw. durch den Gebrauch andere an der Nutzung gehindert werden. Dies ist der Fall bei Demonstrationen auf der Strasse, beim Sammeln von Unterschriften für Initiativen, bei der Werbung durch Prostituierte usw.

Der gesteigerte Gemeingebrauch ist auch gegenüber der Sondernutzung abzugrenzen. *Eine Sondernutzung ist ein dauernder und intensiver Gebrauch der Strasse, durch den ein gleichartiger Gebrauch mehrerer aus der Natur der Sache unmöglich ist* (vgl. MÜLLER W., Die öffentliche Strasse und ihre Benutzung nach aargauischem Verwaltungsrecht, Diss. Fribourg 1973, S. 88 f.).

Zum gesteigerten Gemeingebrauch gehören: die Benutzung der Strasse für den Verkauf von Lebensmitteln (BGE 77 I 279), das längere Zeit dauernde Parkieren (Laternengarage), die Benutzung der Strasse zu Demonstrationszwecken, die Veranstaltung einer öffentlichen Versammlung auf einem Platz, die Benutzung des Trottoirs durch ein Restaurant während der Sommerzeit.

Da sich der Umfang des Gemeingebrauches nicht nur durch den allgemeinen Zweck der Strasse, sondern auch durch die ortsübliche Benutzung der Strasse ergibt, lässt sich die Grenze des gesteigerten Gemeingebrauches nicht abschliessend und generell umschreiben. Was am einen Ort noch ortsüblich ist, kann anderswo bereits zum gesteigerten Gemeingebrauch zählen. Überdies kommt es auf die Art und den Zweck der öffentlichen Strasse an: Handelt es sich um eine Autobahn, eine Kantons- oder Quartierstrasse, um einen Radfahrerweg oder um einen Fuss- und Wanderweg, gelten für die Beurteilung des gesteigerten Gemeingebrauches selbstverständlich andere Grundsätze.

Die Tatsache, dass beim gesteigerten Gemeingebrauch die Benutzung über den ortsüblichen Umfang hinausgeht, bringt es mit sich, dass für den gesteigerten Gemeingebrauch der Strasse eine *Bewilligung notwendig* ist. Die Gemeinde kann eine derartige Bewilligungspflicht auch *ohne gesetzliche Grundlage* einführen (BGE 95 I 249, 96 I 225). Grundsätzlich kann jeder die Strasse nur entsprechend ihrer Zweckbestimmung und im Rahmen des Gemeingebrauches nutzen. Will er bei der Nutzung darüber hinausgehen, braucht er eine Ausnahmebewilligung.

Bei der Erteilung der *Ausnahmebewilligung muss die Behörde selbstverständlich den verschiedenen auf dem Spiele stehenden Interessen Rechnung tragen*. Sie darf nicht willkürlich vorgehen, dem einen die Bewilligung erteilen und sie dem anderen grundlos verweigern. Sie ist, wie das Bundesgericht wiederholt festgestellt hat, an Art. 4 BV gebunden (BGE 97 I 656). Darüber hinaus muss das Gemeinwesen den in der Verfassung verankerten *Freiheitsrechten Rechnung tragen* (BGE 101 Ia 53). Es kann sich nicht auf den negativen Status der Freiheitsrechte berufen. Die Freiheitsrechte setzen nicht nur negative Schranken, sie verpflichten auch zu einem positiven Tun, also allenfalls auf Grund der Meinungsäusserungsfreiheit zur Erteilung einer Bewilligung auf Durchführung einer Demonstration.

3. Die Sondernutzung

Die Sondernutzung ist eine besonders intensive und lang andauernde Nutzung der Strasse, die den gleichen Gebrauch durch mehrere ausschliesst.

Das Recht auf Sondernutzung wird nicht durch eine Ausnahmebewilligung, sondern durch eine *Konzession* erworben. Durch diese Konzession wird der Gemeingebrauch an diesem Teil der Strasse teilweise oder vollständig aufgehoben. Durch die Konzession erhält der Konzessionär ein *wohlerworbenes Recht*, das ihm nur über den Weg der Enteignung entzogen werden kann.

Zur Sondernutzung gehören zum Beispiel das Einlegen von Schienen in den öffentlichen Grund für den Tramverkehr oder die Benutzung der Strasse durch das Verlegen von Röhren, Kabeln für Telephon, Elektrizität und Abwasseranlagen, die Einrichtung eines Taxistandes oder der Bau einer Haltestelle für einen Autobusbetrieb.

Durch das Recht, für das Verlegen von Leitungen in die Strassen Konzessionen zu erteilen, erhalten die *Gemeinden für sämtliche Installationsanlagen ein faktisches Monopol*. Denn Elektrizitätsleitungen sind nur durch den Erwerb einer Konzession möglich. Diese wird von der Gemeinde erteilt. Sie allein bestimmt, wem die Konzession erteilt wird.

4. Die Widmung

Der Entscheid, durch den die Behörde eine Strasse der Öffentlichkeit zur Verfügung, sie also in den Dienst des Gemeingebrauches stellt, nennt man Widmung. Die Widmung ist eine dingliche Verfügung besonderer Natur. Durch die Widmung wird die öffentliche Strasse dem Gemeingebrauch verbindlich zugeordnet.

Eine Strasse darf nur dann dem Gemeingebrauch gewidmet werden, wenn die *natürlichen und sachlichen Voraussetzungen erfüllt sind*, insbesondere, wenn die Strasse für den öffentlichen Verkehr geeignet ist. Durch die Widmung kann sowohl eine Strasse, die dem Staate gehört, wie auch eine Strasse, die einem Privaten gehört, dem Gemeingebrauch übertragen werden. Beim Privaten ist dies aber nur möglich, wenn dieser der Widmung zustimmt oder der Gemeingebrauch auf dem Weg der Enteignung erwirkt wird.

Die Widmung erfolgt oft durch eine öffentliche Feierlichkeit, etwa durch das Zerschneiden des Bandes durch den zuständigen Direktor des Baudepartementes oder den Gemeindepräsidenten. Der Verwaltungsakt selber wird aber in vielen Kantonen nicht von der Verwaltungsbehörde, sondern vom Parlament oder von der Einwohnergemeindeversammlung erlassen. Durch den feierlichen Akt, Zerschneiden des Bandes durch ein Behördemitglied, wird die Strasse dann der Öffentlichkeit übergeben.

5. Nachbarrecht

Bis jetzt war der Staat lediglich auf Grund des privaten Nachbar- und des ziemlich unbestimmten Enteignungsrechts verpflichtet, Massnahmen zum Schutze der Anwohner einer Strasse vor Lärm und Abgasen zu treffen. Eine Entschädigungspflicht lag nur vor, wenn für die Anstösser nicht voraussehbar war, dass sie durch grosse Umfahrungsstrassen in ihrer Lebensqualität beeinträchtigt wurden. Wer am Rande einer Gemeinde wohnt, muss demzufolge jederzeit mit einer grösseren Umfahrungsstrasse rechnen. Dies führt zum Teil zu unverhältnismässigen Beeinträchtigungen der Lebensqualität der Anwohner (BGE 94 I 286 und 95 I 490).

Deshalb werden in Zukunft verschiedene Massnahmen zu treffen sein, um den Schutz der Anwohner zu verbessern. An grösseren Strassen, die in unmittelbarer Nähe der Wohngebäude liegen, müssen Schallschutzmauern errichtet werden. Den Eigentümern muss ein Anspruch auf Entschädigung für die Isolierung ihrer Häuser eingeräumt werden, wie dies zum Beispiel bereits bei den Anwohnern von Flugplätzen der Fall ist. Kantone und Gemeinden müssen die Errichtung von Wohngebäuden an verkehrsreichen Strassen verbieten. Die Behörden sind zu verpflichten, verkehrstechnische Vorschriften wie Lastwagenverbot, Geschwindigkeitsbeschränkungen, Nachtfahrverbot usw. vorzusehen. Derartige Vorschriften wird das neue Umweltschutzgesetz enthalten müssen. Dadurch würde das private Nachbarrecht durch polizeiliche Vorschriften des öffentlichen Rechts wesentlich ergänzt.

C. Die Gewässer

LITERATUR: AEPPLI H., Verstärkter Gewässerschutz mit Mitteln des Strafrechts, SJZ 59, 1963, S. 145 ff.; BASCHUNG M., Eine Möglichkeit der rechtlichen Organisation des Gewässerschutzes im Grenzgebiet, ZBl 71, 1970, S. 297 ff.; Beiträge zur eidgenössischen und st. gallischen Gesetzgebung über den Gewässerschutz. Veröffentlichungen des Schweizerischen Instituts für Verwaltungskurse an der Hochschule St. Gallen, Bd. 2, St. Gallen 1974; BENDEL F., Probleme des Gewässerschutzes in der Schweiz. Grundbegriffe, Verwaltungszwang, Rechtsmittel, Bern 1970, Abhandlungen zum schweizerischen Recht H. 396; BRITSCHGI I., Das öffentliche Wasserrecht des Kantons Obwalden, Diss. Fribourg 1952; DAETWYLER M. A., Ausgewählte Fragen zur rechtlichen Behandlung des Grundwassers in der Schweiz, Diss. Zürich 1966; DUBS H., Abwasserbeseitigung, Gewässerschutz und Baufreiheit, ZBl 70, 1969, S. 249. ff. ISELIN G., Die eidgenössische Gewässerschutzgesetzgebung als Instrument der Raumplanung, ZBl 75, 1974, S. 426 ff.; KOEHLER J.M., Die Benutzung von Gewässern nach dem Wasserhaushaltsgesetz, Diss. Würzburg 1971; KÜMIN K., Öffentlich-rechtliche Probleme des Gewässerschutzes in der Schweiz, Diss. Zürich 1973; OFTINGER K., Haftpflicht wegen Verunreinigung eines Gewässers, SJZ 68, 1972, S. 101 ff.; SALZWEDEL J., Wasserrecht. Besonderes Verwaltungsrecht, Hrsg. Münch I.v., 3. Aufl., Frankfurt 1972, S. 511 ff.; SCHINDLER D., Rechtsfragen des Gewässerschutzes in der Schweiz, ZSR NF 84 II, 1965, S. 379 ff.; STEFFEN P., Die rechtliche Behandlung des Grundwassers, Diss. Fribourg 1963; STEINER J.J., Die Rechtsstellung des Anstössers an öffentlichen Gewässern, Bern 1974; ULE C., Umweltschutz im Verfassungs- und Verwaltungsrecht, DVBl 87, 1972, S. 437 ff.; WEBER W., Umweltschutz im Verfassungs- und Verwaltungsrecht, DVBl 86, 1971, S. 806 ff.; WETTSTEIN B., Das schweizerische Grundwasserrecht, Zürich 1931; WICHSER W., Zur Schadenersatzpflicht des Grundeigentümers gegenüber dem Nachbarn wegen Beeinträchtigung des Grundwassers, SJZ 56, 1960, S. 67 ff.; WIDMER P., Zur Problematik einer reinen Verursacherhaftung im Entwurf eines Bundesgesetzes über den Umweltschutz, Manuskript Bern 1973; ZURBRÜGG H., Umfassende Wasserwirtschaft. Schweizerisches Umweltschutzrecht, hrsg. von Müller-Stahel H.U., Zürich 1973, S. 44 ff.

1. Allgemeines

Das Wasser tritt uns in den verschiedensten Formen entgegen: als Grundwasser, d.h. als grössere Menge von Wasser, das unter der Erdoberfläche gesammelt wird und insbesondere zur Wasserspeicherung und Trinkwasserversorgung dient, als Quelle, durch die das Grundwasser an die Erdoberfläche tritt, als Fluss, See oder Meer.

Das römische Recht unterschied drei Arten von Gewässern: das Meer, die öffentlichen Gewässer und die Bäche. Am Meer war jedes Privatrecht ausgeschlossen. Es gehörte jedermann, nicht nur dem populus romanus. Bei den Binnengewässern gehörten die Flussläufe, die nie austrockneten, zu den öffentlichen Sachen. Auch die grösseren Binnenseen waren Allgemeingut und jedermann zugänglich. Der Sachsen- und Schwabenspiegel des 13. Jh. erklärten jene Gewässer öffentlich, welche sich zur Schiffahrt und zur Flösserei eigneten. Das ursprüngliche Gesamteigentumsrecht des Volkes wurde aber allmählich abgelöst durch das Verfügungsrecht der Könige über wichtige Wasserstrassen. Daraus entwickelte sich das mittelalterliche Wasserregal (vgl. STEINER H.J., Die Rechtsstellung des Anstössers an öffentlichen Gewässern, Bern 1974).

Die Bedeutung und Erhaltung des Wassers hat sich im heutigen Zeitalter des Umweltschutzes wesentlich gewandelt.

«Zu den Grundtatsachen des Umweltschutzes gehört die Erkenntnis, dass sauberes Wasser die Voraussetzung nicht nur für menschenwürdiges Dasein ist, sondern überhaupt für menschliches Leben und Zusammenleben. Das Wasserrecht gehört daher zu den ältesten Rechtsgebieten, man vermutet sogar, dass es den Ursprung des gesamten öffentlichen Rechts bildet; denn in den ältesten Sprachen haben die Worte 'Wasser' und 'Staat' die gleiche Wurzel. Es lässt sich leicht vorstellen, dass die Notwendigkeit, grosse Wasserbauten zu errichten und das vorhandene Wasser gerecht zu verteilen, zu Rechtsregeln führte, die den Grundstein für ein sich später zum Staat entwickelndes Gemeinwesen legten.» KIMMINICH O., Das Recht des Umweltschutzes, München 1972, S. 118f.)

Das Recht, dem die Aufgabe zukommt, für die Erhaltung des lebensnotwendigen Wassers zu sorgen, hat deshalb zwei Aufgaben: Es muss eine *gerechte Verteilung der Wassermenge* sicherstellen und gleichzeitig die notwendigen Verhaltensmassregeln aufstellen, um das *Wasser vor der Verschmutzung zu schützen* bzw. das gebrauchte Wasser wieder zu reinigen.

Einleitend ist noch auf eine weitere Besonderheit des Wassers aufmerksam zu machen. Im Gegensatz zu den festen Gegenständen lässt sich eine eigentliche Herrschaft über das Wasser nur dort begründen, wo dieses durch ein Gefäss, zum Beispiel durch ein Gewässerbett, zusammengehalten wird. *Wasser, das in keinem Behälter ist, lässt sich nicht beherrschen.* Niemand hat beispielsweise eine Einflussmöglichkeit auf den Regen, der im Boden versickert oder verdampft. Aber auch auf das Wasser in einem Flussbett hat man nur eine bedingte Sachherrschaft, wenn es sich um fliessendes Wasser handelt.

2. Die Hoheit über die Gewässer

2.1. Probleme der Hoheitsgewalt

Gemäss Art. 664 ZGB stehen die herrenlosen und die öffentlichen Sachen unter der Hoheit des Staates, in dessen Gebiet sie sich befinden. Abs. 2 von Art. 664 ZGB befasst sich mit den Gewässern: *Danach besteht an den öffentlichen Gewässern, unter Vorbehalt anderweitigen Nachweises, kein Privateigentum.*

Das ZGB unterlässt es allerdings zu bestimmen, *was ein öffentliches Gewässer ist.* Die Kantone haben die Aufgabe, die öffentlichen Gewässer in ihrer Gesetzgebung zu umschreiben.

Etwas weiter geht das Bundesgesetz über die Nutzbarmachung der Wasserkräfte. In Art. 1 Abs. 2 bestimmt es, dass als öffentliche Gewässer im Sinne dieses Gesetzes die Seen, Flüsse, Bäche und Kanäle, an denen kein Privateigentum nachgewiesen werden kann, gelten. Demzufolge besteht also eine Vermutung zugunsten der Öffentlichkeit eines Gewässers. Privateigentum am Gewässer gibt es nur, wenn dieses nachweisbar ist.

Diese Vermutung zugunsten der Öffentlichkeit findet sich in vielen kantonalen Gesetzen, so etwa in den Kantonen Bern, Luzern, Zürich, Uri, Solothurn, Schaffhausen, Appenzell-Ausserrhoden, Appenzell-Innerrhoden, Graubünden, Waadt, Neuenburg und Genf. Vereinzelte Kantone zählen ihre öffentlichen Gewässer namentlich auf: so die Kantone Schwyz, Obwalden, Basel-Land, Aargau, Thurgau und Zug; diese übertragen der zuständigen Behörde die Kompetenz zur *Öffentlicherklärung weiterer Gewässer*.

Im Kanton St. Gallen kann der Regierungsrat über die im Gesetz bezeichneten öffentlichen Gewässer weitere Gewässer öffentlich erklären. Der Kanton Nidwalden erklärt jene Gewässer als öffentlich, die für den Betrieb von Wassernutzungsanlagen gebraucht werden oder sich hierzu eignen. Der Kanton Wallis führt nur diejenigen Gewässer im Gesetz auf, die sich im öffentlichen Eigentum des Staates befinden, während das tessinerische Recht allgemein die Seen, Flüsse und Bäche öffentlich nennt, jedoch kein Abgrenzungskriterium enthält. Nur der Kanton Glarus kennt keine Unterscheidung zwischen öffentlichen und privaten Gewässern. Gemäss der glarnerischen Gesetzgebung ist der Uferanstösser, der an die Stelle der Marktgenossenschaft getreten ist, Eigentümer bis zur Mitte des Wasserlaufes. Ihm steht auch die Verfügungsgewalt über die Wasserkräfte zu.

Zu unterscheiden ist schliesslich zwischen der Verfügungsgewalt über das Wasser und der Verfügungsgewalt über das Gewässerbett. Beispielsweise kann das Gewässerbett im Privateigentum stehen und das Gewässer, das durch das Gewässerbett fliesst, der staatlichen Hoheit unterstellt sein. Überdies können die im Wasser schwimmenden Fische wiederum einer gesonderten Hoheitsordnung unterstellt werden.

2.2. Der Inhalt des Hoheitsrechts

Das Hoheitsrecht über die Gewässer umfasst *das Recht, über das Gewässer zu verfügen und die Nutzung der Gewässer zu regeln sowie die notwendigen Normen zum Schutze der Gewässer zu erlassen.* In diese verschiedenen Befugnisse müssen sich Bund und Kantone teilen. Das eigentliche Verfügungsrecht über die öffentlichen Gewässer steht kraft Art. 664 Abs. 2 ZGB *den Kantonen* zu.

Diese Verfügungsgewalt umfasst vor allem die Regelung des *Gemeingebrauches* der Gewässer und die Befugnis festzulegen, welche öffentlichen Gewässer zu welcher Art von Gemeingebrauch zugelassen sind. Zum Gemeingebrauch gehört zum Beispiel das Baden, Viehtränken, das Wasserschöpfen für den Kleingebrauch und das Bootfahren, soweit dieses nicht dem gesteigerten Gemeingebrauch unterstellt wird.

Zum *gesteigerten Gemeingebrauch* gehört u.a. das Entnehmen von Sand und Kies aus dem Gewässerbecken, das Flössen von Holz, die Abwassereinleitung und die Materialablagerung. Zur Sondernutzung gehört die Ausnützung der Wasserkräfte für den Energiebedarf, die ständige Benutzung eines Gewässers für die Kühlung von Atomkraftwerken oder die intensive Nutzung von Seewasser für einen Betrieb, zum Beispiel eine chemische Reinigungsanlage, die Errichtung einer Badeanstalt und anderes mehr.

Inwieweit muss jedermann zu den öffentlichen Gewässern Zugang haben? Feststeht jedenfalls, dass das Gewässer im Rahmen des Gemeingebrauches bis zum Rand der Gewässerlinie *von jedermann genutzt werden kann*. Die örtliche Begrenzung dieser Linie findet sich dort, wo die jeweilige Wasseroberfläche das Festland schneidet. Da diese Linie bekanntlich nicht immer gleich ist, stellt sich die Frage, wo die Grenze des Eigentums von Anstösser und Gewässerherr zu ziehen ist.

Es ist Aufgabe des kantonalen Rechts, diese Linie festzulegen. Soweit sie sich nicht aus den Zonenplänen oder aus dem Grundbuch ergibt, gilt in den meisten Kantonen als Uferlinie jene Linie, die durch den *mittleren Wasserstand* bestimmt wird. Dies ist ausdrücklich in den Kantonen Zürich, Luzern, Uri, Obwalden, Schwyz, Neuenburg, Zug und Appenzell-Ausserrhoden anerkannt. Gemäss Art. 659 ZGB gehört das Land, das durch Anschwemmung, Anschüttung, Bodenverschiebung, Veränderungen im Lauf oder Stand eines öffentlichen Gewässers entsteht, dem Kanton, in dessen Gebiet es liegt. Die Kantone können allerdings dieses Land den Anstössern überlassen.

Wird aber einmal Anstösserland durch das Gewässer überschwemmt, so geht mindestens das Nutzungsrecht im Rahmen des Gemeingebrauches solange auf den Kanton über, als die Überschwemmung andauert.

Nun stellt sich allerdings die Frage, inwieweit die *Privaten, die nicht Eigentümer eines Ufergrundstückes sind, das Recht haben, einen Uferstreifen zu Erholungszwecken oder zur Benutzung des Gewässers zu betreten.* Gemäss Art. 699 Abs. 2 ZGB können die Kantone über das Betreten fremden Eigentums zur Ausübung von Jagd und Fischerei nähere Vorschriften aufstellen. Das kantonale Recht kann auch bestimmen, dass die Ufer von Gewässern aus anderen Gründen betreten werden können. Zu diesem Zwecke haben verschiedene Kantone neuere entsprechende Gesetze erlassen.

Der Kanton Neuenburg beispielsweise gewährt jedermann das Recht, längs der Ufer des Neuenburger- und Bielersees frei zu wandern. Die Anstösser sind nicht berechtigt, irgendwelche Entschädigungen zu verlangen. Ein Anspruch auf Entschädigung besteht nur, wenn sie nachweisen können, das der «libre passage» dem ursprünglichen Erwerbstitel des Grundeigentums widerspricht (vgl. Wassergesetz des Kantons Neuenburg, Art. 11).

In anderen kantonalen Gesetzen ist die Expropriationsmöglichkeit durch Anlegung von Uferwegen ausdrücklich vorgesehen, so im Kanton Waadt und im Baugesetz des Kantons Aargau. Zu fordern ist, dass die kantonalen Gesetze in Zukunft der Allgemeinheit die Möglichkeit geben, das Ufer grösserer Gewässer zu betreten.

2.3. Quellen

Im Gegensatz zu allen anderen Gewässern hat das ZGB *für die Quellen eine besondere Regelung aufgestellt.* Gemäss Art. 704 ZGB sind Quellen nämlich *Bestandteile der Grundstücke* und können nur zugleich mit dem Boden, dem sie entspringen, zu Eigentum erworben werden. Das Grundwasser ist diesen Quellen gleichgestellt. Die Rechtsprechung hat diese Grundsätze des ZGB nicht *auf die wichtigen Grundwasservorkommen* ausgedehnt. Diese gehören nämlich den *Kantonen*. Ihre Nutzung kann nur im Rahmen einer Konzession erworben werden (vgl. GRISEL A.: Droit administratif suisse, Neuchâtel 1967, S. 290 und BGE 55 I 397 (405), 65 II 143, 93 II 180 E. 8 a).

3. Die Nutzung des Wassers

3.1. Arten der Nutzung

Wie muss die Nutzung des Wassers geregelt werden? Die Nutzung des Wassers ist *vielfältig*. Wir brauchen das Wasser für die Trinkwasserversorgung, die Energie, die Schiffahrt, Erholungszwecke, die Industrie, Kühl- und Heizzwecke und Abwässer.

Grundsätzlich lässt sich die Nutzung der Gewässer in Gemeingebrauch, gesteigerten Gemeingebrauch, Sondernutzung gliedern. Gemeingebrauch liegt vor, wenn die Gewässer zu Erholungszwecken, zum Beispiel Schwimmen, Befahren mit Ruderboot usw., benutzt werden. Das wettkampfmässige Befahren des Gewässers, die Wasserentnahme für Trinkwasser, die Einleitung von Abwässern usw. ist aber bereits gesteigerter Gemeingebrauch und bedarf einer Bewilligung. Die langandauernde und besonders intensive Nutzung des Wassers, zum Beispiel für elektrische Energie, Kühlung, Reinigung, fahrplanmässige Schiffskurse usw., ist eine Sondernutzung, die nur durch Konzession erworben werden kann.

3.2. Kompetenzen von Bund und Kantonen

Die Problematik der Regelung der Nutzungsrechte der Gewässer besteht darin, dass sich *die Zuständigkeit von Bund und Kantonen bei der Regelung der Nutzungsrechte aufteilen.* In Art. 24bis und 24quater BV werden die Zuständigkeiten von Bund und Kantonen umschrieben. Gemäss Art. 24bis BV stellt der Bund Grundsätze auf über die Erhaltung und Erschliessung der Wasservorkommen, insbesondere für die Versorgung mit Trinkwasser sowie die Anreicherung von Grundwasser, die Benutzung der Gewässer zur Energieerzeugung und zu Kühlzwecken, die Regulierung von Wasserständen und Abflüssen ober- und unterirdischer Gewässer, Wasserableitungen ausserhalb des natürlichen Abflusses, Bewässerungen und Entwässerungen sowie weitere Eingriffe in den Wasserkreislauf.

Eine generelle Kompetenz zur Aufstellung von Bestimmungen hat der Bund zum Schutze der ober- und unterirdischen Gewässer, über die Wasserpolizei, über Gewässerkorrektionen und Sicherheit der Stauanlagen, über Eingriffe zur Beeinflussung der Niederschläge, über die Beschaffung und Auswertung hydrologischer Grundlagen und über sein Recht, für seine Verkehrsbetriebe die Benutzung von Wasservorkommen gegen Entrichtung von Abgaben und gegen angemessenen Ersatz der Nachteile zu beanspruchen. Der Vollzug der Bundesvorschriften ist den Kantonen überlassen, soweit er nicht dem Bunde vorbehalten bleibt.

Schliesslich regelt Art. 24quater BV die Kompetenz des Bundes, Bestimmungen über die Fortleitung und Abgabe der elektrischen Energie zu erlassen und Bewilligungen für die Abgabe von Energie an das Ausland zu erteilen. Dem Bunde steht das Recht zu, zum Schutz der Gewässer Bestimmungen zu erlassen. Den Kantonen obliegt der Vollzug der Bundesgesetze, soweit er auf Grund des Gesetzes nicht dem Bunde vorbehalten bleibt.

Das eigentliche Hoheitsrecht über die Gewässer verbleibt aber nach wie vor bei den Kantonen. Sie entscheiden über das Recht zur Wassernutzung für elektrische Energie, für Wärmeentnahme (Fernheizungen) oder für Kühlzwecke. Der Bund kann kantonale Entscheidungen zwar koordinieren, er kann die Kantone aber nicht zwingen, Konzessionen zu erteilen. Erst ein Energieartikel der Bundesverfassung könnte die Voraussetzung für eine gesamtschweizerische Regelung der Nutzung der Gewässer schaffen.

3.3. Regelungen des Gewässerschutzes

Von besonderem Interesse ist die Gesetzgebung des Bundes hinsichtlich des *Gewässerschutzes.* Diesem Gesetz unterstehen alle öffentlichen und privaten ober- oder unterirdischen, natürlichen oder künstlichen Gewässer sowie die Quellen. Es sieht Massnahmen vor, um die Gewässer gegen Verunreinigungen zu schützen und die bestehenden Gewässerverunreinigungen zu beheben.

Art. 14 GschG verbietet, jede Art von festen, flüssigen oder gasförmigen Stoffen, die geeignet sind, das Wasser zu verunreinigen, mittelbar oder unmittelbar in ein Gewässer einzubringen oder abzulagern. Sofern die Gefahr einer Wasserverunreinigung entsteht, ist gemäss Art. 14 GschG auch das Ablagern ausserhalb der Gewässer untersagt. Nach Art. 27 Abs. 1 GschG ist das Ablagern von festen Stoffen Sache der Kantone. Auf Grund dieser Bestimmung haben die Kantone weitgehende Regelungen des Abfallproblems selber getroffen. Art. 23 Abs. 1a GschG gibt dem Bundesrat sogar die weitgehende Befugnis, Verordnungen über Erzeugnisse zu erlassen, die ins Wasser gelangen und zu Verunreinigungen führen können. Auf Grund dieser Befugnis hat der Bundesrat kürzlich eine Verordnung über die Waschmittel in Kraft gesetzt. Damit schliesst das Gewässerschutzgesetz den Kreislauf, angefangen von der «Quelle», den Erzeugnissen über die Deponien bis zu den Abwässern. Um auch die Sanierung bestehender Anlagen sicherzustellen, schreiben Art. 16 und 17 des Gesetzes vor, wie bei der Sanierung bestehender Anlagen vorgegangen werden muss. Art. 13 enthält zudem eine allgemeine Verhaltenspflicht mit folgendem Inhalt:

> «Jedermann ist verpflichtet, alle nach den Umständen erforderliche Sorgfalt anzuwenden, um die Verunreinigung der ober- und unterirdischen Gewässer zu vermeiden.»

Jedermann ist — wie bereits mehrfach erwähnt — verpflichtet, seine Abwässer an die öffentlichen Kanalisationen anzuschliessen. In der Bauzone dürfen Neu- und Umbauten nur bewilligt werden, wenn ein Anschluss an die Kanalisation gewährleistet ist. Für die Errichtung von Gebäuden ausserhalb der Bauzone, wo keine Zonenordnung besteht, ausserhalb des Kanalisationsprojektes, wo dieses fehlt, ausserhalb des engeren Baugebietes, dürfen grundsätzlich keine Baubewilligungen erteilt werden, es sei denn, der Gesuchsteller könne ein sachlich begründetes Bedürfnis nachweisen (vgl. dazu Art. 27 GschV). Die Baubewilligung darf aber erst erteilt werden, wenn die Ableitung und Reinigung der Abwässer sichergestellt ist und die kantonale Fachstelle für Gewässerschutz ihre Zustimmung erteilt hat.

Diese Bestimmungen des Gewässerschutzgesetzes (GSchG) sind aus folgenden Gründen von grösster Bedeutung: Sie zeigen, dass die *Nutzung von privatem Eigentum grundsätzlich nicht das Recht mit sich bringt, auch die öffentlichen Sachen, wie etwa die Gewässer, zu benutzen.* Es ist Aufgabe der Gemeinden oder des Kantons, durch die Bauzone oder das generelle Kanalisationsprojekt festzulegen, welche Grundstücke einer Gemeinde im Falle einer baulichen Veränderung an das Gewässer bzw. an die Abwasseranlage angeschlossen werden dürfen. Bei der Festlegung des Kanalisationsprojektes sind die Gemeinden aber nicht frei. Sofern nämlich kein Zonenplan vorliegt, darf das generelle Kanalisationsprojekt (GKP) nur eine Zone umfassen, die aller Wahrscheinlichkeit nach in den nächsten 15 Jahren für die Überbauung gebraucht wird (Art. 15 Allgemeine Gewässerschutzverordnung). *Zum Gemeingebrauch des Gewässers gehört also nicht mehr wie früher das Recht jedes Grundeigentümers, nach freiem Belieben Abwässer in öffentliche Gewässer einzulassen.* Der Gemeingebrauch wird durch den Bund *wesentlich eingeschränkt,* indem diese Art von Nutzung der Gewässer nur noch im Rahmen des generellen Kanalisationsprojektes der Kantone möglich ist.

D. Die Luft

LITERATUR: BÄUMLIN R., Privatrechtlicher und öffentlich-rechtlicher Immissionsschutz. Rechtliche Probleme des Bauens, Bern 1968, S. 107 ff.; KÜPPERS H., Das Recht der Luftreinhaltung, Diss. Köln 1962; REY H., Rechtlicher Biosphärenschutz und Privateigentum, Diss. Zürich 1970; RIGOLETH R., Das Recht im Kampf gegen die Luftverschmutzung, Zürich 1973; SEYDEL H., Die Reinhaltung der Aussenluft unter verfassungs- und verwaltungsrechtlichen Gesichtspunkten, Diss. Köln 1963; WESTERMANN H., Welche gesetzlichen Massnahmen zur Luftreinhaltung und zur Verbesserung des Nachbarrechts sind erforderlich? Köln 1958; WIETHAUP H., Schutz vor Luftverunreinigungen, Geräuschen und Erschütterungen, Berlin 1963.

Die Luft ist eine herrenlose Sache, mit der sich die Gesetzgebung erst in neuester Zeit im Zusammenhang mit dem Umweltschutz befasst. Allerdings ist die Luftverschmutzung ein altes Problem. Nach HALIDAY spricht man seit dem Beginn des 14. Jh. vom Problem der Luftverschmutzung (vgl. HALIDAY, Zur Geschichte der Luftverunreinigung, in: Weltgesundheitsorganisation, Die Luftverunreinigung der Luft, dt. Übersetzung, Weinheim/Bergstrasse 1964, S. 1 ff.). Als wissenschaftliches und juristisches Problem aber wird die Luftverschmutzung erst seit einem knappen Jahrhundert behandelt. Erst in neuester Zeit hat man angefangen, sich auf politischer Ebene allgemein damit zu beschäftigen.

Der *Schutz der Luft* vor Verschmutzung setzt die Lösung einiger besonders schwieriger Rechtsprobleme voraus. Folgende Tatsachen müssen nämlich in Betracht gezogen werden: *Im Gegensatz zum Wasser kann die einmal verschmutzte Luft kaum mehr gereinigt werden.* Die luftverschmutzenden Stoffe wie Schwefeldioxyd, Kohlenmonoxyd, Kohlenwasserstoffe, Bleiverbindungen und Fluor bleiben in der Luft, soweit sie nicht als Staubpartikel wieder auf die Erde zurückfallen.

Unsere Zivilisation setzt *ein gewisses Mass an Luftverschmutzung voraus*. Die Wissenschaft hat die schwierige Aufgabe festzulegen, welcher Grad von Luftverunreinigung für den Menschen erträglich ist, welche Luftverunreinigung aber für die jetzige Generation und zukünftige Generationen schädlich sein kann.

Die Auswirkungen der Luftverschmutzung sind zum Teil kaum richtig messbar. Die Luftverschmutzung zeigt nämlich die verschiedensten Folgen und Auswirkungen: Pflanzen- und Tierschäden, Verunreinigungen von Nahrungsmitteln, Förderung von Nebelbildung, Verhinderung der Sonneneinwirkung, Eingriffe in den Sauerstoffhaushalt, körperliche Belästigungen, psychische Beeinträchtigungen, akute Erkrankungen und chronische Gesundheitsschäden. Da sich die Luftverschmutzung nur in langwierigen statistischen Untersuchungen und Vergleichen feststellen lässt, ist es ausserordentlich schwierig zu beweisen, dass solche Schädigungen und Belästigungen tatsächlich auf die Luftverschmutzung zurückzuführen sind.

In manchen Fällen ist auch *schwer festzustellen, wer die Luftverschmutzung verursacht hat*. Manche Partikel, die in die Luft ausgelassen werden, haben die Eigenschaft, sich mit anderen Partikeln zu verbinden, manchmal entstehen sogar Sekundärelemente, die sich dann ganz besonders schädlich auswirken können (RIGOLETH R., Das Recht im Kampf gegen die Luftverschmutzung, Zürich 1973, S. 11).

Welche gesetzlichen Regelungen sind heute auf dem Gebiete der Luftverschmutzung bereits in Kraft? Auszugehen ist hier von Art. 684 ZGB, der *jedermann verpflichtet, sich bei der Ausübung seines Eigentums aller übermässigen Einwirkungen auf das Eigentum der Nachbarn zu enthalten.*

Dieser Artikel wurde als Generalklausel bisher aus verschiedenen Gründen in der Praxis kaum zu einem wesentlichen Grundsatz des Umweltschutzes. Warum? Einmal birgt die nachbarrechtliche Klage für den Nachbarn verschiedene Risiken.

Vor allem aber ist die Luftverschmutzung *nicht ein Problem des unmittelbaren Nachbarrechts.* Sehr oft führen nämlich verschiedene Ursachen zu einer allfälligen schädlichen Verschmutzung der Luft: das Klima, eine Industrieanlage, besondere Windverhältnisse und andere vielleicht in der weiteren Umgebung arbeitende Betriebe und Industrieanlagen. Erst das gemeinsame Zusammentreffen all dieser Voraussetzungen führt zur Schädlichkeit der Luftverschmutzung.

Des weiteren ist es *sehr oft schwer festzustellen, inwieweit eine konkrete Verschmutzung tatsächlich im Sinne von Art. 684 ZGB übermässig ist.* Der Nachbar, der auf Grund der bestehenden Windverhältnisse durch eine Verschmutzung vielleicht kaum berührt ist, hat kein Interesse an der Behebung der Luftverschmutzung. Grösseres Interesse hätte die weitere Umgebung, die aber auf Grund von Art. 684 ZGB nicht ohne weiteres zur Klage zugelassen wird. Kommt noch dazu, dass die Schädlichkeit einer Luftverschmutzung erst entsteht, wenn sich gewisse Staubpartikel mit anderen entsprechenden Verschmutzungselementen verbinden. *Wer ist nun der Verursacher?* Die Industrieanlage A oder diejenige von B, wenn erst das Zusammentreffen beider Verschmutzungen zu einer schädlichen Luftverschmutzung führen?

Art. 6 Abs. 1 ArG lautet folgendermassen:

«Der Arbeitgeber ist verpflichtet, zum Schutze von Leben und Gesundheit der Arbeitnehmer sowie zum Schutze der Umgebung des Betriebes vor schädlichen und lästigen Einwirkungen alle Massnahmen zu treffen, die nach der Erfahrung notwendig, nach dem Stande der Technik anwendbar und den Verhältnissen des Betriebes angemessen sind.»

Diese Bestimmung schützt zwar den Arbeitnehmer in einem Betrieb, der nur während einer bestimmten Zeit der Verschmutzung ausgesetzt ist. Der ebenfalls vorgesehene *Umgebungsschutz* hat demgegenüber in der Praxis kaum besondere Bedeutung erlangt. Deshalb kann über Art. 6 den klimatischen und geographischen Verhältnissen sowie mehreren verschmutzenden Anlagen nicht Rechnung getragen werden.

Neben diesen grundlegenden Bestimmungen enthält das Bundesrecht vor allem den konkretisierungsbedürftigen *Verfassungsartikel über den Umweltschutz.* Ziel von Art. 24septies BV ist *der Schutz des Menschen.* Umweltveränderungen und Einwirkungen auf die Umwelt, die sich in irgendeiner Weise schädlich oder lästig auf den Menschen auswirken könnten, sind zu bekämpfen. Dabei geht es *nicht nur um die heutige Generation, sondern um die Entfaltungsmöglichkeit und das Dasein der Art Mensch und um sein Wohlbefinden.* Angesprochen sind auch die zukünftigen Generationen, deren Entwicklung durch die heutige Umweltveränderung nicht nachteilig beeinflusst werden darf. Der Umweltschutzartikel ist also zunächst ein Polizeiartikel. Der Staat soll Gefahren bekämpfen, die sich schädlich für den Menschen auswirken können. Es wird auf diese Weise ein neues Polizeigut von Verfassungs wegen geschaffen. Die Zielsetzung des Art. 24septies BV geht aber *weit über eine allgemeine Polizeiaufgabe hinaus;* die Polizei greift zur Abwehr von dringlichen und konkreten Gefahren ein. Gemäss Art. 24septies BV darf der Staat *nicht erst im Notfall eingreifen, sondern er muss verhindern, dass der Notfall eintritt.* Dies erfordert eine vorsorgende, vorausschauende und planende Tätigkeit. Er muss die Interdependenz von Mensch und Umwelt in einem Masse ordnen und lenken, dass das ökologische Gleichgewicht erhalten bleibt.

Zur Reinerhaltung der Luft wird das neue Umweltschutzgesetz vor allem folgende Regelungen treffen müssen: Die Regierung muss die Befugnis haben, schädliche Emissionsgrenzwerte festzulegen. Übersteigen die Emissionen neuer Anlagen diese Grenzwerte, dürfen sie nicht zugelassen werden. Zur Herabsetzung von Emissionen müssen deshalb Auflagen über bauliche oder betriebliche Vorkehren gemacht werden können. Bewegliche Apparate und Anlagen, zum Beispiel Motorfahrzeuge, Hausfeuerungen usw., müssen einer Typenprüfung unterzogen werden. Ist die Luftverschmutzung auf die Zusammensetzung besonderer Stoffe, wie zum Beispiel Brenn- und Treibstoffe, zurückzuführen, sind Vorschriften über deren Zusammensetzung zu erlassen. Ähnliches gilt von Abfällen, die neben den Gewässern auch die Luft verunreinigen können. Schliesslich müssen die staatlichen Behörden die Befugnis haben, bei Umweltkatastrophen sofort die notwendigen Massnahmen zum Schutze der Bevölkerung ergreifen zu können.

5. Teil: Das Organisationsrecht der Verwaltung

1. Kapitel: Grundfragen der Organisation und Führung in der Verwaltung

LITERATUR: Aktuelle Probleme der Ministerialorganisation. Referate und Diskussionsbeiträge, Berlin 1971; AULAGNON TH., JANICOT D., La communication entre administration et administrés. La Revue administrative 28, 1975, S. 311 ff.; BAARS B., Strukturmodelle für die öffentliche Verwaltung. Eine Untersuchung der Hierarchie und ihrer wesentlichen Strukturvarianten unter besonderer Berücksichtigung der Ministerialorganisation, Köln 1973, Schriften zur Verwaltungslehre, 13; BADENHOOP R.K.J., (Hrsg.), Wirtschaftliche öffentliche Verwaltung, Stuttgart 1961; BADURA P., Die Verwaltung als soziales System, DöV 23, 1970, S. 18 ff.; DERSELBE, Auftrag und Grenzen der Verwaltung im sozialen Rechtsstaat, DöV 21, 1968, S. 446 ff.; DERSELBE, Daseinsvorsorge als Verwaltungszweck der Leistungsverwaltung und der soziale Rechtsstaat, DöV 19, 1966, S. 624 ff.; BANNER G., Ziel- und ergebnisorientierte Führung in der Kommunalverwaltung. Erfahrungen mit «management by objectives» in Duisburg. Archiv für Kommunalwissenschaften 14, 1975, S. 22 ff.; BÄUMLIN R., Verfassung und Verwaltung in der Schweiz, in: Verfassungsrecht und Verfassungswirklichkeit, Festschrift für H. Huber zum 60. Geburtstag, Bern 1961, S. 69; BAYER W., Einsatz von operations research in der öffentlichen Verwaltung. Informationssysteme, ein Führungsinstrument für Regierung und Verwaltung, Bonn 1971, S. 145 ff.; BECKER U., THIEME W., Hrsg., Handbuch der Verwaltung, Köln 1974 (Ordner); BENDA E., Ein Zukunftsbild der öffentlichen Verwaltung, in: Zukunftsbezogene Politik, Godesberger Taschenbücher, H. 4, Bad Godesberg 1969; Berliner Beamtentage 1969, Verwaltung im modernen Staat, Berlin 1970; BISCHOFSBERGER P., Reformansätze in Verwaltungswissenschaft und Verwaltungspraxis, ZBl 75, 1974, S. 338 ff.; DERSELBE, Neuorientierung der öffentlichen Verwaltung, ZBl 70, 1969, S. 457 ff.; DERSELBE, u.a., Verwaltung im Umbruch, Bern 1972, Staat und Politik 12; DERSELBE, Durchsetzung und Fortbildung betriebswirtschaftlicher Erkenntnisse in der öffentlichen Verwaltung. Diss. St. Gallen 1964; BLEICHER K., Zur Organisation von Leitung und Führung in der Verwaltung, in: Leistungsfähigkeit in der öffentlichen Verwaltung, hrsg. von W. Michalski, Hamburg 1970; BÖHNERT C., JUNKERS M.TH., Führungskonzepte für die öffentliche Verwaltung, Stuttgart u.a. 1976; BOSETZKY H., Das Verdrängen bürokratischer Elemente als Organisationsnotwendigkeit. Die Verwaltung 7, 1974, S. 23 ff.; BULL H.P., «Dienstliche Anweisung» statt Widerspruchsentscheid. Diskussionsbeitrag zu den Grenzen der Fachaufsicht, DVBl 85, 1970, S. 243 ff.; *Demokratie und Verwaltung*: 25 Jahre Hochschule für Verwaltungswissenschaft Speyer, Berlin 1972; FLEINER TH., Grenzen und Möglichkeiten einer Verwaltungsreform. Festgabe für Professor Dr. J. Schwarzfischer, Fribourg 1972, S. 125 ff.; FUCHS K., Organisation, Technik und Einsatz der automatischen Datenverarbeitung in der öffentlichen Verwaltung, Herford 1973; FURRER CHR., Verwaltungsreform im Bunde, VP 30, 1976, S. 3 ff.; GREMION P., JAMOUS H., Les systems d'information dans l'administration publique. Revue française de science politique 24, 1974, S. 214 ff.; GRIMMER K., Probleme der Instituierung von Informationssystemen im öffentlichen Bereich, in: Kilian W., Lenk K., Steinmüller W., Datenschutz, Frankfurt a.M. 1973, S. 237 ff.; HANGARTNER Y., Die Erfüllung der Staatsaufgaben durch Bund und Kantone, ZSR NF 93 I, 1974, S. 379 ff.; DERSELBE, Die Leitung der öffentlichen Verwaltung, ZBl 70, 1969, S. 417 ff.; HIGY C., Der Wandel der öffentlichen Verwaltung und die Verwaltungswissenschaften, ZBl 70, 1969, S. 505 ff.; *Hochschule Speyer* (Hrsg.): Funktionsgerechte Verwaltung im Wandel der Industriegesellschaft, Schriftenreihe der Hochschule Speyer Bd. 34, Berlin 1969; *Hochschule Speyer* (Hrsg.): Organisation der Ministerien des Bundes und der Länder, Schriftenreihe der Hochschule Speyer, Bd. 52, Berlin 1973; HÖHN R., Verwaltung heute. Autoritäre Führung oder modernes Management, Bad Harzburg 1970; IMBODEN M., Rechtsstaat und Verwaltungsorganisation. Beiträge zur schweizerischen Verwaltungskunde H. 32, 1951 (auch in: Staat und Recht, Basel, Stuttgart 1971, S. 447 ff.); KÖNIG H., Managementkonzeptionen für Regierung und Verwaltung, VA 67, 1976, S. 335 ff.; KUBE E., Führungsmodelle, moderne Führungsgrundsätze und Managementtechniken in der Verwaltungspraxis, DVBl 88, 1973, S. 869 ff.; LAUX E., Verwaltungsführung und betriebliches Management. Demokratie und Verwaltung, Berlin 1972, S. 537 ff.; DERSELBE, Führungsverhalten und Führungsstil, Handbuch der Verwaltung, H. 5. 7., Köln 1974; DERSELBE, Führung und Führungsorganisation in der öffentlichen Verwaltung, Stuttgart 1975; DERSELBE, Personalplanung im öffentlichen Dienst. Anforderungen und Realitäten. Die Verwaltung 9, 1976, S. 137 ff.; LAUXMANN F., Die kranke Hierarchie, 2. Aufl., Stuttgart 1967; LUHMANN N., Kann die Verwaltung wirtschaftlich handeln? VA 51, 1960, S. 97 ff.; LUHMANN N., Funktion und Folgen formaler Organisation, Schriftenreihe der Hochschule Speyer Bd. 20, Berlin 1964; MENGER CHR., Die Bestimmung der öffentlichen Verwaltung nach den Zwecken, Mitteln und Formen des Verwaltungshandelns DVBl 75, 1960, S. 297 ff.; MICHALSKI W., (Hrsg.), Leistungsfähigkeit und Wirtschaftlichkeit der öffentlichen Verwaltung, Hamburg 1970; MORSTEIN M.F., Verwaltung. Eine einführende Darstellung, Berlin 1965; MUSCHALLA H., Die Bedeutung der Information für Entscheidungen der öffentlichen Verwaltung, in: Informationssysteme, ein Führungsinstrument für Regierung und Verwaltung, Bonn 1971; OEHEN F., Moderne Führungsgrundsätze in der öffentlichen Verwaltung, ZBl 70, 1969, S. 33 ff.; RASCH E., Probleme der Bürokratie, VA 67, 1976, S. 211 ff.; SCHNUR R., Über Team und Hierarchie. Demokratie und Verwaltung, Berlin 1972, S. 557 ff.; SCHÖNFELDER H., Hierarchie und Management im Wandel der öffentlichen Verwaltung, Bad Harzburg 1972; SCHWABE J., Zum organisationsrechtlichen Mandat, DVBl 89, 1974, S. 69 ff.; TRIEPEL H., Delegation und Mandat im öffentlichen Recht, 1974 (Nachdruck von 1942); THIELE W., Verwaltung heute: Autoritäre Führung im modernes Management, DVBl 88, 1973, S. 876 ff.; ULE C., Parkinsons Gesetz und die deutsche Verwaltung, Berlin 1960, Schriftenreihe der iur. Gesellschaft, Berlin H. 5; VOGEL K., Zur Verantwortlichkeit leitender Organwalter. Über einen ungeschriebenen Rechtsgedanken des öffentlichen Rechts, in: Hamburger Festschrift für Friedrich Schack, Hamburg 1966, S. 183 ff.; WAGENER F., Voraussehbare Veränderung in der inneren Struktur der öffentlichen Verwaltung aufgrund technischer und sozialökonomischer Entwicklungen, Berliner Beamtentage 1969, Berlin 1969; DERSELBE, Neubau der Verwaltung. Gliederung der öffentlichen Aufgaben und ihrer Träger nach Effektivität und Integrationswert, Speyer 1969; Wandlungen der rechtsstaatlichen Verwaltung. Vorträge und Diskussionsbeiträge des 30. staatswissenschaftlichen Fortbildungskurses der Hochschule für Verwaltungswissenschaften Speyer 1962, Berlin 1962; WILKENLOH F., Verwaltungsführung im Wandel, Stuttgart 1972; WITTE E., Organisation und Führung der Verwaltung nach betriebswirtschaftlichen Grundsätzen, in: Berliner Beamtentage 1969, Berlin 1970, S. 190 ff.

I. Verfassungsrechtliche und rechtsstaatliche Grundbedingungen für die Verwaltungsorganisation

A. Unterschiede zwischen Verwaltung und Privatwirtschaft

Die Bibliothek des juristischen Seminars sollte schon seit langer Zeit von einem fachkundigen Bibliothekar betreut werden. Der Direktor des Seminars wie seine Assistenten, die Studenten und Professoren sind sich darüber einig, dass es mit dem Seminar so nicht weitergehen kann. Da bisher keine geeignete Kraft gefunden werden konnte, blieb das Problem ungelöst.

Eines Tages meldete sich beim Direktor des Seminars eine Bibliothekarin, die die Stelle halbtagsweise besetzen könnte. Der Direktor ist erfreut und will alles in die Wege leiten, um diese Bibliothekarin einzustellen. An der nächsten Abteilungssitzung legt er einen entsprechenden Bericht vor. Einstimmig begrüsst man diesen Schritt. Der Direktor stellt ein schriftliches Gesuch an die Unterrichtsdirektion.

Das Schreiben muss dem Dienstweg folgen und geht über die Aktentische des Dekans, des Rektors und des Sekretärs der Unterrichtsdirektion zum Unterrichtsdirektor. Natürlich haben diese Zwischenstellen Bemerkungen zu diesem Vorschlag anzubringen. Der Sekretär der Unterrichtsdirektion meint, man müsse noch mit dem Bibliotheksdirektor und mit dem Finanzdirektor sprechen. Da der Direktor der Bibliothek zur Zeit in den Ferien weilt, muss man warten. Endlich kann ein Gespräch stattfinden. Es stellt sich heraus, dass nicht klar ist, wem diese Bibliothekarin unterstellt werden soll. Endlich einigt man sich über den Status, den Titel und die Besoldungsklasse der Bibliothekarin.

Nun muss die Sache noch an die Finanzdirektion. Hier hat der Seminardirektor Pech. Ein Beamter, der zur Zeit nicht voll mit Arbeit ausgelastet ist, kommt dort auf die Idee, der Sache gründlich nachzugehen. Nach langem Hin und Her stellt er fest, dass es vielleicht doch besser wäre, eine vollamtliche Angestellte für die Seminarbibliothek einzustellen und nicht nur eine Halbtagskraft. Mit entsprechendem neuen Antrag kommt das Schreiben zurück. In der Zwischenzeit sind mehrere Monate verstrichen und die junge Bibliothekarin hat längst eine andere Stelle gefunden.

Es wird wohl niemand bestreiten, dass dieses teilweise erfundene Beispiel einige Schlaglichter auf den Alltag mancher Behörden wirft. *Wie ist ein solcher Leerlauf in der heutigen modernen Verwaltung erklärbar?*

1. Die *Zuständigkeit* für eine im Prinzip nebensächliche Entscheidung ist *zu weit nach oben verlagert*.
2. Bei der vorgesetzten Behörde wurde *die Entscheidung überbewertet*. Insbesondere beginnt sich, anstatt die Sache routinemässig zu erledigen, die Finanzdirektion intensiv für die Sache zu interessieren.
3. Es sind *mehrere Abteilungen und Departemente zuständig, deren Koordination überhaupt nicht funktioniert*.
   Keiner der Beamten, die mit der Sache zu tun hatten, *konnte allein entscheiden*.
5. Die Beamten der vorgesetzten Behörden konnten nur so handeln, weil sie *nicht voll ausgelastet waren*.
6. Ebenfalls liegt ein *Mangel in der Planung* vor. Da die Abteilung bzw. der Staat das Institut des Stellenplanes nicht kennen und deshalb nicht vorgängig über den Stellenplan gesprochen werden konnte, hat sich die Finanzdirektion zu spät mit der finanziellen Seite der Angelegenheit befasst.

Dieser bürokratische Leerlauf muss *zwangsläufig zu Reformen in der Verwaltung führen*. Denn er beschränkt sich nicht nur auf die unterste Verwaltungsstufe, er führt vielmehr hinauf bis zur Regierungsstufe und hindert sie an ihrer eigentlichen Aufgabe, nämlich der Führung, Planung und Koordination sowie der Aufsicht und Information.

Wieso ist die heutige Verwaltung den modernen Aufgaben oft nicht mehr gewachsen? Wieso fallen materielle und formelle Zuständigkeiten immer stärker auseinander? Ein Grund für diese Entwicklung ist sicher die *wachsende Zahl der Angestellten und Beamten*. Ein weiterer, vielleicht ebenso wichtiger Grund liegt auch darin, dass sich die moderne Verwaltungsrechtslehre *nie ganz vom klassischen Verwaltungsrecht, das ganz am Vollzug der Gesetze orientiert war, lösen konnte*.

Ziel des Verwaltungsrechts des bürgerlichen, liberalen Rechtsstaates war es nämlich, das *Verwaltungshandeln voraussehbar, berechenbar und kalkulierbar zu machen*. Die ideale Verwaltung des kalkulierbaren Staates setzt sich aus Spezialisten der Rechtsanwendung zusammen, von denen man weder gestalterische Kraft, vorausschauende Planung, geschweige denn einen initiativen, phantasievollen und kooperativen Führungsstil erwarten kann. Vorbild ist nicht der private Betrieb, Vorbild ist vielmehr der blinde Richter, dem die Tatsachen von den Parteien zugetragen werden. Er darf *nicht aus eigener Initiative* handeln, sondern nur entscheiden, wenn die Parteien zu ihm kommen.

Dieses Idealziel der kalkulierbaren Verwaltung wurde aber nie erreicht. Im Gegenteil, *die Aufgaben, die der Verwaltung übertragen wurden, gingen weit über die alte Polizei- und Richterfunktion hinaus*. Die Verwaltung des modernen Sozial- und Leistungsstaates ist zum Partner der modernen gesellschaftlichen Kräfte geworden. Sie greift *planend und gestaltend* in die gesellschaftlichen Interessenverhältnisse ein, um diese zu einem gerechten Interessenausgleich zu führen, oder um die verzerrten Chancen zwischen den Interessengruppen auszugleichen und damit den geordneten Wettbewerb zu erhalten.

Leider hat die Wissenschaft, insbesondere *die Verwaltungsrechtslehre*, mit dieser Entwicklung nur teilweise Schritt gehalten. Naturgemäss hat sich die Verwaltungsrechtslehre auf die rechtlichen Aspekte der Verwaltung beschränkt. Dies führte dazu, dass die übrige Verwaltungstätigkeit von der Wissenschaft kaum beachtet wurde. Es ist deshalb nicht erstaunlich, dass in der Folge von allen Seiten der Ruf nach einer modernen Verwaltung, nach *modernem Management* ertönte. Soweit dadurch eine fruchtbare Zusammenarbeit zwischen der Verwaltungsrechtslehre und der Lehre vom modernen Management ermöglicht wurde, war dies nur zu begrüssen. Mit Schlagworten, Leerformeln und unbedachten Anleihen bei der Betriebswirtschaftslehre versuchte man das aufzuholen, was die Verwaltungslehre bisher nicht bieten konnte.

Allein, soweit diese Entwicklung dazu gebraucht wird, mit Leerformeln und überzeugendem Pathos über Management, Planung, Teamwork usw. *die Verwaltung von ihrem eigentlichen staatlichen Auftrag abzulenken, ist diese Entwicklung gefährlich*. Sicher, wenn der Lehrer einer Schule einen Schulausflug organisiert oder ein Betriebsleiter einen Betriebsausflug vorbereitet, werden sie sich an die gleichen Grundsätze der Organisation zu halten haben. Niemand wird aber behaupten, sowohl in der Schule wie auch in einer Autofabrik gehe es darum, fertige Produkte zu erstellen; also seien Autofirma und Schule nach den gleichen Grundsätzen zu organisieren. *Ziele und Aufgaben sind derart verschieden, dass das eine nicht unbedingt dem anderen gleichgesetzt werden kann*.

Aber auch auf der Kostenseite unterscheidet sich die Verwaltung vom privaten Betrieb. Da die Verwaltungseffekte *nur in Ausnahmefällen nach Aufwand und Ertragsprinzip* kalkuliert werden können, müssen sich die kostenmässigen Rechnungen in der Verwaltung auf bestimmte Bereiche beschränken.

In gewissen Sektoren wird aus *Gründen des Gemeinwohles* bewusst in Kauf genommen, dass die Verwaltung nicht kostendeckend arbeitet. So wird von der PTT verlangt, die Zeitungen zu einem niedrigen Preis zu befördern, damit ein Beitrag zur Erhaltung der Vielfalt der Presse geleistet werden kann. Die SBB müssen aus öffentlichem Interesse manche Strecke weiterhin betreiben, obwohl der Betrieb dieser Linien defizitär ist. Während für den privaten Bereich die Gewinnmaximierung im Vordergrund steht, muss die *Verwaltung ihre Tätigkeit an einer gerechten, dem sozialen Ausgleich dienenden Friedensordnung orientieren.*

Die Ziele der Privatwirtschaft, die durch Reformen im modernen Management erreicht werden sollen, sind: die Senkung der Produktionskosten, die optimale Nutzung der vorhandenen Mittel, Optimierung der Programme, Verbesserung der Firmenstruktur, Verbesserung der Investitionspolitik, Imageverbesserung, Marktführung usw. Demgegenüber hat der Staat die Pflicht, seine *Aufgaben durch eine rechtmässige, leistungsfähige und rationelle Verwaltung zu verwirklichen.*

Ziel der Verwaltung ist also nicht die Profitmaximierung, da die Verwaltung ihrem Wesen nach keine Profite macht. Bei der Verwaltungsorganisation muss man deshalb bestrebt sein, den *Verwaltungsapparat zu einem verbesserten Integrationsinstrument im Staate zu machen.* Die gesamte Tätigkeit der Verwaltung ist darauf auszurichten, das öffentliche Interesse im gesetzlich gebotenen Rahmen, entsprechend dem Willen des Gesetzgebers, zu verwirklichen. Die Organisation *der Verwaltung ist das Instrument zur Durchführung der Gesetze und zur Gestaltung des öffentlichen Interesses. Diese Aufgabe soll die Verwaltung mit ihrer Organisation möglichst rationell ausführen können.*

Soweit der Gesetzgeber und der Verfassungsgesetzgeber diese öffentlichen Interessen selber umschrieben haben, ist die Verwaltung an die *Gesetze gebunden.* Soweit sie aber im Rahmen ihrer eigenen schöpferischen Freiheit handeln kann und insbesondere auf dem Gebiete der *Gesetzesvorbereitung* und *Planung* Initiativen ergreifen muss, tritt sie gegenüber den gesellschaftlichen Gruppen als Partner auf und verändert gestaltend die gesellschaftliche Interessensituation. Öffentliches Interesse ist hier nichts anderes als der *gerechte Ausgleich der in einer Gesellschaft bestehenden sozialen und privaten Interessen.* Das öffentliche Interesse ist nicht Profitmaximierung, sondern der gerechte Ausgleich der gesellschaftlichen Interessen.

Um dieses Ziel zu erreichen, bedarf die Verwaltung *umfangreicher Informationen.* Die Beschaffung von Informationen ist das A und O jeder Verwaltungstätigkeit. Diese Informationsbeschaffung kann nicht einer einfachen Marktanalyse gleichgestellt werden. Die Verwaltung darf sich nicht darauf beschränken vorauszusehen, wie sich der Markt entwickeln wird. Sie kann sich nicht damit begnügen, durch Umfragen die Bedürfnisse der Gesellschaft oder mehrerer Mitglieder der Gesellschaft festzustellen. Sie muss die *beschafften Informationen unter Berücksichtigung ihres verfassungsrechtlichen Auftrages werten.* Sie muss auf Grund der vorgegebenen Werte die Informationen beurteilen. Wenn infolge dieser Beurteilung Entscheide notwendig sind, muss sie den Entscheidungsprozess so gestalten, dass die verschiedenen Interessengegensätze ausgetragen werden können. Nur wenn die Betroffenen eine faire Chance haben, auf den Entscheid einzuwirken, werden sie bereit sein, freiwillig das Ergebnis zu beachten, selbst wenn ihre Interessen nicht voll verwirklicht werden konnten.

Das Gemeinwesen kann sich beispielsweise nicht damit begnügen, im Rahmen einer Marktanalyse festzustellen, ob die Konsumenten lieber mit der Eisenbahn oder mit dem Auto fahren. Der Staat muss auf Grund der vorgegebenen Wertordnung wissen, ob er beim Ausbau des Verkehrsnetzes in erster Linie dem öffentlichen oder dem privaten Verkehr den Vorrang geben will. Die reine Marktanalyse ist sicher notwendig. Diese muss aber in den Rahmen einer wertenden Prioritätsordnung der Gesamtkonzeption gestellt werden.

Die Organisation der Privatwirtschaft soll so sein, dass diese ihre Produkte möglichst gut und einfach herstellen und billig verkaufen kann. *Die Organisation der Verwaltung dagegen soll die Grundlage dafür bilden, dass möglichst viele der betroffenen Bürger den Entscheidungen der Verwaltung freiwillig folgen*. Die Macht der Verwaltung beruht nicht auf ihrer Polizeistärke, sondern auf dem Vertrauen, das ihr entgegengebracht wird. Die Verwaltungstätigkeit muss so organisiert werden, dass sie die *Grundlage für eine umfassende Vertrauensbasis* zwischen Verwaltung und Gesellschaft bilden kann.

Die Verwaltung, wie übrigens auch die Regierung, geraten sehr oft in eine Interessenabhängigkeit spezifisch mächtiger Interessengruppen der Gesellschaft, die sie in ihren Entscheidungen zu beeinflussen suchen. Die Verwaltungsorganisation hat dazu beizutragen, dass die *Verwaltung zwar in Kenntnis der Interessenlage, aber dennoch auf Grund ihrer eigenen Einsicht, Entscheidungen und Verantwortung handelt. Der Einfluss ausserstaatlicher Interessengruppen verstärkt sich, je mehr bei einer Verwaltungsorganisation materielle und funktionelle Kompetenzen auseinanderfallen.* Denn dann können die Interessengruppen, ohne mit grossen Schwierigkeiten rechnen zu müssen, das Organ mit der funktionellen Kompetenz beeinflussen, da sich dieses Organ wegen ungenügender Kenntnisse der Beeinflussung nicht entziehen kann.

Neben der Sicherstellung der Fachkenntnisse sind aber auch Vorkehren für eine Verwaltung zu treffen, die der *parteipolitischen Auseinandersetzung* möglichst neutral gegenübersteht, der somit keine voreilige Parteinahme für den einen oder anderen Interessenstandpunkt vorgeworfen werden kann. Es versteht sich von selbst, dass sich diese Zielsetzung nur bedingt verwirklichen lässt. Langjährige Tradition, wie zum Beispiel in der englischen Verwaltung, Vertrauen in die Verwaltung und sorgfältige Auswahl der Beamten sowie gute Bezahlung sind unabdingbare Voraussetzungen. In der Schweiz dient der sich durchsetzende *Proporzgedanke* dem Ziel einer neutralen Verwaltung.

B. Integration in die staatliche Organisationsstruktur

Welches sind nun die grundlegenden Organisationsfragen der Verwaltung? Die Organisation und Struktur der Verwaltung ist weitgehend *in der Verfassung vorbestimmt.* Der Entscheid für ein monokratisches oder kollegiales Führungssystem wird vom Verfassungsgesetzgeber gefällt, er beeinflusst die spätere Verwaltungsorganisation bis in weite Verästelungen.

Bei einem kollegialen Führungssystem erschwert beispielsweise die Aufteilung der Aufgaben auf einzelne Departemente eine flexible Koordination. Die Verfassung setzt durch diesen Entscheid die Grundlagen für Konsens und Konflikte, an die sich die Organisation und Führungsprinzipien zu halten haben. Wenn beispielsweise in der kollegialen Führungsstruktur des Bundesrates das Eisenbahnwesen dem Verkehrs- und Energiewirtschaftsdepartement und der Nationalstrassenbau dem Departement des Innern übertragen werden, kann dies zu unkoordinierten Entscheidungen führen, die möglicherweise nicht auf das Gesamtinteresse einer gesamtstaatlichen Verkehrsplanung ausgerichtet sind. Ein anderes Beispiel finden wir im Bildungswesen. Das Bildungswesen wird erschwert, wenn die Berufs- und die Hochschulbildung von verschiedenen Departementen betraut werden. Dies verhindert letztlich eine ganzheitlich konzeptionell aufgebaute Bildungspolitik, die auf alle Interessen im Rahmen der Bildung Rücksicht nehmen kann.

Allein, *die Verfassung nimmt derartige Konflikte bewusst in Kauf,* da auf diese Weise — durch das kollegiale Führungssystem — eine *Intraorgankontrolle,* d.h. eine gegenseitige Machthemmung in Verwaltung und Regierung, eingebaut wird. Damit kann eine zu starke Machtballung verhindert werden. *Föderalismus, Demokratie und Gewaltenteilung sind Staatsprinzipien, die um der Freiheit aller willen eine weniger rationelle und wirksame Erledigung der Staatsgeschäfte zulassen, um auf diese Weise das gegenseitige Vertrauen zwischen Staat und Gesellschaft zu fördern.*

Durch das kollegiale Führungssystem wird überdies die *Bildung von zentralen Stabsorganen weitgehend verhindert oder wenigstens erschwert.* So wird beispielsweise ein zentrales Informationssystem — unabdingbare Voraussetzung für jede Koordinationsführung — dadurch verunmöglicht, das *keinem der sieben Bundesräte ein unmittelbares Aufsichts- und Weisungsrecht gegenüber den anderen Departementen zugestanden werden kann.* Ohne diese zentrale Weisungsbefugnis ist aber jegliche Art von zentraler Information nur mangelhaft durchführbar.

Systeme mit zentraler Weisungsbefugnis des Ministerpräsidenten dürfen nicht überschätzt werden. Auch der Ministerpräsident muss mit der Persönlichkeit und der Hausmacht seiner Minister rechnen. Er kann sie nicht übergehen und wird versuchen müssen, soweit als möglich zu kollegialen Entscheidungen zu kommen. Seiner Weisungsbefugnis kommt hingegen eine *präventive Bedeutung* zu. Wenn sie dem Ministerpräsidenten zusteht, wissen die unterstellten Minister, dass sie sich im schlimmsten Fall darauf einzurichten haben. Sie werden deshalb bereits bei der Vorbereitung der Entscheidungen dieser Tatsache Rechnung tragen und zu verhindern suchen, dass ein derartiger Konflikt entsteht.

C. Organisationsgewalt — Führungskompetenz

Ein Problem besonderer Natur bildet für die Schweiz die Tatsache, dass im Gegensatz zu anderen Staaten der *organisatorische Aufbau der Verwaltung durch Gesetze geregelt ist. Dies verhindert eine flexible Anpassung der Organisationsstruktur der Bundesverwaltung an die jeweiligen Bedürfnisse der Exekutive.* Die Exekutive muss sich an die im Gesetz vorgegebenen Organisationsstrukturen halten. Der Grund für diese Beschränkung der Organisationskompetenz des Bundesrates ist weitgehend politischer Natur. Man will *verhindern, dass ein Bundesrat* durch Umstrukturierung der Verwaltung gegenüber den anderen Kollegen ein *zu grosses Gewicht* erhalten kann.

Die Kollegialität des Bundesrates setzt ein Gleichgewicht innerhalb der Verwaltung voraus. Dieses Gleichgewicht muss der Gesetzgeber gewährleisten. Schliesslich muss auch aus parteipolitischen Gründen sichergestellt sein, dass der Bundesrat, der sich aus verschiedenen Parteien zusammensetzt, *parteipolitisch gleich gewichtet wird.* Dieser Grundsatz der Gesetzmässigkeit wird heute allerdings vor allem durch weitgefasste Delegationsnormen je länger je mehr durchbrochen. So sieht beispielsweise Art. 64 des Entwurfes des Bundesrates zu einem neuen Organisationsgesetz vor, dass die Zuweisung der Ämter an die Departemente durch den Bundesrat geregelt wird. Das Gesetz zählt also lediglich die Ämter in der Bundesverwaltung auf; ihre Verteilung auf die einzelnen Departemente ist Sache des Bundesrates.

D. Starre Regelungen der Zuständigkeit

Ein weiteres Problem ist die vom Verfahrensrecht vorgesehene und vorgeschriebene *starre Regelung der Zuständigkeit.* Das Verwaltungsverfahren setzt eine klare Regelung der Zuständigkeit voraus. Die eindeutige Umschreibung der Zuständigkeiten verschiedener Behörden trägt dem Bedürfnis des Bürgers nach möglichst umfassender *Rechtssicherheit* Rechnung. Damit wird eine sachgerechte, kontinuierliche Rechtsprechung gewährleistet. Der Sinn der Zuteilung von Zuständigkeiten besteht gerade darin, dass eine Behörde, die einer Sache am nächsten steht und am meisten *Erfahrung* auf dem betreffenden Gebiet hat, entscheiden soll. Trotzdem besteht in der Praxis ein *starkes Bedürfnis nach einer zweitinstanzlichen Überprüfung von Verwaltungsentscheidungen.* Daher sieht das Gesetz über das Verwaltungsverfahren generell eine Ermessensüberprüfung von Entscheidungen unterer Verwaltungsinstanzen durch die oberen Instanzen vor. Damit ist einer willkürlichen Organisation von Zuständigkeit der Riegel geschoben.

Diese Zentralisierung der Zuständigkeitsordnung verleitet sehr viele Verwaltungsinstanzen dazu, bereits im Rahmen von *detaillierten Weisungen an die internen Instanzen den vom Gesetzgeber vorgesehenen Ermessensbereich auszufüllen.* Damit nehmen sie den unteren Instanzen die Initiative und eigene Entscheidungsverantwortung. Mit derartigen Weisungen wird auch die *Funktion der Ermessensdelegation oft zerstört.* Der Gesetzgeber gibt nämlich der Verwaltung dann ein Ermessen, wenn er der Auffassung ist, dass gewisse Fragen besser durch Einzelentscheide als durch generelle Weisungen dem Postulat der Einzelfallgerechtigkeit entgegenkommen.

Das Kollegialitätsprinzip, die Zuweisung der Organisationsgewalt an den Gesetzgeber und schliesslich die starre Regelung von Zuständigkeiten sind *wesentliche Schranken der freien, flexiblen Organisation der Verwaltungstätigkeit.* In diesem Rahmen kann der Träger der Organisationsgewalt frei gestalten.

II. Organisations- und Führungsprobleme

A. Allgemeines

Neben der reinen Frage der Organisation stellen sich der Verwaltung aber weitere grundsätzliche Führungsprobleme. Wenn auch die Bereiche der öffentlichen Verwaltung und der privaten Betriebe hinsichtlich ihrer Zielsetzung und Organisation kaum zueinander in Kongruenz gebracht werden können, besteht doch *auf dem Gebiete der eigentlichen Führungsprobleme ein enger Zusammenhang zwischen Verwaltung und privaten Betrieben.* Die entartete Bürokratie ist sowohl in der Verwaltung wie auch in den grossen Privatunternehmen unerträglich.

Es ist selbstverständlich, dass die Grösse des heutigen Verwaltungsbetriebes bedeutend schwierigere Fragen aufwirft als dies zur Zeit der Gründung des Bundesstaates der Fall war. Die Bundesräte kamen damals noch mit einigen wenigen Sekretären aus. Heute zählt beispielsweise die Bundesverwaltung 30'000 mehr Angestellte als der Kanton Schwyz Einwohner.

Die klassische Verwaltungsrechtslehre hat das Problem der Führung auf die Frage der durchgestrafften Verwaltungshierarchie reduziert. Dies kommt etwa in Art. 25 BtG (SR 172.221.10) zum Ausdruck, wenn er festlegt:

«Der Beamte hat die Dienstbefehle seiner Vorgesetzen gewissenhaft und vernünftig zu vollziehen.

Der Vorgesetzte trägt die Verantwortung für die von ihm erteilten Befehle.»

Mit dieser Bestimmung wird die Beamtenhierarchie klar und unzweideutig gesetzlich verankert. Der Vorgesetzte erteilt die Befehle, der Untergebene hat zu gehorchen.

Dieses System beruht auf dem falsch verstandenen Bild eines einheitlichen Staatswillens. Nach diesen Vorstellungen kann der Staat nur durch einen einzigen Willen tätig werden, weshalb die Beamten durch strenge Gehorsamspflicht und weitgehende Dienstaufsicht der Staatsspitze unterstellt sind. Alle Beamten dienen ein und derselben Person, dem Staat. Sie sind durch *Über- und Unterordnung in einem Instanzenzug hierarchisch gegliedert. Der Staatswille ist umso stärker und reiner, je höher das Organ steht, das ihn zur Geltung bringt.* Am stärksten und reinsten erscheint er an der Spitze des Staates. Daher gilt der Wille der höheren Instanz dem Untergebenen gegenüber als kräftiger und inhaltlich besser als der Wille der unteren Instanzen (vgl. FLEINER F., Institutionen des Deutschen Verwaltungsrechts, 8. Aufl. Zürich 1928, S. 95 ff.; RUCK E., Schweizerisches Verwaltungsrecht, Bd. 1, 3. Aufl. Zürich 1951, S. 22 ff.).

Diese Auffassung entspricht einer sehr subjektivistischen und positivistischen Einstellung gegenüber dem Staat. Je höher die Intanz ist, die eine Entscheidung fällt, desto besser ist die Entscheidung. Diese formalistische Betrachtungsweise hält aber vor den gegenwärtigen Anforderungen an eine modern organisierte Verwaltung nicht mehr stand.

Eine rechtlich bessere Entscheidung liegt nämlich nur dann vor, wenn sie sich besser in das Staatsganze integrieren lässt. Dies trifft vor allem dann zu, wenn der demokratische Gesetzgeber entscheidet. Dieser ist besser als die Regierung oder die Verwaltung in der Lage, Interessenkonflikte zu lösen. Innerhalb der Verwaltung ist die höhere Behörde rechtlich nicht automatisch die bessere. Der Beamte, der auf Grund seiner Fachkenntnisse angestellt ist und auf dem Gebiet Erfahrungen hat, kann gemäss den gegebenen Verhältnissen möglicherweise angemessener entscheiden als eine hohe Instanz, die von der Sache weitentfernt ist. Entscheidend sind Fähigkeit und Umfang der Verantwortung sowie die persönlichen Sachkenntnisse, nicht aber unbedingt die hohe Stellung.

Innerhalb der Verwaltung soll deshalb *diejenige Entscheidung die beste sein, die von der grössten Sach- und Fachkenntnis getragen ist* und für die die notwendigen Verfahrensvoraussetzungen geregelt sind. Der *nächsthöheren Behörde soll nur dann ein Mitspracherecht eingeräumt werden, wenn aus Gründen der Koordination* mit anderen Behörden die Entscheidung angepasst werden muss.

Diesen Überlegungen kommt vor allem auch im Zusammenhang mit der *territorial* und *föderalistisch dezentralisierten Verwaltung* eine hervorragende Bedeutung zu. Die Tatsache, dass unsere Bundesgesetze weithin durch die Kantone und Gemeinden vollzogen werden, erleichtert vielfach den Entscheidungsmechanismus. Sie vereinfacht das Verhältnis von Behörden und Bürgern und stellt sicher, dass Entscheidungen auf Grund der Fachkenntnisse und der Kenntnisse der entsprechenden lokalen Umstände gefällt werden. Die lokale Dezentralisation der Verwaltung ist ein deutliches Beispiel dafür, dass die *Delegation nach unten in der Regel zu besseren Entscheidungen führen kann als die starre zentralistische Lösung.*

B. Delegation von Entscheidungsbefugnissen

Den Vorgesetzten der Verwaltungshierarchie wird oft der Vorwurf gemacht, sie delegierten zwar sehr gerne die Arbeit nach unten, aber nicht Kompetenzen und Verantwortung. Inwieweit ist es möglich, im Rahmen der Verwaltungsorganisation nicht nur Arbeit, sondern auch Verantwortung nach unten zu delegieren? Wenn wir von Delegation sprechen, müssen *zwei verschiedene Delegationsbegriffe* voneinander unterschieden werden: die Delegation im Sinne des Staatsrechts und die Delegation als Führungsprinzip.

«Der juristische Delegationsbegriff umfasst die Übertragung der Zuständigkeit (Kompetenz), rechtsverbindliche Entscheide zu treffen, durch die zuständige Behörde auf eine andere Behörde.»
(Richtlinien für die Verwaltungsführung im Bunde, Bern 1974, S. 16 Nr. 42, Hervorhebung nicht im Original.)

Die rechtliche Delegation von Zuständigkeiten ist natürlich an den Rahmen der Verfassung, insbesondere der Gewaltenteilung und der staatsrechtlichen Zuständigkeitsordnung, gebunden. Auf diese wollen wir in diesem Zusammenhang nicht eintreten. Uns interessiert die Frage, *wann* der Gesetzgeber oder der Verordnungsgeber im Rahmen seiner Befugnisse *Zuständigkeiten auf eine untere Instanz delegieren soll.*

Die Beantwortung dieser Frage ist von mehreren Gesichtspunkten abhängig. Massgebend ist primär die Delegation auf die *fachlich kompetente Behörde*. Entscheidungen sollen von dem getroffen werden, der nicht nur rechtlich, sondern auch fachlich zur Behandlung der Angelegenheit kompetent ist. Dies führt in der Regel zu einer weitgehenden Delegation der Zuständigkeit nach unten.

Einer derartigen Delegation sind aber Grenzen gesetzt. Neben der fachlichen Zuständigkeit spielt nämlich auch die Berücksichtigung der *Rechtsgleichheit* eine entscheidende Rolle. Durch zu weite Delegation nach unten kann die Rechtsgleichheit gefährdet werden, wenn dadurch verschiedene Behörden, zum Beispiel Zollkreise, auf dem gleichen Gebiet zuständig sind, aber unterschiedlich entscheiden. Es wäre beispielsweise rechtswidrig, wenn die einzelnen Zollämter über die Anwendung des Zollgesetzes frei entscheiden könnten. Dies könnte auf Grund der verschiedenen Auffassungen der Zollämter zu rechtsungleichen Behandlungen der Bürger führen.

Schliesslich muss bei der Delegation immer das Bedürfnis nach *Koordination mit anderen Entscheidungen* berücksichtigt werden. Entscheidungen, die mit anderen Entscheidungen koordiniert werden müssen, setzen eine höhere Stufe der Zuständigkeit voraus als Entscheidungen, die punktuell, ohne Berücksichtigung anderer Rechtsgebiete getroffen werden können. Diese Koordination kann aber oft über den Weg der ordentlichen Aufsicht oder Planung sichergestellt werden, ohne dass dadurch wesentliche Zuständigkeiten von unten nach oben zurückgenommen werden müssten.

Neben der juristischen Delegation spielt die *Delegation als Führungsprinzip* eine Rolle. In den Richtlinien für die Verwaltung wird diese folgendermassen definiert:

«Delegieren heisst: Einem Mitarbeiter Aufgaben zur selbständigen Bearbeitung übertragen. Der Mitarbeiter kann die dafür erforderlichen Handlungen vornehmen und trägt die entsprechende Verantwortung» (S. 16).

Echte Delegation im Rahmen der Verwaltungsführung entlastet den Vorgesetzten für Führungsaufgaben, steigert die Initiative und Selbständigkeit der Mitarbeiter und fördert den Teamgeist.

C. Sachliche und territoriale Dezentralisation

1. Sachliche Dezentralisation

Die sachliche und territoriale Dezentralisation der Verwaltungsaufgaben ist eng mit dem Problem der Delegation verbunden. *Die Verwaltung kann im heutigen Zeitpunkt unmöglich alle ihr übertragenen Aufgaben durch die Zentrale lösen lassen.* Es wäre geradezu widersinnig, wollte man Eisenbahn und Post, Pulverfabriken und Bankaufsicht in die Zentralverwaltung des Bundes eingliedern.

Das Verwaltungsrecht stellt für derartige ausgegliederte Aufgaben der Verwaltung verschiedene Institute zur Verfügung: die *öffentlich-rechtliche Anstalt,* die *öffentlich-rechtliche Körperschaft,* die *Stiftung,* die *Aktiengesellschaft,* die *gemischtwirtschaftliche Organisation,* die *Übertragung von Verwaltungsaufgaben auf Private. Der Gesetzgeber muss im Rahmen seines politischen Ermessens entscheiden, welche Organisation am zweckmässigsten ist.* Dabei ist vor allem auf zwei Kriterien abzustellen: den *Grad der Autonomie,* den man einer Organisation gewähren will, und die Notwendigkeit der *Mitsprache anderer betroffener Beteiligter* bei der Verwaltung der staatlichen Aufgaben. Je nachdem wird der Gesetzgeber das Institut der Anstalt oder der Körperschaft mit mehr oder weniger grösserer Autonomie wählen. Das Verwaltungsrecht selbst stellt dem Gesetzgeber kaum Grenzen. Es begnügt sich lediglich damit, die Haupttypen der verschiedenen Organisationsformen herauszuarbeiten, um durch diese Typisierung der verschiedenen Formen die Möglichkeiten der Verwaltungsdezentralisation rechtlich zu kanalisieren.

2. Territoriale Dezentralisation

2.1. Hoher Autonomiegrad der Untersysteme

In unserem Staate kommt der territorialen Gliederung neben der sachlichen Dezentralisation *eine hervorragende Bedeutung zu.* Die Gesetzgebung geht in der Regel davon aus, dass die Bundesgesetze durch kantonale Verwaltungsstellen vollzogen werden. Die Bundesgesetze werden also von Verwaltungsstellen vollzogen, die nur der beschränkten Verbandsaufsicht des Bundes unterstellt und in weitgehend autonomen Körperschaften integriert sind. Sie unterstehen der Aufsicht kantonaler Parlamente und müssen die Bundesgesetze im Rahmen des kantonalen Finanzrechts vollziehen. Sie werden von kantonalen Behörden gewählt und unterstehen dem kantonalen Dienstrecht. *Der Bund delegiert somit im Rahmen der territorialen Dezentralisation ganze Aufgaben zur autonomen Vollziehung auf die Kantone.*

Damit werden Probleme von erstrangiger Bedeutung aufgeworfen. Es stellt sich beispielsweise die Frage, wer die *Verantwortung für den Gesetzesvollzug* im Kanton zu tragen hat: der Gesetzgeber oder die Regierung. Damit stellt sich aber weiterhin die Frage, ob beispielsweise der Bundesgesetzgeber in seinem Gesetz bestimmen könne, wer für den Vollzug verantwortlich sei, wer beispielsweise die Ausführungsgesetze zu erlassen habe, die Exekutive oder die Legislative.

Damit die Bundesaufgaben richtig vollzogen werden können, müssen die Kantone genügend Personal und finanzielle Mittel für den Vollzug bereitstellen. Wer stellt diese Mittel zur Verfügung, wenn die Kantone dazu nicht mehr in der Lage sind? Kann der Bundesgesetzgeber den Kantonen ohne weiteres neue Aufgaben übertragen? In diesem Zusammenhang wurde das Schlagwort der sogenannten *Vollzugskrise* aufgeworfen. Sind die Kantone mit dem Vollzug der neuen Bundesgesetze überfordert? Inwieweit sind sie verpflichtet, selber die notwendigen finanziellen und personellen Mittel zu beschaffen, um für den Vollzug zu garantieren? Nehmen die kantonalen Behörden beim Vollzug von Bundesgesetzen die Verantwortung des Bundes oder der Kantone wahr?

2.2. Territoriale Dezentralisation mit geringer Autonomie der Untersysteme

Neben dem Vollzug von Bundesrecht durch die Kantone kennt die Zentralverwaltung die *territoriale Dezentralisation durch Kreisdirektionen der Bundesverwaltung*. Die Zollverwaltung ist beispielsweise in verschiedene, territorial gegliederte Zollkreise eingeteilt. Ähnliches gilt für die PTT und SBB. Überall finden wir Verwaltungsdistrikte mit eigenständigen Befugnissen und eigenen Direktionen. Diese Kreise unterstehen aber, im Gegensatz zu den Kantonen, *dem unmittelbaren Weisungsrecht der zentralen Anstaltsverwaltung*.

3. Rechtsschutz

Des weiteren stellen sich grundlegende Probleme des Rechtsschutzes. Kann der Bundesgesetzgeber die Kantone verpflichten, einen verwaltungsrechtlichen Rechtsschutz bei der Vollziehung der Bundesgesetze vorzusehen? Wann handeln die Kantone in Ausführung des Bundesrechts, wann handeln sie *autonom*? Diese Probleme stellen sich vor allem bei der Abgrenzung zwischen *staatsrechtlicher* und *verwaltungsgerichtlicher Beschwerde*.

Wie steht es mit der Rechtsgleichheit? Können die Kantone dafür Gewähr bieten, dass die betroffenen Bürger in allen Kantonen gleiche Rechtspflichten bei der Anwendung der Bundesgesetze auf sich nehmen müssen? Wie steht es mit Bundesgesetzen, die den Kantonen einen weiten Spielraum lassen? Kann dadurch nicht die Rechtsgleichheit in Frage gestellt werden? Meines Erachtens müsste der Bundesgesetzgeber in Zukunft diesen Problemen mehr Rechnung tragen. Er könnte den Bundesrat beispielsweise ermächtigen, durch Richtlinien, die sich an die kantonalen Behörden wenden, den rechtsgleichen Vollzug sicherzustellen.

Ohne Zweifel lässt sich der Rechtsschutz bei der territorialen Dezentralisation nicht mit letzter Perfektion vereinheitlichen und vereinfachen. Trotzdem ist vom Bundesgesetzgeber zu fordern, in Zukunft eine für die Bürger einfachere und transparentere Lösung vorzusehen und den gegenwärtigen Wirrwarr von Verwaltungsbeschwerde, verwaltungsgerichtlicher Beschwerde, verwaltungsrechtlicher Klage, staatsrechtlicher Beschwerde, zivilrechtlicher Klage, Beschwerde ans Versicherungsgericht usw. zu vereinheitlichen. Dies lässt sich ohne Eingriff in die kantonale Organisationshoheit nicht bewerkstelligen. Der Bundesgesetzgeber könnte aber wie im Sozialversicherungsrecht von den Kantonen ein rasches, einfaches Verfahren bei einem unabhängigen Verwaltungsgericht fordern, das als Vorinstanz vor dem Bundesgericht entscheiden muss.

4. Planung und Aufsicht

Wie steht es mit den Vollzugspflichten und Aufgaben, die in Sach- und Finanzplanung integriert werden müssen? Sind die Kantone noch in der Lage, richtige Finanzpläne auszuarbeiten, wenn ihnen der Bundesgesetzgeber ständig neue Aufgaben überträgt? Wie steht es, wenn die Kantone verpflichtet sind, Schwerpunkte zwischen den Aufgaben des Bundes und den autonomen Aufgaben der Kantone zu setzen?

Darüber hinaus ist das grosse und grundlegende Problem der Aufsicht zu lösen, auf das wir im nächsten Kapitel zu sprechen kommen werden. Ähnliche Fragen stellen sich aber nicht nur zwischen Bund und Kantonen, sondern auch zwischen Kantonen und Gemeinden. Allerdings kann der Kanton als Gesetzgeber die Gemeinden einer viel weitergehenden kantonalen Aufsicht unterstellen als der Bundesgesetzgeber die Kantone. Den Kantonen stehen verfassungsrechtlich gewährleistete Befugnisse zu, während der Gesetzgeber die Autonomie der Gemeinden beschränken kann.

D. Information und Sanktionen

In engem Zusammenhang zur Delegation stehen Informations- und Kontrollrechte der Oberbehörde. Die Oberbehörde hat sicherzustellen, dass die delegierten Aufgaben im Rahmen der verwaltungsinternen Dezentralisation richtig ausgeführt und vollzogen werden. Um diese Aufgabe zu erfüllen, stehen den Oberbehörden verschiedene Möglichkeiten zur Verfügung.

1. Information

Voraussetzung jeglicher Kontrolle ist die umfassende Information. Diese lässt sich auf verschiedene Weise sicherstellen. Der Gesetzgeber kann eine periodische *Berichterstattungspflicht* vorsehen. Dies ist das lockerste und unzuverlässigste Informationsmittel, da der Unterstellte weitgehend selber bestimmt, worüber er in seinem Bericht informieren will. Er kann den Bericht so formulieren, dass kaum sichtbar wird, wo die eigentlichen Probleme liegen.

Zu besseren Informationen kommt die Aufsichtsbehörde, wenn sie das Recht hat, von den unterstellten Organen besondere Auskünfte zu verlangen. Dies setzt eine allgemeine *Auskunftspflicht* der unterstellten Behörden voraus. In diesem Falle kann die Oberbehörde bestimmen, worüber ihr die Unterbehörde Bericht zu erstatten hat. Trotzdem kann die Unterbehörde Informationen vertuschen oder gar unterschlagen.

Das stärkste Informationsmittel ist das eigentliche *Inspektionsrecht*. Mit der Durchführung von Inspektionen kann sich die Oberbehörde selber an Ort und Stelle die notwendigen Auskünfte verschaffen, Akten einsehen, Beamte einvernehmen und einen Augenschein vornehmen. Im *Verhältnis von Bund und Kantonen muss dieses Inspektionsrecht im Gesetz ausdrücklich vorgesehen sein.*

So sieht beispielsweise Art. 80 der Verordnung I zum Bundesgesetz über die Arbeit in Industrie, Gewerbe und Handel vom 14. Januar 1966 (SR 822.111) vor, dass die Vollzugs- und Aufsichtsorgane befugt sind, alle Räume einschliesslich der Ess-, Aufenthalts- und Unterkunftsräume des Betriebes, die dem Gesetz unterstellt sind, zu überprüfen. Die kantonalen Gemeindegesetze sehen vielfach vor, dass das kantonale Finanzamt befugt ist, periodisch die Gemeinderechnungen an Ort und Stelle zu überprüfen. In Art. 167 des Gesetzes über die Organisation und die Verwaltung der Gemeinden und Bezirke des Kantons St. Gallen vom 29. Dezember 1947 ist dies folgendermassen geregelt:

> «Der Bezirksammann hat das Recht, zur Durchführung der Aufsicht in die Bücher, Akten und Archive der Gemeinden und Korporationen Einsicht zu nehmen.»

Die Behörden informieren sich selbstverständlich auch oft auf Grund von Auskünften oder Aufsichtsbeschwerden, die sie von Dritten erhalten. Die Behörden sind nicht verpflichtet, auf solche Anzeigen einzutreten; sie können aber die erforderlichen Massnahmen treffen, wenn sie die Vermutung haben, dass die Anzeigen berechtigt sind.

Zudem können sich die Aufsichtsbehörden bei der Beurteilung von Beschwerden in einem konkreten Fall vollumfänglich über die Tätigkeit der unterstellten Behörde informieren. Die Behandlung der *konkreten* Beschwerde gibt ihnen oft mehr Einblick in die Tätigkeit der unterstellten Behörde als ausführliche und unübersichtliche Berichte.

2. Massnahmen

2.1. Präventive Massnahmen

Neben den eigentlichen Informationsmitteln kommt den *Sanktionen* eine in der Praxis allerdings nicht immer entscheidende Bedeutung zu. Wie bei den Verwaltungsmassnahmen kann dabei unterschieden werden zwischen repressiven und präventiven Sanktionen. *Eine präventive Sanktionsmöglichkeit liegt vor, wenn für einen Entscheid oder Erlass die Genehmigung der Oberbehörde eingeholt werden muss. So sehen beispielsweise verschiedene Bundesgesetze vor, dass Verordnungen der kantonalen Exekutive der Genehmigung des Bundesrates bedürfen.* Ähnliches kennen wir vor allem auch im Verhältnis zwischen Kantonen und Gemeinden.

Die Genehmigung kann *konstitutiv oder deklaratorisch* sein. Ist sie konstitutiv, tritt der Erlass erst bei Erteilung der Genehmigung in Kraft. Andernfalls kann durch die Verweigerung der Genehmigung der Erlass durch die Oberbehörde aufgehoben werden. Vielfach ist nicht geregelt, ob der Genehmigung konstitutive oder deklaratorische Bedeutung zukommt. In diesem Fall muss durch Interpretation der Sinn und die Funktion der Genehmigung festgestellt werden, um abzuwägen, ob sie deklaratorische oder konstitutive Bedeutung hat. Es trägt zur Rechtssicherheit und Autonomie der unterstellten Körperschaft bei, wenn im *Zweifelsfalle* die Genehmigung der Oberbehörde lediglich deklaratorische Bedeutung hat. Im Zweifel soll also eine Regelung der unteren Instanz in Kraft treten, wenn ihr die Genehmigung nicht nachträglich durch die Oberbehörde verweigert wird.

Wird die Genehmigung nicht erteilt, tritt die Regelung mit dem Datum der Nichtgenehmigung ausser Kraft. Es ist Aufgabe der Oberbehörde, im Falle der Nichtgenehmigung die notwendigen Entscheidungen zu treffen, um Rechtsunsicherheiten und allfällige Ungerechtigkeiten zu verhindern. Der Entscheid über die Genehmigung von Erlassen ist eine Verfügung, die auf Bundesebene nicht beim Verwaltungsgericht angefochten werden kann (vgl. Art. 99 lit. a OG).

Ein präventives Kontrollmittel ist in gewissem Sinne auch das *Weisungsrecht*. Einige Gesetze, wie etwa das Bundesgesetz über Arbeit, Industrie und Gewerbe, geben den Oberbehörden ein unmittelbares Weisungsrecht gegenüber den unteren Behörden. Allerdings ist nicht klar, welcher Stellenwert diesem Weisungsrecht zukommt, da ihm keine dienstrechtliche Sanktion (zum Beispiel Disziplinarmassnahme) folgen kann. Das Weisungsrecht gibt der Oberbehörde lediglich die Möglichkeit, den Handlungsspielraum der unteren Behörden über den Weg der Weisungen einzuschränken.

Weisungen des Bundesrates an alle Kantonsregierungen erfolgen in den sogenannten «Kreisschreiben». Diese Kreisschreiben ermöglichen es dem Bund, rechtzeitig die notwendigen Vorkehren zur Sicherstellung einer gleichen Rechtsanwendung durch die Kantone zu gewährleisten.

2.2. Repressive Massnahmen

Neben den präventiven kommt den *repressiven Massnahmen* eine entscheidende Bedeutung zu. Repressive Massnahmen können sein: *disziplinarische Massnahmen gegenüber den Beamten, Zurechtweisung der unterstellten Behörden, Verweigerung von Leistungen (zum Beispiel Subventionen), Ersatzvornahme oder Intervention.*

2.2.1. Kreisschreiben

Das leichteste Sanktionsmittel ist sicher die *Zurechtweisung* der unterstellten Behörden. Diese Zurechtweisung erfolgt im Verkehr von Bund und Kantonen regelmässig über den Weg der sogenannten *Kreisschreiben des Bundesrates,* die nicht nur präventiven, sondern auch repressiven Charakter haben können. In diesen Kreisschreiben lädt der Bundesrat die unterstellten Behörden ein, den Vorschriften des Bundesgesetzes Rechnung zu tragen. Er ist aber bereits bei Ausübung dieser kaum einschneidenden Massnahme *gegenüber den Kantonen sehr zurückhaltend*. Es wird im Rahmen der föderalistischen Courtoisie als Affront empfunden, wenn der Bundesrat eine kantonale Behörde beim Vollzug ihrer Gesetzesaufgabe kritisiert, zumal die Kreisschreiben generellen Charakter haben und sich an alle Kantonsregierungen richten. Die kantonale Behörde kann zudem über die kantonalen Vertreter im Parlament dem Bundesrat Schwierigkeiten bereiten.

2.2.2. Verweigerung von Leistungen

Aus diesem Grunde wird von der einschneidenderen Massnahme, nämlich *der Verweigerung des Entzugs der Leistung, kaum Gebrauch gemacht, weshalb sie weitgehend bedeutungslos ist*. Die Kantone lassen es nicht zu, dass ihre Vollzugstätigkeit in Frage gestellt wird. Sie halten sich für autonome Körperschaften, die in eigener Verantwortung über den Vollzug der Bundesgesetze zu entscheiden haben.

2.2.3. Ersatzvornahme

Bei der *Ersatzvornahme* ist zwischen der legislatorischen Ersatzvornahme, der Verwaltungsmassnahme und der Übernahme der gesamten Verwaltungstätigkeit der unteren Körperschaft zu unterscheiden.

Eine *legislatorische Ersatzvornahme* liegt vor, wenn die obere Behörde anstelle der unteren Behörde selbst gesetzgeberisch tätig wird. Dies ist zwischen Bund und Kantonen für die Einführungsgesetze zum ZGB und zum Strafgesetzbuch vorgesehen.

Aber auch die kantonalen Gesetze sehen gegenüber den Gemeinden die Möglichkeit der legislatorischen Ersatzvornahme vor. Ein Spezialfall der legislatorischen Ersatzvornahme ist das sogenannte *Normal- und Modellreglement*, das sich vor allem im *kantonalen Baurecht* eingebürgert hat. Bekanntlich sind die Gemeinden nach kantonalem Baurecht verpflichtet, sogenannte Gemeindebauordnungen oder Zonenordnungen zu erlassen. Kommen sie dieser Pflicht nicht nach, findet in verschiedenen Kantonen das kantonale Normalbaureglement unmittelbar Anwendung. Dieses Normalbaureglement ist in der Regel auf kleine, ländliche Gemeinden zugeschnitten, die mit keiner industriellen Entwicklung rechnen müssen und wirtschaftlich bedeutungslos sind. Wollen diese Gemeinden aus der Zwangsjacke des Normalbaureglementes ausbrechen, müssen sie eine eigene Gemeindebauordnung erlassen. Auf diese Weise kann ein wirksamer, indirekter Druck auf die Gemeindebehörden aufstrebender Gemeinden zum Erlass von Baureglementen ausgeübt werden.

Neben der legislatorischen ist die gewöhnliche Ersatzvornahme zu erwähnen. Erfüllt eine Gemeinde die ihr übertragenen Aufgaben nicht, muss der Kanton an ihrer Stelle und auf ihre Kosten handeln. Dies kann so weit gehen, dass sämtliche Angelegenheiten der Gemeinde durch die kantonalen Behörden verwaltet werden, wenn sie dazu nicht imstande ist. Die Gemeinde wird dann, wie man im Volksmund sagt, unter Vormundschaft gestellt. Derartige Massnahmen dürfen nur im äussersten Falle getroffen werden. Der Kanton ist auch hier an den Grundsatz der Verhältnismässigkeit gebunden (zum Beispiel zürcherische Gemeinde Humlikon, nachdem ein Grossteil der Bevölkerung bei einem Flugzeugabsturz ums Leben gekommen war).

2.2.4. Aufhebung von Entscheidungen

Überaus wirksam ist schliesslich die Kassation von Entscheiden der unteren Behörde durch richterliche Instanzen. Einige neuere Bundesgesetze (Art. 103 lit. b OG) sehen vor, dass die Bundesbehörden die Möglichkeit haben, gegen Entscheidungen der kantonalen Instanzen wegen nicht richtiger Vollziehung des Bundesrechts Beschwerde beim Bundesgericht einzureichen. Das Bundesgericht kann den kantonalen Entscheid aufheben, wenn er bundesrechtswidrig ist. Auf diese Weise ist eine objektive und unpolitische Kontrolle des kantonalen Vollzugs von Bundesrecht gewährleistet, ohne dass das Verhältnis von Bundesrat und betroffener Kantonsregierung belastet wird.

Meistens kann die Bundesbehörde, zum Beispiel das Departement, aber erst eingreifen, wenn ein letzter kantonaler Entscheid vorliegt. Es ist unbefriedigend, wenn die Bundesbehörde nicht auch in den innerkantonalen Instanzenzug eingreifen und Entscheide unterer Behörden mit einem kantonalen Rechtsmittel anfechten kann.

2.3. Disziplinarische Massnahmen

Einschneidender und *wirksamer sind die disziplinarischen Befugnisse.* Nach verschiedenen Gemeindegesetzen stehen solche Befugnisse beispielsweise den kantonalen Behörden gegenüber den Gemeindebeamten zu. Das Gesetz über die disziplinarische Verantwortlichkeit der Behördenmitglieder, Beamten und öffentlichen Angestellten vom 28. März 1974 des Kantons St. Gallen gibt den kantonalen Behörden in Art. 12 die Möglichkeit, gegen Beamte der Gemeinden diziplinarisch vorzugehen:

«Zur Verfügung von Disziplinarmassnahmen ist die Wahlbehörde zuständig.

Die Disziplinargewalt steht jedoch zu:

a) dem Regierungsrat über die vom Volk, vom Grossen Rat oder von der Bürgerschaft einer Gemeinde oder einer Korporation gewählten Behördenmitglieder und Beamten.»

In diesem Falle muss die Behörde nicht über die Verbandsaufsicht die Tätigkeit der ihr unterstellten politischen Behörde kritisieren, sondern kann den fehlbaren Beamten unmittelbar zur Rechenschaft ziehen. Der Beamte hat gewissermassen eine unmittelbare Gehorsamspflicht gegenüber der übergeordneten Behörde. Diese kann, wenn sich der Beamte Fehler zuschulden kommen lässt, disziplinarisch eingreifen. Es besteht kein Zweifel, dass eine Regierung, die derartige Befugnisse hat, die Autonomie einer Gemeinde praktisch aushöhlen könnte. Allerdings ist die faktische Kompetenz der Regierung gegenüber Gemeindebehörden sehr stark eingeschränkt. Sie können den Gemeindepräsidenten kaum gegen den klaren Willen einer politischen Volksmehrheit absetzen oder bestrafen. Die Regierung wird nur dann einschreiten, wenn sie in ihrer Entscheidung durch die Bevölkerung abgedeckt ist. Sie muss die Behördenmitglieder unter Berücksichtigung der Interessen der Bevölkerung beaufsichtigen. Derartige Befugnisse setzen aber eine klare gesetzliche Grundlage voraus. Sie sind im Verhältnis Bund—Kantone nicht vorgesehen.

2. Kapitel: Das öffentliche Dienstrecht

ARNDT H., Der Zweck der Disziplinarstrafe, DöV 19, 1966, S. 809 ff.; AYOUB E., La fonction publique, Paris 1975; BARTH E., Dienstbegriff und ausserdienstliches Verhalten im Wehr-, Disziplinar- und Strafrecht, Festschrift für R.M. König, Göttingen 1970; DAN K., Der Begriff des Dienstvergehens und sein Verhältnis zum Straftatbestand, DVBl 83, 1968, S. 62 ff.; DERSELBE, Das Opportunitätsprinzip im Disziplinarrecht, Köln 1963; DERMIETZEL F., Freiheitsrechte und deutsches Beamtenverhältnis unter besonderer Berücksichtigung der politischen Betätigung des Beamten, Diss. Würzburg 1967; FISCHLER W., Besonderes Gewaltverhältnis und verfassungsmässige Rechte nach dem BG vom 30.6.1927 über das Dienstverhältnis des Bundesbeamten, Diss. Zürich 1931; FLEINER F., Beamtenstaat und Volksstaat, Ausgewählte Schriften und Reden, Zürich 1941, S. 133 ff.; FLIEDNER O., Die Zumessung der Disziplinarmassnahmen, Berlin 1972; FOURRIER CHR., La liberté d'opinion du fonctionnaire, Essai de droit public comparé, Paris 1957; GRISEL A., La liberté d'opinion des fonctionnaires en droit fédéral suisse, Neuchâtel 1937; HANGARTNER Y., Reform des Beamtendisziplinarrechts, ZBl 71, 1970, S. 425 ff.; HELMERS D., Beschränkung von Grundrechten im Dienstverhältnis der Staatsangestellten und die Einflüsse des Arbeitsrechts auf das öffentliche Dienstrecht, Diss. Münster 1971; IM HOF A., Das öffentlichrechtliche Dienstverhältnis, ZSR 48, 1929, S. 231 a ff.; JUD E.M., Besonderheiten öffentlich-rechtlicher Dienstverhältnisse nach schweizerischem Recht, insbesondere bei deren Beendigung aus nicht-disziplinarischen Gründen, Diss. Fribourg, St. Gallen 1975; ISENSEE J., Beamtenstreik, Bonn 1971; KAUFMANN O.K., Grundzüge des schweizerischen Beamtenrechts, ZBl 73, 1972, S. 379 ff.; KERN TH., Das Dienstrecht des Bundespersonals, insbesondere die Vermögensrechte infolge Beendigung und Umgestaltung des Dienstverhältnisses, Diss. Bern 1935; KLÖTI U., Karrieren in der Verwaltung, VP 26, 1972, S. 162 ff.; LANFRANCONI S., Das Dienstversäumnis, Diss. iur. Zürich 1975; LAUXMANN F., Öffentlich-rechtliches und privatrechtliches Dienstverhältnis im Hinblick auf die grundrechtliche Stellung der Angehörigen des öffentlichen Dienstes, Diss. Tübingen 1961; LEISNER W., Das Berufsbeamtentum im demokratischen Rechtsstaat, Berlin 1975; DERSELBE, Mitbestimmung im öffentlichen Dienst, Bonn, Bad Godesberg 1970; LOBSIGER E., Die rechtliche, wirtschaftliche und soziale Stellung des Beamten und deren Sicherung, ZBl 74, 1973, S. 305 ff.; MEILI C., Das öffentlich-rechtliche Dienstverhältnis, insbesondere dessen Beendigung nach zürcherischem Recht, Diss. Zürich 1954; SALADIN P., Die Befugnis der Verwaltungsbehörden zur akzessorischen Prüfung von Verordnungen, ZBl 67, 1966, S. 193 ff., inbes. S. 197 ff.; SCHEFFER K., Grundrechte und Beamtenverhältnis, Diss. Tübingen 1966; SILVERA V., La fonction publique et ses problèmes actuels, Paris 1969; STERN K., Zur Verfassungstreue der Beamten, München 1974; ULE C., Rechtsdogmatische und rechtspolitische Bemerkungen zum Nebentätigkeitsrecht. Im Dienst an Recht und Staat, Festschrift für Werner Weber zum 70. Geburtstag, Berlin 1974, S. 609 ff.; WACKE G., Grundlagen des öffentlichen Dienstrechts, Tübingen 1957; WARTMANN C., das Disziplinarwesen. Veröffentlichungen der Schweizerischen Verwaltungskurse an der Hochschule St. Gallen 19, 1961, S. 68 ff.; WORMSER D., Der sog. «Streikartikel» im BG über das Dienstverhältnis der Bundesbeamten, Diss. Bern 1975.

I. Grundprobleme

A. Allgemeines

Die Verwaltungsaufgaben lassen sich selbstverständlich nur durch Personen lösen, die auch in ihrer Rechtsstellung in eine vernünftige hierarchische Ordnung eingegliedert sind, auf Grund ihrer Leistungen beurteilt werden und sich in ihrem Aufgabenbereich entfalten können. Aufgabe des Dienstrechts ist es, dafür zu sorgen, dass einerseits *die rechtlichen Voraussetzungen für die effiziente und gerechte Erfüllung der Verwaltungspflicht* bei den einzelnen Dienstnehmern gewährleistet ist und andererseits sichergestellt wird, dass diejenigen, die im öffentlichen Dienst stehen, *nicht über Gebühr in ihren Rechten beschränkt werden.*

Historisch gesehen hat sich das öffentliche Dienstrecht aus dem früheren *Soldatenrecht* entwickelt. Die preussischen Kaiser waren der Auffassung, die Beamten hätten die Pflicht, wie Soldaten mit Leib und Leben und ihrer Treue für den Herrn einzustehen. Deshalb gab es kein eigentliches Dienstrecht, da die Beamten dem uneingeschränkten besonderen Gewaltverhältnis unterstellt waren. Eine ähnliche Unterstellung unter den «Patron» gab es auch im damaligen Arbeitsrecht. Die Arbeitsgesetze beschränkten sich in der Regel auf einige wenige Bestimmungen, die vor allem die Rechte des Patrons gegenüber seinen ihm unterstellten Arbeitnehmern zum Ausdruck brachten (vgl. CARLEN L., Zur Geschichte des Arbeitsrechts in der Schweiz, in: ZSR NF 91 I, 1972, S. 233 ff.). Im Laufe des 19. und vor allem des 20. Jahrhunderts haben sich aber das öffentliche Dienst- wie auch das Arbeitsrecht entscheidend gewandelt und somit die Rechtsstellung des Beamten wesentlich verbessert.

Welches sind die Merkmale des öffentlichen Dienstrechts? Das öffentliche Dienstrecht zeichnet sich vor allem dadurch aus, dass die *arbeitsrechtliche Stellung des Beamten* oder Angestellten nicht nach Privatrecht bzw. Arbeitsrecht, sondern *nach dem öffentlichen Recht* geregelt ist. Der Dienstnehmer untersteht in aller Regel den Bestimmungen des öffentlichen Rechts. Dies führt insbesondere dazu, dass dem öffentlichen Arbeitgeber eine umfassende öffentlich-rechtliche *Disziplinargewalt* mit den entsprechenden Weisungsbefugnissen zur Verfügung steht, die ihn dazu ermächtigt, unter Vorbehalt der verwaltungsgerichtlichen Überprüfung disziplinarische Entlassungen zu verfügen.

Während die wesentlichen Elemente des privaten Arbeitsverhältnisses, zum Beispiel Lohn und Arbeitszeit, im Rahmen des Gesetzes partnerschaftlich ausgehandelt werden, ist der Inhalt des öffentlichen Arbeitsrechts im Gesetz festgelegt. Er lässt sich nicht durch Tarifverhandlungen zwischen Arbeitgeber und Arbeitnehmer abändern. Die Regierung muss ihre Beamten im Rahmen des vom Parlament verabschiedeten Gesetzes anstellen, was die erforderliche Flexibilität wesentlich erschwert.

Ein weiteres entscheidendes Merkmal des öffentlichen Dienstrechts besteht darin, dass der *öffentliche Arbeitgeber gegenüber den Beamten viel weniger Freiheiten hat als der private Arbeitgeber.* Er kann nur im Rahmen des Gesetzes Anstellungen vornehmen oder Entlassungen verfügen. Dabei ist er an die normalen verfassungsrechtlichen Schranken gebunden. Insbesondere bei der Anstellung von Beamten muss er den Grundsatz der Rechtsgleichheit beachten. Er muss sich, soweit sich dies überhaupt kontrollieren lässt, vom Grundsatz leiten lassen, dass für ein gesuchtes Amt immer der beste Bewerber auszuwählen ist. Er darf beispielsweise keine willkürlichen Kriterien einführen und etwa Bewerber für die Ausübung eines Lehramtes in der Primarschule ausschliessen, weil sie nicht die «richtige» Konfession besitzen.

Dass dieser Grundsatz, insbesondere bei den höchsten Ämtern, nicht überall mit letzter Konsequenz befolgt wird, ist bekannt. Zu beachten ist allerdings, dass unser öffentlich-rechtliches Dienstrecht im Gegensatz zu anderen Staaten die Einrichtung des *politischen Beamten,* der beim Wechsel der Regierung ausscheidet, nicht kennt. Aus diesem Grunde ist es verständlich, wenn bei der Anstellung wichtiger Beamter nach dem Grundsatz des Partei- und Sprachenproporzes gehandelt wird, um sicherzustellen, dass die wichtigen politischen Tendenzen dennoch in der Verwaltung vertreten sind. Dies gilt aber nur für Beamtenstellen, die den betroffenen Beamten wichtige politische Aufgaben übertragen.

Selbstverständlich ist es einem Verwaltungsgericht verwehrt, die Anstellung von Beamten zu überprüfen, da niemand legitimiert ist, gegen die Nichtanstellung eine Beschwerde einzureichen, und die erstmalige Begründung des Dienstverhältnisses von Bundespersonal ohnehin nicht dem Verwaltungsverfahren unterstellt ist (Art. 3 lit. b VwVG). Abgesehen von diesen eher formalen Unterscheidungsmerkmalen zeigt sich eine allmähliche *gegenseitige Annäherung von privatem und öffentlichem Arbeitsvertrags- und Arbeitsrecht.*

Ein bedeutender Unterschied zwischen dem privaten und öffentlichen Arbeitsrecht liegt schliesslich in der sogenannten *Ämterklassifikation.* Während sich im Privatrecht Stellung und Saläranspruch des Angestellten auf Grund seiner Leistung bestimmen, sind *Aufgaben und Lohnanspruch in der vom Parlament genehmigten Ämterklassifikation festgelegt.*

Es versteht sich von selbst, dass ein derart festes Korsett den Leistungswillen des einzelnen Beamten wesentlich beeinträchtigen kann. Anderseits besteht die Gewähr, dass sich ein Beamter nicht durch Machenschaften staatliche Leistungen erschleichen kann. Während zum Beispiel die Leistung eines Bankdirektors auf Grund der Umsatzsteigerung gemessen werden kann, finden sich in der Verwaltung kaum *ähnliche Bewertungsmöglichkeiten.* Die Bundesverwaltung kennt zwar die Einrichtung der Begutachtungsausschüsse, die darüber zu befinden haben, ob ein Beamter in die richtige Lohnklasse eingestuft ist; derartige Begutachtungen können aber nicht darüber hinwegtäuschen, dass sie lediglich ein Hilfsmittel sind, um den Leistungswillen der Beamten zu verbessern. Sie begutachten die Stelle und Funktion, aber nicht die persönliche Leistung und den Einsatz eines Beamten, da sich der Erfolg seiner Leistung kaum qualitativ messen lässt.

Diese Kritik darf allerdings nicht missverstanden werden. Wer die schweizerische Verwaltung mit ausländischen Verwaltungen vergleicht, schätzt ihren Wert und ihre Leistungsfähigkeit. Viele uneigennützige Beamte sind oft bereit, über ihren Aufgabenbereich hinaus Leistungen zu erbringen, die einen Vergleich mit der Privatwirtschaft nicht scheuen müssen. Es ist erstaunlich, wie unsere Bundesverwaltung oder auch die Verwaltungen einiger Kantone mit wenig Aufwand viel leisten können. Die demagogischen Kritiken einiger Politiker über die «bürokratischen» Beamten schiessen oft über ihr Ziel hinaus.

Das *öffentliche Dienstrecht* unterscheidet sich aber nicht nur gegenüber dem privaten Arbeitsvertragsrecht, sondern vor allem auch im Verhältnis zum *ausländi-*

schen öffentlichen Dienstrecht. Das Hauptunterscheidungsmerkmal besteht darin, dass das schweizerische öffentliche Dienstrecht in Bund und Kantonen im Gegensatz zu vielen ausländischen Regelungen das sogenannte *Berufsbeamtentum nicht kennt.* Nach unserem Dienstrecht ist die *Anstellung der Beamten immer befristet,* während gewisse ausländische Staaten (zum Beispiel BRD) im öffentlichen Dienstrecht die Anstellung des Beamten auf Lebenszeit kennen.

Dadurch besteht im schweizerischen öffentlichen Dienstrecht rechtlich, aber nicht faktisch, eine grössere Flexibilität als im Ausland. In der Schweiz kann *nach Ablauf der Amtszeit der Dienstherr nach freiem Ermessen über die Nichtwiederwahl eines Beamten entscheiden.* Im ausländischen Dienstrecht ist eine Entlassung nur im Rahmen einer Disziplinarverfügung möglich. Dieser rechtliche Unterschied darf aber nicht überbewertet werden. Faktisch werden die meisten Beamten auch nach Ablauf der Amtszeit wiedergewählt.

Ein weiteres Unterscheidungsmerkmal zum ausländischen Recht liegt darin, dass unser Beamtenrecht *keine eigentliche Berufslaufbahn kennt.* Schweizer und unter gewissen Voraussetzungen auch Ausländer sind, unabhängig von ihrem Beruf, berechtigt, in ein Beamtenverhältnis einzutreten. Sie müssen allerdings die erforderlichen sachlichen Voraussetzungen erfüllen. Wir kennen — ausgenommen beim diplomatischen Dienst — kein eigentliches Laufbahnsystem. Bei den PTT zum Beispiel können die Beamten auf Grund eines bestimmten Kurssystems von unteren bis zu obersten Positionen aufsteigen.

B. Arten des staatlichen Arbeitsverhältnisses

1. Die öffentlich-rechtliche Anstellung

Normalerweise untersteht der Angestellte in der Verwaltung einem öffentlich-rechtlichen Arbeitsverhältnis. Dieses öffentlich-rechtliche *Arbeitsverhältnis* ist in einem besonderen Gesetz, dem Beamtengesetz und der gestützt darauf erlassenen Beamtenordnungen sowie der Angestelltenordnung, geregelt. *Das Arbeitsverhältnis wird nicht (wie im Privatrecht) über den Weg des Vertrages, sondern durch eine zustimmungsbedürftige Verfügung begründet.* Schliesslich bestehen klare Regelungen über die Weisungsbefugnis der Behörden und die Unterstellung der der Behörde zu Gehorsam verpflichteten Beamten.

Der Bund kennt für die öffentlich-rechtliche Anstellung *verschiedene Arten von Dienstnehmern*: den Beamten, den ständigen Angestellten und den nicht-ständigen Angestellten.

Der Beamte wird auf eine bestimmte Amtsdauer, nämlich auf vier Jahre, gewählt. Nach Beendigung seiner Amtszeit ist er aber wieder wählbar. Während der Amtszeit kann er nur auf Grund von bestimmten, im Gesetz vorgesehenen Voraussetzungen entlassen werden.

Im Unterschied zum Beamten werden die *ständigen Angestellten auf eine unbestimmte Zeit angestellt.* Der ständige Angestellte ist ein *Bediensteter, dessen dauernde Verwendung feststeht, der aber aus persönlichen oder organisatorischen Gründen nicht oder nicht mehr zum Beamten gewählt werden kann* (Art. 3 der Angestelltenordnung, SR 172.221.104). Rechte und Pflichten der Angestellten werden in der Verordnung des Bundesrates über die Angestellten umschrieben, die im Rahmen von Art. 62 BtG vom Bundesrat erlassen wurde.

Da die Dauer des Dienstverhältnisses für Angestellte unbestimmt ist, besteht sowohl für den Bund wie auch für den Angestellten eine *normale Kündigungsmöglichkeit* (Art. 8 Angestelltenordnung).

Neben dem ständigen Angestellten kennt das öffentliche Dienstrecht des Bundes den nicht-ständigen Angestellten. *Der nicht-ständige Angestellte ist ein Bediensteter, dessen dauernde Verwendung nicht feststeht.* Im übrigen ist seine Rechtsstellung aber derjenigen des ständigen Angestellten weitgehend gleichgeordnet.

Art. 3 der Angestelltenordnung kennt schliesslich den Angestellten im Probeverhältnis. Dieser ist ein Bediensteter, der sich vorerst über Fähigkeit und Eignung auszuweisen hat. Nach Ablauf der Probezeit wird der Angestellte im Probeverhältnis entweder zum ständigen Angestellten oder zum Beamten ernannt.

Die Funktionen von Beamten und Angestellten sind aber, abgesehen von ihrer Rechtsstellung, weitgehend gleich. Die Angestelltenordnung ermöglicht lediglich eine Änderung des Amtsdauerprinzips, das letztlich zu starren Regelungen führt.

2. Bedienstete mit einem privatrechtlichen Anstellungsvertrag

Die Behörden können in bestimmten Fällen für besondere Aufgaben *Personen auf Grund von privatrechtlichen Verträgen mit öffentlichen Aufgaben betrauen.* Dabei kann es sich um Auftrags- oder ein eigentliches Arbeitsvertragsverhältnis handeln.

Derartige Verträge bilden aber, soweit es sich um die Bundeszentralverwaltung handelt, die Ausnahmen. So werden etwa die Delegierten des Bundesrates, deren Rechtsstellung im Bundesgesetz noch nicht abschliessend umschrieben ist, im Rahmen eines privatrechtlichen Vertrages angestellt. Diese Möglichkeit erlaubt es, Personen aus der Privatwirtschaft für längere Zeit mit Aufgaben des Bundes zu beauftragen, ohne sie definitiv in den öffentlichen Dienst des Bundes zu nehmen.

Eine privatrechtliche Regelung findet sich auch bei den Angestellten der *Schweizerischen Unfallversicherungsanstalt.* Diese selbständige, öffentlich-rechtliche Anstalt hat die Befugnis, ihre Angestellten nach eigenen, privatrechtlichen Grundsätzen anzustellen. Damit kann sie auch auf dem Gebiet des Arbeitsrechts in eine freie Konkurrenz zu anderen Versicherungsanstalten treten. Dies ist wohl der entscheidenste Vorteil der privatrechtlichen Anstellung.

II. Grundsätze des öffentlichen Dienstrechts

Wenn auch zwischen den verschiedenen Arten der öffentlich-rechtlichen Anstellung gewisse Unterschiede bestehen, gelten, abgesehen von der Anstellungszeit, *die Grundsätze des öffentlichen Dienstrechts sowohl für die Beamten wie auch für die ständigen und nicht-ständigen Angestellten.* Im folgenden beschränken wir uns deshalb weitgehend darauf, die Rechtsstellung des Beamten zu behandeln und auf diejenige des Angestellten nur dort zu verweisen, wo dies aus der Natur der Sache heraus notwendig ist.

A. Entstehung und Begründung des Dienstverhältnisses

Die Wahl des Beamten durch die Wahlbehörde ist eine *zustimmungsbedürftige Verfügung.* Wahlbehörde ist der Bundesrat sowie ihm nachgeordnete Amtsstellen, denen er diese Befugnis übertragen hat. Wählbar als Beamter ist *jeder Schweizerbürger, der einen unbescholtenen Leumund geniesst* (Art. 2 BtG, SR 172.221.10). In Ausnahmefällen kann auf das Erfordernis des Schweizerbürgerrechts verzichtet werden.

Neben der Wahlfähigkeit muss der Bewerber die *Wahlerfordernisse* erfüllen, zum Beispiel Alter, Vorbildung, Bekleidung eines Grades in der schweizerischen Armee. Die Wahl kann auch vom Ergebnis einer Prüfung oder Probezeit abhängig gemacht werden. Massgebend für das Wahlerfordernis sind vor allem die Fähigkeit und Fachkenntnisse des zu wählenden Kandidaten.

Wesentlich ist aber, dass lediglich auf die genannten Kriterien und *nicht auf politische oder weltanschauliche Überzeugungen abgestellt werden darf.* Ein Berufsverbot, das beispielsweise Angehörige bestimmter Parteien oder Gruppierungen von jeder öffentlichen Anstellung ausschliesst, ist unzulässig. Dies schliesst nicht aus, dass für bestimmte Ämter nur Personen eingestellt werden können, die als Geheimnisträger für besonders strikte Loyalität bürgen. Die Behörde ist im Rahmen von Art. 4 BV verpflichtet, auf Grund der Eignung und Tauglichkeit des Betroffenen zu entscheiden.

Das Beamtengesetz sanktioniert demzufolge die in der Schweiz geltende Praxis des Proporzes in höheren Beamtenstellen grundsätzlich nicht. Allerdings ist es der Wahlbehörde nicht verwehrt, bei *gleichwertigen Bewerbern auch auf die politische Integrationsfähigkeit abzustellen.* Dies ist aber nur dann zulässig, wenn zwischen gleichwertigen Kandidaten auszuwählen ist. Die Beamten erfüllen oft nicht nur reine Vollzugsaufgaben. Sie müssen vor allem bei der Gesetzgebung politische Funktionen wahrnehmen. Hier ist es berechtigt, auch in der Verwaltung den verschiedenen politischen Tendenzen Rechnung zu tragen.

Das schweizerische Beamtenrecht hat bis heute den in verschiedenen Staaten feststellbaren *Entwicklungen zum politischen Beamten noch nicht Rechnung getragen.* Der private persönliche Sekretär eines Bundesrates oder der Beauftragte, der nicht nur auf Grund seiner Fachkenntnisse, sondern auch auf Grund seiner politischen Zugehörigkeit gewählt wird, sollte nach privatrechtlichem Anstellungsvertrag, nicht aber im Rahmen des öffentlich-rechtlichen Dienstverhältnisses angestellt werden.

Unser Dienstrecht lässt sich noch allzustark von dem Gedanken leiten, der Beamte habe wie der unabhängige Richter eine reine Vollzugsaufgabe wahrzunehmen, die Parteilichkeit nicht zulasse. Viele Beamte müssen aber im Rahmen der Planung und Gesetzgebung politisch gestaltend tätig werden. Dieser kreativen Aufgabe trägt unser Dienstrecht noch zuwenig Rechnung.

Die Wahlbehörde entscheidet nach *freiem Ermessen*. Gegen eine Nichtwahl kann keine Beschwerde eingereicht werden (Art. 3 lit. b VwVG), da die erstmalige Begründung des Dienstverhältnisses nicht dem Verwaltungsverfahrensgesetz unterstellt ist. Die Wahl erfolgt auf Grund einer *öffentlichen Ausschreibung*, die jedermann ermöglicht, sich für ein Amt zu bewerben. Nur in Ausnahmefällen kann von einer öffentlichen Ausschreibung Abstand genommen werden.

Mit der Wahl durch die Wahlbehörde wird das öffentlich-rechtliche Dienstverhältnis einseitig begründet. Die Wahl ist zwar eine *zustimmungsbedürftige Verfügung*, kann aber nicht als Vertrag bezeichnet werden. Wahlbehörde und Kandidat können nicht frei über das öffentlich-rechtliche Arbeitsverhältnis verfügen, sie sind an die im Gesetz und in der Verordnung festgelegten Bedingungen gebunden. Das Pflichtenheft des Kandidaten ist ebenfalls bereits weitgehend festgelegt und kann nicht über den Weg einer freien Vertragsgestaltung abgeändert werden. Die Verfügung setzt allerdings die *Zustimmung des Kandidaten* voraus. Dieser kann nicht (ausser in Fällen des Amtszwanges) gegen seinen Willen gewählt werden.

B. Pflichten der Beamten

Mit der Wahl treten die Beamten in das öffentlich-rechtliche Dienstverhältnis ein und übernehmen die im Beamtengesetz vorgesehenen Rechte und Pflichten. Sie haben während der Amtszeit die ihnen im Gesetz übertragenen Rechte und Pflichten zu erfüllen. Zu den Pflichten gehören namentlich die Pflicht zur Dienstleistung, Pflichten ausserhalb des Dienstes sind Amtsverschwiegenheit und Streikverbot.

Gemäss Art. 21 BtG ist der Beamte *ausschliesslich zur persönlichen Dienstleistung verpflichtet*. Er hat seine volle Arbeitskraft dem Amte zu widmen, d.h. er muss für den Staat *vollamtlich* arbeiten. Grundsätzlich ist es ihm verwehrt, Nebeneinkünfte zu beziehen. Unvereinbar ist insbesondere die Ausübung eines Gewerbes, der Betrieb einer Wirtschaft sowie andere Nebenbeschäftigungen, die sich nachteilig auf die Erfüllung der dienstlichen Obliegenheiten auswirken könnten. Dem Bundesrat steht die Befugnis zu, Ausnahmen zu bewilligen.

Der Sinn dieser Vorschrift ist klar: Der Gesetzgeber will verhindern, dass Beamte, die Nebenbeschäftigungen ausführen, in die Abhängigkeit Dritter geraten oder sonst die Glaubhaftigkeit ihrer unabhängigen Tätigkeit gegenüber Dritten in Frage stellen könnten.

Die Pflicht zur vollen Dienstleistung beinhaltet auch die Pflicht zur *zusätzlichen Arbeitsleistung* (Überzeit), wenn dies für die Erfüllung der Aufgaben erforderlich ist. Die Beamten sind verpflichtet, nicht nur die Aufgaben ihres Amtes wahrzunehmen, sondern, wenn es sich als nötig erweisen sollte, auch die Aufgaben von Kollegen zu übernehmen und diese zu vertreten. Von besonderer Bedeutung im Zeitalter des Personalstops ist zudem das Recht des Dienstherrn, die Beamten während der Amtszeit im Rahmen von Art. 9 BtG zu versetzen. Mit diesem Recht hat die Wahlbehörde die Möglichkeit, das Personalwesen flexibel zu gestalten und den Bedürfnissen und unterschiedlichen Belastungen der Ämter Rechnung zu tragen. Diese Bestimmung ist vor allem für öffentlich-rechtliche Betriebe und Anstalten (wie SBB) unerlässlich, die sich im wirtschaftlichen Konkurrenzkampf dem Personalwesen der Privatwirtschaft anpassen müssen.

Die Pflicht zur Dienstleistung beinhaltet die Pflicht des Beamten, *die Dienstbefehle seiner Vorgesetzten gewissenhaft und vernünftig zu vollziehen* (Art. 25 BtG). Diese Bestimmung entspricht einem meines Erachtens *veralteten, hierarchisch verstandenen Dienstrecht*. Es geht davon aus, dass der Beamte warten muss, bis er die Befehle seiner Vorgesetzen erhält und keine andere Aufgabe hat, als diese vernünftig zu vollziehen.

Ein modernes Dienstrecht sollte davon ausgehen, dass sich der Beamte auf *Grund eines Pflichtenheftes selbständig informiert*, auf Grund der Informationen im Rahmen seiner Zuständigkeit entweder selbst entscheidet oder dem Vorgesetzten die erforderlichen Anträge unterbreitet. Eine derartige Regelung könnte die Eigeninitiative des Beamten, seine gestaltende und kreative Tätigkeit viel besser zur Geltung bringen als der bestehende Art. 25 BtG.

Ein weiteres Problem, das besonders heikler Natur ist, betrifft die Frage, *inwieweit der Beamte im Rahmen seiner Befugnisse das Recht hat, verfassungswidrige Verordnungen oder gesetzwidrige Dienstbefehle nicht zu beachten*. Nach Art. 25 BtG hat der Beamte die Aufgabe, die Dienstbefehle seiner Vorgesetzten vernünftig zu vollziehen. Natürlich darf der Beamte Dienstbefehle, die ihn zu Verbrechen oder Vergehen anleiten könnten, nicht befolgen. Dies gilt sogar nach den Vorschriften des Dienstreglementes für den Soldaten.

Der Beamte hat kein Recht, sich auf den Notstand der Gehorsamspflicht zu berufen, wenn von ihm verlangt wird, wesentliche Grundrechte der Verfassung zu verletzen. Wie muss er sich verhalten, wenn die Verfassungsmässigkeit eines Dienstbefehls zweifelhaft ist?

Der Beamte hat die Pflicht, seinen Vorgesetzten über seine Zweifel an der Verfassungsmässigkeit zu orientieren. Können sich Vorgesetzter und Untergebener nicht einigen, muss der Vorgesetzte die Verantwortung für ein allfällig verfassungs- oder gesetzwidriges Vorgehen übernehmen (Art. 25 Abs. 2 BtG). Dem Beamten wird man andererseits im *Disziplinarverfahren* nicht zur Last legen dürfen, den Befehl eines Vorgesetzten nicht ausgeführt zu haben, wenn über dessen Verfassungswidrigkeit oder Gesetzwidrigkeit begründete Zweifel bestehen. Der unübersichtliche Verwaltungsapparat unseres Staates, in dem ein grosser Teil unserer Bevölkerung angestellt ist, verlangt in diesem Sinne eine interne, in der Verfassung bereits eingebaute Kontrollmöglichkeit zwischen Vorgesetzten und Untergebenen.

Das *Verhalten* des Beamten wird aber nicht nur im, sondern auch *ausserhalb des Dienstes* geregelt. Gemäss Art. 24 BtG muss sich der Beamte «durch sein Verhalten in und ausser Dienst der Achtung und des Vertrauens würdig erweisen, die seine amtliche Stellung erfordert». Diese Bestimmung darf aber nicht zu einer weitgehenden Grundrechtseinschränkung führen. Die Bestimmung muss im Rahmen der Zwecksetzung der Verwaltung betrachtet werden. *Nur soweit der Zweck der Amtsführung es erfordert, sind die persönlichen Rechte des Beamten ausserhalb des Dienstes eingeschränkt.*

Im übrigen hat der Beamte ausserhalb des Dienstes die gleichen Rechte wie jeder andere Bürger. Insbesondere darf er u.a. sein Recht auf Meinungsäusserung ausüben. Er darf in eine anerkannte politische Partei eintreten und dort seine Meinung äussern. Allerdings darf er durch seine Tätigkeit in dieser politischen Vereinigung die *Glaubhaftigkeit einer unabhängigen Amtsführung nicht in Frage* stellen (vgl. auch S. 125).

Die Beamten müssen sich einer gewissen Zurückhaltung befleissigen. Dies gilt auch für Publikationen, die sie auf Grund ihrer Tätigkeit veröffentlichen. Selbst wenn sie ihre persönliche Meinung zum Ausdruck bringen, sollen sie durch diese Publikationen die Amtstätigkeit nicht in Frage stellen. Wesentliche Mängel in der Amtsführung sollen sie nicht öffentlich, sondern in fairer Auseinandersetzung mit ihren Vorgesetzten zu beheben suchen. Das Gemeinwesen *ist aber auf Beamte angewiesen, die unabhängig ihre Meinung äussern können und auch bereit sind, eigenständige Ansichten zu veröffentlichen.* Art. 24 BtG muss in diesem Sinne so liberal als möglich ausgelegt werden.

1. Streikverbot der Beamten

Anlass zu grossen Diskussionen gibt das in Art. 23 BtG festgelegte Streikverbot der Beamten. Diese Bestimmung muss im Lichte des klassischen liberalen Staates betrachtet werden. *Nach dem klassischen Muster des liberalen Staates darf das Gemeinwesen nur jene Aufgaben erfüllen, die im Sinne der Subsidiarität von allen anderen Gliedern der Gesellschaft nicht allein erfüllt werden können.* Es sind dies existenznotwendige Leistungen, auf die die Gesellschaft angewiesen ist. Derartige Leistungen können und dürfen durch einen Streik der Beamten nicht in Frage gestellt werden. Im Vergleich zu ihren Kollegen in der Privatwirtschaft hätten die Beamten auf Grund der Monopolstellung des Staates eine viel grössere Macht, durch Streiks ihre Interessen durchzusetzen.

Der Streik ist das Kampfmittel des Arbeitnehmers, mit dem er seine Interessen in der Arbeits- und Tarifpolitik durchsetzen kann. Die Exekutive kann aber im Rahmen des öffentlichen Dienstrechts nicht frei über das Arbeitsverhältnis und das Dienstrecht entscheiden. Arbeitsverhältnis und Löhne sind in den Gesetzen festgelegt. Selbst bei einem Streik könnte die *Exekutive* den Arbeitnehmern *keine wesentlichen*

Zugeständnisse machen. Dies könnte lediglich der Gesetzgeber, also das Parlament, unter Vorbehalt des fakultativen Referendums tun. Die Freiheit und Autonomie des Arbeitgebers im öffentlichen Dienstrecht ist derart eingeschränkt, dass ein unbeschränktes Streikrecht nicht möglich ist.

Im Rahmen der Entwicklung der liberalen Verwaltung zur Wohlfahrtsverwaltung stellt sich aber die Frage, *ob nicht bei der Leistungsverwaltung*, zum Beispiel den öffentlichen Betrieben wie Post und Eisenbahnen, *eine Anpassung* des Dienstrechts an die Gegebenheiten des privaten Arbeitsvertragsrechts sinnvoll wäre. Eine derartige Anpassung dürfte aber nicht allein zugunsten der Arbeitnehmer, sondern müsste auch zugunsten der Arbeitgeber geschehen und ihnen mehr Freiheit bei der Ausgestaltung des Dienstverhältnisses, der Festlegung der Löhne und der Kündigungsmöglichkeiten zugestehen. Dies würde eine totale Umgestaltung der heutigen Konzeption des öffentlichen Dienstrechts erfordern. Es ist deshalb fraglich, ob es im heutigen Zeitpunkt sinnvoll ist, eine derart weitgehende Anpassung vorzunehmen.

2. Die Amtsverschwiegenheit

Der Beamte ist zur Verschwiegenheit über die dienstlichen Angelegenheiten verpflichtet, die nach ihrer Natur oder gemäss besonderer Vorschriften geheimzuhalten sind. Information der Öffentlichkeit ist Aufgabe der Regierung. Die Informationstätigkeit setzt ein politisches Einfühlungsvermögen über die Auswirkungen der Information voraus. Ein falscher Zeitpunkt oder die unfertige, halbe Information, zum Beispiel über bevorstehende Währungsentscheidungen, können für den Staat unabsehbare Folgen haben.

Die mittel- und südeuropäischen Verwaltungen sind bei der Information über ihre Tätigkeiten, im Gegensatz etwa zu den angelsächsischen und skandinavischen Verwaltungen, sehr zurückhaltend. *Manches, zu vieles wird geheim oder vertraulich behandelt.* Dies führt leicht zu Missverständnissen und kann die Beamten dazu verleiten, unbefugterweise vertrauliche Informationen weiterzuleiten. Es ist weniger eine Aufgabe des Dienstrechts als vielmehr des *guten Stils der Regierungspolitik*, der Öffentlichkeit mehr Informationen zu vermitteln als dies heute der Fall ist.

Die Informationsflut ist zwar sehr gross und unübersichtlich, doch kommen Informationen oft spät und manchmal werden bestehende Probleme und Konflikte bewusst überdeckt. Nach Art. 27 BtG kann der Beamte nicht frei über die Informationstätigkeit bestimmen, er kann dies nur im Rahmen der ihm von seinen Vorgesetzten übertragenen Befugnisse tun.

Von besonderer Bedeutung ist die *Informationskompetenz des Parlamentes*, deren Kommissionen (Geschäftsprüfungskommission und Untersuchungskommission) von den Beamten Auskünfte, im Extremfall sogar gegen den Willen des Bundesrates, verlangen können (vgl. Art. 61 Abs. 4 GVG [SR 171.11]).

3. Disziplinarische Befugnisse

Verletzt der Beamte absichtlich oder fahrlässig seine Dienstpflichten, kann er disziplinarisch bestraft werden. Das Disziplinarrecht gibt der vorgesetzten Behörde die Möglichkeit, die Dienstbefehle gegenüber untergebenen Beamten disziplinarisch durchzusetzen. Derartige Disziplinarmassnahmen dürfen aber erst nach vorausgegangener Untersuchung ausgesprochen werden. Den Beamten ist das *volle rechtliche Gehör* zu gewähren. Gegen schwere Diszplinarstrafen kann der Beamte überdies Verwaltungsgrichtsbeschwerde beim Bundesgericht einreichen. Dieses hat die Befugnis, auch das Ermessen der Disziplinarbehörde zu überprüfen. Unabhängige Kommissionen sollen Gewähr dafür bieten, dass schwere Disziplinarstrafen bereits im internen Verwaltungsverfahren möglichst objektiv und unter Berücksichtigung aller Umstände ausgesprochen werden.

Die *strafrechtliche Verantwortlichkeit* der Beamten ist im Rahmen von Art. 15 Abs. 1 VG (SR 170.32) eingeschränkt. Die Strafverfolgung von Beamten wegen strafbarer Handlungen, die sich auf ihre amtliche Tätigkeit oder Stellung beziehen, bedarf der *Ermächtigung* des Eidg. Justiz- und Polizeidepartementes. Ausgenommen hiervon ist die Verletzung von Bestimmungen des Strassenverkehrsgesetzes.

C. Die Rechte des Beamten

Der Beamte hat Anspruch auf volle Besoldung, die seiner hauptamtlichen Tätigkeit im Dienste der Verwaltung entspricht. *Der Besoldungsanspruch ist im Gesetz verankert.* Die Wahlbehörde kann den Lohn um maximal 20 % heraufsetzen. Er kann allerdings durch gesetzliche Abänderungen, wenn zum Beispiel die Finanzmittel des Gemeinwesens nicht ausreichen, herabgesetzt werden. Der Besoldungsanspruch ist ein gesetzlicher Anspruch. Er verleiht dem Beamten aber kein *wohlerworbenes Recht* auf einen bestimmten Betrag. Deshalb kann er gegenüber dem Gesetzgeber auf Grund der Verfassung dieses Recht in der Regel nicht geltend machen. So kann zum Beispiel der Anspruch auf Teuerungszulage durch das Gesetz herabgesetzt werden. Neben dem Besoldungsanspruch stehen dem Beamten weitere Zuschläge wie Ortszuschlag, Auslandszulagen, Ersatz von Dienstauslagen, Sozialzulagen, Besoldungsnachgenuss usw. zu.

Der Beamte hat nicht nur die Pflicht, sondern auch das Recht, während der Amtszeit für das Gemeinwesen zu arbeiten. Er hat aber *keinen bestimmten Anspruch auf Ausübung einer besonderen Funktion* (es sei denn, er könne diesen Anspruch aus einem besonderen Gesetz ableiten). Der Beamte kann in seinem Amt versetzt werden, sein Pflichtenheft kann abgeändert und den Bedürfnissen angepasst werden. Dieses Recht des Dienstherrn auf Anpassung des Pflichtenheftes ist das *Gegenstück zur Gewährung einer Anstellung auf eine bestimmte Amtszeit.* Der Dienstherr muss die Möglichkeit haben, das Arbeitsverhältnis den veränderten Umständen anzupassen und die Beamten zu verpflichten, neue oder andere Aufgaben zu übernehmen. Dabei muss er sich allerdings an gewisse Schranken halten. Er darf den Beamten nicht in eine tiefere Lohnklasse versetzen. Schliesslich muss er ihm eine seiner Eignung entsprechende Aufgabe zuweisen.

Bei manchen Beamten führt dies zu grossen Widerständen. Sie sind der Auffassung, dass sie auch einen Anspruch auf Erfüllung einer bestimmten Funktion haben. Derartige «Amtspfründe» kennt unser Recht nicht. Gerade in der heutigen Zeit ist das Gemeinwesen auf eine *flexible Verwaltung* angewiesen und muss erwarten können, dass die Beamten bereit sind, den gegebenen Verhältnissen Rechnung zu tragen.

Neben dem Anspruch auf Besoldung stehen den Beamten auch Ansprüche auf *Ferien und Urlaub* sowie auf ein *Dienstzeugnis* zu (Art. 50 f. BtG).

Wie jeder Arbeitgeber hat auch das Gemeinwesen als Dienstherr eine *Fürsorgepflicht* für die Beamten. Es muss für den Fall von Invalidität, Alter, Tod, Krankheit und Unfall Vorsorge treffen. Der Beamte ist deshalb nach Art. 48 BtG obligatorisch bei einer Versicherungskasse des Bundes gegen die wirtschaftlichen Folgen von Invalidität, Alter und Tod versichert. Für Krankheit und Unfall hat der Bundesrat Vorschriften über die Leistungen des Bundes erlassen. Er hat eine eigene Krankenkasse des Bundes errichtet und geregelt, welche Beamten obligatorisch einer Krankenkasse beitreten müssen.

D. Beendigung des Dienstverhältnisses

Bei der Beendigung des Dienstverhältnisses ist zwischen der Nichtwiederwahl, der Entlassung während der Amtszeit und der disziplinarischen Entlassung zu unterscheiden.

1. Die Nichtwiederwahl

Gemäss Art. 57 BtG *erlischt das Dienstverhältnis mit Ablauf der Amtsdauer. Die Wahlbehörde entscheidet nach freiem Ermessen über dessen Erneuerung.* In der Praxis wird von dieser Ermessensbefugnis der Behörde nur selten Gebrauch gemacht.

> «So wurden etwa im Bund und seinen Regiebetrieben von insgesamt 90'491 Beamten..... für die Amtsdauer 1973-1976 nur gerade drei nicht wiedergewählt. Während im Kanton Aargau von 1'200 Beamten nach der letzten Amtsdauer drei nicht wiedergewählt wurden, war es im Kanton Graubünden von 1'440 nur gerade einer, dessen Dienstverhältnis durch Nichtwiederwahl beendet wurde. In der Stadt St. Gallen sowie in den Kantonen St. Gallen und Baselstadt wurde nach Ablauf der letzten Amtsdauer sogar kein einziges Beamtenverhältnis der insgesamt ca. 7'000 durch einen Nichtwiederwahlakt beendet.» (Vgl. JUD E.M., Besonderheiten öffentlich-rechtlicher Dienstverhältnisse nach schweizerischem Recht, insbesondere bei deren Beendigung aus nicht disziplinarischen Gründen, Diss. Fribourg 1975, S. 239.)

Diese Praxis zeigt, dass das rechtliche Ermessen des Dienstherrn bei der Nichtwiederwahl faktisch sehr stark eingeschränkt ist.

Im Gegensatz zur erstmaligen Begründung des Dienstverhältnisses und zur Beförderung kann ein Entscheid über die Nichtwiederwahl eines Beamten mit *Verwaltungsgerichtsbeschwerde ans Bundesgericht weitergezogen werden* (BGE 99 Ib 235): Diese Beschwerdemöglichkeit an das Bundesgericht haben die eidgenössischen Räte gegen den Willen des Bundesrates in das Organisationsgesetz aufgenommen. Die Beschwerdemöglichkeit gibt dem Bundesgericht die Befugnis zu überprüfen, ob die Verwaltungsbehörde ihr Ermessen pflichtgemäss wahrgenommen hat. Die Behörde, die einen Beamten nicht mehr wiederwählt, ist verpflichtet, nach einem *bestimmten Verfahren* vorzugehen. Nach Art. 57 Abs. 2 BtG muss die Nichtwiederwahl dem Betroffenen spätestens drei Monate vor Ablauf der Amtszeit unter Angabe der Gründe schriftlich mitgeteilt werden. Nach Art. 4 Abs. 1 des Bundesratsbeschlusses über die Wiederwahl der Beamten der allgemeinen Bundesverwaltung für die Amtsdauer 1977-1980 (SR 172.221.121) ist der Beamte vor dem Entscheid über seine Nichtwiederwahl *anzuhören*. Die weiteren Voraussetzungen der Nichtwiederwahl sind *weitgehend dem Ermessen der Wahlbehörde* anheimgestellt. Zulässig ist insbesondere die Nichtwiederwahl wegen ungenügender Leistungen und unbefriedigenden Verhaltens, unabhängig vom Verschulden, das dem Beamten zu Last gelegt werden kann.

> «Es muss genügen, dass die wegen Beanstandung der Leistung oder des Verhaltens des Beamten verfügte Nichtwiederwahl nach den Umständen als sachlich haltbare, nicht willkürliche Massnahme erscheint. Die Vorgesetzten des Beamten sind am besten imstande, seine Leistungen und sein Verhalten zu würdigen; in dieser Beziehung ist der Verwaltung ein Spielraum zuzugestehen» (BGE 99 Ib 237).

Rechtlich liesse sich also das Leistungsprinzip in der Verwaltung über die Ermessensfreiheit für eine Nichtwiederwahl verwirklichen. Die Angst des Vorgesetzten vor zum Beispiel Auseinandersetzungen mit den Personalverbänden bei der Nichtwiederwahl führt aber dazu, dass oft auf die Durchsetzung von Leistungsanforderungen verzichtet wird. Die Nichtwiederwahl muss den Beamten gegenüber begründet werden, da sonst das Bundesgericht nicht feststellen kann, ob die Wahlbehörde ihr Ermessen pflichtgemäss wahrgenommen hat. Die Behörde entscheidet somit *nicht mit der gleichen Freiheit* über die Nichtwiederwahl wie über die Begründung des erstmaligen Dienstverhältnisses, die nicht angefochten werden kann.

Die Entscheidungsfreiheit der Behörde ist *faktisch* durch die Tatsache eingeschränkt, dass die Beamten über ihre Verbände *parlamentarische Interventionen* veranlassen können, um eine Nichtwiederwahl zu verhindern. Die Vorgesetzten, die einen Beamten nicht wiederwählen wollen, müssen überdies mit einem *grossen Arbeitsaufwand* rechnen, dem sie sich leider oft durch den Weg des geringeren Widerstandes zu entziehen suchen. Aus diesem Grund hat das *Institut der Nichtwiederwahl an Bedeutung verloren*. Die Beschränkung der Amtszeit auf vier Jahre ist zwar rechtlich vorgesehen, faktisch wird der Beamte aber, wenn er seine Aufgaben richtig erfüllt, mit der Anstellung auf Lebenszeit gewählt.

Bevor an eine diesbezügliche Änderung des Dienstrechts gedacht wird, müssten die Vorgesetzten bereit sein, sich gegenüber den Mitarbeitern durchzusetzen und nicht den Weg des geringsten Widerstandes zu gehen. Die rechtlichen Möglichkeiten des Dienstrechts sind noch lange nicht voll ausgeschöpft.

2. Beendigung des Dienstverhältnisses während der Amtszeit

Während der Amtszeit haben sowohl der Beamte wie unter bestimmten Voraussetzungen sein Dienstherr die Möglichkeit, das Dienstverhältnis aufzulösen.

Der *Beamte* kann seine Entlassung durch die Kündigung beantragen. Die Wahlbehörde hat gemäss Art. 53 BtG die Entlassung zu gewähren, wenn dadurch nicht wesentliche Interessen des Bundes beeinträchtigt werden. Der Beamte kann also im Gegensatz zum Dienstherrn *jederzeit* um seine Entlassung auf Ende des dritten der Kündigung folgenden Monats nachsuchen. *Von der Befugnis, die Entlassung nicht zu bewilligen, wird praktisch nie Gebrauch gemacht.* Der Dienstherr geht davon aus, dass ein Beamter, der nicht im Amte bleiben möchte, kaum geeignet ist, gute Arbeit zu leisten. Selbst in Zeiten der Hochkonjunktur, in denen die Behörden auf ihre Beamten angewiesen waren, haben sie von dieser Befugnis meines Wissens nie Gebrauch gemacht.

Auch dem *Dienstherrn* steht das Recht zu, den Beamten während der Amtszeit aus bestimmten Gründen zu entlassen. Wenn eine schwere oder fortgesetzte Dienstpflichtverletzung vorliegt, kann er ihn auf *disziplinarischem Wege* entlassen.

Andernfalls steht der Behörde die *administrative Entlassung* zur Verfügung. Die administrative Entlassung *führt zur ausserordentlichen Auflösung des Beamtenverhältnisses während der Amtsdauer, unabhängig von einem schuldhaften, rechtswidrigen Verhalten des Beamten.* Als Entlassungsgründe kommen vor allem in Frage: die Unzumutbarkeit der Fortsetzung des Dienstverhältnisses, der Konkurs, die Pfändung, der Verlust der Wahlfähigkeit, die Dienstuntauglichkeit und die Aufhebung des Amtes. Die Auflösung des Dienstverhältnisses infolge Aufhebung des Amtes ist nur möglich, wenn dem Beamten kein anderes, seiner Befähigung oder Tauglichkeit entsprechendes Amt übertragen werden kann.

Bei der Entlassung aus wichtigen Gründen während der Amtszeit ist zu beachten, dass insbesondere die Begriffe «Unzumutbarkeit der Fortsetzung des Dienstverhältnisses», sowie der «Diensttauglichkeit» auslegungsbedürftig sind. Eine *vollumfängliche Kontrolle der Auslegung dieser Begriffe durch das Verwaltungsgericht* muss gewährleisten, dass die gesetzlichen Ansprüche der Beamten erhalten bleiben. Dabei ist vor allem einer verfassungskonformen Interpretation der Gesetze Rechnung zu tragen. Die persönliche Freiheit des Beamten darf nur im Rahmen des unbedingt Notwendigen beschränkt werden. Aus diesem Grunde sind entsprechende Befugnisse in verschiedenen Kantonen nicht in die Hände des Dienstherrn, sondern allein in die Hände der Gerichte gelegt.

Welche Ansprüche stehen den Beamten bei *Auflösung des Dienstverhältnisses zu*? Abgesehen vom Besoldungsnachgenuss haben sie Ansprüche aus der Versicherung für die Risiken Alter, Tod und Invalidität. In gewissen Fällen stehen ihnen aber auch gegenüber den Versicherungen Ansprüche aus *unverschuldeter Entlassung* oder *Nichtwiederwahl* zu. Wird der Beamte während der Amtszeit invalid oder nach Ablauf der Amtszeit wegen Invalidität nicht wiedergewählt und hat er diese Invalidität nicht selbst verschuldet, steht ihm ein Anspruch gegenüber der Versicherungskasse zu. Bei verschuldeter Invalidität kann die Rente bis auf die Hälfte herabgesetzt werden (vgl. Statut der Eidg. Versicherungskasse Art. 25 Abs. 4, SR 172.222.1).

Wird das Amtsverhältnis aus anderen Gründen aufgelöst, stehen dem Betroffenen Ansprüche auf Versorgungsleistungen zu, wenn die Beendigung des Dienstverhältnisses ohne Verschulden des Dienstnehmers erfolgt. Liegt aber ein Verschulden von seiten des Dienstnehmers vor, geht dieser meistens aller Leistungen der Versicherungskassen verlustig.

Vermögensrechtliche Ansprüche gegen die Versicherungskasse stehen den Dienstnehmern also nur dann zu, wenn die Auflösung des Amtsverhältnisses oder die Nichtwiederwahl unverschuldet erfolgten. In Fällen der verschuldeten Auflösung des Dienstverhältnisses kann von seiten des Bundes eine freiwillige Leistung ausgesprochen werden (Art. 56 BtG). Derartige Leistungen sind gemäss einer Neuerung des Beamtengesetzes selbst dann möglich, wenn der Beamte selber um seine Demission nachsucht. Der freiwillige Rücktritt ist demzufolge der verschuldeten Entlassung gleichzusetzen. Auf diese Weise kann ein Beamter eher dazu gebracht werden, freiwillig seinen Rücktritt einzureichen. Der Dienstherr kann auf den langwierigen Verfahrensweg verzichten.

3. Rechtsschutz

Soweit es sich bei dienstrechtlichen Entscheidungen um Verfügungen handelt, sind diese auf dem ordentlichen Weg der Beschwerde oder der Verwaltungsgerichtsbeschwerde anfechtbar. Will der Beamte vermögensrechtliche Ansprüche geltend machen, ist er auf den Weg der verwaltungsrechtlichen Klage angewiesen. Wichtig ist, dass das Bundesgericht, soweit es als Verwaltungsgericht zuständig ist, bei Disziplinarmassnahmen das Ermessen der Verwaltung überprüfen kann.

3. Kapitel: Organisationsformen der Verwaltung

I. Grundbegriffe

LITERATUR: ADAMI R., Zuständigkeit, Unzuständigkeit und Unzuständigkeitsfolgen in der staatlichen Verwaltungsorganisation, Diss. Würzburg 1971; BERTRAM H.B., Behördliche und gemeindliche Organisationsakte und ihre Einordnung in das Rechtsschutzsystem, Diss. Frankfurt a.M. 1971; BÖCKENFÖRDE E. W., Organ, Organisation und juristische Person. Kritische Üerlegungen zu Grundbegriffen und Konstruktionsbasis des staatlichen Organisationsrechts. Fortschritte des Verwaltungsrechts, München 1973, S. 269 ff.; DERSELBE, Die Organisationsgewalt im Bereich der Regierung. Eine Untersuchung zum Staatsrecht der Bundesrepublik Deutschland, Berlin 1964; BURCKHARDT W., Die Organisation der Rechtsgemeinschaft, Basel 1927; EICHENBERGER K., Organisatorische Probleme des Kollegialsystems, in: Schweizerisches Jahrbuch für politische Wissenschaften, Bd. 7, Lausanne 1967, S. 68 ff.; HOPPE W., Organstreitigkeiten vor den Verwaltungs- und Sozialgerichten. Zum organisationsrechtlichen subjektiv-öffentlichen Recht innerhalb rechtsfähiger Verwaltungseinheiten, Sieburg 1970; KISKER G., Insichprozess und Einheit der Verwaltung, Baden-Baden 1968; KRÜGER H., Amtsgewalt und Amtsmacht. Verfassung, Verwaltung, Finanzen, Festschrift für G. Wacke, Köln-Marienburg 1972, S. 13 ff.; LAUX E., Grundbegriffe der Verwaltungsorganisation. Eine Einführung an Hand von Fällen, Stuttgart 1973; LEISNER W., Amtsbezeichnungen als Gebot der Rechtsstaatlichkeit, DöV 26, 1973, S. 145 ff.; OBERMAYER K., Verwaltungsakt und innerdienstlicher Rechtsakt, 1956; *Die Organisationsgewalt,* VVDStRL 16, 1958, mit Referaten von Koettgen A., S. 154 ff., Ermacora F., S. 191 ff.; RASCH E., Entstehung und Auflösung von Körperschaften des öffentlichen Rechts. Zugleich ein Beitrag zur Rechtsnatur der Gebietsänderungsakte, DVBl 85, 1970, S. 765 ff.; DERSELBE, Die staatliche Verwaltungsorganisation. Allgemeines — Rechtliche Grundlagen — Aufbau, Köln 1967; SCHWAN E., Zuständigkeitsregelung und Vorbehalt des Gesetzes. Ein Beitrag zur Standortbestimmung der Organisationsgewalt im System der Gewalten, Diss. Berlin 1972; SPANNER H., Organisationsgewalt und Organisationsrecht, DöV 10, 1957, S. 640 ff.; VOLKART H., Die Organisationsgewalt im schweizerischen Bundesstaatsrecht, Diss. Zürich 1936; WOLFF H.J., Organschaft und juristische Person. 2. Bd., Theorie der Vertretung. Stellvertretung, Organschaft und Repräsentation als soziale und juristische Vertretungsformen, 1934.

A. Begriffe

1. Organisation und Organisationsgewalt

Organisation ist die Zuordnung von Funktionen zum Menschen und deren Neben- und Unterordnung zur Herbeiführung gleichgerichteter Wirkungen. Die Organisation setzt eine Aufteilung der Arbeit in verschiedene Funktionen sowie die Zuordnung dieser verschiedenen Arbeitsgänge auf verschiedene Personen voraus. Aufgabe dieser Organisation ist die Koordination der Arbeitsgänge auf ein gemeinsames Ziel hin.

Die Organisationsgewalt ist die Befugnis, diese verschiedenen Zuordnungen vorzunehmen und die Funktionen der Arbeit untereinander aufzuteilen.

Im Gegensatz zu den meisten anderen Staaten steht die Organisationsgewalt auf Grund von Art. 85 Ziff. 1 BV sowie auf Grund von Art. 5 GVG dem Gesetzgeber zu.

Verwaltungsorganisation ist somit eine Aufgabe der Gesetzgebung. Sie hängt mit dem Kollegialprinzip der Exekutive eng zusammen. Der politische Gesetzgeber will entscheiden, wie die verschiedenen Funktionen zwischen den einzelnen Kollegen im Kollegium aufzuteilen sind. Auf diese Weise soll das Parlament einen Einfluss auf die Intraorgankontrolle der Exekutive haben und ein Gleichgewicht der verschiedenen Departemente in der Exekutive herstellen.

Allerdings hat der Gesetzgeber auf dem Gebiete der Organisationsgewalt eine *grössere Delegationsbefugnis* als auf dem Gebiete der Eingriffsverwaltung. So sieht beispielsweise Art. 27 des bestehenden Verwaltungsorganisationsgesetzes vor, dass der Bundesrat in die vom Gesetzgeber vorgesehene Aufgabenverteilung eingreifen und innerhalb eines Departementes *abweichend vom Gesetz Aufgaben verteilen kann.* Art. 36 VwOG gibt ihm die Kompetenz, dem Departement *neue Aufgaben* zu übertragen, das den günstigsten Sachbezug aufweist.

Nach dem Vorschlag über die Änderung des Organisationsgesetzes soll nun der *Gesetzgeber nur die wichtigsten Grundentscheidungen* selber fällen (vgl. BBl 1975 I 1491). Eine rationelle Verwaltungsführung ist nur möglich, wenn die organisatorische Struktur und Arbeitsmethode der Verwaltung den veränderten Verhältnissen ohne Verzug angepasst werden kann. Daher soll der Gesetzgeber lediglich die wichtigsten Entscheidungen regeln. Die *Detailorganisation soll der Bundesrat selber vornehmen.* Der Vorschlag sieht deshalb vor, dass der Gesetzgeber die einzelnen Ämter aufteilt, aber die Zuweisung der Ämter an die Departemente dem Bundesrat überlässt (Art. 64 VwOG). Der Entwurf regelt die Organisation der Departememte und Gruppen und umschreibt ihre Aufgabenbereiche. Der Gesetzgeber ist also für das Pflichtenheft der Ämter zuständig.

Der Bundesrat kann im Rahmen der Verfahrensgesetzgebung die Verfahren regeln und den Gruppen und Ämtern die Zuständigkeit zum Erlass von Rechtssätzen übertragen, wenn ein Bundesgesetz dies ausdrücklich vorsieht. Darüber hinaus überträgt Art. 65 VwOG den Departementsvorstehern die Befugnis, die Detailorganisation ihrer Departemente selber zu regeln, soweit diese nicht durch den Gesamtbundesrat geregelt ist (Art. 64 Abs. 2 EVwOG).

Damit trägt das Gesetz dem Gedanken Rechnung, dass die Organisationsgewalt demjenigen zustehen soll, der mit dieser Organisation eben letztlich zu arbeiten hat. Aufgabe des Departementsvorstehers ist es, im Rahmen der Organisationsverordnung die Aufgaben und Abgrenzungen innerhalb seines Departementes selber zu umschreiben und zu regeln. Dabei soll er sich an die Leitlinien von Art. 66 EVwOG halten. Danach soll die Organisation die *wirksame Leitung der Verwaltung* erleichtern. Die Zuständigkeitsordnung muss einfach, klar und übersichtlich sein. Leitungsorgane sind, soweit als möglich, zu entlasten und für die Wahrnehmung leitender Tätigkeit freizustellen. Die einem Aufgabenbereich im allgemeinen zukommende staatspolitische und verwaltungsmässige Bedeutung soll der Stufe entsprechen, der die Zuständigkeit übertragen wird.

Bei der Organisation ist darauf zu achten, dass *sachliche und rechtliche Zuständigkeiten zusammenfallen.* Ein Vorgesetzter soll keine rechtlichen Befugnisse übernehmen, die er fachlich nicht ausfüllen kann. Es ist dafür zu sorgen, dass die *Zuständigkeiten klar und übersichtlich geregelt sind und die Verfahren* einfach, fair und rationell gestaltet werden. Eine gute Organisation soll schliesslich die *Führungskräfte von Detailaufgaben entlasten,* damit sie ihre eigentliche Führungsaufgabe wahrnehmen können.

2. Zuständigkeit

Die Verfassung einer Organisation betraut nicht nur einzelne Personen mit Aufgaben, sondern schafft *künstliche innerorganisatorische Subjekte (Organe), denen bestimmte Aufgaben oder Aufgabengruppen und die zu ihrer Erfüllung erforderlichen Befugnisse zugewiesen werden.* Diese Organe sind selbst wieder *in Abteilungen, Gruppen, Sektionen und unselbständige Anstalten* gegliedert, denen jeweils Teilaufgaben und -befugnisse zustehen. Schliesslich aber wird jede Aufgabe durch einen einzelnen Menschen erfüllt. Das *Amt als Aufgabenkreis eines einzelnen Menschen* ist daher die kleinste organisatorische Einheit. (Im Sinne der Übersichtlichkeit wird hier auf die in der Bundesverwaltung gängige Bezeichnung «des Amtes» [zum Beispiel Amt für Verkehr] verzichtet.)

Die Vielzahl der Ämter bedingt eine genaue Abgrenzung ihrer Aufgaben, Befugnisse und Verantwortlichkeiten. Diese Abgrenzung wird mit dem Begriff der Zuständigkeit erfasst. Zu unterscheiden ist zwischen der *sachlichen und der örtlichen Zuständigkeit.* Die sachliche Zuständigkeit kann durch Enumeration detailliert geregelt oder durch Generalklauseln, die sich auf ein umfassendes Sachgebiet beziehen, übertragen werden. Die *örtliche Zuständigkeit* ist territorial umgrenzt.

Welches sind Sinn und Funktionen der Zuständigkeit? Durch die rechtliche Zuständigkeit wird die faktische *Aufgabenverteilung* zwischen verschiedenen Organen und Ämtern rechtlich verankert. Die Zuständigkeitsaufteilung ermöglicht eine arbeitsteilige Organisation. *Eine gute Regelung der Zuständigkeit verhindert Überschneidungen und widerspruchsvolles Ineinandergreifen von Handlungen.* Durch die Zuteilung der Zuständigkeit wird erreicht, dass die Erfahrungen, die einzelne Organe besitzen, ausgenutzt werden könen. Sie können auf Grund *von umfassenden Sachkenntnissen und langer Erfahrung gewährleisten, dass jedermann gleich behandelt wird.*

Die Zuständigkeit ist die formelle Legitimation für die Wahrnehmung eines hoheitlichen Entscheides. Das Amt beruft sich auf die Zuständigkeit des Departementes, das Departement auf den Bundesrat, der Bundesrat auf den Gesetzgeber, der Gesetzgeber auf den Verfassungsgesetzgeber und dieser auf die von Volk und Ständen anerkannte Machtbefugnis, d.h. auf die Souveränität.

3. Das Amt

Der Amtsbegriff dient *der getrennten Erfassung des pflichtgebundenen und meist auch auf überpersönliche Werte bezogenen Aufgabenbereiches eines Menschen.* Person und Amt existieren unabhängig voneinander. Das Amt mit seinem Pflichtenheft ist im Stellenplan aufgeführt. Für das bereits bestehende Amt ist der entsprechende Beamte zu wählen.

Dies ermöglicht eine von den Personen unabhängige Planung der Verwaltung. Bevor neue Beamte eingestellt werden, müssen die Ämter aufgeführt und die Pflichtenhefte vorbereitet sein. Dies hat allerdings gewichtige Nachteile. Oft sind Personen zwar im grossen und ganzen für ein Amt geeignet, sinnvoller wäre es aber, wenn ihnen von Fall zu Fall noch andere Aufgabenbereiche übertragen werden könnten. Der Amtsbegriff führt dazu, dass sich die Beamten darauf beschränken können, *lediglich Aufgaben im Rahmen ihrer Amtspflicht auszuüben.* Was über das Amt hinausgeht, wird nicht erledigt. Dieser Nachteil zeigt sich vor allem dann, wenn Lücken in der Verteilung der Aufgaben bestehen, was häufig vorkommen kann. Die amtsbezogene Personalpolitik der Verwaltung ist auf unterer Stufe gerechtfertigt. Je wichtiger der Aufgabenbereich aber ist, *je höher das Amt, desto wichtiger wird eine auf Grund der besonderen Persönlichkeit eines Amtsinhabers anpassungsfähige Aufgabenverteilung.* Eine flexible Personalpolitik ist auf der oberen Verwaltungsstufe unerlässlich und verhindert Leerläufe.

4. Die Behörde

Die Behörde ist ein staatliches Organ, das mit hoheitlicher Zuständigkeit ausgerüstet ist. Die Behörde vertritt den Staat gegenüber dem Bürger und erlässt hoheitliche Verfügungen. Während der Amtsbegriff lediglich *interne* Bedeutung hat, tritt die Behörde nach aussen in Erscheinung. Der Private muss von der Behörde, nicht aber vom Amt Rechte und Pflichten entgegennehmen.

Behörden sind Regierungen, Departemente oder auch einzelne Abteilungen oder Sektionen, Kommissionen, Parlamente usw., soweit sie nach Gesetz zum Erlass von Verfügungen zuständig sind.

5. Das Organ

5.1. Begriff

Das Organ ist eine *rechtliche Institution, die auf Grund von Rechtssätzen, Statuten oder Verfügungen berechtigt ist, Rechte und Pflichten für eine Organisation zu begründen.* Während die Behörde nach aussen hin Zuständigkeiten wahrnehmen kann, kommen dem Organ *Befugnisse nach innen,* d.h. für die eigene Organisation, zu.

Ausführungsorgane des Bundes sind in diesem Sinne Volk, Parlament, Bundesrat oder die Kantone. Wir kennen verschiedene Organarten: unmittelbare Verfassungsorgane, zum Beispiel das Bundesgericht, abgeleitete Organe, die auf Gesetze oder Verordnungen zurückzuführen sind, Trägerorgane und Repräsentativorgane.

Die Behörde erlässt gegenüber dem Bürger einseitige Verfügungen, das Organ verpflichtet auf Grund seiner Zuständigkeit den ganzen Verband, die Gemeinde, den Kanton und den Bund.

Unechte Organe sind die «Stabsorgane». Sie unterscheiden sich von den Linienorganen und dienen der Entfaltungsmöglichkeit der inneren Leistungskraft einer Organisation. Sie helfen, neue Arbeitsmethoden zu finden, unterbreiten Rationalisierungsvorschläge, bereiten Pläne vor und beraten die Linienorgane. Demgegenüber sind die Linienorgane in die Hierarchie eingegliedert und nehmen eigentliche Führungsaufgaben wahr.

5.2. Arten von Organen

Monistische Organe sind Organe, deren Aufgaben und Zuständigkeiten nur *von einer Person wahrgenommen* werden. Der Wille dieser Person ist der Organwille. Als Beispiel kann der Einzelrichter angeführt werden. Im übrigen kennt unser Staat sehr wenige monistische Organe.

Bei den monokratischen Organen wird die Zuständigkeit von mehreren Personen wahrgenommen. Diese sind aber von ihrem Präsidenten oder Vorgesetzten weisungsabhängig. Die monokratische Organstruktur ist für die Wahrnehmung relativ einfacher Aufgaben zu empfehlen. Die rasche Anpassungsfähigkeit und ständige Leistungsbereitschaft werden dadurch garantiert, dass der Präsident seinen Mitarbeitern jederzeit verbindliche Weisungen erteilen kann.

In seiner Arbeit über Staat und Gesellschaft in Deutschland hat THEODOR ESCHENBURG 1956 folgende politische Maxime herausgegeben: *Wenn die Staatsführung monokratisch ist, sollen die Verwaltungsorgane kollegial geführt werden. Ist die Staatsführung demokratisch, dann braucht der Staat monokratische Verwaltungsorgane.*

«In einem Vielparteienstaat sichert eben nur das monokratische System in der Verwaltung die Geltungskraft und die exakte Durchführung demokratischer Entscheidungen. Diese Verbindung von demokratischen und monokratischen arbeitsteiligen Verfahren soll den Gewaltenmissbrauch durch die Parteien einerseits und durch die Behörden andererseits verhindern, sie soll die Freiheit der Willensbildung ebenso das Funktionieren der Staatsorganisation gewährleisten.» (ESCHENBURG TH., Staat und Gesellschaft in Deutschland, Stuttgart 1956, S. 696.)

In der Schweiz kennen wir *sehr wenige monokratisch geführte Staatsorgane*. In wenigen Kantonen sind die Exekutivbehörden der Gemeinden teilweise monokratisch organisiert. In den Landsgemeindekantonen hat der Landammann eine beschränkte präsidiale Position.

Im allgemeinen ist die Schweiz aber gegenüber monokratisch geführten Exekutivorganen sehr zurückhaltend. Das *Kollegialsystem, dessen Führungskraft immer wieder bestritten wird, konnte sich bisher auf Bundes- und kantonaler Ebene weitgehend durchsetzen und bestätigen.*

Dabei muss man sich im klaren sein, dass die Organisation der Institution allein noch nicht über ihre Funktionsfähigkeit entscheidet. *Massgebend sind vielmehr die Persönlichkeiten*, die der Institution angehören und ihr das Leben geben. Ist der Chef in einem monokratischen Organ eine schwache Persönlichkeit, wird er sich nicht durchsetzen können. Das Organ verwandelt sich unversehens in ein Kollegialorgan. Es kann auch in ein anarchisches Organ entarten, das nicht mehr entscheidungsfähig ist. Dies zeigen die Kabinette gewisser deutscher Bundesregierungen. Andererseits kann sich in einem Kollegialorgan eine sehr starke Persönlichkeit gegenüber den Kollegen eine derart überragende Stellung verschaffen, dass auch aus dem Kollegialorgan faktisch ein monokratisches Organ wird.

Abgesehen von der Weisungsbefugnis und den Persönlichkeiten spielen aber auch die *parteipolitischen Machtverhältnisse* eine entscheidende Rolle. Kann sich das Mitglied eines Kollegialorganes auf einen sehr starken parteipolitischen Rückhalt stützen, wird es sich viel eher durchsetzen können als ein Mitglied, dessen Partei bei Parlament und Volk keinen Einfluss hat.

5.3. Kollegialorgane

Kollegialorgane sind Organe, deren Zuständigkeiten von mehreren gleichberechtigten Personen wahrgenommen werden. Die Organe entscheiden nach *Mehrheitsprinzip*. Kollegialorgane sind Parlament, Bundesrat, kantonale Regierungsräte, Kommissionen, Kollegialgerichte, Fakultäten usw. Das Kollegialorgan kann in der Regel nur Beschlüsse fassen, wenn sich die Mitglieder auf Grund einer Traktandenliste für die Sitzung vorbereiten konnten. Wird das Mitglied eines Kollegialorganes *überstimmt*, muss es den *Mehrheitsbeschluss gleichwohl vertreten*. Dies kann allerdings gravierende Folgen haben. So musste beispielsweise der Chef des EMD im Parlament für den Entscheid des Bundesrates eintreten, ein bestimmtes Flugzeug nicht zu kaufen, obwohl es dem Bundesrat vom EMD zum Kauf vorgeschlagen worden war. Kürzlich hat sich der Vorsteher des Justizdepartementes geweigert, den Entscheid des Bundesrates über die Einführung der sozialen Indikation bei der Schwangerschaftsunterbrechung im Parlament zu vertreten. Derartige Verzichterklärungen sind aber äusserst selten. Das Volk erwartet von den Mitgliedern eines Kollegialorganes die Vertretung eines Kollegialentscheides auch gegen ihre persönliche Überzeugung. Überdies ist festzuhalten, dass in den Kollegialorganen vielfach nicht nach Mehrheit, sondern nach Einstimmigkeit entschieden wird. *Die Mitglieder der Exekutivbehörden suchen den Konsens.* Nur in heiklen politischen Fragen kommt es zu einem Mehrheitsentscheid.

In einem Kollegialorgan muss schliesslich auch die *Dringlichkeitsordnung* geregelt sein. In dringenden Fällen und im Staatsnotstand müssen einige wenige für das Kollegium möglicherweise entscheiden können. Es ist selbstverständlich, dass beispielsweise bei einer nationalen Katastrophe im äussersten Fall ein einzelnes Mitglied des Kollegialorganes ermächtigt wird, für das Kollegium zu entscheiden, wenn die anderen Mitglieder des Kollegialorganes nicht abkömmlich sind.

B. Organisationsarten

Nach der Rechtsform lassen sich folgende Organisationsarten unterscheiden: mitgliedschaftlich verfasste, herrschaftliche, rechtsfähige oder nicht-rechtsfähige, autonome und nicht-autonome sowie privatrechtliche und öffentlich-rechtliche Organisationen.

1. Mitgliedschaftlich organisierte Organisationen *Körperschaft*

Mitgliedschaftlich verfasste Organisationen sind Körperschaften, die von den Mitgliedern getragen werden. Die Mitglieder bestimmen im Rahmen des übergeordneten Rechts über den Status der Organisation. Dazu gehören: die öffentlich-rechtlichen Körperschaften, die unabhängig vom Wechsel ihrer Mitglieder bestehen, wie Gemeinden, Genossenschaften des öffentlichen Rechts (Genossenschaft für Getreide- und Futtermittel GGF), öffentlich-rechtliche Aktiengesellschaften (Nationalbank) oder die öffentlich-rechtlich organisierten Studentenschaften.

Bei den Körperschaften gehören die Mitglieder auf Grund des Gesetzes oder des Statuts zur Körperschaft. Sie können nicht frei darüber befinden. Die Körperschaften existieren unabhängig vom Wechsel ihrer Mitglieder. Zur öffentlich-rechtlich organisierten Studentenschaft gehört jeder immatrikulierte Student. Er kann nicht frei über seine Mitgliedschaft befinden. Sobald die Studenten frei über ihren Beitritt entscheiden können, verliert die Organisation ihren öffentlich-rechtlichen Charakter. Es handelt sich dann um einen privatrechtlichen Verein, dem der Staat oder die Universität besondere öffentliche Aufgaben übertragen kann (vgl. zum Beispiel VSETH).

Zu den mitgliedschaftlich verfassten Organisationen gehören auch *die Personengesellschaften, die nur mit Zustimmung ihrer Mitglieder entstehen können*, wie zum Beispiel die Gemeindeverbindungen. Die Gemeindeverbindungen entstehen nur durch freie Zustimmung der Gemeinde. Es handelt sich oft um öffentlich-rechtliche Verbindungen mit hoheitlichen Befugnissen.

2. Herrschaftlich organisierte Organisationen *Anstalt*

Die *herrschaftlichen Organisationen haben eine externe Trägerschaft. Sie haben einen Organisationsherrn, der über ihr Schicksal befindet.* Dieser Organisationsherr kann ein Verwaltungsrat, ein Kuratorium oder unmittelbar die Exekutive sein.

Das typische Beispiel für derartige herrschaftliche Organisationsverhältnisse sind die öffentlich-rechtlichen *Anstalten*. Sie sind hierarchisch gegliedert, *die Benützer haben keinen Einfluss auf die Ausgestaltung des Anstaltsverhältnisses, die*

Anstalt wird vielmehr durch die äussere Trägerschaft bestimmt. Der Bund organisiert die autonomen öffentlich-rechtlichen Anstalten oft ähnlich wie die privaten Aktiengesellschaften, indem er ihnen *einen Verwaltungsrat überordnet.* Zu erwähnen sind die Verwaltungsräte der SBB und PTT. Diese Organe befinden — allerdings unter Aufsicht des Bundesrates — über die Geschicke dieser beiden Anstalten. Aufgaben und Tarife der Anstalt werden jedoch nicht durch die Benützer (zum Beispiel die Postbenützer) festgelegt, sondern durch den Gesetzgeber oder im Rahmen der Delegation durch die Exekutive. Diese entscheiden über Tarife, Wahl und Zusammensetzung der Benützer der Anstalt sowie über deren Aufgaben.

Die Frage, ob eine mitgliedschaftlich verfasste Organisation oder eine herrschaftliche Organisation vorliegt, kann *politisch von höchster Brisanz* sein. Vor allem im Rahmen der Auseinandersetzungen über die Organisation der Universitäten haben sich zwei gegensätzliche Meinungen herausgebildet. Die Studenten, die die Mitbestimmung in den Universitäten verwirklichen wollten, vertraten die Meinung, die Universität sei eine Körperschaft, weshalb den Studenten umfassende Mitbestimmungsrechte zu gewähren seien. Demgegenüber waren die Gegner der Mitbestimmung der Meinung, die Universität sei eine Anstalt, die hierarchisch gegliedert sein müsse. Dies komme dadurch zum Ausdruck, dass sich die Universität nicht selber finanziere, sondern vom Staate finanziert werden müsse.

3. Selbständige — unselbständige Organisationen

Ein weiteres Unterscheidungskriterium ist die *Rechtsfähigkeit.* Es gibt Organisationen, die rechtsfähig sind, d.h. eigenes Vermögen haben, als Kläger und Beklagte vor Gericht auftreten und aus eigenem Recht Verträge abschliessen können. *Die Rechtsfähigkeit einer Organisation sagt in der Regel recht wenig über den Grad ihrer Autonomie aus.* Die Alkoholverwaltung des Bundes hat beispielsweise eigene Rechtspersönlichkeit, ist aber in ihrem Verhältnis zur Zentralverwaltung nicht sehr autonom. Demgegenüber sind PTT und SBB, abgesehen vom Recht der SBB, als Klägerin oder Beklagte aufzutreten, nicht rechtsfähig, obwohl sie bedeutend mehr Autonomie als die Alkoholverwaltung haben.

Eine Organisationseinheit (Anstalt oder Körperschaft) ist dann *rechtsfähig, wenn sie eigene Rechte (zum Beispiel Vermögen) hat und selbständige Verpflichtungen eingehen kann (zum Beispiel Schulden).* Die Folge dieser Rechtsfähigkeit ist die *Prozessfähigkeit* der Anstalt. Sie kann als Klägerin oder als Beklagte im Prozess auftreten.

Es ist Aufgabe des Gesetzes oder gar der Verfassung festzulegen, inwieweit das Gemeinwesen allfällige Schulden der rechtsfähigen Anstalt zu übernehmen hat, inwieweit die Gewinne der Anstalt dem Gemeinwesen übertragen werden sollen usw. Es versteht sich von selbst, dass diese Fragen in engem Zusammenhang zur Tarifhoheit stehen. Bestimmt der Gesetzgeber über die Tarife der Anstalt, wird er auch allfällige Defizite übernehmen müssen.

Bei rechtsfähigen Anstalten sind zudem Regelungen über ihre steuerrechtlichen Pflichten zu treffen. Unterstehen rechtsfähige Anstalten des Bundes der Steuerhoheit der Kantone oder des Bundes? Ein weiteres Element der Rechtsfähigkeit ist die *Vertragsfähigkeit* der Anstalt. Eine rechtsfähige Anstalt ist eine juristische Person, die im Rahmen des Privatrechts, zum Beispiel als Arbeitgeberin, Rechte und Pflichten eingehen kann. Das Gemeinwesen kann auf diese Weise öffentliche Aufgaben «privatisieren». Diese Flucht ins Privatrecht ist aber nur zulässig, wenn dadurch nicht wesentliche öffentliche Interessen aufs Spiel gesetzt werden.

Die Rechtsfähigkeit muss auch im Zusammenhang mit dem Rechnungswesen der Verwaltung gesehen werden. Rechtsfähige Organisationen müssen einen eigenen Geschäftsbericht abgeben, sie verfügen über eigene Finanzen. Die rechtsfähigen Organisationen sind auch auf dem Gebiete des Dienstrechts freier als die nicht-rechtsfähigen Organisationen des Bundes. Die SUVA beispielsweise hat für ihre Angestellten die privatrechtliche Dienstordnung vorgesehen und nicht das öffentliche Dienstrecht. Allerdings kann auch das Beamtenrecht Anwendung finden, wie das Beispiel der Alkoholverwaltung zeigt.

Die Gestaltungsmöglichkeiten sind also ausserordentlich vielfältig. Die Autonomie und Selbständigkeit der Organisation bestimmt sich von ihrer *Zweckmässigkeit* her. Je nachdem, ob eine Organisation über eigene Einnahmen befindet, ein eigenes Vermögen hat und dem ordentlichen Finanzhaushalt nicht unterstellt werden soll, ist sie zweckmässigerweise mit Rechtspersönlichkeit auszustatten.

4. Organisationen des öffentlichen und des Privatrechts

Neben der Rechtsfähigkeit stellt sich die Frage nach der *Rechtsgrundlage:* Wir kennen auf Bundesebene sowohl *öffentlich-rechtliche wie auch privatrechtliche Organisationstypen.*

Die Pro Helvetia ist eine Stiftung des öffentlichen Rechts, während der Nationalfonds als privatrechtliche Stiftung organisiert ist. Aus dem privatrechtlichen Status leitet der Nationalfonds grössere Autonomierechte ab. Er behauptet, der Bund könne lediglich die öffentlich-rechtlichen Stiftungen einer umfassenden Rechtskontrolle unterstellen. Den privatrechtlichen Stiftungen wie dem Nationalfonds könne der Bund zwar Aufgaben übertragen, über die Wahrnehmung dieser Aufgaben entscheide die Stiftung aber autonom. Allein, auch bei der privatrechtlichen Stiftung steht dem Bunde ein Aufsichtsrecht zu, da der Bundesrat nach den Statuten der Stiftung Wahlbefugnisse über einzelne Mitglieder gewisser Organe der Stiftung besitzt und kontrollieren kann, ob die praktisch 100%ige Finanzierung durch den Bund rechtmässig verwaltet wird.

Im *kantonalen Bereich* kennen wir ebenfalls öffentlich-rechtliche und privatrechtliche Organisationen. Während die Kantonalbanken der meisten Kantone ein öffentlich-rechtliches Statut haben, ist die Kantonalbank des Kantons Waadt privatrechtlich als Aktiengesellschaft organisiert. Sie ist aus diesem Grunde gegenüber anderen Kantonalbanken, zumindest rechtlich, unabhängiger und kann eher gegenüber anderen Privatbanken als Konkurrentin auftreten als die öffentlich-rechtlich organisierten Banken. Die öffentlich-rechtlich organisierten Kantonalbanken haben besondere kantonale Aufgaben wahrzunehmen und als Hypothekarinstitute vor allem die Infrastruktur sowie andere öffentliche Aufgaben im Kanton, wie etwa den Wohnungsbau, durch Kredite zu fördern.

II. Die Organisation der Zentralverwaltung

LITERATUR: AMMANN J., Stellung und Tätigkeit der Zentralstelle für Organisationsfragen der schweizerischen Bundesverwaltung. Die Verwaltung, 1968, S. 71 ff.; BACHOF O., Verwaltungsakt und innerdienstliche Weisungen. Verfassung und Verwaltung in Theorie und Wirklichkeit, Festschrift für Wilhelm Laforet, 1952, S. 285 ff.; BAECQUE F. DE, L'Administration centrale de la France, Paris 1973; BÄUMLIN R., Verfassung und Verwaltung in der Schweiz, in: Verfassungsrecht und Verfassungswirklichkeit, Festschrift für H. Huber zum 60. Geburtstag 1961, Bern 1961, S. 69 ff.; *Bericht und Gesetzesentwurf* der Expertenkommission für die Totalrevision des Bundesgesetzes über die Organisation der Bundesverwaltung, 1971; BISCHOFSBERGER P., (Hrsg.), Ein Blick in die Bundesverwaltung, Solothurn 1971; DAGTAGLOU P., Kollegialorgane und Kollegialakte der Verwaltung, Diss. Stuttgart 1960; DECOSTERED R., La structure de l'administration fédérale, Diss. Bern 1959; EICHENBERGER K., Die politische Verantwortlichkeit der Regierung im schweizerischen Staatsrecht, in: Verfassungsrecht und Verfassungswirklichkeit, Festschrift für H. Huber zum 60. Geburtstag, Bern 1961, S. 108 ff.; DERSELBE, Das Präsidialdepartement, in: Mélanges Marcel Bridel, Lausanne 1968, S. 131 ff.; DERSELBE, Organisatorische Probleme des Kollegialsystems, Schweizerisches Jahrbuch für politische Wissenschaft, 1967, S. 62 ff.; EICHHOLZER E., Ein geschichtlicher Überblick vom Werden und Wachsen der Bundesverwaltung, ZBl 70, 1969, S. 113 ff.; *Expertenbericht* über die Verbesserungen in der Verwaltungsführung des Bundesrates, 1967; FÜNFSCHILLING U., Die rechtliche Gestaltung des Departementalsystems unter besonderer Berücksichtigung der Bundesbehörden, Diss. Basel 1969; GERMANN R., Die Bundesverwaltung — Organisatorische, personelle und politische Aspekte, Verwaltung im Umbruch, Bern 1972, S. 35 ff.; GSTREIN H., Das Kreisschreiben als Mittel der Bundesaufsicht, Diss. Zürich 1948; HÄMMERLEIN H., Öffentlichkeit und Verwaltung, Göttingen 1966; IMBODEN M., Rechtsstaat und Verwaltungsorganisation (1951), in: Max Imboden, Staat und Recht, Ausgewählte Schriften und Vorträge, Basel, Stuttgart 1971, S. 447; KAREHNKE H., Richtlinienkompetenz des Bundeskanzlers, Ressortprinzip und Kabinettsgrundsatz — Entspricht Art. 65 GG noch heutigen Erfordernissen? DVBl 89, 1974, S. 101 ff.; KLÖTI U., Fragen der Koordination im Bunde, VP 29, 1975, S. 15 ff.; KÖLBE J., Ist Art. 65 GG (Ressortprinzip im Rahmen der Kanzlerrichtlinien) überholt? DöV 26, 1973, S. 1 ff.; KURZ H.R., La situation du chef de Département militaire fédéral selon notre droit public. Revue militaire suisse, 113, 1968, S. 9 ff.; LEHMANN E., Die Eidgenössische Finanzkontrolle, Vortragszyklus über das Eidg. Finanz- und Zolldepartement, Bern 1970/71, S. 106 ff.; MOOR P., Esquisse d'un droit des organisations administratives, ZBl 75, 1974, S. 49 ff.; MÜLLER G., Die Stabsstellen der Regierung, Basel 1970; PFISTER W., Regierungsprogramm und Richtlinien der Politik, Diss. iur. Basel 1974; Regierungsprogramme und Regierungspläne. Schriftenreihe der Hochschule Speyer, Bd. 51, Berlin 1973; SAUVANT J.M., Die Mitberichtsverfahren innerhalb der Bundesverwaltung (...) VP 26, 1972, S. 37 ff.; SCHÜRMANN L., Die Auswirkungen der Richtlinien für die Regierungspolitik auf die Bundesverwaltung, VP 27, 1973, S. 3 ff.

Im folgenden Abschnitt behandeln wir die Probleme der Zentralverwaltung, vor allem unter Berücksichtigung der Bundesverwaltung. In den Kantonen ergeben sich auf Grund der kollegialen Organisation der Exekutive weitgehend ähnliche Probleme.

A. Die Stellung und Aufgabe der Exekutive

1. Stellung des Bundesrates oder des Regierungsrates der Kantone

Bei der Beurteilung der Organisation der Zentralverwaltung ist davon auszugehen, dass die *leitende Behörde, der Bundesrat oder der kantonale Regierungsrat,* in der Gesamtstruktur eine im Vergleich zu anderen Regierungssystemen *eigenständige Stellung wahrnimmt.* Es ist die Behörde, die sich aus dem französischen Direktorialsystem entwickelt hat und im letzten Jahrhundert gleichsam als unabhängiger, kollegial organisierter Ausschuss oder Direktorium gegenüber dem Parlament auftreten musste.

Dies hat für die Stellung, zum Beispiel des Bundesrates, folgende Konsequenzen: Der Bundesrat besitzt zwar ein Stabsorgan, die Bundeskanzlei, die seine Kanzleigeschäfte zu führen hat. Die Bundeskanzlei ist aber nicht nur Stabsorgan des Bundesrates, ihr kommt gleichzeitig die Aufgabe zu, auch für die Bundesversammlung die Kanzleigeschäfte zu führen. Sie ist also eine Nahtstelle zwischen Bundesrat und Bundesversammlung. Diese besondere Stellung der Bundeskanzlei ist nur verständlich, wenn man *die ursprüngliche Bedeutung der Exekutive als Direktorium, als Ausschuss der Bundesversammlung vor Augen hat.* Der Bundesrat hat als Kollegialorgan somit keine ihm allein unmittelbar unterstellten Stabsorgane. Er ist weitgehend auf die einzelnen Departemente angewiesen.

Ein weiteres Merkmal der Exekutive zeigt sich darin, dass sie vom Parlament relativ unabhängig ist. Die *Kollegialbehörde kann während der Legislaturperiode nicht durch ein Misstrauensvotum abgesetzt werden.* Lediglich gewisse kantonale Regierungen können auf Grund einer Volksinitiative durch einen Volksentscheid abberufen werden. Die Bundesversammlung kann einen Bundesrat zwar zu Beginn einer neuen Legislaturperiode nicht mehr wiederwählen. Bis jetzt ist aber noch nie ein Bundesrat beim Parlament in Ungnade gefallen und deshalb nicht mehr wiedergewählt worden. Vielmehr wird erwartet, dass ein Bundesrat, der beispielsweise bei einer Volksabstimmung Schiffbruch erleidet, nicht zurücktritt, sondern seine Amtsgeschäfte weiterhin wahrnimmt.

Dies führt naturgemäss zu einer *Entpolitisierung der Exekutivbehörde.* Die Exekutivbehörde ist damit *von den tagespolitischen Strömungen* relativ unabhängig. Der Bundes- oder Regierungsrat sind eben als *reine Exekutivbehörde gedacht,* die in erster Linie Verwaltungs-, d.h. Vollzugsaufgaben wahrnehmen und die Gesetze anwenden müssen, die eigentlich gestaltende Aufgabe aber dem Parlament überlassen sollen. Dass dies mit den heutigen Realitäten nicht mehr übereinstimmt, ist offensichtlich. Selbstverständlich muss der Bundesrat je länger je mehr im politischen Sinne gestaltend und vorausschauend die Entwicklung unseres Landes verfolgen und beeinflussen.

Die besondere Stellung des Bundesrates gegenüber dem Parlament kommt auch dadurch zum Ausdruck, dass in der Schweiz, im Gegensatz zu anderen Staaten, *kein dem Parlament unmittelbar verantwortlicher Rechnungshof besteht.* Die Eidg.

Finanzkontrolle übt diese Kontrollaufgaben in erster Linie für den Bundesrat aus und steht nur in einem sehr lockeren Verhältnis zur Bundesversammlung. Diese hat vor allem ein Mitspracherecht bei der Wahl des Direktors der Finanzkontrolle. Auf die Errichtung eines eigentlichen Rechnungshofes wurde in Bund und Kantonen verzichtet.

Von ganz entscheidender organisatorischer Bedeutung ist die Tatsache, dass *der Bundesrat von der Verfassung her als Kollegialbehörde konzipiert ist.* Dieses Kollegialprinzip wurde allerdings auf Grund der Verfassungsänderung von 1874 durch das Departementalprinzip (Art. 103 BV) durchbrochen. Gemäss Art. 103 BV werden die Geschäfte des Bundesrates nach Departementen unter die einzelnen Mitglieder verteilt. Demzufolge können den einzelnen Mitgliedern des Kollegialorganes und ihren Departementen besondere Aufgaben und Zuständigkeiten übertragen werden.

Je nach Befugnis können die Departementschefs über das Geschäft ihres Departementes selber entscheiden oder müssen dem Bundesrat einen Vorschlag unterbreiten. *Sämtliche Geschäfte des Bundesrates werden von den Departementen vorbereitet.* Um trotzdem das Prinzip der Kollegialität zu wahren, erhalten die nichtfederführenden Departemente vor dem Antrag an den Bundesrat die Möglichkeit, im Rahmen des sogenannten *Mitberichtsverfahrens* zu den Anträgen des federführenden Departementes Stellung zu nehmen.

Mit dem Mitberichtsverfahren kann die Koordination zu den anderen Departementen sichergestellt werden. Geschäfte, die beispielsweise einschneidende finanzielle Folgen haben, müssen vom Finanzdepartement begutachtet werden; solche, die rechtliche Fragen berühren, sind von der Justizabteilung zu überprüfen. Es gibt aber sehr viele andere Departemente, die zu einem Geschäft Stellung nehmen müssen. Beispielsweise wird man dem Amt für Umweltschutz über das Departement des Innern bei einer Reihe von Geschäften, die von anderen Departementen vorbereitet werden, ein entscheidendes Mitspracherecht einräumen müssen.

Das Mitberichtsverfahren ermöglicht eine effiziente und gleichzeitig sorgfältige Erledigung der Geschäfte. Differenzen zwischen den Departementen können vor der Sitzung weitgehend behoben werden. Der Bundesrat muss nur Differenzen behandeln, die auf der Stufe der Verwaltung nicht ausgeräumt werden können. Er kann auf diese Weise viele Geschäfte diskussionslos erledigen und die Differenzen auf Grund entsprechender Vorbereitung durch die Verwaltung schnell behandeln.

Der Bundesrat ist faktisch der Gesamtbundesverwaltung nicht als Kollegium übergeordnet. *Die unmittelbare Aufsicht über die einzelnen Verwaltungen nehmen die Departementschefs wahr,* die ihrerseits dem Gesamtbundesrat unterstellt sind. Der Bundesrat entscheidet als Kollegialbehörde über die Anträge der einzelnen Departementschefs.

Dem Bundesrat ist es kaum möglich, alle Anträge der Departemente bis ins Detail zu überprüfen, zu beraten und allenfalls abzuändern. Nur bei politisch sehr umstrittenen Geschäften findet eine ausgedehnte Debatte im Bundesrat statt. Dies war zum Beispiel bei der Mitbestimmung, Schwangerschaftsunterbrechung, Flugzeugbeschaffung und anderen Geschäften, die im Mittelpunkt des politischen Interesses des Landes standen, der Fall.

In Angelegenheiten *von geringerer Tragweite halten sich die Kollegen zurück.* Massgebend ist die Meinung des Fachministers, sofern nicht im Mitberichtsverfahren eine ausgesprochen kontroverse Stellungnahme von seiten eines Departementes eingereicht wird. Dies ist auch verständlich, wenn man bedenkt, wie zahlreich diese Geschäfte sind. *Die Entlastung des Bundesrates zugunsten einer vermehrten politischen Tätigkeit ist deshalb unerlässlich.*

Welches sind nun die Vor- und Nachteile des Kollegialprinzips? Ein entscheidender Vorteil liegt wohl in der Intraorgankontrolle. Durch die Aufteilung der Regierungsgewalt auf sieben Mitglieder und die Verpflichtung, nur auf Grund eines Mehrheitsbeschlusses des Kollegiums zu entscheiden, beschränkt sich die Macht des einzelnen Bundesrates und des gesamten Kollegiums. Die Kollegen können sich gegenseitig kontrollieren. Kein Bundesrat kann einsame Beschlüsse vornehmen, er ist auf die Zustimmung von wenigstens drei anderen Kollegen angewiesen.

Das Kollegialorgan ermöglicht es, der *Pluralität unseres Landes auch auf Regierungsebene Rechnung zu tragen,* indem die verschiedenen Sprachregionen, die politischen und konfessionellen Strömungen in der Exekutive vertreten sein können.

Das Kollegium sorgt für eine gewisse *Stabilität.* Kein Kollegium wird sich zu extremen Lösungen hinreissen lassen. Es wird immer versuchen, eine Mittellösung zu finden.

Demgegenüber hat das Kollegialprinzip auch gewichtige Nachteile. Es kann die *Entscheidungsfreudigkeit* der Exekutive lähmen. Das Kollegialprinzip erschwert eine *effiziente Koordination* der Departemente und *die Aufsicht* über die gesamte Bundesverwaltung. Die Bundesräte sind bei der gegenseitigen Kontrolle zurückhaltend, da keiner will, dass ihm bei der Antragsstellung eines eigenen Geschäftes ein anderer Kollege dreinredet.

Die Erfahrung in der Geschichte des schweizerischen Bundesstaates zeigt immer wieder, dass derartige Fragen nicht losgelöst von den Persönlichkeiten betrachtet werden können. Es gab Zeiten grosser Spannung im Bundesrat, wir kennen aber auch Beispiele für eine äusserst effiziente und loyale Zusammenarbeit der einzelnen Mitglieder dieser Kollegialbehörde. *Das Parlament hat es in der Hand, mit der Wahl der Bundesräte Persönlichkeiten in die Exekutive zu wählen, die die institutionellen Vorteile des Kollegialorganes voll ausnützen und die Schwächen auf ein Minimum reduzieren können.*

2. Die Aufgaben des Bundesrates

Nach dem Entwurf für ein neues Organisationsgesetz hat der Bundesrat folgende Aufgaben wahrzunehmen (Art. 2 EVwOG):

— Regierungstätigkeit,
— Leitung der Bundesverwaltung,
— Vollziehung und Rechtspflege,
— Mitwirkung bei der Rechtssetzung und Information der Öffentlichkeit.

Der Bundesrat ist in erster Linie *Regierungsorgan*. Als Regierungsorgan muss er die Entwicklung des Landes beobachten, die Ziele der Regierungstätigkeit festlegen und bestimmen, mit welchen Mitteln diese Ziele erreicht werden können. Er muss seine Tätigkeiten planen, Schwerpunkte festlegen und gegenüber der Bundesversammlung Initiativen wahrnehmen. Er vertritt den Bund nach innen und nach aussen und stellt die Koordination auf Regierungsebene sicher. Dieser Regierungstätigkeit kommt erste Priorität zu.

Neben der unmittelbaren Regierungstätigkeit hat der Bundesrat eine ganze Reihe weiterer Aufgaben. Er *leitet die Bundesverwaltung* und muss eine rechtmässige, leistungsfähige und rationelle Verwaltungstätigkeit sicherstellen. Er muss die Verwaltungsstellen koordinieren und kontrollieren.

Der Bundesrat wirkt mit bei der *Rechtssetzung*. Er leitet das Vorverfahren der *Gesetzgebung*, schlägt der Bundesversammlung Bundesgesetze und Bundesbeschlüsse vor und übt in diesem Gebiet entscheidende gestalterische Aufgaben aus. Dazu kommt seine eigene Zuständigkeit als *Verordnungsgesetzgeber* auf Grund von Verfassung und gesetzlicher Ermächtigung. Da das Verwaltungsgericht nicht in allen Fragen der Verwaltungstätigkeit abschliessend zuständig ist, kommt dem Bundesrat auch im Rahmen der *Verwaltungsrechtspflege* als *Beschwerdeorgan* eine Entscheidungsbefugnis zu. Zudem hat er die Aufgabe, die Öffentlichkeit über seine Tätigkeit und die der Bundesverwaltung ständig zu *informieren*.

Heute steht dem Bundesrat, abgesehen von der Bundeskanzlei, kein eigentlicher Stab zur Verfügung, mit dem er diese Aufgaben bewältigen könnte. Die Bundesräte sind auf Mitarbeiter in den Departementen angewiesen und können für ihre kollegiale Tätigkeit keinen über den Departementen stehenden Stab in Anspruch nehmen. Gemäss dem Entwurf des Bundesrates für ein neues Organisationsgesetz soll sich dieser Zustand ändern. Einmal soll *die Bundeskanzlei allgemeine Stabsstelle des Bundesrates werden*. Darüber hinaus soll der Bundesrat weitere *Stabsstellen* bilden können und jederzeit ausserhalb der Bundesverwaltung *Sachverständige* für die Behandlung eines Geschäftes beziehen.

Voraussetzung einer gutkoordinierten Arbeit ist die *gemeinsame Ausrichtung der Politik auf gemeinsame Ziele*. Das Volkswirtschaftsdepartement soll nicht die Berufsbildung zuungunsten der Hochschulbildung und das Innere nicht die Hochschulbildung zuungunsten der Berufsbildung fördern und umgekehrt. Beide Departemente sollen auf Grund einer gemeinsam erarbeiteten Konzeption ihre Bildungspolitik entwickeln können. Damit der Bundesrat diese schwierige politische Aufgabe bewältigen kann, müssen ihm die erwähnten Stabsstellen zur Verfügung stehen. Die in den letzten Jahren erarbeiteten Legislaturziele des Bundesrates haben gezeigt, wie wichtig es ist, dass die Bundeskanzlei als Stabsstelle des Bundesrates diese Koordinationsaufgabe übernimmt. Sie hat dafür zu sorgen, dass die Richtlinien mit dem Finanzplan von den Departementen befolgt werden.

Es entspricht dem Grundsatz der Kollegialität, dass der Bundesrat *keinem Bundespräsidenten unterstellt ist, der gegenüber seinen Kollegen Weisungen erlassen kann*. Traditionsgemäss soll der Bundespräsident im Turnus eines Jahres wechseln. Er ist «Primus inter pares».

Trotzdem kommen dem Bundespräsidenten nach altem und neuem Organisationsgesetz besondere Befugnisse zu. Abgesehen von der Repräsentationspflicht ist er für die *Vorbereitung der Verhandlungen* des Bundesrates verantwortlich. Er entscheidet über die zu behandelnden Geschäfte und die Traktandenliste.

Der Bundespräsident muss dafür sorgen, dass die Geschäfte rechtzeitig im Bundesrat behandelt und aufgenommen werden. Dies gibt ihm theoretisch die Möglichkeit, auf den Fristenlauf der Geschäfte einen direkten Einfluss zu nehmen. Nach Art. 22 des vom Bundesrat vorgeschlagenen Organisationsgesetzes wacht er auch darüber, dass die *Aufsicht des Bundesrates* über die Bundesverwaltung zweckmässig organisiert und ausgeübt wird. Er muss also zuhanden des Bundesrates die allgemeine Verwaltungsaufsicht sicherstellen.

Dem Präsidenten kommen ausserdem *für dringliche Fälle besondere Befugnisse zu*. Er kann vorsorgliche Massnahmen anordnen und anstelle des Kollegiums entscheiden, wenn die Einberufung einer Sitzung oder die Durchführung eines ausserordentlichen Verfahrens nicht möglich sind. Seine Entscheide müssen allerdings nachträglich vom Kollegium genehmigt werden. Darüber hinaus kann der Bundesrat den Bundespräsidenten ermächtigen, Angelegenheiten von vorwiegend formeller Natur oder von untergeordneter Bedeutung durch *Präsidialverfügungen* zu erledigen. Dem Bundespräsidenten steht der Vize-Präsident des Bundesrates zur Seite. Dem Bundespräsidenten ist schliesslich für die Wahrnehmung seiner Aufgaben die Bundeskanzlei unterstellt.

Für die Wahrnehmung und Koordination besonderer Aufgaben — wie Finanzen und Wirtschaft, Eisenbahnen, auswärtige Angelegenheiten, Militärfragen, Wissenschaft und Forschung, Landwirtschaft, Verkehr, Raumplanung und Energie — bilden die Bundesräte eine Delegation. Diese Delegationen haben keine besonderen Befugnisse des Kollegiums. Sie können aber eine bessere Koordination und Zusammenarbeit ihrer Departemente sicherstellen und den Gesamtbundesrat entlasten.

B. Die Departemente

Die Departemente werden *von je einem Bundesrat geführt*. Sowohl das bestehende als auch der Entwurf des Verwaltungsorganisationsgesetzes zählen die einzelnen Departemente auf. Der Vorentwurf zählt neben den Departementen die *einzelnen Ämter auf* (Art. 62 EVwOG).

Die Departemente werden in Ämter gegliedert, die ihrerseits in weitere Verwaltungseinheiten, insbesondere Sektionen, unterteilt werden. Verschiedene Ämter können zu einer *Gruppe* zusammengefasst werden.

Neben den Ämtern verfügt jedes Departement über ein *Generalsekretariat*. Dieses bildet die allgemeine Stabsstelle des Departementes (Art. 52 EVwOG). Das Generalsekretariat sorgt für die Koordination innerhalb des eigenen Departementes und mit den anderen Departementen, plant auf der Stufe des Departementes und informiert den Departementsvorsteher, die Vorsteher der Gruppen und Ämter sowie in Zusammenarbeit mit dem Informationsdienst der Bundeskanzlei die Öffentlichkeit über die das Departement betreffenden Angelegenheiten. Das Generalsekretariat bereitet die Entscheidung des Departementsvorstehers vor und unterstützt ihn bei der Vorbereitung der Verhandlungen des Bundesrates. Es kontrolliert für den Departementsvorsteher das Departement.

Der *Generalsekretär* leitet die zentralen Dienste des Departements, insbesondere den Sekretariatsdienst sowie das zentrale Personal-, Finanz- und Rechtswesen. Er entlastet den Departementsvorsteher im Verkehr nach aussen und übernimmt Aufgaben, die ihm der Bundesrat überträgt.

Während heute die Generalsekretariate der Departemente je nach Temperament des Departementschefs und je nach Departementsstruktur unterschiedlich organisiert sind, soll durch den Entwurf eine einheitliche Organisationsstruktur und ein einheitliches Pflichtenheft für diese Generalsekretariate aufgestellt werden. Sie werden aus der Hierarchie herausgenommen und sollen als *Stabsstellen für die Koordination und Kontrolle sowie für besondere Stabsaufgaben dem Departementschef zur Verfügung stehen*. Überdies kann der Bundesrat für ein Departement weitere Stabsstellen errichten.

Die Departementsvorsteher sind ermächtigt, *persönliche Mitarbeiter* zu bestellen. Damit soll nicht die Stelle eines persönlichen Staatssekretärs aufgebaut werden, hingegen soll dem Departementsvorsteher die Möglichkeit gegeben werden, persönlich vertraute und politisch zuverlässige Mitarbeiter mit politischen Aufgaben zu betrauen.

Die Zusammenarbeit in der Bundesverwaltung soll wie folgt organisiert werden: Primär ist es Aufgabe der Beteiligten, für eine Koordination zwischen den Departementen zu sorgen. Immer muss aber ein Departement die Federführung übernehmen. Koordinationsbedürftige Geschäfte, die vom Bundesrat behandelt werden müssen, sind den betoffenen Departementen zum *Mitbericht* zuzustellen. Der Bundesrat kann für die Behandlung koordinationsbedürftiger Geschäfte interdepartementale Koordinationsstellen wie Konferenzen, Ausschüsse und Projektgruppen einsetzen. Als wichtiges Koordinationsmittel sieht der Entwurf die Konferenz der Generalsekretäre und der Informationschefs vor. Diese sollen gleichsam auf unterer Stufe für das Kollegium die notwendigen Koordinationsaufgaben durchführen oder vorbereiten.

C. Probleme der Planung

Gemäss Art. 45bis GVG ist der Bundesrat verpflichtet, den eidgenössischen Räten zu Beginn der Legislaturperiode über die *Richtlinien der Regierungspolitik* zu berichten. Diese müssen gemäss Art. 1 lit. e Bundesgesetz über die Massnahmen zur Verbesserung des Bundeshaushaltes vom 4. Oktober 1974 (SR. 611.01) *mit der mittelfristigen Finanzplanung koordiniert* werden. Diese Zusammenführung von Sach- und Finanzplanung hat einerseits den Vorteil, dass die Sachplanung vom finanzpolitischen Standpunkt aus *realistisch auf die finanziellen Möglichkeiten* des Staates abgestimmt ist. Darüber hinaus zwingt die langfristige Sachplanung die einzelnen Dienst- und Verwaltungsstellen, auf Grund ihrer Beobachtungen und Analysen, *längerfristige Überlegungen über die Entwicklung* in ihrem Aufgabenbereich anzustellen.

Der Bundesrat als Koordinationsorgan hat zudem die Aufgabe und Verpflichtung, die Vorschläge der Departemente zu ordnen, miteinander zu *koordinieren*, aufeinander inhaltlich abzustimmen und Schwerpunkte zu setzen. Eine eigentliche Zusammenarbeit und Führung der Bundeszentralverwaltung ist nur auf Grund dieser langfristigen Sach- und Finanzplanung möglich. Die Bundeskanzlei muss dafür sorgen, dass sich die Departemente an die in den Richtlinien angegebenen Termine und Fristen halten. Die Finanzverwaltung wird zu kontrollieren haben, dass sich die Geschäfte an die im mittelfristigen Finanzplan angegebenen Aufwendungen halten.

Der Plan ist für den Bundesrat erstklassiges Führungsinstrument. Die einzelnen Departemente, Gruppen und Ämter sind verpflichtet, den Plan einzuhalten und zu beobachten. Darüber hinaus müssen sie die Planung stets den gegebenen Verhältnissen anpassen. Das verpflichtet sie, vorausschauend und beobachtend die gesellschaftspolitische Entwicklung und ihre Konsequenz zu beobachten, zu analysieren und rechtzeitig einzugreifen.

III. Gemeindeverwaltung und Organisationsformen der staatlichen Leistungsverwaltung

A. Verwaltung durch die Gemeinden

LITERATUR: *Der organisatorische Neubau des Kantons Zürich,* Schlussbericht der Kommission für die Überprüfung der strukturellen Gliederung des Kantons Zürich, 1977; DORNHAUSER P., Formen und Möglichkeiten gemeindlicher Zusammenarbeit zur Stärkung der Verwaltungskraft, Diss. Regensburg 1971; FLEINER TH., Die Organisation der Region, hrsg. von der Stiftung für eidgenössische Zusammenarbeit, Solothurn 1973; FRIESENHAHN E., Die verfassungsrechtliche Garantie der kommunalen Selbstverwaltung in der Bundesrepublik Deutschland und im Land Nordrhein-Westfalen und die Rechtsprechung der Verfassungsgerichte, in: Der Staat als Aufgabe, Gedenkschrift für M. Imboden, Basel 1972, S. 115; GAHLEN H.G., Die öffentlich-rechtliche Vereinbarung als Rechtsform übergemeindlicher Zusammenarbeit, Diss. Münster 1965; GEIGER W., Die Gemeindeautonomie und ihr Schutz nach schweizerischem

Recht, Zürich, St. Gallen 1950; GÖNNEWEIN O., Gemeinderecht, Tübingen 1963; GÖRG H., Der Rechtsschutz im Eingemeindungsverfahren, DVBl 84, 1969, S. 772 ff.; GRÜTER P., Die schweizerischen Zweckverbände, Diss. iur. Zürich 1973; GYGI F., Zweckverband oder Region? Über Reformbestrebungen im Organisationsrecht der Staats- und Gemeindeverwaltung, ... ZBl 74, 1973, Nr. 4, S. 137 ff.; HEINIGER E., Der Gemeinderat, Diss. Zürich 1957; HURST K., Gemeindeeinrichtungen, in: Peters Handbuch der kommunalen Wissenschaft und Praxis, Bd. II, Berlin 1957; IMBODEN M., Gemeindeautonomie und Rechtsstaat, in: Demokratie und Rechtsstaat, Festgabe zum 60. Geburtstag von Z. Giacometti, Zürich 1953, S. 89 ff.; JAGMETTI R., Die Stellung der Gemeinden, in: ZSR NF 91 II, 1972, S. 221 ff.; KELLER K., Grundzüge der Gemeindeverordnung der Stadt Zürich, Zürich 1971; KLÜBER H., Das Gemeinderecht in den Ländern der Bundesrepublik Deutschland, Berlin 1972; KNEMEYER F.L., Die öffentlichen Einrichtungen der Gemeinden, Stuttgart 1973; KÖLZ A., Die Beschwerdebefugnis der Gemeinde in der Verwaltungsrechtspflege, ZBl 78, 1977, S. 97 ff.; KÖTTGEN A., Gemeindliche Daseinsvorsorge und gewerbliche Unternehmerinitiative, Göttingen 1961; LEUTHARDT U., Probleme interkommunaler Zusammenarbeit im Bereich städtischer Agglomerationen am Beispiel der Region Basel, Diss. Basel 1977; MATTER H.P., Die Legitimation der Gemeinde zur staatsrechtlichen Beschwerde, Diss. Bern 1955; METTLER M., Das Zürcher Gemeindegesetz, 2. Aufl., Wädenswil 1969; MEYLAN J., Problèmes actuels de l'autonomie communale, ZSR NF 91 II, 1972, S. 1 ff.; MEYLAN J., u.a., Schweizer Gemeinden und Gemeindeautonomie, Lausanne 1972; MOOR P., La garantie de l'autonomie communale, Revue du droit public et de la science politique en France et à l'étranger, 1974, S. 1629 ff.; MÜLLER A.H., Rechtsträger für regionale Aufgaben, Diss. Zürich 1967; PESTALOZZI H.U., Das Initiativrecht in der Zürcher Gemeinde, Diss. Zürich 1973; PLAGENKOPF H., Kommunalrecht, Köln 1971; SCHELLENBERG B., Die Organisation der Zweckverbände, Diss. Zürich 1975; SCHNÜRIGER C., Raumordnungspolititk, bundesstaatlicher Finanzausgleich und die Gleichheit der Kantone, Diss. Basel 1977; SIGG H.P., Der eigene und der übertragene Wirkungskreis der Gemeinde im Kanton Zürich, Diss. Zürich 1964; UNRUH G.CHR. v., Gemeinderecht, in: Münch I.v. (Hrsg.) Besonderes Verwaltungsrecht, Frankfurt, 3. Aufl., 1972, S. 83 ff.; DERSELBE, Die kommunale Selbstverwaltung im Grundgesetz und ihr genetisches Modell, in: Öffentliches Recht und Politik, Festschrift für H.U. Scupin zum 70. Geburtstag, Berlin 1973, S. 391 ff.; VINCENZ F., Die Eingemeindungsfrage im Kanton Graubünden, Diss. Fribourg, Zürich 1974; WAGENER F., Gemeindeverbandsrecht in Nordrhein-Westfalen, 1967; WEHINGER U., Raumplanung und Region unter dem Aspekt des Subsidiaritätsprinzips, Diss. iur. Zürich 1975; WEISS U., Die Geschäftsordnung der Gemeindeparlamente im Kanton Zürich, Zürich 1976; ZWAHLEN H., L'autonomie communale à la lumière de la jurisprudence récente du Tribunal fédéral suisse, in: Mélanges Marcel Bridel, Lausanne 1968, S. 631 ff.

1. Wesen und Aufgabe der Gemeinden

1.1. Die Entwicklung der Gemeinden

Zum Gemeinderecht schrieb der damalige Bundesrat DUBS in seinem Buch «Das öffentliche Recht der schweizerischen Eidgenossenschaft» im Jahre 1878 folgendes:

«Wenn man die Familie als die kleinste *soziale* Einheit bezeichnen kann, so gebührt der Gemeinde der Name der kleinsten *politischen* Einheit. ... Man kann sogar nicht leugnen, dass auch dem jetzigen Gemeindeleben, wie wir sehen werden, ein stark kommunistischer Zug beigemischt ist, welcher gerade aus der Gemeinde eine eigentümliche, vom Staate verschiedene Bildung macht.» (Vgl. DUBS J., Das öffentliche Recht der schweizerischen Eidgenossenschaft, 2. Aufl., I. Teil, Zürich 1878, S. 189 ff.)

In der Tat haben die Gemeinden eine vom Verwaltungsrecht sehr oft missachtete, aber interessante geschichtliche Entwicklung hinter sich und sind im Grunde genommen für das Staats- und Verwaltungsrecht unseres Landes von grösster Bedeutung.

Um einen Gutshof scharten sich nach und nach mehrere kleinere oder grössere Höfe. Sie bildeten zunächst die Nachbarschaft, dann den Weiler und später die Gemeinde. Diese kleine Schicksalsgemeinschaft musste alle diejenigen Aufgaben als Gemeinschaft lösen, die die einzelne Familie nicht mehr allein bewerkstelligen konnte. Gemeinsam bewirtschaftete man nach dem Prinzip der Dreifelderwirtschaft die Felder, hielt sich ein gemeinsames Grundstück, die Allmend, sorgte für die Schulausbildung der Kinder, baute Stauwerke, um sich vor Naturkatastrophen zu schützen, sorgte für die Armen und den Schutz der Gemeindeeinwohner vor inneren und äusseren Gefahren.

Kurz, die Gemeinde musste die Lebensbedürfnisse der Menschen befriedigen, soweit dies die Familie nicht selbst tun konnte: Wohnen, Bildung, Arbeit, Erholung, Gesundheit und Fürsorge. Alle diese Aufgaben nahm man in *genossenschaftlich demokratischer* Weise wahr.

Gegenüber der Gemeinde hatte der Staat, damals der Kanton, ganz andere Aufgaben zu übernehmen. Ihm kamen die traditionellen staatlichen Aufgaben wie Verteidigung, Militär, Rechts-, Finanz- und Wirtschaftswesen zu. *Partner der Kantone oder der Stände* waren weniger die einzelnen Bürger als vielmehr die Gemeinden, die sich gegenüber diesen Staaten ihrer Autonomie und Unabhängigkeit wehrten. *Die Freiheit war sehr lange weniger eine Freiheit des Bürgers als vielmehr eine Freiheit der Gemeinden.* Im Verlaufe der Entwicklungen musste aber der Kanton die Autonomie der Gemeinden ganz wesentlich begrenzen.

In den Gemeinden etablierte sich allmählich eine eigentliche Bürgeraristokratie. Die neuzugezogenen Einwohner blieben rechtlos und wurden von den Bürgern als «Hintersässen» minderen Rechts behandelt. Deshalb musste der Bund für die Gleichstellung der Bürger und Einwohner in *politischen Angelegenheiten* sorgen. Die Bürgergemeinde verlor dadurch gegenüber der politisch erstarkten *Einwohnergemeinde* allmählich an Gewicht. Dieser Rechtszustand wurde für die ganze Schweiz in der Bundesverfassung von 1874 mit Einführung des *Wohnsitzprinzips* als Voraussetzung für die Wahrnehmung politischer Rechte verankert.

1.2. Aufgaben der Gemeinden

Art. 3 des Gemeindegesetzes des Kantons Bern legt fest:

«Gemeindeaufgaben können alle dem Gemeinwohl dienenden Angelegenheiten sein, die nicht in den ausschliesslichen Aufgabenbereich des Bundes oder des Kantons fallen.»

Diese Aufgaben sind folgender Natur: Die Gemeinde ist die unterste Stufe, auf der der Staat Polizeiaufsicht zum Schutze der Bewohner zu übernehmen hat. Zu diesen Aufgaben gehören u.a. Feuer-, Bau-, Wirtschafts-, Sitten- und Gesundheitspolizei.

Nach Art. 164 des freiburgischen Gesetzes über die Gemeinden und Pfarreien vom Jahre 1894 hat der Gemeinderat u.a. sogar folgende Aufgaben:

«⁴Unter anderen Massregeln lässt der Gemeinderat die künstlichen, verfälschten oder verdorbenen Weine auf die Gasse schicken.

Zu diesem Zwecke besucht er alljährlich und so oft er es für nötig hält, die Keller.»

Zur Gemeindeverwaltung gehört aber auch die *Verwaltung des Finanz- und Verwaltungsvermögens* der Gemeinden. Die Gemeinden sind zuständig für die Ordnung und den Bau der *öffentlichen Strassen und Plätze* sowie für den Unterhalt der Verkehrswege. Sie sorgen für den notwendigen Wasserhaushalt, die Kanalisation und Entwässerung.

Neben diesen traditionellen Aufgaben der Gemeinden wurden ihnen aber im Laufe der Zeit immer *neue Aufgaben* übertragen. Sie wurden auf dem Gebiete des Fürsorge- und Vormundschaftswesens sowie für die Vermittlung bei zivilrechtlichen Streitigkeiten verantwortlich. Neue finanzielle Lasten mussten sie auf dem Gebiete des Zivil- und Gewässerschutzes übernehmen. Das Schul- und Kirchenwesen, die Wasser- und Energieversorgung, die Entsorgung (Kläranlagen, Deponien usw.), die Raumplanung und der Umweltschutz, Sport, Erholung und Kultur sowie Gesundheitsvorsorge und -pflege sind weitgehend ganz oder teilweise den Gemeinden anvertraut.

Die Gesetze des Bundes und der Kantone stützen sich immer wieder auf die Gemeinden, denen ein grosser Teil der Bürde der modernen Wohlfahrtsverwaltung zugewiesen wird.

1.3. Aufgabenverteilung zwischen den Gemeinden

Gleichzeitig werden die Gemeinden mit einem neuen Problem konfrontiert: *Sie sind nicht mehr wie früher das Zentrum des Lebens- und Arbeitsbereiches ihrer Einwohner.* Die Mobilität der heutigen Gesellschaft bringt es mit sich, dass viele Menschen ihre Interessen in verschiedenen Gemeinden verwirklichen. So entstehen typische Wohn- und Arbeitsgemeinden. Auch die Erholung findet nicht mehr in der Wohngemeinde, sondern in einer typischen Feriengemeinde statt.

Das Spitalwesen und die höhere Ausbildung sowie die Einkaufszentren konzentrieren sich im Kanton in der Regel auf einige wenige Gemeinden.

Dies führt zu einer grossen *gegenseitigen Abhängigkeit der Gemeinden voneinander* und bewirkt eine *Desintegration der Bürger von ihrer Gemeinde*, die ihnen nicht mehr alle Bedürfnisse des Lebens gleichzeitig erfüllen kann. Wenn die Gemeinde zur Schlafgemeinde wird, hat sie Mühe, das politische Interesse ihrer Einwohner für ihre Bedürfnisse zu wecken, da ohnehin ein Grossteil der Mieter nur darauf wartet, eine bessere Wohnung, möglicherweise in einer anderen Gemeinde, zu finden. Viele sehen ihre Wohngemeinde nicht mehr als Heimat an.

Noch schlimmer steht es mit den Gemeinden, die nur noch Arbeitsplatz oder Touristenzentrum sind. Die Touristen kümmern sich, abgesehen von der Siedlungsentwicklung, kaum um das Schicksal der Gemeinde.

Diese Arbeits- oder Aufgabenverteilung zwischen den verschiedenen Gemeinden hat schwerwiegende finanzielle Folgen. *Das Wohnsitzprinzip im Steuerrecht sorgt nicht mehr für den gerechten Ausgleich zwischen Schlaf-, Arbeits- und Erholungsgemeinde.* Die Kantone sind deshalb gezwungen, über einen verbesserten Finanzausgleich das Steuergefälle zwischen den verschiedenen Gemeinden auszugleichen.

Die Aufgabenteilung und die gegenseitige Abhängigkeit der Gemeinden voneinander zwingt diese oft zu einer *unmittelbaren regionalen* Zusammenarbeit. Vor allem die Probleme der Abfallbewirtschaftung, der Müllablagerung, des Kanalisationswesen und Gewässerschutzes lassen sich oft nicht von der Gemeinde allein lösen. Dies führte je länger je mehr zu einer gegenseitigen Zusammenarbeit verschiedener Gemeinden im Rahmen von Zweck- oder gar Regionalverbänden.

Der Trend zu den grossen Agglomerationen stellt insbesondere die Berggemeinden in den Randgebieten vor das kaum zu lösende Problem der *Entvölkerung*. Die Schulen werden kleiner, die Steuereinnahmen schwinden, die Bevölkerung nimmt ab; das für die Verwirklichung von Gemeindeaufgaben notwendige Personal ist überaltert. Da die Gemeinden gerade in diesen Gebieten meistens sehr klein sind, können sie ihre eigenen Aufgaben oft nicht mehr erfüllen. Sie werden faktisch gezwungen, sich mit anderen Gemeinden zusammenzuschliessen.

Die Unterschiede zwischen den einzelnen Gemeinden sind geradezu frappant. Die Stadt Zürich hat beispielsweise mehr öffentliche Angestellte als der Kanton Appenzell-Innerrhoden Einwohner zählt (die Stadt Zürich hat 17'000 öffentliche Angestellte, der Kanton Appenzell-Innerrhoden 13'000 Einwohner). In vielen Kantonen gibt es eine grosse Anzahl von Gemeinden, die weniger als 100 Einwohner zählen. Aber auch die Grösse der Gemeinden ist sehr unterschiedlich. Die grösste Gemeinde Bagnes (Kanton Wallis) hat eine Gesamtfläche von 28'000 ha, was etwa der Gesamtfläche des Kantons Schaffhausen entspricht, während Ponte Tresa, die kleinste Gemeinde, sich lediglich auf 28 ha beschränken muss.

1.4. Arten der Gemeinden

Gemeinden sind *Körperschaften des öffentlichen Rechts,* die sich auf ein *bestimmtes Territorium,* über das sie hoheitliche Rechte ausüben, beschränken. Sie unterscheiden sich von den Bezirken, die in der Regel (Ausnahme Kanton Graubünden und Schwyz) kantonale Verwaltungsaufgaben unter der Weisung der Regierung wahrnehmen, durch ihre Autonomie und demokratische, politische Eigenständigkeit. Die Einwohner der Gemeinden verwalten ihr Territorium selbst.

Je nach Aufgabenbereich der Gemeinden unterscheidet man zwischen Einwohner- und politischer Gemeinde, Bürger-, Kirch-, Schul- oder Armengemeinde. Je nach Kanton sind diese *verschiedenen Aufgaben auf unterschiedliche Körper-*

schaften verteilt. In gewissen Kantonen werden alle Aufgaben politischer Natur von der *Einwohner- oder politischen Gemeinde* wahrgenommen.

Seit 1874 müssen sich die Bürgergemeinden auf die Verwaltung des Bürgergutes sowie auf das Recht zur Erteilung des Bürgerrechts beschränken. Je nach Vermögen der Bürger oder Bürgergemeinde kommt diesen Korporationen eine unterschiedliche Bedeutung zu.

Eine Gemeinde besonderer Natur ist schliesslich die Munizipalgemeinde im Kanton *Thurgau*, die mehrere kleine Gemeinden zusammenschliesst. Diese Munizipalgemeinde könnte als Vorbild für den Zusammenschluss von kleinen Gemeinden anderer Kantone zu einer Regionalgemeinde und für die Aufgabenteilung zwischen Regionalgemeinde und kleiner Gemeinde sein. Interessant sind aber auch die *Kreise im Kanton Graubünden*, die aus den alten Gerichtsgemeinden hervorgegangen sind und als Selbstverwaltungskörper politisch (zum Beispiel Landsgemeinde) organisiert sind. Das Land der vielen Täler eignet sich natürlich ganz besonders für einen Zusammenschluss der Gemeinden (Nachbarschaften) zu einer Talschaft.

2. Rechtsgrundlagen der Gemeinden

Rechte und Aufgaben der Gemeinden werden in den *Verfassungen* und den *Gesetzen* der Kantone umschrieben. In älteren Verfassungen gewisser Kantone (zum Beispiel Uri) finden sich sehr ausführliche Regelungen über das Gemeindewesen. Andere Kantone regeln das Gemeindewesen in der Verfassung nur sehr allgemein, dafür aber ausführlich in den *Gemeindegesetzen.* Die Verfassungen mit ausführlicher Gemeinderegelung kennen oft kein eigentliches *Gemeindegesetz.*

Neben der Verfassung und dem Gemeindegesetz finden sich in den *Spezialgesetzen* der Kantone (zum Beispiel Baugesetze) Bestimmungen über die Gemeinden. Die Spezialgesetze der Kantone haben denn auch den Gemeinden je länger je mehr Aufgaben übertragen. Diese Gesetze greifen sehr oft in die Organisation der Gemeindeverwaltung ein und regeln das Verfahren vor den Gemeindebehörden.

Neben den kantonalen Gesetzen finden sich auch Rechtsgrundlagen in den *Gesetzen des Bundes,* die hin und wieder unmittelbar den Gemeinden Aufgaben übertragen (zum Beispiel im *Zivilschutz*).

Im Rahmen des kantonalen Rechts und des Bundesrechts regeln die Gemeinden ihre Angelegenheiten autonom. Die *Gemeindeautonomie* ist ein *ungeschriebenes verfassungsmässiges Recht* des Bundes. Die Erlasse der Gemeinden über ihre Organisation und die Wahrnehmung ihrer Aufgaben sind *autonome Satzungen.*

Schliesslich finden sich je länger je mehr Rechtsgrundlagen der Gemeinden in den Statuten der *Zweck- und Regionalverbände.*

Das Gemeinderecht ist das Rechtsgebiet, in dem das *Gewohnheitsrecht* eine grosse Bedeutung hat und haben muss.

3. Der Bestand und die Autonomie der Gemeinden

3.1. Der Bestand der Gemeinden

Der Bestand der Gemeinden ist in den einzelnen Kantonen sehr unterschiedlich geregelt. In gewissen kantonalen Verfassungen sind die Gemeinden einzeln aufgeführt (vgl. zum Beispiel Art. 2 Verfassung des Kantons Unterwalden ob dem Wald, SR 131.216.1). In anderen Kantonen werden die Gemeinden im Gemeindegesetz aufgezählt. Die meisten Kantone verzichten aber auf eine ausdrückliche Erwähnung der Gemeinden und gewährleisten deren Bestand grundsätzlich in der Verfassung oder im Gemeindegesetz. Der Kanton Appenzell-Innerrhoden kennt, abgesehen von der Schul- und Kirchgemeinde, die eigentliche politische Gemeinde nicht. Im Kanton Appenzell-Innerrhoden muss die Bezirksversammlung die Beschlüsse fällen, die nach Massgabe der Verfassung im Interesse des Gemeindewesens liegen (vgl. Art. 34 der Verfassung für den Eidgenössischen Stand Appenzell I.Rh., SR 131.224.2.).

So unterschiedlich diese Regelungen sind, so verschieden ist auch die *Bestandesgarantie, d.h. die Garantie der Gemeinden, als Gemeinden bestehen zu können.* In Kantonen, in denen die Gemeinden in der Verfassung erwähnt sind, können sie nur durch Verfassungsänderung aufgehoben und mit anderen Gemeinden zusammengeschlossen werden. Gemeinden, die in den Gemeindegesetzen aufgezählt werden, haben eine gesetzliche Bestandesgarantie, soweit die Gemeindegesetze nicht für die Aufhebung der Gemeinden besondere Regelungen vorsehen. In gewissen Kantonen ist der Zusammenschluss oder die Aufhebung der Gemeinde durch das Parlament mit (manchmal auch ohne) Zustimmung der Gemeinden möglich.

Der Bestand der Gemeinde wird von Verfassungs wegen durch das Bundesgericht geschützt, soweit dieser Bestand im kantonalen Recht gewährleistet ist. Gemeinden können also ohne gesetzliche Grundlagen nicht gegen ihren Willen aufgehoben werden.

Ähnliches gilt für den Bestand des Gemeindewesens als solches. Die Kantone könnten in ihren Verfassungen das Gemeindewesen aufheben. Solange sie aber ihr Territorium unter die Gemeinden aufgliedern, so lange ist die Autonomie dieser Gemeinden für das Bundesgericht geschützt.

3.2. Autonomie der Gemeinden

So *unterschiedlich* der Bestand der Gemeinden ist, so unterschiedlich sind auch deren Autonomierechte geregelt. Während die Gemeinden im Kanton Graubünden eine sehr weite Autonomie geniessen, kommt ihnen in der Westschweiz nur eine beschränkte Autonomie zu. Im Kanton Graubünden sind die Gemeinden beispielsweise zuständig, eigene Baugesetze zu erlassen. Der Kanton beschränkt sich lediglich darauf, über ein Rahmengesetz die Koordination der verschiedenen Bau- und Planungsgesetze der Gemeinden sicherzustellen.

3.2.1. Eigener — übertragener Wirkungsbereich

Zu unterscheiden ist zwischen dem *eigenen* und dem *übertragenen Wirkungsbereich*.

Der *eigene Wirkungsbereich* der Gemeinden umfasst alle jene Aufgaben, die ihnen ursprünglich immer zukamen oder die sie im Rahmen des Gemeinwohles selbständig, ohne Auftrag des Bundes oder der Kantone, zu verwirklichen trachten. Dieser eigene Wirkungsbereich wird immer mehr eingeschränkt. Bund und Kantone regeln in ihren Gesetzen je länger je mehr ursprüngliche Aufgaben der Gemeinden.

Um so wichtiger werden dafür die den Gemeinden von den Kantonen *übertragenen Aufgaben*. Die Übertragung einer Aufgabe an die Gemeinde durch den kantonalen Gesetzgeber ist nach bundesgerichtlicher Rechtsprechung *nicht eine Delegation* wie die Übertragung einer Aufgabe an die kantonale Exekutive, sondern eine Regelung der Kompetenzausscheidung (BGE 97 I 202 E. 5a und 805 E. 7). Der kantonale Gesetzgeber kann den Gemeinden also unbeschränkt Kompetenzen übertragen. Von dieser Befugnis haben die Kantone in ihren Gesetzen weitgehend Gebrauch gemacht.

3.2.2. Schutz der Gemeindeautonomie durch das Bundesgericht

In einer langjährigen Praxis hat das Bundesgericht den Autonomiebereich der Gemeinde geschützt. Im Gegensatz zu allen anderen Organisationstypen wie Anstalten oder Körperschaften (zum Beispiel Studentenschaft) geht das Bundesgericht davon aus, dass die *Gemeinden auf Grund eines ungeschriebenen Verfassungsrechts des Bundes gegenüber gesetzlich nicht gedeckten Eingriffen der kantonalen Exekutive zu schützen seien.* Greifen die kantonalen Behörden ohne gesetzliche Grundlagen in die autonomen Rechte zum Beispiel einer Anstalt, Universität oder Körperschaft ein, kann sich die betreffende Organisationseinheit gegenüber den kantonalen Eingriffen nicht über den Weg der staatsrechtlichen Beschwerde wehren. *Lediglich der Gemeinde steht das Recht zu, auf Grund der Gemeindeautonomie gegen Übergriffe von seiten der Kantone durch staatsrechtliche Beschwerde vorzugehen.* Auf Grund der Gemeindeautonomie sind die Gemeinden also *legitimiert*, gegen Entscheidungen letztinstanzlicher kantonaler Behörden staatsrechtliche Beschwerde beim Bundesgericht einzureichen.

Neben der Legitimation gewährt die Gemeindeautonomie den Gemeinden aber auch einen *inhaltlichen Freiraum eigener Gestaltungsmöglichkeiten*. Dieser beschränkte sich nach der früheren Praxis des Bundesgerichts auf den eigenen Wirkungsbereich. Heute schützt das Bundesgericht den Autonomiebereich auch im *übertragenen Wirkungsbereich*. Zu dieser Praxisänderung sah sich das Bundesgericht schon deshalb gezwungen, weil der Begriff des eigenen Wirkungsbereiches unklar war. Das Bundesgericht musste den Schutz der Gemeindeautonomie aber auch auf den übertragenen Wirkungsbereich ausdehnen, weil dieser Bereich im Laufe der Zeit viel wichtiger als der eigene Wirkungsbereich wurde.

Worin besteht nun der Schutz der Gemeindeautonomie? Geschützt ist nach der Praxis des Bundesgerichts das *Ermessen der Gemeinde. Die kantonale Regie-*

rung kann nicht ohne Rechtsgrundlage in das Ermessen der Gemeinde eingreifen.
Der Ermessensspielraum kann der Gemeinde im übertragenen Wirkungsbereich durch das kantonale Gesetz übertragen werden, oder er kann auf Grund und im Rahmen des eigenen Wirkungsbereiches bestehen. Die Gemeinde ist also nur vor Übergriffen der kantonalen Exekutive und der Verwaltung geschützt. Dem kantonalen *Gesetzgeber* steht es frei, den Autonomiebereich der Gemeinde einzuschränken. Der kantonale Verfassungs-, aber auch Gesetzgeber haben es also in der Hand, den Autonomiebereich der Gemeinden einzuschränken. Nur soweit Autonomie- und Ermessensbereich der Gemeinden auf Grund des Verfassungs- und Gesetzesrechts bestehen, werden sie von seiten des Bundesgerichts geschützt.

Es gibt keine von Bundesrechts wegen bestehende Bestandes- noch Autonomiegarantie der Gemeinden, die nicht durch den Verfassungsgesetzgeber oder Gesetzgeber der Kantone eingeschränkt werden könnten. Die Kantone sind frei, im Rahmen des kantonalen Rechts den Autonomiebereich der Gemeinden einzuschränken. Nur so kann der unterschiedlichen Regelung des Gemeinderechts in den verschiedenen Kantonen Rechnung getragen werden (vgl. BGE 101 Ia 264).

Legitimiert zur staatsrechtlichen Beschwerde sind — wie erwähnt — die Gemeinden. Unter gewissen Umständen kann auch ein *Privater* vom Bundesgericht überprüfen lassen, ob die kantonalen Behörden die Gemeindeautonomie verletzt haben. Wenn nämlich ein Privater wegen Verletzung seiner verfassungsmässigen Rechte, zum Beispiel Freiheitsrechte, staatsrechtliche Beschwerde beim Bundesgericht einreichen kann, kann er gleichzeitig vom Bundesgericht verlangen, vorfrageweise die Rechtmässigkeit des Eingriffes der kantonalen Regierung in die Gemeindeautonomie zu überprüfen. Akzessorisch wird das Bundesgericht bei der Beurteilung des regierungsrätlichen Entscheides demnach die Frage prüfen, ob ein rechtmässiger oder unrechtmässiger Eingriff in die Gemeindeautonomie vorliegt (BGE 100 Ia 345 und 428).

3.3. Finanzhoheit der Gemeinden

Nach Art. 2 des bernischen Gemeindegesetzes steht den Gemeinden in den Schranken der Vorschriften des Bundes und des Kantons das Recht der Selbstgesetzgebung und Selbstverwaltung zu. Das Vermögen ist ihnen als Privateigentum gewährleistet. Seine Verwaltung steht ausschliesslich ihnen zu.

Die Gemeinden haben demzufolge ein eigenes Vermögen, das sie selber verwalten. Sie haben darüber hinaus das Recht, *eigene Steuern zu erheben.* Dieses Recht ist allerdings in dem Sinne eingeschränkt, als die meisten Kantone die Steuerbefugnisse der Gemeinden in ihren kantonalen Steuergesetzen abschliessend ausscheiden. Die Gemeinden können in der Regel nur *im Rahmen dieser Steuergesetze* Steuern erheben und können keine neuen Steuern begründen. Die Kantone Graubünden und Bern räumen den Gemeinden aber beispielsweise ausdrücklich das Recht ein, Steuern zu erheben, die nicht im kantonalen Recht enthalten sind.

Um den unterschiedlichen Verhältnissen der verschiedenen Gemeinden Rechnung zu tragen, versuchen die Kantone über den Weg des *Finanzausgleiches* den ärmeren Gemeinden Mittel zur Verfügung zu stellen, um zu gewährleisten, dass auch die kleinen, finanzschwachen Gemeinden ihre Aufgaben erfüllen können. Es gibt beispielsweise Gemeinden, die so arm sind, dass sie mit ihren Einkünften kaum den Lohn des Primarlehrers bezahlen können.

Die Finanzhoheit der Gemeinden kann für arme Gemeinden zu einer *Abhängigkeit gegenüber dem Kanton oder einem starken Steuerzahler führen, wenn dieser ständig mit Wohnsitzwechsel droht, um die Gemeinde für bestimmte Zwecke zu erpressen. Dies kann ihre faktische Autonomie wesentlich beeinträchtigen.*

3.4. Die Aufsicht des Kantons

Die kantonale Behörde übt ihre Aufsichtsbefugnisse über die Gemeinden *kraft kantonalen Rechts aus.* Grundsätzlich sind die Gemeinden verpflichtet, den kantonalen Behörden alle für die wirksame Ausübung der Oberaufsicht notwendigen Auskünfte zu erteilen und Akten vorzulegen.

Bestimmte Gemeindereglemente bedürfen zu ihrer Gültigkeit der Genehmigung des Regierungsrates. Dem Regierungsrat steht je nach Kanton und Rechtsgebiet neben der *Rechtskontrolle* auch die Befugnis zu, die Reglemente auf ihre *Zweckmässigkeit* zu überprüfen (vgl. Art. 46 bernisches Gemeindegesetz, § 42 Baugesetz des Kantons Schwyz). In vielen Gemeinden bedürfen auch *Finanzbeschlüsse* oder Beschlüsse über die Einreichung eines Rechtsmittels gegenüber Privaten der Genehmigung (zum Beispiel Kanton Freiburg).

Die kantonalen Behörden haben schliesslich das Recht, die Gemeindeverwaltungen zu inspizieren und an Ort und Stelle die rechts- und ordnungsgemässe Führung der Verwaltung zu überprüfen. In gewissen Fällen kann die Regierung einen Beauftragten (zum Beispiel den Regierungsstatthalter oder Oberamtmann) in die Sitzung einer Gemeindeversammlung oder eines Gemeinderates delegieren (vgl. Art. 53 bernisches Gemeindegesetz).

Der Regierung steht in gewissen Fällen zur Behebung ordnungs- oder rechtswidriger Zustände ein unmittelbares *Weisungsrecht* zu. Sie kann widerrechtliche Beschlüsse und Verfügungen *aufheben oder anstelle der säumigen Gemeindeorgane unerlässliche Anordnungen treffen.* Dazu gehört etwa die Genehmigung des Budgets oder des Steuerfusses, wenn die Gemeindeversammlung die Genehmigung verweigert. Bei schweren Missständen kann die Regierung ein Gemeindeorgan in seinen Befugnissen und Funktionen einstellen und durch eine besondere Verwaltung ersetzen.

Die Aufsichtsbefugnisse der Kantone gegenüber den Gemeinden gehen also viel weiter als jene Befugnisse, die dem Bund gegenüber den Kantonen zustehen. Sie bedürfen aber einer ausdrücklichen gesetzlichen Grundlage.

4. Zusammenschluss von Gemeinden

Die Übertragung neuer Aufgaben der Kantone an die Gemeinden, die Entvölkerung bestimmter Gemeinden und die Funktionsteilung verschiedener Gemeinden in Arbeits-, Schlaf- und Erholungsgemeinden haben das *Bedürfnis zur Zusammenarbeit zwischen den Gemeinden verstärkt. Diese Zusammenarbeit kann durch Zweckverbände, Regionalverbände oder durch die eigentliche Eingemeindung erfolgen.* Neben den vertraglichen Möglichkeiten gibt es aber auch unverbindliche, informelle Möglichkeiten der Zusammenarbeit zwischen den Gemeinden, die mitunter wirksamer sein können als ein formelles Regionalstatut.

4.1. Zweckverband

Im *Zweckverband* schliessen sich Gemeinden zusammen, um eine *bestimmte, beschränkte* Gemeindeaufgabe gemeinsam auszuführen. Der traditionelle Bereich der Zweckverbände beschlägt das Gebiet der Entsorgung. In letzter Zeit sind in vielen Kantonen Zweckverbände für die Regelung des Abwasserwesens, der Abfallbewirtschaftung usw. entstanden.

Diesen Zweckverbänden können *hoheitliche Aufgaben* übertragen werden, wenn dafür eine *Grundlage in der Kantonsverfassung* vorgesehen ist. Die Zweckverbände können auch *körperschaftlich organisiert* sein, wie der Zweckverband für die Abwasserreinigung von Zuger- und Ägerisee. Gewisse Kantone (zum Beispiel Bern) schreiben den Gemeinden vor, nach welchem Verfahren ein Zweckverband entstehen muss. Sie behalten das Recht der Regierung vor, Verfassung und Statuten der Zweckverbände zu genehmigen. Denkbar wäre schliesslich eine Allgemeinverbindlicherklärung für Gemeinden, die sich der Errichtung eines Zweckverbandes widersetzen. Der Zweckverband Zuger- und Ägerisee hat ein eigenes Parlament und eine eigene Exekutive. Andere Zweckverbände werden lediglich durch die Zusammenarbeit der Gemeindebehörden, d.h. der Gemeinderäte, verwaltet. Auf die Verwaltung dieser Zweckverbände haben die einzelnen Stimmbürger keine Einflussmöglichkeit. Die Begründung eines Zweckverbandes kann damit zu einer *Verminderung der demokratischen Rechte der Gemeindebürger* führen.

4.2. Regionalverband

Dieses Problem könnte sich bei den *Regionalverbänden* noch verschärfen. Obwohl im Zeitalter der kommunalen und kantonalen Raumplanung sehr viel von den Regionalverbänden gesprochen wird, hat sich ein eigentlicher hoheitlicher Regionalverband bis heute nicht gebildet. Verschiedene Gemeinden haben sich zwar zu *privatrechtlichen Regionalverbänden* mit dem Ziel zusammengeschlossen, *Vorschläge zuhanden der Gemeindeversammlung für die Planung der Region zu unterbreiten.*

Einen hoheitlichen Regionalverband, dem beispielsweise das Recht zukäme, verbindliche Regionalpläne verschiedener Gemeinden zu erlassen, gibt es aber nicht.

Derartige Verbände wären nur auf Grund einer Verfassungsbestimmung zulässig. Es ist nicht zu erwarten, dass die Gemeinden in absehbarer Zeit freiwillig auf ihre Autonomie auf dem Gebiet der Planung verzichten und diese Aufgabe einem Regionalverband übertragen werden. Das Bedürfnis zur vollumfänglichen Erhaltung der Gemeindeautonomie ist auch heute noch, vor allem in den ländlichen Gemeinden, so gross, dass der hoheitliche Regionalverband politisch noch keine grossen Chancen hat.

Auf Bundesebene fördert vor allem das Bundesgesetz über die Investitionshilfe für Berggebiete (SR 901.1) den Gedanken der Regionalisierung. Nach Art. 6 sind Regionen Gruppen von Gemeinden, die geographisch (geografische Region) und wirtschaftlich (Fachregion) miteinander verbunden sind und das Ziel verfolgen, einen Teil ihrer Aufgaben gemeinsam zu lösen. Bis heute hat aber auch dieses Gesetz nicht wesentlich zur Bildung neuer Regionen beigetragen.

Regionen besonderer Art sind im Kanton Bern der Südjura und das Laufental. Die Organisation des Laufentals mit eigenem Bezirksparlament ist in einem Übergangsgesetz des Kantons für den Bezirk Laufental vorgesehen und soll für die Zukunft verfassungsrechtlich verankert werden.

4.3. Eingemeindung

Um dem Problem der Zwerggemeinden gerecht zu werden, haben die Kantone begonnen, in ihren Gemeindegesetzen die Eingemeindung kleiner Gemeinden zu erleichtern. Die Eingemeindung setzt *grundsätzlich einen Beschluss der betroffenen Gemeinden sowie eine Genehmigung von seiten des Kantons voraus*. Gewisse Kantone versuchen nun, die kleinen Gemeinden gesetzlich zu zwingen, sich einer anderen Gemeinde anzuschliessen, sofern sie ihre Aufgaben nicht mehr richtig erfüllen können. Gesetzesentwürfe der Kantone, die die Autonomie der Gemeinden derart in Frage stellen, scheitern aber bis heute am entschiedenen Widerstand der Gemeinden.

5. Organisation der Gemeinden

Die Gemeinden haben in der Regel *zwei, manchmal drei Organe*: die Stimmberechtigten und den Gemeinderat (und das Gemeindeparlament).

5.1. Die Stimmberechtigten

Die Gesamtheit der Stimmberechtigten ist das oberste Organ der Gemeinde. Die Stimmberechtigten entscheiden entweder unmittelbar in der Gemeindeversammlung, an der Urne oder unter Vorbehalt von Initiative und Referendum durch das Gemeindeparlament. Sie wählen den Gemeinderat, entscheiden im Rahmen des kantonalen Rechts über die Organisation der Gemeinden, den Voranschlag, den Eintritt der Gemeinde in den Gemeindeverband, den Steuersatz, die Aufnahme von Darlehen, die Abnahme der Gemeinderechnung sowie die Zusicherung des Gemeindebürgerrechts. Manche dieser Entscheidungen bedürfen der Genehmigung der kantonalen Regierung.

In kleineren Gemeinden üben die Stimmberechtigten ihre Rechte *unmittelbar in der Gemeindeversammlung* aus. In gewissen Fällen kommt jedem einzelnen Stimmberechtigten das Initiativrecht zu. Er kann also eine Angelegenheit, die in die Kompetenz der Gemeindeversammlung fällt, auf die Traktandenliste setzen lassen.

In grösseren Gemeinden müssen gewisse Befugnisse der Stimmberechtigten durch das *Gemeindeparlament* ausgeübt werden. Dem Gemeindeparlament kommt dann die Aufgabe zu, *unter Vorbehalt des obligatorischen oder fakultativen Referendums* Angelegenheiten, die in die Befugnis der Stimmberechtigten fallen, zu entscheiden. Die Stimmberechtigten können über die Entscheidungen des Parlamentes auf Grund von Referendum oder Initiative im Rahmen der Urnenabstimmung befinden. Gewisse Aufgaben können dem Gemeindeparlament ohne Referendumsvorbehalt, andere nur mit fakultativem oder obligatorischem Referendum übertragen

Die Stimmberechtigten der Gemeinden mit Gemeindeparlament haben oft das Recht, über den Weg der *Initiative* zu verlangen, dass eine Angelegenheit im *Gemeindeparlament* beraten oder durch *Urnenabstimmung* entschieden wird.

Den Stimmberechtigten kommen weitgehend die Befugnisse der Parlamente zu. Die Genehmigung von Reglementen und des Voranschlages sind Prärogativen der Parlamente. Allerdings hat in gewissen Gemeinden auch der Gemeinderat die Befugnis, unter Vorbehalt der kantonalen Genehmigung Reglemente zu erlassen. *Eine klare Aufteilung der Gewalten zwischen Exekutive und Legislative wie in Bund und Kantonen kennt man auf Gemeindeebene nicht.*

5.2. Gemeindeparlament

Grössere Gemeinden sehen für die bessere Führung ihrer Geschäfte ein Gemeindeparlament vor. Dieses Organ kann oft besser als eine schlecht organisierte Versammlung Entscheidungen fassen und vor allem die Behörden, den Gemeinderat, kontrollieren.

Dem Gemeindeparlament kommen in der Regel Wahlbefugnisse (Mitglieder von Kommissionen) und Entscheidungsbefugnisse zu. Es hat die Aufgabe, allgemeine Erlasse auszuarbeiten und der Volksabstimmung zu unterbreiten (Organisation der Gemeinde, Baureglemente, Zonenplanung, Organisation der Gas- und Wasserversorgung, Schulreglement usw.).

Schliesslich nimmt das Gemeindeparlament finanzpolitische Befugnisse wie Festsetzung des Steuerfusses, Voranschlag, Abnahme der Rechnung, Schenkungen, Kauf und Verkauf von Liegenschaften usw. wahr. Es hat aber auch, wie jedes Parlament, Kontrollaufgaben gegenüber den Gemeindebehörden wahrzunehmen (vgl. dazu HALLER W., SPÜHLER K., Stadt Dietikon, Dietikon 1975).

5.3. Die Exekutive

Die Exekutive ist der Gemeinderat. Er ist die *Verwaltungs- und Vollzugsbehörde der Gemeinde.* Nach Art. 96 Abs. 2 Gemeindegesetz des Kantons Bern stehen dem Gemeinderat in der Gemeindeverwaltung alle Befugnisse zu, die nicht durch Vorschriften des Bundes, des Kantons oder der Gemeinde einem anderen Organ übertragen sind. Lücken in der Kompetenzverteilung müssen also vom Gemeinderat ausgefüllt werden. Er vertritt die Gemeinde nach aussen und verpflichtet sie durch rechtsgeschäftliche Erklärungen. Der Gemeinderat leitet die Finanzverwaltung und übt die Ortspolizei aus.

Der Gemeinderat wird von den Stimmberechtigten in der Regel durch Urnenabstimmung, selten durch die Gemeindeversammlung gewählt und kann kollegial oder monokratisch aufgebaut sein. Der Gemeinderat steht der Gemeindeverwaltung vor. Ihm sind die Gemeindebeamten unterstellt. Der Gemeinderat hat also rechtlich, aber auch politisch eine Vorrangstellung in der Gemeinde. Er ist im Rahmen seiner Befugnisse für das Wohl seiner Gemeinde verantwortlich. Mancher eidgenössische Magistrat hat im Gemeinderat seine ersten Sporen verdient.

Neben dem Gemeinderat können Aufgaben und Befugnisse *besonderen Kommissionen* übertragen werden. Derartige Kommissionen haben vor allem in Gemeinden Bedeutung, in denen die Einwohnergemeinde sämtliche politischen Aufgaben wahrnimmt. Diese Gemeinden setzen Armen-, Schul- oder Baukommissionen ein, die auf den entsprechenden Gebieten Exekutiv- oder Beratungsaufgaben wahrnehmen müssen.

B. Organisationsformen der staatlichen Leistungsverwaltung

Die moderne Leistungs- und Wohlfahrtsverwaltung wird in den verschiedensten Formen tätig. Von der Eingliederung in die Zentralverwaltung bis zur Erfüllung von staatlichen Aufgaben durch Private, von der hierarchisch organisierten Eingriffsverwaltung bis zum modern geführten Betrieb der Leistungsverwaltung, von der strengen Abgabeverwaltung bis zu den unabhängigen Institutionen der Förderungsverwaltung besteht ein farbiger Fächer verschiedenster Organisationstypen, die auf die Erfüllung einer bestimmten Aufgabe zugeschnitten sind. Wir wollen versuchen, in diesem Abschnitt die wichtigsten Typen dieser Organisationsformen etwas eingehender zu behandeln.

1. Organisation des staatlichen Subventionswesens

LITERATUR: AUDEL N., Subventionen als Instrumente des finanzwirtschaftlichen Interventionismus, Tübingen 1970; BERTHOLD U., Zur Theorie der Subventionen, Diss. Bern 1967; EPPE F., Subventionen und staatliche Geschenke. Begriffliche Abgrenzung und verwaltungsrechtliche Bedeutung, Diss. Münster, Verwaltung und Wirtschaft, H. 34, Stuttgart 1966; FRIAUF K.H., Bemerkungen zur verfassungsrechtlichen Problematik des Subventionswesens, DVBl 81, 1966, S. 729 ff.; GÖTZ V., Recht der Wirtschaftssubventionen, München, Berlin 1966; IPSEN H.P., Öffentliche Subventionierung Privater, Berlin, Köln 1956 (siehe auch DVBl 71, 1956, S. 461 ff., 498 ff., 602 ff.); DERSELBE, Verwaltung durch Subventionen, VVDStRL 25, 1967, S. 257 ff.; KIRCHHOFF G., Subventionen als Instrument der Lenkung und Koordinierung, Diss. phil. Freiburg i.Br. 1973; KAREHNKE H., Subventionen und Kontrolle, Möglichkeiten und Grenzen, DöV 28, 1975, S. 623 ff.; KREUSSLER H., Der allgemeine Gleichheitssatz als Schranke für den Subventionsgesetzgeber unter besonderer Berücksichtigung von wirtschaftspolitischen Differenzierungszielen, Diss. iur. Kiel, Berlin 1972; MEISTER H., Subventionen der öffentlichen Verwaltung ausserhalb gesetzlicher Regelungen, DVBl 87, 1972, S. 593 ff.; MÜNCH I., VON, Die Bindung des Gesetzgebers an den Gleichheitssatz bei der Gewährung von Subventionen, AöR 85, 1960, S. 270 ff.; RHINOW R., Wesen und Begriff der Subvention in der schweizerischen Rechtsordnung, Basel 1971; SCHETTING G., Rechtspraxis der Subventionierung, Berlin 1973; SCHINDLER D., Die Bundessubvention als Rechtsproblem, Diss. Zürich 1951; Subventionen. Begriff und Beurteilungsmassstäbe, hrsg. vom Institut Finanzen und Steuern, Bonn 1968; WENGER K. (Hrsg.), Förderungsverwaltung, Wien 1973; ZACHER H.F., Verwaltung durch Subventionen, VVDStRL 25, 1967, S. 308 ff.

1.1. Allgemeines

Dem Gemeinwesen wird in verschiedenen Gesetzen die Aufgabe übertragen, *öffentlich-rechtliche Körperschaften (Kantone, Regionen oder Gemeinden) oder Private bei der Erfüllung ihrer Aufgaben, die von öffentlichem Interesse sind, durch Subventionen zu unterstützen.* Das Gemeinwesen kann die Subventionen unmittelbar oder über den Weg von *besonderen Institutionen* des öffentlichen oder privaten Rechts ausschütten. Wenn den Privaten unmittelbare gesetzliche Ansprüche auf Subventionen eingeräumt werden, obliegt es in der Regel den Behörden der Zentralverwaltung, über die Erteilung der Subventionen zu entscheiden. Derartige Subventionen werden, zum Beispiel auf dem Gebiete der Landwirtschaft oder des Forstwesens, an Private, an staatliche Einrichtungen der Gemeinden oder Kantone ausgeschüttet.

Auf einen grossen Teil der Subventionen besteht aber *kein gesetzlicher Anspruch. In diesem Fall müssen die zuständigen Behörden auf Grund der im Gesetz vorgesehenen Kriterien entscheiden, wem sie in welcher Höhe einen staatlichen Beitrag entrichten wollen.* Oft sind für derartige Entscheidungen unabhängige Einrichtungen zuständig, die unabhängig von den tagespolitischen Strömungen entscheiden können. In einigen wenigen Fällen kommt der Entscheid über die Ausschüttung der Beiträge aber auch den Organen der Zentralverwaltung zu.

Bei der Auszahlung von Beiträgen müssen *drei verschiedene Arten von Entscheidungen voneinander unterschieden werden:* der Entscheid über die Höhe des gesamten Beitrages, der auf dem betreffenden Gebiet zur Auszahlung gelangt, der Entscheid, wem ein Beitrag auszuschütten ist und der Entscheid, wie hoch im einzelnen Fall der Beitrag sein soll.

Über die Höhe des Gesamtbeitrages entscheidet in der Regel das Parlament. In vielen Fällen befindet es mit dem Verpflichtungskredit über die während mehrerer Jahre zur Verfügung stehenden Beiträge. Im Voranschlag wird dann die Auszahlung der Globalsumme für das jeweilige Jahr bewilligt. Diese Globalsumme kann je nach Organisationsform den Behörden der Zentralverwaltung oder den dafür vorgesehenen Einrichtungen ausserhalb der Verwaltung zur Verfügung gestellt werden. Diese Behörde muss dann auf Grund der gesetzlichen Kriterien bestimmen, wem der Beitrag zur Verfügung gestellt werden soll.

1.2. Die Zuweisung der Beiträge

1.2.1. Zuweisung durch die Zentralverwaltung

Auf dem Gebiete der Filmförderung, der Landwirtschaft oder des Stipendienwesens entscheidet in der Regel der Bundesrat oder eine ihm unterstellte Behörde der Zentralverwaltung über die Zusprechung eines Beitrages. Diese Behörden entscheiden *im Rahmen des ihnen vom Gesetzgeber überwiesenen Ermessens, wem die Beiträge auszuschütten sind und wie hoch sie im Einzelfall sein sollen.*

Wenn der Gesetzgeber den Behörden der Zentralverwaltung diese Aufgabe zuweist, nimmt er in Kauf, dass diese ihren Entscheid auch unter politischen Gesichtspunkten fällen. Dies kann insbesondere auf dem Gebiete der Kulturförderung (zum Beispiel der Filmförderung) zu Problemen führen. Deshalb lassen sich diese Behörden oft von Expertenkommissionen beraten. Derartige Kommissionen sind zum Beispiel die Filmkommissionen, die das Departement des Innern für Entscheidungen auf dem Gebiete der Filmförderung oder die Kommission zur Förderung der wissenschaftlichen Forschung, die vor allem die zuständigen Behörden bei Entscheidungen über Beiträge zur Förderung der industrienahen Forschung zu beraten hat.

1.2.2. Zuweisung durch unabhängige Institutionen

Der Gesetzgeber ist nicht verpflichtet, das Beitragswesen allein den Behörden der Zentralverwaltung anzuvertrauen. Er kann insbesondere Stiftungen des öffentlichen und des privaten Rechts mit der Ausschüttung von Beiträgen beauftragen. Derartige Stiftungen sind beispielsweise die Pro Helvetia und der Nationalfonds. Die Pro Helvetia ist eine öffentlich-rechtliche, auf Grund eines Bundesgesetzes begründete Stiftung, die die Aufgabe hat, Beiträge zur Förderung des schweizerischen Kulturwesens auszuschütten. Mit einem Verpflichtungskredit werden dieser Stiftung durch das Parlament jeweils Kredite für mehrere Jahre zugesichert. Die Stiftung hat dann die Aufgabe, im Rahmen der langfristigen Planung für eine optimale Verwendung dieser Kredite zu sorgen und sie auf Grund von Gesuchen den Kulturschaffenden zur Verfügung zu stellen.

Neben der öffentlich-rechtlichen Stiftung kann sich der Bund aber auch einer *privatrechtlichen Stiftung* bedienen. Der Schweizerische Nationalfonds wurde als privatrechtliche Stiftung zur Förderung der wissenschaftlichen Grundlagenforschung gegründet. Auf Grund des Entwurfes zum neuen Hochschulförderungs- und Forschungsgesetz hat der Bund die Aufgabe, dieser Stiftung Beiträge zur Förderung der Grundlagenforschung auszuschütten.

Wenn derartigen Organisationen ausserhalb der Zentralverwaltung Aufgaben des Bundes zur Unterstützung der Forschung oder Kultur übertragen werden, müssen sich diese an die *verfahrensrechtlichen Grundsätze des Bundesrechts* halten. Sie sind an Art. 4 BV gebunden und dürfen nicht willkürlich über die Beiträge des Gemeinwesens verfügen. Sie müssen die wesentlichen Verfahrensvorschriften des Bundes beachten. Ihre Entscheidungen unterliegen wie die der Zentralverwaltung der Beschwerdemöglichkeit.

Wesentlich ist aber, dass durch derartige Organisationen Entscheide über die Förderung von Kultur und Forschung der Tagespolitik entzogen sind. Diese Organe können unabhängig von *unmittelbaren politischen Bedürfnissen entscheiden* und sind in der Lage, Forschern oder Künstlern Beiträge auszuschütten, die sich mit gesellschaftskritischen Problemen befassen.

Diese Befugnis ist eine wesentliche Voraussetzung eines freiheitlichen Staates. Die Wohlfahrtsverwaltung darf nicht dazu führen, dass jedermann, der Beiträge des Gemeinwesens erhält, in besonderer Weise an dieses Gemeinwesen gebunden ist. Die Abhängigkeit vom Staat kann bei der Leistungsverwaltung noch grösser werden als bei der Eingriffsverwaltung. Wer auf staatliche Beiträge angewiesen ist, kann durch unangenehmes Verhalten der Bürokratie, durch sinnlose Auflagen und Schikanen in seiner Persönlichkeit verletzt werden. Wenn er sich ständig beschweren muss, wird er den Kampf ohnehin früher oder später aufgeben. Deshalb muss alles getan werden, um durch die freiheitliche Organisation im Rahmen der Förderungsverwaltung auch bei der Wohlfahrtsverwaltung die Freiheit des einzelnen zu wahren.

Aufgabe des Gemeinwesens ist es, durch derartige Stiftungen dafür zu sorgen, dass, unabhängig von den jeweils herrschenden politischen Strömungen, Beiträge an Künstler und Forscher ausgerichtet werden, die auf Grund ihrer Qualität dafür bürgen, dass gute, letztlich auch dem Gemeinwesen dienende, kritische Arbeit geleistet wird.

2. Die Verwirklichung besonderer staatlicher Aufgaben

LITERATUR: BADURA P., Wirtschaftsverwaltungsrecht, in: Münch I. von (Hrsg.), Besonderes Verwaltungsrecht, Frankfurt a.M. 1972, S. 239 ff.; BROHM W., Strukturen der Wirtschaftsverwaltung, 1969; BULL H.P., Die Staatsaufgaben nach dem Grundgesetz, Frankfurt a.M. 1973; FRÖHLER L., Das Wirtschaftsrecht als Instrument der Wirtschaftspolitik, Wien, New York 1969; HOLTSCHMIDT L., Grenzen der privatrechtlichen wirtschaftlichen Betätigung der öffentlichen Hand, Diss. Freiburg i.Br. 1966; KLEIN H. H., Zum Begriff der öffentlichen Aufgabe, DöV 18, 1965, S. 755 ff.; LERCHE P., Rechtsprobleme der wirtschaftslenkenden Verwaltung, in: Die staatliche Einwirkung auf die Wirtschaft, Frankfurt 1971, S. 449 ff.; MÜLLER P.R., Das öffentliche Gemeinwesen als Subjekt des Privatrechts, Diss. St. Gallen 1970; PETERS H., Öffentliche und staatliche Aufgaben, in: Festschrift für H.C. Nipperdey, München, Berlin, Bd. II, S. 877 ff.; RÜFNER W., Formen öffentlicher Verwaltung im Bereich der Wirtschaft, Berlin 1967: THIEMEYER TH. Gemeinwirtschaftlichkeit als Ordnungsprinzip, Habil. Köln 1970.

Der moderne Wohlfahrtsstaat verlangt von der Verwaltung nicht nur die Unterstützung privater Tätigkeit durch staatliche Subventionen, sondern die selbständige Erfüllung besonderer staatlicher Leistungen. Die Organisationsformen, deren sich das Gemeinwesen zur Verwirklichung dieser staatlichen Aufgaben bedient, sind besonders vielfältig. Zu unterscheiden sind die Organisationsformen im Rahmen der Monopolverwaltung sowie die Übertragung staatlicher Aufgaben an Private und die Kontrolle privater Tätigkeit im Rahmen des öffentlichen Interesses.

2.1. Die Wahrnehmung staatlicher Aufgaben im Rahmen der Monopolverwaltung

2.1.1. Allgemeines

LITERATUR: BACHOF O., Teilrechtsfähige Verbände des öffentlichen Rechts, AöR 83, 1958, S. 208 ff.; BADURA P., Verwaltungsmonopol, Berlin 1963; BERNHARD R.C., Wettbewerb, Monopole und öffentliches Interesse, 1963; CHEVALLIER J., Le pouvoir de monopole et le droit administratif français, Revue du droit public et de la science politique en France et à l'étranger, 90, 1974, S. 21 ff.; MAYER H., Staatsmonopole, Wien, New York 1976; REICHMUTH A., Das schweizerische Alkoholmonopol, Diss. Fribourg 1971.

Monopole sind staatliche Tätigkeitsbereiche, in denen Private ohne Konzession nicht tätig sein dürfen. Das Gemeinwesen kann die Monopolaufgaben selbst verwirklichen oder durch Übertragung entsprechender Rechte an Private diese Tätigkeit durch Dritte ausführen lassen. Den Privaten ist es aber untersagt, ohne staatliche Konzession Tätigkeiten im Rahmen des Monopolbereiches auszuführen.

Zu unterscheiden sind die *rechtlichen* und die *faktischen* Monopole. Rechtliche Monopole sind Tätigkeitsbereiche, die dem Gemeinwesen auf Grund eines Gesetzes ausdrücklich zur ausschliesslichen Verwaltung übertragen sind. Derartige Gesetze bedürfen in der Regel einer *Verfassungsgrundlage*. Ohne ausdrückliche verfassungsrechtliche Grundlage können rechtliche Monopole nur *im polizeilichen Interesse* begründet werden. Derartige Monopole sind zum Beispiel das Schlachthaus- oder Friedhofsmonopol der Gemeinden. Die Monopole sind auf Grund des polizeilichen Interesses am Gesundheitsschutz gerechtfertigt. Verfassungsrechtlich verankerte Monopole des Staates sind etwa das Post-, Münz- und Pulverregal. Verfassungsrechtlich zulässig sind schliesslich die in Art. 31 BV erwähnten kantonalen Regalrechte wie das Berg-, Salz- und Jagdregal. Diese Regale sind ein *historisches Überbleibsel* der Rechte der Regierung (im Ausland des Königs), für die Erwirtschaftung der notwendigen Einkünfte besondere Rechte (etwa des Jagdwesens, der Forstwirtschaft, des Fischereiwesens, der Ausbeutung von Salz und anderen Bodenschätzen) wahrzunehmen. Diese Regale werden auch heute noch von den Kantonen entweder selber oder durch Verleihung von Konzessionen oder Patenten durch Private genutzt.

Neben den rechtlichen kennen wir auch die faktischen Monopole. *Faktische Monopole sind Tätigkeitsbereiche, die das Gemeinwesen allein ausüben kann, weil dieser Tätigkeitsbereich nur unter Inanspruchnahme eines ausschliesslich dem Gemeinwesen zustehenden Hoheitsbereiches verwirklicht werden kann.* Faktische

Monopole sind zum Beispiel alle jene Tätigkeitsbereiche, die nur unter Inanspruchnahme öffentlicher Sachen durchgeführt werden können. Ohne Überquerung oder Unterquerung öffentlicher Strassen können zum Beispiel keine Leitungen gezogen werden. Die Gemeinde verfügt somit über das faktische Installationsmonopol. Sie allein erteilt die Sondernutzungskonzession für das Durchleitungsrecht. Faktische Monopole finden sich auch im Bereich der Aussenhandelspolitik. Dazu gehört etwa die Regelung der Einfuhr von Brotgetreidesaatgut (vgl. WEBER K., Die schweizerische Aussenhandelsgesetzgebung, Diss. Fribourg 1975, S. 101).

Der Monopoltätigkeit des Staates setzt die Handels- und Gewerbefreiheit enge Grenzen. Lässt sich das Monopol weder faktisch noch historisch noch polizeilich rechtfertigen, bedarf es einer ausdrücklichen Grundlage in der Bundesverfassung. Unzulässig sind vor allem Monopole, die nur aus fiskalischen Interessen begründet werden und die staatlichen Einnahmequellen verbessern sollen. Mit dem Monopol wird ein ganzer Tätigkeitsbereich dem Privatrecht entzogen. Der Staat muss für die Bewirtschaftung dieses Tätigkeitsbereiches die alleinige Verantwortung tragen.

Mit dem Monopol sollen entweder polizeiliche Interessen oder allgemein öffentliche Interessen wie Versorgung (Aussenhandelsmonopol), Verkehr (Post), Landesverteidigung (Pulverregal) oder Währung (Münzregal) verwirklicht werden, die sich durch weniger starke Eingriffe nicht sicherstellen lassen. Typisches Beispiel des Polizeimonopols des Bundes ist das Alkoholmonopol, mit dem das Brennen von Alkohol durch die Privaten eingeschränkt werden sollte. Aussenhandelsmonopole sind etwa die BUTYRA und die Getreide- und Futtermittelgenossenschaft. Zu den Monopolen der Leistungsverwaltung gehört u.a. das Postregal. Monopole, die sich nur aus historischen Gründen rechtfertigen lassen (Art. 31 Abs. 2 BV), sind die traditionellen Regale der Kantone. Diese erbringen aber im Gegensatz zu früher im Verhältnis zu den normalen Steuern recht geringe Erträge.

Das Gemeinwesen kann die Monopole entweder selber betreiben oder durch Private bewirtschaften lassen. Betreibt es die Monopole selber, errichtet es in der Regel eine *Anstalt*. Lässt es das Monopol durch Private betreiben, überträgt es den Privaten eine *staatliche Konzession*.

2.1.2. Anstalten im Bereich der Monopolverwaltung

LITERATUR: EBERSBACH H., Die Stiftung des öffentlichen Rechts, Göttingen 1961; EMMERICH V., Das Wirtschaftsrecht der öffentlichen Unternehmen, Bad Homburg 1969; HAESELER H.R. v. (Hrsg.), Gemeinwirtschaftliche Betriebe und öffentliche Verwaltung, Opladen 1976; HAMM W., Kollektiveigentum — Die Rolle der öffentlichen Unternehmung in der Marktwirtschaft, Heidelberg 1961; HANGARTNER Y., Die Erfüllung der Staatsaufgaben durch Bund und Kantone, ZSR NF 93 I, 1974, S. 379 ff.; HERBIG G., Die öffentlichen Einrichtungen im sozialen Rechtsstaat der Gegenwart, Berlin 1970; HORAK H., Die wirtschaftliche Betätigung der öffentlichen Hand in der Bundesrepublik Deutschland und ihre Probleme, Köln, Opladen 1964; HUG W., Die rechtliche Organisation der öffentlichen Unternehmungen von Kanton und Gemeinde, in: Festgabe Fritz Fleiner, Zürich 1937, S. 131 ff.; PÜTTNER G., Die öffentlichen Unternehmen, Bad Homburg 1969; TOTENHÖFER-JUST G., Öffentliche Stiftungen. Ein Beitrag zur Theorie der intermediären Finanzgewalten, Baden-Baden 1973; WEBER W., Die Körperschaften, Anstalten und Stiftungen des öffentlichen Rechts, 2. Aufl., München, Berlin 1943; DERSELBE, Nichtrechtsfähige öffentlich-rechtliche Verbände, in: Festschrift für H. Jahrreis zum 80. Geburtstag, Köln 1974, S. 323 ff.; WENGER K., Die öffentliche Unternehmung, Forschung aus Staat und Recht 10, Wien, New York 1969; WISSLER A., Die Organisationsformen der öffentlichen Unternehmungen in der Schweiz, in: Landmann J., (Hrsg.) Moderne Organisationsformen der öffentlichen Unternehmung, 4 Teile, München, Leibzig 1931/32, 3. Teil, S. 95 ff.; WITTE E., HAUSCHILDT J., Die öffentliche Unternehmung im Interessenkonflikt, Berlin 1966.

Zwei typische Anstalten im Bereich der Monopolverwaltung des Bundes sind die SBB und die PTT. Art. 26 BV gibt dem Bund das Recht der Gesetzgebung für die Eisenbahnen. In Art. 5 EBG (SR 742.101) hat der Gesetzgeber bestimmt, dass für den Bau und den Betrieb von Eisenbahnen eine Konzession nötig sei. Der Bund hat also ein Monopol, das er entweder selber durch den Betrieb der Bundesbahnen verwaltet oder durch konzessionierte Privatunternehmen verwalten lässt. Im Bundesgesetz über die Schweizerischen Bundesbahnen (SR 742.31) finden sich dann die Grundlagen für die Organisation der Anstalt (SBB).

Etwas anders ist die Regelung des Postverkehrs. Nach Art. 36 Abs. 2 BV besteht eine eidgenössische Post- und Telegraphenverwaltung. Demzufolge überträgt das Bundesgesetz betreffend den Postverkehr (SR 783.0) den Post- und Telegraphenbetrieben das ausschliessliche Recht, Briefe und Karten sowie Reisende mit regelmässigen Fahrten zu befördern, soweit dieses Recht nicht durch Bundesgesetz (Eisenbahnen) eingeschränkt ist. Danach verwaltet die Anstalt, d.h. die PTT, allein das Monopol. Während für die Erteilung zum Bau und Betrieb von Eisenbahnen die Bundesversammlung zuständig ist, werden Konzessionen auf dem Gebiet des Postregals vom Bundesrat oder vom Verkehrs- und Energiewirtschaftsdepartement erteilt. Beide Betriebe werden soweit möglich nach privatwirtschaftlichen Grundsätzen geführt. Dies zeigt schon ihre Struktur mit Verwaltungsrat und Generaldirektion. Allein, bei der Tarifpolitik sind diese eidgenössischen Betriebe nicht frei. Die Tarife müssen in der Regel durch politische Organe (Gesetzgeber, Bundesversammlung, Bundesrat oder Departement) nach dem Grundsatz der Kostendeckung festgelegt werden. Das Gemeinwesen darf seine Monopolstellung nicht für fiskalische Zwecke missbrauchen.

Das Rechnungswesen der beiden Betriebe ist ebenfalls unterschiedlich organisiert. Beide Betriebe führen zwar eine eigene Rechnung. Nach Art. 10 PTT-OG fällt der Reinertrag automatisch in die Bundeskasse. Dies ergibt sich schon aus Art. 36 Abs. 2 BV. Über ein allfälliges Defizit entscheidet nach Art. 20 Abs. 2 PTT-OG die Bundesversammlung.

Etwas grösser ist die Autonomie der SBB. Diese haben zwar keine eigene Rechtspersönlichkeit, sie verfügen also über kein eigenes Vermögen, sind aber prozessfähig. Im Gegensatz zu den PTT sollen deshalb die SBB 20% des Reingewinnes als Reserve anlegen (Art. 16 SBBG). Die Bundesversammlung entscheidet erst über die Verwendung des verbleibenden Überschusses. Dementsprechend ist auch die Regelung der Defizitdeckung. Defizite sind vorerst aus den Reserven zu decken. Sind diese erschöpft, beschliesst die Bundesversammlung über die Art der Deckung (Art. 16 Abs. 2 SBBG). Seit einigen Jahren kämpfen aber beide Betriebe mit der Überwindung ihrer Defizite. 1975 standen bei den PTT 5,2 Milliarden Ausgaben, 3,7 Milliarden Einnahmen gegenüber; bei den SBB 3,2 Milliarden Ausgaben gegenüber 2,5 Milliarden Einnahmen.

Während aber der Staat verpflichtet ist, für gemeinwirtschaftliche Leistungen, zum Beispiel Militärtransporte, die Bahnen abzugelten (Art. 41 ff. EBG), kennt das Postrecht derartige Abgeltungen nicht. Insbesondere sind die PTT auch verpflichtet, aus Gründen der Pressefreiheit für den Transport von Zeitungen niedrige Tarife zu berechnen. Dadurch haben sie notgedrungen grössere Schwierigkeiten als die SBB, ihre Defizite zu beheben. Allerdings hat sich das Rechnungsergebnis der PTT 1976 bereits wesentlich verbessert.

2.1.3. Konzessionen

Im Rahmen der Monopolwirtschaft lässt das Gemeinwesen *staatliche Aufgaben oft auch durch Private erfüllen.* Das Recht zur Bewirtschaftung eines staatlichen Monopols wird dem Privaten durch die Konzession übertragen. *Mit der Konzession erhält der Private das wohlerworbene Recht, die staatliche Aufgabe zu verwirklichen und im Rahmen der Konzession für die Leistungen von den Benützern ein Entgelt entgegenzunehmen.*

Mit der Konzession übernimmt der Private die Pflicht, die betreffende staatliche Tätigkeit auszuführen. Er muss dem Gemeinwesen gegenüber *Gewähr bieten,* dass er in der Lage ist, die staatliche Aufgabe zu erfüllen. Das Gemeinwesen kann ihm gegenüber auch weitere Auflagen machen. Auf dem Gebiete des Transportwesens kann einer privaten Eisenbahn oder einem Autobusbetrieb die *Fahrplanpflicht* auferlegt werden. Diese verpflichtet ihn, sich an den Fahrplan, der von der Anstaltsbehörde festgelegt wird, zu halten und fahrplanmässige Fahrten durchzuführen. Gleichzeitig kann dem Konzessionär die Auflage gemacht werden, sich an die vom Gemeinwesen festgelegte Gebührenordnung zu halten. Derart weitgehende Verpflichtungen können den Privaten aber nur übertragen werden, wenn auch das Gemeinwesen bereit ist, allfällige Defizite der Privaten zu übernehmen. Dies ist etwa der Fall auf dem Gebiete der Konzession für Personentransporte im Rahmen des Postregals.

Um die Bewirtschaftung des Monopols sicherzustellen, steht dem Gemeinwesen gegenüber dem Konzessionär ein *weitgehendes Aufsichtsrecht* zu. Der Konzessionär muss periodische Berichte erstatten, die Inspektionen der Aufsichtsbehörde zulassen und allenfalls in der Unternehmensleitung einen Delegierten der Aufsichtsbehörde akzeptieren.

Diese Möglichkeit des Staates, sich an der Bewirtschaftung seines eigenen Monopols partnerschaftlich mit Privaten zu beteiligen, war Grundlage für die Errichtung sogenannter *gemischtwirtschaftlicher Unternehmungen.* Derartige Unternehmungen sind privatrechtlich organisiert. Das Gemeinwesen ist aber an ihnen beteiligt. Gemischtwirtschaftliche Unternehmungen finden sich vor allem auf dem Gebiete der Elektrizitätswirtschaft.

Kommt der Konzessionär seinen Verpflichtungen nicht nach, muss er *Sanktionen* von seiten des Staates gewärtigen. Als letztes Sanktionsmittel steht dem Gemeinwesen das Recht zu, die Konzession zu entziehen.

Die Konzession wird den Privaten in der Regel auf eine *bestimmte Frist* erteilt. Nach Ablauf der Frist kann die Konzession verlängert werden oder dem Staat anheimfallen.

Nicht geregelt wird in der Konzessionsordnung in der Regel das *Verhältnis zwischen Konzessionär und Privaten*. Dieses Verhältnis ist *grundsätzlich privatrechtlicher Natur*. Soweit aber dem Konzessionär *Hoheitsrechte* zustehen, untersteht es den *Grundsätzen des öffentlichen Rechts*. In diesen Fällen kann der Private durch öffentlich-rechtliche Beschwerde gegen Entscheide des Konzessionärs vorgehen.

Die Gründe für die Einführung von Konzessionen können verschiedener Natur sein. Besteht ein *polizeiliches Interesse* an einer umfassenden staatlichen Aufsicht, zum Beispiel Brennen von Alkohol, kann diese Kontrolle über den Weg der Konzession am besten verwirklicht werden (vgl. auch Seilbahnkonzessionen). Konzessionen sind ein Mittel zur *Lenkung* bestimmter wirtschaftlicher Aufgaben. Bei den Eisenbahn- und Postkonzessionen behält das Gemeinwesen die Tarifpolitik privater Konzessionäre in der Hand. Schliesslich gibt es auch versteckte *fiskalische Gründe* wie etwa bei der Radioempfangskonzession. Konzessionen drängen sich zudem dort auf, wo dem Gemeinwesen die personellen und organisatorischen Voraussetzungen für die Bewirtschaftung eines bestimmten Rechts, zum Beispiel Bergregal, fehlten.

2.1.4. Die Zwangsgenossenschaft

LITERATUR: ALDER E., Die staatliche Lenkung der schweizerischen Futtermitteleinfuhr, Diss. rer.pol. Zürich 1956; BULLINGER M., Staatsaufsicht in der Wirtschaft, VVDStRL 22, 1965, S.264 ff.; ENGELI H.-P., Die Einfuhrbewilligung im schweizerischen Recht, Diss. St. Gallen 1962; GYGI F., Rechtsgrundsätze der Einfuhrkontingentierung, Blätter für Agrarrecht, 1974, H.3, S. 77 ff.; KOLLMAR H., Das Problem der staatlichen Lenkung und Beeinflussung des rechtsgeschäftlichen Verkehrs, Tübingen 1961; KUNZ E., Das Institut der Zwangsgenossenschaft im schweizerischen Recht, Diss. Zürich 1921; SCHENNER U. (Hrsg.), Die staatliche Einwirkung auf die Wirtschaft, Wirtschaftliche Aufsätze 1946-1970, Frankfurt a.M. 1971; STEIN E., Die Wirtschaftsaufsicht, Tübingen 1967; STOCKER H.F., Die BUTYRA als Instrument der staatlichen Lenkung der schweizerischen Butterwirtschaft, Diss. iur. Bern, Zürich 1973.

Der Staat kann seine Monopole auch durch eine Zwangsgenossenschaft ausüben. Derartige öffentlich-rechtliche Genossenschaften finden wir vor allem auf dem Gebiete des Importes landwirtschaftlicher Güter. Zur Einfuhr von Butter, Getreide und Futtermitteln hat der Gesetzgeber die beiden Zwangsgenossenschaften, die BUTYRA und die Getreide- und Futtermittelgenossenschaft gegründet. Wer Butter, Getreide oder Futtermittel *einführen will, muss Mitglied der entsprechenden Genossenschaft sein. Diese Genossenschaften sind öffentlich-rechtliche Körperschaften, die gesetzliche Aufgaben des Bundes (nämlich Importaufgaben) erfüllen und sicherstellen, dass in ihrem Bereich entsprechend den gesetzlichen Vorschriften und Rege-*

lungen importiert wird. Sehr oft sind sie auch für die weitere Abgabe des Importgutes an Grossverteiler zuständig. Die Genossenschaften entscheiden mit mehr oder weniger grossem Ermessen über die Mitgliedschaft. Wer nicht Mitglied der Genossenschaft ist, darf derartige Güter nicht importieren.

Der Bundesrat kann *Mitglieder der Verwaltung in die oberste Leitung der Genossenschaft delegieren.* Auf Grund dieser Mitgliedschaft kann er unmittelbare Aufsichtsrechte über die Genossenschaft ausüben.

Hoheitliche Entscheidungen derartiger Körperschaften sind *öffentlich-rechtlicher Natur* und unterliegen den Grundsätzen des Verwaltungsrechts (vgl. WEBER K., Die schweizerische Aussenhandelsgesetzgebung, Diss. Fribourg 1975, S. 117 ff.).

2.1.5. Aktiengesellschaften

LITERATUR: BERKEMANN J., Die staatliche Kapitalbeteiligung an Aktiengesellschaften, Hamburg 1966; EICHHORN P., Entstehungsgründe für gemischtwirtschaftliche Unternehmen, in: Betriebswirtschaftliche Forschung und Praxis 21, 1969, S. 346 ff.; ERB K., Rechtsstellung und Organisation der gemischtwirtschaftlichen Bankunternehmungen in der Schweiz, Diss. Zürich 1938; FISCHER W., L'entreprise publique sous forme de société anonyme, Diss. Neuchâtel 1959; HEUSSER W., Die Flucht des Gemeinwesens in die privatrechtliche Unternehmung als Rechtsproblem, Diss. Zürich 1949; JÜNGLING A., Die gemischtwirtschaftlichen Unternehmungen in der schweizerischen Elektrizitätswirtschaft, Diss. St. Gallen 1948; KLEIN H., Die Teilnahme des Staates am wirtschaftlichen Wettbewerb, Habil. Stuttgart 1968; LANG W.A., Die Rechtsstellung der schweizerischen Kantonalbanken im Verkehr mit Rücksicht auf ihre rechtliche Organisation, Diss. Zürich 1935; PESTALOZZA CHR., Privatverwaltungsrecht: Verwaltungsrecht unter Privaten, JZ 30, 1975, S. 50 ff.; SCHÜRMANN L., Das Recht der gemischtwirtschaftlichen und öffentlichen Unternehmungen mit privatrechtlicher Organisation, ZSR NF 72, 1953, S. 65a ff.

Das Gemeinwesen kann die Monopole auch über die Form der Aktiengesellschaft bewirtschaften. Die Aktiengesellschaft drängt sich vor allem dort auf, wo eine besonders starke Autonomie am Platze ist. Dies ist der Fall bei der Schweizerischen Nationalbank. Die Geschichte der Schweizerischen Nationalbank zeigt, wie gross das Misstrauen des Schweizervolkes gegenüber der Errichtung einer Bundesbank war. Das Volk war erst bereit, einer Nationalbank zuzustimmen, als ihr Aufgabenbereich klar beschränkt wurde und ihre Autonomie gegenüber dem Bundesrat sichergestellt war. *Die Beschränkung des Aufgabenbereiches* umschreibt Art. 2 NBG. Demzufolge hat die Nationalbank die Aufgabe, den Geldumlauf des Landes zu regeln, den Zahlungsverkehr zu erleichtern und eine den Gesamtinteressen des Landes dienende Kredit- und Währungspolitik zu führen. Überdies berät sie die Bundesbehörden in Währungsfragen. Die eigentlichen Befugnisse der Nationalbank sind in Art. 14 ff. NBG aufgeführt.

Das zweite Ziel, die Autonomie, wird durch die Organisation der Aktiengesellschaft sichergestellt. Grundsätzlich ist jeder Schweizer berechtigt, Aktionär zu werden (Art. 7 NBG). Die Übertragung einer Aktie bedarf aber der Genehmigung durch den Bankausschuss (Art. 80 NBG). Pro Aktie gibt es nur einen Vertreter. Damit kommt den Aktionären, die sich in der Generalversammlung vereinigen, ein unmittelbares Mitwirkungsrecht zur Wahrnehmung der hoheitlichen Aufgaben der Nationalbank zu. Ein Teil der Mitglieder des Bankrates, nämlich 15, werden von der Generalversammlung gewählt. 25 Mitglieder werden durch den Bundesrat bestimmt. Damit kommt dem Bundesrat eine unmittelbare Beeinflussung des leitenden Organes der Nationalbank zu. Die Geschäftsführung, die aus 3 Generaldirektoren besteht, wird ebenfalls vom Bundesrat, allerdings auf Vorschlag des Bankrates, gewählt. Die weiteren Aufsichtsrechte des Bundes sind in Art. 63 NBG aufgeführt.

Neben der öffentlich-rechtlichen Aktiengesellschaft kann sich das Gemeinwesen zur Erfüllung bestimmter Aufgaben auch der privatrechtlichen Aktiengesellschaften bedienen. An der Aktiengesellschaft können sich nicht nur öffentlich-rechtliche Körperschaften, es können sich daran auch gleichzeitig private und öffentlich-rechtliche Körperschaften beteiligen. Im zweiten Fall spricht man von gemischtwirtschaftlichen Unternehmungen.

Beteiligen sich nur öffentlich-rechtliche Körperschaften an einer Aktiengesellschaft, muss dies als eine unzulässige Flucht in das Privatrecht bezeichnet werden. Kantone oder Gemeinden können eine öffentliche Aufgabe wahrnehmen und sich auf diese Weise der demokratischen Kontrolle entziehen oder dem normalen Verfahren über den Abschluss von Konkordaten ausweichen. Die kantonalen Regierungen können in diesem Fall einem Verwaltungsrat, der aus den Vertretern der Regierungen besteht, Aufgaben übertragen, die sonst nur gesetzlich geregelt werden könnten.

Ähnliche Probleme ergeben sich bei den gemischtwirtschaftlichen Unternehmen (zum Beispiel NOK). In der NOK haben sich die Kantone mit anderen Elektrizitätswerken privater Natur zu einer Aktiengesellschaft zusammengefunden, die über einen Grossteil der Energie aus Wasserkraftwerken der Nordostschweiz verfügt. Der Verwaltungsrat, in dem die kantonalen Regierungen der Nordostschweiz vertreten sind, entscheidet über wesentliche, das öffentliche Interesse berührende Fragen, wie zum Beispiel Tarife, Errichtungen weiterer Kraftwerke usw. Derartige Entscheide könnten mit anderen kantonalen Interessen kollidieren. Würden sich die Kantone in einem Konkordat zusammenschliessen, hätten Volk und Parlament der betreffenden Kantone einen gewissen Einfluss auf die Entscheidungen. Die Energiepolitik eines Verwaltungsrates ist aber der unmittelbaren Kontrolle eines kantonalen Parlamentes entzogen.

Die *Rechtsgrundlage* für gemischtwirtschaftliche Unternehmungen findet sich im Obligationenrecht. Nach Art. 762 OR kann der Körperschaft in den Statuten der Gesellschaft das Recht eingeräumt werden, Vertreter in den Verwaltungsrat und in die Kontrollstelle abzuordnen, selbst wenn sie nicht Aktionärin ist, aber ein öffentliches Interesse daran besitzt. Bei gemischtwirtschaftlichen Unternehmungen und bei solchen, an denen die Körperschaft ein öffentliches Interesse besitzt, können die Delegierten im Verwaltungsrat und in der Kontrollstelle nicht durch die Generalversammlung, sondern nur durch die Körperschaft selbst abberufen werden (Art. 762 Abs. 2 OR).

Nach Art. 763 OR können die Gesetze der Kantone für Gesellschaften und Anstalten (wie Banken, Versicherungen oder Elektrizitätsunternehmungen) die Bestimmungen über die Aktiengesellschaft abändern, sofern eine subsidiäre kantonale Haftung vorgesehen ist. Dies ist selbst dann möglich, wenn sich Privatpersonen an der Aktiengesellschaft beteiligen.

2.2. Zusammenarbeit von Staat und Gesellschaft ausserhalb des staatlichen Monopolbereiches

2.2.1. Bildung

Dem Gemeinwesen werden Leistungsaufgaben auch ausserhalb der Monopolwirtschaft übertragen. Es hat Aufgaben auf dem Gebiete des Bildungswesens, der Gesundheitsfürsorge, der Sozialversicherung usw. zu erfüllen, die zum Teil auch von privaten Organisationen verwirklicht werden können. In diesem Bereich kann zwischen Aufgaben unterschieden werden, die mehr, und solchen, die weniger in die Zentralverwaltung integriert sind.

Im Rahmen des *Bildungswesens kommt den Instanzen der Gemeinde- und Kantonsverwaltung eine zentrale Bedeutung zu*. Soweit das Primarschulwesen von den Gemeinden allein verwaltet wird, sind die zum Teil besonders geschaffenen *Schulgemeinden* zuständig. Das Schulwesen kann aber auch von besonderen *Kommissionen,* zum Beispiel der Schulpflege, beaufsichtigt werden. Für eine gute Verwirklichung des Schulwesens sind oft *kantonale Kommissionen* der Erziehungsdirektionen vorgesehen. Diese Kommissionen haben zum Teil beratende Aufgaben, zum Teil eigentliche Entscheidungsbefugnisse (Erziehungsrat).

In den Kantonen können auch *private* Schulen errichtet werden. Derartige private Schulen (zum Beispiel katholische Gymnasien) unterstehen aber der *unmittelbaren Aufsicht* der staatlichen Behörden. Sie müssen für eine gute, zweckmässige, der staatlichen Schule entsprechende Ausbildung der Kinder Gewähr bieten. Aufgabe der staatlichen Behörden ist es, dies durch die Aufsicht der privaten Schulen sicherzustellen.

Kantone und Gemeinden sind von Verfassungs wegen zur *unentgeltlichen Führung von Primarschulen* verpflichtet (Art. 27 Abs. 2 BV). Für den Schulbesuch dürfen also von den Kindern keine besonderen Gebühren erhoben werden. Das Verhältnis zwischen Kindern und öffentlichen Schulen ist öffentlich-rechtlicher Natur. Die Schulen sind hier weitgehend den *Anstalten* gleichzustellen. Die Schüler befinden sich gegenüber den Schulbehörden in einem *besonderen Rechtsverhältnis.*

Ähnlich wie die Primarschulen sind die Mittelschulen organisiert, die allerdings zum grossen Teil von den Kantonen und nicht von den Gemeinden betrieben werden.

Auf dem Gebiete der *Hochschulen* wurden Anstalten mit zum Teil körperschaftlichen Elementen gegründet. Diese sind, um die *Freiheit von Lehre und Forschung zu gewährleisten,* von der Staatsverwaltung unabhängig. Die kantonalen Hochschulen sind meistens Anstalten mit eigener Rechtspersönlichkeit. Eine entsprechende Organisationsform ist für diese im Entwurf zum Gesetz der Hochschulen des Bundes ebenfalls vorgesehen.

Anders ist das *Berufsbildungswesen* organisiert. Zuständig zur *Berufsbildung* ist im Gegensatz zum Primar- und Mittelschulwesen der Bund. Die Hauptaufgabe der Berufsausbildung kommt den *privaten Lehrmeistern* zu. Der Bund muss lediglich sicherstellen, dass die Lehrmeister die für die Ausbildung von Lehrlingen erforderlichen Qualitäten besitzen.

Die Errichtung von eigentlichen Berufsschulen ist Sache der Kantone. Allerdings haben die *Privaten*, nämlich die *Berufsverbände*, auf dem Gebiete des Schulwesens gewisse Aufgaben zu übernehmen. Sie können zum Beispiel Einführungskurse durchführen und Prüfungen abnehmen.

2.2.2. Versicherungswesen

Diese komplexe Organisation des Bildungswesens zeigt, wie sehr Staat und Gesellschaft ineinander verzahnt sind. Dem Grundsatz der Subsidiarität folgend übernimmt der Staat nur dann Aufgaben, wenn dies absolut unerlässlich ist. Soweit als möglich überlässt er die Durchführung der Aufgaben den Privaten. Je nach Aufgabe werden die Privaten einer besonderen *staatlichen Aufsicht* unterstellt.

Ein typisches Beispiel finden wir dafür auch im *Versicherungsrecht*. Die Alters- und Hinterbliebenenversicherung wird durch die staatliche Verwaltung, nämlich das Amt für Sozialversicherung, durchgeführt; ein Teil der Unfallversicherung obliegt einer selbständigen öffentlich-rechtlichen Anstalt des Bundes, der SUVA.

Den *privaten Krankenkassen* kommt die Aufgabe zu, im Rahmen der Gesetze das Obligatorium auf dem Gebiete des Krankenkassenwesens sicherzustellen.

Ähnliche Organisationsformen sind vorgesehen für die berufliche Vorsorge, die sogenannte Zweite Säule, die neben der AHV für eine angemessene Fortführung des Lebensstandards nach Abschluss der Berufstätigkeit sorgen soll (Art. 34quater BV). Die bereits bestehenden privaten Pensionskassen sollen die Versicherungsleistungen der Zweiten Säule nach dem Gesetz übernehmen. Die Aufgabe des Gesetzes besteht lediglich darin, sicherzustellen, dass jeder im Rahmen des Obligatoriums einer Pensionskasse beitreten kann und diese die Mindestleistungen für die Risiken Alter, Tod und Invalidität erbringen können. Soweit *besondere Risiken* (zum Beispiel Eintrittgeneration, Teuerung) zu decken sind, sorgt ein *gemeinsamer Pool* aller Pensionskassen für eine erleichterte Risikodeckung der Pensionskassen. Über diesen Pool lassen sich gewisse Leistungen über das Umlageverfahren finanzieren. Die Deckung der Risiken über die Kapitalisierung kann auf diese Weise eingeschränkt werden. Diese Organisation der Zweiten Säule, wie sie im Entwurf des Bundesrates über die berufliche Vorsorge vorgesehen ist, *ist beispielhaft für die Verwirklichung des Grundsatzes der Subsidiarität. Staatliche Aufgaben werden durch die Privaten verwirklicht.* Diese Privaten müssen aber über das Gesetz an den Staat gebunden werden. Das Gesetz muss sicherstellen, dass sie ihre Aufgaben erfüllen können. Gleichzeitig gibt es den privaten Versicherungsnehmern Ansprüche gegenüber diesen Pensionskassen auf Entrichtung der gesetzlich vorgesehenen Leistungen.

Ähnlich, aber weniger kompliziert ist die Regelung der obligatorischen *Motorfahrzeughaftpflichtversicherung*. Sie ist für jeden Motorfahrzeughalter obligatorisch (Art. 65 SVG). Die Versicherung wird aber nicht vom Staate übernommen. Es ist Aufgabe der bestehenden *privaten Versicherungen*, in Zusammenarbeit mit den Behörden die Durchführung dieses Obligatoriums zu gewährleisten. Damit aber die privaten Versicherungen das Obligatorium nicht für übermässige Gewinne missbrauchen können, muss der Bund die Prämie für die Motorfahrzeughaftpflicht genehmigen. Das Eidg. Versicherungsamt des Justiz- und Polizeidepartementes stellt auf Grund der Untersuchungen fest, wie hoch die Prämie einer Versicherung sein darf, damit sie einerseits die Risiken decken kann und anderseits nicht zu übertriebenen Gewinnen führt.

2.3. Delegation von staatlichen Aufgaben an Private

LITERATUR: Dittmann A., Bundeseigene Verwaltung durch Private. Zur Problematik privatrechtlicher Mittlerorganisationen ... Die Verwaltung 8, 1975, S. 431 ff.; Gallawas H.U., Ossenbühl F., Die Erfüllung von Verwaltungsaufgaben durch Private, VVDStRL 29, 1970, S. 137 ff.; Heyen E.V., Das staatstheoretische und rechtstheoretische Problem des Beliehenen, Berlin 1973; Ipsen H.P., Gesetzliche Indienstnahme Privater für Verwaltungsaufgaben, in: Festgabe für Erich Kaufmann, Stuttgart, Köln 1950, S. 141 ff.; Kaufmann O.K., Die Heranziehung der Wirtschaftsorganisationen bei der Durchführung des Landwirtschaftsgesetzes, WuR 1954, S. 215 f.; Korrodi N., Die Konzession im schweizerischen Verwaltungsrecht, Diss. Zürich 1973.

Nach Art. 32 Abs. 3 BV kann der Bund die zuständigen Organisationen der Wirtschaft beim Vollzug der Ausführungsvorschriften zur Mitwirkung heranziehen. Der Gesetzgeber hat von dieser Befugnis Gebrauch gemacht und delegiert der Verwaltung die Befugnis, staatliche Aufgaben auf Private zu übertragen. Derartige Befugnisse sind vor allem im Landwirtschaftsrecht vorgesehen. So entscheiden die Milchproduzenten über die Errichtungen von Milchsammelstellen. Diese privaten Milchsammelstellen entscheiden, welche Milchproduzenten bei ihnen die Milch abliefern müssen. Im Rahmen der ihnen übertragenen öffentlichen Rechte sind diese Privaten an die Grundsätze des Verwaltungsrechts gebunden. Hoheitliche Entscheidungen, die Rechte begründen, aufheben oder abändern, sind Verfügungen im Sinne von Art. 5 VwVG.

Möglich sind aber auch eigentliche *Delegationen von Rechtsetzungsbefugnissen*. Art. 121quater der Verordnung über die Erstellung, den Betrieb und den Unterhalt von elektrischen Starkstromanlagen (SR 734.2) sieht vor, dass der Schweizerische Elektrotechnische Verein über die Durchführung der Prüfung und Nachprüfungen ein Reglement aufstellen kann, das der Genehmigung des Verkehrs- und Energiewirtschaftsdepartementes bedarf. Derartige Reglemente haben Verordnungscharakter (vgl. Reglement für die Prüfung der elektrischen Installationsmaterialien und Apparate sowie für die Erteilung des Sicherheitszeichens, SR 734.231).

Derartige Delegationen an Berufsverbände finden sich auch in den kantonalen Gesetzen. Verschiedene kantonale Gesetze verweisen beispielsweise bei den Fragen des Baurechts auf die *Normen des Schweizerischen Ingenieur- und Architektenvereins*. Allerdings kommt diesem Verband keine Rechtsetzungsaufgabe zu, da die kantonalen Behörden, wenn nötig, von den Normen abweichen können. Im Gegensatz dazu ist aber die Verordnung des Elektrotechnischen Vereins eine Verordnung des Bundes.

Derartigen Übertragungen von Rechtssetzungsaufgaben an Private sind aber *Grenzen* gesetzt. Sie müssen sich auf *kleine, vor allem technische Bereiche* beschränken. Sicherzustellen ist die Aufsicht der Verwaltung, die durch die Genehmigung die Verordnung zu einer solchen des Bundes machen kann.

2.4. Beteiligung des Staates an privaten gesellschaftlichen Vereinbarungen

Zu erwähnen ist die in Art. 34ter Abs. 1 lit. c BV vorgesehene Möglichkeit der *Allgemeinverbindlicherklärung von Gesamtarbeitsverträgen*. Demzufolge kann der Bundesrat Vereinbarungen zwischen Arbeitnehmer- und Arbeitgeberverbänden auch für Personen verbindlich erklären, die diesen Verbänden nicht angeschlossen sind. In Art. 34ter Abs. 2 BV werden aber die Grenzen dieser Allgemeinverbindlicherklärung klar umschrieben. Diese Verträge müssen sich auf das Arbeitsverhältnis beschränken. Die Allgemeinverbindlicherklärung ist zudem nur zulässig, wenn die Regelung den begründeten Minderheitsinteressen Rechnung trägt, die regionalen Verschiedenheiten berücksichtigt und die Rechtsgleichheit sowie die Verbandsfreiheit nicht beeinträchtigt.

Damit wird ein Grundsatz aufgestellt, der für jede Heranziehung Privater zur Verwirklichung staatlicher Aufgaben massgebend sein muss. Wenn sich der Private am Staate beteiligt und demzufolge am staatlichen Gewaltmonopol teilnimmt, muss er die von der Verfassung und dem Verwaltungsrecht begründeten Grundsätze und Schranken staatlicher Machtausübung beachten. Eine Kooperation von Staat und Gesellschaft ist in diesem Rahmen aber nur zu begrüssen. Gerade die Gesamtarbeitsverträge sind ein Beispiel für eine staatliche Beteiligung an einer Friedensregelung im gesellschaftlichen Kampf, die sich für alle Beteiligten heilsam auswirken kann.

4. Kapitel: Grundfragen der Verwaltungskontrolle

LITERATUR: Vgl. II., III. dieses Kapitels, S. 448, 456.

I. Allgemeines

Das Rechtsschutzsystem des Verwaltungsrechts ermöglicht dem Bürger, bei schädigenden Einzelakten und Handlungen Beschwerde oder Klage an das Verwaltungsgericht oder den Bundesrat zu erheben. Diese Behörden haben die Aufgabe, den einzelnen Bürger vor Übergriffen von seiten der Verwaltung zu schützen. Ihre Befugnisse sind aber sehr stark eingeengt. Sie können nur tätig werden, wenn der Bürger von ihnen über den Weg der Beschwerde oder Klage einen Entscheid verlangt. In vielen Fällen, in denen keine eigentliche Verfügung vorliegt oder ein nachweisbarer Schaden nicht gegeben ist, besteht zu Recht kein unmittelbarer Rechtsschutz durch Beschwerdeorgane oder Verwaltungsgerichte. Verzichtet der Bürger auf eine Beschwerdemöglichkeit, weil er das Risiko für zu gross hält oder sich einfach mit der Verwaltung nicht anlegen will, muss das Gericht untätig bleiben. Es ist deshalb *notwendig*, die Kontrolle der Verwaltung durch die Gerichte im Rahmen des Rechtsschutzes durch *eine politische Kontrolle zu ergänzen*.

Neben dieser Schutzfunktion der Verwaltungskontrolle kommt ihr aber auch eine *Führungsfunktion* zu. Das Parlament als oberstes Organ des Staates muss kontrollieren, ob Exekutive und Verwaltung ihre in Verfassung und Gesetz verankerten Aufgaben erfüllen.

Die Verwaltungskontrolle ist die Voraussetzung für eine *Zusammenarbeit* der beiden Gewalten Exekutive und Parlament. Der gewaltenteilige Staat setzt das Gleichgewicht und die *gegenseitige Kontrolle* der Gewalten voraus. In diesem Sinne ist die Verwaltungskontrolle notwendiges Element der arbeitsteilig und rechtsstaatlich verstandenen Gewaltenteilung.

Das Parlament hat die Aufgabe, dafür zu sorgen, dass die Verwaltung den Willen des Gesetzgebers vollzieht und im Rahmen der ihr zugewiesenen finanziellen Mittel handelt. Im Gegensatz zur richterlichen Kontrolle kann aber das Parlament bei der Wahrnehmung seiner Kontrollbefugnisse *Entscheidungen der Verwaltung* nicht aufheben. Die Kontrolle ist *politischer Natur*. Fügt sich die Verwaltung nicht den Wünschen des Parlamentes, muss dieses entweder die dafür erforderlichen Gesetze abändern, den Voranschlag kürzen oder nach Ablauf der Amtszeit ein Mitglied der Exekutive nicht mehr wählen. Das Parlament verfügt nur über politische, nicht aber über direkt wirkende, rechtliche Einflussmöglichkeiten gegenüber der Verwaltung.

In unserem Regierungssystem, *in dem die Mitglieder der Exekutive vom Parlament unabhängig sind, kommt der Kontrolle der Verwaltung eine erhöhte Bedeutung zu*. Die Exekutive entscheidet unabhängig von einer bestimmten parlamentarischen Mehrheit. Sie und ihre Verwaltung können demzufolge ein Eigenleben entwickeln, das vom Parlament nicht mehr abgedeckt ist. Deshalb ist eine gute parlamentarische Kontrolle unerlässlich.

Sie ist aber auch effizienter als in Staaten mit parlamentarischen Regierungen. Ist die Regierungsmehrheit nämlich mit der parlamentarischen Mehrheit identisch, wird sich das Parlament bei der Wahrnehmung der Kontrollaufgaben zurückhalten. Die Parlamentsmehrheit will ihre Regierung durch die Wahrnehmung der Kontrolle nicht in Frage stellen.

In diesem System spielen die eigentlichen «Checks and Balances» eher zwischen Opposition und Regierungsmehrheit als durch ein ausgeklügeltes System der Verwaltungskontrolle. Überdies haben die Parlamentarier der Regierungsmehrheit immer die Möglichkeit, ihren politischen Willen nicht im Parlament, sondern in der Fraktion zur Geltung zu bringen.

Bei der Verwaltungskontrolle ist zu unterscheiden zwischen der Finanzkontrolle, der Kontrolle der allgemeinen Geschäftsführung und der Durchführung besonderer Untersuchungen. Wir wollen uns zuerst der Finanzkontrolle, dann der Kontrolle der allgemeinen Geschäftsführung und schliesslich der Wahrnehmung besonderer Untersuchungsbefugnisse zuwenden.

II. Finanzkontrolle

LITERATUR: ARNAUD D., La Cour des Comptes Française, in: Verfassung, Verwaltung, Finanzkontrolle, Festschrift für H. Schäfer zum 65. Geburtstag, Köln 1975, S. 310 ff.; BRUNNER G., Möglichkeiten und Grenzen der öffentlichen Finanzkontrolle, in: Verfassung, Verwaltung, Finanzkontrolle, Festschrift für H. Schäfer zum 65. Geburtstag, Köln 1975, S. 169 ff.; COLOMBO F., Les principes budgétaires classiques sont-ils compatibles avec une politique financière moderne? Diss. Neuenburg, Bern 1970; EGLI A., Die parlamentarische Finanzkontrolle in den Kantonen, Wirtschaftspolitische Mitteilungen 32, 1976, Nr. 7; EICHER H., Die Problematik der mehrjährigen Finanzplanung, in: Verfassung, Verwaltung, Finanzkontrolle, Festschrift für Hans Schäfer zum 65. Geburtstag, Köln 1975, S. 129 ff.; ELSER A., Grundzüge des öffentlichen Rechnungswesens und Budgetprinzipien, in: Rechnungswesen und Finanzkontrolle der öffentlichen Verwaltung, St. Gallen 1964, S. 3 ff.; FREI W., Die Ausgestaltung der Finanzaufsicht im Bund, VP 21, 1967, S. 285 ff.; FRIAUF K.H., Der Staatshaushaltsplan im Spannungsfeld zwischen Parlament und Regierung, Bd. I, Bad Homburg 1968; FROEMEL R., Der Haushaltsplan als gesetzliche Grundlage der Leistungsverwaltung, Diss. Freiburg i. Br. 1968; GÄHWILER B., Das Finanzhaushaltsrecht des Kantons St. Gallen, Diss. Fribourg, St. Gallen 1977; HÖCH U., Das Budget und seine Gestaltung in der Eidgenossenschaft, Diss. Basel 1950; JOQUIER R., Principes budgétaires et gestion moderne des finances publiques, ZBl 71, 1970, S. 81 ff., 105 ff.; KANDUTSCH J., Öffentliche Finanzkontrolle in Österreich, in: Verfassung, Verwaltung, Finanzkontrolle, Festschrift für H. Schäfer zum 65. Geburtstag, Köln 1975, S. 189 ff.; KAREHNKE H., Der Rechnungshof als Teil der öffentlichen Kontrolle, in: Verfassung, Verwaltung, Finanzkontrolle, Festschrift für H. Schäfer zum 65. Geburtstag, Köln 1975, S. 233 ff.; KELLER TH., Alte Budgetsätze und neue Finanzpolitik, in: Festschrift für F. Neumark, Tübingen 1970, S. 369 ff.; KOHLI U.W., Finanzkontrolle im Kanton St. Gallen, Diss. Bern 1973; KOLLER H., Budget und Norm, Basler Festgabe zum Schweizerischen Juristentag 1973, Basel, Stuttgart 1973, S. 89 ff.; LEHMANN E., Die Eidgenössische Finanzkontrolle, in: Vortragszyklus über das Eidg. Finanz- und Zolldepartement, Bern 1970/71, S. 106 ff.; LETSCH H., Budgetierung und Planung im öffentlichen Haushalt, ZBl 61, 1960, S. 377 f.; MÜLLER W., Finanzplanung und Budget in den Kantonen, VP 23, 1969, S. 3 ff.; OBERHOLZER A., Die Stellung der Finanzkontrollorgane in der Schweiz, VP 24, 1970, S. 269 ff.; PELNY S., Die legislative Finanzkontrolle in der Bundesrepublik Deutschland und in den Vereinigten Staaten von Amerika, Berlin 1972; PRIES H., Rechnungslegung und Kontrolle, in: Handbuch der Verwaltung, Hrsg. Becker U., Thieme W., Köln 1976; REGER H., Bemerkungen zur Finanzkontrolle. Theorie, allgemeine Sach- und Rechtsfragen, VA 66, 1975, S. 195 ff.; RÖSINGER H.M., Grundlagen des modernen Budgetmanagements, unter besonderer Berücksichtigung des PPBS. Europäische Hochschulschriften, Bd. V/30, Bern 1970; ROHR R., Die Finanzplanung der öffentlichen Hand in staatsrechtlicher Sicht, eine Analyse der Finanzplanung von Bund, Kantonen und Gemeinden, Zürich 1972; TIEMANN S., Parlamentarische Finanzkontrolle: Verfassungsrecht und Verfassungswirklichkeit, DVBl 91, 1976, S. 323 ff.

A. Allgemeines

Nach Art. 85 Ziff. 10 BV stellt die Bundesversammlung jährlich den Voranschlag auf, nimmt die Staatsrechnung ab und entscheidet über die Aufnahme von Anleihen des Bundes. Diese Finanzkompetenz des Parlamentes ist eine der ältesten parlamentarischen Prärogativen. Die früheren englischen Parlamente nahmen für sich das Recht in Anspruch, bei der Einsetzung des neuen Königs über dessen Einkünfte und damit auch über dessen Machtfülle im Staate zu befinden. Im Gesetzgebungsstaat des letzten Jahrhunderts ist diese Finanzkontrolle, im Gegensatz zur Gesetzgebungskontrolle, etwas in Vergessenheit geraten. Die neuesten Entwicklungen im Zeitalter der Finanzkrise haben aber gezeigt, dass die Parlamente des Bundes und der Kantone willens sind, von ihren Befugnissen erneut Gebrauch zu machen.

Mit der Budgetbefugnis und der Finanzkontrolle könnte das Parlament wesentliche politische Weichen und Prioritäten setzen. In gewissen Bereichen sind die staatlichen Ausgaben gesetzlich nicht festgelegt. Über langfristige Verpflichtungskredite und Budgetentscheide kann das Parlament die Regierungs- und Verwaltungstätigkeit lenken. Die Wahrnehmung dieser Befugnisse setzt allerdings voraus, dass die Parlamentarier die notwendigen Fachkenntnisse und Informationen besitzen und über genügend Zeit verfügen, sich mit den schwierigen finanzpolitischen Problemen zu befassen. Gerade diese Voraussetzungen sind aber nur zum Teil erfüllt. Dies ist demnach wohl der Grund, weshalb das Parlament seine Kompetenzen im Finanzsektor zurückhaltend ausübt.

B. Die Organisation des Finanzwesens im Gemeinwesen

1. Die Einnahmen des Gemeinwesens

Die Einnahmen des Gemeinwesens stammen aus direkten und indirekten Steuern, aus den Zolleinnahmen, den Gebühren für staatliche Leistungen, den Erträgen des Verwaltungsvermögens und der Sozialversicherung. Eine Besonderheit der schweizerischen Finanzverfassung besteht darin, dass sich Bund, Kantone und Gemeinden in *drei verschiedene Finanzhoheiten aufteilen* und die Befugnisse für die Einnahmen von Bund, Kantonen und Gemeinden klar abgegrenzt sind. Die Befugnisse des Bundes ergeben sich aus der Bundesverfassung, die Aufteilung der Finanzhoheit von Kanton und Gemeinden werden im kantonalen Recht geregelt.

Diese Aufgliederung der Finanzhoheiten führt auf Bundesebene dazu, dass *über die Einnahmen nicht nur der Gesetzgeber, sondern praktisch der Verfassungsgesetzgeber entscheidet.* Dies führte in den letzten Jahren zu erheblichen *Defiziten* des Bundeshaushaltes, deren Summen progressiv bis zu über 2 Milliarden im Jahre 1977 anstiegen.

Die Höhe der Abgaben und damit die Einnahmen aus Steuern und Gebühren in Bund, Kantonen und Gemeinden müssen auf Grund der neueren Praxis des Bundesgerichts *in den formellen Gesetzen der Höhe nach beziffert sein.* Zuständig zur Festlegung der Einnahmen sind somit die Verfassungs- oder der Gesetzgeber. Das Bundesgericht belässt allerdings dem Parlament die Befugnis, beispielsweise den Steuersatz für das Jahr entsprechend den Ausgaben festzulegen oder auf Grund einer Gesetzesdelegation die Höhe der Gebühren zu bestimmen. *In den meisten Fällen sind aber die Organe, die über die Einnahmen entscheiden, nicht identisch mit denen, die über die Ausgaben entscheiden.*

2. Ausgaben

Im Jahre 1974 haben Bund, Kantone und Gemeinden total 35,9 Milliarden Franken für Landesverteidigung, Bildung, Soziales, Verkehr, Landwirtschaft und Behördenorganisation sowie für Finanzausgaben ausgegeben. Der grösste Teil der Ausgaben, 17 Milliarden, fällt den Kantonen zu, während Bund und Gemeinden je 13 bzw. 12,6 Milliarden Franken ausgeben mussten. Kantone und Gemeinden bestreiten einen Teil ihrer Ausgaben aus Beiträgen und Anteilen an den Bundeseinnahmen. Das *Subventionswesen* des Bundes hat zu einer *unübersichtlichen Verzahnung von Bundes-, Kantons- und Gemeindefinanzen* geführt. Da gewisse Ausgaben nicht einfach gestrichen werden können, ist die Ausgabenhoheit von Parlament und Regierung *sehr stark eingeengt.* In vielen kantonalen Verfassungen sowie in der Verfassung des Bundes ist das Parlament überdies an die Einnahmen des Gemeinwesens gebunden. Es kann keine unbeschränkten Defizite im Voranschlag beschliessen und ist auf Grund der Verfassung zu einem ausgeglichenen Finanzhaushalt verpflichtet.

Auch der Bund ist verfassungsrechtlich zu einem sparsamen Finanzhaushalt verpflichtet. Art. 42bis BV bestimmt nämlich:

«Der Fehlbetrag der Bilanz des Bundes ist abzutragen. Dabei ist auf die Lage der Wirtschaft Rücksicht zu nehmen.»

2.1. Verpflichtungskredite

Damit eine Verwaltungsstelle dem Bürger, dem Beamten oder einer Gemeinde eine Auszahlung überweisen kann, sind viele verschiedene Beschlüsse notwendig. Kein Verwaltungsbeamter ist befugt, aus eigenem Recht über Ausgaben zu befinden. *Eine Ausgabe kann nur getätigt werden, wenn sie sich notwendigerweise aus einem Gesetz oder — in gewissen Fällen (zum Beispiel Entwicklungshilfe) — aus einem vom Parlament bewilligten, langfristigen Kredit ergibt und im Voranschlag des Jahres durch das Parlament bewilligt wurde.*

Viele Gesetze enthalten *klare Regelungen über die Ausgabenverpflichtungen* der Verwaltung. Dazu gehören beispielsweise die Bestimmungen über die Lohnansprüche der Beamten, gesetzliche Regelungen auf dem Gebiete des Subventionswesens usw.

Viele Gesetze enthalten *keine klaren Regelungen über die Ausgabenverpflichtungen* der Verwaltung. Verfassung und Gesetze verpflichten Bund und Kantone beispielsweise, Strassen zu errichten, Beiträge für die Forschung vorzusehen oder die Entwicklungsländer zu unterstützen. Verschiedene neuere Gesetze sehen vor, dass für diese Fälle der nicht-gebundenen Ausgaben langfristige *Verpflichtungskredite* bewilligt werden müssen, deren jährliche Tranchen dann im Voranschlag zu genehmigen sind. *Mit dem Verpflichtungskredit entscheidet das Parlament über die Art der Verwendung der Ausgabe.* Da sich die Gesetze nicht klar über Umfang und Zweck der Ausgabe aussprechen, muss das Parlament über den Verpflichtungskredit entscheiden. In diesem Falle befindet es auch über Projekte (zum Beispiel Flugzeugbeschaffung), für die langfristige Investitionen notwendig sind. Auf kantonaler Ebene handelt es sich bei derartigen Entscheidungen in der Regel um *ausserordentliche Ausgaben*, die, wenn sie eine bestimmte Höhe überschreiten, dem fakultativen oder obligatorischen Referendum unterstellt sind. In den meisten Fällen beruhen derartige Verpflichtungskredite auf allgemeinen gesetzlichen Aufträgen.

In gewissen Fällen hat der Bund aber auch Verpflichtungskredite ohne gesetzliche Grundlage beschlossen. Dazu gehören die Kredite, die er vor Inkrafttreten des Gesetzes über die Entwicklungshilfe den Entwicklungsländern gewährte. So sehr es wünschbar wäre, dass für alle Verpflichtungskredite eine gesetzliche Grundlage bestände, so sehr ist zuzugeben, dass unter diesen Umständen manche notwendige staatliche Leistung, insbesondere Hilfeleistung, unterbleiben müsste. *Ein langfristiger Verpflichtungskredit kann nur dann als gesetzliche Grundlage dienen, wenn er sich aus der allgemeinen Fürsorgepflicht des Staates ableiten lässt und dadurch keine Eingriffe in die bestehenden gesellschaftspolitischen Interessenverhältnisse vorgenommen werden.*

2.2. Budget oder Voranschlag

Die Parlamente von Bund und Kantonen stellen jeweils im Herbst den Voranschlag für das kommende Jahr auf. Der Voranschlag gliedert sich in den Finanzvoranschlag und den Voranschlag der Vermögensveränderungen (Art. 4 FHG, SR 611.0). *Der Finanzvoranschlag enthält den Vorschlag über die Ausgaben und die Schätzungen der Einnahmen des Voranschlagjahres.*

Der Voranschlag muss sich unter anderem an den Grundsatz der Spezifizität des Budgets halten, d.h. die Verwaltung darf sich nicht begnügen, Globalkredite zu beantragen, sie muss Ausgaben auf die verschiedenen Aufgaben gliedern, damit ersichtlich wird, für welche Aufgabe eine Ausgabe getätigt wird. Nur so kann das Parlament die politische Gewichtung der Ausgaben erkennen.

Erst mit der Bewilligung der Ausgabe im Voranschlag kann die Verwaltung im Rahmen der gesetzlichen Grundlage eine Zahlung während des Jahres vornehmen. Wird eine Ausgabe notwendig, für die im Voranschlag kein oder kein ausreichender Zahlungskredit bewilligt wurde, ist ein Nachtragskredit anzufordern (Art. 8 Abs. 1 FHG). In Fällen *zeitlicher Dringlichkeit* kann der Bundesrat die Ausgabe vor Bewilligung eines Nachtragskredites durch die Bundesversammlung beschliessen. Wenn möglich holt er vorgängig die Zustimmung der Finanzdelegation der eidgenössischen Räte ein (Art. 9 FHG).

Diese gesetzlichen Bestimmungen machen deutlich, dass grundsätzlich ohne Bewilligung von seiten des Parlamentes keine Ausgabe getätigt werden kann. Diese Bewilligungen, die mit Genehmigung des Budgets erteilt werden, sind keine Gesetze etwa im Sinne des deutschen Haushaltsgesetzes, sondern einfache Bundesbeschlüsse. Es handelt sich im Grunde genommen um Verwaltungsakte, d.h. Verfügungen, die die Verwaltung zur Vornahme einer Ausgabe ermächtigen. Damit gelten etwa für die spätere Abänderung des Voranschlages gleiche Grundsätze wie für die Änderung von Verfügungen.

Der Entscheid über das Budget richtet sich lediglich an die Verwaltung. Der einzelne kann deshalb aus dem Voranschlag keinen unmittelbaren Anspruch gegenüber der Verwaltung zur Auszahlung des Beitrages geltend machen. Der Anspruch des einzelnen ist aus den Gesetzen und nicht aus dem Voranschlag abzuleiten.

Wird der Voranschlag, wie dies in anderen Staaten hin und wieder geschieht, *nicht genehmigt, kann die Verwaltung nur diejenigen Ausgaben tätigen, zu denen sie gesetzlich verpflichtet ist* und für die, gemäss Finanzhaushaltsgesetz, eine besondere zeitliche Dringlichkeit besteht. Der Bundesrat ist aber verpflichtet, dem Parlament unverzüglich einen Voranschlag zu unterbreiten, den es genehmigen kann. Wird das Budget von einer Gemeindeversammlung abgelehnt, muss die Kantonsbehörde im Sinne der *Ersatzvornahme* anstelle der Gemeinde ein Minimalbudget genehmigen.

Wird ein Zahlungskredit von der Verwaltung für die Wahrnehmung einer Aufgabe während des Budgetjahres *nicht voll in Anspruch genommen, kann die Ausgabe nicht ohne neue Bewilligung im nächsten Jahr getätigt werden* (vgl. Art. 8 Abs. 2 FHG). Die Bewilligung der Ausgabe im Voranschlag ist auf ein Jahr befristet. Dies kann mitunter den Nachteil haben, dass die Verwaltung am Ende des Jahres soweit als möglich alle bereits bewilligten Ausgaben tätigt, um keine Budgetkürzungen in Kauf nehmen oder um nicht zusätzliche Bewilligungen von seiten des Parlamentes einholen zu müssen. Der *haushälterische* Gedanke der befristeten Verfügung auf ein Jahr wird damit *in Frage gestellt*.

Neben dem für unsere Betrachtung wichtigen Finanzvoranschlag enthält der Voranschlag auch Angaben über die *Vermögensveränderungen. Dabei sind die Vermögensverminderungen und die Vermögensvermehrungen in den Voranschlag aufzunehmen*.

Mit dem Entscheid über den Voranschlag wird dem Parlament ein *wichtiges Führungsmittel über die Kontrolle der Verwaltungstätigkeit in die Hand gelegt*. Das Parlament kann über den Weg des Voranschlages die Prioritäten der Verwaltungstätigkeit beeinflussen, soweit seine Entscheidungsfreiheit nicht durch klare gesetzlich festgelegte Ausgaben eingeengt ist. Der Grundsatz der Spezifizität des Budgets zwingt die Verwaltung, die Ausgaben für die Wahrnehmung der einzelnen Aufgaben klar auszuweisen, damit das Parlament ein politisches Kontrollmittel über die Schwergewichte der Aufgaben während eines Jahres besitzt.

Die *politische Bewegungsfreiheit* von Bundesrat und Parlament ist aber, wie die letzten Jahre gezeigt haben, *sehr stark eingeengt*. Die Verzahnung von Bundes-, Kantons- und Gemeindefinanzen, die Abhängigkeit der Wirtschaft vom Finanzhaushalt des Gemeinwesens, die beschränkten Einnahmemöglichkeiten und Einnahmekompetenzen setzen der politischen Entscheidungsfreiheit sehr enge Grenzen. Deshalb wird schon seit längerer Zeit versucht, wenigstens *über die langfristige Finanzplanung das Finanzwesen des Gemeinwesens besser in den Griff zu bekommen*.

2.3. Langfristige Finanzplanung

Gemäss Art. 29 FHG sorgt der Bundesrat für eine mehrjährige Finanzplanung, die einen *mehrere Jahre umfassenden Überblick über den Bedarf des Bundeshaushaltes und die zu erwartenden Einnahmen vermittelt sowie die Prioritäten für die Erfüllung der Aufgaben des Bundes festlegt und erlaubt, die finanziellen Auswirkungen neuer Erlasse zu beurteilen* (Art. 29 FHG).

Um auch die langfristige Finanzplanung der Kantone zu fördern, sieht Art. 30 FHG vor, dass der Bundesrat eine *Koordination der Finanzplanung des Bundes mit derjenigen der Kantone und Gemeinden anstreben soll*. Die Zusicherung von Bundesbeiträgen zum Ausbau der Infrastruktur kann von der langfristigen Finanzplanung der Kantone abhängig gemacht werden. Gemäss Art. 1 Abs. 2 BG über die Massnahmen zur Verbesserung des Bundeshaushaltes (SR 611.01) schafft der Bundesrat die Voraussetzungen für die Koordination der Richtlinien für die Regierungspolitik mit der mittelfristigen Finanzplanung. Damit werden Finanzplanung und politische Prioritätenordnung miteinander verkoppelt.

Die Bundesversammlung setzt nämlich gemäss Art. 1 Abs. 2 lit. a BG über die Massnahmen zur Verbesserung des Bundeshaushaltes (SR 611.01) für Ausgaben mit Investitionscharakter einen für die Jahre 75-79 geltenden finanziellen Rahmen fest. Damit kann sie die Investitionsausgaben langfristig für die Jahre 75-79 genehmigen. Der Bundesrat ist überdies verpflichtet, *der Bundesversammlung über einen kurz-*

fristigen Finanzplan sowie die Schätzungen der mittelfristigen Finanzplanung Kenntnis geben. Diese Planung muss allerdings vom Parlament nicht genehmigt werden. Sie ist noch ganz in die Befugnisse des Bundesrates gestellt. Ausgenommen sind allerdings die Investitionskredite im Rahmen der mittelfristigen Finanzplanung. *Der Finanzplan hat lediglich internen Charakter und weist die Behörden an, an welchen Rahmen sie sich bei der Aufstellung und Vorbereitung des Voranschlages zu halten haben.* Im Falle der Veränderung der finanziellen Lage muss der Finanzplan den gegebenen Verhältnissen angepasst werden. Gleiches gilt für die vom Parlament bewilligten Investitionskredite. Diese müssen, falls sich die Finanzlage des Bundes nicht im vorgesehenen Rahmen entwickelt, bei der Aufstellung des neuen Budgets *angepasst werden.* Die langfristige Finanzplanung ermöglicht es aber den politischen Behörden, über die kurze Zeitspanne eines Jahres hinaus *Einfluss auf die finanziellen Entwicklungen und den Haushalt des Staates zu nehmen.*

3. Die Organisation der Finanzkontrolle

Mehrere Staaten setzen zur Kontrolle des Finanzwesens der Verwaltung einen *Rechnungshof* ein. Dieser muss dem Parlament oder der Regierung über das Finanzgebaren der Verwaltung Bericht erstatten und Massnahmen zur Durchsetzung des Voranschlages ergreifen oder dem Parlament vorschlagen.

Sowohl Bund wie auch Kantone haben auf die *Einführung eines Rechnungshofes* mit derartigen Befugnissen verzichtet. Auf Bundesebene nimmt die Eidgenössische Finanzkontrolle diese Aufgabe des Rechnungshofes wenigstens teilweise wahr. Die Finanzkontrolle ist gemäss Bundesgesetz über die Eidg. Finanzkontrolle *oberstes Fachorgan* der Finanzaufsicht im Bunde. Sie steht einerseits der Bundesversammlung zur Verwirklichung ihrer verfassungsmässigen Oberaufsicht über Bundesrat und Verwaltung zur Verfügung. Anderseits ist sie ein Führungsorgan des Bundesrates zur Durchführung seiner Finanzaufsicht über die Verwaltung. Administrativ ist sie dem Finanz- und Zolldepartement unterstellt, im übrigen ist sie aber unabhängig. Ihre Doppelstellung zwischen Bundesrat und Parlament zeigt sich auch bei der Wahl des Direktors. Dieser wird vom Bundesrat gewählt. Die Wahl bedarf der Bestätigung der Finanzdelegation.

Die Finanzkontrolle überprüft den gesamten eidgenössischen Finanzhaushalt auf allen Stufen des Vollzugs des Voranschlages und der Erstellung der Staatsrechnung. Sie hat gemäss Gesetz darauf zu achten, dass die Dienststellen über die bewilligten Kredite *sorgfältig* und *zweckmässig* verfügen. Kriterien der Finanzaufsicht sind nach Art. 5 des Gesetzes die *richtige Rechtsanwendung*, die Wirtschaftlichkeit und Sparsamkeit sowie *die rechtmässige Richtigkeit.* Der Masstab der Kontrolle umfasst also alle Fragen einer rechtmässigen und effizienten Verwaltungstätigkeit. Die Finanzkontrolle ist ähnlich wie die *Bundeskanzlei ein Stabsorgan, das gleichzeitig dem Bundesrat und der Bundesversammlung zur Verfügung steht.* Sie berichtet sowohl dem Bundesrat wie auch der Finanzdelegation über ihre Tätigkeiten. Ihre Befugnisse sind allerdings beschränkt. Stellt sie bei einer Amtsstelle Mängel im

Finanzgebaren fest, unterbreitet sie dieser Stelle einen Antrag. Kann die Beanstandung oder der Antrag binnen einer Frist nicht erledigt werden, unterbreitet sie die Angelegenheit der vorgesetzten Stelle, in letzter Instanz dem Bundesrat. *Gemäss Art. 12 Abs. 4 BG über die Finanzkontrolle müssen bis zur endgültigen Erledigung einer Beanstandung oder eines Antrages der Eidg. Finanzkontrolle Zahlungen unterbleiben.* Es dürfen auch keine neuen Verpflichtungen eingegangen werden, die Gegenstand des Verfahrens bilden. Die Finanzkontrolle ist aber nicht dem Bundesrat übergeordnet. Dieser verfügt nämlich über ihren Antrag in letzter Instanz (Art. 12 Abs. 2 BG über die Finanzkontrolle).

Wie in ausländischen Staaten steht somit auch in unserem Lande der Finanzkontrolle eine umfassende Befugnis zu. Sie kann bei *Beanstandung eines Mangels Auszahlungen und Handlungen der Verwaltung sofort suspendieren.* Gemäss Art. 12 Abs. 2 BG über die Finanzkontrolle wird in letzter Instanz der Bundesrat zu entscheiden haben.

Die Finanzkontrolle stellt der zuständigen Finanzdelegation der eidgenössischen Räte sämtliche Akten über die von ihr behandelten Geschäfte zu und erstattet ihr die notwendigen Berichte. Sie ist die Stabsstelle, die der Finanzdelegation für die Wahrnehmung ihrer Kontrollaufgaben zur Verfügung steht.

Die notwendigen Informationen zur Durchführung ihrer Kontrollaufgaben erhält die Finanzdelegation auf folgende Weise: Sie ist befugt, ungeachtet der Geheimhaltung in alle Akten Einsicht zu nehmen. Die ihr unterstellten Dienststellen sind verpflichtet, ihr die notwendige Unterstützung zu gewähren. Nach Art. 9 der Verordnung über den Kassen- und Buchhaltungsdienst in der Bundesverwaltung (SR 611.6) bedürfen Aufträge für Bank- und Postscheckübertweisungen sowie für Zahlungen durch die Staatskasse einer *Doppelunterschrift* durch die Eidg. Finanzverwaltung und die Finanzkontrolle. Diese Befugnis ermöglicht es der Finanzkontrolle, sich laufend über die Geschäfte der Verwaltung zu informieren.

4. Finanzkontrolle des Parlamentes

Der Bundesversammlung stehen für die Wahrnehmung der Finanzkontrolle die *Finanzkommissionen der beiden Kammern* sowie die *Finanzdelegation zur Verfügung.* Die Finanzdelegation ist eine gemeinsame Kommission der beiden Räte. Sie setzt sich aus je drei Mitgliedern der Finanzkommission des National- und Ständerates zusammen.

Die Finanzkommission führt die Aufsicht über den Bundesfinanzhaushalt im allgemeinen. Sie prüft vor allem die Voranschläge, die Nachträge zu den Voranschlägen und die Staatsrechnung, erstattet dem jeweiligen Rat Bericht und unterbreitet ihm die erforderlichen Anträge (vgl. Reglement für die Finanzkommissionen und die Finanzdelegation der eidgenössischen Räte vom 29. März 1963).

Die *Finanzdelegation* überprüft demgegenüber die *laufenden Geschäfte* sowie das allgemeine Finanzgebahren der Verwaltung (vgl. auch Art. 50 GVG, SR 171.11).

Die Finanzdelegation und Finanzkommissionen können weder dem Bundesrat noch der Verwaltung unmittelbare Weisungen erteilen noch Entscheidungen aufheben. Die *Gewaltenteilung* steht einer derartigen hierarchischen Unterstellung der Exekutive unter die Finanzaufsicht der Bundesversammlung klar entgegen. Die Kommissionen müssen sich, wie das Parlament, auf ihre *politischen Einflussmöglichkeiten beschränken*. Stellt die Finanzdelegation Mängel fest, muss sie dies der Geschäftsprüfungskommission mitteilen. Es ist Aufgabe der *Bundesversammlung*, auf Grund der entsprechenden Berichte der Delegationen die ihr verfassungsrechtlich zustehenden Massnahmen zu ergreifen.

Wenn auch die Befugnisse der Finanzdelegation rechtlich beschränkt sind, darf dies nicht darüber hinwegtäuschen, dass in konkreten Fällen eine Beanstandung der Finanzdelegation von *politisch grösster Tragweite* ist und vom Bundesrat wie auch von der Verwaltung befolgt werden wird.

Umfassender sind dagegen die *Auskunftsrechte* der Finanzdelegation. Sie hat ein umfassendes Recht, in die Akten Einblick zu nehmen und kann von allen Dienststellen die erforderlichen Auskünfte verlangen. Zu diesem Zweck sind ihr alle Revisionsberichte und Protokolle, Korrespondenzen, Bundesratsbeschlüsse laufend und unaufgefordert zur Verfügung zu stellen, soweit sie für die Überwachung der Budgetkredite und den Finanzhaushalt notwendig sind. Für ihre Tätigkeit muss ihr das notwendige Personal zur Verfügung stehen, sie hat überdies das Recht, selber Gutachten von Sachverständigen einzuholen.

Das *Hauptproblem der Finanzkommissionen besteht aber darin*, dass sie aus Milizparlamentariern zusammengesetzt sind, die in der Regel kaum die Möglichkeit haben, eigenständig umfassende Untersuchungen vorzunehmen. Sie sind auf die Finanzkontrolle angewiesen und können kaum wesentlich über die Tätigkeit der Finanzkontrolle hinaus eigenständige Untersuchungen durchführen.

III. Die allgemeine Kontrolle der Geschäftsführung

LITERATUR: BAUMLIN R., Die Kontrolle des Parlaments über Regierung und Verwaltung, ZSR NF 85 II, 1966, S. 165 ff.; BRAIBANT G., QUESTIAUX N., WIENER C., Le contrôle de l'administration et la protection des citoyens, Etude comparative, Paris 1973; BRÜHWILER H., Der Ausbau der parlamentarischen Verwaltungskontrolle im Bund, ZBl 68, 1967, S. 33 ff.; CRETTOL G., Ombudsmann et contrôle de l'administration publique, Festgabe für J. Schwarzfischer, Fribourg 1972, S. 141 ff.; DANSES M.A., Die «Grands Corps de l'Etat» in Frankreich. Oberste Organe der Verwaltungslenkung und Verwaltungskontrolle, AöR 99, 1974, S. 284 ff.; DUPPRE F., Politische Kontrolle, in: Die Verwaltung, Hrsg. Morstein-Marx F., Berlin 1965, S. 388 ff.; EGLI A., Die Kontrollfunktion kantonaler Parlamente, Diss. Fribourg 1974; EICHENBERGER K., Die politische Verantwortlichkeit der Regierung im schweizerischen Staatsrecht, in: Festschrift H. Huber, Bern 1961, S. 109 ff.; DERSELBE, Die Problematik der parlamentarischen Kontrolle im Verwaltungsstaat, SJZ 61, 1965, S. 269 ff., 285 ff.; ELLWEIN TH., Gesetzgebung und politische Kontrolle in Parlament und Verwaltung (1. Teil), Stuttgart 1967; FRENKEL M., Institutionen der Verwaltungskontrolle, Diss. Zürich 1969; FRIESENHAHN E., PARTSCH K.J., Parlament und Regierung im modernen Staat, VVDStRL 16, 1958, S. 9 ff., 74 ff.; GERLICH P., Parlamentarische Kontrolle im politischen

System. Die Verwaltungsfunktionen des Nationalrates in Recht und Wirklichkeit, Wien, New York 1973; GYGI F., Verwaltungskontrolle, Verwaltungsrechtspflege, Verfassungsschutz, ZBJV 105, 1969, S. 293 ff.; HALLER W., Der Ombudsmann — Erfahrungen im Ausland, Folgerungen für die Schweiz, ZBl 73, 1972, S. 177 ff.; DERSELBE, Der schwedische Institieombudsmann. Eine Einrichtung zur Verstärkung des Rechtsschutzes und der parlamentarischen Kontrolle, Diss. Zürich 1965; HELG R., La haute surveillance du parlement sur le gouvernement et l'administration, Basel 1966 (auch in ZSR NF 85 I, 1966, S. 85 ff.); JARASS H.D., Kontrolle der Verwaltung durch das Parlament in den USA, Die Verwaltung 9, 1976, S. 94 ff.; MOSER W., Die parlamentarische Kontrolle über Verwaltung und Justiz unter besonderer Berücksichtigung ihres Ausbaus durch die Revision des Geschäftsverkehrsgesetzes vom 1. Juli 1966, Diss. Zürich 1969; SCHAMBECK H., Die parlamentarische Kontrolle der Regierung im Dienste des demokratischen Rechtsstaates, in: Der Staat als Aufgabe, Gedenkschrift für Max Imboden, Basel 1972, S. 293 ff.; SCHMID G., Das Verhältnis von Parlament und Regierung im Zusammenspiel der staatlichen Machtverteilung, Basel, Stuttgart 1971.

Kontrolle der Geschäftsführung

1. Aufgabe der Geschäftsprüfungskommissionen

Die allgemeine Kontrolle der Geschäftsführung zuhanden des jeweiligen Rates obliegt den *Geschäftsprüfungskommissionen*. Diese sind gemäss Art. 47ter GVG für die Prüfung der *Geschäftsberichte des Bundesrates verantwortlich*. Gemäss Art. 102 Ziff. 16 BV erstattet der Bundesrat «der Bundesversammlung jeweilen bei ihrer ordentlichen Sitzung Rechenschaft über seine Verrichtungen sowie Bericht über den Zustand der Eidgenossenschaft im Innern sowohl als auch nach aussen und wird ihrer Aufmerksamkeit diejenigen Massregeln empfehlen, welche er zur Beförderung gemeinsamer Wohlfahrt für dienlich erachtet.»

Der Bundesrat unterbreitet gemäss Art. 45 GVG der Bundesversammlung die Berichte über seine Geschäftsführung und die Staatsrechnung auf die Sommersession hin. Die Geschäftsprüfungskommissionen erstatten dem Parlament Bericht über Durchsicht und Prüfung des Geschäftsberichtes.

Seit einiger Zeit begnügen sich die Geschäftsprüfungskommissionen nicht mehr mit der allgemeinen Durchsicht des Geschäftsberichtes. Sie führen vielmehr auf Grund *von Anzeigen des Bundespersonals, der Parlamentarier, Dritter oder eigener Beobachtungen Stichproben und eingehende Untersuchungen durch*. Auf Grund dieser Untersuchungen können sie festgestellte Mängel in Zusammenarbeit mit der Verwaltung in der Regel beheben. Die Verwaltung trägt den Beanstandungen der Geschäftsprüfungskommissionen meistens Rechnung.

Die Kommissionen können aber ebensowenig wie die Finanzkommissionen unmittelbare Entscheidungen anstelle der Verwaltung vornehmen oder ihr Weisungen erteilen. Sie sind lediglich befugt, gegenüber dem Parlament über ihre Beanstandungen Bericht zu erstatten und die erforderlichen Anträge zu unterbreiten.

Auch in den *Kantonen* haben die Geschäftsprüfungskommissionen angefangen, gleichsam *anstelle eines Ombudsmannes*, die Bevölkerung öffentlich auf ihre Tätigkeit hinzuweisen und sie zu bitten, ihnen allfälligen Beanstandungen gegenüber der Verwaltung mitzuteilen. Die Kommissionen sind diesen Beanstandungen nachgegangen und konnten auf Grund ihrer politischen Stellung in vielen Fällen (wenn es sich um gerechtfertigte Beanstandungen handelte) Missverständnisse beseitigen oder die Probleme lösen.

Auch für die Geschäftsprüfungskommissionen gilt, was bereits bei der Finanzdelegation gesagt werden musste. Sie setzen sich aus Milizparlamentariern zusammen, die über eine beschränkte Zeit verfügen, und denen überdies nur ein kleines Sekretariat zur Seite steht, wodurch ihre zeitlichen und faktischen Möglichkeiten beschränkt sind. Trotzdem darf gesagt werden, dass die Geschäftsprüfungskommissionen in den letzten Jahren einen wesentlichen Beitrag zur Verbesserung der Verwaltungstätigkeit geleistet haben.

2. Der Ombudsmann

Bis heute konnte der *Ombudsmann* leider in der Schweiz noch nicht richtig Fuss fassen.

Der Ombudsmann ist eine Errungenschaft des modernen Rechtsstaates, der vor allem in Skandinavien grösste Bedeutung erlangt hat. Da das formalisierte Rechtsschutzverfahren der Verwaltungsgerichtsbarkeit und der verwaltungsrechtlichen Beschwerde den Bürger nur vor unrechtmässigen Verfügungen schützt, aber nicht helfen kann, Schikanen zu beseitigen, mangelhafte Leistungen (zum Beispiel Verschleppung der Geschäfte) zu verbessern oder den Beamten zu grösserer Höflichkeit zu erziehen, müssen weitere Mittel und Wege gefunden werden, um das Verhältnis des Bürgers zur Verwaltung zu verbessern.

Der Ombudsmann ist für diese Aufgabe geschaffen. Er nimmt Klagen der Bürger gegen die Tätigkeit der Verwaltung entgegen, die mit einem ordentlichen Rechtsmittelverfahren nicht angefochten werden können. Er prüft diese Klagen und unterbreitet seine Ergebnisse der Verwaltung. Er kann ihr aber keine Weisung erteilen und im Gegensatz zum Gericht keine Entscheidungen aufheben. Ist er aber vom Verhalten der Verwaltung nicht befriedigt, erstattet er dem Parlament Bericht.

Bis heute hat lediglich die Stadt Zürich einen in der Gemeindeordnung verankerten Ombudsmann, dessen Tätigkeit aber auch für Bund und Kantone Vorbild sein kann.

Kürzlich hat nun der Kantonsrat des Kantons Zürich ein Gesetz für einen Ombudsmann verabschiedet, das allerdings noch vom Volk angenommen werden muss. Die Eidg. Justizabteilung hat ebenfalls einen Entwurf ausgearbeitet, der aber leider wieder aufs Eis gelegt wurde. Im Bund stellt sich vor allem die Frage, inwieweit der Ombudsmann den Vollzug der Bundesgesetze in den Kantonen überprüfen kann.

B. Auskunftsrechte der parlamentarischen Kommissionen

Das Hauptproblem der parlamentarischen Verwaltungskontrolle liegt in der *Information*. Ein Milizparlament, das nur über ein kleines Sekretariat verfügt, kann sich unmöglich über die Tätigkeit einer Verwaltung von insgesamt etwa 120'000 Mitarbeitern informieren. Parlament und Kommissionen sind weitgehend darauf angewiesen, unaufgefordert von der Verwaltung die notwendigen Informationen und Auskünfte zu erhalten. Derartige Informationen werden dem Parlament und den Kommissionen in der Regel nur über die periodische Berichterstattung des Bundesrates vermittelt.

Wie steht es aber, wenn sich die Parlamentarier über die Berichte des Bundesrates hinaus *eingehend über eine Angelegenheit informieren möchten?* Die Rechte von Parlament und Kommissionen, Auskünfte über die Tätigkeit der Verwaltung zu erhalten, sind im Geschäftsverkehrsgesetz sehr differenziert geregelt. Der Gesetzgeber hat im Geschäftsverkehrsgesetz versucht, einerseits die Prärogativen der Exekutive, die gegenüber dem Parlament allein verantwortlich ist, zu erhalten und andererseits doch sicherzustellen, dass die parlamentarischen Kommissionen wenn nötig über alle Informationen verfügen können, die für eine Durchführung der Verwaltungskontrolle unerlässlich sind.

Mit dem Mittel der *Interpellation* kann jedes Ratsmitglied vom Bundesrat über Angelegenheiten des Bundes Auskunft verlangen (vgl. Art. 32 Geschäftsreglement des Ständerates und Art. 30 Abs. 2 Geschäftsreglement des Nationalrates). Die Interpellationen müssen begründet sein. Auf die Interpellation hin ist der Bundesrat verpflichtet, Auskunft zu erteilen. Eine Diskussion über diese Auskunft findet nur statt, wenn dies vom Rat beschlossen wird.

Ein weiteres Mittel zur Beschaffung von Informationen von seiten der Verwaltung ist die *Einfache Anfrage.* Die Einfache Anfrage wird gemäss Art. 33 des Geschäftsreglementes des Ständerates und Art. 30 des Geschäftsreglementes des Nationalrates einen ähnlichen Inhalt aufweisen wie die Interpellation. Allerdings begnügt sich der Bundesrat bei der Beantwortung Einfacher Anfragen auf eine *kurze, sehr oft auch schriftliche Antwort*. Gemäss Weisungen der Bundeskanzlei soll die Beantwortung der Einfachen Anfrage nicht mehr als eine halbe Maschinenschreibseite umfassen. Die Parlamentarier, die diese einfachen Auskunftsmittel benützen, sind somit auf die ihnen vom Bundesrat erteilte Auskunft angewiesen. Der Bundesrat entscheidet, wieweit er bei der Auskunftserteilung gehen soll.

Die *Auskunftskompetenzen der Ratskommissionen gehen* bedeutend weiter. Gemäss Art. 47 Abs. 1 GVG sind sämtliche Kommissionen beider Räte befugt, *Mitglieder des Bundesrates zur Erteilung von Aufschlüssen in ihre Sitzung einzuladen.* Während unser Parlament das Instrument der Fragestunde nicht kennt, können die Parlamentarier in den Kommissionen Auskünfte von seiten des Bundesrates über den von der Kommission zu behandelnden Gegenstand verlangen. Sind sie über die Auskünfte nicht befriedigt, können die Ratskommissionen vom Bundesrat gemäss Art. 47 Abs. 2 GVG *ergänzende Berichte* zur Vorlage verlangen. Aber auch in diesem

Fall sind die Ratskommissionen auf die ihnen vom Bundesrat erteilten Auskünfte angewiesen. Der Bundesrat entscheidet, wieweit er bei der Berichterstattung gehen soll.

Unabhängig vom Bundesrat können die Kommissionen selber *Sachverständige* und *auch Beamte zu ihren Beratungen beiziehen und direkt befragen* (Art. 47bis Abs. 1, 2 GVG). Der Bundesrat kann aber diesen Beratungen beiwohnen und allenfalls ergänzende Ausführungen machen.

Von der Pflicht zur *Amtsverschwiegenheit* können diese Beamten nur befreit werden, wenn sie dazu vom *Bundesrat ermächtigt wurden.* Der Bundesrat hat es somit durch die Klassifizierung von Akten und Informationen in der Hand, heikle Angelegenheiten einer parlamentarischen Kommission vorzuenthalten.

Noch weiter gehen die Befugnisse der *Geschäftsprüfungskommissionen*. Die Geschäftsprüfungskommission hat gemäss Art. 47quater GVG das Recht, von allen Behörden und Amtsstellen des Bundes die zweckdienlichen Auskünfte einzuholen und nach Anhören des Bundesrates die Herausgabe allfälliger, für die Beurteilung der Geschäftsführung wesentlicher *Amtsakten* der Bundesverwaltung zu verlangen. Allerdings kann gemäss Art. 47quater Abs. 2 GVG der Bundesrat zur Wahrung eines Amtsgeheimnisses oder zur Wahrung schutzwürdiger persönlicher Interessen anstelle der Herausgabe von Amtsakten einen *besonderen Bericht* erstatten.

Noch weiter gehen die im Geschäftsverkehrsgesetz vorgesehenen Kompetenzen der *Untersuchungskommissionen*. Für die Untersuchung eines bestimmten Vorfalles kann das Parlament eine *Untersuchungskommission* einsetzen. Die Untersuchungskommission hat die Kompetenz, jedermann, auch die Beamten, als Zeugen einzuvernehmen (Art. 60 GVG). Sollen Beamte über Tatsachen befragt werden, die der *Amtsverschwiegenheit* oder der *militärischen Geheimhaltungspflicht* unterliegen, ist *der Bundesrat anzuhören. Besteht dieser auf der Wahrung des Geheimnisses, so entscheidet die Untersuchungskommission* (Art. 61 Abs. 4 GVG). Dies ist somit, abgesehen von der Kompetenz der Finanzdelegation, der einzige Fall, bei dem eine parlamentarische Kommission selbst gegen den Willen des Bundesrates eine Auskunft von seiten eines dem Bundesrat unterstellten Beamten verlangen kann.

Diese Ausführungen zeigen, wie schwierig im einzelnen die Gratwanderung zwischen Befugnissen des Parlamentes und Befugnissen des Bundesrates zu beschreiten ist. Im allgemeinen besteht allerdings eine gute und fruchtbare Zusammenarbeit zwischen Parlament, Bundesrat und Verwaltung. Derartige Bestimmungen des Geschäftsverkehrsgesetzes finden nur in einer extremen Konfliktsituation zwischen Bundesrat und Parlament Anwendung. Es ist Aufgabe des Parlamentes, bei der Wahrnehmung seiner Kontrollaufgaben Bundesrat und Verwaltung davon zu überzeugen, dass diese Kontrollaufgabe nicht zu einer Einschränkung der Befugnisse der Exekutive führt, sondern vielmehr die notwendige Voraussetzung für eine fruchtbare Zusammenarbeit zwischen beiden Gewalten darstellt. Die Verwaltung hat auf Grund ihrer Grösse selbst gegenüber der Exekutive eine *Eigenständigkeit* entwickelt. Deshalb ist es unerlässlich, nicht nur den Bundesrat, sondern auch die ihm unterstellte Verwaltung in den Kontrollprozess einzubeziehen.

C. Einflussmöglichkeiten des Parlamentes auf die Verwaltung

Das Parlament hat keine Befugnisse, Entscheidungen der Verwaltung aufzuheben oder abzuändern. Selbstverständlich stehen ihm die Möglichkeiten zu, *politischen Druck auf die Exekutive* auszuüben, um eine Änderung der Praxis in der einen oder anderen Richtung zu erwirken. Die rechtlichen Kompetenzen des Parlamentes sind allerdings beschränkt. Das Parlament kann unter Vorbehalt des Referendums die *Gesetze abändern*. Dafür steht den einzelnen Parlamentariern die *Gesetzesinitiative* zur Verfügung.

Des weiteren kann das Parlament mit der *Motion* den Bundesrat beauftragen, *in bestimmter Richtung einen Gesetzes- oder Beschlussesentwurf vorzulegen oder eine bestimmte Massnahme zu treffen*. Diese Massnahme darf allerdings nicht in der Aufhebung einer bereits bestehenden rechtskräftigen Verfügung bestehen. Es kann sich nur um eine Massnahme handeln, die in den Kompetenzbereich des Bundesrates fällt. *Die Motion setzt die Zustimmung der beiden Kammern voraus.*

Das schwächere Einflussmittel ist das *Postulat*, mit dem der *Bundesrat beauftragt werden kann zu prüfen, ob ein Gesetzes- oder Beschlussesentwurf vorzulegen oder eine Massnahme zu treffen sei*. Während für die Erheblicherklärung der Motion ein Entscheid beider Kammern notwendig ist, bedarf es für das Postulat nur der *Zustimmung einer Kammer*.

Wer die Geschäftsberichte des Bundesrates liest und den Anhang über die Motionen und Postulate der gesetzgebenden Räte zur Kenntnis nimmt, stellt fest, dass die Parlamentarier vom Mittel des Postulates und der Motion allzuoft Gebrauch machen. Am Schluss des Geschäftsjahres 1976 waren beispielsweise allein für das Departement des Innern noch ca. 250 Motionen und Postulate hängig.

Sachregister

Für den Benützer: Aus Haupt- und Eigenschaftswort zusammengesetzte Ausdrücke sind konsequent nur nach dem Hauptwort eingeordnet (zum Beispiel: Rechtsverhältnis, besonderes)

A

Abfallbewirtschaftung
— und Entsorgung 280 f., s.a. dort
— durch Gemeinde 423, 429
— und Gewässerschutz 360 f.
— als Problem des öffentlichen Sachenrechts 330, s.a. dort
— im Umweltschutzgesetz 61

Abänderung s.a. Widerruf
— von Bauten 54
— von Gesetzen 103
  — durch das Parlament 461
— von Plänen 102, 103, **239**
— von Urteilen und letztinstanzliche Verfügungen 48, 241
— von Verordnungen 103
— des Voranschlages 452

Abberufung
— der Regierung 413

Abbruch von Bauten 14
— mittels Ersatzvornahme 251, 253
— infolge Gesetzesänderung 47, 238
— Verbot 303

Abgabe(recht) s.a. Gebühr, Steuer, (Abgaben-)Verwaltung
— Beschwerdeverfahren
  — Ermessensüberprüfung 229
  — reformatio in peius vel melius 222
  — Verfügungen auf dem Gebiet des A./ Überprüfung durch das Bundesgericht 221/22
  — Vollstreckung von Abgabeverfügungen 443
— Delegation im A. 57, 450
— Delikte im A. 258, 262
— und Enteignung 286
— Ersatzabgabe 27
— gesetzliche Grundlage 56, 57
— Kausalabgabe 27, 286

— Lenkungsabgabe 30, **156** f.
— der wirtschaftslenkenden Verwaltung 27
— und Vertrag 135 f.
— im Wirtschaftsverwaltungsrecht 156
Abgrenzungsfragen im Verwaltungsrecht 11 f.
Abhängigkeit
— im Anstaltsverhältnis, 122, 124, **344**
— Bürger/Staat 133
  — in der Leistungsverwaltung 266, 435
— der Gemeinden 422
— internationale 272
— der Wirtschaft vom Finanzhaushalt des Staates 453
Ablagerung
— von Baustoffen/Enteignung 288
Abonnement 266
Absicht
— im Beamtenhaftpflichtrecht 326
— in der Staatshaftung 323
Abstimmungskampf 80
Abwägung der Interessen s.a. Information, Verhältnismässigkeitsprinzip, Treu und Glaube, Interesse
— bei der Ausnahmebewilligung 148
— bei Abgrenzung der Rechtshoheiten von Körperschaften 45
— beim Entscheid über die aufschiebende Wirkung 243
— im Enteignungsverfahren 289 ff.
— bei der Festsetzung der Entschädigung 293
— bei der Methode der Konsequenz 39
— im Nachbarrecht 13
— im Nationalstrassenbau 80
— A. von öffentlichen Interessen 10
  — mit Verbandsinteressen 197
  — öffentliche I. — private I. 9, 14, 18, 19, 21, 197, 240, 242

463

Sachregister

— im Rahmen der koordinierten
   Planung 97
— bei Rodungsbewilligung 9
— bei der Sondernutzung 118
— im Verfahren **197**, 235
— auf Grund der Verfassung 34, 118
— unzweckmässig 229
— und Verhältnismässigkeitsprinzip
   117, 229
— bei der Frage der Widerrechtlichkeit
   in der Staatshaftung 316 f.
— beim Widerruf von Verfügungen
   235, 236, **239** f.
Abwasser s.a. Gewässerschutz, Entsorgung,
   Erschliessung, Wasserversorgung
— Bewilligung für die Ableitung 146, 256
Abwasseranlage
— Anspruch auf Anschluss 352, 361
Abwasserentsorgung 280
— Anschluss ausserhalb der
   Bauzone **339** f., 361
— als Anstalt 337
— durch die Gemeinde 429
Abwehrrecht
— in der Eigentumsgarantie 274
Abweisungsentscheid (s.a. Verfügung) 161
Abzonung 302
Agglomeration 95, 100
Agrarwirtschaft s.a. Landwirtschaft
— und Eigentumsbegriff 272
AHV 3, 28, 444
— Finanzierung 156
— Rechtsschutz/Beschwerdeverfahren 225
Akteneinsicht (s.a. Gehör, rechtliches) **182**
— der Eidg. Finanzkontrolle 455
— der Finanzdelegation 456
— Verletzung des Rechts auf A. 207
Aktiengesellschaft 11
— als sachliche Dezentralisation von
   Verwaltungsaufgaben 378
— in der Monopolverwaltung 441 ff.
— öffentlich-rechtliche 409
Aktionär
— seine Entfaltung 273
— bei der Nationalbank 441
Akzessorietät s. Überprüfung
Alkoholgenuss 116, 156

Alkoholmonopol 437, 440, s.a. Monopol
Alkoholverwaltung
— ihre Autonomie 410
— Dienstrecht 411
— Einnahmen 156
Alkoholwirtschaft
— Bewilligung 149, 160
Allgemeines Bürgerliches Gesetzbuch 16
Allgemeines Landrecht von Preussen 16
Allgemeinverbindlicherklärung 77, **446**
— von Zweckverbänden 429
Allgemeinverfügung s. Verfügung
Allmend 16, 421
«**Amicus curiae**» 198
Amt
— Aufteilung 404, **417** f.
— Begriff 405 f.
Ämterklassifikation 389
Amtsanmassung
— Schaden durch A. 318
Amtsgeheimnis 225
— und parlamentarische Kontrolle 460
Amtshandlung s.a. Tathandlung, Handlung
— Haftung für einfach A. 310
— Rechtmässigkeit 310, 312
Amtstätigkeit 83
Amtsverschwiegenheit 393, **396**, 460
Amtszeit 390 f., 397
Analogie 42
Analogieschluss 87
Anfechtbarkeit s.a. Beschwerde
— von kantonalen Entscheiden durch
   Bundesbehörden 384
— der Verfügung 227, **243** f.
— von Verträgen zwischen Kantonen und
   Gemeinden 64
Anfrage, einfache 459
Angestelltenordnung 41
Angestellter 390 f.
— privatrechtlich A. 391
Anlagefonds 15
— Aufsicht 180
— Beschwerde 199
Anlagevermögen 85
Anleihe, des Bundes 284, 449
Anlegeplatz 330 (Bewilligung)

Anordndung s.a. Verfügung, Weisung Gesetz, Verordnung, Anweisung
— generelle 168
Anspruch
— auf Abschluss eines Vertrages mit dem Staat 200
— auf abweichende Behandlung vom Gesetz 65
— auf Aufenthaltsbewilligung 127
— auf behördliche Auskunft 168, 238
— auf Auszahlung
    — von Beiträgen der Verwaltung 452
    — einer Hinterbliebenenrente 92
— auf Bau einer Strasse 156, 352
— auf bauliche Nutzung des Eigentums 148, **352**
— auf Einbürgerung 218
— auf Erschliessung 352
— auf Erlass einer Feststellungsverfügung 160, 174
— auf Beiträge der Sozialversicherung 272
— auf Subvention 101, 159, 433
— des Beamten auf Teuerungszulage 238
— auf Überprüfung von Verwaltungsentscheidungen 195
— aus ungerechtfertigter Bereicherung 326 f.
— auf Erlass einer Verfügung: Haftung 319
— auf Vertrauensschutz 237
— auf Wiedererwägung 161, 208, 238, **245**
— auf Zulassung zu einer Anstalt 339
— auf Zulassung zum Gemeingebrauch 351
— auf Konzessionserteilung 152 f.
— auf (fehlerlose) Leistung des Staates 326
— auf Lohn 272
— auf Erteilung des Maturitätszeugnisses 219
— auf Nutzung des Bodens 278, 281
— auf Pensionskassenbeitrag 264, 272, 444
— auf Erteilung einer Polizeibewilligung 146
— auf Polizeischutz 132 f.
— auf rechtliches Gehör s. dort
— auf Sonderrechte im Anstaltsverhältnis 344 f.

Anstalt
— Anstaltsordnung 338, **343**, klassenlose 345
— Autonomie 341, 410, Schutz der A. 426, Verletzung 198
— Benutzung/Benützer 70, 122, **340** ff. 343 f., 409, öffentliche oder privatrechtliche? 338
— als sachliche Dezentralisation der Verwaltung 378
— Disziplinarrecht 265
— freiheitliche 18
— und Grundrechte 338
— im Bereich der Monopolverwaltung 437 ff.
— anstaltliche Nutzung öffentlicher Sachen 336 ff.
— Organisation 67
— als Organisationsform 409 f.
— Rechtsschutz 67, 341
— Rechts- und Prozessfähigkeit 410 f.
— Sonderrechte 344 f.
— Steuerpflicht 411
— und Vertrag 135, Vertragsfähigkeit 411
— ihre Verwaltung 25, mit Weisungsrecht 379
— Verwaltungsrat 410
— Zulassung 339 ff.
Anstösser
— an der Strasse s. Strassenrecht
— am Ufer 357, 358
— Eigentum am Ufer 358
Anwalt
— Entzug des Patentes 267
Anweisung, generelle
— Verbindlichkeit für den Bürger 167
Anzeige 12, **209**
— an die Geschäftsprüfungskommission 457
— Selbstanzeige 260
Arbeit
— Leistung von A./Schutz 272
Arbeitgeber
— Schutzpflichten 363
Arbeitnehmer
— Schutz 273, 363
— Entfaltung 273

Arbeitslosenversicherung 3
Arbeitsrecht
— und Allgemeinverbindlicherklärung 77
— und öffentliches Dienstrecht 388 f.
Arbeitsteilung s.a. Gewaltenteilung, Zuständigkeit
— und Gewaltenteilung 407
— in der Verwaltung 405
— zwischen Verwaltung und Gesellschaft 21
Arbeitsverhältnis s.a. Dienstrecht
— einseitige Änderung 47
— zum Staat 122
Arbeitsvertragsrecht
— Gesamtarbeitsvertrag 446
Armee
— Konzeption 97
Armenfürsorge 17, s.a. Fürsorge
— durch die Gemeinde 421
Arrest(strafe) 124
— Entscheid durch den Richter 263, 264
— Rechtsmittel dagegen 126, 246/47
Ästhetik (im Baurecht)
— Begriff der 113
— Pflicht zu Beachtung 142, 273
— Berücksichtigung durch Enteigner 289
— Nutzungsbeschränkungen 302
— als Polizeigut 128, 129, 142
Asylrecht
— Beschwerdeweg 218
Atomkraftwerk
— Beschwerde gegen A. 196
— Immissionen 43
— Kühlung durch öffentliche Gewässer 358
— Standortbewilligung/Beschwerde 100, 104, **148** f., 331
— und Wasserwerk 279
— Widerruf der Bewilligung 239 f.
Aufenthaltsbewilligung 127
— Entzug 267
Aufgabenverteilung
— unter den Gemeinden 422
Auflage 163 f., s.a. Verfügung, Nebenbestimmung
— Nichterfüllung bei Subventionen 327
— Wirkung 165

Aufsicht
— über die Bundesverwaltung 416, 417
— im Finanzwesen 454
— über die Gemeinde 380, **428**
— des Bundes über die Kantone beim Gesetzesvollzug 378, 380
— gegenüber dem Konzessionär 439
— über die Nationalbank 442
— über Schulen 443
— bei (privatrechtlichen) Stiftungen 411
Aufsichtsbeschwerde 142, 200, **209**
— als Kontrollmittel der Verwaltung 381
Augenschein 182
Ausbeutung
— der Arbeiter 17
Ausführungsgesetzgebung
— Haftung der Kantone 321
Ausführungsorgan
— des Bundes 406
Ausgabe (s.a. Finanzkontrolle, Voranschlag) **450** ff.
— ausserordentliche 451
— Bewilligung der A. 452
— des Gemeinwesens **450**
— nicht-gebundene 451
Ausgabenhoheit 450
Ausgleich
— gesellschaftlicher 58, 61, 128/29
— durch das Gesetz 61
— sozialer 159
— in der Sozialversicherung 4
— durch die Verwaltung 311, 370 f.
Auskunft (der Verwaltung) 117, **165** ff.
— gesetzliche Grundlage 68
— an parlamentarische Kommissionen **459** f.
— Pflicht zur Erteilung:
— — an die Finanzdelegation 456,
— — an die Polizei 131,
— — durch die Parteien im Verfahren 180,
— — innerhalb der Verwaltung 380
— (Staats-)Haftung für falsche A. 306, **317** ff.
— und Vertrauensschutz 241
— und Widerruf 241
Auskunftsperson 181

Ausländer
— Aufenthalt 122, **127**
— Entzug der Aufenthaltsbewilligung 267
— Erwerb von Grundstücken durch A. 87, 303
— Information über A. 184
— rechtsunkundiger A. 241
— Reden der A. in der Schweiz 75

Auslegung
— der Gesetze **77** ff.
— geltungszeitliche Methode 91
— grammatische Methode **83** ff., 88, 89
— historische Auslegung 89 ff., 91
— logische Methode 87 ff.
— Methode der Konsequenz 34, 72, **87**
— systematische Methode 85 ff.
— teleologische Methode 72, **89**
— verfassungskonforme 34, 71, **86**, 126
— von Verträgen 74
— des Konzessionsverhältnisses 153
— der Rechtsquellen 70
— anhand der gesetzlichen Ziele 70
— des Staatsvertrages 72

Auslieferung
— Beschwerdeweg 219

Ausnahmebewilligung 87, **146** ff.
— bei gesteigertem Gemeingebrauch 346 f.
— Bindung an die Verfassung 353
— als Gestaltungsverfügung 161

Ausnahmeklauseln 87

Ausnutzungsziffer
— als Eigentumsbeschränkung 273
— Herabsetzung/Enteignung 239, 299, 301

Ausschuss 418

Aussenhandelsmonopol 437

Aussenpolitik
— Wahrnehmung solcher Interessen 70

Ausstandspflicht
— bei der Beschwerde vor dem Bundesrat 206
— im verwaltungsinternen Beschwerdeverfahren 176, 201
— Entscheid über 162, 193
— Verletzung **176**, 177, **207**, 230, 232, **247**

Auswahlermessen s. Ermessen

Ausweisung
— Beschwerdeweg 218
— von Kriegsverbrechern 75

Autonomie
— Beschränkung der A. im Anstaltsverhältnis 338
— der Gemeinde 198, 380, 424, **426**, s.a. Gemeinde-A.
— Legitimation zur Beschwerde 198
— Privat-A. des Staates 41
— des Privaten 18, 65
— im privaten/öffentlichen Bereich 18
— einer Organisation der Verwaltung 378, **410** f., 441
— der Verwaltung 25, 57
— von Stiftungen 411

B

Bagatelldelikte
— Verfahren 262

Bahnübergang 306

Bankausschuss 441

Bankenaufsicht 26, 180
— Beschwerdebefugnis 15

Bankgeheimnis 44

Bankrat 442

Baubann 48

Baubewilligung 26
— anwendbares Recht 48
— Einsprache gegen Verweigerung 96
— Koordination mehrerer B. in der Planung 103
— Natur 26, 146
— und Plan 94
— Rechtsmittel dagegen, 12
  — Beschwerde 103
— Widerruf **236**, 238, 267

Bauerwartungsland 280

Baufreiheit 51
— Baubeschränkung 131

Baugesuch
— Zurückstellung 48

Baukonsortium 177

Bauland 278

Baulandumlegung 287

467

Baulinienplan 102, 164
Bauplan 101
Bauplanung 93, 99
Baupolizei 421
Baurecht
— Ausnahmebewilligung 148
— Autonomie der Gemeinden 425
— kantonales B. 278
Baureglement
— Pflicht zum Erlass 383
Bausperre 48
Bauverbot 291
— und Enteignung 299 f., 301
— gesetzliche Grundlage 292
— und Vertrag 135
Bauwirtschaft 29
Bauzone 87, 148
— Anschluss an die Kanalisation ausserhalb 281
— Bauten ausserhalb 148, 197, 300, 339, 361
— Grundstücke ausserhalb der B. 277,
 — in der Landwirtschaftszone 278
— Umfang 280, 281, 300
Beamte s.a. Dienstrecht, Disziplinarrecht
— Begriff im Verwaltungsverfahren 175, 320
— im öffentlichen Dienstrecht 320 s.a. dort
— öffentlich-rechtliche und privatrechtliche Tätigkeit 322
Beamtenberufslaufbahn 390
Beamtenhaftung (s.a. Staatshaftung) 68, 285 f., 307 f.
— bei Eingriffen in persönliche Rechte 301
— Entschädigung 286
— nach Privatrecht 314
— gegenüber dem Staat 326
Beamtenhierarchie 375
Beamtenrecht 17, s.a. Dienstrecht
— als Organisationsproblem 11
— als Privatrecht 41
Bedarfsverwaltung s. Verwaltung
Bedingung 163, s.a. Verfügung
— Wirkung 165
Bedürfnisklausel 149
Befehlsgewalt 123
— des Vorgesetzten 264

Beförderung
— des Beamten 219
Beförderungsvertrag 341
Befristung 164

Begräbnisplatz s. Friedhof
Begriff 84
— Fähigkeitsbegriff 113
— Oberbegriff 88
— Polizeibegriff 113
— Rechtsbegriff, unbestimmter s. dort
— technischer Begriff 113
— Wertbegriff 113
Begriffsjurisprudenz 84
Begründung
— einer Beschwerde 109
— eines Entscheides 110, **185** f.
— einer Verwaltungspraxis 111
Begünstigung
— durch den Widerruf einer Verfügung 236
— als Delikt 261
Begutachtungsausschuss 389
Behauptungslast 179
Behörde 144
— Begriff 406
— Organisation 53
— im Sinne des Verwaltungsverfahrensgesetzes 175
— Zuständigkeit s. dort
Behördenbeschwerde 198
Beitrag s. Subventionen
Benutzungsverhältnis (bei Anstalten) s. Anstalt
Bereicherung, ungerechtfertigte 42, 74, 143, **326** f.
— durch Erschliessung 279
— Rechtsweg 225
Berge
— Nutzung 346
Berggebiet
— Investitionshilfe 30, 430
Berggemeinde 104
Bergregal 436, 440
Berichterstattungspflicht
— innerhalb der Verwaltung 380, 459
Berufsbeamtentum 390
Berufsbildung 3, 444 s.a. Bildungswesen

Berufsverband
— Aufgaben im Bildungswesen 444
— Legitimation im Beschwerdeverfahren 196
— Rechtssetzungsbefugnisse 445
Berufsverbot 392
Beschwerde 13, 109
— eines Berufsverbandes 196 ff.
— eines Bundesdepartementes gegen kantonale Entscheide 199
— gegen Disziplinarmassnahmen 264 f.
— gegen die Enteignung 295, 297
— gegen Kontingentsbewilligungen 195 f.
— des Nachbarn gegen Baubewilligungen 12, 195 f.
— gegen Planungsentscheide 93, 104
— gegen Rentenentscheid 158
— gegen Steuerveranlagung 142
— Verfahren s.a. Zivilprozess
  — historische Entwicklung 187 ff.
— gegen Verfügungen 143, **187** ff.
— gegen eine mangelhaft eröffnete Verfügung 186
— der kant. Regierung gegen Entscheide kant. Verwaltungsgerichte 199
— und verwaltungsrechtliche Klage in der Staatshaftung 310
— und öffentlich-rechtlicher Vertrag 136
— gegen wirtschaftspolitische Bewilligungen 149
— gegen Verwaltungsverordnungen 76
— **staatsrechtliche Beschwerde**
  — Abgrenzung zur verwaltungsgerichtlichen B. 379
  — abstrakte Normenkontrolle 215 f.
  — Legitimation 198, der Gemeinde 426
  — reformatio in peius vel melius 204
— **verwaltungsexterne Beschwerde** 119
  — Glaubhaftigkeit 177
  — s.a. Verwaltungsgerichtsbeschwerde

— **verwaltungsinterne Beschwerde** (Verwaltungsbeschwerde) [s.a. Zuständigkeit] 119, 191, **192** ff.
— Ausstandspflicht 177
— aufschiebende Wirkung 203
— Behördenbeschwerde 198 f.
— Beschwerdegründe 201 f.
— Beschwerdeinstanz 200 f.
— Beschwerdeschrift 202
— Beschwerdevorbereitung 191, **201** f., 206
— Gegenstand 193
— Glaubhaftigkeit 177
— Individualbeschwerde 194 ff.
— Legitimation 193
— Verfahren im besonderen 203 ff.
— verwaltungsinterne Rechtsprechung der Regierung 214
Beschwerde an den Bundesrat 205 ff., 212
— Ausstandspflicht 177, 206
— Verfahren 206
— Zulässigkeit 205 f.
Beschwerde an die Bundesversammlung 209 f.
Beschwerde an das Kantonsparlament 210
Beschwerde an das Versicherungsgericht 224
Beschwerdebefugnis 15
Beschwerdeentscheid 144
Beschwerdeerfordernisse, formelle
— Handhabung 162
Beschwerdefrist
— und Durchsetzbarkeit des Verwaltungsaktes 228
— bei Eingriffen in die Persönlichkeit 231
— und Eröffnung der Verfügung 230
— bei nichtigen Verfügungen 231
Beschwerdegrund 201 f.
Beschwerdeschrift 202
Besitzeinweisung, vorzeitige 297 f.
Besoldung 397, 401
Besoldungsnachgenuss 401
Bestandesgarantie
— des Eigentums 274 f.
— der Gemeinden 425, 427
Bestrafung, exemplarische 264

469

Betreibung
— Existenzminimum 266
— bei nichtigen Verfügungen 231
Betrug
— Leistungs- und Abgabebetrug 261
— im Verwaltungsstrafrecht 260
Beurteilungsspielraum 113, s.a. Ermessensspielraum, Rechtsbegriff, unbestimmter
— bei der Auslegung unbestimmter Rechtsbegriffe 221, **291**, 292
— beim öffentlichen Interesse 291, 292
— der Zensurbehörde 257
Beweis
— Entscheid über Beweisaufnahme 162
Beweisantrag 182, **184** f.
Beweiserhebung
— der Verwaltungs- und Strafbehörden 178/79
Beweismittel 180 ff.
Beweiswürdigung
— im Verwaltungs- und Strafverfahren 179
Bewilligung 145 ff.
— für staatliche Ausgaben 452
— Ausnahmebewilligung s. dort
— für Demonstration 347
— Benutzung von Universitätsräumlichkeiten 164
— auf gesteigerten Gemeingebrauch 346 f., 353
— und rechtsstaatliche Kontrolle 142
— Polizeibewilligung s. dort
— Widerruf 267
— wirtschaftspolitische 149 f.
Bezirk 423
Bezirksammann
— Inspektionsrecht 381
Bezirksparlament 430
Bezirksversammlung 425
Bibliothek
— als Anstalt 122, 337
Bildungspolitik 373, 416
Bildungswesen 443 f., s.a. Schule, Universität, Hochschule, Berufsbildung
— Koordination 373
— öffentliches Interesse 15
— Recht auf Bildung/Staatshaftung 320

Billigkeitshaftung s. Massnahmen [polizeiliche], Haftung
Bindung
— des Privaten an das Verwaltungsrecht 446, s.a. Verfahrensrecht
— der Verwaltung an Entscheidungen des Zivil- und Strafrichters 178 f.
Blankettvorschriften 60, 72, 107, 126
— Auslegung 83
Bodenrecht
— und Erschliessungsrecht 279 ff.
— Knappheit des B. 276 f.
— als Schranke der Eigentumsgarantie 275 ff.
Bodenspekulation 275
Bodenverbesserung 291
Botschaft des Bundesrates und Gesetz 90
Brennstoff 30, 153
Brotgetreidesaatgut
— Einfuhr von 437
Budget s. Voranschlag
Bummelstreik 119
Bundesanwalt 180
Bundesaufsicht
— über die Kantone 199
Bundesbeschluss — allgemein verbindlicher 61, 71
— einfacher 452
Bundesgericht s.a. Verwaltungsgerichtsbeschwerde, Beschwerde [staatsrechtliche]
— als unmittelbares Verfassungsorgan 406
Bundeskanzlei 413, 416, 419
Bundespräsident 417
Bundesrat s.a. Beschwerde an den B., Beschwerde [verwaltungsinterne]
— Aufgabe 206, **415** ff. und Stellung 413 ff.
— Flexibilität 61
— als Kollegialorgan 408
— Kompetenzausscheidung zum Verwaltungsgericht 217 ff.
— politische Gewichtung 55
— Verhältnis zur Bundesversammlung 413
Bundesregierung
— Verhältnis zur Kantonsregierung 30
Bundesstaat
— Verhältnis zum Gliedstaat 45

Bundesvermögen
— kantonaler Fiskus 45
Bundesversammlung
— Dringlichkeitsrecht 72
— Verhältnis zum Bundesrat 413
Bundesverwaltung 25, **412** ff.
— Aufsicht 417
— Leitung 416
Bundeszentralverwaltung, eidg.
  s. Verwaltung
Bundeszivilprozessordnung
— Anwendbarkeit im Verwaltungsverfahren 181
— bei der verwaltungsrechtlichen Klage 225
Bürger
— seine Rechte und Pflichten 53, 144
Bürgeraristokratie 421
Bürgergemeinde s. Gemeinde
Bürgergut 424
Bürgerrecht s.a. Einbürgerung
— Erteilung/Beschwerde 218, 424
Busse
— Androhung gemäss Art. 292 StGB **254** f.
— im Baurecht 253
— als Disziplinarstrafe 219, 264
— Ordnungsbusse 259
— Umwandlung in Haft 260
— Verfahren 262
— Verfügungscharakter 145
Butyra 437, 440

C

Chancengleichheit 272
Checks und Balances 448
Chefbeamtenkonferenz 95, 101
Clausula rebus sic stantibus 42, 74
Computer
— und Eröffnung der Verfügung 230
Computerrechnung 230
Conseil d'Etat 188, 190, 191
— als Beschwerdeinstanz im Beschwerdeverfahren vor dem Bundesrat 207
Courtoisie s.a. Kreisschreiben
— Grundsatz der föderalistischen 35, 383

D

Damnum emergens
— bei Enteignung 293
— in der Staatshaftung 314
Dampfschiffgesellschaft
— und öffentliches Sachenrecht 331
Datenschutz 55
Daseinsvorsorge 20
— durch den Staat 266
Dauerrechtsverhältnis s. Rechtsverhältnis
Dauersachverhalt s. Sachverhalt
Dauerverfügung s. Verfügung
Definition 84
Defizit
— der Anstalt 410
— des Bundes 450
— des Konzessionärs 151, 439
— der SBB und PTT 438
Dekonzentration
— der Siedlungsgebiete 95
Dekret 75
Delegation
— im Abgaberecht 57
  — Gebühren 450
— Begriff 377
— an den Bundesrat 59
— des Bundesrates 59
— und Dezentralisation 377
— bei der Enteignung 292
— von Ermessen 114 ff.
— des Gesetzes 53, 76
  — bei Gebühren 450
— auf dem Gebiet der Grundrechte 58
— und Informations- und Kontrollrechte der Oberbehörde 380 ff.
— Kompetenz der Legislative zur D. 57
— von Kompetenzen 376 f.
— auf dem Gebiet der Organisationsgewalt 374, 404
— von staatlichen Aufgaben an Private 445 f.
— von Rechtssetzungsbefugnissen 58, 445
— Subdelegation 58
— und Verantwortung 112
— Verbot durch die Verfassung 57
— und Verordnung 76

471

Sachregister

— verstanden als Abordnung des
  Bundesrates 417
Delegationsbefugnis 62
— im allgemeinverbindlichen dringlichen
  Bundesbeschluss 71 f.
— des Gesetzgebers 57 f.
— in Sachen Gebühren 342, 450
— der Regierung 57
Delegationsnorm 57
Delikt, politisches 180
Demission s. Dienstrecht, Beamte,
  Dienstverhältnis
Demokratie
— und Gesetz (demokratische Funktion
  des Gesetzes) 56 ff.
— und Planung 98
Demonstration 131
— Auflösung 142, zwangsweise 254, 306
— Schutz Dritter: Haftung 319, 323
Demonstrationsbewilligung 117, 147, 148
— infolge gesteigerten Gemeingebrauches
  347, 353
Denkmal 109
— Schutz 301
Departement 417 f.
— politische Gewichtung 55
— Gleichgewicht unter den D. 404
— Koordination 417 f., 419
Departementalprinzip 414,
  s.a. Generalsekretariat
Departementsvorsteher
— Aufgabe 414
— Organisationsgewalt 404
— Stellung 414
Desintegration
— der Bürger von ihrer Gemeinde 422
Dezentralisation der Verwaltung 376
— föderalistische 376
— sachliche 378
— territoriale 376, 378 f.
Dienstrecht, öffentliches 41, **387** f.,
  s.a. Beamte, Disziplinarrecht
— Ämterklassifikation 389
— Amtsverschwiegenheit 393, **396**, 460
— Anspruch auf Pensionskassenbeitrag 246
— Anspruch auf Teuerungszulage 238
— Angestellter 391

— Anstellung 164, 388
— öffentlich-rechtliche Anstellung 390 f.
— privatrechtliche Anstellung 391
— für politische Beamte 392/93
— durch Wahl 392 f.
— Widerruf 237
— Verhältnis zum Arbeitsvertragsrecht
  388 f., 391, 396
— Verhältnis zum ausländischen Dienst-
  recht 389 f.
— Beamte 320
— politischer 392
— Beförderung 219
— Berufsbeamtentum 390
— Berufsverbot 392
— Beschwerdeweg 218, 219
— Besoldung **397**, 401
— Dienstbefehl 219, **375**
— Verfahren 174
— Dienstpflicht 122
— Verletzung 119
— Dienstverhältnis, Begründung
  (Verfahren) 174
— Disziplinarrecht 265, 388, 394, **397**
  s.a. dort
— Einstellung im Amt 219
— Entlassung 123, 388, 390
— sofortige 203, 237
— administrative 238, 400
— disziplinarische 237, 263, 390, 400
— Freiheit des Beamten 400
— Fürsorgepflicht des Arbeitgebers 398
— Gehorsamspflicht
— bei verfassungswidrigen Ver-
  ordnungen 394
— bei gesetzeswidrigen Dienstbefehlen
  394
— Kündigung 400
— Meinungsäusserungsfreiheit 395, 460
— Nichtwiederwahl 390, **398** f.
— persönliche Freiheit des Beamten 400
— Pflichtenheft 393 f.
— Rechtsmittel gegen diesbezügliche
  Verfügungen 215, 218 f.
— Rechtsschutz des Beamten 401
— Rechtsstellung des Beamten 107, 125
— Rechtsweg 225

— der staatlichen Organisationen 411
— Streikverbot 393, **395** f.
— Treueverhältnis 121, 125
— Verantwortlichkeit, strafrechtliche 397
— Verhalten des Beamten 82
— Versetzung 219, 237, 394, 397
    — in eine niedrigere Lohnklasse 238
— Versicherungsansprüche 401
— Wahl des Beamten 392 f.
— Weisungsbefugnis 388, 390
— Wiederwahl 117

Dienstreglement 122
Dienstverweigerer 44
Dienstvorschrift
— Befolgung 119, 122
Differenzmethode 294 f., s.a. Enteignung
Diplomat
— Berufslaufbahn 390
Direktorialsystem 413
Diskriminierung
— in der Anstalt 338, 344
Dissertation 237
Disziplinargewalt
— im Beamtenrecht 123, s.a. Dienstrecht
— der Verwaltung 122
Disziplinarmassnahme/-strafe 263 f.,
    s.a. Beamte, Dienstrecht, Massnahme
— als Aufsichtsmittel innerhalb der
    Verwaltung:
        — des Kantons gegenüber der
            Gemeinde 384 f.
— und Beamtenhaftpflicht 326
— Beschwerde dagegen 219, 265
        — Überprüfung durch das Bundesgericht 221, 229
— Kürzung oder Entzug der Besoldung 264
— Busse 264
— Einstellung im Amt 264
— Entlassung, disziplinarische 123, 264
— rechtliches Gehör 183
— Entzug von Fahrbegünstigung 264
— für fehlerhaftes Verhalten 142
— gesetzliche Grundlage 123, 264
— Grundsätze für D. und Widerruf von
    Verfügungen 237
— im besonderen Rechtsverhältnis 122

— und Strafurteil 125 f.
— Verschuldensprinzip **265**
— strafweise Versetzung im Dienst 264
— Versetzung ins provisorische Dienstverhältnis 264
Disziplinarkommission 265
Disziplinarrecht 263 f.
— Entschädigungsforderung 223
— und Ermessen 264
— studentisches D. 125, 264
— der Universität 264
Disziplinarverfahren 126
Domaine public 331
Doppelnorm 334
Dreifelderwirtschaft 421
Druckmittel
— im Vollzug des Verwaltungsrechts 255
Durchgangsservitut 334
— unter Privaten 351
Durchleitungsrecht 437

E

Edition
— von Akten der Verwaltung an die parlamentarischen Kommissionen 460
Ehre 128
— Schutz der persönlichen E. durch Strafrecht 258
Eigentum
— Abhängigkeit von den Nutzungsmöglichkeiten 281
— Funktion 271 ff.
— an öffentlichen Sachen 334
    — an Gewässern 357
    — an Strassen 354
— als Polizeigut 128
— Schutz des E. 258
— Verteilung des E. 271
Eigentumsbeschränkung 57, **298** ff.
— entschädigungslose 301 ff.
— entschädigungspflichtige, materielle
    Enteignung s. dort
— durch Entzug des Gemeingebrauches
    an Strassen 351
— gesetzliche Grundlage 57

— polizeiliche 131 f., 300, **301** f.
— aus der Sozialpflichtigkeit 273
— durch Widmung einer Sache zum Gemeingebrauch 347

Eigentumsgarantie 51, **271 ff.**
— gegenüber dem Gesetzgeber 282
— Inhalt 274 f.
— und Nutzungsmöglichkeit 281
  — an öffentlichen Sachen 334
— und Rückforderungsrechte aus Enteignung 298
— Schranken im Bodenrecht 275 ff.
— und Staatshaftung 311

Einbürgerung s.a. Bürgerrecht
— Verfahren 72, 184

Einfuhr s. Importwirtschaft

Eingemeindung 430

Eingriff
— in Dauerrechtsverhältnisse 47
— in die Gemeindeautonomie 427
— in gesellschaftspolitische Interessen 451
— in Rechte der Privaten 4, 17, 301, 306 f.
— struktureller 29
— in unverjährbare und unverzichtbare Rechte 231
— in nicht abgeschlossene Verfahren 274
— in die Vermögensverteilung der Gesellschaft 274
— in Vermögensrechte des Privaten, Staatshaftung 311

Eingriff in die Freiheit
— Eigentumsfreiheit 272
— durch Einzelentscheidung 62
— und Ermessen 114
— durch Gesetz 54, 56, 58
— und gesetzliche Grundlage 55, 66, 70, 92, 115
— im besonderen Rechtsverhältnis 124
— schwerer 70
— durch (präventive) Vollstreckungsmassnahmen 256 f.

Eingriff in Grundrecht 115
— und Ermessen 115
— in die Persönlichkeit und Fristenlauf bei der staatlichen Beschwerde 231

Einigungsverfahren
— im Enteignungsrecht 296 f.

Einnahmen
— des Gemeinwesens **449** f.
— aus Parkbussen 259

Einrede
— gegen die Enteignung 295, 297
— des Erlasses 251
— Ermessenseinreden 119 ff.
— der mangelnden gesetzlichen Grundlage 251
— der mangelhaften Eröffnung 247, 251
— der Nichtigkeit 231, 247, **251**, 318
— der Stundung 251
— der Unangemessenheit 120
— der Unverhältnismässigkeit 251
— der Unzuständigkeit 254
— der Unzweckmässigkeit 119, 229
— der Verjährung 251
— der Verletzung des rechtlichen Gehörs 251

Einreise
— Beschränkung 218
— Beschwerdeweg 218
— Sperre 218

Einsprache 200
— Einspracheentscheid 144
— gegen die Enteignung 296, 297
— gegen eine Strafverfügung 262

Einstellung im Amt 264

Einwegflasche 30

Einwohnergemeinde s. Gemeinde

Einzelfall
— Anwendung des Gesetzes auf den E. 77, 81
— im Gesetzgebungsverfahren 52
— s.a. Konkretisierung
— und Verfügung 144
— im Verhältnis zum Gesetz 107

Einzelfallgerechtigkeit 107, **114**, 119

Einzelrichter 407

Eisenbahn s.a. Anstalt, Monopol, Konzession, SBB
— als öffentliche Anstalt 121, **336** f., 438
— Autonomie 410, 438
— Benutzung (Kontrahierungszwang) 341
— Enteignungsrecht 292

— Entwicklung 96, 151, 154
— gesetzliche Grundlage 67
— Haftung 325
— Konzession 151
— Kostendeckung 371
— Verwaltungsrat 410
Elektrizitätsversorgung 279
— als Anstalt 337
Elektrizitätswerk
— Leistungsverweigerung 266
— Rechnung 252
— Verhältnis zum Konsumenten 37
— im Verwaltungsvermögen 336
— Zulassung 339
Elektrizitätswirtschaft 442
— und gemischtwirtschaftliche Unternehmungen 439
Empfangskonzession 151, 152, s.a. Radio
Energie (-wesen) 154
— E. Engpass 30, 280
— elektrische E. 28
— Kompetenzen für elektrische Energie 360
— Kontingentierung 280
— Partnerschaft Privater/Staat 21
— sparsame Verwendung 30, 280
— Versorgung 149, **279**
Energiepolitik 442
Enteignung 157
— Enteignungsverfügung 157, 158, 291
— aus fiskalischen Interessen 335
— zum Gemeingebrauch 347, 354
— für Grünzone 8, 291
— und rechtmässige Handlung des Staates 307
— und Staatshaftung 311
— Teilenteignung 290, 293, 294
— Verfahren der Schätzungskommission 174
— und Verfügung 142
— wohlerworbener Rechte 151, 240, 347, 354
Enteignung, formelle 283 ff.
— Begriff 284
— Enteignungsrecht 285
— Differenzmethode 294 f.

— Entschädigung 286, **292** ff., 296
— bei Teilenteignung 290, 294
— Gegenstand 288 ff.
— gesetzliche Grundlage 289 f., 296
— öffentliches Interesse 290 ff., 296
— Rückwärtsmethode 294
— Verfahren 295 ff.
— Vergleichsmethode 294
— Verhältnismässigkeit 289 f., 296
Enteignung, materielle 278, **299** ff.
— für Lawinenverbauungen 243
— und nachbarrechtliche Haftung 325
— im Strassenrecht 332, 354
— und zivile Gerichtsbarkeit 189
Enteignungsbann 296
Enteignungsvertrag 135 f., 296 f.
Entfaltungsfreiheit
— persönliche, 18, 272
— und Eigentum 273
— und Planung 277
— Schutz der E. 272
— wirtschaftliche 272, 273
Entfremdung
— Bürger/Verwaltung 184
Entgelt
— für die Anstaltsbenutzung 342
Entlassung (des Beamten) s. Dienstrecht, Disziplinarrecht
Entpersönlichung des Eigentums 273
Entschädigung s.a. Haftung
— Einzelaktentschädigung 300, s.a. Enteignung
— bei Enteignung 284, s.a. dort
— E.-Forderung über den Weg der verwaltungsrechtlichen Klage 223
— im Disziplinarrecht 223
Entschädigungsanspruch
— Herabsetzung 47
Entschädigungspflicht
— ausservertragliche des Staates 225
— für Eigentumsbeschränkungen 132
— für Entzug wohlerworbener oder subjektiver Rechte 240
— für Entzug einer Konzession 240
— bei Konfiskation 285
— bei Nutzungsbeschränkungen 278
— für Requisition 285

475

— des Staates für widerrechtliche Handlungen s. Staatshaftung
— bei Verstaatlichung 285
— für Vertrauensschaden 242
— der Verwaltung 68
— für Widerruf einer Verfügung 240
— für willkürlichen Entzug der aufschiebenden Wirkung 245

Entscheid(ung)
— Entscheidungen/Koordination 95, 97
— Ermessensentscheidung 109
— im Rahmen des Ermessens 70
— und Information 116
— politischer 81
— Richtigkeit 110, Qualität 376
— wertfreie 109

Entscheidungsbefugnis s.a. Ermessensbereich
— Delegation von E. 376 f.
— der Verwaltung und des Richters 62
— des Verwaltungsgerichts 224

Entscheidungsfreiheit (s.a. Autonomie) 110
— politische E. der Regierung 214, 453

Entscheidungsprozess
— Gestaltung in der Verwaltung 371 f.

Entsorgung 280
— in der Gemeinde 422
— durch Zweckverband 429

Entwicklungshilfe 451
Entwicklungskonzeptionen 93
Entwidmung 347
Enumeration, Grundsatz der 212
Erfahrung
— im Gesetzgebungsverfahren 51, 78

Erfindungspatent
— Vorprüfung/Beschwerdeweg 219

Erholung
— Ausscheidung von Land für E. 278

Erlass
— generell-abstrakter 53
— seine Richtigkeit 56

Erläuterung 208
— Entscheid 144

Ermessen 107 ff.
— Auswahlermessen **112** f., 221
— Begriff **108** ff.
— Delegation 374

— Disziplinarrecht 264 f.
— als Raum wertfreier Entscheidung **109**
— der Gemeinde 426 f.
— und Handels- und Gewerbefreiheit 118
— bei Nichtwiederwahl 398 f.
— politisches und Wahl der Organisationsform 378
— im Organisationsrecht 60, 374
— Pflichtgemässheit **115** f.
— im Polizeischutz 132, 320
— Rechtsfolgeermessen **112** f., 221
— und Rechtsgleichheit 34, 118
— und Rechtsstaatlichkeit 60
— und Staatshaftung 317
— bei Subventionen 158, 434
— Tatbestandsermessen **112** f., 221
— unzweckmässiges 120, 229
— und Verfassung 118
— als Bereich mangelnder Voraussehbarkeit **110**
— bei Widmung/Entwidmung 347
— anhand der gesetzlichen Ziele 70

Ermessensbereich 65, 70
— im Gesetz 53
— des Richters 62
— der Verwaltung 65

Ermessensdelegation 114 ff.
Ermessenseinrede 119 ff.
Ermessensentscheid 70
Ermessensfrage
— Abgrenzung zur Rechtsfrage, 11

Ermessensfehler 229
Ermessensmissbrauch 109, 120
— als Beschwerdegrund 201

Ermessensspielraum
— bei der Entscheidung 110
— und Planung 93, 100, 103, 105
— politischer 93
— bei der Polizei- und Ausnahmebewilligung 146, 147
— im Polizeirecht 129
— bei Konzessionen 146, 151
— bei der Gewährung von Sonderrechten in der Anstalt 345
— und Weisungen 119
— bei wirtschaftspolitischen Bewilligungen 150

Ermessensüberprüfung
— in der Verwaltungsgerichtsbeschwerde 221 f.
Ermessensüberschreitung 120
— als Beschwerdegrund 201
Eröffnung der Verfügung 185 f.
Ersatzvornahme 253
— Abbruch eines Gebäudes 251
— zur Bewirtschaftung des Waldes (Aufforstung) 277, 334
— gesetzliche Grundlage 67, 250
— legislatorische 383
— bei Nichtgenehmigung eines Voranschlages 452
— als Zwangsmittel innerhalb der Verwaltung 383 f.
Erschliessung 148
— Anspruch auf E. 352
— Erschliessungsbeiträge 273, 295, 352
Erschliessungsrecht 279 ff., 352
— öffentliches Interesse 291
Ertragswert 294
Ertragsprinzip
— in der Verwaltung 370
Erwerbszweig
— Erhaltung eines 30
ETH
— Zulassung 342
Europ. Gerichtshof für Menschenrechte 263, 264
Europ. Menschenrechtskonvention EMRK 123, 126
Examen s. Prüfung
Exekutive s. Gewalt, ausführende
— Aufgabe und Stellung 413 ff.
— Entpolitisierung 413
— Befugnisse 57
— der Gemeinde 431, **432**
— Verhältnis zum Parlament 413, 447, 460
— Kontrolle durch das Parlament **447** ff. 460
Existenzminimum 266
Expertenkommission 51, 434

Exportwirtschaft 28
— Interessen der E. 113
— internationale Abhängigkeit 272
— Massnahmen der E. 81
Expropriation s. Enteignung

F

Fähigkeitsausweis
— in der Berufsbildung 3
Fahrlässigkeit
— im Beamtenhaftpflichtrecht 326
— im Staatshaftpflichtrecht 323
— im Verwaltungsstrafrecht 259
Fahrplan 165/66
Fahrplanpflicht 439
Fakultät
— als Kollegialorgan 408
Falschgeld
— Entziehung 285
Familie 420
Fernsehen s. Radio
Feststellungsverfügung 117
Feuerpolizei 26
— Bewilligung 146
Feuerwehr
— Dienstpflicht 158
Film 110
— Förderung durch Subvention 434
— Verbot 44, Zensur 256, 257
Filmkommission 434
Finanzausgleich
— Beiträge des Bundes 321
— unter den Gemeinden 423, **428**
Finanzbeschluss
— der Gemeinde 428
Finanzdelegation 452, **455** f., 460
Finanzhaushalt 155
— ausgeglichener 450
— und Subventionen 158
Finanzhoheit 49, 50
— der Gemeinde 427 f.
Finanzierung
— der staatlichen Aufgaben 283 f.
Finanzkommission 455 f.

Finanzkontrolle 448 ff.
— Eidgenössische F. 413/14, **454** f.
— des Parlamentes 455 f.
Finanzplan 67, 93, 94, **101**, **454**
— und Gesetzesvollzug der Kantone 380
— und Richtlinien der Regierung 417, 419
— und Sachplanung 419
Finanzplanung
— langfristige 453 f.
— kurzfristige 453/54
Finanzvermögen 335
— der Gemeinde 422
Finanzwesen
— Organisation 449 ff.
Fischereiwesen 436
— und Betreten fremden Eigentums 358
— Haftung für Schäden 310
— Nutzung der Gewässer 330
Fiskalrecht s. Abgaberecht
Fiskalstrafrecht s. Abgaberecht, Delikte
Fiskus 19
— Fiskustheorie 40, **189**, 192, 225
— im Enteignungsverfahren 295
— in der Staatshaftung 309, 310
Flaschenpfand 30
Flösserei 356
Flucht ins Privatrecht 41
— der Anstalt 411
— unzulässige in der Monopolverwaltung 442
— Flucht ins Vertragsrecht 136
Fluss 356
— Nutzung 356
Föderalismus
— Staatsprinzip und Verwaltung 373
Förderungsverwaltung s. Verwaltung
Formaldelikt 259
Formulierung s. Gesetz
Forschung
— Kredite für F. 434 f., 451
Forschungsfreiheit 175, **443**
Forstwirtschaft 436
Fragestunde
— im Parlament 459
Fragen, politische
— Uneinigkeit 59

Fraktion 448
— und Gesetzgebung 90
Freiheit
— und Eigentum 271/72
— von Lehre und Forschung 443
— im öffentlichen Bereich 18
— **persönliche Freiheit**
— und Nebenbestimmungen einer Verfügung 164
— im besonderen Rechtsverhältnis 126
— und Staatshaftung 311
— beim Strafgefangenen 317
— und Perfektion der Kontrollen 257
— Schutz der F. des Bürgers 58, 66
— in der Wohlfahrtsverwaltung 435
Freiheitsbeschränkung 92, 133
s.a. Eigentumsbeschränkung, Eingriff
Freiheitsrecht
— Verpflichtung des Staates aus F. zu positivem Tun 353
Fremdenpolizei
— Verfügungen auf dem Gebiet/ Anfechtung 218, 219/20
Friede s.a. Polizei
— sozialer 249, 302
— Staatsaufgabe 148
Friedensordnung 128, 254
Friedhof 3, 121
— als Anstalt 337
— Monopol 436
— Sonderrechte 344
— Verwaltung 76
Frist 161
Frondienst 27, 158
Führerausweis 146
— Entzug 178, **236** f., 267
Führung
— Disziplinarmassnahmen als Führungsmittel 265
— Führungsstil im liberalen Rechtsstaat 370
— kollegiale 373
— monokratische 373
— in der Verwaltung 375 ff.
Führungskompetenz (in der Verwaltung)
— und Organisationsgewalt 374

Fürsorgewesen s.a. Armenfürsorge
— in der Gemeinde 422
— des Staates 451
Futurologie 100

G

Gastarbeiter 96
Gaswerk
— im Verwaltungsvermögen 336
Gebäudeabstand 301
Gebühr (s.a. Abgabe, Steuer) 27, 58, **157**
— für Anstaltsbenutzung 343
— und Delegationsbefugnis des Parlamentes 342
— Gebührenerlass 186
— Gebührenverordnung 58
— Immatrikulationsgebühr 157
— Kanzleigebühr 57, 186, 342
— Kostendeckung 342
— für Parkplatz 350
— Privilegiengebühr 345
— Radiogebühr 152
— Schreibgebühr 186
— Sondernutzungsgebühr 345
— Spruchgebühr 186
— Stempelgebühr 157
— im Strassenrecht 350
Gefährdung s.a. Polizeigut
— eines Polizeigutes, 129
— des Verkehrs 113
Gefahrenabwehr 93, 149
Gefangener 55
— Rechtsstellung 121, **123** f., 163
Geflügelfarm
— Baubewilligung dazu 12
Geheimhaltung s. Amtsverschwiegenheit, Akteneinsicht, Information
Gehör, rechtliches 64
— bei Begründung des Dienstverhältnisses 174
— beim Disziplinarverfahren 183, 265, 397
— und Ermessen 116
— bei der Leistungsverweigerung 266
— bei Prüfungen 174
— im kant. Verfahrensrecht 183

— Verletzung 207, 230
— Revisionsgrund 247
— im Verwaltungsverfahren 182 f.
— in der Vollstreckung 251
Gehorsam
— der Beamten 55, **394**
— des Untergebenen 122
Geldhoheit 274
Geldpolitik 29
Geldumlauf 441
Gemeinde
— Arbeits- 423, 429
— Armen- 423
— Aufgaben (-teilung mit dem Kanton) 421 ff.
— Berg- 423
— Bürger- 423 f.
— Einwohner- 421, 423
— Erholungs- 422 f., 429
— Finanzhoheit 427 f.
— Kirch- 423
— Munizipal- 424
— als Organisationsart 409
— politische 424 f.
— Schlaf- 423, 429
— Schul- 423
— Stimmberechtigung 430 f.
— Verwaltung 25
— Wohn- 22
— Wohn 422
— Zusammenschluss 429
— Zwerg- 430
Gemeindeautonomie 74, 198, 380, 421, **424, 425** ff.
— Eingriff durch Disziplinargewalt des Kantons 384/5
— in der Planung 430
Gemeindebürgerrecht 431
Gemeindeparlament 430 f.
Gemeinderat 432
Gemeinderecht 419 ff.
Gemeindeverbindung 409, 429
Gemeindeversammlung 431
— und Planungsentscheide 105
Gemeindeverwaltung 25, **419** ff., 432

Gemeingebrauch 346,
s.a. Sondernutzung, Sachenrecht, öffentliches
— gesteigerter Gemeingebrauch 346 f.
— an der Strasse 352 f.
— am Gewässer 358 f.
— am Gewässer 346, 358, **359**
— Kontingentierung 280
— Sachen im G. 336, 346
— Strasse im G. 4, 346, **350** ff., s.a. Strasse
— und Verfassung 70
Gemeinwesen
— Rechtsverhältnisse mit dem Privaten 139 ff.
Gemeinwohl
— s. öffentliches Interesse
— und Kostendeckungsprinzip in der Verwaltung 371
Gemengsteuer s. Steuer, Abgabe, Gebühr
Genehmigung
— deklaratorische 381 f.
— von Gemeindereglementen 74, **428,** 431
— konstitutive 381 f.
— Verfügungen über / Beschwerdeweg 218
— des Voranschlages 428, 431, **452** f.
— von Zweckverbänden 429
Generaldirektion
— Nationalbank 442
— PTT 225, 438
— SBB 225, 438
Generalklausel
— verfassungskonforme Anwendung 34
— mangels Einigung 59
— als gesetzliche Grundlage für Amtshandlungen 316
— **polizeiliche G.** 70, **128** ff.
— und Verfügung 107
— und Verordnungskompetenz 75
— und präventive Kontrolle 257
— im besonderen Rechtsverhältnis 122, **124** f., 126
— strafrechtliche 255
— Unterscheidung von Rechts- und Tatfrage 229
— für Begründung von Zuständigkeiten 405
Generalsekretär 418

Generalsekretariat 418
Genossenschaft
— des öffentlichen Rechts 409
Genossenschaft für Getreide und Futtermittel 409, 437, 440
«**Gentlemen's Delikte**» 261/62
Gerechtigkeit 69
Gerechtigkeitsprinzip 92
Gerechtigkeitsvorstellungen 63, 66, 90
Gericht
— Kollegialgericht 408
Gesamtarbeitsvertrag 77, 446
Gesamtkonzeption 61, 97, 100, 153, 372
Gesamtenergiekonzeption 95, 153
Gesamtentwicklung 96
Gesamtmedienkonzeption 153
Gesamtverkehrskonzeption 95, 100, 105, 153, 373
Geschäftsbericht 411
— des Bundesrates 457
Geschäftsführung
— Kontrolle der G. 456 ff.
Geschäftsherrenhaftung
— des Staates 309
Geschäftsprüfungskommission 396, 456, **457** f.
— Befugnisse im speziellen 460
Geschwindigkeitskontrolle 130
Gesellschaft
— Gegensatz zum Staat 36
Gesellschaftsordnung
— Schutz der G. 258
Gesellschaftspolitik
— durch Verwaltung 56
— durch Gesetzgeber 56
Gesetz 51 ff. s.a. Verordnung, Verfügung Grundlage [gesetzliche], Vollzug
— Anwendung 52, 62, 78, 81, 83
— Auslegung 77 ff.
— Auswirkung 60, 79
— Begriff 51 ff.
— Bindung an das G. 70
— Eingriff in die Freiheit 54
— und Einzelfall 52
— und Ermessen 52, 53
— im formellen Sinn 53, 57, 62
— als Rechtsquelle 71 ff.

— Formulierung 52, 53, 59
— Funktion 56 ff.
  — demokratische 56
  — planerische 61
  — rechtsstaatliche 53
— Konkretisierung 52, 53, **93** ff., 242
— Massnahmegesetz 61
— im materiellen Sinn 53, 54, 57, **60**
  — bei der Enteignung 292
— und Organisation der Verwaltung 374, 403 f.
— Polizeigesetz 132
— Rahmen 66, 110
— als Rechtsquelle 69
— Regelungsdichte 59
— Rückwirkung 47
— Sinn, Zweck 89, 124
— Sprache 78 ff.
— Verletzung, einseitige 65
  — durch Vereinbarung 64
— Verfassungsmässigkeit 86
— und Verfügung 145
— Ziele, Verwirklichung durch die Verwaltung 66
— zumutbare Unsicherheit 61

Gesetzesänderung
— Auswirkung auf Vermögensrechte von Beamten 397
— und Widerruf (Revision) der Verfügung 235, **238**, 246

Gesetzesdelegation
— bei Gebühren 450

Gesetzesentwurf 461
Gesetzesinitiative 461
Gesetzeslücke 91
— echte 92
— unechte 92

Gesetzesmaschinerie 91
Gesetzessammlung 46
Gesetzesvorbereitung 95
— durch die Verwaltung 371, 416

Gesetzgebung
— Vorverfahren 416
— Weg, ordentlicher 53, 57
— Ziele 70

Gesetzgebungskontrolle 449

Gesetzmässigkeit, Grundsatz der
s.a. Rechtmässigkeit
— bei der Leistungsverweigerung 266
— im Organisationsrecht der Verwaltung 374
— im besonderen Rechtsverhältnis 34, 121, **125** f.
— und Grundsatz von Treu und Glauben 167 f.
— der Verfügung 143
— und Widerruf der Verfügung 234, 237

Gesetzmässigkeit der Verwaltung,
Grundsatz der **51** ff.
— Aushöhlung 133
— und Beschwerdeverfahren 204
— Eingriffsverwaltung 19
— und Ermessen 114
— in der Staatshaftung 311 f.
— im öffentlich-rechtlichen Vertrag 136
— bei Verordnungen 76
— erfordert Verwaltungsgericht 212

Gestaltungsverfügung s. Verfügung
Gesundheit s.a. öffentliches Interesse
— als Polizeigut 128 f.

Gesundheitspolizei 26
Gesundheitsverwaltung 67, 443
— in der Gemeinde 422
— öffentliches Interesse 71

Gesundheitsvorsorge 91
Gewalt s.a. Legislative, Exekutive, Parlament, Regierung
— ausführende s. Exekutive
— Eskalation durch Anwendung von Zwangsmassnahmen 254
— gesetzgebende s. Legislative
— hoheitliche 38, 143
— öffentliche 16

Gewaltenmonopol
— des Gemeinwesens 69, 144
  — für die Vollstreckung 256
  — im Beamtenrecht 320
  — Beteiligung Privater daran 446

Gewaltenteilung, Grundsatz der 58, 178
— und Arbeitsteilung 407
— und Finanzaufsicht 456
— und Popularklage 194

481

- durch Staatshaftung 312
- und legislatorische Unterlassung 320
- und Verwaltungsgericht 212/13
- und Verwaltungsorganisation 373
- durch Verwaltungskontrolle 447

Gewaltverhältnis, besonderes, s. Rechtsverhältnis, besonderes
- allgemeines G. des Staates 166

Gewässer, öffentliches 355 f., s.a. Wasser
- Gemeingebrauch 361
- Hoheit über ö.G. 43, **357** ff., 360
- Kompetenzen 360
- Nutzung 279, 330, **359** ff.,
- dem Staat unterstellt 330

Gewässerkorrektion
- Kompetenz 360

Gewässerschutz 360 f.
- und Bauverbot 301
- durch die Gemeinde 423
- und Staatshaftung 310

Gewässerschutzpolizei 26

Gewerbe, landwirtschaftliches
- Vorkaufsrecht der Erben 303

Gewerbepolizei 132

Gewinnmaximierung
- der Verwaltung 371

Gewohnheitsrecht
- im Gemeinderecht 424
- gesetzesderogierendes 65
- als Rechtsquelle 69, 71, **73** ff.

Glaubhaftigkeit
- der Amtsführung 83
- der Entscheidung 172
- der Prüfungsentscheidung 232
- der Verwaltung
  - Infragestellung durch den Beamten 395
  - durch Gewährung des rechtlichen Gehörs 184
  - im internen Verwaltungsverfahren 191, 201, 212
  - im Vollzug des Rechts 255
  - durch Beachten der Zuständigkeit 176

Gleichheit 69

Gleichheitssatz (Art. 4 BV) s.a. Rechtsgleichheit
- als Ersatznorm für fehlende Verfahrensregeln 34
- beim Ermessen s. dort
- bei Rückwirkung 47
- im Verwaltungsverfahren für die Parteien 199

Gletscher s.a. Sachenrecht, öffentliches
- Nutzung 346

Globalkredit 452

Globalsumme
- im Subventionswesen 433

Gottesdienst
- Pflicht zum Besuch 231

Grenzabstand 302

Grenzgänger 44, 54, 118

Grossüberbauung 51

Grundeigentum
- Beschränkung aus polizeilichen Gründen 131
- Sach- und Bestandesgarantie 275
- Schutzobjekt der Eigentumsgarantie 272

Grundeigentümerhaftung
- des Staates im Strassenrecht **325**, 332

Grundlage, gesetzliche
- im Abgaberecht 450
- für Amtshandlungen 67, 316
- bei der Anstalt 67, 125
- bei den staatlichen Ausgaben 450 f.
- von Disziplinarmassnahmen 123, 264
- für Eigentumsbeschränkungen 57
- bei Enteignung 56, 115, **292**, 296
- und Ermessen 115
- für die Bewilligung auf gesteigerten Gemeingebrauch 353
- für eine Kausalhaftung 311 f.
- für präventive Kontrolle 257
- bei der Leistungsverwaltung 67
- für Monopole 436
- bei Nebenbestimmungen der Verfügung 165
- und Notlage 133
- für die Pflicht zur Erstellung von Parkplätzen 351

482

— von Plänen 102
— im Polizeirecht 132
— bei Sanktionen 67
— Subventionen 115, 133
— und Staatshaftung 311 f.
— für Tathandlungen der Verwaltung 67, 319
— der Verfügung 144
— für Verpflichtungskredite 451
— bei interner Verwaltung 67
— für die Vollstreckungsmassnahmen 67, 250
— für ein Vorkaufsrecht des Staates 302
— beim Widerruf von Verfügungen 234 ff.

Grundlagenforschung 434

Grundrechte
— im Anstaltsverhältnis 338
— Elemente der rechtlichen Wertordnung 70
— und Ermessen 118
— und gesetzliche Grundlage 60
— auf Grund der polizeilichen Generalklausel 128, 131
— im Militär 124
— als Rechtsquelle 70
— im besonderen Rechtsverhältnis 126 f.

Grund und Boden
— und Eigentumsgarantie 272

Grundstückverkauf 61, s.a. Ausländer
— Bewilligung 147

Grundwasser 356
— Schutz 291, 300
  — mittels Bauverbot 301

Grünzone 291, s.a. Enteignung

Gruppenbeschwerde 169

Güterzusammenlegung 287

Gymnasium 443, s.a. Bildungswesen, Schule

H

Haft
— nach Art. 292 StGB, 255

Haftung s.a. Entschädigung, Staatshaftung
— Billigkeitshaftung für polizeiliche Massnahmen 324

— für den Entzug der aufschiebenden Wirkung 203
— für sofortige Entlassung des Beamten 203

Haftung des Kantons
— aus Aktienrecht 442 f.
— für die Ausführungsgesetzgebung 321

Handels- und Gewerbefreiheit
— Beschränkung 132, 274
— und Ermessen 118
— und Monopolverwaltung 437
— und Sonntagsfahrverbot 148
— und wirtschaftliche Entfaltung 273

Handlung, einfache (s.a. Tathandlung, Amtshandlung) **308**
— Haftung für e. H. 306 f., 310, **319** f. (s.a. Staatshaftung)

Härtefall
— und Ausnahmebewilligung 87, 147
— im Enteignungsrecht 300 f.

Härteklausel 147

Hearing 105

Heilung
— rechtswidriger Nebenbestimmungen von Verfügungen 165
— von Verfahrensmängeln 230, 232
— der fehlerhaften Verfügung 318

Heimat 422

Hilfsmassnahmen
— des Staates 133, 451, s.a. Massnahmen

Hinterbliebenenrente 92

Hintersäss 421

Hochschule s.a. Bildungspolitik
— Begriff 83
— Organisation 416, **443**

Hochschulförderung 97

Hoheitsakt 143

Hoheitsbefugnis
— des Beamten 322
— der Behörde 144
— Übertragung auf Private 144, 175

Holzwirtschaft 334

Honorar
— des Arztes 342

Hypothekarinstitut 412

483

I

Immatrikulation 87, 164
— nach disziplinarischer Entlassung 263
— Widerruf 237
Immission s.a. Nachbarrecht
— entschädigungspflichtige 325
— Enteignung oder Haftung aus Nachbarrecht? 325
— im öffentlichen Interesse 325
— öffentlicher Sachen 330
— von Strassen 290, **354** f.
— Vorschriften: Pflicht zur Beachtung 273
— eines enteignenden Werkes 290
Immissionsschutz 13
Immobiliengesellschaft
— Beteiligung des Staates an I. 284
Immunität 309
Importwirtschaft
— Beschränkung 30
— Bewirtschaftung 150
— Massnahmen 81
— Monopole 440
Indexierung
— von Renten 275
Indikation, soziale 408
Individualbeschwerde 194, s.a. Beschwerde
Individualschutz s.a. Beschwerde, verwaltungsinterne
In dubio pro reo 257
Industriezweig
— Schutz des 30, 274
Inflation
— und Eigentum 274
— und Vermögenswertgarantie 275
Information
— über Ausländer 184
— als Entscheidgrundlage 9, 116, 172
— durch die Exekutive 416
— der Öffentlichkeit durch die Regierung 396
— durch das Parlament 396
— an das Parlament 459
— des Parlamentariers 459
— der Presse und die Preisgabe von I. 181
— Überprüfung 172
— der Verwaltung für ihre Tätigkeit 371

— als Voraussetzung der Kontrolle innerhalb der Verwaltung 380 f.
Informationschef 418
Informationsfreiheit 181
Infrastruktur 28
— Errichtung als Tathandlung der Verwaltung 319 (Haftung)
— Finanzierung 453
Initiative
— der Verwaltung 66
— in der Gemeinde 430 f. (Initiativrecht)
Inkonvenienzen
— Entschädigungspflicht 293
Inquisitionsmaxime 179 f., 222, 225
Inquisitionsverfahren 172
Inspektionsrecht
— der Oberbehörde gegenüber der Unterbehörde 381
— gegenüber der Gemeinde 428
— gegenüber dem Konzessionär 439
Installationsmonopol 354, 437
Institutsgarantie s. Eigentumsgarantie
Integration
— durch Entscheide 376
— durch die Verwaltung 371
— der Verwaltung in die staatliche Organisationsstruktur 373
Integrationskraft
— eines Beamten 392
— von Planungsentscheidungen 105
— der Verwaltung 101, 376
Interesse
— allgemeines 112
— Durchsetzung 12, 14
— fiskalisches I. an Monopolen 437, an Konzessionen 440
— **öffentliches** 8, **15** ff., 38, 113, 242
— bei Ausnahmebewilligung 148
— Begriff 38, 113, 242
— bei wirtschaftspolitischer Bewilligung 148
— bei Enteignung 290 ff., 296
— beim Entscheid über die aufschiebende Wirkung 244
— und Gesundheitspflege 14
— Konkretisierung 10, 242
— und Mehrheitsentscheid 8

— Merkmal der Verwaltung 24
— im öffentlichen Sachenrecht 332
— an der Rodung 109
— Überprüfung durch das Bundesgericht 291
— und Verfassung 34
— Verletzung durch Verfügung 236
— an einem Vorkaufsrecht des Staates 302
— am Wald 9
— Wertungsprobleme 8
— am Widerruf einer Verfügung 235 f.
— polizeiliches I. an Monopolen 436, an Konzessionen 440
— schutzwürdiges I. 80, 160
   — an einer Auskunft 168, 174
   — am Erlass einer Feststellungsverfügung 174
   — im Verwaltungsverfahren **194** ff., 199
Abwägung der I. s. Abwägung
Interessengruppen 80
— Einfluss auf die Verwaltung 372
Interessenkonflikt
— im Gesetz 89
Interessenlage
— Abklärung 116
Interessentheorie 37 f.
Interpellation 459
Interpretation s. Auslegung
Intervention
— parlamentarische I., anlässlich einer Nichtwiederwahl eines Beamten 399
— in der Wirtschaftspolitik 26
Intraorgankontrolle 373, 404, 415
Investition
— Finanzierung und Planung 453
— Förderung durch Steuergesetze 61
Investitionskredit 454
— für Berggebiete 430
Irrtum
— der Verwaltung 240
— und Wiedererwägung 246
IV 3

J

Jagdwesen
— Betreten fremden Eigentums 358
— Jagdregal 436

K

Kabinett 408
Kabinettsystem 184
Kalkulierbarkeit 47
— mittels Gesetz 53, 55, 59, 79
— der Verwaltung 370
Kanalisation
— Anschluss an K. ausserhalb der Bauzone 281, 361
— Bau der K. als Tathandlung der Verwaltung 319
— in der Gemeinde 422 f.
Kanalisationsprojekt 87
— Bauten ausserhalb 300, 361
— generelles 281, 361
Kanton s.a. Vollzug der Gesetze
— Haftung für Gesetzesvollzug **320** f., 379, 384
— Minimalvorschriften für Verwaltungsverfahren 183
— im Sozialversicherungsrecht 225
Kantonalbank 41
— Organisation 411 f.
Kantonsparlament s. Parlament
Kantonsregierung s.a. Exekutive, Parlament
— Verhältnis zur Bundesregierung 35
Kantonsverwaltung 25
Kanzleigebühr s. Gebühr
Kapital
— Verwaltung des K. im Sozialversicherungsrecht 273
Kapitaldeckungsverfahren
— in der Sozialversicherung 273
Kapitalgesellschaft
— und Vergesellschaftung des Eigentums 273
Kapitalgewinn 85

485

Katastrophenhilfe 93, 158
— gesetzliche Grundlage 68, 133
— Umweltkatastrophen 364
Kauf
— zwischen Staat und Privaten 284
Kaufkraft
— des Geldes 275
Kausalabgabe s. Abgabe
Kausalhaftung
— des Staates 311/12
Kausalzusammenhang
— in der Staatshaftung 314, 322
Keine Strafe ohne Gesetz s. Strafe
Kernkraftwerk s. Atomkraftwerk
Kiesausbeutung 9, 117
— im Gewässer 358
— in Grundwasserzone 300
— Regelung durch öffentliches Sachenrecht 331
Kiosk 144 (Bewilligung)
Kirchenwesen
— in der Gemeinde 422
Klage s.a. Zivilprozess, Privatrecht
— privatrechtliche 13
— nachbarrechtliche s. Nachbarrecht
Klage, verwaltungsrechtliche 225
— und Staatshaftung 310
— auf Grund nichtiger Verfügung 318
— auf Grund widerrechtlicher Verfügung 318
— Abgrenzung zum Verwaltungsverfahren 319
— und öffentlich-rechtlicher Vertrag 136
Kläranlage 148, s.a. Abwasseranlage, Entsorgung
— in der Gemeinde 442
Klassifizierung
— von Akten/parlamentarische Kontrolle 460
Kleinstaat 73
Kodifikation
— des Privatrechts 16, 17, 36, 53, 61
— des Verwaltungsverfahrens 5, 172

König
— und Parlament 55, 121
— Überprüfbarkeit seiner Entscheide
— in England 187
— in Frankreich 188
— in Deutschland (Kaiser) 189
Kognition s. Überprüfung
Kollegialorgan 408 f.
— Bundesrat/Exekutive 414
Kollegialprinzip 35, 55, **414** f.
— in der Staatsführung 407
— in der Verfassung vorbestimmt 373
— Zusammenhang mit der Verwaltungsorganisation 404
Kommission
— in den Gemeinden 432
— als Kollegialorgan 408
— parlamentarische
— und Auskunftsrecht 459 f.
— im Gesetzgebungsverfahren 90
— im Schulwesen 443
Kompetenz s. Zuständigkeit
Kompromiss
— im Gesetz 80, 81
Konferenz 418
Konfiskation 154, 157, **285**
Konjunktur
— Entwicklung 82
Konjunkturpolitik 29
— Eingriff in die Wirtschaft 274
Konkordat
— und Flucht ins Privatrecht 442
Konkretisierung
— von Auskünften der Verwaltung 167
— und Ausnahmebewilligung 147
— und Delegation 57
— des Gesetzes (durch Pläne) 53, 78, 81, **93**
— einer politischen Idee 34/35
— öffentlicher Interessen s. dort
— Konkretisierungsgrad der Gesetze 61
— der Normen der Verfassung und des Gesetzes 242
— in der Planung 103
— der Verfassung durch Gesetz 58
Konkurrent
— Beschwerdelegitimation gegen Kontingentbewilligung 195 s.a. 199, 200

Konkurrenz
— Konkurrenz, freie 273
— im Transportsektor 67
— zwischen Wirtschaftszweigen 149
Konsum s. Verbrauch
Kontingent
— Beschränkung der Wirtschaft 27
— des Energieverbrauches 280
— der Gastarbeiter 96
— des Gemeingebrauches 280
— bei Rohstoffverknappung 330
— bei Benutzung öffentlicher Sachen 280 330, **348** f.
Kontingentbewilligung 149/50
— Anfechtung 160
— Legitimation zu A. 195, 196
Kontingentreserve 150
Kontingentszuweisung
— als Gestaltungsverfügung 160
Kontrahierungszwang
— im Anstaltsverhältnis 338, 341
Kontrolle
— der Gerichte über die Verwaltung 312
— der Geschäftsführung der Verwaltung 456 ff.
— durch Information innerhalb der Verwaltung 380 f.
— parlamentarische, über die Verwaltung 448
 — durch Entscheid über den Voranschlag 453
— politische 447
— präventive 256 ff.
— repressive 256, 257, **258** ff.
Konvention zum Schutz der Menschenrechte 259
Konzession (s.a. Anstalt, Monopol) **150** ff.
— Anfechtung 218
— und Ermessensspielraum 146, 279
— als Gestaltungsverfügung 161
— Konzessionsabgabe 27
— Konzessionsverhältnis 144, 153
— Verhältnis Konzessionär-Privater 440
— im Bereich der Monopolverwaltung 152, 436, **439** f.

— für Sondernutzung 279, 347, 354
— für Wassernutzung 279
— wohlerworbene Rechte aus K./Eigentumsgarantie 240, 275
Koordination
— im Beamtenrecht 11
— der Finanzplanungen 453
— von Entscheidungen 95
— in der Planung 28, 94, 105
— ungeeignete 229
— in der Verwaltung 28
— **in der Verwaltungsorganisation** 369 ff.
 — im Bildungswesen 373, 416
 — und Delegation in der Verwaltung 377
 — zwischen den Departementen 369, 373, 418
 — beim kollegialen Führungssystem 373
 — und Kollegialprinzip 415
 — und Mitspracherecht in der Verwaltung 376
 — auf Regierungsebene 416 f.
— der Zuständigkeiten 97
Körperschaft, öffentlich-rechtliche 11, 38, **378**, s.a. Anstalt, Autonomie
— als sachliche Dezentralisation von Verwaltungsaufgaben 378
— als Organisationsart 409
— Autonomie, Schutz 426, 198
Körperschaftsverwaltung 25
Kostendeckungsprinzip 58
— bei Gebühren 342 f.
— PTT und SBB 438
— bei Versorgungsbetrieben 336
— in der Verwaltung 371
Kosten
— im Verwaltungsverfahren 186
— im Beschwerdeverfahren 210
Krankenkasse, private 444
Krankenversicherung 3, **444**
Kreditbegrenzung 56, 147
Kreditpolitik 441
Kreis
— im Kanton Graubünden 424
Kreisdirektion 379
Kreisschreiben 382
Kreistelephondirektion 59

487

Kriegsmaterial
— Ausfuhr 148
Kriegstüchtigkeit 124
Kriegsverbrecher
— Ausweisung 75
Kriegswirtschaft 17
— Eingriff in die Wirtschaft 274
Krise
— Behebung 150
Kulturförderung 109, 434
Kulturland
— Schutz 289, 290
— Schädigung durch Militär 306
Kündigung
— des Anstaltsverhältnisses 345
Kunstpflege 111
Kunstwerk, Erstellung 111
Kuratorium 409

L

Ladenschlussordnung 43
Land der vielen Täler 424
Landammann 407
Landesverteidigung
— Verfügungen bezüglich, Anfechtbarkeit 218, 219
Landschaftsschutz 9, 10
Landsgemeinde 424
Landumlegung 284, **286** ff.
Landwirtschaft
— Beschwerdeweg 218
— Partnerschaft Privat/Verwaltung 21
— Schutz der 30, 274
— Subventionen 30, s.a. 434
Landwirtschaftsrecht
— Vollzug staatlicher Aufgaben durch Private 445
Landwirtschaftspolitik 80
— Förderungspolitik 81
— und Leitbild 95
Landwirtschaftszone
— Nutzung des Bodens 334
Laternengarage 350
Lawinenauslösung 306
— Haftung des Staates 315

Lawinenkatastrophe 133
— Frondienst 27
Lawinenverbauung 243
Lawinenzone/Bauten 238, **300**
Lebensmittel
— Bewilligung zum Verkauf 146
— auf der Strasse 353
Lebensmittelpolizei 4, 26
Lebensqualität
— der Anwohner von Strassen 355
— Verbesserung 291
Legaldefinition 84
Legislative s. Gewalt [gesetzgebende], Parlament
— Befugnisse 55, 57
— ihre Delegationskompetenz 57
— in der Gemeinde 431
Legislaturperiode 419
Legislaturziele 416
Legitimation 161
— zur staatsrechtlichen Beschwerde
— der Gemeinde 427
— des Privaten 427
— zur verwaltungsinternen Beschwerde 193 ff.
— zur Verwaltungsgerichtsbeschwerde 217
— und Zuständigkeit 405
Legitimität
— der Verfügung 143, 176
— der Verträge 143
— der Verwaltung 63
Lehrer
— und Militärdienstverweigerung 125
— Entzug des Patentes 267
Lehrfreiheit 443
Lehrmeister 444
Leib und Leben 128
— Schutz durch Strafrecht 258
Leistung
— Leistungssteigerung 272
— Leistungswille des Menschen 271
— Verweigerung einer L. durch den Staat 266 f.
Leistungsklage s.a. Rechtsverweigerung, Verfügung auf Feststellung
— auf Zulassung zu einer Anstalt 341

Leistungsprinzip
— in der Verwaltung 399
Leistungsverwaltung s.a. Verwaltung
— Organisationsformen S. **432** ff.
Leitbild
— im Bodenrecht 278
— im Gesetz 61
— in der Planung 95, 100
Leitungen, elektrische
— Bau 154
    — durch Konzession 354, 437
Lenkung s.a. Verwaltung
— globale oder marktkonforme 29
— staatliche 56
— durch Steuern 156
— des menschlichen Verhaltens 52
Lenkungsabgaben s. Abgabe
Lernfahrausweis 323
Leumund 113
Leviathan 18
Liberalismus 17
— s.a. Staat
— und Wohlfahrtsstaat 17
Linienorgan 407
Lohnanspruch
— gesetzliche Grundlage 451
— Schutz des L. 272
Lohnaufbesserung 236
Lohnklasse 238
Lücke im Gesetz 74, **91** f.
Lucrum cessans
— bei der Enteignung 293
— bei der Staatshaftung 314
Luft
— im öffentlichen Sachenrecht 331, **362** ff.
Luftseilbahn
— Konzession 152
Luftverschmutzung 362 f.
— Haftung 348

M

Macht s.a. Gewaltmonopol, Abhängigkeit
— staatliche M. und Verfügung 144
Mahnung
— im Anstaltsverhältnis 345
— auf Begleichung der Rechnung 252
— im Vollstreckungsrecht 251
Management
— in der Verwaltung 370
Marktgenossenschaft 357
Marktwirtschaft, freie
— Eingriff in die M. 274
— Schutz der 5, 271
Massenmedien 18
Massnahme
— aussenwirtschaftliche 80
— Disziplinarmassnahme s. dort
— faktische 306
— Hilfsmassnahmen des Staates 133
— Lenkungsmassnahmen 29
— politische 95
— sozialpolitische im Polizeirecht 132
— polizeiliche, Haftung 309, 324
    — Grenzen 129 ff.
— präventive zur Vollstreckung des Verwaltungsrechts 256 ff.
— präventive zur Kontrolle der Verwaltung 381 f.
— repressive zur Kontrolle der Verwaltung 382 ff.
— repressive zur Vollstreckung 256 ff.
— zum Schutz des Eigentums 274
— strafrechtliche zur Vollstreckung 125, 250, 258 ff.
— Verhältnis zum Strafurteil 178
— strukturelle 29, 133
— bei Umweltkatastrophe 364
— vorsorgliche **162**, **193**, 203, 243, **245**, 417
— Pflicht zur Vornahme 180
— bei Vorwirkung von Gesetzen 48
Massnahmegesetz 61, 71
Maturitätsausweis 219
— Anerkennung/Beschwerde 218, 219
    s.a. Prüfung
Maturitätsprüfung s. Prüfung

Meer
— im öffentlichen Sachenrecht 331, 356
Mehrheitsprinzip 408
Mehrheitsentscheid s.a. öffentliches Interesse
— im Kollegialorgan 408, 415
— im Privat- und Verwaltungsrecht 6, 8
Mehrwert
— durch Erschliessung 279
Mehrwertabschöpfung 157
Mehrwertbeitrag 20, 157
— für Erschliessung 280, 352
— für Strassenbau 295
Meinung
— objektive 91
— öffentliche/private 16
Meinungsäusserungsfreiheit
— des Beamten 125, 395
— Beschränkungen 131, durch Präventivkontrolle 257
— und Demonstrationsbewilligung 148, 347, 353
— und Ermessen 118
— des Lehrers 125
— im besonderen Rechtsverhältnis 126
— des Studenten 66
Menschenbild
— des liberalen Staates 271
Menschenwürde 69
— Schutz 258
— Respektierung durch die Verwaltung 66
Methode der Konsequenz 39, 40, 41, **87**
s.a. Auslegung
Miete
— Staat — Privater 284
Mieter
— Enteignung 286, 288
— im Enteignungsverfahren 295
Mieterschutz 273
— Rechtsnatur der Normen/Kompetenzen 36
— Verfügungsbeschränkungen über Eigentum 302
Milchpreis 82
Milchproduktion 61
Milchsammelstelle 39, 445
Milchwirtschaft 27

Militär
— militärische Anlagen 335
— Schädigung Dritter 306, Landschaden 307
Militärwesen 17
— Haftung 317
— für Übungen und Anlagen 319, **324**
— militärische Dienstpflicht s. Wehrpflicht
Militärdienstverweigerer 125
Militärtransporte 439
Militärpflichtersatz
— Rückerstattung 327
Milizparlamentarier 78
— in der Finanzkommission 456
Minderheit
— Unterdrückung 129
Mindestreservenpolitik 28
— und gesetzliche Grundlage 56
— Härtefälle 147
Ministerpräsident
— Weisungsbefugnisse 373
Misstrauensvotum 413
Mitberichtsverfahren **414** f., 418
Mitbestimmung 4, 36, 414
— der Arbeitnehmer 273
— an der Universität 410
Mitglied
— der Körperschaft 409
— in Zwangsgenossenschaften 441
Mitspracherecht
— der Behörden im Verwaltungsablauf intern 376, 414
— der Eidg. Finanzkontrolle 414
— in der Planung 98, 102
— Privater bei der Verwaltung staatlicher Aufgaben 378
Mitteilung
— als Rechnungstellung 252
— der Verwaltung 166
Mittelschule s. Schule
Modellreglement 383
Monokratie 407
Monopol 27
— der Anstalt 343, Anwendung der Verfassungsgrundsätze 344
— faktisches M. 266, 436 f.
— Installationsmonopol der Gemeinde 354

— und kantonale Regale 436
— rechtliches M. 266, 436
— des Staates 151, M.stellung in der Leistungsverwaltung 266
— der SRG 152 f.
— der Versorgungsbetriebe 336
Monopolverwaltung 436 ff.
More geometrico 53, 77
Motion 461
Motorfahrzeug
— Bau, Ausrüstung, Klassifizierung/ Beschwerdeweg 219
Motorfahrzeughaftpflichtversicherung 445
— Prämie 180
Motorfahrzeugsteuer s. Steuer
Munizipalgemeinde 424
Münzregal 436
Museum
— als Anstalt 337

N

Nachbar
— seine Interessen 14
Nachbarrecht s.a. Immission, Sachenrecht, öffentliches
— Beschwerde 12
— Beschwerdebefugnis 15, 195, 196, 199
— Haftung des Staates auf N. 324 f.
— Immissionen aus Enteignung 290
— nachbarrechtliche Klage 12 f., 199, wegen Luftverschmutzung 363
— öffentliches 273, Abgrenzung 330
— privates 273
— und Strassenrecht 355
Nachtragskredit 452
Nachtwächterstaat s. Staat
Nationalbank 409, **441**
Nationalfonds 41, 159, 175, **434**
— und rechtliches Gehör 184
— Organisation 411
Nationalstrasse 80
— Einsprache gegen Projektierungszone 96, 104
— Finanzierung 156
— Landumlegung/Enteignung 287, 289

— Linienführung 154
— Kompetenz des Bundes 350
Naturalleistung 27
Naturschönheit
— Erhaltung 289, 290
— als Polizeigut 128
Naturschutzreservat 291
Naturschutzverband 104
Ne bis in idem
— im Disziplinarrecht 265
Neutralität 148
— Verfügungen auf diesem Gebiet/ Beschwerdeweg 218
— der Verwaltung 372, gegenüber dem Bürger 118
Nichteintretensentscheid 161/62, 178
— bei Verweigerung der Auskunft 180
Nichtigkeit s.a. Verfügung [nichtige], Anfechtbarkeit, Einrede
— der Verfügung 227, **231** f.
— von Verträgen 136, 227
Nichtwiederwahl s.a. Beamte, Dienstrecht
— des Bundesrates 413
Normalbaureglement 383
Normenkontrolle s.a. Verwaltungsgerichtsbeschwerde
— abstrakte 215
Notlage 133
Notstand 131
— Billigkeitshaftung für die Abwehr des N. 324
— staatlicher 408
Notwehr 315
Nulla poena sine lege 46, 257
Numerus clausus
— und Staatshaftung 320
— an einer Anstalt 339
Nutzung öffentlicher Sachen 279, **329** ff., **346** ff.
— des Bodens 278
— des landwirtschaftlichen Bodens 278
— Probleme 347 f.
— anstaltliche Nutzung öffentlicher Sachen 336 ff.
Nutzungsbeschränkung
— des Eigentums aus öffentlichem Recht **301** f., 334

— Entschädigungspflicht 278, **301** f., s.a. Eigentumsbeschränkung
Nutzungspflichten
— für den Boden 277, 278
— im Forstrecht 334
Nutzungsplan 102, s.a. Plan(ung)
Nutzungsrecht
— als Gegenstand der Eigentumsgarantie 274, 278
— Beschränkung 299, s.a. Nutzungsbeschränkung

O

Oberamtmann 428
Offizialmaxime 180
Oikos 16
Ombudsmann 67, 344, **458**
— und Geschäftsprüfungskommission 457/58
Opportunitätsprinzip 264
Opposition 448
Ordnung
— verwaltungsinterne 25
Ordnung und Ruhe 128
Ordnungsbusse s. Busse, Ordnungswidrigkeit
Ordnungswidrigkeit 259, 262
— Bemessung der Strafe 260
— und Disziplinarrecht 263
Organ
— Begriff und Arten 406 f.
— Kollegialorgan 374, **408** f.
— monistisches O. 407
— monokratisches 407
— Strafbarkeit 259
Organhaftung
— des Staates 309
Organisation
— Begriff 403
— Inter-, supranationale 25, 45
— herrschaftliche O. 409
— privatrechtl.-öffentlich-rechtl. 411
— selbständige — unselbständige 410 f.
— der Zentralverwaltung 412 ff.

Organisationsarten 409 ff.
(in der Verwaltung)
Organisationsbereich 99
Organisationserlass 55, 60
Organisationsformen der Verwaltung 403 ff.
— der staatlichen Leistungsverwaltung 432 ff.
— im Rahmen der Monopolverwaltung 436 ff.
— bei der Übertragung staatlicher Aufgaben an Private 436, **445** f.
— s.a. Organisationsarten
Organisationsgewalt
— und Führungskompetenz 374
— Begriff 403 f.
Organisationshoheit
— Einbruch in kantonale O./Gesetzesvollzug 380
Organisationmodelle 11
— Formen 378
Organisationsprobleme
— im Verwaltungsrecht 10 f.
Organisationsrecht der Verwaltung 365 ff.
— Ermessen im O. 60
— in der Verfassung vorbestimmt 373
— Verhältnis Verwaltung/Privatwirtschaft 368 ff.
— Zuständigkeiten 374 f.
Organisationsstruktur der Verwaltung
— und Verfassung 373
Ortsplanung s. Planung
Ortspolizei s. Polizei
Orts- und Landschaftsbild 52, 103, **113**, **114**, 142
— Rechts- oder Tatfrage? 229

P

Pacht
— Staat — privater 284
— Enteignung 286, 288
— im Enteignungsverfahren 295
Parkanlage 51
Parkbusse 253, 258
Parkieren
— als Gemeingebrauch der Strasse 350, 353

Parkingmeter 350
Parkplatz
— Pflicht zur Erstellung 131, 351
Parkverbot 237
— zwangsweise Entfernung von Fahrzeugen 253
Parlament s.a. Legislative, Regierung, Exekutive
— Verhältnis zur Exekutive 56, 413, **447** f., 460 f.
— Finanzkompetenz 449
— Finanzkontrolle 455
— und König 55, 121
— als Kollegialorgan 408
— Mitentscheidung 61
— Kontrolle der Verwaltung 447, 453, **460** f.
Parlamentarier
— und Gesetz 79
— Mehrheit 56
— sein Votum 90
Pars pro toto 88
Partei
— politische
    — im Gesetzgebungsverfahren 59
    — Wahlkampf am Fernsehen 144
    — Verhältnis zur Verwaltung 372
    — Gewaltmissbrauch 407
    — Einfluss auf die staatlichen Organe 408
— im Verwaltungsverfahren
    — ihre Rechte 182 ff., in der Aufsichtsbeschwerde 200, 209
    — bedürftige P. 185, 186
    — Gleichheit 199
Parteientschädigung
— Beschwerde gegen diesbezüglichen Entscheid 219
— für Vertretung 210
Partizipation
— beim Erlass von Nutzungsplänen 104
— im Planungsrecht 18
Partnerschaft
— in der Verwaltung s. dort
— zwischen Staat und Privaten 20 f., 25, 35, 38, 166
— zwischen Staat und Gesellschaft 61

Patent 436
— Entzug 267
Patient
— Verhältnis zum Spital 37, 107, 344
— Privatpatient 344
    — sein Verhältnis zum Chefarzt 345
Pensionskasse (Anspruch) 20, 264, **444**
— Schutz der Ansprüche auf Beiträge der P. 272
— und Eigentumsgarantie 275
Person, juristische
— Strafbarkeit 259 f.
Personalitätsprinzip
— im internationalen Verwaltungsrecht 44
Personalverband 399
Personengesellschaft 409
Personentransport 151, 439, s.a. PTT
Personalversicherung
— Streitigkeiten/Rechtsweg 225
Persönlichkeitsschutz
— im Anstaltsverhältnis 344
Petitionsrecht
— und Aufsichtsbeschwerde 209
Pflichtenheft
— des Amtes 404, 406
— der Verwaltung 24
Pflichtlagervertrag 30, 136
Pflichtverletzung
— und Widerruf einer Verfügung 236 f.
Plan 93 ff.
— Abänderung, nachträgliche 102, 239
— Abgrenzung zur Verfügung 11
— Auswirkung für den einzelnen 95
— beeinflussender P. 100
— Beschwerdeweg 218
— als Führungsinstrument der Regierung 419
— gesetzliche Grundlage 68, 102
— Gesamtplan 99
— gliedstaatlicher 99
— hoheitlicher 99
— informativer 100
— interner 101
— kommunaler 99
— Nutzungsplan 102
    — Partizipation beim Erlass 104 f.
— privater 99 f.

493

— ressortorientierter P. 99
— Rechtsnatur 102
— Regionalplan 429
— supranationaler P. 99
— Teilplan 99
— Verbindlichkeit 76, 99 ff.
— Vorwirkung 103
Planauflage
— im Enteignungsverfahren 295 f.,
 — Verzicht auf P. 297
Planung
— und Autonomie der Gemeinde 430
— und Demokratie 98
— und Entfaltung des Menschen 277
— Finanzplanung 419
— und Gesetz (planerische Funktion des Gesetzes) 61
— der Kantone im Gesetzesvollzug 380
— und Koordination 76, s.a. dort
— kurzfristige 99
— langfristige 99
— mittelfristige 99
— (nicht-)periodenbezogene 99
— politische 93
— Rechtsschutz 93, 95, **96**, 102
— ressortorientierte 99
— sektorale 99
— der Siedlungsentwicklung 277 f.
— und Verfügung 103
— innerhalb der Verwaltung 406, **419**
— in der Verwaltungsorganisation 369
— und Verwaltungsrecht 98
Planungsentscheid 93, 98, 105
— Beschwerde dagegen 93, 104, 105
— und Mehrwert 157
— Partizipation daran 105
Planungsmehrwert 157
Planungsrecht
— Autonomiebereich des Privaten 18
Planungsverwaltung s. Verwaltung
Pluralität
— in der Regierung 415
Polis 16

Polizei
— Autobahnpolizei 44
— Baupolizei 421
— Feuerpolizei 421
— Fremdenpolizei 127
— Gewässerpolizei 257
— Gewerbepolizei 132
— Gesundheitspolizei 421
— Ortspolizei 432
— repressive 26
— Schiessregelung 55
— Sittenpolizei 421
— Wirtschaftspolizei 421
Polizeiaufgaben 26
— in der Gemeinde 422/23
Polizeibegriff 113, 132
Polizeibewilligung 26, 146
Polizeigesetz 132
Polizeigewalt 142
Polizeigut 44
— Schutz 128 ff.
 — durch Konfiskation 285
 — durch Bauverbot 301
Polizeihoheit 44, 70
Polizeimonopol 437
Polizeirecht 4, 17
— Anzeige 209
— Haftung aus Unterlassung 319 f.
— klassisches P. 349
— Territorialitätsprinzip 44
— verfahrensfreier Verwaltungsakt 174
— Verkehrsanordnungen, Durchsetzbarkeit 228
Polizeischutz 132 f.
— durch die Gemeinde 421
— im Umweltrecht 364
Polizeiverwaltung s. Verwaltung
Pool
— im Versicherungswesen 444
Popularklage 193 f.
Pornographie 157
Positivismus 56
Post 28, s.a. Anstalt, PTT, Monopol, Konzession
— als Anstalt im Bereich der Monopolverwaltung 438 f.

Postregal 436
Postulate 461
Postulat Schürmann 207
Präjudiz
— und Ausnahmebewilligung 148
Prämie 158
— Motorfahrzeughaftpflichtprämie (Genehmigung) 180
Prärogative
— des parlamentes 449
— in der Gemeinde 431
Präsidialverfügung 206, 417
Praxis
— unbegründetes Abweichen 229
— und Ermessen 111
— gesetzwidrige der Verwaltung 65
— Kenntnis der Praxis 120
— langjährige als Rechtsquelle 69
Praxisänderung 111, 117
— und Revision 246
— — Wiedererwägung 246
— und Widerruf der Verfügung 238
Präzedenzfall 52, 53, 87
Preisbedingungen 81
Pressefreiheit 181
— Beschränkung durch präventive Kontrolle 257
— und PTT (Zeitungstransport) 439
Presseprivileg
— im Verwaltungsverfahren 181
Pressezensur 257
Primarschulwesen s. Schule, Bildungswesen
Primus inter pares 417
Privatautonomie s. Autonomie
Privater s.a. Eingriff, Subsidiarität, Staat
— Abhängigkeit vom Gemeinwesen 115, 122, 133
— Ausübung hoheitlicher Befugnisse 144
— Bindung an das Verwaltungsrecht 446
— Delegation von staatlichen Aufgaben an P. 445 f.
— als Enteigner 288 f.
— Rechtsverhältnisse mit dem Gemeinwesen 139 ff.
— Schutz gegen staatliche rechtswidrige Eingriffe 306 f.

— Schutz seiner Vermögensrechte durch Staatshaftung 311
Privatinteressen s. Interesse
Privatpatient s.a. Spital, Patient
— seine Leistungen an das Spital 342
Privatrecht
— Anwendung auf Anstalten 338, 342
— als Rechtsquelle 74
— und Staatshaftung 309, 314
— — Haftung des Staates nach P. 324 f.
— Übernahme privatrechtlicher Grundsätze ins öffentliche Recht 41 f.
— Unterstellung der Verwaltung unter das P. 40 f.
— Verhältnis zum Verwaltungsrecht 4, 7 ff., 16, **36**
— — in England 188
— — in Frankreich 188, 331
— — in der Schweiz 189
— und Vertrag im öffentlichen Recht 135
Privatwirtschaft
— und Verwaltung 368 ff.
Privilegien s. Anstalt
Produktionsmittel
— Vergesellschaftung 285
Produzentenhaftung 312
Prognosen 100
Pro Helvetia 159, 175, **434**
— und rechtliches Gehör 184
— Organisation 411
— Überprüfung ihrer Entscheide 201/02
Proporz
— im Beamtentum (Verwaltung) 372, 389, **392**
Prostitution
— und gesteigerter Gemeingebrauch 353
Protokoll
— im Enteignungsverfahren 296
Prozess s. Zivilprozess, Privatrecht
Prozessfähigkeit
— der Anstalt 410
Prozessökonomie
— bei Disziplinarentscheidungen 224
— und Kassation im Beschwerdeverfahren 204
— und Popularklage 194

495

Prüfungen
— Anfechtbarkeit 120, 344
— unter Verletzung der Ausstandspflicht 232
— Beschwerdeweg 218
— Widerruf des Entscheides 237, 240
— des Schweizerischen Elektrotechnischen Vereines 445
— Überprüfung 114, 120
— Verfahren 174
PTT s.a. Post, Eisenbahn, SBB, Anstalt
— Anstalt 121, 336
— Autonomie 410
— Bauten 45
— Haftung 325
— Kostendeckung 371
— Leistungsverweigerung 266
— Verwaltungsrat 410
Pulverregal 436

Q

Qualitätsprämien 61, 110
Quartierplan s.a. Abänderung, Plan
— Abänderung 239
Quelle
— Nutzung 346, **359**

R

Radio
— Gebühren s. dort
Radioempfangskonzession 440
Radiosendekonzession 151
Radio- und Fernsehgesellschaft
— Konzession 152
— partnerschaft Privater/Staat 21
— Programmverbreitung 152
Ratio des Gesetzes 89
Rationierung 30, 150
— bei Rohstoffverknappung 330
Raumplanung 99
Raumschiffökonomie, Denken der 349

Realersatz
— bei der Enteignung 287/88, 296
— im Landumlegungsverfahren 287
Rechnung 230
— Computerrechnung 240
— Leistungsverweigerung bei Nichtbezahlung 266
— Rentenrechnung 240
— als vollstreckbare Verfügung 252
Rechnungsfehler 240
Rechnungshof 413 f., **454**
Rechnungswesen
— der staatlichen Organisationen 411
— PTT und SBB 438
Recht
— angelsächsisches 17, 36, 53
— demokratisches; Verminderung durch Zweckverbände 429
— Einheit des Rechts 178
— intertemporales 47
— objektives **194**, 196, 199
— **öffentliches**
— Unterschied zum Privatrecht 16 ff., **35 ff.**
— in Frankreich 331, s.a. Privatrecht, Verwaltungsrecht
— Schutz durch Eigentumsgarantie 275
— Schutz des Verfügungsrechts 274, Beschränkung des Verfügungsrechts 299
— Schutz des Nutzungsrechts 274, 278, Beschränkung des Nutzungsrechts 299
— subjektives 194 f., 199
— unverzichtbares und unverjährbares 231
— Vermögensrechte unter Eigentumsgarantie 275
— **wohlerworbenes R.** 47, 238
— Entschädigung für Entzug 240
— bei Konzession/Sondernutzung 151, 347, 354
— zwingendes 65
Rechtmässigkeit s.a. Gesetzmässigkeit
— von Verfügungen und Amtshandlungen 312, 317

Rechtmässigkeit der Verwaltung, Grundsatz der 63 ff.
— und Widerruf der Verfügung 236
Rechtsanwendung 78
— Ziele 58
— auf den Einzelfall 82
Rechtsbegriff, unbestimmter 112 ff.
— Beurteilungsspielraum s. dort
— und öffentliches Interesse 291
— Überprüfung durch das Verwaltungsgericht 221
Rechtserzeugungsquellen 69
Rechtsfähigkeit
— von Organisationen 410 f.
— der SBB und PTT 438
Rechtsfolge 112
Rechtsfrage 120
— Abgrenzung zu den politischen Wertungen des Gesetzgebers 292
— Abgrenzung zur Ermessensfrage 12
— Rechtsfrage/Sachfrage 182, 228
— Rechtsfrage/Tatfrage im Verwaltungsgerichtsverfahren 222, 228/29
Rechtsgleichheit s.a. Gleichheitssatz
— und Delegation von Kompetenzen 377
— im öffentlichen Dienstrecht 388
— und Ermessen 118
— bei Gebühren 342
— und Gesetz 53, 59, 60
— im kant. Gesetzesvollzug 379
— beim besonderen Rechtsverhältnis 126
— im Staatshaftungsrecht 312
— in der Vollstreckung des Verwaltungsrechts 256
— und Weisungen 118 f.
— und Widerruf der Verfügung 234
— bei Zulassung zu einer Anstalt 340, 344 f.
— und Zuständigkeit 176
Rechtsgrundsatz, allgemeiner 70, 168
Rechtshilfe
— des Kantons an den Bund 45
Rechtshilfeabkommen 44
Rechtskontrolle 428

Rechtskraft
— der Gesetze 46
— einer Rechnung 230
— der Verfügung 207, 235, formelle 245
— des verwaltungsgerichtlichen Urteils 242
Rechtsmittel
— bei Baubewilligung 12
— des Nachbarn 12
— ordentliches 245
Rechtsmittelbelehrung 185 f., 230
— Fehlen 247
Rechtsordnung 69, 85
Rechtspflege
— unentgeltliche 210
— Verweigerung 193
— durch die Exekutive 416
Rechtsprechung
— verwaltungsinterne/Verwaltungsgericht 214
Rechtsquelle 69 ff.
Rechtsschutz 19, 39, 67
— in der Anstalt 344
— Ausbau 190, 310
— und Fiskus 189
— historische Entwicklung 187 ff.
— durch das Gesetz 55
— im Gesetzesvollzug durch die Kantone 379 f.
— öffentlich-rechtlicher/privatrechtlicher 15, 200
— und Planung 93, **96**
— bei Rechnungsstellung durch die Verwaltung 252
— Rechtsschutzsystem im Verhältnis zur politischen Verwaltungskontrolle 447
— im Sozialversicherungsrecht 225
— und Staatshaftung 310
— und Verfügung 143, 174, **187** ff.
— in der Verwaltung 187 ff.
— und Weisung 119
— im Wohlfahrtsstaat 17, 137
Rechtssetzung
— Mitwirkung durch die Exekutive 416
— durch Private 445 f.
— richterliche 44

Rechtssicherheit, Grundsatz der
— durch Gesetz 59
— als Rechtswertungsquelle 69
— bei Rückwirkung 47
— und Verfügung 143
— bei Widerruf der Verfügung 234
— und starre Zuständigkeitsordnung 374
Rechtsstaat
— und Ermessen 114
— und Gesetz 59 ff.
— liberaler 17
— und Verwaltungsgerichtsbarkeit 216
— auf Zeit 127
Rechtsstaatlichkeit, Grundsatz der
— und Ermessen 60, s.a. Staat, Rechtmässigkeit, Gesetz
Rechtssicherheit
— bei nichtigen Verfügungen 232
Rechtsverhältnis
— **besonderes** 107, **121** ff.
— Gesetzmässigkeit, Grundsatz der, s. dort
— und Grundrechte 126 f.
— Rechtsschutz 34
— und Verfassung 70, 71
— Zweck 124 f.
— Dauerrechtsverhältnis 47
— zwischen Gemeinwesen und Privaten 139 ff.
— in der Rekrutenschule 3
Rechtsverletzung 120
— durch Unverhältnismässigkeit 229
— durch Willkür 229
Rechtsverordnung s. Verordnung
Rechtsverweigerung
— Beschwerde wegen R. **208** f.
— und Staatshaftung 319
— beim Zutritt zu einer Anstalt 341
Rechtsverzögerung
— Beschwerde wegen 208 f.
— Entschädigung wegen 209
Rechtsweg 37
— privatrechtlicher/öffentlichrechtlicher 199 f.
Rechtswertungsquellen 69
Redaktor
— Zeugnisverweigerungsrecht 181

Referendum 53, 72
— und Finanzentscheid 244
— im Finanzwesen 451
— in der Gemeinde 431 f.
— und Gesetzesformulierung 90
Referendumsdemokratie 91
Reformatio in melius 204, 222
Reformatio in peius 204, 222
— s.a. die jeweiligen Beschwerdemöglichkeiten
— im Abgaberecht 222
Regal 436 f.
Rechtswidrigkeit s.a. Widerrechtlichkeit
— von Handlungen der Verwaltung 63
— von Verfügungen 228, 231
— nachträgliche Abänderbarkeit 236
Regierung s.a. Exekutive, Legislative, Parlament
— Abberufung 413
— ihre Aufgabe 369
— Unterstellung unter das Verwaltungsgericht 213/214, 218/219
Regierungskonferenz 97, 162
Regierungskontrolle 214, s.a. Verwaltungskontrolle, Parlament
Regierungsorgan 416
Regierungspolitik
— Richtlinien 419
— Koordination mit der Finanzplanung 453
Regierungsrat
— als Kollegialorgan 408
— Stellung 413 ff.
Regierungsstatthalter 428
Regierungssystem 447, s.a. Verwaltungsrecht
Regierungstätigkeit 416
Regio Basiliensis 99
Region
— Begriff 430
— Förderung 28, 30, 93, 159
— Schutz der 430
Regionalplan 429, s.a. Plan
Regionalplanung 99, 430
Regionalplanungsgruppe 100
Regionalverband 423, 424, **429** f.

Reglement
— der Gemeinde 74
— des Schweizerischen Elektrotechnischen Vereines 445
Reklame, übermässige 130
Rekrutenschule
— Rechtsverhältnis 3
Rekurskommission 190, 212
— der ETH/Verfahren 223
— interne 67
— der Universität Freiburg 264
Religionsfreiheit 205
Rente
— Anspruch 59, 158
— Eröffnung der Verfügung durch Computer 230
— Indexierung 275
— Rückerstattung 240
Repräsentativorgan 406
Requisition 285
Res iudicata
— und abstrakte Normenkontrolle 215
Resozialisierung 124
Revision (s.a. Wiedererwägung, Widerruf) 48, **207** f., 245, 247
— bei der Verletzung der Ausstandspflicht 176, 201, 207, 230, 232
— Entscheid über R. 144
— Pflicht zur R. 237
— auf Grund der Praxisänderung 246
— bei der Verletzung des rechtlichen Gehörs 230
— des verwaltungsgerichtlichen Urteils 242
Revers 164
Rezession
— Eingriff in die Wirtschaft 274
Rheinschiffahrt, Kommission für die 44
Richtlinie s.a. Verwaltungsverordnung
— in der Planung 100
— der Regierung 94, 99, 417, **419**
— Koordination mit der Finanzplanung 453
Richtplan 101
— Richtplanung im Bodenrecht 278
Rodungsbewilligung 9, 109, 117, 147, 162, 277
Rohrleitungsanlagen 153, 154

Rohstoffe
— internationale Abhängigkeit 272
— sparsame Verwendung 30, 150
— Verknappung 330
Rückgriff
— des Staats gegen den Beamten 326
Rückforderungsrecht
— aus Enteignung 289, 298, 335
Rückwärtsmethode 294
Rückwirkung
— von Gesetzen 46 ff., 53
— bei Gesetzesänderung 238

S

Sache
— Nutzungs- und Verfügungsmöglichkeiten 329
— **öffentliche Sache 333** ff.
— im Gemeingebrauch 346 ff.
— in gesteigertem Gemeingebrauch 346 f., s.a. Strassenrecht, Gewässer, öffentliches
— Haftung des Staates 330
— in anstaltlicher Nutzung 336
— Nutzung 333, 346 ff.
— Sondernutzung 347
— Schutz der Rechte an beweglichen S. 372
Sachenrecht
— öffentliches 329 ff.
— privates, Unterschied zum öffentlichen S. 189, **329** ff.
Sachherrschaft
— im öffentlichen Recht 269 ff.
— beim Wasser 356
Sachlage
— Abklärung 116
Sachplanung s. Planung
Sachsenspiegel 356
Sachverhalt
— Beurteilung 228, falsche 234
— Dauersachverhalt 47
— Feststellung 42, 178, 179, falsche F. 228
— in der Gesetzanwendung 83
— und Verfügung 144

Sachverständiger
— Gutachten 182
— zuhanden des Bundesrates 416
— zuhanden der parlamentarischen Kommissionen 456, 460
Satzregal 436
Sanktion s.a. Massnahmen
— gesetzliche Grundlage 67
— in der Verwaltungskontrolle 380 ff.
Satzung, autonome
— von öffentlichen Anstalten 69
— der Gemeinden 74, 424
Säule, Zweite 444,
s.a. Vorsorge, berufliche
SBB s.a. Eisenbahn
— als Anstalt im Bereich der Monopolverwaltung 438 f.
Schaden s. Schädigung, Haftung, Staatshaftung
Schädigung
— durch den Staat **285** f.
— schädigende Handlung des Staats und zivile Gerichtsbarkeit 189,
s.a. Staatshaftung, Haftung, Beamtenhaftung
Schallschutzmauer 355
Schätzungskommission
— im Enteignungsverfahren 295, 296 f.
— Verfahren vor S. 174
Schätzungsorgane
— Verfügungen/Beschwerdeweg 219
Schiffahrt 359
Schiffsanlegestelle 151
Schlachthof 121
— Monopol 436
— im Verwaltungsvermögen 336
Schluss e contrario 88
Schluss vom Grossen auf das Kleine 88
Schluss vom Kleinen auf das Grosse 88
Schneeräumung 325, 333
Schuld s. Verschulden
Schuldbetreibung 252
— gesetzliche Grundlage 250

Schule 28, 443, s.a. Universität, Hochschule, Bildungswesen
— als staatliche Aufgabe 8
— als Anstalt 336 f.
— Primarschulwesen 443
— als private Schule 334, 443
— als öffentliche Sache 334
— Recht auf unentgeltlichen Schulunterricht 338
Schulhaus
— Errichtung im öffentlichen Interesse 291
Schulpflege 443
— der Gemeinde 421
Schulpflicht 142, 158
Schulverwaltung 67, 142
Schulrat, schweizerischer 205, 343
Schulwesen
— Beschwerdeweg 218
— in der Gemeinde 422
— kantonales 205
Schusswaffe 55
Schutz s.a. Eingriff, Rechtsschutz, Polizeirecht
— diplomatischer S.
— Verfügungen auf diesem Gebiet/Beschwerdeweg 218
— des Privaten gegen staatliche, rechtswidrige Eingriffe 306 f.
Schutzwald 109
Schwabenspiegel 356
Schwangerschaftsabbruch 408, 414
Schwarzmarkt 150
Schweigen, qualifiziertes 92
Schweizerische Bundesbahnen
s. SBB, Eisenbahn
Schweizerischer Elektrotechnischer Verein 445
Schweizerischer Ingenieur- und Architektenverein 446
Schweizerischer Nationalfonds
s. Nationalfonds
Schweizerische Rundfunkgesellschaft (SRG) s. Anstalt, Monopol
Schwimmbad 11
See 356
— private Rechte daran 329 f.
— Nutzung 330, 346

Seilbahn
— Konzessionserteilung 114, 120, 440
— Überprüfung der Konzession 202
— Unfall 306
Selbstanzeige 260
«Self-executing»-Norm 72
Sicherheit s.a. Polizei(recht)
— Begriff 113
— des Landes, Beschwerdeweg 218
— im Strassenverkehr/Haftung 316
Sicherheitsleistung
— Verfügung auf S./Vollstreckung 252
Sicherheitspolitik 166
Siedlungsgebiet 87, 95, **277**
— Dekonzentration 95
Siedlungsentwicklung 95, 277 f., 423
— durch das Gewässerschutzgesetz 300
Signalisation 102
Sistierung des Verfahrens
   s. Wirkung, aufschiebende
Sittlichkeit 113, 128/129
— Schutz durch Strafrecht 258
   — mittels Konfiskation 285
Soldat
— seine Rechtsstellung 107, 121
— Soldatenausbildung
   — Zweck 124 f.
Soldatenrecht 388
— Disziplinarrecht 122
— gesetzwidrige Dienstbefehle 394
Solidarität 69
Sondernutzung 347
— Gebühren 345
— der Gewässer 279, 331, **358** f.
— Sondernutzungskonzession 437
Sonderopfertheorie
— im Enteignungsrecht 299, **300** f.
— und Staatshaftung 312, 323 f.
Sonderrechte
— im Anstaltsverhältnis 344 f.
Sondersteuer s. Steuer
Sonntagsfahrverbot 147
Souveränität 43
— Berufung darauf in der Verwaltung 405
— und Völkerrecht 73
Sozialpflichtigkeit (des Eigentums)
   273, 277, **302** f., 335

Sozialrecht
— als Grundrecht: Staatshaftung für Unterlassung von Handlungen in diesem Bereich? 320
— Sozial(versicherungs)recht: Verfügungen im Bereich der S. 158 f.
Sozialstaat 18, 28, 93, s.a. Staat, Privater, Abhängigkeit
Sozialversicherungsrecht
   s.a. Sozialrecht, Ausgleich, sozialer
— Schutz der Ansprüche aus S. 272
— Rechtsschutz und Beschwerdeverfahren 224/25, 380
— Staatsaufgabe 443
— Umfang 3
— Vergesellschaftung des Eigentums 273
Sozialverwaltung s. Verwaltung
Sparmassnahmen 150
Spezifizität, Grundsatz der 452/453
Spielplatz
— Pflicht zur Errichtung 162
Spital
— als Anstalt 122, 336 f.
— als staatliche Aufgabe 8, 28
— als Enteigner 289
— Haftung 319
— Nutzungsordnung 338, 344
— Patient 37, 344
— Rechnung 252
— als öffentliche Sache 334
— Zulassung 339 f.
Sport
— als staatliche Aufgabe 8
Sprache
— des Gesetzes 78 ff.
— Umgangssprache 84
— der Verfügung 185
Sprachgebrauch, allgemeiner 84, 85
Sprungrekurs 201
Staat s.a. Privater
— Gegensatz zur privaten Gesellschaft 36
— Gewährleistung der privaten Autonomie 18
— als Grundeigentümer 277
— liberaler 4, sein Menschenbild 271
— Nachtwächterstaat 271
— Obrigkeitsstaat 19, 36, 40

501

Sachregister

— Schutz der Sicherheit des Staates
  durch Strafrecht 258
— Staatsgebiet 45
— totalitärer 4, 17
— als Teilhaber am
  Wirtschaftsleben 272, 274
— Trennung von Gesellschaft 36
— Verzahnung mit der Gesellschaft 444
Staatsführung 407
Staatshaftung s.a. Staats- und
Beamtenhaftung
— für falsche Auskünfte 168
— bei Eingriffen in persönliche Rechte 301
— und Enteignung 285 f.
— des Kantons für gewerbliche
  Verrichtung 40, 189
— des Kantons für den Vollzug
  der Bundesgesetze 321
— für mangelnden Polizeischutz 132
— bei öffentlichen Sachen 330, 348
— nach Privatrecht 40, 324 f.
Staats- und Beamtenhaftung 305 ff., 319 f.,
  s.a. Beamtenhaftung, Staatshaftung
— Begriff 320 f.
— dienstliche Verrichtung 321 f.
— Grundsätze 310 ff.
— historische Entwicklung 309 ff.
— Haftungssysteme 313 f.
— Haftung des Beamten gegenüber
  dem Staat 326
— Kausalzusammenhang 322
— für rechtmässige Handlung
  307, 316, **323** f.
— für rechtswidrige Handlung 307, 315 ff.
— Schaden 314
— Verschulden 323
Staatsnotstand 408
Staatsrechnung 449, 454, **457**
Staatssekretär 418
Staatstreue 249
Staatsvertrag
— Kollision mit dem Gesetz 72
— als Rechtsquelle 69, 71
Staatswille 375
Stabilität
— in der Regierung 415

Stabsorgan 407
— des Bundesrates 413
— die Finanzkontrolle 454
— im kollegialen Führungssystem 373
Stabsstelle 416, **418**, 455
Standesbewusstsein
— Durchsetzung 264
Status negativus 353
Stauanlage
— Erstellung durch die Gemeinde 421
— Kompetenzen 360
Stellenplan 369, 406
Stempelgebühr s. Gebühr
Steuer 27, **155** ff., s.a. Abgabe, Gebühr
— Alkoholsteuer 156
— direkte St. 155
— Gemengsteuer 27
— indirekte St. 155
— konfiskatorische 275
— Mehrwertsteuer 155, 157
— Motorfahrzeugsteuer 27, 156
— prohibitive 275
— Sondersteuer 156
— Tabaksteuer 155 f.
— Verkehrssteuer 155
— Vorzugslast 27, 157
— Warenumsatzsteuer 155
— wirtschaftslenkende St. 157
Steuerbefugnis
— der Gemeinde 427 f.
Steuererklärung
— Ausfüllung 167
— Einreichung 180
— und Strafrecht 261
Steuerfuss
— Genehmigung 428
Steuerhinterziehung 258
Steuerhoheit
— Bund/Kanton 155, 450
— der Gemeinde 427
Steuerpflicht 142
Steuerprogression 56, 155, 311
Steuerrecht
— Doppelbesteuerung 44
— Eröffnung von Verfügungen
  durch Computer 230
— anwendbares Recht 44

502

— Steuer auf Bundesvermögen 45
— Vereinbarungen 64
Steuersatz 159
— gesetzliche Grundlage 450
Steuerstrafrecht 261
Steuerveranlagung 142
— begünstigende 200
— nichtige S./ungerechtfertigte Bereicherung 327
— rechtswidrige 244
— Revision 238
— als formelle Verfügung 252
Steuerveranlagungsverfahren 174, 180
Stiftung, öffentlich-rechtliche 175, 411
— als sachliche Dezentralisation von Verwaltungsaufgaben 378
— im Subventionswesen 434
Stiftung, privatrechtliche 41, 175, 411
— Übertragung von öffentlichen Aufgaben auf S. 411
— im Subventionswesen 434
Stimmberechtigter
— in der Gemeinde **430** f.
Stimmbürger
— in der Gemeinde 430
— und Gesetz 79
— Mehrheit 56
Stipendium 30, 115, 434
— Anspruch 158
— gesetzliche Grundlage 68
— Stipendiengesetz 61
Störer
— zwangsweise Abführung 254
Störerprinzip 130
Strafandrohung 254
— gemäss Art. 292 StGB: 254 f.
Strafbehörde
— Bindung an die Verwaltung 254
Strafe s.a. Massnahme, Verwaltungsstrafrecht
— gemäss Art. 292 StGB: 254 f.
— bedingte 260
— und Disziplinarmassnahme 265 f.
— keine Strafe ohne Gesetz 46
— bei Missachten von Verwaltungsvorschriften 26

— Strafzumessung 260
— Umfang 114
— im Verwaltungsstrafrecht 259, 261
— Zuchthausstrafe 258
Straffähigkeit
— der juristischen Person 260
Strafgefangener
— Eingriff in seine Freiheit: Haftung des Staates 317
Strafgericht
— Zuständigkeit im Verwaltungsstrafrecht 262
Strafrecht
— Unterschied zum Verwaltungsstrafrecht 258, 260, 261
— Unterschied zum Disziplinarrecht 263, 265/66, s.a. dort
Strafuntersuchung im Verwaltungsstrafrecht 260
Strafurteil
— Bindung der Verwaltung daran 178
Strafverfolgung 44
— gegen Beamte 397
— wegen Ungehorsams 254 f.
   — gesetzliche Grundlage 250
— Verfügungen auf diesem Gebiet/ Beschwerdeweg 219
Strafverfügung 262
Strafvollzug 123
— Eingriff in die Persönlichkeit/Haftung des Staates 315
Strasse
— Finanzierung 156
— Immissionen 290, 332
— Natur 4
Strassenbau 142
— durch die Gemeinde 442
— als Tathandlung der Verwaltung 319 (Haftung) 325
Strassenerschliessung 280
Strassenhoheit 350
Strassenplan 102, 142
Strassenpolizei 26

Strassenrecht 349 ff.
— Anstösser, Rechtsstellung 351
— Beschwerdeweg 218
— Recht auf Erstellung der Strasse? 352
— Gemeingebrauch 131, 346, **350** ff.
— gesteigerter Gemeingebrauch 352 f.
— Nachbarrecht 354 f.
— Sondernutzung 354
— Widmung 354
Strassenunterhalt 28, 156
— durch die Gemeinde 422
— Zumutbarkeit/Haftung für S. 325, 333
Strassenverkehrsgesetzgebung
— Kompetenz 350
Strassenwesen
— als staatliche Aufgabe, 8
— Haftung wegen mangelnder Sicherheit 316
Streikverbot 393, 395 f.
Streubauweise 277
Strukturpolitik 29
— durch Gesetzgeber 56, 57
— Massnahmen 133
Student
— disziplinarische Entlassung 263, 343
— Disziplinarrecht 264
— Freiheit des S. 66
— Rechtsstellung 121, 344
Studentenschaft
— Autonomie/Legitimation zur Beschwerde 198
— als Organisationsart 409
Subdelegation s. Delegation
Subjektionstheorie 38
Subjektstheorie 38
Submission
— Beschwerdelegitimation 200
— Submissionsordnung 135
Subsidiarität, Grundsatz der 444
— im Polizeirecht 131 f., 133
— im staatlichen Wirtschaftssystem 273/74
— der Staatsaufgaben 395
— im Versicherungsrecht 444

Subvention 432 ff.
— Anfechtung 159, 218
— Anspruch 101, 158
— Auflage/ungerechtfertigte Bereicherung 327
— und Ermessen 158 f., 434
— und Finanzplanung 95, 159
— als Gestaltungsverfügung 161
— gesetzliche Grundlage 68, 115, 133
— in der Landwirtschaft 115
— als Mittel der Lenkungsverwaltung 30
— und öffentlich-rechtlicher Vertrag 133, 135, 159
— Rechtsnatur 159
— Zweck 159
Suspension
— von Ausgaben 455
Suspensiveffekt s. Wirkung, aufschiebende
SUVA 444
— ihre Angestelltenordnung 391, 411

T

Tabaksteuer s. Steuer
Tarif
— der Anstalten 342, 410, **438**
— Beschwerdeweg 218
— der Eisenbahn 151, 341, 410, **438**
— gesetzliche Grundlage 67
— und Konzession 151
— der Post 410, 438
— des Spitals 345
— für Telephonverbindungen 59, 60
Tarifhoheit (in der Anstalt) 410, **438**
Tatbestandsermessen s. Ermessen
Tatfrage 129
— und öffentliches Interesse 291
— Unterschied zur Rechtsfrage 228
— im Verwaltungsgerichtsverfahren 222
Tathandlung der Verwaltung
— Haftung dafür 319
— s.a. Amtshandlung, Staatshaftung
Tausch
— Privater — Staat 284
Taxibewilligung 168

Taxistand 117
— Konzession 354
Teilplanung s. Planung
Telephon s.a. PTT, Tarif
— Abonnement 152
— Gebühren 342
— Rechnung 230, 252
— missbräuchliche Verwendung 266
Territorialitätsprinzip
— im Polizeirecht 44
Terrorismus 131
Tertium comparationis 88
Teuerungszulage 238
Tourist/Tourismus 104, 423
Trägerorgan 406
Traktandenliste 408
— im Bundesrat 417
— in der Gemeinde 431
Transport(wesen)
— Konzessionen 439
— von Militärpersonen 439
— Zeitungen durch die PTT 439
Treibstoff 30, 153
Treueverhältnis s.a. Beamte, Dienstrecht
— des Bürgers zum König 121
Treu und Glauben, Grundsatz von 34, 42, **117**
— bei Auskünften der Verwaltung 166, 241
— und Ermessensentscheide 120
— im Geschäftsverkehr 113, 128
— in der Planung 102 f.
— bei gesetzwidriger Praxis 65
— als allgemeiner Rechtsgrundsatz 70
— in der anstaltlichen Nutzung öffentlicher Sachen 338
— und Verfügung 103, 161, 185
— Verhältnis zum Grundsatz der Gesetzmässigkeit 167 f.
— im öffentlich-rechtlichen Vertrag 136
— s.a. Widerruf der Verfügung
Trottoir
— Bewilligung zur Benutzung 118
— — durch Restaurant 118, 353

U

Übergangsbestimmung
s. Recht, intertemporales
Übernahme
— privatrechtlicher Grundsätze ins öffentliche Recht 41 f.
— von staatlichen Aufgaben durch Private 445 f.
Überprüfung
— von Abgabeverfügungen 119, durch das Bundesgericht 221/22
— von Disziplinarentscheidungen 119, 264. 397
— von generell-abstrakten Erlassen 56
— — akzessorische Ü. 160
— — a.Ü. der Gemeindeautonomie in der staatsrechtlichen Beschwerde 427
— des öffentlichen Interesses durch das Bundesgericht 291
— von Ermessensentscheiden der Verwaltung 108, 119, 201 f.
— — durch das Verwaltungsgericht 119, 120, 214, **221** f.
— — durch den Bundesrat 120, 201
— — bei Nichtwiederwahl eines Beamten 399
— von Entscheidungen der Regierung durch das Verwaltungsgericht 213 ff.
— von unbestimmten Rechtsbegriffen durch das Verwaltungsgericht 221
— von Verordnungen bei der abstrakten Normenkontrolle 215 f.
— von (Maturitäts-)Prüfungen 109
— der Verweigerung der Aufenthaltsbewilligung durch das Bundesgericht 127
— vorfrageweise Ü. der Gemeindeautonomie in der staatsrechtlichen Beschwerde 427
— von Werturteilen 9
— der Zweckmässigkeit durch die Regierung 109, 214

Überprüfungsbefugnis 168/69
— des Bundesgerichts
 — bezüglich der Gesetzmässigkeit von Verordnungen 76, 86
 — bezüglich Verfassungsmässigkeit der Bundesgesetze 58, 86
— des Bundesrates im Verwaltungsverfahren 109
— der Rekurskommissionen 190
— des Versicherungsgerichts 224
— des Verwaltungsgerichts 112
— beim Tatbestandesermessen 113
Überschallknall 306
Überschwemmung
— Frondienst 27
Übertragung
— von Ermessensbefugnissen 114, s.a. Ermessen
— von Verwaltungsaufgaben
 — auf Private 175, 378, 436, **445**
 — auf Verein 409
 — im Bereich der Monopole 436
— von Zuständigkeiten s. Zuständigkeit
Übertretung 255, **259**
— verwaltungsrechtlicher Übertretungstatbestand 259, 261
Ufer
— Betreten des U. 358 f.
Uferanstösser 358
Umlageverfahren
— in der Sozialversicherung 20, 273, 444
Ultra vires posse nemo obligetur 339
Umverteilung
— im Mieterschutz 302
— Pflicht des Staates 311
Umwelt
— als Polizeigut 364
— als öffentliche Sache 330 f.
Umweltschutz 10
— in der Gemeinde 422
— gesetzliche Grundlagen im Luftrecht 363
— Haftungsprobleme 348
— im öffentlichen Interesse 291
— Lenkungsmassnahmen 29
— Umgebungsschutz 363
Umweltgestaltung 93

Unangemessenheit s.a. Verhältnismässigkeit, Ermessensfehler
— als Beschwerdegrund 201
— vor Versicherungsgericht 224
Uneinigkeit
— in politischen Fragen 59
Unfallverhütung 116
Unfallversicherung 3, **444**, s.a. SUVA
Ungehorsam
— Strafverfolgung wegen U. s. dort
Ungerechtigkeit 92
Uniform, Tragen der 75
Universität
— als Anstalt 337, 410
— Autonomie 198, 410, 426
— Disziplinarrecht 264
— Gründung 99
— Mitbestimmung 410
— Numerus clausus 339 und Staatshaftung 320
— Organisation 410
— Verwaltung 66
— Zulassung 339 f.
Unterlassung
— Staatshaftung aus U. 319 f.
— Staatshaftung wegen legislatorischer U. 320
Unternehmung, gemischtwirtschaftliche
— als sachliche Dezentralisation von Verwaltungsaufgaben 378
— als Enteignerin 288, 289
— in der Monopolverwaltung 439, 442
— als Organisationsmodell 11, **439**
Unternehmung, multinationale 4/5, 18
Unterrichtserteilung 142
Untersuchung
— strafrechtliche im Verwaltungsstrafrecht 260, 262
— im Diziplinarrecht 265, 397
Untersuchungshaft 123
Untersuchungskommission
— des Parlamentes 396, **460**
Untersuchungsmaxime
 s. Inquisitionsmaxime
Unverhältnismässigkeit
 s. Verhältnismässigkeit

Unzuständigkeit s.a. Zuständigkeit, Revision
— Folgen 175 f.
— für die Verfügung 230
Unzweckmässigkeit 119/120, s.a. Zweckmässigkeit
— der Verfügung 229
Urkundendelikt im Verwaltungsstrafrecht 260 f.
Urkundenfälschung 261
Urnenabstimmung
— in der Gemeinde 431, 432
Urteil 89
— Abänderung 241
— rechtswidriges/Staatshaftung 318
— im Vergleich zur Verfügung 241
— in der Vollstreckung 252
— vollstreckbares 228

V

Verallgemeinerung
— von Handlungen und Entscheidungen 56
— der Lebenserfahrung im Gesetz 53, 77
Veranlasser 130
Verantwortlichkeit
— des Staates für Schädigungen s. Staatshaftung
Verantwortlichkeitsklage 245
Verantwortung 112
Verbände 59
— und Gesamtarbeitsvertrag 77
— Stellung im politischen Entscheidungsprozess 104
Verbandsaufsicht
— des Bundes über die Kantone 378, 384
— Mittel dazu: 380 ff.
— und disziplinarische Massnahmen 384 f.
Verbandsbeschwerde 169, **196** ff.
— in der Planung 104
Verbandsfreiheit 446
Verbindlichkeit
— von Plänen 99 ff.
Verbot mit Erlaubnisvorbehalt 146
— und präventive Kontrolle 256

Verbrauch
— Beschränkung 30, 156
— von Umweltgütern 93
Verein
— Übertragung von öffentlichen Aufgaben auf V. 409
Vereinbarung, vertragliche, s.a. Vertrag
— private, Beteiligung des Staates daran 446
— der Verwaltung mit dem Bürger 134 ff.
Vereinsfreiheit
— Beschränkungen 131
Verfahren 63
— bei der verwaltungsinternen Beschwerde 203 ff.
— im Disziplinarrecht 265
— Gegenstand des Gesetzes 53, 55
— Kosten/Beschwerdeweg 219
— rechtsstaatliches 172, 232
— in der Staatshaftung 314
— öffentlich-rechtliches Verfahren 13 ff.
— privatrechtliches Verfahren 13
— im Verwaltungsstrafrecht 262
Verfahrensmangel 64
— als Revisionsgrund: s. Revision
— Grund für die Staatshaftung 317
— bei der Verfügung 230, **171** ff.
Verfahrensrecht, formelles 12 ff.
— Bindung Privater an das staatliche V. 435, 445
— Bindung der Verwaltung daran 64
— Unterschiede im Verwaltungs- und Privatrecht 12 ff.
— Verhältnis zum materiellen Verwaltungsrecht 12, 172, 192
Verfahrensschutz 173
Verfahrensvorschriften
— des Bundes **173** ff.
— beim Erlass von Verfügungen **171** ff.
— und Ermessen 115, 116
— Geltungsbereich 173 ff.
— Nichtbeachtung 120, 127, 184, 207, im Vorverfahren der Verwaltungsgerichtsbeschwerde 229

Verfassung
— und Ausnahmebewilligung 148
— und Information 371
— als Interpretationshilfe 34
— Konkretisierung durch die gesetzliche Gewalt 24
— und Monopol 436
— als Rechtsquelle 69 ff.
— und Verwaltungsorganisation 368, 371
— als Zielsystem 70

Verfassungsgerichtsbarkeit
— gegenüber Bundesgesetzen 70, 71
— gegenüber Staatsverträgen 71

Verfassungsmässigkeit, Grundsatz der
— von Nebenbestimmungen der Verfügung 164
— der Verwaltung 70, 137

Verfassungsorgan 406

Verfassungsrecht
— Verhältnis zum Verwaltungsrecht 33 ff.
— und Zuständigkeitsordnung 33

Verfügung 139 ff., 143 f., s.a. Verordnung, Gesetz, Beschwerde, Verwaltungsakt
— Allgemeinverfügung 54; 102, 145
— Anfechtbarkeit der V. 243 ff.
— im Anstaltsverhältnis 344
— befristete V. 117
— Begründung 185 f.
— Dauerverfügung 237, Anpassung 238
— Eröffnung 176, **185** f.
— fehlerhafte 230, 247
— Enteignungsverfügung 157, 158
— fehlerhafte V. 64, **227** ff.
— Feststellungsverfügung 146, **159** f., 168
— Verfahren 174
— und abstrakte Normenkontrolle 215
— gesetzesfreie V. 107
— Gestaltungsverfügung 160 f.
— über persönliche Leistungen 158
— über Leistungspflichten 154 ff.
— in der Leistungsverwaltung 28
— und faktische Massnahme 306
— Nebenbestimmungen 162 ff.
— nichtige V. 64, 231 ff.
— Staatshaftung 318
— Planung 103
— privatrechtsgestaltende V. 339
— Prüfung der Rechtsmässigkeit 312
— Rechtsmittel gegen rechtswidrige V. 306
— Rechtskraft 207
— über Sachleistungen 157/58
— im Sozialrecht 158 f.
— Sprache 185, 230
— Staatshaftung auf Grund widerrechtlicher Verfügungen 317 f.
— Subventionsverfügung 159
— Unterschied zum Vertrag 11, 134, 143
— Vollstreckbarkeit **245** ff., 174
— Beschwerdeweg 219
— bei Verfügungen auf Geldzahlung 252
— Verfahrensverfügung 159 ff.
— Verfahren beim Erlass 171 ff.
— Vollstreckungsverfügung 144
— Widerruf 234 ff.
— Wiedererwägung 208, 245 f., s.a. dort
— Wirkungen 227 ff.
— gegenüber der Behörde 233 ff.
— gegenüber dem Privaten 242 ff.
— zustimmungsbedürftige 134, 393
— auf Zulassung zu einer Anstalt 339
— Zwischenverfügung 144, **162**
— aufschiebende Wirkung 245
— Anfechtbarkeit 193, 219, 227

Verfügungsbeschränkung
— über das Eigentum 299, 302 f.

Verfügungsmöglichkeiten
— an öffentlichen Sachen 329 f.

Verfügungsrecht s.a. Recht, Eigentumsbeschränkung
— Beschränkung 299

Vergesellschaftung
— des Eigentums 273
— der Produktionsmittel 285

Vergleichsmethode 294

Verhaltensstörer 130

Verhältnismässigkeit, Grundsatz der 34
— im Anstaltsverhältnis 345
— bei Ausübung des Ermessens 116 f.
— im Disziplinarrecht 264 f.
— bei der Enteignung 289 f., 296
— bei Entscheidungen 116, 120
— bei Gebühren 342, Anstaltsgebühren 345
— bei der Leistungsverweigerung 266

— bei Nebenbestimmungen der
  Verfügung 164
— im Polizeirecht 129 f., 133
— bei präventiven Massnahmen 257
— der Strafuntersuchung 260
— unverhältnismässige Interessenabwägung 229
— bei Vollstreckungsmassnahmen 251, 254
— bei vorsorglichen Massnahmen 245
— beim Widerruf allgemein 238
— beim Widerruf einer Verfügung wegen
  Pflichtverletzung 237
— eines Widerrufsvorbehaltes 236
Verjährung 41, 74, 92
Verkehrsbetrieb
— im Verwaltungsvermögen 336
Verkehrswert
— bei Enteignung 293 f.
Verkehrsanweisung
— Durchsetzbarkeit 228
Verkehrsplanung 93, 95
Verkehrsregel 26
Verkehrsregelung
— Massnahmen/Beschwerdeweg 219
— örtliche 145
Verleumdung
— bei Einbürgerung 184
Verminderung demokratischer Rechte 429
Vermittlung
— bei zivilrechtlichen Streitigkeiten 422
Vermögen
— unter Eigentumsgarantie 272
— Enteignung von V. im Abgaberecht 286
— Entschädigung für rechtmässigen
  Eingriff 324
— der Gemeinde 427
— Schutz des V. 272
  — durch Strafrecht 258
— Vergrösserung 271
— Vermögensbildung der Arbeitnehmer
  273
Vermögensverteilung 271
— Eingriffe in die V. 274
Vernehmlassung
— von Privaten in der Planung 105
— von Verbänden 104
Vernunft 69

Veröffentlichung der Gesetze 46
Verordnung 53, **75** ff.
— der Bundesanstalten 53
— des Bundesgerichts 53
— des Bundesrates 53, 416
— der Departemente 53
— auf Grund der Verfassung 75
— Überprüfung auf Gesetzmässigkeit 76
  — durch abstrakte Normen-
    kontrolle 215 f.
— des Parlamentes 53
— als Rechtsquelle 69, 75 ff.
— der kantonalen Regierung 75
— selbständige 75
— unselbständige 75 f.
— und Weisung 119
Verordnungsgesetzgeber 62
— Aufgabe 81
— Bundesrat 84, 416
Verordnungskompetenz
— des Bundesrates 84
— der Regierung 57, 58, 61, 62
Verpflichtungskredit 433, 434, 449, **451**
Verrechnung 42
Verrichtung
— dienstliche V.
  — Haftung des Staates für d. V.
    des Beamten 321
— gewerbsmässige
  — Haftung des Staates für g. V. 324
Verschulden
— im Disziplinarrecht 264, 265
— in der Staats- und Beamtenhaftung
  313, 314, 323
— im Verwaltungsstrafrecht 259, 260
Versetzung s. Beamte, Dienstrecht
Versicherung
— des Beamten 18
Versicherungsaufsicht 26, 180
— Beschwerdebefugnis 15
Versicherungsgesellschaft 442
Versicherungswesen 444 f.
— Beschwerdebefugnis 15
Versiegelung 254

Versorgung 279 f., 330
— mit Energie 149
— Engpass 30, 330
— mit Rohstoffen, internationale Abhängigkeit 272
Versorgungsrecht
— Kompetenzen 36
Verstaatlichung 285
Verteilung der Aufgaben
— zwischen den Gemeinden 422
Vertrag
— Anspruch auf Abschluss mit dem Staat 31
— Dauervertrag 124
— mangelhafter V. 227 f.
— **öffentlich-rechtlicher 38, 135** f.
   — und Privatrecht 41, 42
   — entgegen klaren Rechts 64
   — und Nebenbestimmungen der Verfügung 165
   — Enteignungsvertrag 296
   — und Subvention 133, 159
— **privatrechtlicher V. 135**
   — und Subvention 159
— im Steuerrecht 64
— Unterschied zur Verfügung 11, 227, 143
— Unterschied öffentlich-rechtlicher/ privatrechtlicher 37
— im Verwaltungsrecht 134 ff.
— auf Zulassung zu einer Anstalt 339
Vertragsverhandlungen 95
Vertrauen
— und Konzession 151
— in den Staat 216
— in die Verwaltung 216
   — Grundlage ihrer Autorität 372
Vertrauensprinzip s. Treu und Glaube
Vertrauensschaden
— Beurteilung 224
— Entschädigung 240, 242
Vertrauensschutz s. Treu und Glaube
Vertretbarkeit, Kriterium der
— bei Verfügungen 120
Verunreinigung
— des Wassers s. Gewässer

Verwaltung s.a. Organisations(recht), Gesetzmässigkeit
— Abgabeverwaltung 26, **27**
— Arten ihrer Handlungen 67 ff.
— Formen 141 ff.
— Pflicht zum Handeln 66
— Auswirkungen nach aussen 67
— Autonomie s. dort
— Bedarfsverwaltung 26, **30**
— Begriff 23 ff.
— Bindung an Entscheidungen des Zivil- und Strafrichters 178 f.
— Bindung an die Strafbehörden 254
— im Produktions- und Dienstleistungsprozess 28
— Eingriffsverwaltung 19, 20, **26**, 146
— Förderungsverwaltung 20, 105, 432
— und Gesellschaftspolitik 56
— ihre Handlung 20, 95
— hoheitliche 25 / nicht hoheitliche 25
— internationale 25
— interne 20, 31, 67, 107
— Initiative 66
— von Kapital 273
— Koordination s. dort
— Leistungsverwaltung 20, 26, **27**, 67, 92
   — als Rechnungstellerin 252
   — Leistungsverweigerung 266 f.
   — Organisationsformen **432** ff.
   — und Staatshaftung 309, **325** f.
— Lenkungsverwaltung 29
— Monopolverwaltung s. dort
— Organisation 55
   — im Ausland 55
— Partnerschaft zum Bürger 20, 21, 25
— planende Verwaltung 26, **28,** Verpolitisierung 105
— Polizeiverwaltung 17, 26, 146
— und Staatshaftung 309, 324
— privatrechtliches Handeln 40 ff.
— Übernahme privatrechtlicher Grundsätze 41, 42, 74, 92, 135
— Sozialverwaltung 20, 158
— Stufenordnung 25
— des Sozial- und Leistungsstaates 370
— ihr Schutzauftrag 20, 26
— Tathandlungen/Haftung 319

Sachregister

— Tätigkeit (Handlungsformen) 49 ff., 141 f.
— Unterschied zur richterlichen Gewalt 24
— Verhältnis zur Privatwirtschaft 368 ff.
— Verhältnis zur Verfassung 24, 25
— Verhältnis zum Verwaltungsgericht 108
— Vollzugsbefugnisse s. Vollzug
— wirtschaftslenkende Verwaltung 27
— Wohlfahrtsverwaltung
  — und Freiheit der einzelnen 435
  — durch die Gemeinde 422
— Zentralverwaltung 25
  — Organisation 412 ff.
  — Zuständigkeit im Subventionswesen 433 f.
— Zollverwaltung 30
Verwaltungsakt s.a. Verfügung
— dinglicher 347
— Lehre vom 19, 20
— verfahrensfreier 174
— Wesen 143
Verwaltungsanordnung
— und Verfügung 145
Verwaltungsbeschwerde s. Beschwerde, verwaltungsinterne
Verwaltungsdezentralisation 378 f.
Verwaltungsgebäude 335
Verwaltungsgericht(sbarkeit)
  s. **Verwaltungsgerichtsbeschwerde**
— historische Entwicklung 190
— Kompetenzausscheidung gegenüber dem Bundesrat 217 ff.
— und Regierung 213/14, 218/19
— Zuständigkeit 108
Verwaltungsgerichtsbeschwerde 211 ff.,
  s.a. Beschwerde [verwaltungsinterne], Überprüfung
— Abgrenzung gegen staatsrechtliche Beschwerde 379
— Abgrenzung zur verwaltungsinternen Beschwerde 220 ff.
— abstrakte Normenkontrolle 215 f.
— aufschiebende Wirkung 223
— auf Bundesebene im speziellen 126 ff.
— Beschwerdelegitimation 217,
  s.a. Beschwerde, verwaltungsinterne

— gegen die Enteignung 96
— bei Entschädigungsforderungen 223 f.
— Entscheidungsbefugnis 224
— Ermessensüberprüfung 221 f., 229, Rechtsfragen — Tatfragen 222
— Gegenstand 217 ff.
— Generalklausel 213
— Grundsatz der Enumeration 212
— und Gewaltenteilung 212 f.
— reformatio in peius vel melius 222
— Unabhängigkeit 213
— Unterschied Bundes-/kantonale Verwaltungsgerichtsbarkeit 212
— Unterstellung der Regierung 213 ff.
— Verfahren 223
— Vorprüfungsverfahren 222
Verwaltungsgerichtsbarkeit
— Ausbau 310
— und Staatshaftung 310, 314
Verwaltungskontrolle 447 ff.
— durch das Parlament 447, 453
  — in der Gemeinde 431
— durch das Verwaltungsgericht 312
Verwaltungsmassnahmen 381,
  s.a. Vollstreckung
Verwaltungsprivatrecht 25, 41, **338**
Verwaltungsrat
— der Anstalt 410
— der SBB und PTT 438
Verwaltungsrecht s.a. Verwaltung
— Begriff 24 ff.
— und Disziplinarrecht 263
— Komplexität 4
— Organisationsprobleme 10,
  s.a. Organisation
— und Regierungssystem 5
— schweizerisches 5
— territoriale Geltung 43 ff.
— Übernahme von privatrechtlichen Grundsätzen ins V. 41 f.
— Unterschied zum Privatrecht 4, 7 ff., 31, 41, 42, 74
  — in England 188
  — in Frankreich 188
  — in der Schweiz 189
— Unübersichtlichkeit 26
— Verhältnis zum Zivil- und Strafrecht 178

511

Sachregister

— Verhältnis zum Verfahrensrecht 12, 192
— Verhältnis zum Verfassungsrecht **33** ff.
— Vollstreckung 26, 45, s.a. dort
— zeitliche Geltung 46 ff.
Verwaltungsrechtslehre
s.a. Verwaltungsrecht
— liberale 19
Verwaltungsrechtspflege
— des Bundesrates 416
Verwaltungsstrafrecht 258 ff.
— des Bundes 259 ff.
— Unterschied zum Disziplinarrecht 263
Verwaltungstätigkeit 49 ff., 141 f.
Verwaltungsverfahren 173 ff., 249
— Abgrenzung zur verwaltungsrechtlichen Klage 319
— Ausbau 310
— in den Kantonen 183
— im Sozialversicherungsrecht 225
Verwaltungsverfügung s. Verfügung
Verwaltungsvermögen 336
— im Gegensatz zum Fiskus 189
— der Gemeinde 422
Verwaltungsverordnung, interne 54, 55, **76,**
s.a. Weisung
— Beschwerde dagegen 76
Verwaltungsvorschrift
— Folgen bei Verletzung 256
— Strafe bei Übertretung 26
Verwaltungszwang 252 ff.
— bei Elektrizitätswerken 37
Verweigerung einer Leistung
— als Aufsichtsmittel innerhalb der Verwaltung und zwischen Bund und Kantonen/Gemeinden 383
— durch den Staat 266 f.
Verweis 219, 264
Vielparteienstaat 407
Villenzone 94
Völkerrecht
— Geltung 72, 73
Volk
— und Gesetz 143
— und Gesetzesverständnis 90
— Mitentscheidung 61, in der Planung 98
Volksabstimmung 58, 78

Vollstreckung
— von Auflagen 163
— und aufschiebende Wirkung einer Verfügung 244
— Einreden s. dort
— des Enteignungsvertrages 297
— gesetzliche Grundlage 250
— Grundsätze der V. 251 ff.
— der Rechnung 231
— von Verfügungen 7, 228, **249** ff.
— von Abgabeverfügungen 243
— von anfechtbaren Verfügungen 243, **245** f.
— Beschwerdeweg 219
— nichtiger Verfügungen 231 f.
— sofort vollstreckbare V. 174
— Verhältnismässigkeit 254
— von Verkehrsanordnungen 228
— Vollstreckungsbeamte 231
— von Verträgen 7
— des öffentlich-rechtlichen Vertrages 136
— des privatrechtlichen Vertrages 12
— des Verwaltungsrechts 45, 249 ff., **255** ff.
— durch Organe totalitärer Staaten 61
Vollstreckungsmassnahme 249,
s.a. Massnahme
— gesetzliche Grundlage 67
Vollstreckungsverfügung 144
Vollzug
— der Bundesgesetze 321, 376, **378** f.
— Beschwerde von Bundesbehörden gegen kantonale Entscheide 384
— durch die Kantone 225
— Haftung der Kantone für Vollzug **320** f., 321
— Ombudsmann 458
— Rechtsschutz im Vollzug 379
— Sanktionen 380 ff.
— im Wasserrecht 360
— der Gesetze 26
— durch die Exekutive (Bundesrat) 416
— durch Private 445
— Befugnisse der Verwaltung 34, 369, 371
Vollzugskrise 379
Voluntarismus 19

Voranschlag 451 ff.
— Einfluss auf die wirtschaftliche Entwicklung 274
— Genehmigung des Gemeindebudgets 428
— Genehmigung durch das Parlament 101, 159, **449**
— und Subvention 158
— und Verpflichtungskredite 451

Voraussehbarkeit, Grundsatz der
— bei der Delegation 57
— von Eigentumsbeschränkungen 300
— und materielle Enteignung 300
— beim Ermessen 110
— mangelnde im Gesetzgebungsverfahren **82**
— bei Rückwirkung 46
— der Verwaltungstätigkeit 59
— Ziel des liberalen Rechtsstaates 370

Vorkaufsrecht
— der Erben 303
— des Staates 302

Vormundschaftsbehörde
— Aufsicht über Beschwerde 218, 219

Vormundschaftswesen
— in der Gemeinde 422

Vorprüfungsverfahren 222, s.a. Beschwerde, Verwaltungsgerichtsbeschwerde

Vorsorge, berufliche 3, **444**
— zur Verfügung stehendes Kapital 273
— Pensionskasse 20, 39
— Rentenberechtigung 59

Vorverfahren
— in der Gesetzgebung 416

Vorwirkung 48
— von Gemeindeerlassen 74
— von Plänen 103

Vorzugslast 27, 157, s.a. Abgabe, Steuer

Votum 90

W

Wahl
— des Beamten s. Beamte, Dienstrecht

Wald 9, s.a. öffentliches Interesse
— Betreten des W. 334
— Nutzung 346

Währung
— internationale Abhängigkeit 272
— Schutz der 28, 30, 274

Währungspolitik 441

Warenautomat an der Strasse 130

Warenumsatzsteuer s. Steuer

Wasser 335 ff., s.a. Gewässer, Gewässerschutz, Wasserversorgung
— Bewirtschaftung (Gesamtkonzeption) 279, 360
— Enteignung von W. 288
— Nutzung 151, 152, 154
  — Entzug gegen Entschädigung 240
— im öffentlichen Sachenrecht 331, s.a. dort
— Zuständigkeiten 360

Wasserpolizei
— Kompetenzen 360

Wasserregal 356

Wasserverschmutzung 356, **360** f.

Wasserversorgung 279, 359
— als Anstalt 337
— der Gemeinde 422
— Kompetenzen 360
— Leistungsverweigerung 266/67
— öffentliches Interesse 291
— Zulassung 279, 339, 352 (kein Anspruch auf W.)

Wasserwerk
— und Atomkraftwerk 279
— im Verwaltungsvermögen 336

Watergate 181

Wegweiser 165

Wegleitung 167

Wehrmann
— Ausrüstung 205

Wehrpflicht 158, 254

Weiderecht 334
Weisung s.a. Weisungsbefugnis, Verwaltungsverordnung
— Anfechtbarkeit 54, 76, 119
— Aussenwirkung 54
— an die Beamten 54
— und Beschwerde 200/201
— Bindungswirkung 59
— und Ermessen 118, 374
— interne W. **118**
— und Rechtsgleichheit 118/119
— in der Verwaltung 24, 59, 374
— Weisungsrecht der Zentralverwaltung 379
Weisungsabhängigkeit
— bei monokratischen Organen 407
Weisungsbefugnis s.a. Weisung
— des Bundes gegenüber den Kantonen 382
— des Bundespräsidenten 417
— der Bundesräte 373
— im Dienstrecht 390
— der Geschäftsprüfungskommission 457
— der Finanzdelegation und -kommission 456
— des Kantons gegenüber der Gemeinde 428
— des Ministerpräsidenten 373
— der Oberbehörde gegenüber der unteren Behörde 382
— innerhalb eines Organes 408
Weltanschauung
— und Gesetzesvollzug 62
Werkeigentümerhaftung des Staates 309, **324** f. 333
Wertbegriffe 113
Wertentscheidungen
— politische in der Planung 101
Wertgarantie
— und Sachwert 287
— bei Vermögensrechten 275
— Staatshaftung 311
Wertordnung
— rechtliche 70
— Verbindlichkeit für die Verwaltung 372
Wertungsprobleme 8 ff.
— beim Ermessen 110

Werturteil, politisches
— und Ermessen 229
— Abgrenzung zur Rechtsfrage 292
Wertvorstellungen
— gesellschaftspolitische 67
— der Verfassung 66, 91, 92
Wettbewerb
— in der Bedarfsverwaltung 31
— Beschränkungen: Rechtsweg 225
— staatliche Wettbewerbsordnung 273
— unlauterer 113
Widerhandlung 256, 259, 262
Widerrechtlichkeit
— in der Staatshaftung 315 ff.
— nachträgliche bei rechtmässigen Handlungen 324
Widerruf s.a. Wiedererwägung, Revision
— von Bewilligungen 267
— von Verfügungen 42, 102, 168, **233** ff.
— Beschwerdeweg 219
— als Leistungsverweigerung 266
— Beurteilung des Vertrauensschadens 224
Widerrufsvorbehalt 164, 236
Widmung 347
— der Strasse 354
Wiedererwägung 161, **208**, s.a. Revision
— aufgrund Praxisänderung 238, 246
— der angefochtenen Verfügung 203
— der Verfügung nach Ablauf der Rechtsmittelfrist 245 f.
Wille
— des Gesetzes 89, 112
— Verwirklichung 253
— durch präventive Kontrolle 257
— durch Strafrecht 258
— durch Verwaltung 447
— demokratischer W. des Volkes/Gesetz 143
— Maxime des W. 56
— politischer 448
Willensbildung
— Freiheit der W. 407
— politische 66
— staatliche 18
Willensentscheidung des Volkes 56

Sachregister

Willenserklärung
— und Widerrechtlichkeit bei Staatshaftung 317 f.
Willensmangel 42
— im öffentlich-rechtlichen Vertrag 136
— und Zutritt zu einer Anstalt 338
Willkürverbot (Art. 4 BV) 34
s.a. Rechtsgleichheit
— willkürliches Abweichen von der Praxis 229
— als allgemeiner Rechtsgrundsatz 70
Wirklichkeit
— im Gesetz 61, 78, 82
Wirkung, aufschiebende
— bei der Verfügung im Rechtsmittelverfahren 228, **243**
— bei der verwaltungsinternen Beschwerde 193, **203**
— Entschädigung 245
— Entscheid darüber 243 ff.
— in der Verwaltungsgerichtsbeschwerde 223
Wirkungsbereich
— eigener/übertragener der Gemeinde 426
Wirtepatent 4
Wirtschaft
— Abhängigkeit vom Gemeinwesen 453
— freie; Beschränkung 27
— Lenkungsmassnahmen 29
— Schutz 149/50
Wirtschaftsentwicklung 93
Wirtschaftsinteressen 80
Wirtschaftspolitik
— Intervention 26
Wirtschaftsregion s. Region
Wirtschaftszweig
— Förderung Zurückgebliebener 28, 30, 159
— Schutz vor Konkurrenz 149/50
Wohlfahrt
— Art. 2 BV, 34
— öffentliche/private 16, 36
Wohlfahrtsstaat 28, s.a. Staat
— Grundlage 17
— W./Liberalismus 17
— s.a. Rechtsschutz
— und Staatshaftung 309
Wohlfahrtsverwaltung s. Verwaltung

Wohnsitzprinzip 7
— für politische Rechte 421
— im Steuerrecht 423
Wohnungsbau
— Förderung durch Kredite der Kantonalbank 412
— sozialer 8, 302
Wohnungsnot
— Bekämpfung 291
Wortlaut s.a. Auslegung, grammatische Methode
— klarer W. 91
Wortsinn 84

Z

Zahlungsverkehr 441
Zeitumstände 89, 91
Zeitung
— Transport durch PTT 439
Zensur 256
— Verhältnis zur Strafbehörde 257
Zentralverwaltung 25
— Organisation 412 ff.
— und Subventionswesen 433 f.
Zersiedelung 280
Zeuge 181
— Verweigerung der Aussage 254
Zeugnis
— Entscheid darüber 343
Zins
— für Enteignungsentschädigung 293
Zivilgericht
— Zuständig im Enteignungsverfahren 295
— Zuständigkeit im Staatshaftungsrecht 310, 314
Zivilprozessrecht
— Unterschied zum Verwaltungsverfahrens-/Verwaltungsprozessrecht **12** f., 200
Zivilrecht s. Privatrecht
Zivilschutzdienst
— Beschwerdeweg in Angelegenheiten des Z. 219
Zivilurteil
— Bindung der Verwaltung daran 178

Sachregister

Zivilprozess s.a. Bundeszivilprozess, Verwaltungsrecht, Privatrecht
— für vermögensrechtliche Ansprüche gegen den Staat 225
— Verhältnis zum öffentlich-rechtlichen Verfahren 13, 200
Zoll s.a. Steuer, Abgabe
— Benzinzoll 156
— Lenkungszoll 30
— als Steuer 155
— Veranlagung/Beschwerdeweg 219
Zollabfertigung
— Verfahren 174
Zollverwaltung 30
Zonenplan 94, s.a. Plan
— Abänderbarkeit 95, 103
— Einsprache 96
— Verbindlichkeit 101
Zoneneinteilung
— und Nutzungsmöglichkeit des Eigentums 301
— willkürliche 278
Zumutbarkeit
— des Auslegungsergebnisses 87
— der Ungewissheit von Entscheidungen 115
— des Ungewissheitsgrades bei Gesetzen 61, 137
— von Sonderopfern des einzelnen 324
— im Strassenunterhalt 324 f.
— im öffentlich-rechtlichen Vertrag 42
Zurechtweisung 382
Zusammenlegung
— von Grundstücken 287
Zusammenschluss
— der Gemeinden 425, **429** f.
Zusammensetzung der Behörde 176, 230, s.a. Zuständigkeit, Ausstandspflicht
Zusicherung der Verwaltung 134, s.a. Auskunft
Zuständigkeit s.a. Revision
— und Auskunft der Behörde 167, 241
— Begriff 405
— Bindung der Verwaltung daran 64, 374, 404
— Bund/Kantone 36, 70, 132
— im Bundesstaat 33

— Delegation von Z. 377
— Entscheid über Z. 162, 178, 193
— und Ermessen **108** f., 113
— fehlende Z.
— als Nichtigkeitsgrund 231
— als Grund für die Staatshaftung 317
— im internen Verwaltungsbereich 109, 405
— Kantone/Gemeinde 426
— Koordination 97
— als Organisationsproblem 11, **374** f., **404** f.
— örtliche 405
— Verschiebung der Z. in der Planung 97 f.
— rechtliche 404
— sachliche 404, 405
— des Strafgerichts im Verwaltungsverfahren 262
— für Strafmassnahmen 254
— Übertragung der Z. an Behörden durch Gesetz 55
— in der Verfassung 70
— des Verwaltungsgerichts im Verhältnis zum Bundesrat 217 ff.
— des Verwaltungsgerichts in der Staatshaftung 314
— in der Verwaltungsorganisation 369
— im Verwaltungsverfahren **175** ff., 262
— des Zivilgerichts im Enteignungsverfahren 295
— des Zivilgerichts in der Staatshaftung 310, 314
Zuständigkeitskonflikt
— Bund/Kanton 178
— zwischen Bundesrat und Bundesgericht 178, 210
Zustandsstörer 130
Zwang, unmittelbarer **253** f.
— gesetzliche Grundlage 250
Zwangsevakuierung 251
Zwangsgenossenschaft 440 f.

Zweckmässigkeit s.a. Ermessen
— bei der Regelung der Nutzungsordnung von Anstalten 338
— im Disziplinarrecht 265
— einer staatlichen Organisation und Autonomie 411
— Überprüfung 221, Zweckmässigkeitskontrolle 109, 428
— als Wertbegriff 113

Zweckverband 38, 423, 424, **429**
Zweistufentheorie 135, 200, 339, 342
Zwerggemeinde s. Gemeinde
Zwischenentscheid 162